2026
고시넷
대기업

SK하이닉스
종합역량검사 SKCT
최신 기출유형 모의고사

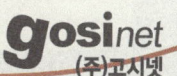

필수이론 + 모의고사

gosinet
(주)고시넷

스마트폰에서 검색 고시넷

www.gosinet.co.kr

최고 강사진의
동영상 강의

수강생 만족도 1위

류준상 선생님
- 서울대학교 졸업
- 응용수리, 자료해석 대표강사
- 정답이 보이는 문제풀이 스킬 최다 보유
- 수포자도 만족하는 친절하고 상세한 설명

경영 · 경제 전문가의
고퀄리티 강의

김경진 선생님
- 서울대학교 경영학 석사
- 미국 텍사스 주립대 경제학 석사
- CFA(국제공인재무분석사)
- 前 대기업(S사, K사) 면접관

공부의 神

양광현 선생님
- 서울대학교 졸업
- NCS 모듈형 대표강사
- 시험에 나올 문제만 콕콕 짚어주는 강의
- 중국 칭화대학교 의사소통 대회 우승
- 前 공신닷컴 멘토

PREFACE

정오표 및 학습 질의 안내

정오표 확인 방법

고시넷은 오류 없는 책을 만들기 위해 최선을 다합니다. 그러나 편집 과정에서 미처 잡지 못한 실수가 뒤늦게 나오는 경우가 있습니다. 고시넷은 이런 잘못을 바로잡기 위해 정오표를 실시간으로 제공합니다. 감사하는 마음으로 끝까지 책임을 다하겠습니다.

고시넷 홈페이지 접속 > 고시넷 출판-커뮤니티 > 정오표

www.gosinet.co.kr

모바일폰에서 QR코드로 실시간 정오표를 확인할 수 있습니다.

학습 질의 안내

학습과 교재선택 관련 문의를 받습니다. 적절한 교재선택에 관한 조언이나 고시넷 교재 학습 중 의문 사항은 아래 주소로 메일을 주시면 성실히 답변드리겠습니다.

이메일주소 **qna@gosinet.co.kr**

CONTENTS

차례

SK하이닉스 온라인 [SKCT] 종합역량검사 정복

권두부록 SK하이닉스 온라인 [SKCT] 종합역량검사 최신기출유형

파트 1 영역별 빈출이론

파트 2 SK하이닉스 온라인 [SKCT] 종합역량검사 기출유형모의고사

파트 3 심층역량검사[인성검사]

파트 4 면접가이드

책 속의 책 정답과 해설

구성과 활용

1

SK그룹 소개

SK그룹이 추구하는 경영철학인 SKMS, 인재상 등에 관한 내용을 수록하여 SK그룹의 비전과 문화를 쉽게 파악할 수 있도록 구성하였습니다.

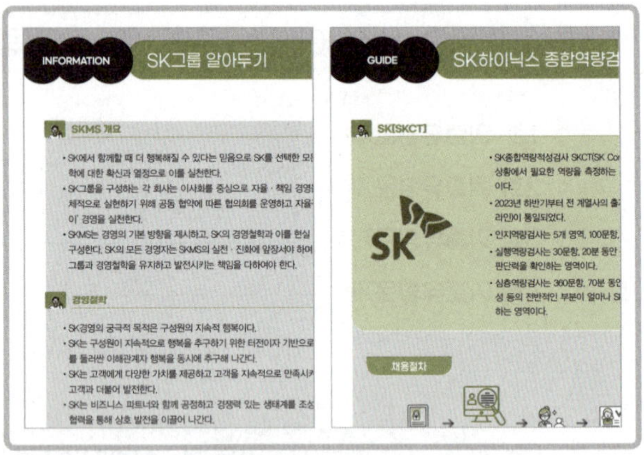

2

온라인[SKCT] 최신기출유형 수록

SK하이닉스 온라인[SKCT]에서 출제된 최신기출유형을 반영한 문제 총 50문항을 권두부록으로 수록하였습니다. 최신 출제의 경향성을 문제풀이 경험을 통해 자연스레 익힐 수 있도록 구성하였습니다.

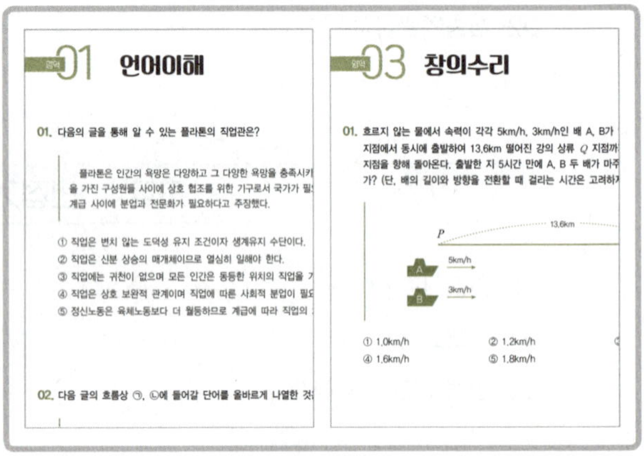

3

영역별 빈출이론

SK하이닉스 종합역량검사의 출제영역인 언어이해, 자료해석, 창의수리, 언어추리, 수열추리에서 자주 출제되는 이론을 정리하여 주요 이론과 개념을 빠르게 학습할 수 있도록 하였습니다.

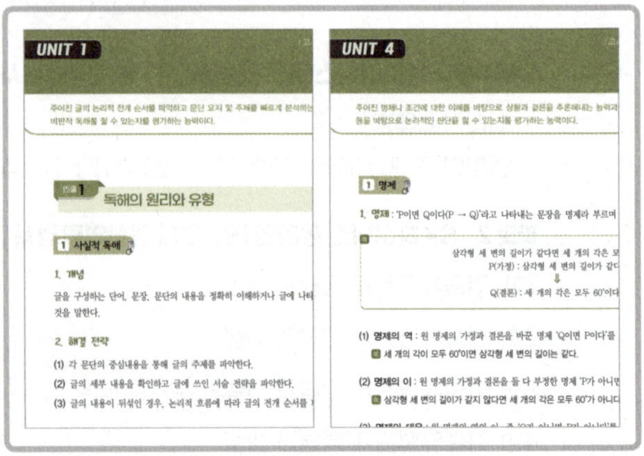

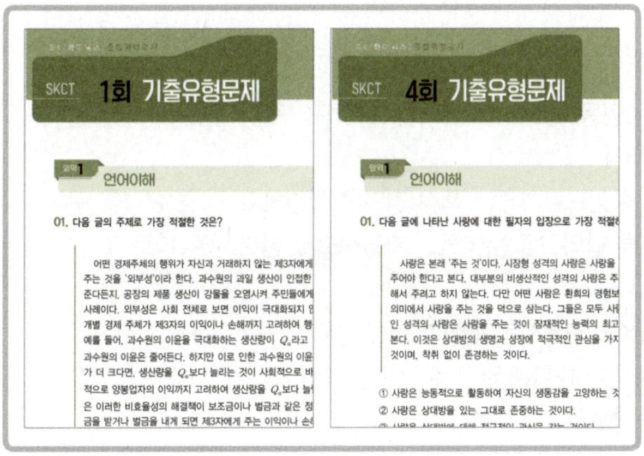

4

기출유형모의고사

최신 기출문제 유형에 맞게 구성한 총 4회분의 기출유형문제로 자신의 실력을 점검하고 완벽한 실전 준비가 가능하도록 구성하였습니다.

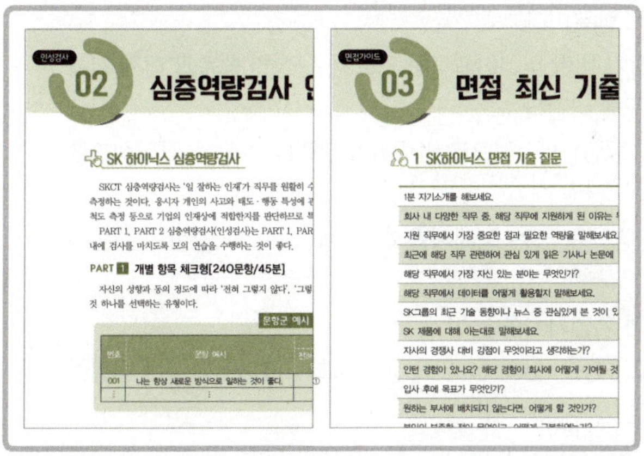

5

인성검사 & 면접가이드

채용 시험에서 최근 점점 중시되고 있는 인성검사와 면접 질문들을 수록하여 마무리까지 완벽하게 대비할 수 있도록 하였습니다.

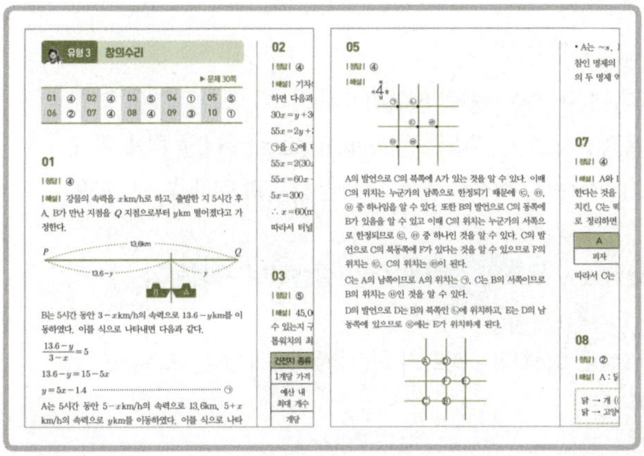

6

상세한 해설과 오답풀이가 수록된 정답과 해설

상세한 해설을 수록하였고 오답풀이 및 보충 사항들을 수록하여 문제풀이 과정에서 학습의 효과가 극대화될 수 있도록 구성하였습니다.

SK그룹 알아두기

SKMS 개요

- SK에서 함께할 때 더 행복해질 수 있다는 믿음으로 SK를 선택한 모든 SK 구성원들은 SK 경영철학에 대한 확신과 열정으로 이를 실천한다.
- SK그룹을 구성하는 각 회사는 이사회를 중심으로 자율 · 책임 경영을 실천하고, 상호 협력을 구체적으로 실현하기 위해 공동 협약에 따른 협의회를 운영하고 자율적으로 참여하여 '따로 또 같이' 경영을 실천한다.
- SKMS는 경영의 기본 방향을 제시하고, SK의 경영철학과 이를 현실 경영에 구현하는 방법론으로 구성한다. SK의 모든 경영자는 SKMS의 실천 · 진화에 앞장서야 하며, 특히 기업가적 대주주는 SK 그룹과 경영철학을 유지하고 발전시키는 책임을 다하여야 한다.

경영철학

- SK경영의 궁극적 목적은 구성원의 지속적 행복이다.
- SK는 구성원이 지속적으로 행복을 추구하기 위한 터전이자 기반으로서, 구성원 행복과 함께 회사를 둘러싼 이해관계자 행복을 동시에 추구해 나간다.
- SK는 고객에게 다양한 가치를 제공하고 고객을 지속적으로 만족시켜 신뢰를 얻으며, 궁극적으로 고객과 더불어 발전한다.
- SK는 비즈니스 파트너와 함께 공정하고 경쟁력 있는 생태계를 조성하고, 이에 기반한 선순환적 협력을 통해 상호 발전을 이끌어 나간다.
- SK는 주주의 가치를 지속적으로 창출하여 기업가치를 높여 나간다.
- SK는 사회에서 필요로 하는 환경보호, 고용창출, 삶의 질 제고, 지역사회 기여 등 다양한 역할을 수행하여 사회와 더불어 성장한다.
- SK는 이해관계자 간 행복이 조화와 균형을 이루도록 노력하며, 장기적으로 지속 가능하도록 현재와 미래의 행복을 동시에 고려해야 한다.

실행원리

- 구성원의 전체 행복을 지속적으로 키워 나가면 구성원 개인의 행복이 더 커질 수 있다는 것을 믿고, 이를 실천할 때 자발적(Voluntarily)이고 의욕적(Willingly)인 두뇌활용(Brain Engagement)을 하게 된다.
- VWBE한 구성원은 SUPEX(Super Excellent Level)를 추구를 통해 구성원 행복과 이해관계자 행복을 지속적으로 창출해 나간다.
- SK는 VWBE 문화를 조성하고 SVPEX company 목표와 전략을 수립/실행하여 구성원의 지속적 행복을 창출해 나간다.
- 구성원 행복–VWBE 문화–SUPEX Company로 이뤄지는 행복의 선순환을 통해 SK는 지속적으로 행복을 창출하는 공동체로 발전해 나갈 수 있다.

VWBE 문화

- 구성원은 스스로 행복을 추구할 때 자발적 · 의욕적 두뇌활동을 하게 되고, 그것이 외부에 발현되는 모습이 곧 일과 싸워서 이기는 패기이다.
- 패기 있는 구성원은 스스로 동기부여하여 문제를 제기하고, 높은 목표에 도전하며, 기존의 틀을 깨는 과감한 실행을 한다. 그 과정에서 필요한 역량을 개발하기 위해 노력하며, 타 구성원과 함께 적극적으로 소통함으로써 더 높은 성과를 낸다.
- 구성원은 패기 실천을 위한 조직과 제도, 시스템을 스스로 디자인하며, 행복을 저해하는 요소를 적극적으로 개선해나간다.
- 리더는 패기를 앞서 갖추어야 하며, 패기 있는 구성원을 육성한다.

SUPEX Company

- SUPEX Company는 최고의 경쟁력을 보유하고 장기적 생존 조건을 확보하여 지속적으로 경제적 가치, 사회적 가치, 구성원 행복을 창출해 나가는 회사를 말한다.
- SUPEX Company를 지향하기 위해 우선 한 단계 더 높은 수준의 회사(Better Company)를 목표로 설정하고, 이를 반복적으로 달성하면서 SUPEX Company를 구현해 나간다.
- SUPEX 목표를 달성하기 위해 To-be Model를 체계적으로 수립하고 실행하며, 실행력을 높이기 위해서는 다음 사항을 고려한다.

경제적 가치를 만드는 일	기존 사업에 안주하지 않고 끊임없이 혁신하여 새로운 경제적 가치를 창출해야 하며, 환경과 업종의 특성을 고려하여 기존 사업의 혁신을 추구한다.
사회적 가치를 만드는 일	이해관계자가 중시하는 가치를 파악하고, 측정 및 개선하는 체계를 만들며 사회적 가치를 지속적으로 창출해야 한다.
우리의 행복을 만드는 일	구성원 행복에 영향을 미치는 다양한 요소를 파악하고 이를 측정하고 지속적으로 개선해 나가야 한다.

인재상

경영철학에 대한 확신과 VWBE를 통한 SUPEX 추구 문화로 이해관계자 행복 구현

과감한 실행의 패기, 일과 싸워서 이기는 패기를 실현하는 인재

– 스스로 동기 부여하여 높은 목표에 도전하고 기존의 틀을 깨는 과감한 실행

– 그 과정에서 필요한 역량을 개발하기 위해 노력하며, 팀웍을 발휘

GUIDE

SK하이닉스 종합역량검사 개요

SK[SKCT]

- SK종합역량적성검사 SKCT(SK Competency Test)는 실제 업무 상황에서 필요한 역량을 측정하는 SK하이닉스의 심층역량검사이다.
- 2023년 하반기부터 전 계열사의 출제 영역 및 경향, 시험방식(온라인)이 통일되었다.
- 인지역량검사는 5개 영역, 100문항, 75분 동안 진행된다.
- 실행역량검사는 30문항, 20분 동안 진행되며, 지원자의 가치관과 판단력을 확인하는 영역이다.
- 심층역량검사는 360문항, 70분 동안 진행되며, 성격, 가치관, 인성 등의 전반적인 부분이 얼마나 SK 인재상에 부합하는지 확인하는 영역이다.

채용절차

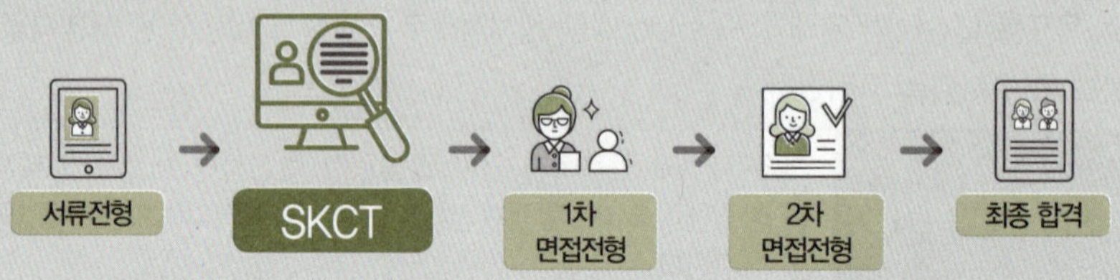

※ 채용절차는 각 계열사별, 지원영역별로 상이하므로 반드시 희망하는 지원 공고문을 확인한다.

합격 전략

- 2023년 하반기부터 필기시험 영역(언어이해, 자료해석, 창의수리, 언어추리, 수열추리), 문항 수(100문항), 시험시간(75분)이 변경되었다.
  ※ 각 영역별 제한된 시험 시간 : 20문항씩 15분
- 출제 유형은 내용 일치 · 불일치, 주제 찾기, 자료 이해와 분석, 응용수리, 명제, 추론, 수열 등 전형적인 기업 필기시험과 비슷하게 출제되었다.
- 검사 시간에는 계산기, 메모장, 그림판 사용이 가능하므로 평소 수험 공부를 할 때 컴퓨터를 활용하는 연습을 해 둔다.

구성 및 유형

구성	영역	문항 수	시간
인지역량 (총 75분)	언어이해	20문항	15분
	자료해석	20문항	15분
	창의수리	20문항	15분
	언어추리	20문항	15분
	수열추리	20문항	15분
심층역량	–	360문항	70분
실행역량	상황판단능력	30문항	20분

※ 2025년 상반기 기준, 일부 계열사 구성이 상이할 수 있다.

온라인 인적성검사 특징

- 시험 장소 : 응시자 본인 외 다른 사람이 없는 독립된 공간이어야 하며, 시험을 응시하는 책상 위, 벽면 등에 아무것도 없어야 한다.
- 준비물 : 신분증, 웹캠(노트북 내장 카메라 가능)을 필수 지참해야 한다.
- 사전 점검 : 사전 점검 중 신분증과 응시 환경(장소, PC, 주변기기)을 감독관에게 확인 받아야 하며 문항 풀이 기능과 시간표를 숙지한 후 본시험을 응시하도록 한다.
- SKCT는 시험 점수가 6개월 동안 저장되며, 이 기간 동안 계열사 간 중복 지원 시 재응시는 불가능합니다.

온라인 인적성검사 주의사항

- ☑ 검사 시작 10분 전부터 휴대전화 사용과 자리 이동이 제한된다.
- ☑ 프로그램에서 제공하는 계산기, 메모장, 그림판 이외에 종이, 계산기, 필기도구는 사용할 수 없다.
- ☑ 시험 중 이전 문항으로의 이동, 뒤로 가기 및 이전 답안 수정은 불가능하다.
- ☑ 심층역량의 경우, 모든 문항에 응답을 완료한 후 종료가 가능하나 인지역량의 경우, 검사 시간이 전부 흐른 후 종료가 가능하다.

고시넷 SK하이닉스 온라인 [SKCT] 종합역량검사 최신기출유형모의고사

영역별 기출 키워드

▶ 언어이해 : 세부 내용 이해하기, 글쓴이의 주장 파악하기, 글의 주제 파악하기, 전개방식 이해하기, 적절한 제목 고르기, 문단 배열하기, 빈칸 추론하기

▶ 자료해석 : 제시된 자료의 증감률 · 비율 · 대소비교, 자료에 들어갈 수치 계산하기

▶ 창의수리 : 거리 · 속력 · 시간, 일률, 확률, 경우의 수, 나이 계산, 소금의 농도, 정가

▶ 언어추리 : 명제의 역 · 이 · 대우 관계와 삼단논법을 통해 명제 판단하기, 조건을 바탕으로 추론하기, 진위 파악하기

▶ 수열추리 : 등비수열, 등차수열, 피보나치수열

SK하이닉스 온라인 [SKCT] 종합역량검사

권두부록 최신기출유형

영역 01 # 언어이해

정답과 해설 2쪽

01. 다음의 글을 통해 알 수 있는 플라톤의 직업관은?

> 플라톤은 인간의 욕망은 다양하고 그 다양한 욕망을 충족시키기 위해 서로 반대되는 입장을 가진 구성원들 사이에 상호 협조를 위한 기구로서 국가가 필요하고, 이를 위해 국가 내의 계급 사이에 분업과 전문화가 필요하다고 주장했다.

① 직업은 변치 않는 도덕성 유지 조건이자 생계유지 수단이다.
② 직업은 신분 상승의 매개체이므로 열심히 일해야 한다.
③ 직업에는 귀천이 없으며 모든 인간은 동등한 위치의 직업을 가져야 한다.
④ 직업은 상호 보완적 관계이며 직업에 따른 사회적 분업이 필요하다.
⑤ 정신노동은 육체노동보다 더 월등하므로 계급에 따라 직업의 차등을 두어야 한다.

02. 다음 글의 흐름상 ㉠, ㉡에 들어갈 단어를 올바르게 나열한 것은?

> 언젠가부터 우리 바다 속에 해파리나 불가사리와 같이 특정한 종들만이 크게 번창하고 있다는 우려의 말이 들린다. 한마디로 (㉠)이 크게 줄었다는 이야기다. 척박한 환경에서는 몇몇 특별한 종들만이 득세한다는 점에서 자연 생태계와 우리 사회는 닮은 것 같다. 어떤 특정 집단이나 개인들에게 앞으로 어려워질 경제 상황은 새로운 기회가 될지도 모른다. 하지만 이는 사회 전체로 볼 때 그다지 바람직한 현상이 아니다. 왜냐하면 자원과 에너지 측면에서 보더라도 이들 몇몇 집단들만 존재하는 세계에서는 이들이 쓰다 남은 물자와 이용하지 못한 에너지는 고스란히 버려질 수밖에 없어 (㉡)이 극히 낮기 때문이다.

	㉠	㉡		㉠	㉡		㉠	㉡
①	특수성	활용성	②	통일성	안정성	③	다양성	효율성
④	차이성	수용성	⑤	복합성	일체성			

03. 다음 글에서 나타난 ㉠에 대한 글쓴이의 견해로 적절하지 않은 것은?

㉠ 격차사회란 구성원들을 하나의 도량형으로 평가하는 사회입니다. 단 하나의 도량형으로 모든 사람들의 등급을 매길 수 있기 때문에 격차가 발생합니다.

우리가 현재 맞닥뜨리고 있는 것은 격차사회이지 계급사회가 아닙니다. 격차사회는 모두가 같은 종족임을 전제로 만들어진 사회입니다. 능력과 성과를 수치로 비교할 수 있다는 것은 우선 그 외의 조건이 모두 동일하다는 것을 전제로 하기 때문입니다. 예를 들어 학력을 비교하는 경우에 성적이 좋은 아이와 나쁜 아이는 같은 조건에서 경쟁하고 있으며, 그들 사이에 차이를 만드는 것은 선천적 소질과 후천적인 학습 노력뿐이라는 이야기가 되는 겁니다.

① 태생적인 약자도 재능과 노력에 따라 우위에 서는 것이 가능하다.
② 개인이 아무리 노력하더라도 자신이 서 있는 열을 바꿀 수는 없다.
③ 능력과 성과 외의 조건이 모두 동일하다는 것을 전제로 한다.
④ 사람의 등급을 하나의 도량형으로 평가하는 사회이다.
⑤ 우리가 현재 맞닥뜨리고 있는 사회이다.

04. 다음 중 밑줄 친 ㉠에 해당하는 사례로 가장 적절한 것은?

놀이가 상품 소비의 형식을 띠면서 놀이를 즐기는 방식도 변화한다. 과거의 놀이가 주로 직접 참여하는 형식으로 이루어졌다면, ㉠ 자본주의 사회의 놀이는 대개 참여가 아니라 구경이나 소비의 형태로 이루어진다. 생산자가 이미 특정한 방식으로 소비하도록 놀이 상품을 만들어 놓았기 때문이다. 그런데 이른바 디지털 혁명이 일어나면서 놀이에 자발적으로 직접 참여하여 즐기고자 하는 사람들이 늘어나고 있다. 인터넷은 주요 특성인 쌍방향성을 통해 그런 욕구의 실현 가능성을 높여 준다. 이는 텔레비전과 같은 대중 매체가 대다수의 사람들을 구경꾼으로 만들었던 것과는 근본적으로 차이가 있다.

① 진희는 직장 동료가 추천해 준 식당에 찾아가서 저녁을 먹었다.
② 성호는 제휴 카드 할인을 통해 저렴하게 미술관을 관람하였다.
③ 민지는 여행사에서 제시한 상품을 통해 일본 여행을 다녀왔다.
④ 우주는 드라마 속에 등장하는 간접광고를 보고 놀이공원에 갔다.
⑤ 현수는 학교에서 추첨한 이벤트에 당첨되어 공짜로 콘서트를 관람하였다.

05. 다음 글의 내용과 일치하는 것은?

도시의 존재를 지탱하는 기본적인 힘은 토지와 공간에 기초한 권력 의지나 그 공동체에 대한 의향에서 나온다. 또 다른 요소로는 자본의 역학과 관련 있는 화폐에 대한 욕망이 있다. 공동체에 대한 의향과 화폐에 대한 욕망은 종종 모순된다. 전자는 도시를 공간으로 보고 닫으려 하고, 후자는 도시를 게임의 영역으로 보고 개방하려 하기 때문이다. 그런데 문제는 오늘날 권력의 형식이 공동체의 공간에서 자본의 영역으로 주요 준거점을 옮기고 있다는 점이다. 따라서 도시가 계획되는 단계에서부터 자본의 역학과 그 욕망을 혼합하게 되며, 또한 도시가 어느 정도 구축되고 사람들이 살기 시작한 후에도 이러한 욕망은 미세하게 나뉜 상태로 도시에 침투하게 된다.

도시가 불가사의하면서도 매력적인 이유 중 하나는 화폐에 대한 욕망을 긍정하고 있기 때문일 것이다. 즉 도시는 자본에 있어서, 자본이라는 무한함을 내재한 활동 형식을 배제하지 않는다. 일반적으로 공동체는 토지나 혈연이라는 망 속에서 개인의 존재를 그 유한함 속에서 취급한다. 하지만 화폐나 자본의 작용은 이러한 개인 존재의 무게를 버리고, 개인의 윤곽을 욕망의 다양한 선에 의해 일반화하고 추상화한다. 공동체의 역학에서는 이러한 화폐나 자본의 힘에 사로잡힌 개인을 '귀신이 쓰였다'거나 '이방인 죽이기' 등으로 몰아가 엄격한 배제의 대상이나 저주받은 존재로 삼는다.

하지만 도시에서 사람들의 욕망은 그러한 공동체의 역학에서 자유로워진다. 그와 동시에 욕망에는 새로운 규율 훈련의 메커니즘, 즉 무한한 소비의 주체가 되는 시스템을 요구받게 된다. 그러한 공간에서 창문에 놓인 귀여운 봉제 인형이나 마당에 놓인 강아지나 어린아이 인형은 그야말로 보여 주기 위한 것이며, 그곳에 사는 사람보다는 방문객이나 구매자 등 외부에서 그곳을 바라보는 사람의 시선에 대응하고 있다. 이러한 외부의 시선을 끊임없이 내면화함으로써 그곳에서의 생활이 주체적인 현실로 구성되며 영위되게 된다.

① 오늘날의 권력은 도시에서의 공동체 역학을 배제함으로써 개인이 가진 속박을 풀고 자유롭고 쾌적한 생활을 보장하려 하고 있다.

② 도시에서는 공동체의 역학이 미치지 못하게 되어 사람들의 욕망이 증식되었는데 새로운 규율 훈련의 메커니즘은 개인 존재의 무게를 회복시킨다.

③ 화폐나 자본의 힘에 의존하는 개인은 공동체로부터 엄격하게 배제되어 교외로 쫓겨나게 되는데, 그곳에서는 외부로부터 기묘한 시선을 받게 된다.

④ 도시는 자본의 역학과 개인의 욕망이 일치했을 때, 권력의 의지나 공동체에 대한 의향이 미치지 않는 매력적인 게임의 영역으로서 펼쳐진다.

⑤ 도시에서 화폐에 대한 욕망이 긍정되고 있기 때문에 그 유한함 속에서 취급되는 개인의 힘은 점차 약해졌으며 개인의 존재는 추상화되어 가고 있다.

06. 다음 글과 같은 방식으로 전개된 것은?

섶다리는 설계도가 없다. 우선 넓적한 돌을 골라 강 양쪽에 쌓는다. 이것을 '선창 놓기'라 한다. 이 작업이 끝나면 본격적으로 다리 놓기에 들어가는데, 먼저 Y자 모양의 튼튼한 나무 2개를 거꾸로 물속에 박아 다릿발을 세운다. 양쪽 강변에서 강의 한복판으로 작업을 해 나간다. 다음으로 다릿발에 맞도록 구멍을 뚫은 통나무를 양쪽 다릿발 머리에 끼우고 쐐기를 박아서 고정시킨다. 섶다리의 특징 중 하나가 이렇게 못을 사용하지 않고 나무를 서로 맞춰서 만든다는 것이다. 다릿발이 모두 완성되면 그 위에 긴 통나무 여러 개를 놓고 쌓아서 고정시킨다. 즉, 다릿몸을 놓는 것이다. 마지막으로 다릿몸 위에 소나무 가지를 골고루 펼쳐 놓고 흙을 덮어 꼭꼭 밟는다. 소나무 가지는 푸른빛을 꽤 오래 간직하기 때문에 시각적 효과도 좋다.

① 생김새로 보아서 얼굴이 길고 날카로운 이빨이 있으며 발록한 코에는 코털이 밖으로까지 보이도록 길게 났다.

② 독도에 닿은 것은 아침 9시였다. 우리는 식당에서 아침을 먹고 곧 작업에 들어갔다. 작업은 12시까지 계속되었다.

③ 아침 일찍 눈을 떴다. 여느 날과 마찬가지로 조깅을 하고 샤워를 한 다음, 직장에 출근하기 위해 아침 식사를 했다.

④ 자동 변속 장치를 가한 차를 움직이려면 시동을 건 후 핸드 브레이크를 내리고 기어 선택기를 드라이브 위치에 놓고 주행을 한다.

⑤ 자동차는 연료 종류에 따라 가솔린, 디젤, LPG, 하이브리드 등으로 나눌 수 있다.

07. 다음 글의 ㉠ ~ ㉤ 중 〈보기〉가 들어가기에 적절한 곳은?

(㉠) 어떤 물체가 물이나 공기와 같은 유체 속에서 자유낙하할 때 물체에는 중력, 부력, 항력이 작용한다. 중력은 물체의 질량에 중력 가속도를 곱한 값으로 물체가 낙하하는 동안 일정하다. 부력은 어떤 물체에 의해서 배제된 부피만큼의 유체의 무게에 해당하는 힘으로, 항상 중력의 반대 방향으로 작용한다.

(㉡) 빗방울에 작용하는 부력의 크기는 빗방울의 부피에 해당하는 공기의 무게이다. 공기의 밀도는 물의 밀도의 1,000분의 1 수준이므로, 빗방울이 공기 중에서 떨어질 때 부력이 빗방울의 낙하 운동에 영향을 주는 정도는 미미하다. 그러나 스티로폼 입자와 같이 밀도가 매우 작은 물체가 낙하할 경우에는 부력이 물체의 낙하 속도에 큰 영향을 미친다.

(㉢) 물체가 유체 내에 정지해 있을 때와는 달리 유체 속에서 운동하는 경우에는 물체의 운동에 저항하는 힘인 항력이 발생하는데, 이 힘은 물체의 운동 방향과 반대로 작용한다. 항력은 유체 속에서 운동하는 물체의 속도가 커질수록 이에 상응하여 커진다. 항력은 마찰 항력과 압력 항력의 합이다.

(㉣) 안개비의 빗방울이나 미세 먼지와 같이 작은 물체가 낙하하는 경우에는 물체의 전후방에 생기는 압력 차가 매우 작아 마찰 항력이 전체 항력의 대부분을 차지한다. 빗방울의 크기가 커지면 전체 항력 중 압력 항력이 차지하는 비율이 점점 커진다. 반면 스카이다이버와 같이 큰 물체가 빠른 속도로 떨어질 때에는 물체의 전후방에 생기는 압력 차에 의한 압력 항력이 매우 크므로 마찰 항력이 전체 항력에 기여하는 비중은 무시할 만하다. (㉤)

| 보기 |

마찰 항력은 유체의 점성 때문에 물체의 표면에 가해지는 항력으로, 유체의 점성이 크거나 물체의 표면적이 클수록 커진다. 압력 항력은 물체가 이동할 때 물체의 전후방에 생기는 압력 차에 의해 생기는 항력으로, 물체의 운동 방향에서 바라본 물체의 단면적이 클수록 커진다.

① ㉠ ② ㉡ ③ ㉢
④ ㉣ ⑤ ㉤

08. 다음 글의 주제로 적절한 것은?

우리는 무엇이 옳은가를 결정하기 위해 다른 사람들이 옳다고 생각하는 것에 대해 알아보기도 한다. 이것을 '사회적 증거의 법칙'이라고 한다. 이 법칙에 따르면 주어진 상황에서 어떤 행동이 옳고 그른가는 얼마나 많은 사람들이 같은 행동을 하느냐에 의해 결정된다고 한다.

다른 사람들이 하는 대로 행동하는 경향은 여러모로 매우 유용하다. 일반적으로 다른 사람들이 하는 대로 행동하게 되면, 즉 사회적 증거에 따라 행동하면 실수할 확률이 그만큼 줄어드는데, 다수의 행동이 올바르다고 인정되는 경우가 많기 때문이다. 그러나 이러한 사회적 증거의 특성은 장점인 동시에 약점이 될 수도 있다. 이런 태도는 우리가 주어진 상황에서 어떻게 행동해야 할 것인가를 결정하는 지름길로 사용될 수 있지만, 맹목적으로 이를 따르게 되면 그 지름길에 숨어서 기다리고 있는 불로소득자들에 의해 이용당할 수도 있기 때문이다.

① 다른 사람들이 생각하고 행동하는 것을 항상 지향해야 한다.
② 사회적 증거는 장점인 동시에 약점이 될 수 있으므로 무분별하게 따르면 안 된다.
③ 사회적 증거에 따라 행동하면 실수할 확률이 높아지므로 삼가야 한다.
④ 결정을 내리지 못할 때는 무조건 많은 사람들이 하는 행동을 따라 하는 것이 바람직하다.
⑤ 소수의 행동이 다수의 행동보다 올바르다고 인정되는 경우가 더 많다.

09. 다음 글의 제목으로 적절한 것은?

저탄소 녹색성장은 생산과 소비라는 두 가지 기본 요소로 구성되는 경제계에서 자원과 자연을 포함하는 광의의 경제관을 전제로 경제활동 및 환경 문제를 해결하겠다는 인식의 대전환을 요구하고 있다. 경제계는 자연환경 및 자원이 유한하다는 인식을 기초로 하고 있지만, 실제 경제활동은 자연환경이 자정 역량에 의해서 항상 깨끗할 것이고 자원은 무한히 공급될 수 있다는 인식하에 이루어지고 있다. 그 결과 지구의 성장은 환경 문제로 둔화될 것이라는 주장이 확산되고 있을 뿐만 아니라 환경오염은 인류의 삶을 위협할 정도로 악화되고 있으며, 자원, 특히 에너지 자원 부족현상은 가속화되고 있다. 이 같은 환경오염 문제를 해결하고, 특히 성장의 동력으로 활용하기 위해서는 경제계와 환경계가 상호 영향을 주고 있는 불가분의 관계에 있다는 사실을 인식해야 할 것이다. 그리고 환경계까지 포함하는 광의의 시장이 형성되어야 한다.

그 이유는 첫째, 환경이 경제에 영향을 미치고 있기 때문이다. 환경은 생산과 소비활동에 필요한 자원과 에너지를 공급하는 동시에 경제활동을 일부 제약하기도 한다. 둘째, 환경은 경제활동의 결과 발생된 잔여물을 일정한도 내에서 흡수하여 정화하는 역할을 수행하고 있다. 셋째, 환경은 자연경관, 깨끗한 공기와 물 등을 통해 사람들에게 직접적인 만족을 제공하고 있다. 한편 생산자, 소비자, 정부 등 모든 경제 주체는 경제활동 결과 필연적으로 발생하는 잔여물을 환경계로 방출하고 있다. 이처럼 환경과 경제는 서로 영향을 주고받으면서 양자 간에 순환하는 구조를 갖고 있다. 따라서 경제활동에 공급되는 자연자원은 가급적 효율적으로 사용되어야 할 것이고 배출되는 잔여물의 재생 또는 재활용 기능을 강화한 자원순환형 경제구조를 요구해야 할 것이다.

① 저탄소 녹색성장의 배경
② 자연의 위대한 재활용 기능
③ 환경과 경제의 중요성
④ 자원순환형 경제의 필요성
⑤ 환경이 경제에 미치는 영향

10. 다음 (가) ~ (마)를 문맥에 따라 순서대로 나열한 것은?

(가) 멜라민을 다량 섭취할 경우, 멜라민으로 이루어진 작은 결정체들이 신장에 존재하는 소변이 지나가는 작은 관을 막게 되는데, 이것이 소변의 생성을 막아 신장 기능을 악화시켜 요로 결석, 급성신부전 등의 신장 질환을 일으킨다.

(나) 이번에 문제가 된 것은 중국 공장에서 우유에 멜라닌을 첨가한 것이다. 우유의 부피를 증가시키기 위해 우유에 물을 섞어 우유에 포함된 단백질이 묽어졌는데 이럴 경우 우유의 단백질 농도를 측정하는 질소의 함량이 기준치보다 낮아지므로 이를 방지하기 위해서 멜라민을 첨가한 것이다.

(다) 미국 FDA에서는 유해 기준으로 멜라민 및 관련 화합물에 대한 식품 및 사료의 내용 일일 섭취량(TDI)을 일일 체중 1kg당 0.63mg으로 적용할 것을 권고하고 있다.

(라) 이로 인해 중국에서 분유를 주식으로 하는 유아가 최고 2,563mg/kg 고농도의 멜라민 독성에 노출되어 신장 질환으로 사망한 바 있다.

(마) 멜라민은 질소 함량이 풍부한 흰 결정체의 유기물로 주로 플라스틱, 접착제, 접시류, 화이트보드, 화학 비료, 주방용 조리대 등에 사용되는 공업용 화학 물질이다.

① (나)－(라)－(마)－(가)－(다)
② (나)－(마)－(다)－(가)－(라)
③ (마)－(가)－(다)－(나)－(라)
④ (마)－(나)－(다)－(가)－(라)
⑤ (마)－(다)－(나)－(가)－(라)

영역 02 **자료해석**

정답과 해설 4쪽

01. 다음은 통계로 보는 1인 가구와 관련된 자료이다. 이에 대한 설명으로 옳지 않은 것은?

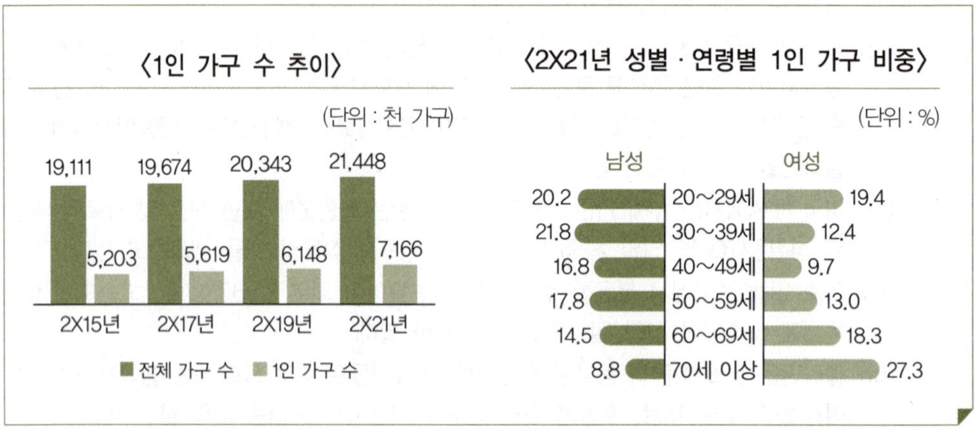

① 제시된 기간 동안 전체 가구 수와 1인 가구 수의 증감 추이는 동일하다.

② 2X17년의 1인 가구 수는 2X15년 대비 7% 이상 증가하였다.

③ 제시된 각 연도 중 전체 가구 수 대비 1인 가구 수의 비중이 가장 컸던 해는 2X21년이다.

④ 2X21년의 남성 1인 가구 수와 여성 1인 가구 수가 동일하다면, 20 ~ 39세 여성 1인 가구 수는 110만 가구 이하일 것이다.

⑤ 2X21년의 남성 1인 가구 수와 여성 1인 가구 수가 동일하다면, 30 ~ 39세 남성 1인 가구 수는 75만 가구 이상일 것이다.

02. 다음은 20X0년부터 20X4년까지의 일부 아시아 국가의 1인당 알코올음료 소비량을 나타낸 자료이다. 이에 대한 설명으로 옳은 것을 〈보기〉에서 모두 고르면?

〈1인당 알코올음료 소비량〉

(단위 : ℓ)

구분	20X0년	20X1년	20X2년	20X3년	20X4년
한국	8.9	9.1	8.7	8.7	8.5
중국	5.8	5.7	5.6	6.6	5.6
인도	3.0	3.0	3.0	2.9	3.1
인도네시아	0.1	0.1	0.1	0.1	0.1
이스라엘	2.7	2.7	2.7	3.0	3.0
일본	7.1	7.2	7.2	7.2	7.2
튀르키예	1.5	1.4	1.3	1.4	1.4

※ 1인당 알코올음료 소비량(Consumption of Alcoholic Beverages per Person) : 15세 이상 인구 대상 순수 알코올 상당 술 소비량으로 환산한 추정치

| 보기 |

㉠ 한국의 1인당 알코올음료 소비량은 매해 다른 여섯 국가를 상회한다.

㉡ 중국의 1인당 알코올음료 소비량은 인도네시아와 이스라엘의 1인당 알코올음료 소비량의 합을 매해 상회한다.

㉢ 일본의 알코올음료 소비량은 중국의 알코올음료 소비량을 매해 상회한다.

㉣ 인도의 1인당 증류주 소비량은 인도네시아의 1인당 증류주 소비량을 매해 상회한다.

㉤ 이스라엘의 1인당 알코올음료 소비량은 매해 튀르키예의 1인당 알코올음료 소비량의 2배 이상이다.

① ㉠, ㉡, ㉢ ② ㉠, ㉡, ㉤ ③ ㉠, ㉣, ㉤

④ ㉡, ㉢, ㉣ ⑤ ㉡, ㉣, ㉤

03. 다음 자료에 대한 이해로 옳지 않은 것은?

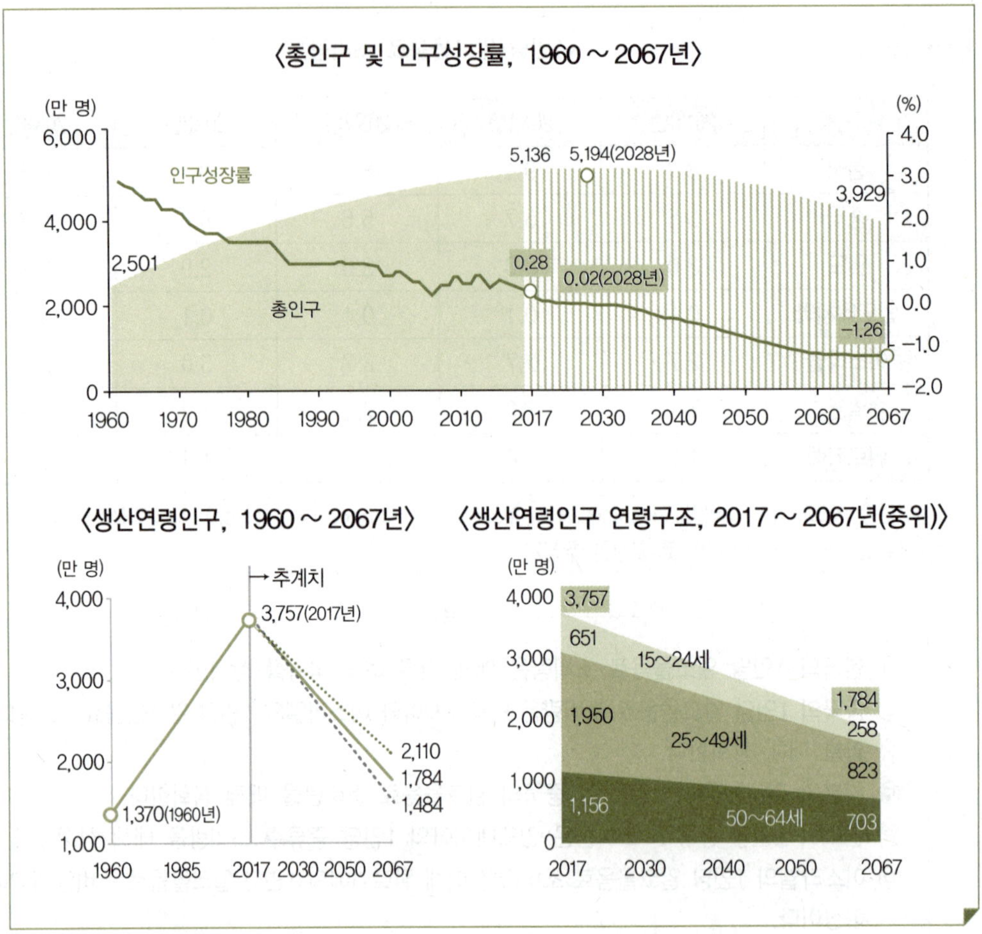

① 우리나라의 총인구가 2028년 5천 194만 명으로 정점을 찍은 뒤 2029년부터 본격적으로 감소세로 돌아설 것으로 예측됐다.

② 생산연령인구 중 15 ~ 24세 비중은 2017년 17.3%에서 2067년 14.5%로 줄어든다.

③ 2067년 총인구에서 생산연령인구가 차지하는 비중은 2017년의 절반 이하로 줄어들 것으로 예상된다.

④ 생산연령인구 중 50 ~ 64세 비중은 2017년 30.8%에서 2067년 39.4%로 증가한다.

⑤ 1960년대 2.0%를 넘던 인구성장률은 2040년에 들어 0.0% 미만의 성장률을 보일 것으로 예상된다.

04. 다음은 2023년과 2024년 A 국의 농산물 종류별 수출입량에 관한 자료이다. 이에 대한 이해로 옳은 것을 〈보기〉에서 모두 고르면? (단, 제시된 자료 외 다른 수출입 상품은 없다고 가정한다)

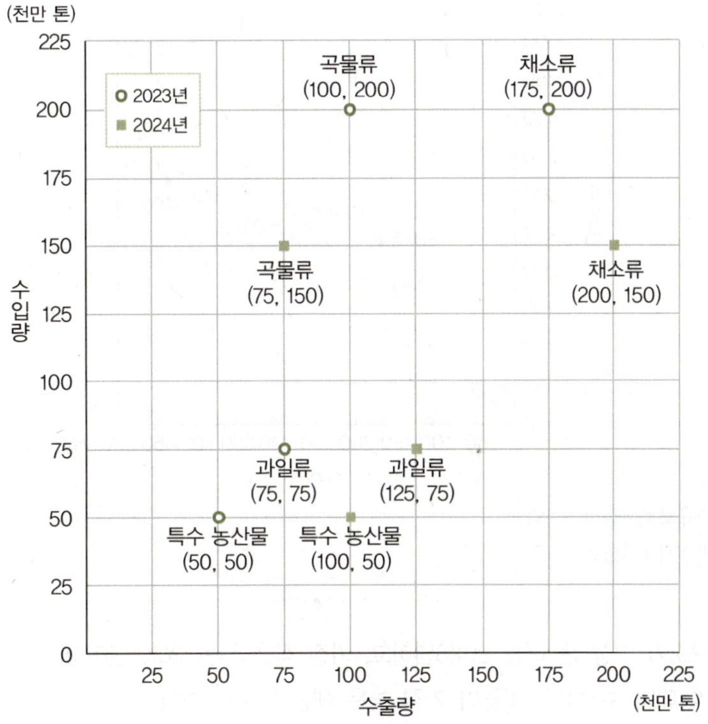

| 보기 |

㉠ 2024년 채소류, 과일류, 특수 농산물의 수출량은 각각 전년 대비 증가하였다.
㉡ 2024년 농산물 총수입량은 전년 대비 증가하였다.
㉢ 2023년과 2024년에 수출량 대비 수입량 비율이 가장 높은 농산물의 종류가 같다.
㉣ 2024년 수출량의 전년 대비 증가율은 특수 농산물이 가장 높다.

① ㉠, ㉡　② ㉠, ㉢　③ ㉠, ㉣
④ ㉡, ㉢　⑤ ㉡, ㉣

05. 다음 20X0 ~ 20X9년 A 국의 수출입액 현황을 나타낸 자료에 대한 설명으로 옳지 않은 것은?

〈A 국의 수출입액 현황(20X0 ~ 20X9년)〉

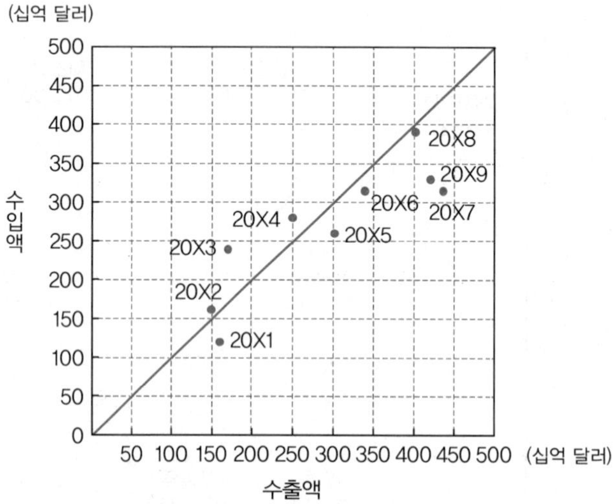

※ 무역규모=수출액+수입액

※ 무역수지=수출액−수입액

① 무역규모가 가장 큰 해는 20X8년이고, 가장 작은 해는 20X1년이다.

② 수출액 대비 수입액의 비율이 가장 높은 해는 20X3년이다.

③ 무역수지 적자폭이 가장 큰 해는 20X3년이며, 흑자폭이 가장 큰 해는 20X7년이다.

④ 20X1년 이후 전년 대비 무역규모가 감소한 해는 수출액도 감소하였다.

⑤ 20X3년 이후 무역수지가 0에 가장 가까운 해는 20X8년이다.

06. 다음 기준에 따라 ○○공장 생산직에 지급될 상반기 성과급에 대한 설명으로 옳지 않은 것은?

〈○○공장 생산직 분기별 성과급 지급 기준〉

1. 개인별 성과급 : 개인별로 성과달성률(%)을 측정하여 다음을 기준으로 개인별 성과급을 지급한다.

83% 미만	83% 이상	100% 이상	110% 이상
미지급	20,000원	60,000원	90,000원

2. 라인별 성과급 : 각 라인 내 직원들의 성과달성률 평균(%p)을 계산하여 다음을 기준으로 성과급을 각 라인별 직원들에게 똑같이 나누어 지급한다(단, 성과달성률 평균은 소수점 아래 첫째 자리에서 반올림하여 구한다).

90%p 미만	90%p 이상	95%p 이상	100%p 이상
미지급	80,000원	160,000원	220,000원

〈2/4분기 ○○공장 생산라인별 성과달성률〉

제1생산라인		제2생산라인		제3생산라인	
이름	달성률	이름	달성률	이름	달성률
A	92%	E	82%	I	70%
B	84%	F	96%	J	94%
C	106%	G	117%	K	122%
D	79%	H	95%	L	89%

① 2/4분기 개인별 성과급을 지급받지 못하는 직원은 세 명이다.
② 제2생산라인의 모든 직원들은 최소 40,000원 이상의 성과급을 지급받는다.
③ 2/4분기 성과급이 100,000원 이상인 직원은 두 명이다.
④ 2/4분기 성과급을 가장 많이 받는 직원의 성과급은 150,000원 이상이다.
⑤ 2/4분기 성과급을 가장 적게 받는 직원의 성과급은 20,000원이다.

07. 다음은 초혼 신혼부부의 자녀 가운데 만 5세 이하의 영유아에 대한 보육형태를 나타낸 표이다. 이에 대한 설명으로 옳지 않은 것은? (단, 모든 계산은 소수점 아래 둘째 자리에서 반올림한다)

〈초혼 신혼부부의 자녀 보육형태별 현황〉

(단위 : 명)

구분	합계	가정양육	어린이집	유치원	아이돌봄 서비스 (종일제)	혼합				기타 (미상 등)
						소계	가정양육 +돌봄	어린이집 +돌봄	유치원 +돌봄	
20X0년	956,523	483,168	388,348	27,992	1,208	30,545	13,056	16,449	1,040	25,262
20X1년	917,863	458,208	393,205	28,747	1,147	23,617	8,485	14,221	911	12,939

① 20X1년 어린이집에 자녀 보육을 맡기는 비율이 20X0년에 비하여 증가하였다.

② 20X1년 아이돌봄 서비스(종일제)를 받는 비율은 20X0년과 동일하다.

③ 20X1년 기준 보육형태를 보면 가정양육이 가장 많고 그다음이 어린이집, 유치원 순이다.

④ 가정양육과 아이돌봄 서비스를 동시에 받는 혼합형의 보육형태는 20X0년에 비하여 20X1년에 소폭 상승하였다.

⑤ 유치원과 아이돌봄 서비스를 동시에 받은 비율은 20X0년과 20X1년 모두 동일하다.

08. 2X22년 국내 총경찰관 수와 2X15년 인구 10만 명당 경찰관 수의 전년 대비 증가율이 같다면, 2X22년 국내 총경찰관 수는? (단, 모든 계산은 소수점 아래 첫째 자리에서 반올림한다)

〈국내 총경찰관 수 및 인구 10만 명당 경찰관 수〉

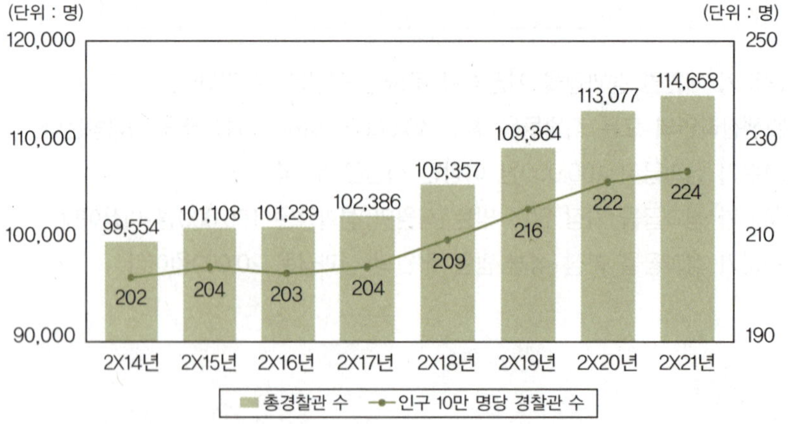

① 114,773명　② 115,805명　③ 116,212명

④ 116,239명　⑤ 116,951명

09. 다음 중 ㉠, ㉡에 들어갈 수치가 바르게 연결된 것은?

〈가구주 연령대별 가구당 자산 보유액〉

(단위 : 만 원, %)

구분		전체	30세 미만	30대	40대	50대	60세 이상
평균	20X0년	42,036	9,892	31,503	44,776	48,441	41,738
	20X1년	43,191	10,994	32,638	46,947	49,345	42,026
	증감률	2.7	11.1	(㉠)	4.8	1.9	0.7

〈가구주 종사상지위별 가구당 자산 보유액〉

(단위 : 만 원, %)

구분		전체	상용근로자	임시 · 일용근로자	자영업자	기타 (무직 등)
평균	20X0년	42,036	46,695	18,070	53,347	33,715
	20X1년	43,191	48,532	19,498	54,869	34,180
	증감률	2.7	(㉡)	7.9	2.9	1.4

	㉠	㉡		㉠	㉡		㉠	㉡
①	3.4	3.6	②	3.6	3.7	③	3.6	3.9
④	3.8	3.9	⑤	3.9	3.9			

10. 다음은 우리나라 가구의 연도별 · 유형별 평균 부채 보유액을 나타낸 자료이다. 다음 중 2022년 대비 2023년의 증가율이 10%를 넘는 항목은?

(단위 : 만 원)

구분		부채	금융부채				
				담보대출	신용대출	신용카드 관련 대출	기타
평균	2022년	7,099	5,041	4,070	678	57	236
	2023년	7,531	5,447	4,332	768	58	289

① 부채 ② 금융부채(전체) ③ 담보대출
④ 신용대출 ⑤ 신용카드 관련 대출

영역 03 **창의수리**

정답과 해설 7쪽

01. 흐르지 않는 물에서 속력이 각각 5km/h, 3km/h인 배 A, B가 있다. 두 배가 강의 하류인 P 지점에서 동시에 출발하여 13.6km 떨어진 강의 상류 Q 지점까지 거슬러 올라갔다가 다시 P 지점을 향해 돌아온다. 출발한 지 5시간 만에 A, B 두 배가 마주쳤다면 강물의 속력은 얼마인가? (단, 배의 길이와 방향을 전환할 때 걸리는 시간은 고려하지 않는다)

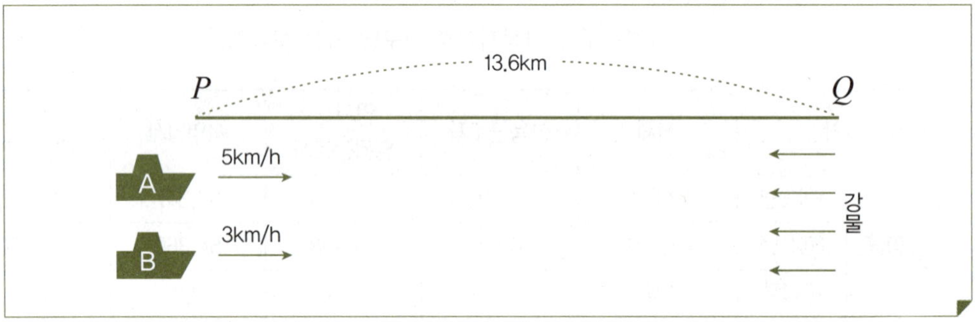

① 1.0km/h ② 1.2km/h ③ 1.4km/h
④ 1.6km/h ⑤ 1.8km/h

02. 길이가 300m인 기차가 일정한 속력으로 터널을 완전히 통과하는 데 30초가 걸리고, 터널의 2배 길이인 다리를 완전히 통과하는 데 55초가 걸린다. 이때 터널의 길이는 몇 m인가?

① 1,200m ② 1,300m ③ 1,400m
④ 1,500m ⑤ 1,600m

03. 45,000원의 예산 내에서 A ~ D 중 한 종류의 건전지를 선택해 최대 개수로 구입하여 스톱워치에 사용하려고 할 때, 스톱워치를 가장 오랜 시간 지속시킬 수 있는 건전지 종류부터 가장 짧은 시간 지속시킬 수 있는 건전지 종류까지를 순서대로 옳게 연결한 것은?

〈건전지 종류별 가격〉

건전지 종류	A	B	C	D
1개당 가격	25,000원	12,500원	10,000원	13,000원
개당 스톱워치 지속 시간	25시간	6시간	4시간	10시간

※ 건전지 1개의 지속 시간이 끝나고 다음 건전지로 교체하는 사이에 소요되는 시간은 고려하지 않으며, 스톱워치 자체의 에너지 손실은 없음.

※ 스톱워치 1개당 한 종류의 건전지만 사용 가능하며, 스톱워치에는 각각 건전지 1개만 들어감.

① A－B－C－D ② A－D－B－C ③ C－B－D－A
④ D－A－C－B ⑤ D－A－B－C

04. 3형제가 퀴즈쇼에 나가 상금 1억 4천만 원을 받았다. 나이에 비례해서 상금을 나눠 첫째가 6천만 원을 가졌다. 10년 후 3형제가 다시 퀴즈쇼에 나가 상금 1억 4천만 원을 받았다. 이번에도 나이에 비례해서 상금을 나눈 후 첫째와 셋째가 금액을 바꾸었다. 그 결과 셋째가 5천 6백만 원을 받았다면 10년이 지난 현재 첫째의 나이는 몇 세인가?

① 40세 ② 41세 ③ 42세
④ 43세 ⑤ 44세

05. 16%의 소금물 800g을 A 비커와 B 비커에 각각 300g, 500g씩 나누어 담았다. A 비커에는 소금을 더 넣고 B 비커의 물은 증발시켜 두 소금물의 농도를 20%로 같게 하려고 한다. 이때 A 비커에 더 넣어야 하는 소금의 양과 B 비커에서 증발시켜야 하는 물의 양은? (단, A 비커에서는 물이 증발하지 않는다)

	A	B		A	B
①	10g	50g	②	10g	120g
③	15g	80g	④	15g	150g
⑤	15g	100g			

06. 박 교수, 차 교수, 정 교수가 프로젝트 하나를 완료하는 과정이 다음과 같을 때, 박 교수가 혼자 프로젝트를 진행한 기간은 며칠인가?

> • 프로젝트를 처음부터 끝까지 혼자 진행할 경우 박 교수는 23일, 차 교수는 30일, 정 교수는 25일이 걸린다.
> • 박 교수는 차 교수와 같이 프로젝트를 시작하였으나 3일 뒤 차 교수는 건강이 악화되어 프로젝트에 그만 참여하였다.
> • 그 후 박 교수 혼자 프로젝트를 진행하다, 중간에 합류한 정 교수와 함께 프로젝트를 진행하여 14일 차에 완료하였다.

① 3일 ② 4일 ③ 5일
④ 6일 ⑤ 7일

07. 재인이는 인터넷 쇼핑몰에서 가습기와 서랍장을 하나씩 구매하여 총 183,520원을 지불하였다. 이때 가습기는 정가의 15%를, 서랍장은 정가의 25%를 할인받아 평균 20%의 할인을 받고 구매한 것이라면 가습기의 정가는 얼마인가?

① 89,500원 ② 92,100원 ③ 106,300원
④ 114,700원 ⑤ 139,500원

08. K 그룹 신입사원들이 연수원에 도착하여 인원수에 맞게 방을 배정하려고 한다. 한 방에 6명씩 들어가면 4명이 남고, 한 방에 8명씩 들어가면 방이 3개 남으며 마지막 방에는 2명만이 들어가게 된다. 연수원에 도착한 신입사원은 모두 몇 명인가?

① 88명 ② 92명 ③ 102명
④ 106명 ⑤ 108명

09. 소희는 배 5개, 현욱이는 딸기 5개를 가지고 있다. 가위바위보를 해서 한 번 질 때마다 자신이 가지고 있는 과일을 상대방에게 한 개씩 준다고 할 때, 가위바위보 세 판을 하고 난 뒤 현욱이가 딸기 4개, 배 2개를 가지고 있을 확률은 얼마인가?

① $\frac{1}{3}$　② $\frac{1}{6}$　③ $\frac{1}{9}$

④ $\frac{1}{12}$　⑤ $\frac{1}{15}$

10. A를 포함한 남자 4명과 B를 포함한 여자 4명, 총 8명을 일렬로 줄 세우고자 한다. 남녀가 번갈아 줄을 설 때, A와 B가 이웃하도록 줄을 서는 경우의 수는?

① 504가지　② 522가지　③ 540가지

④ 558가지　⑤ 576가지

영역 04 **언어추리**

정답과 해설 9쪽

01. 다음 결론이 성립하기 위하여, 빈칸에 들어갈 전제로 적절한 것은?

[전제] 성격이 외향적이지 않은 사람은 사람을 사귀는 것이 어렵다.
외국어를 쉽게 배우지 못 하는 사람은 말하는 것을 싫어한다.
____
[결론] 외향적인 성격인 사람은 외국어를 쉽게 배운다.

① 내향적인 성격인 사람은 말하는 것을 싫어한다.
② 내향적인 성격인 사람은 외국어를 쉽게 배우지 못한다.
③ 외향적인 성격인 사람은 말하는 것을 싫어하지 않는다.
④ 외향적인 성격인 사람은 사람을 사귀는 것이 어렵지 않다.
⑤ 외국어를 쉽게 배우는 사람은 말하는 것을 좋아한다.

02. 다음 전제를 바탕으로 할 때, 반드시 참인 결론은?

전제	대형견을 키우는 모든 사람은 단독주택에 산다.
	대형견을 키우지 않는 어떤 사람은 고양이를 키우지 않는다.
결론	( )

① 단독주택에 살지 않는 모든 사람은 고양이를 키우지 않는다.
② 고양이를 키우는 어떤 사람도 단독주택에 살지 않는다.
③ 단독주택에 살지 않는 어떤 사람은 고양이를 키운다.
④ 고양이를 키우지 않는 모든 사람은 단독주택에 산다.
⑤ 단독주택에 사는 모든 사람은 고양이를 키운다.

03. 다음 명제가 모두 참일 때, 항상 옳은 것은?

- 옷을 좋아하는 사람은 동대문에 자주 간다.
- 동대문에 자주 가는 사람은 여행을 좋아한다.
- 음악을 좋아하지 않는 사람은 헤드셋을 구매하지 않는다.
- 옷을 좋아하지 않는 사람은 헤드셋을 구매하지 않는다.
- 음악을 좋아하는 사람은 여행을 좋아한다.
- 운동을 좋아하지 않는 사람은 동대문에 자주 가지 않는다.

① 헤드셋을 구매하는 사람은 여행을 좋아하지 않는다.
② 동대문에 자주 가지 않는 사람은 헤드셋을 구매하지 않는다.
③ 음악을 좋아하는 사람은 동대문에 자주 간다.
④ 옷을 좋아하지 않는 사람은 여행을 좋아하지 않는다.
⑤ 여행을 좋아하는 사람은 헤드셋을 구매한다.

04. ○○회사에 A, B, C, D, E 5명의 사원이 새로 입사하였다. 이들은 인사팀, 재무팀, 영업팀, 기획팀, 마케팅팀의 5개 팀에 각 1명씩 배치될 예정이다. 인사발령과 관련한 소문을 들은 5명의 신입사원은 자신이 들은 소문을 〈보기〉와 같이 2가지씩 말하였다. 직원별로 발언 중 하나는 참이고, 다른 하나는 거짓일 때, 이를 통해 알 수 있는 기획팀에 배치될 사원은?

| 보기 |

A : B는 영업팀에 배치될 예정이고, 나는 기획팀에 배치될 것이라고 해.
B : 나는 영업팀에 배치될 것이고, D는 인사팀에 배치될 것이라고 해.
C : 나는 재무팀에 배치될 것이고, A는 마케팅팀에 배치될 것이라고 해.
D : 나는 영업팀에 배치될 것이고, E는 기획팀에 배치될 것이라고 해.
E : 나도 내가 기획팀에 배치될 것이라고 들었고, C는 재무팀에 배치될 것이라고 하던데.

① A　② B　③ C
④ D　⑤ E

05. 사내 체육대회 100m 달리기에 참가한 A, B, C, D, E 5명은 그 결과를 각각 다음과 같이 진술했다. 5명 각각의 두 진술 중 하나만 참이고 다른 하나는 거짓이라 할 때, 1위를 한 사람은?

A : 나는 3위이고, D는 2위이다.
B : 나는 4위이고, E는 3위이다.
C : 나는 1위이고, B는 4위이다.
D : 나는 2위이고, A는 5위이다.
E : 나는 2위이고, C는 3위이다.

① A　② B　③ C
④ D　⑤ E

06. A는 포도를, B는 사과를, C는 귤을, D는 복숭아를 재배하고 있다. 이 중 지난해에 적자를 본 작물은 하나뿐이었다. 다음 대화에서 한 명만 거짓을 말하고 있을 때, 거짓을 말한 사람과 적자를 본 작물을 순서대로 바르게 연결한 것은?

> A : 귤이 적자를 본 작물입니다.
> B : 저희 과수원에서는 적자가 없었습니다.
> C : 사과는 적자를 본 작물이 아닙니다.
> D : 복숭아는 적자를 본 작물이 아닙니다.

	거짓을 말한 사람	적자를 본 작물
①	A	포도
②	A	복숭아
③	C	사과
④	D	포도
⑤	D	복숭아

07. A ~ E 5명은 봄맞이 야유회를 떠나 다음 규칙에 따라 게임을 하고 있다. 게임이 시작된 이후 4 → 1 → 1의 순서로 숫자가 호명되었다면, 네 번째 술래는 누구인가?

> • A → B → C → D → E 순의 반시계 방향으로 동그랗게 앉아있다.
> • 한 명의 술래를 기준으로, 술래는 항상 숫자 3을 배정 받고, 반시계 방향으로 술래 다음 사람이 숫자 4를, 그 다음 사람이 숫자 5를, 술래 이전 사람이 숫자 2를, 그 이전 사람이 숫자 1을 배정받는다.
> • 처음 술래가 되는 사람은 1 ~ 5의 숫자 중 하나를 호명하고, 호명된 숫자에 해당하는 사람이 다음 술래가 된다. 새로운 술래를 기준으로 다시 위의 조건에 따라 숫자가 배정되며 게임이 반복된다.
> • 첫 번째 술래는 A이다.

① A　② B　③ C　④ D　⑤ E

08. 갑, 을, 병, 정, 무 5명은 친구의 생일 케이크를 사기 위해 오후 3시에 모이기로 했다. 이들이 모인 시간이 다음과 같다고 할 때, 이에 대한 판단으로 옳은 것은? (단, 동시에 도착한 사람은 없고, 시간은 분 단위로 계산한다)

> • 갑은 무보다 늦었지만 을보다는 6분 일찍 도착했다.
> • 을은 병보다 늦었지만 정보다는 일찍 도착했다.
> • 병은 정보다 4분 일찍 도착했다.
> • 을, 병, 정은 지각했고 세 사람이 지각한 시간의 합계는 8분이었다.
> • 가장 일찍 도착한 사람과 가장 늦게 도착한 사람의 시간의 차이는 10분이었다.

① 갑은 무보다 2분 늦게 도착했다.
② 을은 약속시간보다 3분 늦게 도착했다.
③ 병은 약속시간보다 1분 늦게 도착했다.
④ 정은 을보다 2분 늦게 도착했다.
⑤ 무는 병보다 5분 일찍 도착했다.

09. 남자 직원 A, B와 여자 직원 C, D, E 총 5명은 지난주 월 ~ 금 중에 야근을 했다. 다음의 내용을 토대로 할 때, 반드시 참인 것은?

- 각 요일마다 3명씩 야근을 했고, A ~ E 각각은 3일을 야근했다.
- 각 요일 모두 남자가 적어도 한 명은 야근을 했다.
- A는 이틀 연속으로 야근을 한 적이 없고, E는 3일간 연속으로 야근을 했다.
- B는 금요일에 야근을 했다.
- E는 C, D와 각각 서로 다른 요일에 하루씩만 함께 야근을 했다.

① B는 D와 하루만 함께 야근을 했다.
② A는 C와 이틀간 함께 야근을 했다.
③ C는 D와 이틀간 함께 야근을 했다.
④ D는 수요일에 야근을 했다.
⑤ E는 화요일에 야근을 했다.

10. 아래의 조건에 한쪽이든 양쪽이든 상관없이 갈색 집의 옆에는 반드시 파란색 집이 있고, 파란색 집의 옆에는 반드시 초록색 집이 있다는 조건을 추가할 때, A가 파란색이라면 A ~ H 중에서 초록색 집은 모두 몇 채인가?

- 8채의 집이 A, B, C, D, E, F, G, H의 순서로 도로를 따라 늘어서 있다. 이들 집을 다음 조건에 따라 각각 갈색, 초록색, 파란색으로 칠할 수 있다.
  - 조건 1 : A와 H는 같은 색으로 한다.
  - 조건 2 : 세 가지 색을 모두 사용한다.
  - 조건 3 : 같은 색의 집 3채가 연속으로 있으면 안 된다.
  - 조건 4 : 인접한 2채를 같은 색으로 칠한 곳은 두 곳이고, 그 두 곳 사이에는 다른 색의 집이 2채 이상 있다.

① 1채 ② 2채 ③ 3채
④ 4채 ⑤ 5채

영역 05 # 수열추리

정답과 해설 12쪽

01. 다음 일정한 규칙에 따라 숫자를 나열할 때, 20번째에 오는 숫자는?

5, 7, 12, 20, 31, …

① 447 ② 500 ③ 556
④ 615 ⑤ 677

02. 다음 숫자들의 배열 규칙에 따라 '?'에 들어갈 숫자로 알맞은 것은?

502 247 (?) 57 26 11 4 1

① 118 ② 120 ③ 122
④ 124 ⑤ 126

03. 다음 숫자들의 배열 규칙에 따라 '?'에 들어갈 숫자로 알맞은 것은?

$-1 \quad 1 \quad -1\frac{1}{3} \quad 2 \quad (\ ?\ ) \quad 5\frac{1}{3}$

① $3\frac{1}{4}$ ② $-3\frac{1}{5}$ ③ $-3\frac{1}{4}$
④ $3\frac{1}{5}$ ⑤ -2

04. 다음 숫자들의 배열 규칙에 따라 '?'에 들어갈 숫자로 알맞은 것은?

0.5	2.5	1.25	3.25	1.625	3.625	(?)

① 1.7125 ② 1.8125 ③ 1.9125
④ 2.0125 ⑤ 2.1125

05. 다음 문자들의 배열 규칙을 찾아 '?'에 들어갈 문자로 알맞은 것은?

H	J	N	V	L	(?)

① M ② N ③ R
④ P ⑤ A

06. 다음 문자와 숫자들의 배열 규칙에 따라 '?'에 들어갈 문자로 알맞은 것은?

4	I	16	Y	36	(?)

① W ② X ③ Y
④ Z ⑤ K

07. 다음 숫자들의 배열 규칙에 따라 '?'에 들어갈 숫자로 알맞은 것은?

$\frac{1\ 3\ 6\ 8}{3}$ $\frac{2\ 5\ 9\ 14}{5}$ $\frac{3\ 7\ 13\ 19}{7}$ $\frac{4\ 9\ 16\ (\ ?\ )}{9}$

① 21 ② 22 ③ 23
④ 24 ⑤ 25

08. 다음 각 행의 숫자가 규칙에 따라 나열되어 있을 때, 5AB의 값은?

$-\frac{1}{8}$ $\frac{1}{4}$ $\frac{1}{2}$ -1 -2 (A) 8

-3 (B) 0.12 -0.024 -0.0048 0.00096

① 9 ② 10 ③ 11
④ 12 ⑤ 13

09. 다음 일정한 규칙에 따라 숫자를 나열할 때, 15번째와 16번째에 오는 숫자의 합은?

2 3 5 6 8 12 11 24

① 386 ② 393 ③ 400
④ 407 ⑤ 414

10. 다음 숫자들의 배열 규칙에 따라 A−C의 값으로 적절한 것은?

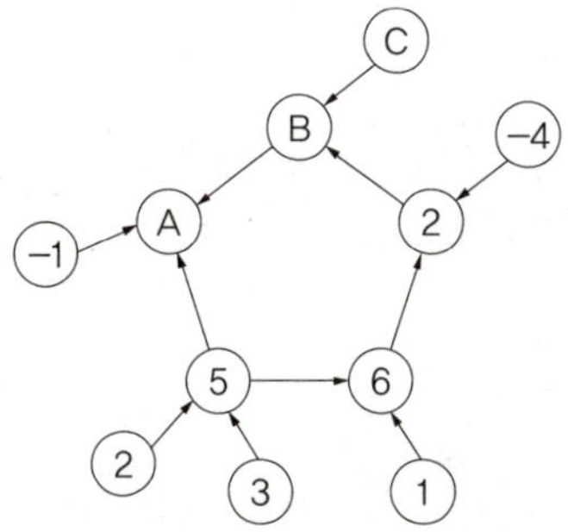

① −4　② −2　③ 4
④ 6　⑤ 8

고시넷 SK하이닉스 온라인 [SKCT] 종합역량검사 최신기출유형모의고사

영역별 출제비중

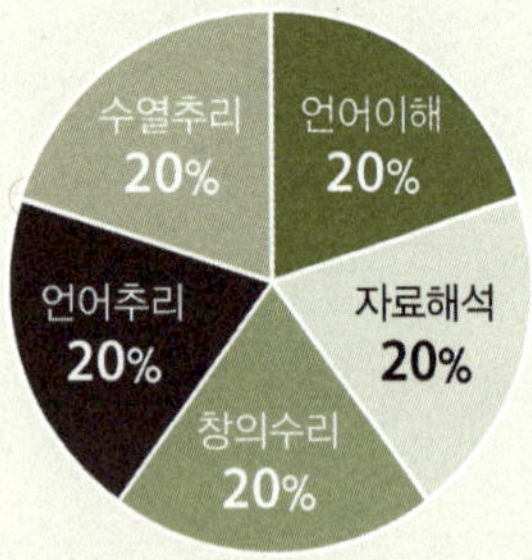

▶ 언어이해 : 일치 · 불일치 찾기, 주제 찾기, 빈칸에 문장 넣기
▶ 자료해석 : 도표 분석, 도표 자료의 수치 계산
▶ 창의수리 : 거리 · 속력 · 시간, 일률, 농도, 방정식 계산
▶ 언어추리 : 명제 추리, 조건에 따른 진위 파악
▶ 수열추리 : 등비수열, 등차수열, 피보나치수열

SK하이닉스 온라인 [SKCT] 종합역량검사는 1. 언어이해 2. 자료해석 3. 창의수리 4. 언어추리 5. 수열추리 다섯 가지 영역으로 출제되고 있다. 언어이해는 제시된 글의 주제 및 중심내용을 빠르게 파악하고 세부적인 내용을 이해하며 추론적 독해와 비판적 독해가 가능한지 평가하는 영역이다. 자료해석은 주어진 도표의 내용과 수치를 이해하고 비교하며, 계산 능력을 바탕으로 그 수치를 계산하여 문제를 해결하는 능력을 평가하는 영역이다. 창의수리는 다양한 수리적 기법을 사용하여 주어진 조건과 상황에 알맞은 식을 세우고 계산을 수행하는 능력을 평가하는 영역이다. 언어추리는 주어진 명제의 참, 거짓 여부를 분별하고 제시된 조건을 바탕으로 하여 논리적 추론이 가능한지를 평가하는 영역이다. 수열추리는 배열된 숫자 혹은 문자의 규칙을 파악하여 들어갈 숫자 및 문자를 추론하는 문제를 통해 수리적 지식을 활용하여 일정한 규칙성을 파악할 수 있는지를 평가하는 영역이다.

SK하이닉스 온라인 [SKCT] 종합역량검사

파트 1 영역별 빈출이론

01 언어이해

02 자료해석

03 창의수리

04 언어추리

05 수열추리

언어이해

주어진 글의 논리적 전개 순서를 파악하고 문단 요지 및 주제를 빠르게 분석하는지, 세부적 내용을 이해하며 추론적 독해와 비판적 독해를 할 수 있는지를 평가하는 능력이다.

01 언어이해

빈출 1 독해의 원리와 유형

1 사실적 독해

1. 개념

글을 구성하는 단어, 문장, 문단의 내용을 정확히 이해하거나 글에 나타난 개념이나 문자 그대로를 이해하는 것을 말한다.

2. 해결 전략

(1) 각 문단의 중심내용을 통해 글의 주제를 파악한다.

(2) 글의 세부 내용을 확인하고 글에 쓰인 서술 전략을 파악한다.

(3) 글의 내용이 뒤섞인 경우, 논리적 흐름에 따라 글의 전개 순서를 파악한다.

3. 사실적 독해 유형

(1) 주제 찾기

- 필자가 전달하고자 하는 글의 주제, 중심내용, 의도를 찾는 유형이다.

Step 1 제시문의 문단별 중심 문장, 핵심 소재를 파악한다.

- 중심 문장은 각 문단의 처음이나 끝에 나오는 경우가 많다.
- 각 문단의 중심 문장은 나머지 내용들을 포괄하는 문장이다.
- '따라서', '즉', '그러므로', '결국', '요컨대', '그러나', '하지만' 등 접속사 뒤의 문장이 중심 문장이 된다.
- 예가 뒷받침하는 내용이 중심 문장이 된다.
- 글쓴이의 생각, 가치 판단이 들어 있는 문장에 집중한다.
- 분류가 쓰였을 경우, 분류의 기준이 중심 문장이 된다.
- 대립적인 견해를 중심으로 설명하는 경우, 결론 부분에 유의한다.

⬇

Step 2 선택지에서 제시문의 내용에서 확인할 수 있는 선택지를 찾는다.

⬇

Step 3 중심 문장의 내용과 핵심 소재를 가장 잘 반영하는 것이나 중심 문장을 유도할 수 있는 질문을 찾는다.

(2) 내용일치

• 제시된 글에 정보, 내용을 정확하게 파악하여 선택지의 내용이 본문과 일치하는 것을 찾는다.

Step 1 글의 진술과 선택지의 진술 내용이 일치하는지를 찾기 위해서 먼저 선택지의 핵심어를 점검한다.

⬇

Step 2 선택지의 핵심어가 진술된 해당 문단을 찾는다.

⬇

Step 3 문단별 세부 내용을 비교하며 일치 여부를 파악한다.

(3) 전개방식 이해[서술 전략]

• 글에 쓰인 서술 방식이나 내용 연결 구조가 단답형이거나 글 전체의 서술 전략을 문장형으로 찾는다.

Step 1 선택지에 제시된 서술 전략을 파악하고 문장형으로 제시된 경우, 선택지의 핵심어를 정리한다.

⬇

Step 2 선택지의 서술 전략이 나온 해당 문단을 제시문에서 찾는다.

⬇

Step 3 해당 문단에서 서술 전략이 확인되는지 파악한다.

(4) 문장, 문단 배열하기

• 글의 내용이 어떤 순서로 전개되는 것이 적절한지 묻는 유형으로 문단, 문장의 논리적 배열순서, 특정 문단이나 문장이 전체 글의 어떤 부분에 들어가는 것이 적합한지를 묻는 유형이다.

Step 1 맨 처음, 중간, 끝에 배열될 문단이나 문장을 확인한다.

- 다른 문단에서 언급한 소재를 포괄적으로 언급하는 문단은 맨 처음이나 끝에 온다.
- 전체를 포괄하는 문단이 맨 처음에 올 때에는 문단의 첫 머리에 접속부사나 지시어가 오지 않고 전체에서 말한 소재 순으로 뒤의 내용이 전개된다.
- 전체를 포괄하는 문단이 맨 끝에 나올 때는 결론을 유도하는 접속부사가 쓰이고 전체에서 언급한 소재 순으로 앞의 내용이 전개된다.
- 접속부사나 지시어로 시작하는 문단이나 문장은 맨 앞에 올 수 없다.

⬇

Step 2 지시어와 접속부사에 따라 글 내용 연결이 자연스러운지 확인한다.

⬇

Step 3 내용의 논리 관계가 성립하는지 확인한다.

- 서사, 과정, 인과, 주지-예시 등의 논리 관계가 성립하는지 확인한다.

2 추론적 독해

1. 개념

글에서 생략된 내용을 추론하거나 숨겨진 필자의 의도, 목적 등을 추론하는 것으로 독자는 자신의 지식과 경험, 문맥, 글에 나타난 표지 등을 이용하여 생략된 내용을 추론하여 의미를 구성하는 것이다.

2. 해결 전략

(1) 글을 읽으면서 뒤에 이어질 내용이나 접속어, 결론 등을 추론해 보고 다른 상황에 적용할 수 있는지를 유추해 본다.

(2) 생략된 내용을 추론할 때는 빈칸 앞과 뒤의 문장에 주목한다.

(3) 글쓴이의 의도를 파악할 때는 문맥에 유의하여 글 전체의 분위기와 논조를 파악한다.

3. 글의 추론 유형

(1) 논리 추론

- 글에 언급된 내용을 이해한 뒤 글쓴이의 의도, 관점, 전제, 드러나지 않은 정보나 생략된 내용을 어떻게 추론할 수 있는지를 검토한다.

Step 1 제시문에 언급된 글쓴이의 전제, 의도, 관점, 태도 내용 등을 파악한다.

⬇

Step 2 선택지의 내용을 기반으로 제시문에 추론의 근거가 있는지 파악한다.

⬇

Step 3 추론에 예외가 없는지, 추론 방식에 모순은 없는지 확인한다.

(2) 문맥적 의미 추론

- 글 전체의 맥락에 따라 주제를 파악한 뒤 소재, 단어, 문장의 문맥적 의미를 파악한다.

Step 1 제시문 전체의 주제나 대립적인 관점을 찾는다.

⬇

Step 2 밑줄 친 부분이 앞뒤 맥락에 따라 주제와 관련된 관점이나 대립적인 관점 중 어디에 속하는지 파악한다.

⬇

Step 3 소재나 단어의 의미가 주제나 관점과 일치하는지, 밑줄 친 부분의 의미가 주제나 관점에서 벗어나지 않는지 점검한다.

(3) 빈칸 추론

- 글을 읽으면서 뒤에 이어질 내용이나 접속어, 결론 등을 추리해 보고 다른 상황에 적용할 수 있는지를 유추하며, 글쓴이의 입장 등을 생각하며 읽는다.

Step 1 제시문 전체의 주제나 관점을 파악한다.

⬇

Step 2 빈칸 앞뒤에 단서가 될 내용이나 단어를 파악한다.

⬇

Step 3 선택지의 단어나 문장이 주제나 관점과 일치하는지 점검한다.

3 글의 비판적 이해

1. 개념

글의 사실적인 이해와 추론적인 이해를 넘어서 글의 내용에 대해 판단하여 읽는 것으로 글에 나타난 주제, 글의 구성, 자료의 정확성과 적절성 등을 비판적으로 읽는다.

2. 해결 전략

(1) 글의 논리상 오류가 무엇인지 파악한다.

(2) 글의 주제와 관련되지 않은 내용이 글에 제시되지 않았는지 판단, 평가한다.

3. 유형

(1) 비판하기

- 글에 나타난 글쓴이의 주장에 대해 반론, 자료의 정확성과 적절성 등을 판단할 수 있어야 하고 논증의 사례, 논리적 오류 등을 파악할 수 있어야 한다.

Step 1 글의 주장과 근거를 찾고, 논리적 오류가 없는지 파악한다.

- 제시문에 드러난 사고 과정의 오류를 점검해야 한다.

⬇

Step 2 선택지에서 주장의 근거를 반박할 수 있는 내용을 찾는다.

- 주장에 대해 단순한 반대를 위한 비판은 타당하지 않다.

⬇

Step 3 근거의 타당성과 적절성을 판단한다.

빈출 2 글의 전개방식

1 비교

둘 이상의 사물이나 현상 등을 견주어 공통점이나 유사점을 설명하는 방법

예 영화는 스크린이라는 공간 위에 시간적으로 흐르는 예술이며, 연극은 무대라는 공간 위에 시간적으로 흐르는 예술이다.

2 대조

둘 이상의 사물이나 현상 등을 견주어 상대되는 성질이나 차이점을 설명하는 방법

예 고려는 숭불정책을 지향한 데 비해 조선은 억불정책을 취하였다.

3 분류

작은 것(부분, 종개념)들을 일정한 기준에 따라 큰 것(전체, 유개념)으로 묶는 방법

예 서정시, 서사시, 극시는 시의 내용을 기준으로 나눈 것이다.

4 분석

하나의 대상이나 관념을 그 구성 요소나 부분들로 나누어 설명하는 방법

예 물고기는 머리, 몸통, 꼬리, 지느러미 등으로 되어 있다.

5 정의

시간의 흐름과 관련이 없는 정태적 전개방식으로 어떤 대상의 본질이나 속성을 설명할 때 쓰이는 전개방식. '종차+유개념'의 구조를 지니는 논리적 정의와 추상적이거나 매우 복잡한 개념을 정의할 때 쓰이는 확장적 정의가 있음.

6 유추

생소한 개념이나 복잡한 주제를 보다 친숙하고 단순한 것과 비교하여 설명하는 방법. 서로 다른 범주에 속하는 사물 간의 유사성을 드러내어 간접적으로 설명하는 방법이기 때문에 유추에 의해 진술된 내용은 사실성이 떨어질 가능성이 있음.

7 논증

논리적인 근거를 내세워 어느 하나의 결론이 참이라는 것을 증명하는 방법

1. 명제 : 사고 내용 및 판단을 단적으로 진술한 주제문, 완결된 평서형 문장 형식

(1) 사실 명제 : 진실성과 신빙성에 근거하여 존재의 진위를 판별할 수 있는 명제

예 '홍길동전'은 김만중이 지은 한문 소설이다.

(2) 정책 명제 : 타당성에 근거하여 어떤 대상에 대한 의견을 내세운 명제

예 농촌 경제를 위하여 농축산물의 수입은 억제되어야 한다.

(3) 가치 명제 : 공정성에 근거하여 주관적 가치 판단을 내린 명제

예 인간의 본성은 선하다.

(4) 논거 : 명제를 뒷받침하는 논리적 근거, 즉 주장의 타당함을 밝히기 위해 선택된 자료

① 사실 논거 : 객관적 사실로써 증명될 수 있는 논거로 객관적 지식이나 역사적 사실, 통계적 정보 등이 해당된다.

② 소견 논거 : 권위자의 말을 인용하거나 일반적인 여론을 근거로 삼는 논거

8 묘사

묘사란 대상을 그림 그리듯이 글로써 생생하게 표현해내는 진술방식

(1) 객관적(과학적, 설명적) 묘사 : 대상의 세부적 사실을 객관적으로 표현하는 진술방식으로, 정확하고 사실적인 정보 전달이 목적

(2) 주관적(인상적, 문학적) 묘사 : 글쓴이의 대상에 대한 주관적인 인상이나 느낌을 그려내는 것으로, 상징적인 언어를 사용하며 주로 문학 작품에 많이 쓰임

9 서사

행동이나 상태가 진행되는 움직임을 시간의 경과에 따라 표현하는 진술방식으로 '무엇이 발생하였는가?'에 관한 질문에 답하는 것

10 과정

어떤 특정한 목표나 결말을 가져오게 하는 일련의 행동, 변화, 기능, 단계, 작용 등에 초점을 두고 글을 전개하는 방법

11 인과

어떤 결과를 가져오게 한 원인 또는 그 원인에 의해 결과적으로 초래된 현상에 초점을 두고 글을 전개하는 방법

01 언어이해

빈출 3 글의 유형

1 논설문

1. **정의** : 문제에 대한 자신의 주장이나 의견을 논리정연하게 펼쳐서 정당성을 증명하거나 자기가 원하는 방향으로 독자의 생각이나 태도를 변화시키기 위해 쓰는 글이다.

2. **요건** : 명제의 명료성과 공정성, 논거의 확실성, 추론의 논리성, 용어의 정확성

3. 논설문의 유형

구분 \ 유형	설득적 논설문	논증적 논설문
목적	상대편을 글쓴이의 의견에 공감하도록 유도	글쓴이의 사고, 의견을 정확한 근거로 증명
방법	지적인 면과 감정적인 부분에 호소	지적인 면과 논리적인 부분에 호소
언어 사용	지시적인 언어를 주로 사용하지만 때로는 함축적 언어도 사용	지시적인 언어만 사용
주제	정책 명제	가치 명제, 사실 명제
용례	신문의 사설, 칼럼	학술 논문

4. 독해 요령

(1) 사용된 어휘가 지시적 의미임을 파악하며 주관적인 해석이 생기지 않도록 한다.

(2) 주장 부분과 증명 부분을 구분하여 필자가 주장하는 바를 올바로 파악해야 한다.

(3) 필자의 견해에 오류가 없는지를 살피는 비판적인 자세가 필요하다.

(4) 지시어, 접속어 사용에 유의하여 필자의 논리 전개의 흐름을 올바로 파악한다.

(5) 필자의 주장, 반대 의견을 구분하여 이해하도록 한다.

(6) 논리적 사고를 통해 읽음으로써 필자의 주장한 바를 이해하고 나아가 비판적 자세를 통해 자기의 의견을 세울 수 있어야 한다.

2 설명문

1. 정의

어떤 사물이나 사실을 쉽게 일러주는 진술방식으로 독자의 이해를 돕는 글이다.

2. 요건

(1) **논리성** : 내용이 정확하고 명료해야 한다.

(2) **객관성** : 주관적인 의견이나 주장이 배제된 보편적인 내용이어야 한다.

(3) **평이성** : 문장이나 용어가 쉬워야 한다.

(4) **정확성** : 함축적 의미의 언어를 배제하고 지시적 의미의 언어로 기술해야 한다.

3. 독해 요령

추상적 진술과 구체적 진술을 구분해 가면서 주요 단락과 보조 단락을 나누고 배경지식을 적극적으로 활용하며 단락의 통일성과 일관성을 확인한다. 또한 글의 설명 방법과 전개 순서를 파악하며 읽는다.

3 기사문

1. 정의

생활 주변에서 일어나는 사건을 발생 순서에 따라 객관적으로 쓰는 글로 육하원칙에 입각하여 작성한다.

2. 특징

객관성, 신속성, 간결성, 보도성, 정확성

3. 형식

(1) **표제** : 내용을 요약하여 몇 글자로 표현한 것이다.

(2) **전문** : 표제 다음에 나오는 한 문단 정도로 쓰인 부분으로 본문의 내용을 육하원칙에 의해 간략하게 요약한 것이다.

(3) **본문** : 기사 내용을 구체적으로 서술한 부분이다.

(4) **해설** : 보충사항 등을 본문 뒤에 덧붙이는 것으로 생략 가능하다.

4. 독해 요령

사실의 객관적 전달에 주관적 해설이 첨부되므로 사실과 의견을 구분하여 읽어야 하며 비판적이고 주체적인 태도로 정보를 선별하는 것이 필요하다. 평소에 신문 기사를 읽고 그 정보를 실생활에서 재조직하여 활용하는 자세가 필요하다.

4 보고문

1. 정의

조사 · 연구 등의 과정이나 결과를 보고하기 위하여 쓰는 글이다.

2. 특징

객관성, 체계성, 정확성, 논리성

3. 작성 요령

독자를 정확히 파악, 본래 목적과 범위에서 벗어나지 않도록 하며 조사한 시간과 장소를 정확히 밝히고 조사자와 보고 연 · 월 · 일을 분명히 밝힌다.

5 공문서

1. 정의

행정기관에서 공무원이 작성한 문서로 행정상의 일반적인 문서이다.

2. 작성 요령

간단명료하게 작성하되 연 · 월 · 일을 꼭 밝혀야 하며 중복되는 내용이나 복잡한 부분이 없어야 한다.

3. 기능

(1) **의사 전달의 기능** : 조직체의 의사를 내부나 외부로 전달해 준다.

(2) **의사 보존의 기능** : 업무 처리 결과의 증거 자료로써 문서가 필요할 때나 업무 처리의 결과를 일정 기간 보존할 필요가 있을 때 활용한다.

(3) **자료 제공의 기능** : 문서 처리가 완료되어 보존된 문서는 필요할 때 언제든지 다시 활용되어 행정 활동을 촉진한다.

6 기획서

아이디어를 내고 기획한 하나의 프로젝트를 문서 형태로 만들어 상대방에게 전달하고 시행하도록 설득하는 문서이다.

7 기안서

회사의 업무에 대한 협조를 구하거나 의견을 전달할 때 작성하며, 흔히 사내 공문서로 불린다.

8 보도자료

정부기관이나 기업체, 각종 단체 등이 언론을 대상으로 자신의 정보가 기사로 보도되도록 하기 위해 보내는 자료이다.

9 자기소개서

개인의 가정환경과 성장과정, 입사동기와 근무 자세 등을 구체적으로 기술하여 자신을 소개하는 문서이다.

10 비즈니스 레터(E-mail)

사업상 고객이나 단체를 대상으로 쓰는 편지로 업무나 개인 간의 연락 또는 직접 방문하기 어려운 고객 관리 등을 위해 사용되는 비공식적인 문서이나, 제안서나 보고서 등 공식문서 전달 시에도 사용된다.

11 비즈니스 메모

업무상 중요한 일이나 체크해야 할 일이 있을 때 필요한 내용을 메모 형식으로 작성하여 전달하는 글이다.

종류	내용
전화 메모	업무적인 내용부터 개인적인 전화의 전달사항 등을 간단히 작성하여 당사자에게 전달하는 메모
회의 메모	회의에 참석하지 못한 상사나 동료에게 회의 내용을 간략하게 적어 전달하거나, 회의 내용 자체를 기록하여 참고자료로 남기기 위해 작성한 메모로써 월말이나 연말에 업무 상황을 파악하거나 업무 추진에 대한 궁금증이 있을 때 핵심적인 자료 역할을 함.
업무 메모	개인이 추진하는 업무나 상대의 업무 추진 상황을 적은 메모

빈출 4 다양한 분야의 글

1 인문

1. 정의

인간의 조건에 관해 탐구하는 학문으로 경험적인 접근보다는 분석적이고 비판적이며 사변적인 방법을 폭넓게 사용한다. 인문학의 분야로는 철학과 문학, 역사학, 고고학, 언어학, 종교학, 여성학, 미학, 예술, 음악, 신학 등이 있다.

2. 출제 분야

역사	시대에 따른 사회의 변화양상을 밝히거나 특정한 분야의 변화양상을 중심으로 기술되는 경우가 있음. 또한 역사를 보는 관점이나 가치관, 역사 기술의 방법 등을 내용으로 하는 경우도 있음.
철학	인생관이나 세계관을 묻는 문제가 많음. 인간의 기본이 되는 건전한 도덕성과 올바른 가치관의 함양을 통한 인간됨을 목표로 함.
종교 및 기타	종교, 전통, 사상 등 다양한 종류의 지문이 출제됨. 생소한 내용의 지문이 출제되더라도 연구의 대상이 무엇인지 명확히 파악하면 쉽게 접근할 수 있음. 추상적 개념이나 어려운 용어의 객관적인 뜻에 얽매이지 말고 문맥을 통해 이해해야함.

3. 출제 경향

(1) 인문 제재의 글은 가치관의 문제를 다룬 글이 많으므로 추상적인 개념을 이해하는 능력이 필요하다.

(2) 어려운 용어가 많이 등장하므로 단어의 객관적인 뜻에 얽매이지 말고 문맥을 통해 이해하도록 한다.

(3) 지문을 읽을 때에는 연구의 대상이 무엇인지를 명확히 해야 한다. 자주 반복되는 어휘에 주목하고 단락별 핵심어를 찾아 연결하며 읽는 것이 효과적인 방법이다. 이러한 방법은 전체적인 흐름을 이해하고 주제를 찾는 데 도움이 된다.

(4) 인문 분야의 지문에서는 단어의 문맥적 의미를 묻는 문제가 자주 나옴에 유의하는 것이 좋다.

2 사회

1. 정의

일정한 경계가 설정된 영토에서 종교 · 가치관 · 규범 · 언어 · 문화 등을 상호 공유하고 특정한 제도와 조직을 형성하여 질서를 유지하는 인간집단에 관한 글이다.

2. 출제 분야

정치	정치학의 지식을 이용함으로써 정치 체계를 이해함. 다양한 정치 이론과 사상, 정치 제도, 정당 집단 및 여론의 역할, 국제 정치의 움직임 등에 관심을 갖고 이에 대한 비판적인 인식을 길러야 함.
경제	재화와 용역을 생산, 분배, 소비하는 활동 및 그와 직접 관련되는 질서와 행위의 총체로서 우리 생활에 매우 큰 영향을 미치는 사회 활동. 경제 교육의 중요성이 대두되고 있는 시점에서 출제 빈도도 높으므로 이론적인 것만이 아닌 실생활과 결부된 경제 지식이 요구됨.
문화	문화 일반에 관한 설명과 더불어 영화, 연극, 음악, 미술 등 문화의 구체적인 분야에 대한 이해, 전통문화와 외래문화, 혹은 대중문화와의 관계에 대한 논의 등이 폭넓게 다루어지고 있음.
국제/여성	국제적인 사건이나 변동의 추세를 평소에 잘 파악해두고 거시적인 안목으로 접근해야 함. 사회에서 여성의 지위나 역할 등에 대한 이해와 글쓴이의 견해 파악이 중요함.

3. 출제 경향

(1) 시사성이 강하고 논리적이면서 많은 사람들이 관심을 갖고 쉽게 이해할 수 있는 사회 현상들이 다루어진다.

(2) 지문들은 대체로 시사적인 문제에 대해 필자의 견해를 내세우고 이를 입증해 가는 논리적인 성격을 지니고 있다. 따라서 필자의 견해를 이해하는 사고 능력, 필자의 의도를 추리하는 능력, 필자의 견해를 내 · 외적 준거에 따라 비판하는 능력 등이 주된 평가 요소이다.

(3) 어휘력과 논리적 사고력을 측정하는 문제도 출제되며, 필자의 견해에 근거 또는 새로운 정보를 구성할 수 있는 능력과 견해에 대해 비판적으로 반론을 펼 수 있는 능력을 묻는 문제가 출제된다.

3 과학 · 기술

1. 정의

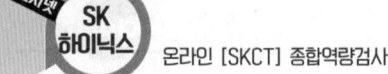

과학이란 자연에서 보편적 진리나 법칙의 발견을 목적으로 하는 체계적 지식을 의미하며 생물학이나 수학과 관련된 지문들이 주로 출제된다. 또한 과학사의 중요한 이론이나 가설 등에 대한 설명이 출제되며, 경우에 따라 현재 사회적 문제가 되고 있는 과학적 현상에 대한 지문도 출제될 수 있다.

2. 출제 분야

분야	내용
천체 · 물리	우주 및 일반 물리 현상에 관한 설명이나 천문 연구의 역사 등을 내용으로 함. 우리나라 역사에 나타난 천문 연구에 대한 글들도 많이 제시되고 있음. 천체/물리 제재는 기초 이론에 대한 설명 위주의 글이 주로 제시되며, 낯선 개념을 접하게 되므로 지문의 내용을 파악하는 문제가 주로 출제됨.
생물 · 화학	생물은 생물의 구조와 기능을, 화학은 물질의 화학 현상과 그 법칙성을 실험 관찰에 의하여 밝혀내는 학문. 최근 유전자 연구가 활발히 진행됨에 따라 윤리의식과 그에 관한 시사적 내용이 다루어질 가능성이 크며, 실생활과 관련하여 기초 과학의 이론도 충분히 검토해야 함.
컴퓨터	계산, 데이터 처리, 언어나 영상 정보 처리 등에 광범위하게 이용되고 있으므로 컴퓨터를 활용한 다른 분야와의 관계를 다룬 통합형 지문이 출제될 수 있음에 주의를 기울여야 함.
환경	일상생활에 직접 영향을 미치는 환경오염문제를 비롯해 생태계 파괴나 지구환경문제 등을 내용으로 함. 환경 관련 지문은 주로 문제 현상에 대한 설명을 통해 경각심을 불러일으키고자 하는 의도나 환경문제의 회복을 위한 여러 대책에 관한 설명이 위주가 되므로 제시된 글의 정보를 정확하게 파악하는 것이 중요함.

4 예술

1. 정의

예술 제재는 일반적 예술론을 다루는 원론적 성격이 강한 글과 구체적인 예술 갈래나 작품 또는 인물에 대한 비평이나 해석을 다룬 각론적이고 실제적인 성격의 글이 번갈아 출제된다.

2. 출제 분야

음악	현대 생활과 연관된 음악의 역할은 물론 동 · 서양의 음악, 한국 전통 음악에 대한 관심도 필요함.
미술 · 건축	건축, 조각, 회화 및 여러 시각적 요소들을 포함한 다양한 장르와 기법이 있음을 염두에 두고 관심을 둘 필요가 있음. 미술은 시대정신의 표현이며, 인간의 개인적 · 집단적 행위를 반영하고 있음을 상기해야 함.
연극 · 영화	사회의 변화를 민감하게 반영하며, 대중과의 공감을 유도한다는 측면에 관심을 갖고 매체의 특징을 살펴보는 작업이 중요함.
스포츠 · 무용	스포츠나 무용 모두 원시시대에는 종교의식이나 무속 행사의 형태로 존재하다가 점차 전문적이고 세부적인 분야로 나뉘게 됨. 따라서 다양한 예술 분야의 원시적 형태와 그에 포함된 의식은 물론 보다 세련된 형태로 발전된 예술 분야의 전문성 및 현대적 의미와 가치에 대해 고찰해볼 필요가 있음.
미학	근래에는 미적 현상의 해명에 사회학적 방법을 적용시키거나 언어분석 방법을 미학에 적용하는 등 다채로운 연구 분야가 개척되고 있으므로 고정된 시각이 아니라 현대의 다양한 관점에서 미를 해석하고 적용할 수 있어야 함.

자료해석

주어진 자료에 대한 이해를 바탕으로 분석 내용의 적절성을 판단하거나, 제시된 수치에 대한 계산 능력을 바탕으로 문제 해결을 요하며, 다양한 종류의 자료에 대한 이해도를 평가하는 능력이다.

1 자료해석의 특징과 대처법

(1) 자료는 가공되지 않은 상태의 다양한 것들로서 연구, 조사의 바탕이 되는 것이다. 즉, 특정 주제에 대한 단순한 사실들을 모아놓은 것으로 글, 수, 사진, 영상 등 그 형태가 다양하다. 예를 들어, 인구 조사에서 남녀 인구수, 도시별 인구수, 사망자 수 등이 자료에 해당한다. 이처럼 자료는 관찰이나 측정을 통해 얻어진 사실을 말한다.

(2) 해석이란 사전적으로는 문장이나 사물 따위로 표현된 내용을 이해하고 설명하는 것으로, 자료해석은 표, 그래프, 그림 등과 같은 자료를 보고 그 의미를 이해하며 변인 사이의 관계를 해석하는 것을 말한다.

(3) 자료해석에서 요구하는 것은 주어진 자료에서만 논리적으로 도출해 낼 수 있는 사항을 올바르게 판단하는 능력이다. 선택지의 내용이 상식적으로는 옳다고 여겨지는 경우에도 자료를 통해 논리적으로 이끌어 낼 수 없다면 정답이라고 할 수 없다.

(4) 비율, 증가율, 지수 등을 올바르게 이해해야 한다.

(5) 계산 테크닉을 익혀서 쓸데없는 계산을 하지 않도록 한다. 또한 간단한 계산은 암산으로 끝낼 수 있도록 훈련하는 것이 좋다.

(6) 선택지를 검토할 때에는 옳고 그름의 판단이 쉬운 것부터 순서대로 확인한다.

(7) 자료의 단위, 각주 등을 놓치지 않도록 주의한다.

2 기초 통계

종류	내용
백분율	• 전체의 수량을 100으로 하여, 나타내려는 수량이 그중 몇이 되는가를 가리키는 수 • 기호는 %(퍼센트)이며, $\frac{1}{100}$이 1%에 해당된다. • 오래전부터 실용계산의 기준으로 널리 사용되고 있으며, 원그래프 등을 이용하면 이해하기 쉽다.
범위	• 관찰값의 흩어진 정도를 나타내는 도구로서 최곳값과 최젓값을 가지고 파악하며, 최곳값에서 최젓값을 뺀 값에 1을 더한 값을 의미한다. • 계산이 용이한 장점이 있으나 극단적인 끝 값에 의해 좌우되는 단점이 있다.
평균	• 관찰값 전부에 대한 정보를 담고 있어 대상집단의 성격을 함축적으로 나타낼 수 있는 값이다. • 자료에 대해 일종의 무게중심으로 볼 수 있다. • 모든 자료의 자료값을 합한 후 자료값의 개수로 나눈 값 $평균=\frac{자료의\ 총합}{자료의\ 총\ 개수}$ • 평균의 종류 – 산술평균 : 전체 관찰값을 모두 더한 후 관찰값의 개수로 나눈 값 – 가중평균 : 각 관찰값에 자료의 상대적 중요도(가중치)를 곱하여 모두 더한 값을 가중치의 합계로 나눈 값
분산	• 자료의 퍼져있는 정도를 구체적인 수치로 알려주는 도구 • 각 관찰값과 평균값의 차이의 제곱을 모두 합한 값을 개체의 수로 나눈 값을 의미한다. $분산=\frac{(편차)^2의\ 총합}{변량의\ 개수}$
표준편차	• 분산값의 제곱근 값을 의미한다(표준편차 = $\sqrt{분산}$). • 평균으로부터 얼마나 떨어져 있는가를 나타내는 개념으로, 평균편차의 개념과 개념적으로는 동일하다. • 표준편차가 크면 자료들이 넓게 퍼져있고 이질성이 큰 것을 의미하고 작으면 자료들이 집중하여 있고 동질성이 커지게 된다.

3 다섯숫자요약

평균과 표준편차만으로는 원 자료의 전체적인 형태를 파악하기 어렵기 때문에 최솟값, 하위 25%값(Q_1, 제1사분위수), 중앙값(Q_2), 상위 25%값(Q_3, 제3사분위수), 최댓값 등을 활용하며, 이를 다섯숫자요약이라고 부른다.

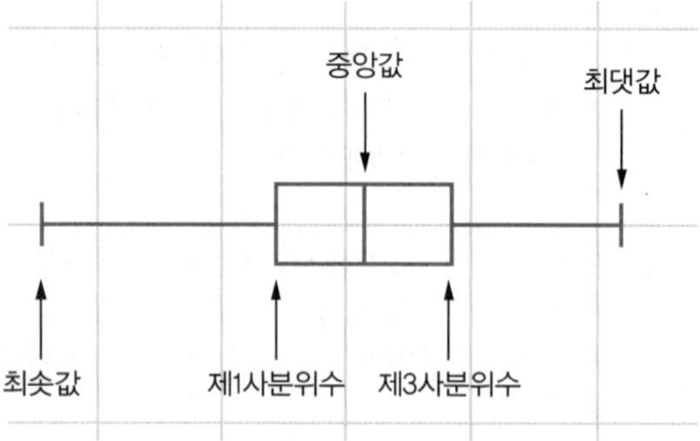

1. **최솟값** : 원 자료 중 값의 크기가 가장 작은 값이다.

2. **최댓값** : 원 자료 중 값의 크기가 가장 큰 값이다.

3. **중앙값** : 관찰값을 최솟값부터 최댓값까지 크기순으로 배열하였을 때 순서상 중앙에 위치하는 값으로 평균값과는 다르다. 관찰값 중 어느 하나가 너무 크거나 작을 때 자료의 특성을 잘 나타낸다.

자료의 개수(n)가 홀수인 경우	→	예 • 중앙에 있는 값 • 중앙값$=\dfrac{n+1}{2}$ 번째의 변량
자료의 개수(n)가 짝수인 경우	→	예 • 중앙에 있는 두 값의 평균 • 중앙값$=\dfrac{n}{2}$ 번째와 $\left(\dfrac{n}{2}+1\right)$ 번째 변량의 산술평균

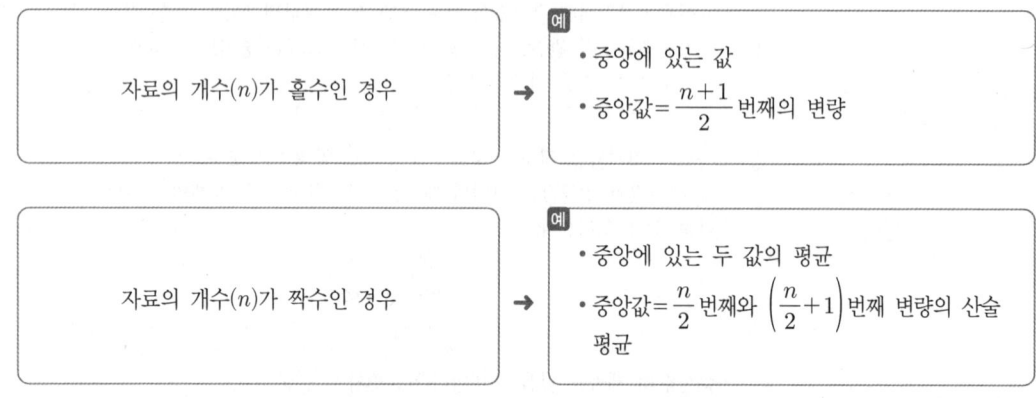

4. **하위 25%값과 상위 25%값** : 원 자료를 크기순으로 배열하여 4등분한 값을 의미한다. 백분위수의 관점에서 제25백분위수, 제75백분위수로 표기할 수도 있다.

4 도수분포표

1. **도수분포표** : 자료를 몇 개의 계급으로 나누고, 각 계급에 속하는 도수를 조사하여 나타낸 표이다.

몸무게(kg)	계급값	도수
30 이상 ~ 35 미만	32.5	3
35 ~ 40	37.5	5
40 ~ 45	42.5	9
45 ~ 50	47.5	13
50 ~ 55	52.5	7
55 ~ 60	57.5	3

- 변량 : 자료를 수량으로 나타낸 것
- 계급 : 변량을 일정한 간격으로 나눈 구간
- 계급의 크기 : 구간의 너비
- 계급값 : 계급을 대표하는 값으로 계급의 중앙값
- 도수 : 각 계급에 속하는 자료의 개수

2. 도수분포표에서의 평균, 분산, 표준편차

- 평균 $= \dfrac{\{(\text{계급값})\times(\text{도수})\}\text{의 총합}}{(\text{도수})\text{의 총합}}$
- 분산 $= \dfrac{\{(\text{편차})^2\times(\text{도수})\}\text{의 총합}}{(\text{도수})\text{의 총합}}$
- 표준편차 $= \sqrt{\text{분산}} = \sqrt{\dfrac{\{(\text{편차})^2\times(\text{도수})\}\text{의 총합}}{(\text{도수})\text{의 총합}}}$

3. 상대도수

(1) 도수분포표에서 도수의 총합에 대한 각 계급의 도수의 비율이다.

(2) 상대도수의 총합은 반드시 1이다.

➜ 계급의 상대도수 $= \dfrac{\text{각 계급의 도수}}{\text{도수의 총합}}$

4. 누적도수

(1) 도수분포표에서 처음 계급의 도수부터 어느 계급의 도수까지 차례로 더한 도수의 합이다.

- 각 계급의 누적도수 = 앞 계급까지의 누적도수 + 그 계급의 도수

(2) 처음 계급의 누적도수는 그 계급의 도수와 같다.

(3) 마지막 계급의 누적도수는 도수의 총합과 같다.

5 변동률(증감률)

1. 공식

- 변동률 또는 증감률(%)$=\dfrac{\text{비교시점 수치}-\text{기준시점 수치}}{\text{기준시점 수치}}\times 100$
- 기준시점 수치를 X, 비교시점 수치를 Y, 변동률(증감률)을 g%라 하면

$$g=\frac{Y-X}{X}\times 100 \qquad Y-X=\frac{g}{100}\times X \qquad Y=\left(1+\frac{g}{100}\right)X$$

2. 계산 방법

값이 a에서 b로 변화하였을 때 $\dfrac{b-a}{a}\times 100$ 또는 $\left(\dfrac{b}{a}-1\right)\times 100$으로 계산한다.

예

값이 256에서 312로 변화하였을 때 증감률은 $\dfrac{312-256}{256}\times 100 \fallingdotseq 22(\%)$이다. 이와 같이 계산을 해도 되지만 번거로운 계산을 해야 한다. 312는 256의 약 1.22배인데 이는 256을 1로 하면 312는 약 1.22라는 의미이다. 따라서 0.22만 늘어났으므로 증감률은 22%임을 알 수 있다.

3. 변동률과 변동량의 관계

변동률이 크다고 해서 변동량(증가량, 변화량, 증감량)이 많은 것은 아니다.

예

A의 연봉은 1억 원에서 2억 원으로, B의 연봉은 2,000만 원에서 8,000만 원으로 인상되었다. A의 연봉증가액은 1억 원이고 B의 연봉증가액은 6,000만 원이며, A의 연봉증가율은 $\dfrac{2-1}{1}\times 100=100(\%)$이고, B의 연봉증가율은 $\dfrac{8,000-2,000}{2,000}\times 100=300(\%)$이다. 따라서 연봉증가액은 A가 B보다 많지만, 연봉증가율은 A가 B보다 작다.

6 증가율과 구성비의 관계

전체량을 A, 부분량을 B라고 하면 부분량의 구성비는 $\frac{B}{A}$이다. 만약 어느 기간에 전체량이 a, 부분량이 b 증가했다고 하면 증가 후의 구성비는 $\frac{B(1+b)}{A(1+a)}$이다(단, a, b는 증가율이다). 여기서 $a>b$이면 $\frac{B}{A}>\frac{B(1+b)}{A(1+a)}$, $a<b$이면 $\frac{B}{A}<\frac{B(1+b)}{A(1+a)}$가 된다.

- 전체량의 증가율 > 부분량의 증가율 ⇨ 구성비 감소
- 전체량의 증가율 < 부분량의 증가율 ⇨ 구성비 증가

7 지수

- 지수란 구체적인 숫자 자체의 크기보다는 시간의 흐름에 따라 수량이나 가격 등 해당 수치가 어떻게 변화되었는지를 쉽게 파악할 수 있도록 만든 것으로 통상 비교의 기준이 되는 시점(기준시점)을 100으로 하여 산출한다.
- 기준 데이터를 X, 비교 데이터를 Y라 하면, 지수$=\frac{Y}{X}\times 100$
- 데이터 1의 실수를 X, 데이터 2의 실수를 Y, 데이터 1의 지수를 k, 데이터 2의 지수를 g라 하면 다음과 같은 비례식이 성립한다. $X : Y = k : g$
- 비례식에서 외항의 곱과 내항의 곱은 같으므로 $Xg = Yk$이다. 따라서 $Y=\frac{g}{k}\times X$, $X=\frac{k}{g}\times Y$

8 퍼센트(%)와 퍼센트 포인트(%p)

1. 정의

퍼센트는 백분비라고도 하는데 전체의 수량을 100으로 하여 해당 수량이 그중 몇이 되는가를 가리키는 수로 나타낸다. 퍼센트포인트는 이러한 퍼센트 간의 차이를 표현한 것으로 실업률이나 이자율 등의 변화가 여기에 해당된다.

예

실업률이 작년 3%에서 올해 6%로 상승하였다.

➜ 실업률이 작년에 비해 100% 상승 또는 3%p 상승했다.

여기서 퍼센트는 $\frac{\text{현재 실업률}-\text{기존 실업률}}{\text{기존 실업률}}\times 100$을 하여 '100'으로 산출됐고,

퍼센트포인트는 퍼센트의 차이이므로 6−3을 해서 '3'이란 수치가 나온 것이다.

2. 백분율, 천분율, 만분율의 비교

백분율	$\frac{1}{100}$을 뜻하며 기호는 %(퍼센트)이다.
천분율	$\frac{1}{1,000}$을 뜻하며 기호는 ‰(퍼밀)이다.
만분율	$\frac{1}{10,000}$을 뜻하며 기호는 bp 또는 ‱(베이시스 포인트)이다.

9 가중평균

• 중요도나 영향도에 해당하는 각각의 가중치를 곱하여 구한 평균값을 가중평균이라 한다.

• 주어진 값 x_1, x_2, ⋯, x_n에 대한 가중치가 각각 w_1, w_2, ⋯, w_n이라 하면

$$\text{가중평균}=\frac{x_1w_1+x_2w_2+\cdots+x_nw_n}{w_1+w_2+\cdots+w_n}$$

10 단위당 양

1. 자동차 천 대당 교통사고 발생건수, 단위면적당 인구수 등과 같이 정해진 단위량에 대한 상대치이다. 따라서 기준이 되는 단위량에 대응하는 실수(위의 예에서는 자동차 대수, 면적)가 주어져 있지 않으면 단위당 양에만 기초해서 실수 그 자체(위의 예에서는 교통사고 발생건수, 인구수)를 비교하는 것은 불가능하다.

2. 계산 방법

- X, Y를 바탕으로 X 당 Y를 구하는 경우 ➜ $(X\text{당 } Y)=\dfrac{Y}{X}$
- X당 Y, X를 바탕으로 Y를 구하는 경우 ➜ $Y=X\times(X\text{당 } Y)$
- X당 Y, Y를 바탕으로 X를 구하는 경우 ➜ $X=Y\div(X\text{당 } Y)$

3. 분수 ↔ 소수 ↔ 비율

분수	$\frac{1}{2}$	$\frac{1}{3}$	$\frac{1}{4}$	$\frac{1}{5}$	$\frac{1}{6}$	$\frac{1}{7}$	$\frac{1}{8}$	$\frac{1}{9}$
소수	0.5	$0.\dot{3}$	0.25	0.2	$0.1\dot{6}$	0.143	0.125	$0.\dot{1}$
비율	50%	33.3%	25%	20%	16.7%	14.3%	12.5%	11.1%

분수	$\frac{1}{10}$	$\frac{1}{11}$	$\frac{1}{12}$	$\frac{1}{13}$	$\frac{1}{14}$	$\frac{1}{15}$	$\frac{1}{16}$	$\frac{1}{17}$
소수	0.1	$0.\dot{0}\dot{9}$	$0.08\dot{3}$	0.077	0.071	$0.0\dot{6}$	0.0625	0.059
비율	10%	9.1%	8.3%	7.7%	7.1%	6.7%	6.25%	5.9%

분수	$\frac{1}{18}$	$\frac{1}{19}$	$\frac{1}{20}$	$\frac{1}{25}$	$\frac{1}{30}$	$\frac{1}{40}$	$\frac{1}{50}$	$\frac{1}{100}$
소수	$0.0\dot{5}$	0.053	0.05	0.04	$0.0\dot{3}$	0.025	0.02	0.01
비율	5.6%	5.3%	5%	4%	3.3%	2.5%	2%	1%

※ 무한소수의 경우 소수를 소수점 아래 넷째 자리에서 반올림

창의수리

사칙연산과 계산방법을 활용하여 연산 결과를 도출하거나 제시된 조건을 바탕으로 식을 세우고 계산을 수행하여 답을 구하며, 수리적 기법을 활용하여 상황을 판단하고 예측하는 것이 가능한지를 평가한다.

빈출 1

03 창의수리

기초수리

1 덧셈의 비교

1. 숫자 각각의 대소를 비교한다.

1,865>1,859

327+1,865 □ 321+1,859

327>321

1,258>1,226

264+1,258 □ 1,226+260

264>260

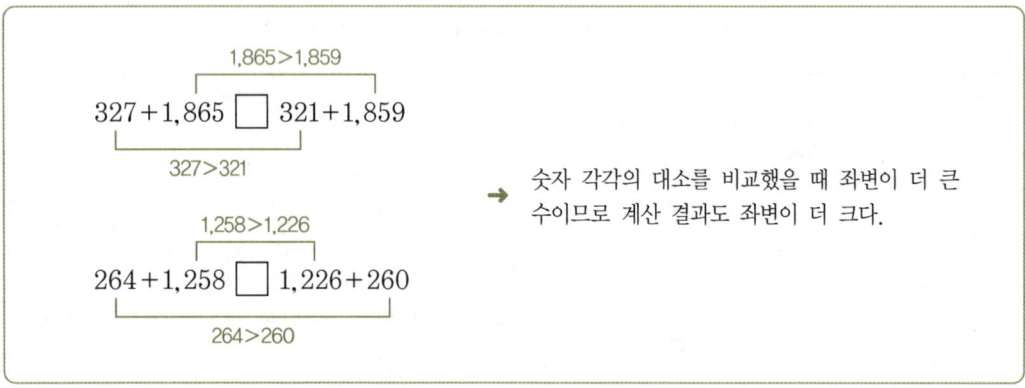

→ 숫자 각각의 대소를 비교했을 때 좌변이 더 큰 수이므로 계산 결과도 좌변이 더 크다.

2. 숫자 각각의 증감을 비교한다.

−16

327+1,865 □ 309+1,881

+18

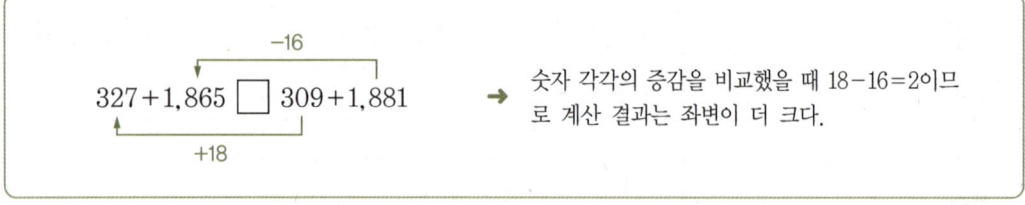

→ 숫자 각각의 증감을 비교했을 때 18−16=2이므로 계산 결과는 좌변이 더 크다.

권두부록
영역별 빈출이론 언어이해 자료해석 창의수리 언어추리 수열추리
기출유형문제 1회 2회 3회 4회
인성검사
면접가이드

2 뺄셈의 비교

1. 빼어지는 수와 빼는 수의 증감을 파악한다.

감소

1,865−327 □ 1,871−325

증가

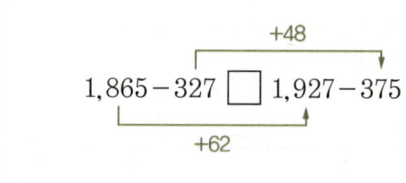

➜ 빼어지는 수(1,865와 1,871)는 증가, 빼는 수(327과 325)는 감소했으므로 계산 결과는 우변이 더 크다.

2. 숫자 각각의 증감을 비교한다.

+48

1,865−327 □ 1,927−375

+62

➜ 숫자 각각의 증감을 비교했을 때 62−48=14이므로 계산 결과는 우변이 더 크다.

−245

1,865−327 □ 1,627−82

−238

➜ 숫자 각각의 증감을 비교했을 때 −238−(−245)=7이므로 계산 결과는 우변이 더 크다.

3 곱셈의 비교

1. 숫자 각각의 대소를 비교한다.

86.5>85.4

32.7×86.5 □ 85.4×31.9

32.7>31.9

➜ 숫자 각각의 대소를 비교했을 때 좌변이 더 큰 수이므로 계산 결과도 좌변이 더 크다.

2. 비교하기 쉽게 숫자를 조정한다.

$300 \times 0.1 \square 1,400 \times 0.02$

$5 \times 300 \times 0.1 \square 1,400 \times 0.02 \times 5$

$1,500 \times 0.1 \square 1,400 \times 0.1$

1,500>1,400

→ 숫자를 조정한 후, 숫자 각각의 대소를 비교했을 때 좌변이 더 큰 수이므로 계산 결과도 좌변이 더 크다.

3. 숫자 각각의 증가율을 비교한다.

5% 증가

$300 \times 103 \square 315 \times 100$

3% 증가

→ 숫자 각각의 증가율을 비교했을 때 5%>3%이므로 계산 결과는 우변이 더 크다.

4 분수의 비교

1. 곱셈을 사용

$\frac{b}{a}$와 $\frac{d}{c}$의 비교(단, $a,\ b,\ c,\ d > 0$) $bc > ad$이면 $\frac{b}{a} > \frac{d}{c}$

2. 어림셈과 곱셈을 사용

$\frac{47}{140}$과 $\frac{88}{265}$의 비교 → $\frac{47}{140}$은 $\frac{1}{3}$보다 크고 $\frac{88}{265}$은 $\frac{1}{3}$보다 작으므로 $\frac{47}{140} > \frac{88}{265}$

3. 분모와 분자의 배율을 비교

$\frac{351}{127}$과 $\frac{3,429}{1,301}$의 비교

3,429는 351의 10배보다 작고 1,301은 127의 10배보다 크므로 $\frac{351}{127} > \frac{3,429}{1,301}$

4. 분모와 분자의 차이를 파악

$\frac{b}{a}$와 $\frac{b+d}{a+c}$의 비교(단, a, b, c, $d > 0$)

$\frac{b}{a} > \frac{d}{c}$이면 $\frac{b}{a} > \frac{b+d}{a+c}$　　　$\frac{b}{a} < \frac{d}{c}$이면 $\frac{b}{a} < \frac{b+d}{a+c}$

5 단위환산

단위	단위환산		
길이	• 1cm=10mm • 1in=2.54cm	• 1m=100cm • 1mile=1,609.344m	• 1km=1,000m
넓이	• $1cm^2=100mm^2$	• $1m^2=10,000cm^2$	• $1km^2=1,000,000m^2$
부피	• $1cm^3=1,000mm^3$	• $1m^3=1,000,000cm^3$	• $1km^3=1,000,000,000m^3$
들이	• $1m\ell=1cm^3$	• $1d\ell=100cm^3=100m\ell$	• $1\ell=1,000cm^3=10d\ell$
무게	• 1kg=1,000g	• 1t=1,000kg=1,000,000g	• 1근=600g
시간	• 1분=60초	• 1시간=60분=3,600초	
할푼리	• 1푼=0.1할	• 1리=0.01할	• 1모=0.001할
데이터 양	• 1KB=1,024B • 1TB=1,024GB	• 1MB=1,024KB • 1PB=1,024TB	• 1GB=1,024MB • 1EB=1,024PB

빈출 2 응용수리

1 거리 · 속력 · 시간

1. 공식

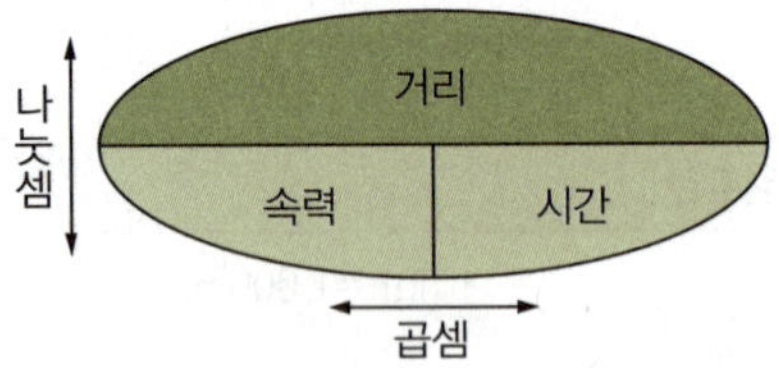

- 거리＝속력×시간
- 속력$=\frac{\text{거리}}{\text{시간}}$
- 시간$=\frac{\text{거리}}{\text{속력}}$

2. 풀이 방법

거리, 속력, 시간 중 무엇을 구하는 것인지를 파악하여 공식을 적용하고 방정식을 세운다.

- 단위 변환에 주의한다.
- 1km＝1,000m
- $1\text{m}=\frac{1}{1,000}\text{km}$
- 1시간＝60분
- $1\text{분}=\frac{1}{60}\text{시간}$

2 농도

1. 공식

$$\text{농도}(\%)=\frac{\text{용질(소금)의 질량}}{\text{용질(소금물)의 질량}}\times 100=\frac{\text{용질의 질량}}{\text{용매의 질량}+\text{용질의 질량}}\times 100$$

2. 풀이 방법

두 소금물 A, B를 하나로 섞었을 때 ➜

(1) (A+B) 소금의 양＝A 소금의 양+B 소금의 양
(2) (A+B) 소금물의 양＝A 소금물의 양+B 소금물의 양
(3) $(\text{A}+\text{B})\ \text{농도}=\frac{(\text{A}+\text{B})\ \text{소금의 양}}{(\text{A}+\text{B})\ \text{소금물의 양}}\times 100$

3 일의 양

1. 공식

- 일률 $=\frac{일량}{시간}$ • 일량 = 시간 × 일률 • 시간 $=\frac{일량}{일률}$

2. 풀이 방법

(1) 전체 일을 1로 둔다.

(2) 단위시간당 일의 양을 분수로 나타낸다.

4 약 · 배수

1. **공약수** : 두 정수의 공통 약수가 되는 정수, 즉 두 정수가 모두 나누어떨어지는 정수를 말한다.

2. **최대공약수** : 공약수 중에서 가장 큰 수로, 공약수는 그 최대공약수의 약수이다.

3. **서로소** : 공약수가 1뿐인 두 자연수이다.

4. **공배수** : 두 정수의 공통 배수가 되는 정수를 말한다.

5. **최소공배수** : 공배수 중에서 가장 작은 수로, 공배수는 그 최소공배수의 배수이다.

6. 최대공약수와 최소공배수의 관계

$$G\overline{)\,A\quad B\,}$$
$$\quad a\quad b$$

두 자연수 A, B의 최대공약수가 G이고 최소공배수가 L일 때 → $A=a\times G$, $B=b\times G$(a, b는 서로소)라 하면 $L=a\times b\times G$가 성립한다.

7. 약수의 개수

자연수 n이 $p_1^{e_1}p_2^{e_2}\cdots p_k^{e_k}$로 소인수분해될 때, n의 약수의 개수는 $(e_1+1)(e_2+1)\cdots(e_k+1)$개이다.

5 손익계산

1. 공식

- 정가 = 원가 $\times \left(1+\dfrac{\text{이익률}}{100}\right)$
- 정가 = 원가 + 이익
- 할인율(%) = $\dfrac{\text{정가}-\text{할인가(판매가)}}{\text{정가}}\times 100$
- 할인가 = 정가 $\times\left(1-\dfrac{\text{할인율}}{100}\right)$ = 정가 − 할인액
- 이익 = 원가 $\times \dfrac{\text{이익률}}{100}$

2. 풀이 방법

(1) 정가가 원가보다 a원 비싸다. → 정가=원가$+a$

(2) 정가가 원가보다 b% 비싸다. → 정가=원가$\times\left(1+\dfrac{b}{100}\right)$

(3) 판매가가 정가보다 c원 싸다. → 판매가=정가$-c$

(4) 판매가가 정가보다 d% 싸다. → 판매가=정가$\times\left(1-\dfrac{d}{100}\right)$

6 원리합계

1. 정기예금

(1) **단리** : 원금에 대해서만 이자를 붙이는 방식이다.

$$S=A(1+rn)$$

** S : 원리합계, A : 원금, r : 연이율, n : 기간(년)

예

원금 100만 원, 연 10% 단리

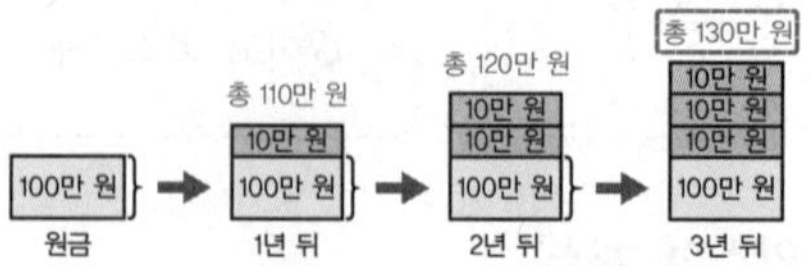

(2) **복리** : 원금뿐만 아니라 원금에서 생기는 이자에도 이자를 붙이는 방식이다.

$$S=A(1+r)^n$$

** S : 원리합계, A : 원금, r : 연이율, n : 기간(년)

예

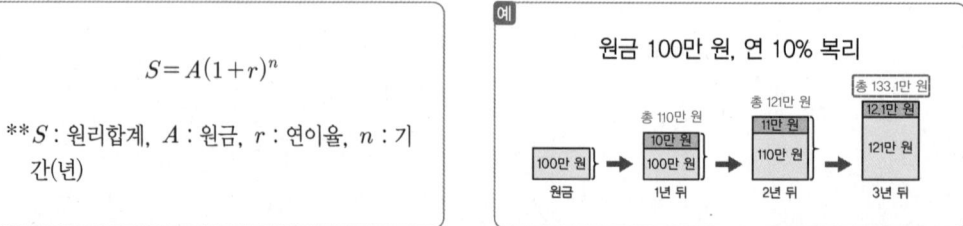

원금 100만 원, 연 10% 복리

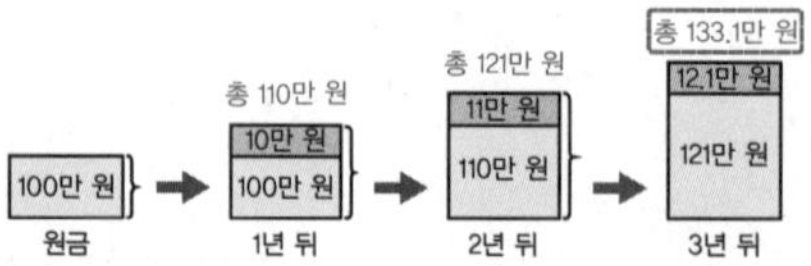

2. 정기적금

(1) **기수불** : 각 단위기간의 첫날에 적립하는 방식으로 마지막에 적립한 예금도 단위기간 동안의 이자가 발생한다.

예

- 단리 : $S=An+A\times r\times\frac{n(n+1)}{2}$
- 복리 : $S=\frac{A(1+r)\{(1+r)^n-1\}}{r}$

→ ** S : 원리합계, A : 원금, r : 연이율, n : 기간(년)

(2) **기말불** : 각 단위기간의 마지막 날에 적립하는 방식으로 마지막에 적립한 예금은 이자가 발생하지 않는다.

예

- 단리 : $S=An+A\times r\times\frac{n(n-1)}{2}$
- 복리 : $S=\frac{A\{(1+r)^n-1\}}{r}$

→ ** S : 원리합계, A : 원금, r : 연이율, n : 기간(년)

3. 72의 법칙

이자율을 복리로 적용할 때 투자한 돈이 2배가 되는 시간을 계산하는 방법이다.

$$\text{원금이 2배가 되기까지 걸리는 시간(년)}=\frac{72}{\text{이자율(\%)}}$$

7 간격

1. 직선상에 심는 경우

구분	양쪽 끝에도 심는 경우	양쪽 끝에는 심지 않는 경우	한쪽 끝에만 심는 경우
필요한 나무 수	$\frac{\text{직선 길이}}{\text{간격 길이}}+1=\text{간격의 수}+1$	$\frac{\text{직선 길이}}{\text{간격 길이}}-1=\text{간격의 수}-1$	$\frac{\text{직선 길이}}{\text{간격 길이}}=\text{간격의 수}$
직선 길이	간격 길이×(나무 수−1)	간격 길이×(나무 수+1)	간격 길이×나무 수

2. 원 둘레상에 심는 경우

(1) 공식

- 필요한 나무 수 : $\frac{\text{둘레 길이}}{\text{간격 길이}}$=간격의 수
- 둘레 길이 : 간격 길이×나무 수

(2) 원형에 나무를 심을 때 특징

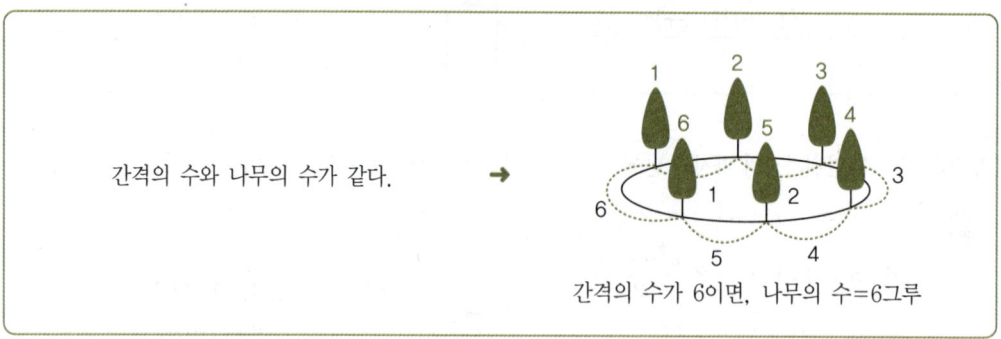

간격의 수와 나무의 수가 같다. ➜

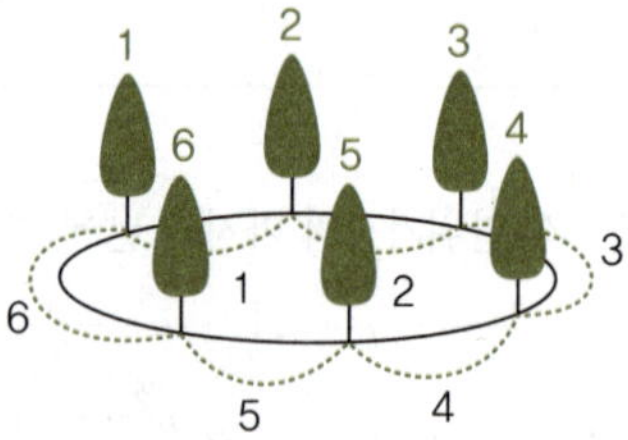

간격의 수가 6이면, 나무의 수=6그루

(3) 풀이 순서

① 일직선상에 심는 경우인지 원형상에 심는 경우인지 구분한다.

② 공식을 적용하여 풀이한다.

8 나이 · 시계각도

1. 나이

(1) x년이 흐른 뒤에는 모든 사람이 x살씩 나이를 먹는다.

(2) 시간이 흘러도 객체 간의 나이 차이는 동일하다.

2. 시침의 각도

예

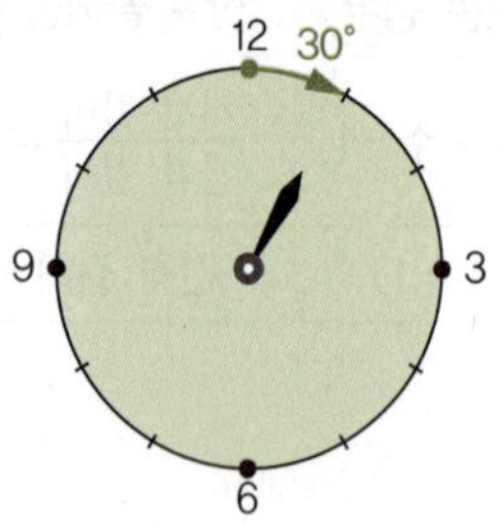

➜

- 12시간 동안 회전한 각도 : 360°
- 1시간 동안 회전한 각도 : 360°÷12=30°
- 1분 동안 회전한 각도 : 30°÷60=0.5°
  - ↳ X시 Y분일 때 시침의 각도 : 30°X+0.5°Y

3. 분침의 각도

예

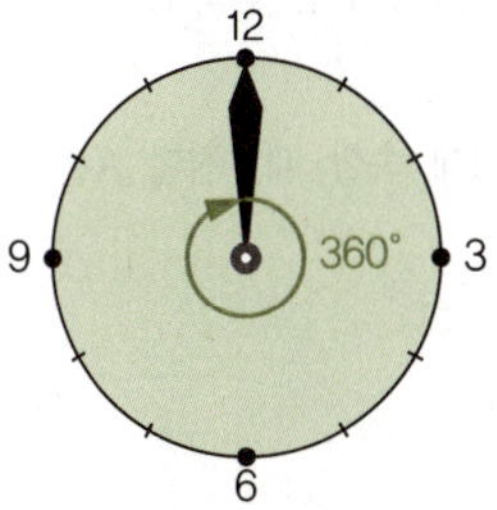

→

- 1시간 동안 회전한 각도 : 360°
- 1분 동안 회전한 각도 : 360°÷60=6°
  ↳ X시 Y분일 때 분침의 각도 : 6°Y

4. 시침과 분침이 이루는 각도

예

X시 Y분일 때 시침과 분침이 이루는 각도

→

예

$|(30°X+0.5°Y)-6°Y|=|30°X-5.5°Y|$

(단, 각도 A가 180°보다 클 경우 360°$-A$를 한다)

9 곱셈공식

- $(a\pm b)^2=a^2\pm 2ab+b^2$
- $(a+b)(a-b)=a^2-b^2$
- $(a\pm b)^3=a^3\pm 3a^2b+3ab^2\pm b^3$
- $(x+a)(x+b)=x^2+(a+b)x+ab$
- $(ax+b)(cx+d)=acx^2+(ad+bc)x+bd$
- $(a\pm b)^2=(a\mp b)^2\pm 4ab$
- $(a+b+c)^2=a^2+b^2+c^2+2ab+2bc+2ca$
- $(a\pm b)(a^2\mp ab+b^2)=a^3\pm b^3$
- $a^2+b^2=(a\pm b)^2\mp 2ab$
- $a^2+\dfrac{1}{a^2}=\left(a\pm\dfrac{1}{a}\right)^2\mp 2$ (단, $a\neq 0$)

10 집합

1. **집합** : 주어진 조건에 의하여 그 대상을 명확하게 구분할 수 있는 모임이다.

2. **부분집합** : 두 집합 A, B에 대하여 집합 A의 모든 원소가 집합 B에 속할 때, 집합 A는 집합 B의 부분집합($A\subset B$)이라 한다.

3. 집합의 포함 관계에 대한 성질

임의의 집합 A, B, C에 대하여
- $\varnothing\subset A$, $A\subset A$
- $A\subset B$이고 $B\subset A$이면 $A=B$
- $A\subset B$이고 $B\subset C$이면 $A\subset C$

4. 합집합, 교집합, 여집합, 차집합

합집합	교집합
$A\cup B=\{x \mid x\in A$ 또는 $x\in B\}$ 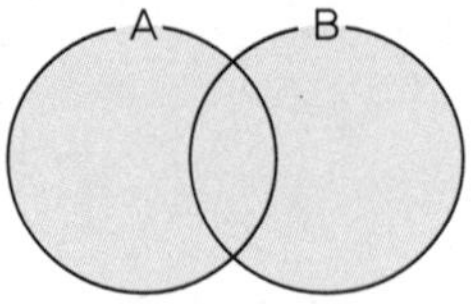	$A\cap B=\{x \mid x\in A$이고 $x\in B\}$ 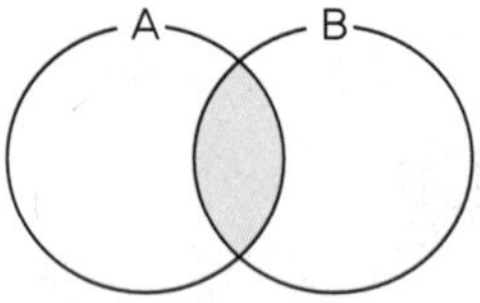
여집합	**차집합**
$A^c=\{x \mid x\in U$이고 $x\notin A\}$ 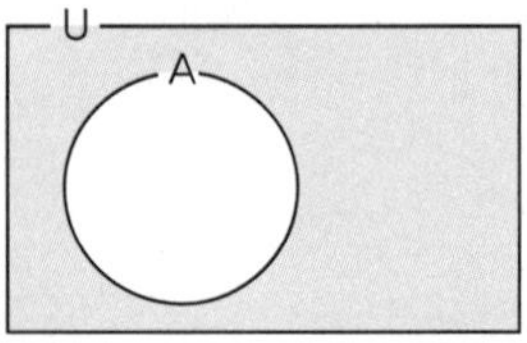	$A-B=\{x \mid x\in A$이고 $x\notin B\}$ 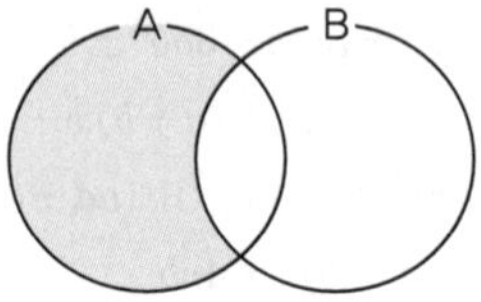

5. 집합의 연산법칙

• 교환법칙	$A\cup B=B\cup A$, $A\cap B=B\cap A$
• 결합법칙	$(A\cup B)\cup C=A\cup(B\cup C)$, $(A\cap B)\cap C=A\cap(B\cap C)$
• 분배법칙	$A\cup(B\cap C)=(A\cup B)\cap(A\cup C)$, $A\cap(B\cup C)=(A\cap B)\cup(A\cap C)$
• 드모르간의 법칙	$(A\cup B)^c=A^c\cap B^c$, $(A\cap B)^c=A^c\cup B^c$
• 차집합의 성질	$A-B=A\cap B^c$
• 여집합의 성질	$A\cup A^c=U$, $A\cap A^c=\varnothing$

11 지수와 로그법칙

1. 지수법칙

$a>0$, $b>0$이고 m, n이 임의의 실수일 때

- $a^m \times a^n = a^{m+n}$
- $a^m \div a^n = a^{m-n}$
- $(a^m)^n = a^{mn}$
- $(ab)^m = a^m b^m$
- $\left(\dfrac{a}{b}\right)^m = \dfrac{a^m}{b^m}$ (단, $b \neq 0$)
- $a^0 = 1$
- $a^{-n} = \dfrac{1}{a^n}$ (단, $a \neq 0$)

2. 로그법칙

- 로그의 정의 : $b = a^x \Leftrightarrow \log_a b = x$ (단, $a>0$, $a \neq 1$, $b>0$)

$a>0$, $a \neq 1$, $x>0$, $y>0$일 때

- $\log_a xy = \log_a x + \log_a y$
- $\log_a \dfrac{x}{y} = \log_a x - \log_a y$
- $\log_a x^p = p\log_a x$
- $\log_a \sqrt[p]{x} = \dfrac{\log_a x}{p}$
- $\log_a x = \dfrac{\log_b x}{\log_b a}$ (단, $b>0$, $b \neq 1$)

12 제곱근

1. 제곱근

어떤 수 x를 제곱하여 a가 되었을 때, x를 a의 제곱근이라 한다.

→ 예

$x^2 = a \Leftrightarrow x = \pm\sqrt{a}$ (단, $a \geq 0$)

2. 제곱근의 연산

$a>0$, $b>0$일 때

- $m\sqrt{a}+n\sqrt{a}=(m+n)\sqrt{a}$
- $m\sqrt{a}-n\sqrt{a}=(m-n)\sqrt{a}$
- $\sqrt{a}\sqrt{b}=\sqrt{ab}$
- $\sqrt{a^2b}=a\sqrt{b}$
- $\dfrac{\sqrt{a}}{\sqrt{b}}=\sqrt{\dfrac{a}{b}}$

3. 분모의 유리화 : 분수의 분모가 근호를 포함한 무리수일 때 분모, 분자에 0이 아닌 같은 수를 곱하여 분모를 유리수로 고치는 것이다.

$a>0$, $b>0$일 때

- $\dfrac{a}{\sqrt{b}}=\dfrac{a\sqrt{b}}{\sqrt{b}\sqrt{b}}=\dfrac{a\sqrt{b}}{b}$
- $\dfrac{\sqrt{a}}{\sqrt{b}}=\dfrac{\sqrt{a}\sqrt{b}}{\sqrt{b}\sqrt{b}}=\dfrac{\sqrt{ab}}{b}$
- $\dfrac{1}{\sqrt{a}+\sqrt{b}}=\dfrac{\sqrt{a}-\sqrt{b}}{(\sqrt{a}+\sqrt{b})(\sqrt{a}-\sqrt{b})}=\dfrac{\sqrt{a}-\sqrt{b}}{a-b}$ (단, $a\neq b$)
- $\dfrac{1}{\sqrt{a}-\sqrt{b}}=\dfrac{\sqrt{a}+\sqrt{b}}{(\sqrt{a}-\sqrt{b})(\sqrt{a}+\sqrt{b})}=\dfrac{\sqrt{a}+\sqrt{b}}{a-b}$ (단, $a\neq b$)

13 방정식

1. 등식($A=B$)의 성질

(1) 양변에 같은 수 m을 더해도 등식은 성립한다. $A+m=B+m$

(2) 양변에 같은 수 m을 빼도 등식은 성립한다. $A-m=B-m$

(3) 양변에 같은 수 m을 곱해도 등식은 성립한다. $A\times m=B\times m$

(4) 양변에 0이 아닌 같은 수 m을 나누어도 등식은 성립한다. $A\div m=B\div m$(단, $m\neq 0$)

2 이차방정식의 근의 공식

$ax^2+bx+c=0$일 때(단, $a \neq 0$) $x=\dfrac{-b\pm\sqrt{b^2-4ac}}{2a}$

3. 이차방정식의 근과 계수와의 관계 공식

- $ax^2+bx+c=0$(단, $a \neq 0$)의 두 근이 α, β일 때 ➜ $\alpha+\beta=-\dfrac{b}{a}$ $\alpha\beta=\dfrac{c}{a}$
- $x=\alpha$, $x=\beta$를 두 근으로 하는 이차방정식 ➜ $a(x-\alpha)(x-\beta)=0$

4. 연립일차방정식의 풀이 방법

(1) **계수가 소수인 경우** : 양변에 10, 100, …을 곱하여 계수가 모두 정수가 되도록 한다.

(2) **계수가 분수인 경우** : 양변에 분모의 최소공배수를 곱하여 계수가 모두 정수가 되도록 한다.

(3) **괄호가 있는 경우** : 괄호를 풀고 동류항을 간단히 한다.

(4) **$A=B=C$의 꼴인 경우** : ($A=B$, $A=C$), ($B=A$, $B=C$), ($C=A$, $C=B$)의 3가지 중 어느 하나를 택하여 푼다.

5. 이차방정식의 풀이 방법

(1) $AB=0$의 성질을 이용한 풀이

$AB=0$이면 $A=0$ 또는 $B=0$ ➜ $(x-a)(x-b)=0$이면 $x=a$ 또는 $x=b$

(2) 인수분해를 이용한 풀이

주어진 방정식을 (일차식)×(일차식)=0의 꼴로 인수분해하여 푼다.

$ax^2+bx+c=0 \xrightarrow[\text{인수분해}]{} a(x-p)(x-q)=0 \longrightarrow x=p$ 또는 $x=q$

(3) 제곱근을 이용한 풀이

- $x^2=a$(단, $a \geq 0$)이면 $x=\pm\sqrt{a}$
- $ax^2=b\left(단, \dfrac{b}{a} \geq 0\right)$이면 $x=\pm\sqrt{\dfrac{b}{a}}$
- $(x-a)^2=b$(단, $b \geq 0$)이면 $x-a=\pm\sqrt{b}$에서 $x=a\pm\sqrt{b}$

(4) 완전제곱식을 이용한 풀이

이차방정식 $ax^2+bx+c=0$(단, $a \neq 0$)의 해는 다음과 같이 고쳐서 구할 수 있다.

- $a=1$일 때, $x^2+bx+c=0$ ➜ $(x+p)^2=q$의 꼴로 변형
- $a \neq 1$일 때, $ax^2+bx+c=0$ ➜ $x^2+\dfrac{b}{a}x+\dfrac{c}{a}=0$
  $(x+p)^2=q$의 꼴로 변형

14 부등식

1. 성질

- $a<b$일 때, $a+c<b+c$, $a-c<b-c$
- $a<b$, $c>0$일 때, $ac<bc$, $\dfrac{a}{c}<\dfrac{b}{c}$
- $a<b$, $c<0$일 때, $ac>bc$, $\dfrac{a}{c}>\dfrac{b}{c}$

2. 일차부등식의 풀이 순서

(1) 미지수 x를 포함한 항은 좌변으로, 상수항은 우변으로 이항한다.

(2) $ax>b$, $ax<b$, $ax \geq b$, $ax \leq b$의 꼴로 정리한다(단, $a \neq 0$).

(3) 양변을 x의 계수 a로 나눈다.

15 비와 비율

1. **비** : 두 수의 양을 기호 ' : '을 사용하여 나타내는 것

비례식에서 외항의 곱과 내항의 곱은 항상 같다.	➜	$A : B = C : D$일 때, $A \times D = B \times C$

2. **비율** : 비교하는 양이 원래의 양(기준량)의 얼마만큼에 해당하는지를 나타낸 것

• 비율$=\dfrac{\text{비교하는 양}}{\text{기준량}}$ • 비교하는 양=비율×기준량 • 기준량=비교하는 양÷비율

소수	분수	백분율	할푼리
0.1	$\frac{1}{10}$	10%	1할
0.01	$\frac{1}{100}$	1%	1푼
0.25	$\frac{25}{100}=\frac{1}{4}$	25%	2할 5푼
0.375	$\frac{375}{1,000}=\frac{3}{8}$	37.5%	3할 7푼 5리

* 백분율(%) : 기준량이 100일 때의 비율
* 할푼리 : 비율을 소수로 나타내었을 때 소수 첫째 자리, 소수 둘째 자리, 소수 셋째 자리를 이르는 말

16 경우의 수

1. **합의 법칙** : 두 사건 A, B가 동시에 일어나지 않을 때, 사건 A, B가 일어날 경우의 수를 각각 m, n이라고 하면, 사건 A 또는 B가 일어날 경우의 수는 $(m+n)$가지이다.

2. **곱의 법칙** : 사건 A, B가 일어날 경우의 수를 각각 m, n이라고 하면, 사건 A, B가 동시에 일어날 경우의 수는 $(m \times n)$가지이다.

3. 순열

서로 다른 n개에서 중복을 허용하지 않고 r개를 골라 순서를 고려해 나열하는 경우의 수 → 예

$${}_nP_r = n(n-1)(n-2)\cdots(n-r+1) = \frac{n!}{(n-r)!} \quad (\text{단, } r \le n)$$

4. 조합

서로 다른 n개에서 순서를 고려하지 않고 r개를 택하는 경우의 수 → 예

$${}_nC_r = \frac{n(n-1)(n-2)\cdots(n-r+1)}{r!} = \frac{n!}{r!(n-r)!} \quad (\text{단, } r \le n)$$

5. 중복순열

서로 다른 n개에서 중복을 허용하여 r개를 골라 순서를 고려해 나열하는 경우의 수 → 예

$${}_n\Pi_r = n^r$$

6. 중복조합

서로 다른 n개에서 순서를 고려하지 않고 중복을 허용하여 r개를 택하는 경우의 수 → 예

$${}_nH_r = {}_{n+r-1}C_r$$

7. 같은 것이 있는 순열

n개 중에 같은 것이 각각 p개, q개, r개일 때 n개의 원소를 모두 택하여 만든 순열의 수 → 예

$$\frac{n!}{p!q!r!} \quad (\text{단, } p+q+r=n)$$

8. 원순열

서로 다른 n개를 원형으로 배열하는 경우 → 예

$$\frac{{}_nP_n}{n} = (n-1)!$$

17 확률

1. 일어날 수 있는 모든 경우의 수를 n가지, 사건 A가 일어날 경우의 수를 a가지라고 하면 사건 A가 일어날 확률 $P=\frac{a}{n}$, 사건 A가 일어나지 않을 확률 $P'=1-P$이다.

2. **두 사건 A, B가 배반사건(동시에 일어나지 않을 때)일 경우** $P(A\cup B)=P(A)+P(B)$

3. **두 사건 A, B가 독립(두 사건이 서로 영향을 주지 않을 때)일 경우** $P(A\cap B)=P(A)P(B)$

4. **조건부확률** : 확률이 0이 아닌 두 사건 A, B에 대하여 사건 A가 일어났다고 가정할 때, 사건 B가 일어날 확률 $P(B|A)=\frac{P(A\cap B)}{P(A)}$ (단, $P(A)>0$)

언어추리

주어진 명제나 조건에 대한 이해를 바탕으로 상황과 결론을 추론해내는 능력과 함께, 명제의 역 · 이 · 대우 관계, 삼단논법 등을 바탕으로 논리적인 판단을 할 수 있는지를 평가하는 능력이다.

1 명제

1. **명제** : 'P이면 Q이다(P → Q)'라고 나타내는 문장을 명제라 부르며 P는 가정, Q는 결론이다.

예

삼각형 세 변의 길이가 같다면 세 개의 각은 모두 60°이다.
P(가정) : 삼각형 세 변의 길이가 같다.
⇓
Q(결론) : 세 개의 각은 모두 60°이다.

(1) **명제의 역** : 원 명제의 가정과 결론을 바꾼 명제 'Q이면 P이다'를 말한다(Q → P).

예 세 개의 각이 모두 60°이면 삼각형 세 변의 길이는 같다.

(2) **명제의 이** : 원 명제의 가정과 결론을 둘 다 부정한 명제 'P가 아니면 Q가 아니다'를 말한다(~P → ~Q).

예 삼각형 세 변의 길이가 같지 않다면 세 개의 각은 모두 60°가 아니다.

(3) **명제의 대우** : 원 명제의 역의 이, 즉 'Q가 아니면 P가 아니다'를 말한다(~Q → ~P).

예 세 개의 각이 모두 60°가 아니면 삼각형 세 변의 길이는 같지 않다.

(4) **역 · 이 · 대우의 관계** : 원 명제가 옳을(참) 때 그 역과 이도 반드시 옳다고 할 수 없으나 그 대우는 반드시 참이다. 즉 원 명제와 대우의 진위는 반드시 일치한다.

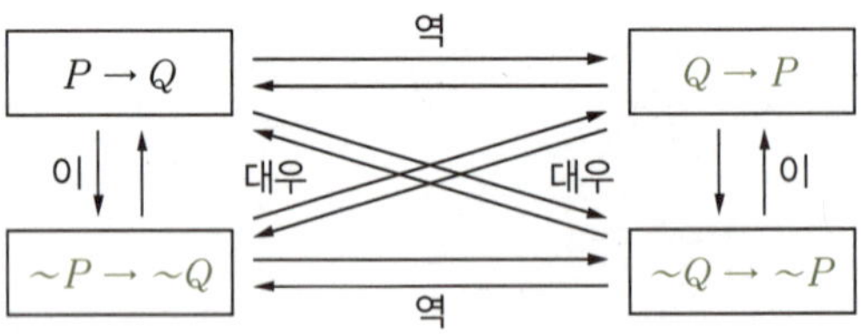

2. 삼단논법

(1) 두 개의 명제를 전제로 하여 하나의 새로운 명제를 도출해 내는 것을 말한다.

예

[명제 1] P이면 Q이다(P → Q).
[명제 2] Q이면 R이다(Q → R).
⇓
P이면 R이다(P → R).

(2) 여기서 'P → Q'가 참이고 'Q → R'이 참일 경우, 'P → R' 또한 참이다.

예

테니스를 좋아하는 사람은 축구를 좋아한다.
축구를 좋아하는 사람은 야구를 싫어한다.
⇓
테니스를 좋아하는 사람은 야구를 싫어한다.

2 논증

1. 연역추론

전제에서 시작하여 논리적인 주장을 통해 특정 결론에 도달한다.

➜

예

사람은 음식을 먹어야 살 수 있다.
나는 사람이다.
나는 음식을 먹어야 살 수 있다.

2. 귀납추론

관찰이나 경험에서 시작하여 일반적인 결론에 도달한다.

➜

예

소크라테스는 죽었다. 플라톤도 죽었다.
아리스토텔레스도 죽었다.
이들은 모두 사람이다.
그러므로 모든 사람은 죽는다.

3 참 · 거짓[진위]

1. 의미 : 여러 인물의 발언 중에서 거짓을 말하는 사람과 진실을 말하는 사람이 있는 문제이다. 이런 문제를 해결하는 기본 원리는 참인 진술과 거짓인 진술 사이에 모순이 발생한다는 점이다.

2. 직접 추론 : 제시된 조건에 따른 경우의 수를 하나씩 고려하면서 다른 진술과의 모순 여부를 확인하여 참 · 거짓을 판단한다.

(1) 가정을 통해 모순을 고려하는 방법

① 한 명이 거짓을 말하거나 진실을 말하고 있다고 가정한다.

② 가정에 따라 조건을 적용하고 정리한다.

③ 모순이 없는지 확인한다.

예

네 사람 중에서 진실을 말하는 사람이 3명, 거짓을 말하는 사람이 1명 있다고 할 때, 네 명 중 한 사람이 거짓말을 하고 있다고 가정한다. 그리고 네 가지 경우를 하나씩 검토하면서 다른 진술과 제시된 조건과의 모순 여부를 확인하여 거짓을 말한 사람을 찾는다. 거짓을 말한 사람이 확정되면 나머지는 진실을 말한 것이므로 다시 모순이 없는지 확인한 후 이를 근거로 하여 문제에서 요구하는 사항을 추론할 수 있다.

(2) 그룹으로 나누어 고려하는 방법

① 진술에 따라 그룹으로 나누어 가정한다.

② 나눈 가정에 따라 조건을 반영하여 정리한다.

③ 모순이 없는지 확인한다.

A의 발언 중에 'B는 거짓말을 하고 있다'라는 것이 있다.	A와 B는 다른 그룹
A의 발언과 B의 발언 내용이 대립한다.	
A의 발언 중에 'B는 옳다'라는 것이 있다.	A와 B는 같은 그룹
A의 발언과 B의 발언 내용이 일치한다.	

※ 모든 조건의 경우를 고려하는 것도 방법이지만 그룹을 나누어 분석하는 것이 더 효율적일 때 사용하는 방법이다.

- 거짓을 말하는 한 명을 찾는 문제에서 진술하는 사람 A～E 중 A, B, C가 A에 대해 말하고 있고 D에 대해 D, E가 말하고 있다면 적어도 A, B, C 중 두 사람은 정직한 사람이므로 A와 B, B와 C, C와 A를 각각 정직한 사람이라고 가정하고 분석하여 다른 진술의 모순을 살핀다.

4 자리 추론과 순위 변동

1. 자리 추론

(1) 기준이 되는 사람을 찾아 고정한 후 위치관계를 파악한다.

(2) 다른 사람과의 위치관계 정보가 가장 많은 사람을 주목한다.

(3) 정면에 앉은 사람들의 자리를 고정한다.

(4) 떨어져 있는 것들의 위치관계를 먼저 정한다.

(5) 좌우의 위치에 주의한다.

자리추론

• A의 정면에는 D가 있다.

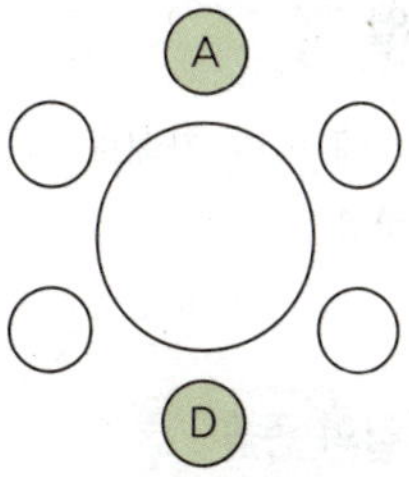

• A의 오른편에 B가 앉아있고, 왼편에 C가 앉아있다.

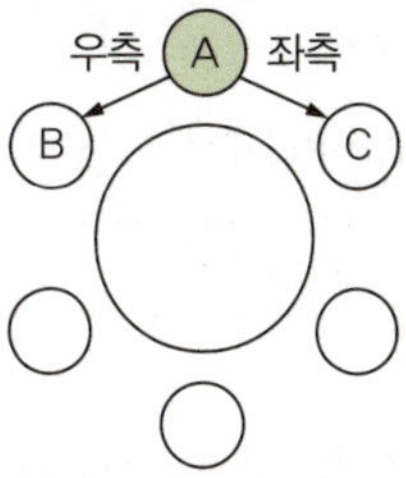

2. 순위 변동

마라톤과 같은 경기에서 경기 도중의 순서와 최종 순위로 답을 추론하는 문제이다.

(1) 가장 많은 조건이 주어진 것을 고정한 후 분석한다.

(2) '어느 지점을 먼저 통과했다' 등으로 순위를 확실하게 알 수 있는 경우에는 부등호를 사용한다.

예 A는 B보다 먼저 신호를 통과했다. A > B

(3) 순위를 알 수 없는 부분은 □, ○ 등을 사용하여 사이 수를 표시한다.

예 B와 D 사이에는 2대가 통과하고 있다. B○○D, D○○B

(4) 생각할 수 있는 경우의 수를 전부 정리한다.

예 A의 양옆에는 B와 D가 있다. BAD, DAB

(5) 'B와 C 사이에 2명이 있다', 'B와 C는 붙어 있지 않다' 등 떨어져 있는 조건에 주목하여 추론한다. 선택지에 있는 값을 넣어 보면 더 쉽게 찾을 수 있다.

수열추리

제시된 문자열 및 수열을 통해 배열된 문자와 수의 규칙을 파악하여 들어갈 문자 및 숫자를 추론하거나, 사칙연산 등 수리적 지식을 이용하여 일정한 규칙성을 파악하는 능력을 평가한다.

1 수열

어떤 규칙에 따라 차례로 나열된 수의 열을 수열이라 하고, 수열을 이루고 있는 각각의 수를 그 수열의 항이라고 한다.

2 수열의 종류

1. **등차수열** : 첫째항부터 차례로 일정한 수를 더하여 만들어지는 수열, 각 항에 더하는 일정한 수, 즉 뒤의 항에서 앞의 항을 뺀 수를 등차수열의 공차라고 한다.

등차수열$\{a_n\}$에서

$a_2 - a_1 = a_3 - a_2 = \cdots = a_{n+1} - a_n = d$(공차)

→

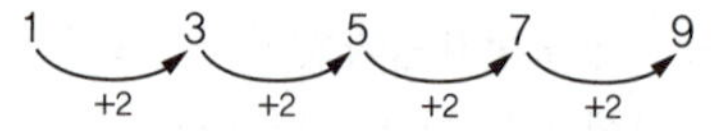

2. **등비수열** : 첫째항부터 차례로 일정한 수를 곱하여 만들어지는 수열

각 항에 곱하는 일정한 수, 즉 뒤의 항을 앞의 항으로 나눈 수를 등비수열의 공비라고 한다.

등비수열 $\{a_n\}$에서

$$\frac{a_2}{a_1} = \frac{a_3}{a_2} = \cdots = \frac{a_{n+1}}{a_n} = r(\text{공비})$$

→

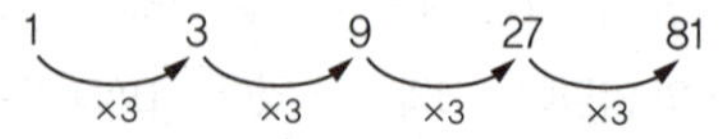

3. **등차계차수열**

앞의 항과의 차가 등차를 이루는 수열

→

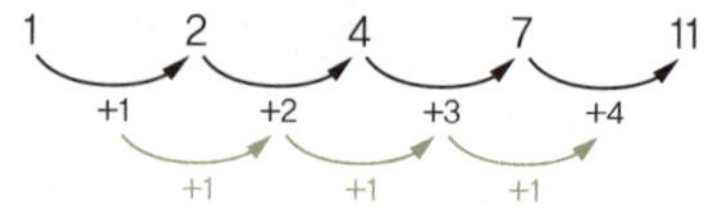

4. 등비계차수열

앞의 항과의 차가 등비를 이루는 수열 ➜

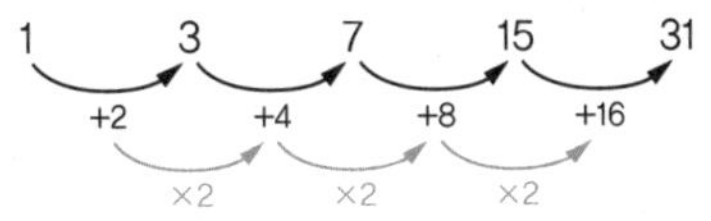

5. 피보나치수열

앞의 두 항의 합이 그 다음 항이 되는 수열 ➜ 1, 1, 2, 3, 5, 8, 13, 21, 34, ⋯

3 수열의 공식

1. 등차수열의 합

$a_k = a_1 + (k-1)d$인 등차수열일 때

$$S_n = \sum_{k=1}^{n} a_k = \frac{a_1 + a_n}{2} \times n = \frac{2a_1 + (n-1)d}{2} \times n$$

2. 등비수열의 합

$a_k = ar^{k-1}$인 등비수열일 때

$$S_n = \sum_{k=1}^{n} a_k = a + ar + ar^2 + \cdots + ar^{n-1} = a\frac{1-r^n}{1-r} \text{ (단, } r \neq 1)$$

3. 멱급수

등차수열과 등비수열의 곱으로 이루어진 수열의 합

4 문자 추리

1. 일반 자음

ㄱ	ㄴ	ㄷ	ㄹ	ㅁ	ㅂ	ㅅ
1	2	3	4	5	6	7
ㅇ	ㅈ	ㅊ	ㅋ	ㅌ	ㅍ	ㅎ
8	9	10	11	12	13	14

문자수열 해결전략

- 제시된 문자를 숫자로 치환하여 해결한다.
- 순환패턴임을 염두에 두고 문제를 해결한다. 예를 들어, 일반 자음 순서에서 'ㄱ'은 1이기도 하지만 15, 29, …이기도 하다.

2. 쌍자음이 포함된 자음(사전에 실리는 순서)

ㄱ	ㄲ	ㄴ	ㄷ	ㄸ	ㄹ	ㅁ	ㅂ	ㅃ	ㅅ
1	2	3	4	5	6	7	8	9	10
ㅆ	ㅇ	ㅈ	ㅉ	ㅊ	ㅋ	ㅌ	ㅍ	ㅎ	
11	12	13	14	15	16	17	18	19	

3. 일반 모음

ㅏ	ㅑ	ㅓ	ㅕ	ㅗ	ㅛ	ㅜ	ㅠ	ㅡ	ㅣ
1	2	3	4	5	6	7	8	9	10

4. 이중모음이 포함된 모음 순서(사전에 실리는 순서)

ㅏ	ㅐ	ㅑ	ㅒ	ㅓ	ㅔ	ㅕ
1	2	3	4	5	6	7
ㅖ	ㅗ	ㅘ	ㅙ	ㅚ	ㅛ	ㅜ
8	9	10	11	12	13	14
ㅝ	ㅞ	ㅟ	ㅠ	ㅡ	ㅢ	ㅣ
15	16	17	18	19	20	21

5. 알파벳

A	B	C	D	E	F	G	H	I
1	2	3	4	5	6	7	8	9
J	K	L	M	N	O	P	Q	R
10	11	12	13	14	15	16	17	18
S	T	U	V	W	X	Y	Z	
19	20	21	22	23	24	25	26	

One Point Lesson

*** 다음 문자들의 배열 규칙을 찾아 '?'에 들어갈 알맞은 문자를 고르면?**

A D G J M (?)

① P ② Q ③ R ④ S ⑤ T

해결전략 3씩 증가하는 규칙을 가진 등차수열이다.

A → D → G → J → M → (?)

1 → 4 → 7 → 10 → 13 → (?)
(+3 +3 +3 +3 +3)

따라서 '?'에 들어갈 문자는 13+3=16에 해당하는 P이다.

고시넷 SK하이닉스 온라인 [SKCT] 종합역량검사 최신기출유형모의고사

출제 영역 · 문항 수 · 시험 시간

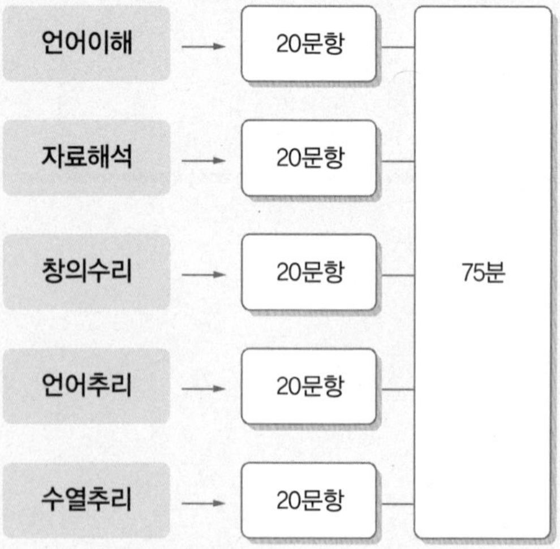

SK하이닉스 온라인 [SKCT] 종합역량검사

파트 2 기출유형모의고사

SKCT 1회 기출유형문제

문항수 | 100문항
시험시간 | 75분

▸ 정답과 해설 15쪽

영역 1 언어이해

20문항 / 15분

01. 다음 글의 주제로 가장 적절한 것은?

> 어떤 경제주체의 행위가 자신과 거래하지 않는 제3자에게 의도하지 않게 이익이나 손해를 주는 것을 '외부성'이라 한다. 과수원의 과일 생산이 인접한 양봉업자의 벌꿀 생산에 이익을 준다든지, 공장의 제품 생산이 강물을 오염시켜 주민들에게 피해를 주는 것 등이 대표적인 사례이다. 외부성은 사회 전체로 보면 이익이 극대화되지 않는 비효율성을 초래할 수 있다. 개별 경제 주체가 제3자의 이익이나 손해까지 고려하여 행동하지는 않을 것이기 때문이다. 예를 들어, 과수원의 이윤을 극대화하는 생산량이 Q_a라고 할 때, 생산량을 Q_a보다 늘리면 과수원의 이윤은 줄어든다. 하지만 이로 인한 과수원의 이윤 감소보다 양봉업자의 이윤 증가가 더 크다면, 생산량을 Q_a보다 늘리는 것이 사회적으로 바람직하다. 하지만 과수원이 자발적으로 양봉업자의 이익까지 고려하여 생산량을 Q_a보다 늘릴 이유는 없다. 전통적인 경제학은 이러한 비효율성의 해결책이 보조금이나 벌금과 같은 정부의 개입이라고 생각한다. 보조금을 받거나 벌금을 내게 되면 제3자에게 주는 이익이나 손해가 더 이상 자신의 이익과 무관하지 않게 되므로, 자신의 이익에 충실한 선택이 사회적으로 바람직한 결과로 이어진다는 것이다.

① 외부성으로 인한 사회적 비효율성의 심각성
② 비효율성 문제에 대한 전통적인 경제학의 해결책
③ 비효율성 문제 해결을 위한 정부 대책의 시급성
④ 외부성 효과로 인한 사회 전체 이익의 극대화
⑤ 비효율적 특성을 지니고 있는 외부성의 구체적 사례

02. 다음 글의 내용과 일치하는 것은?

> 현대 자본주의 사회에서 대중은 예술미보다 상품미에 더 민감하다. 상품미란 이윤을 얻기 위해 대량으로 생산하는 상품이 가지는 아름다움을 의미한다. 같은 값이면 다홍치마라고, 요즈음 생산자는 상품을 더 많이 팔기 위해 디자인과 색상에 신경을 쓰고, 소비자는 같은 제품이라도 겉모습이 화려하거나 아름다운 것을 구입하려고 한다. 결국 우리가 주위에서 보는 거의 모든 상품은 상품미를 추구하고 있는 셈이다. 그래서인지 모든 것을 다 상품으로 취급하는 자본주의 사회에서는 돈벌이를 위해서라면 사물, 심지어는 인간까지도 상품미를 추구하는 대상으로 삼는다.

① 현대 사회의 소비자들은 동일한 제품이라면 외양이 고운 것을 선택한다.
② 기업에서 사람을 상품화하는 것은 비난받아 마땅한 일이다.
③ 가치관이 뚜렷한 소비자들은 제품의 디자인보다 활용도를 따진다.
④ 상품미는 제품의 아름다움으로서 이익과 관련이 없다.
⑤ 아직까지는 상품미를 추구하는 상품을 주변에서 보기 어렵다.

03. 다음 글의 빈칸에 들어갈 문장으로 알맞은 것은?

> 과거를 향유했던 사람들은 비교적 사람의 내면세계를 중요시했다. 겉으로 드러나는 모습은 허울에 불과하다고 믿었기 때문이다. 그러나 현 시대를 살아가는 사람들의 모습을 보면 인간관계에 있어, 그 누구도 타인의 내면세계를 깊이 알려고 하지 않을 뿐만 아니라 사실 그럴 만한 시간적 여유도 없다. 그런 이유로 '느낌'으로 와닿는 무언가만을 중시하며 살아간다. 그 '느낌'이란 것은 꼭 말로 설명할 수는 없다 하더라도 (   )
> 따라서 옷차림새나 말투 하나만 보고도 금방 어떤 '느낌'이 형성될 수도 있는 것이다.

① 사람과 사람 사이를 보이지 않게 연결해 주는 구실을 한다.
② 내면에서 우러나오는 것이기 때문이다.
③ 겉으로 드러난 모습에 의해 영향을 받기 마련이다.
④ 현 시대를 살아가는 사람에게는 매우 중요한 요소이다.
⑤ 내면세계와 밀접하게 관련되어 있음을 알 수 있다.

04. 다음 글을 통해 추론할 수 있는 내용으로 가장 적절한 것은?

> 통화 스와프(Currency Swap)는 외환 부족 등 유사시에 상대국의 통화를 이용하여 환시세의 안정을 도모하기 위한 것으로 국가 간에 그 해당하는 액수만큼의 통화를 맞교환하는 것, 즉 거래 당사국들이 일정 기간 동안 자국의 상품이나 금융 자산을 상대국의 것과 바꾸는 것을 말한다. 예를 들어 우리나라와 미국이 통화 스와프 협정을 맺으면 우리는 달러가 부족할 때 미국에 원화를 맡기고 일정액의 수수료를 부담하면 달러를 공급받을 수 있게 된다. 변제할 때에도 서로 계약에 따른 예치 당시의 환시세를 적용하도록 하여 시세 변동에 따른 위험을 예방할 수 있다.
>
> 외환 거래가 많은 다국적 기업들은 장기적인 환 위험 관리 수단과 투자 수익의 원천으로 통화 스와프를 적극 활용하고 있으며, 국가 간에는 외환 위기에 대응하기 위한 공동 협조 체제로 국가간 상호 협력 강화 수단으로써 활용되고 있다.

① 일정액의 수수료는 스와프를 요청하는 국가에서 부담한다.
② 스와프 협정으로 외환 공급을 받은 후 변제할 때에는 변동금리를 적용한다.
③ 다국적 기업은 장기적인 환 위험 관리 수단으로 통화 스와프를 필수적으로 활용한다.
④ 환율의 변동에 상관없이 협정국에서 차입할 때 소요되는 외환액수와 변제금액은 동일하다.
⑤ 변제할 경우 시세 변동에 따른 위험을 줄이기 위해 변제 당시의 환시세를 적용한다.

05. 다음 (가) ~ (마)를 문맥상 순서에 맞게 배열한 것은?

> (가) 문화를 이루는 인간 생활의 거의 모든 측면은 서로 관련을 맺고 있기 때문이다.
> (나) 20세기 인류학자들은 이러한 사실에 주목하여 문화 현상을 바라보았다.
> (다) 그러나 이 입장은 20세기에 들어서면서 어떤 문화도 부분만으로는 총체를 파악할 수 없다는 비판을 받게 되었다.
> (라) 19세기 일부 인류학자들은 결혼이나 가족 등 문화의 일부에 주목하여 문화 현상을 이해하고자 하였다.
> (마) 그들은 모든 문화가 '야만 → 미개 → 문명'이라는 단계적 순서로 발전한다고 설명하였다.

① (나)－(다)－(라)－(마)－(가)
② (나)－(가)－(다)－(라)－(마)
③ (라)－(마)－(가)－(다)－(나)
④ (라)－(마)－(다)－(가)－(나)
⑤ (라)－(나)－(가)－(다)－(마)

06. 다음 글의 주장에 대한 반박으로 가장 적절한 것은?

칭찬은 아이의 행동이나 감정에 대해 격려해 주고 지지해 주는 것이다. 그래서 앞으로의 생활에서 더욱 긍정적인 방향으로 행동을 유도할 수 있는 중요한 동기를 부여한다. 그러나 부모가 칭찬을 한다고 해서 아이들이 그것을 모두 칭찬이라고 받아들이지는 않는다. 자신의 행동과 감정에 대한 충분한 공감과 지지가 뒷받침될 때 비로소 정말로 자신이 인정받고 칭찬받는다고 느낄 수 있다.

올바른 칭찬을 위해서는 결과보다는 과정을 칭찬해야 한다. 결과가 매우 만족스럽고 대견해서 이를 칭찬해 주는 것은 당연하지만 부모는 자녀가 결과를 내기 위해 과정에 더욱 많은 노력을 기울였다는 것을 기억해야 한다. 결과만을 칭찬하다 보면 아이는 과정보다 결과가 더 중요하다고 암묵적으로 강요받게 되어 노력하는 과정보다는 잘했는가 못했는가 혹은 성공인가 실패인가에 초점을 두게 된다. 결국 잘하지 못하면, 그리고 성공하지 못하면 의기소침해지거나 심한 경우 편법을 써서라도 원하는 결과를 얻으려고 하게 된다. 그렇기 때문에 부모는 아이가 잘하지 못했거나 실패한 경우라도 아이의 '노력'에 대해 칭찬해야 하고, 성공한 경우에도 자신의 노력을 잊지 않도록 과정에 대한 칭찬을 해야 하는 것이다.

① 칭찬은 자녀의 행동을 수정하거나 강화하는 데 유용하게 쓰여야 한다.
② 남들에 비해 자녀가 잘하는 부분을 강조하며 칭찬하는 것이 올바른 칭찬이다.
③ 과정을 칭찬하는 데에만 집중하면 되레 결과를 소홀히 할 수 있다.
④ 칭찬을 최대한 구체적으로 해주는 것이 가장 중요하다.
⑤ 무조건적인 칭찬이 때로는 도움이 된다.

07. 다음 글의 제목으로 적절한 것은?

오늘의 급속한 사회적, 직업적 변화 가운데 지속가능한 노동시장 경쟁력과 고용가능성을 갖추는 것은 개인뿐 아니라 국가 차원에서도 중요하게 자리 잡게 되었다. 이는 현대적 환경 변화에 따른 주도적 경력 관리의 책임이 우선적으로는 조직 또는 개인에게 있지만, 지속가능한 방향과 국가 경쟁력 강화를 위해 국가 차원에서 체계적인 정책 수립과 이에 따른 세부적인 지원 방향 마련이 필요해졌기 때문이다. 거시적 측면에서 볼 때 과학기술의 진보뿐 아니라 경제성장의 둔화, 인구의 고령화, 노동시장의 유연화, 일자리 부조화 등 주요 변화에 따라 개인과 조직 간 심리적 계약의 내용과 형태도 바뀌고 있으며 전 생애 과정을 통한 경력개발의 필요성도 더욱 강조되고 있다. 이는 고용서비스 대상 또는 개인의 특성과 상황에 따라 더욱 다양하게 요구되는 실정이다. 청소년의 경우 4차 산업혁명에 따른 생애 전 영역에서의 변화와 미래 직업세계 변화에 대비할 수 있는 기본적인 태도와 자질, 미래역량을 함양할 수 있는 정책적 지원이 요구되고 있으며 청년의 경우에는 진로취업역량 강화를 위한 더욱 구체적이고 체계적인 정책 마련이 필요하다. 또한 지속가능한 경력개발과 고용가능성 함양을 위해서는 과거 실직자 대상의 취업지원 서비스에서 한 걸음 더 나아가 재직자 대상의 직업능력 향상 및 생애경력설계 지원이 요구되고 있다. 급속한 고령화의 진전과 노동시장의 불안정성, 베이비부머의 일자리 퇴직과 재취업 등으로 공공 고용서비스 영역에서 퇴직을 전후로 한 중·장년 근로자 대상의 정책과 적극적인 지원 또한 요구되고 있다.

① 거시적 관점에서의 노동시장 변화의 이해
② 지속가능 성장을 위한 노동시장의 유연화
③ 생애경력개발을 위한 정책 지원의 필요성
④ 4차 산업혁명으로 인한 고용시장의 변화와 전망
⑤ 생산가능인구 감소 시대의 경제성장과 노동시장

08. 다음 글의 빈칸에 들어갈 문장으로 가장 적절한 것은?

> 읽는 문화의 실종, 그것이 바로 현대사회의 특징이다. 신문의 판매 부수는 날로 감소해가는 반면 텔레비전의 시청률은 점점 높아지고 있다. 출판 시장 역시 마찬가지이다. 깨알 같은 글로 구성된 책보다 그림과 여백이 압도적으로 많이 들어간 만화 형태의 책들이 증가하고 있다. 보는 문화가 읽는 문화를 대체하고 있는 것이다. 읽는 일에는 피로가 동반하지만 보는 놀이에는 휴식이 따라온다는 인식으로 인해, 일을 저버리고 놀이만 좇는 문화가 범람하고 있다. 그러나 보는 놀이만으로는 주체적이고 능동적인 생각이 촉진되지 않는다. 읽는 일이 장려되지 않는 한 (   ) 책의 문화는 읽는 일과 직결되며, 생각하는 사회를 만드는 지름길이다.

① 놀이에 대한 현대인들의 열망은 더욱 커질 것이다.
② 우리 사회는 생각 없는 사회로 치달을 수밖에 없다.
③ 읽는 문화와 보는 문화는 상생할 수 없다.
④ 현대인이 이룩한 문화 사회는 무너지고 말 것이다.
⑤ 현대사회는 특징 없는 문화만을 향유하게 될 것이다.

09. 다음 글의 주제로 가장 적절한 것은?

> 전통적으로 재해라고 하면 자연재해와 인적재해를 일컬었으나, 최근에는 에너지 · 통신 · 교통 · 의료 · 수도 등 국가 기반 체계의 마비와 전염병 확산 등으로 인한 피해를 사회적 재해로 구분하여 재해의 범주에 포함시키고 있다. 이 중에서 물과 관련된 재해는 주로 자연재해에 포함된다. 물과 관련된 재해에는 통상 태풍 · 홍수 · 호우(豪雨) · 풍랑 · 해일(海溢) · 대설 · 가뭄 · 낙뢰 · 지진 · 황사(黃砂) · 적조, 그밖에 이에 준하는 물과 관련된 현상으로 인하여 발생하는 재해 등이 있는데, 이들은 전체 재해 중 절대적으로 높은 비중을 차지한다. 특히 국가가 고도성장의 과정을 거치면서 산업 시설 및 주거 시설 단지의 대형화와 집중화 및 노후화, 다중 이용 시설의 증가, 생활공간의 밀집화가 진행됨으로써 재해 발생 시 그 피해 규모도 더욱 커질 것이며, 환경오염 사고도 광역화될 가능성이 높다. 이에 대비하여 제방, 다목적댐, 저류시설, 사면보호, 방파제 등을 건설하고는 있지만 위와 같은 이유로 인하여 재해는 감소하지 않고 있는 추세이다.

① 물과 재해의 관계 이해
② 물 관련 자연재해에 대한 예방 필요성
③ 재해의 종류와 대비
④ 자연 재해의 이해
⑤ 자연 재해 극복의 역사

10. 다음 글의 내용과 일치하는 것은?

초파리는 물리적 자극에 의해 위로 올라가는 성질이 있다. 그런데 파킨슨씨병에 걸린 초파리는 운동성이 결여되어 물리적 자극을 주어도 위로 올라가지 않는다. 파킨슨씨병과 관련이 있다고 추정되는 유전자 A와 약물 B를 이용하여 실험을 하였다. 먼저 정상 초파리와 유전자 A가 돌연변이인 초파리를 준비하여 각각 약물 B가 들어 있는 배양기와 들어 있지 않은 배양기에 일정 시간 동안 두었다. 이후 물리적 자극을 주어 이들의 운동성을 테스트한 결과, 약물 B가 들어 있는 배양기의 정상 초파리와 약물 B가 들어 있지 않은 배양기의 정상 초파리 모두 위로 올라가는 성질을 보였다. 반면, 유전자 A가 돌연변이인 초파리는 약물 B를 넣은 배양기에서 위로 올라가지 못하고, 약물 B를 넣지 않은 배양기에서는 위로 올라가는 것을 관찰할 수 있었다.

① 약물 B를 섭취한 초파리의 유전자 A는 돌연변이가 된다.
② 약물 B를 섭취한 정상 초파리는 파킨슨씨병에 걸릴 확률이 높다.
③ 유전자 A가 돌연변이인 초파리는 약물 B를 섭취하면 파킨슨씨병에 걸린다.
④ 물리적 자극에 대한 운동성이 비정상인 초파리는 모두 파킨슨씨병에 걸린 초파리이다.
⑤ 정상 초파리와 유전자 A가 돌연변이인 초파리가 약물 B를 섭취하면 같은 결과를 보인다.

11. 다음 글의 결론으로 적절한 것은?

어떤 시점에 당신만이 느끼는 어떤 감각을 지시하여 W라는 용어의 의미로 삼는다고 해 보자. 그 이후에 가끔 그 감각을 느끼게 되면, "W라고 불리는 그 감각이 나타났다."라고 당신은 말할 것이다. 그렇지만 그 경우에 당신이 그 용어를 올바로 사용했는지 그렇지 않은지를 어떻게 결정할 수 있는가? 만에 하나 첫 번째 감각을 잘못 기억할 수도 있는 것이고, 혹은 실제로는 단지 희미하고 어렴풋한 유사성밖에 없는데도 첫 번째 감각과 두 번째 감각 사이에 밀접한 유사성이 있는 것으로 착각할 수도 있다. 더구나 그것이 착각인지 아닌지를 판단할 근거가 없다. 만약 W라는 용어의 의미가 당신만이 느끼는 그 감각에만 해당한다면, W라는 용어의 올바른 사용과 잘못된 사용을 구분할 방법은 어디에도 없게 될 것이다.

① 감각은 느낄 때마다 다르기 때문에 같은 감각이란 존재하지 않는다.
② 감각에 관하여 만든 용어는 올바른지 올바르지 못한지 잘 구분해야 한다.
③ 감각에 관하여 만들어진 용어는 잘못된 기억과 착각을 유발한다.
④ 혼자 느끼는 감각에 관하여 만든 용어는 무의미하다.
⑤ 개인이 용어를 규정짓는 것은 다수에 의했을 때에 비하여 그 적절성이 떨어진다.

12. 다음 글의 내용에 대한 비판으로 가장 적절한 것은?

인간을 정신과 육체로 분리하는 사고는 더 나아가 인간과 자연을 분리하는 사고로 연결된다. 육체의 세계, 자연의 세계는 일종의 기계적 세계로, 이는 인간의 정신으로 하는 수학적 탐구에 종속된다. 정신을 특징으로 하는 인간은 주체가 되는 것에 비해 자연은 객체, 관찰과 이용의 대상이 되어 버린다. 정신과 육체, 인간과 자연을 분리한다는 의미에서 이러한 사고방식을 기계적 이원론이라고 부르기도 한다.

① 자연은 사람을 기다려 주지 않습니다. 더 손쓸 수 없게 되기 전에 자연을 보호합시다.
② 자연은 잠시 후손에게 빌려 쓰는 것일 뿐, 우리만의 소유물이 아닙니다.
③ 환경을 아끼는 마음이 자연보호 문제를 해결하는 데 무엇보다 중요합니다.
④ 선진화된 기술로 환경문제를 해결할 수 있습니다. 위대한 인간의 지성을 믿읍시다.
⑤ 자연과 인간은 따로 살 수 없습니다. 자연은 인간이 이용하는 대상이 아닙니다.

13. 글의 흐름상 빈칸에 들어갈 말로 적절한 것은?

하와이 지역은 월별 평균 기온이 연간 거의 변동이 없이 유지된다. 그래서 1년 내내 따뜻한 날씨에서 보낼 수 있다. 반면, 우리나라는 사계절이 뚜렷하다. 만일 하와이 사람이 우리나라 연평균 기온을 본다면 뭐라고 할까? 자신이 사는 지역에 비해 기온이 낮은 곳이라고 생각하지 않을까? 여름과 겨울의 기온 차이가 심한지를 연평균 기온만으로는 알 수 없다. 월별 평균 기온을 알고 월별 기온 차이를 파악해야만 여름과 겨울의 기온 차이를 알 수 있다. 그렇다면 월별 평균 기온만으로 우리나라 날씨를 알 수 있을까? 그렇지 않을 수 있다. 우리나라는 환절기에 일기 변화가 크다. 그래서 우리가 보통 여행을 갈 때도 여행지의 해당 기간의 평균 기온만이 아니라 하루의 최고와 최저 기온을 알아야 하는 이유다. 즉, (　　　　)을/를 통해 다양한 요소를 고려할 수 있어야 한다.

① 숫자의 빈도　② 자료의 변수　③ 숫자의 기준
④ 자료의 평균　⑤ 자료의 범위

14. 다음 글의 빈칸에 들어갈 내용으로 적절한 것은?

우리는 환경이 우리가 존중하는 분위기와 관념을 구현하고, 우리에게 그것을 일깨워 주기를 은근히 기대한다. 건물이 일종의 심리적 틀처럼 우리를 지탱하여 우리에게 도움이 되는 우리 자신의 모습을 유지해 주기를 기대한다. 우리 내부에 필요한 것, 그러나 필요하다는 사실 자체를 잊을 위험이 있는 것을 표현해 주는 물질적 형태들을 주위에 배치한다. 벽지, 벤치, 그림, 거리가 진정한 자아의 실종을 막아 주기를 기대한다.

어떤 장소의 전망이 전망과 부합되고 또 그것을 정당화해 준다면 우리는 그곳을 '집'이라는 말로 부르곤 한다. 꼭 영구히 거주하거나 옷을 보관해 주어야 집이라는 이름을 붙이는 것은 아니다. 어떤 건물을 보고 집이라 하는 것은 단지 그것이 우리가 귀중하게 여기는 내적 조화를 이룬다는 사실을 인정하는 방식일 뿐이다. 집은 공항이나 도서관일 수도 있고, 정원이나 도로변 식당일 수도 있다.

집을 사랑한다는 것은 또 우리의 정체성이 스스로 결정되는 것이 아님을 인정하는 것이다. (　　　　　　　　　　　　　　　　　　　　) 우리의 약한 면을 보상하기 위해서다. 우리에게는 마음을 받쳐줄 피난처가 필요하다. 세상의 아주 많은 것이 우리의 신의와 대립하기 때문이다. 우리에게는 우리 자신이 바람직한 모습을 바라보게 해 주고, 중요하면서도 쉬이 사라지는 측면들이 살아있도록 유지해 줄 방이 필요하다.

① 벽지, 벤치, 그림 등을 진정한 자아의 실종을 막도록 배치해야 한다.
② 삶을 통해 얻게 되는 다양한 스트레스를 집에서 풀 수 있어야 한다.
③ 우리의 정체성을 견지하기 위해 타인과 함께 사는 지혜가 필요하다.
④ 우리에게는 물리적인 집뿐만 아니라 심리적인 의미의 집도 필요하다.
⑤ 우리가 인간으로서 가지는 정체성은 우리가 사는 집에 의해서 결정된다.

15. 다음 자율주행자동차의 센서에 대한 설명문의 빈칸에 들어갈 내용으로 적절한 것을 〈보기〉에서 모두 고르면?

자율자동차가 외부환경을 인지하는 데 사용되는 센서는 대표적으로 '카메라(Camera)', '레이더(Radar)', '라이더(Lidar)' 등으로 구성된다. 이들 센서는 각각의 장단점이 뚜렷하기 때문에 단독으로 활용하기보다는 함께 작용하여 상호보완을 하게 된다. 카메라는 사람의 눈과 같은 센서로 전방 사물이나 차선 인식, 신호등, 표지판, 보행자 등 복합 환경을 인식하는 역할을 담당한다. 그러나 카메라는 자율주행 시 '레벨 3'에서는 4개 이상의 빛이, '레벨 4 ~ 5'에서는 8개 이상의 충분한 빛이 없으면 제 기능을 수행할 수 없다는 단점이 있다.

최근 카메라 센서는 단일 렌즈를 사용하는 모노(Mono) 방식에서 두 개의 렌즈를 사용하는 스테레오(Stereo) 방식으로 진화하고 있다. 스테레오 방식은 사람의 두 눈으로 바라보듯 두 개의 렌즈를 통해 3차원으로 인지할 수 있어 단순한 형상에 대한 정보뿐만 아니라 원근감까지 측정할 수 있다. 그러나 스테레오 방식은 모노 방식에 비해 (　　　　　) 따라서 업체들은 비용 절감을 위해 모노 방식의 카메라를 고수하면서 그 성능을 고도화하거나 혹은 스테레오 방식을 사용하면서 영상신호데이터 처리 속도를 높이기 위한 칩을 적용하고 있다.

| 보기 |

ⓐ 가격이 비싸다.
ⓑ 정밀도가 떨어진다.
ⓒ 날씨의 영향을 많이 받는다.
ⓓ 처리해야 할 데이터 양이 많아 속도가 느려진다.

① ⓐ, ⓓ　　② ⓑ, ⓒ　　③ ⓒ, ⓓ
④ ⓐ, ⓑ, ⓓ　　⑤ ⓐ, ⓑ, ⓒ, ⓓ

16. **다음 글에서 '적정기술'을 넓은 의미로 규정함에 따라 추가로 포함되는 내용으로 적절하지 않은 것은?**

> 최근 들어 적정기술은 지속적인 이용과 관리, 사용자들의 생계 또는 경제적 자립을 강조하고 장기적인 관점에서 수익성 또는 비즈니스와 연관하여 추진되는 경향이 더 강해지고 있다. 진정한 적정기술이 되려면 목적에 적합한 다양한 기술 선택지에 대한 지식, 지역사람과 자연환경에 대한 주의 깊은 분석, 대안적 선택 사항에 대한 규범적 평가, 정의적이고 기술적인 선택 실천 등이 전제되어야 한다. 적정기술은 단순히 실질적인 기술적 인공물(협의의 적정기술)이 아니라 보다 넓은 의미로 적정기술과 관련된 운동, 혁신 전략, 기술–실천 방식 등을 총칭하는 용어로 이해되어야 할 것이다.

① 실질적인 기술적 인공물
② 목적에 적합한 다양한 기술에 대한 지식
③ 혁신 전략
④ 기술–실천 방식
⑤ 대안적 선택 사항에 대한 규범적 평가

17. **○○기업에서는 최근 각광받고 있는 IoT(사물인터넷)에 대한 설명회를 준비하였다. 다음 설명회 내용을 참고할 때, IoT에 대한 이해로 적절하지 않은 것은?**

> IoT는 'Internet of Things'로, 사물에 센서를 부착하여 인터넷을 통해 실시간으로 데이터를 주고받는 기술이나 환경을 일컫는다. 인터넷에 연결된 기기는 사람의 도움이 없어도 서로 알아서 정보를 주고받으며 대화를 나눌 수 있다. 이를 돕기 위해 블루투스나 근거리무선통신(NFC), 센서데이터, 네트워크가 자율적인 소통의 핵심적인 기술이 된다. 사물인터넷은 사람과 사람 간의 통신을 넘어 사물에 IP 주소를 부여하고 사람과 사람 혹은 사물과 사물 간의 통신을 이끌어 내는 기술을 의미하기도 한다. 흔히 원격에서 조작하는 기기를 사물인터넷으로 생각하는데, 사물인터넷은 그 기기에 설정된 인터넷시스템까지도 포함하는 개념이다.

① IoT를 활용하면 수집된 데이터를 분석해 사물 스스로 의사결정을 내릴 수 있다.
② 귀에 꽂으면 자동으로 연결되는 블루투스 이어폰도 IoT라고 할 수 있다.
③ 화분의 습도를 측정한 다음 알아서 물을 주는 화분은 IoT에 해당한다.
④ 최근에는 자동차에도 IoT를 도입해서 교통사고가 나면 알아서 구급차를 부르는 기능도 생겼다.
⑤ 우리가 사용하는 스마트폰은 인터넷 연결은 되지만 사람의 도움 없이는 작동하지 않기 때문에 IoT라고 볼 수 없다.

18. 다음 글을 바탕으로 할 때, 〈보기〉에서 통화지표에 대하여 올바르게 이해하지 못한 내용은 총 몇 개인가?

화폐를 바탕으로 하는 경제활동이 복잡해지고 다양화됨에 따라 어디까지를 통화량에 포함할지에 대한 다양한 기준이 존재할 수 있다. 범위를 좁혀 발행된 지폐와 주화만을 통화로 정의할 수 있고, 보다 범위를 넓혀 지폐와 주화를 바탕으로 이루어진 예금까지 포함하여 통화량을 측정할 수도 있다. 이처럼 통화지표는 서로 다른 기준에 따라 다양하게 측정될 수 있다.

통화지표는 통화 보유주체가 보유하고 있는 여러 가지 금융자산을 일정 기준에 의해 합친 것이다. 따라서 기업이나 개인이 현금, 예금 등 금융자산을 어떤 형태로 얼마나 보유하고 있는지를 파악하여 정해진 기준에 따라 집계하면 통화지표를 작성할 수 있을 것이다.

그러나 자료수집의 어려움 때문에 개인이나 기업의 금융자산을 직접 파악하는 대신 금융기관의 금융부채를 집계하는 방법을 택하는 것이 일반적이다. 통화 보유주체인 개인이나 기업의 금융자산은 곧 통화 발행주체인 금융기관의 부채인 만큼 회계체계가 잘 정비된 금융기관의 대차대조표를 통하여 용이하게 파악할 수 있기 때문이다. 이에 따라 한국은행도 예금취급기관의 대차대조표를 이용하여 통화지표를 편제하고 있다.

| 보기 |

ⓐ 금융기관의 대차대조표를 통해 금융기관의 부채와 기업, 국민의 금융자산을 파악할 수 있다.
ⓑ 일반적으로 통화지표는 지폐와 주화를 바탕으로 이루어진 예금까지 포함하여 측정한다.
ⓒ 통화지표를 측정할 때 일반적으로 개인과 기업의 금융자산이 금융기관의 부채인 것으로 간주한다.
ⓓ 통화지표는 적용하는 기준에 따라 다양하게 측정될 수 있다.
ⓔ 한국은행은 기업과 개인의 금융자산 자료를 직접 수집하여 통화지표를 편제하고 있다.

① 1개 ② 2개 ③ 3개
④ 4개 ⑤ 5개

19. 다음 밑줄 친 ㉠ ~ ㉤ 중 문맥적 의미가 다른 하나는?

> 한국적인 장례식은 철저히 산 사람들의 질서를 재현하는 용도로 바뀌어 소비된다. 죽음을 기억하기 위해서가 아니라, 망각하기 위해서 장례라는 절차가 진행되는 것이다. 이것은 기왕의 죽음을 한 번 더 완벽하게 죽이는 것이다. 이제 죽음은 죽었다. 에리히 프롬이 말한 것처럼 우리들의 시대는 ㉠죽음을 삶을 위한 가장 굳센 동기로 인식하는 것이 아니라 개인으로 하여금 죽음에 대한 감정을 마치 무엇인가 흉측한 것이라도 되듯 밀쳐내도록 부추기거나 강요하고 있다.
>
> 그러나 죽음이 항상 이런 대접만을 받은 것은 아니었다. 원시 신앙 시대 이후 중세기에 이르기까지 어쩌면 ㉡죽음은 삶보다 더한 양지를 누려왔는지도 모른다. 송도와 기념비와 종교라는 제도 자체가 죽음의 성전에서 그 카리스마를 누려온 것을 전적으로 부인하기 어렵다. 더욱이 인간 구원이 영혼의 몫이 되고 덩달아서 ㉢죽음의 몫이 되었을 때, 영 · 육의 이원법에서 절대적 지배권을 향유한 것은 ㉣죽음이지 삶이 아니었다.
>
> 그러던 ㉤죽음이 이제 망각되어 가고 있다. 근대 이후, 종교의 퇴락과 문화 전반의 세속화와 물질주의를 바탕으로 릴케가 한탄한 바와 같이 죽음은 정말 몰가치하고 개성이 없는 것이 되고 말았다. 현재 군중 사회에서 죽음은 가고 죽음이란 말만이 황당하게 남아 있을 뿐이다. 현대인의 죽음에 대한 사유의 부족과 또 막연한 공포와 부정이 죽음을 다시 죽게 하고 결국 우리의 삶에서 죽음을 소거해 간 것이다.

① ㉠　　② ㉡　　③ ㉢

④ ㉣　　⑤ ㉤

20. 다음 중 블록체인의 특징을 바르게 이해하지 못한 것은?

블록체인이란 데이터를 거래할 때 중앙집중형 서버에 기록을 보관하는 기존 방식과 달리 거래 참가자 모두에게 내용을 공개하는 분산원장 기술이다. 분산원장은 인터넷에서 서로 알지 못하는 다수의 상대방과 거래를 할 때 공인된 제3자 기관의 개입 없이 서로 신뢰할 수 있도록 만들어주는 탈중앙화된 정보공유 저장기술이다.

블록체인을 구성하는, 10분에 한 번씩 만들어지는 거래 내역 묶음을 '블록'이라 하며, 이 블록이 모여 사슬처럼 엮여 있다고 해서 이 기술을 블록체인이라고 한다. 블록체인은 네트워크 내의 모든 참여자가 공동으로 거래 정보를 검증하고 기록 · 보관함으로써 공인된 제3자 없이도 거래 기록의 무결성 및 신뢰성을 확보하는 기술로서 해시(Hash), 전자서명(Digital Signature), 암호화(Cryptography) 등의 보안 기술을 활용한 분산형 네트워크 인프라를 기반으로 다양한 응용서비스를 구현할 수 있는 구조를 가지고 있다.

블록체인의 가장 큰 특징은 분산형 구조이기 때문에 공인된 제3자 없이 P2P(Peer to Peer) 거래를 통해 수수료를 절감할 수 있고 신뢰성을 담보할 중앙집중적 조직이나 공인된 제3자가 필요없다는 점이다. 중앙집중적 조직이 불필요하기 때문에 현재의 중앙집중형 시스템의 운영과 유지보수, 보안, 금융 거래 등에 필요한 비용을 절감할 수 있다. 또한 모든 사용자(노드)가 거래 장부를 가지고 있기 때문에 네트워크 일부에 문제가 생겨도 전체 블록체인에는 영향이 없다.

① 블록들의 집합인 블록체인은 생성과 변화를 반복하게 된다.
② 제3의 공인기관이 없어짐으로 인해 거래수수료를 절감할 수 있다.
③ 블록체인에는 공인기관의 역할을 대체하는 해시, 전자서명, 암호화 등의 보안기술이 활용된다.
④ 제3의 공인기관이 없으므로 이용자는 기존보다 더 큰 리스크를 감수하게 된다.
⑤ 네트워크의 문제가 발생해도 개인들이 가진 거래 장부가 있어 영향이 미미하다.

영역 2

자료해석

20문항 / 15분

01. 다음은 J사의 지점별 연간 판매 실적에 관한 자료이다. 이에 대한 설명으로 옳지 않은 것은? (단, 모든 계산은 소수점 아래 첫째 자리에서 반올림한다)

〈J사 지점별 연간 판매 실적〉

(단위 : 천 원)

구분	20X3년	20X4년	20X5년	20X6년	20X7년	20X8년	20X9년
A 지점	39,060	39,896	42,005	43,621	41,702	41,266	32,427
B 지점	7,313	6,967	6,873	6,626	8,675	10,622	9,228
C 지점	3,627	4,168	4,088	4,424	4,616	4,984	5,570
D 지점	309	1,771	1,954	2,244	3,146	3,945	5,766
E 지점	-	-	-	-	2,395	3,786	6,667

① 20X8년 전체 판매 실적 중 B 지점은 약 16%를 차지한다.

② A 지점은 20X3년 대비 20X9년에 판매 실적이 600만 원 이상 감소했다.

③ 20X8년 다섯 지점 중 세 번째로 판매 실적이 높은 지점은 C 지점이다.

④ D 지점은 20X6년 대비 20X9년에 판매 실적이 약 46% 증가했다.

⑤ 20X7년에 B, C, D 지점은 전년 대비 판매 실적이 모두 증가했다.

02. 다음은 1988년과 2022년에 조사한 주요 도시 A ~ G 시의 전년 대비 인구 이동을 나타낸 그래프이다. 이에 대한 설명으로 옳은 것은?

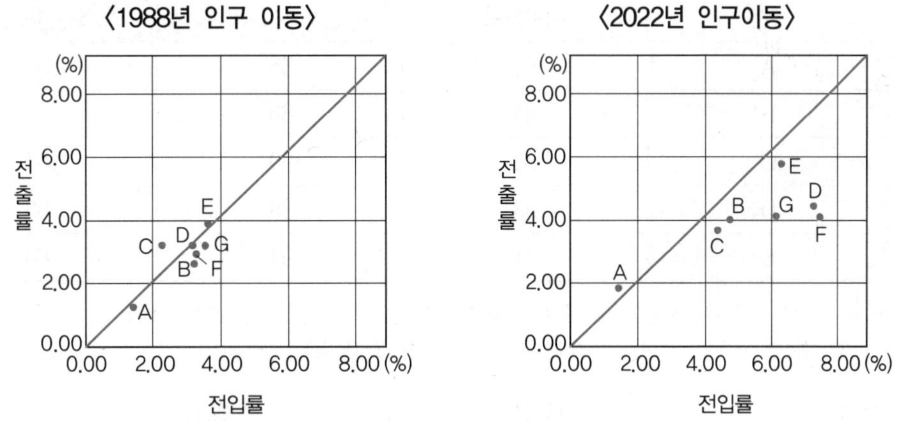

※ 인구의 전년 대비 증가율 = 전입률 - 전출률

① 1988년 A ~ G 시의 총인구는 전년보다 증가하고 있다.

② 1988년 B 시의 전출자 수는 D 시의 전출자 수보다 적다.

③ 1988년과 비교하여 2022년에 인구가 감소한 도시는 C 시뿐이다.

④ 1988년 F 시의 인구의 전년 대비 증가율은 2022년의 전년 대비 증가율보다 작다.

⑤ 1988년 G 시 전입자 수는 2022년 G 시 전입자 수의 약 1.5배이다.

03. 다음은 부서배치를 위해 직원 A ~ E를 대상으로 실시한 시험 결과이다. 평가점수의 총점이 가장 높은 1명을 우수 인재로 선발한다고 할 때, 선발될 직원은?

〈시험 결과〉

구분	정보능력	문제해결능력	대인관계능력
A	80	86	90
B	84	80	92
C	85	90	87
D	93	88	85
E	91	94	80

※ 평가점수의 총점은 각 평가항목 점수에 해당 가중치를 곱한 것을 합산하여 구한다.
(평가항목별 가중치 : 정보능력=0.3, 문제해결능력=0.3, 대인관계능력=0.4)

① A ② B ③ C
④ D ⑤ E

04. 다음 중 연령별 구직급여 신청자 수에 대한 자료를 바르게 이해한 사람은?

(단위 : 명)

구분	20대 이하	30대	40대	50대	60대 이상	전체
20X1년 2/4분기	38,597	51,589	47,181	48,787	32,513	218,667
20X1년 3/4분기	37,549	49,613	47,005	49,770	35,423	219,360

① 김 사원 : 20X1년 3/4분기의 구직급여 신청자 수가 전 분기에 비해 줄어들었구나.
② 이 사원 : 20X1년 2/4분기 신청자 중 30대의 수가 많은 것은 이직 때문이야.
③ 박 사원 : 60대 이상 고령자의 구직급여 신청 증가 비율이 다른 연령대에 비하여 가장 높게 나타났네.
④ 윤 사원 : 20X1년 3/4분기에 20대나 30대는 전 분기에 비하여 신청자 수가 조금씩 늘었구나.
⑤ 최 사원 : 20X1년 3/4분기에 전 분기 대비 신청자 수가 증가한 연령대는 60대 이상이 유일하네.

05. 다음 자료에 대한 분석으로 적절하지 않은 것은?

〈우리나라 주요 도시의 도로면 주거지역 소음 크기〉

(단위 : dB)

구분		20X3년	20X4년	20X5년	20X6년	20X7년	20X8년	20X9년
서울	낮	69	69	68	68	68	68	68
	밤	66	65	65	64	65	65	65
부산	낮	68	68	68	67	67	67	67
	밤	63	63	63	63	63	62	62
대구	낮	68	68	69	68	67	67	68
	밤	62	63	64	64	63	62	63
광주	낮	65	66	63	63	64	64	63
	밤	60	60	59	58	59	59	58
대전	낮	62	62	63	62	62	61	61
	밤	56	56	56	56	56	55	55

※ 소음환경기준은 낮 65dB, 밤 55dB 미만이다.

① 조사 기간 동안 밤 시간대 소음측정치가 가장 높은 도시는 서울이다.

② 조사 기간 동안 낮 시간대의 소음환경기준을 충족시키고 있는 도시는 대전뿐이다.

③ 조사 기간 동안 부산의 낮 평균 소음측정치는 약 67.43dB이다.

④ 조사 기간 동안 광주에서 낮과 밤 소음측정치의 차이가 가장 큰 해는 20X4년이다.

⑤ 조사 기간 동안 대구의 밤 평균 소음측정치는 대전의 낮 평균 소음측정치보다 낮다.

06. 25 ~ 29세와 30 ~ 34세 각각에서 2X00 ~ 2X20년의 고용률 변동 추이가 한국과 같은 나라를 순서대로 고르면?

〈국가별 청년 고용률(2X00 ~ 2X20년)〉

(단위 : %)

구분	25 ~ 29세					30 ~ 34세				
	2X00년	2X05년	2X10년	2X15년	2X20년	2X00년	2X05년	2X10년	2X15년	2X20년
한국	86.3	88.2	74.7	70.0	69.3	95.4	91.2	89.8	87.5	90.0
프랑스	82.4	83.5	83.2	81.9	77.9	89.0	88.5	89.1	88.0	83.5
독일	79.2	81.1	74.2	78.7	80.6	88.4	89.3	84.8	87.1	88.5
이탈리아	71.1	69.4	72.7	66.8	58.6	86.5	86.3	86.6	82.6	76.3
일본	92.8	90.3	87.6	86.5	87.8	95.6	93.7	92.1	91.2	91.7
영국	83.0	87.6	86.4	83.4	84.9	86.2	89.7	89.0	86.6	89.4
미국	87.1	88.9	85.8	78.0	82.0	89.2	91.5	89.0	82.1	85.9
OECD	84.4	85.2	83.1	79.5	80.5	89.3	90.4	88.9	86.0	87.0

① 독일, 일본
② 프랑스, 영국
③ 프랑스, 일본
④ 미국, 이탈리아
⑤ 일본, 영국

07. 다음은 이동통신시장 추이에 대한 자료이다. 이에 대한 설명으로 옳지 않은 것을 〈보기〉에서 모두 고르면?

〈자료 1〉 4대 이동통신사업자 매출액

(단위 : 백만 달러)

구분	A사	B사	C사	D사	합계
20X6년	3,701	3,645	2,547	2,958	12,851
20X7년	3,969	3,876	2,603	3,134	13,582
20X8년	3,875	4,084	2,681	3,223	13,863
20X9년 1~9월	2,709	3,134	1,956	2,154	9,953

〈자료 2〉 이동전화 가입 대수 및 보급률

(단위 : 백만 대, %)

구분	20X4년	20X5년	20X6년	20X7년	20X8년
가입 대수	52.9	65.9	70.1	73.8	76.9
보급률	88.8	109.4	115.5	121.0	125.3

※ 보급률(%) = $\frac{\text{이동전화 가입 대수}}{\text{전체 인구}} \times 100$

| 보기 |

㉠ 20X7년 4대 이동통신사업자 중 A, C사의 매출액 합은 전체 매출액 합계의 50%를 넘는다.

㉡ 20X8년에 A사와 B사의 매출액 순위가 역전된 것을 제외하고는, 20X6년부터 20X8년까지의 매출액 순위는 동일하다.

㉢ A사의 20X9년 10~12월 월평균 매출액이 1~9월의 월평균 매출액과 동일하다면, A사의 20X9년 전체 매출액은 약 36억 1,200만 달러가 된다.

㉣ 20X8년 보급률을 통해 그 해의 전체 인구가 약 7천만여 명임을 알 수 있다.

① ㉠, ㉡　② ㉠, ㉣　③ ㉡, ㉢
④ ㉡, ㉣　⑤ ㉢, ㉣

08. 다음 20X1 ~ 20X3년의 우리나라 10대 수출품목 자료에 대한 설명으로 옳은 것을 〈보기〉에서 모두 고르면?

〈10대 수출품목〉

(단위 : 백만 달러)

구분	20X1년		20X2년		20X3년	
	품목명	금액	품목명	금액	품목명	금액
1위	반도체	97,937	반도체	127,706	반도체	93,930
2위	선박 등	42,182	석유제품	46,350	자동차	43,036
3위	자동차	41,690	자동차	40,887	석유제품	40,691
4위	석유제품	35,037	디스플레이	24,856	자동차부품	22,536
5위	디스플레이	27,543	자동차부품	23,119	디스플레이	20,657
6위	자동차부품	23,134	합성수지	22,960	합성수지	20,251
7위	무선통신기기	22,099	선박 등	21,275	선박 등	20,159
8위	합성수지	20,436	철강판	19,669	철강판	18,606
9위	철강판	18,111	무선통신기기	17,089	무선통신기기	14,082
10위	컴퓨터	9,177	컴퓨터	10,760	컴퓨터	10,292
소계	–	337,346	–	354,671	–	304,240
총수출액 대비 비중(%)	–	59.0	–	58.5	–	56.1

| 보기 |

㉠ 전년 대비 순위가 상승하면 수출금액도 증가한다.
㉡ 20X2년 대비 20X3년에 총수출금액은 감소하였다.
㉢ 20X2년 대비 20X3년에 수출금액 감소율이 가장 큰 품목은 디스플레이이다.
㉣ 20X2년 대비 20X3년에 수출금액이 가장 많이 상승한 품목의 증가율은 5% 이상이다.

① ㉠, ㉡ ② ㉠, ㉣ ③ ㉡, ㉢
④ ㉡, ㉣ ⑤ ㉢, ㉣

09. 다음은 20X9년 8개 지역의 상 · 하수도 보급 현황에 대한 자료이다. (가)와 (나)에 들어갈 수치를 바르게 연결한 것은? (단, 소수점 아래 둘째 자리에서 반올림한다)

구분 / 지역	총인구(천 명)	상수도			하수도	
		급수인구 (천 명)	보급률(%)	1일 급수량 (천 m^3)	처리인구 (천 명)	보급률(%)
전국	52,127	51,325	98.5	16,734	47,672	91.5
강원	1,556	1,470	94.5	631	1,322	85.0
충북	1,600	1,554	97.1	596	1,301	81.3
충남	2,097	(가)	91.1	706	1,496	71.3
전북	1,896	1,853	97.7	713	1,579	83.3
전남	1,932	1,805	93.4	591	1,402	72.6
경북	2,743	2,687	98.0	1,099	1,934	70.5
경남	3,403	3,380	99.3	1,068	2,958	(나)
제주	605	605	100	226	541	89.4

※ 상수도 보급률(%) = $\frac{\text{상수도 급수인구}}{\text{총인구}} \times 100$

※ 하수도 보급률(%) = $\frac{\text{하수도 처리인구}}{\text{총인구}} \times 100$

	(가)	(나)
①	1,795.3	84.5
②	1,876.5	86.1
③	1,894.1	87.2
④	1,910.4	86.9
⑤	2,010.8	85.4

10. 다음 스팸 수신량에 관한 자료에 대한 설명으로 옳지 않은 것은?

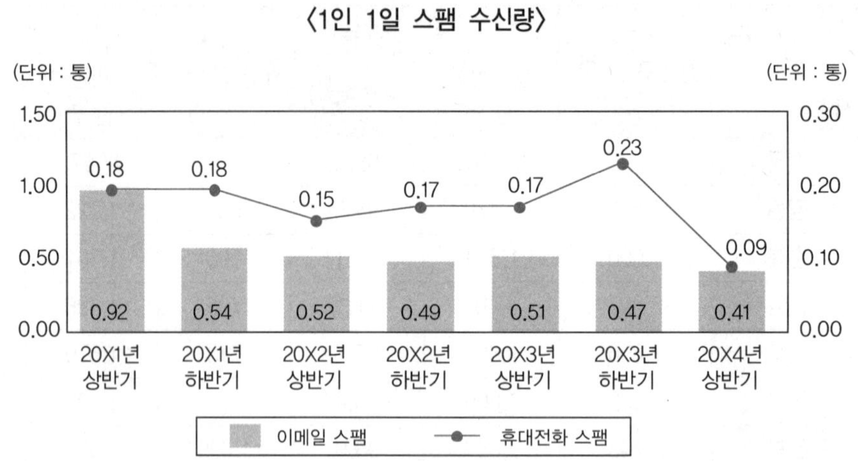

① 휴대전화 스팸 수신량이 전년 동기 대비 가장 크게 감소한 시기는 20X4년 상반기로 45% 이상 감소하였다.

② 이메일 스팸 수신량이 전년 동기 대비 가장 크게 감소한 시기는 20X2년 상반기로 45% 이상 감소하였다.

③ 20X1년 하반기 휴대전화 스팸 수신량은 20X4년 상반기의 휴대전화 스팸 수신량의 두 배이다.

④ 20X3년 상반기에는 6개월간 90통 이상의 스팸 이메일을 받았을 것으로 추론할 수 있다.

⑤ 20X4년 상반기에는 20X3년 하반기보다 이메일 스팸 수신량이 12% 이상 감소하였다.

11. 다음 자료에 대한 설명으로 옳지 않은 것을 〈보기〉에서 모두 고르면?

〈그림 1〉 20X8년 A～E 품목별 매출액, 시장점유율, 이익률

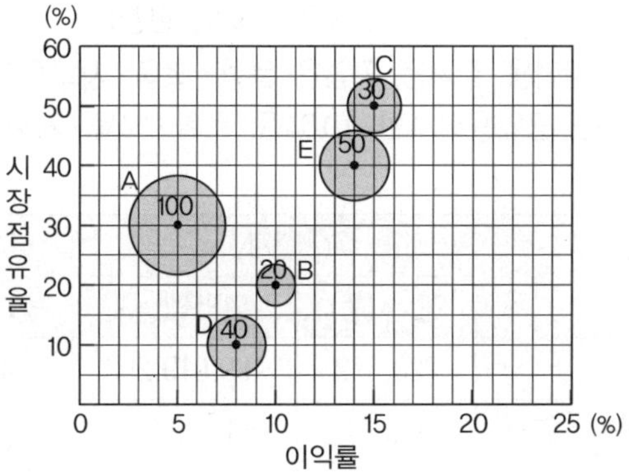

〈그림 2〉 20X9년 A～E 품목별 매출액, 시장점유율, 이익률

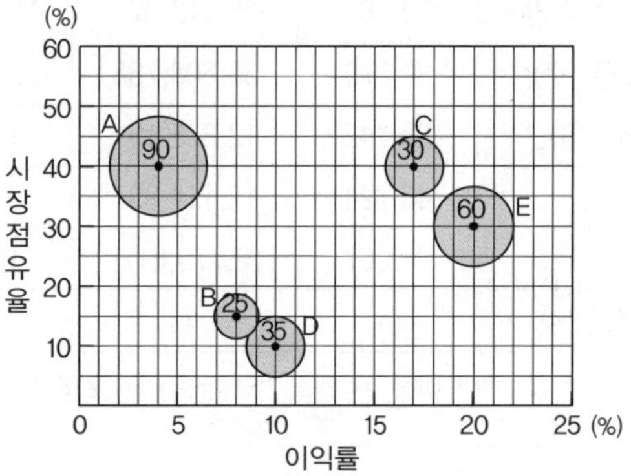

※ 각 원의 중심좌표는 시장점유율과 이익률을, 원의 내부값은 매출액(억 원)을 나타내며, 원의 면적은 매출액에 비례한다.

※ 시장점유율(%) = $\frac{\text{매출액}}{\text{시장규모}} \times 100$　　　※ 이익률(%) = $\frac{\text{이익}}{\text{매출액}} \times 100$

| 보기 |

㉠ 20X8년 대비 20X9년에 시장점유율과 이익률이 모두 줄어든 것은 B 품목뿐이다.
㉡ 20X9년에 전년 대비 E 품목의 시장규모는 늘고 이익은 줄었다.
㉢ 20X9년의 이익은 D 품목이 A 품목보다 적다.
㉣ 20X9년에 매출액이 가장 큰 품목의 시장규모는 20X8년보다 크다.

① ㉠, ㉡　　② ㉡, ㉢　　③ ㉡, ㉣
④ ㉢, ㉣　　⑤ ㉠, ㉡, ㉢

12. 다음 L 지역 건축물 현황의 ㉠ ~ ㉣에 들어갈 수치를 바르게 연결한 것은? (단, 소수점 아래 첫째 자리에서 반올림한다)

〈L 지역 건축물 현황〉

L 지역 건축물은 상업용, 주거용, 공업용, 문화 · 교육 · 사회용과 기타로 구성되어 있다. 상업용이 4만 3,846동, 공업용이 1만 4,164동, 문화 · 교육 · 사회용이 6,378동, 기타가 1만 1,598동이다.

구분	합계		주거용	
	동 수(동)	연면적(m^2)	동 수(동)	연면적(m^2)
합계	220,573	189,019,253	144,587	95,435,474
10년 미만	35,541	53,926,006	19,148	25,000,123
10년 이상~15년 미만	17,552	26,141,452	8,035	13,447,067
15년 이상~20년 미만	23,381	24,463,931	13,716	11,443,662
20년 이상~25년 미만	20,587	26,113,376	11,449	13,176,750
25년 이상~30년 미만	30,279	30,608,783	20,129	17,948,163
30년 이상~35년 미만	23,442	12,875,191	17,220	7,409,831
35년 이상	48,724	12,114,897	37,972	6,001,760
기타	21,067	2,775,617	16,918	1,008,118
노후건축물 비중(%)	㉠	㉡	㉢	㉣

※ 노후건축물=사용승인 후 30년 이상 된 건물(기타 건축물은 포함하지 않음)

① ㉠ 43%
② ㉡ 13%
③ ㉢ 21%
④ ㉣ 30%
⑤ 정답 없음.

13. 다음은 우리나라 에너지부문의 온실가스 배출량에 관한 자료이다. 이를 통해서 알 수 있는 사실로 적절한 것을 〈보기〉에서 모두 고르면?

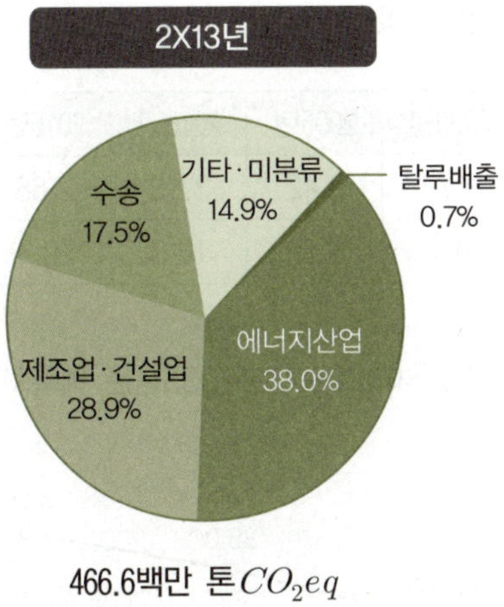

※ 간접배출량(전력, 열) 제외

| 보기 |

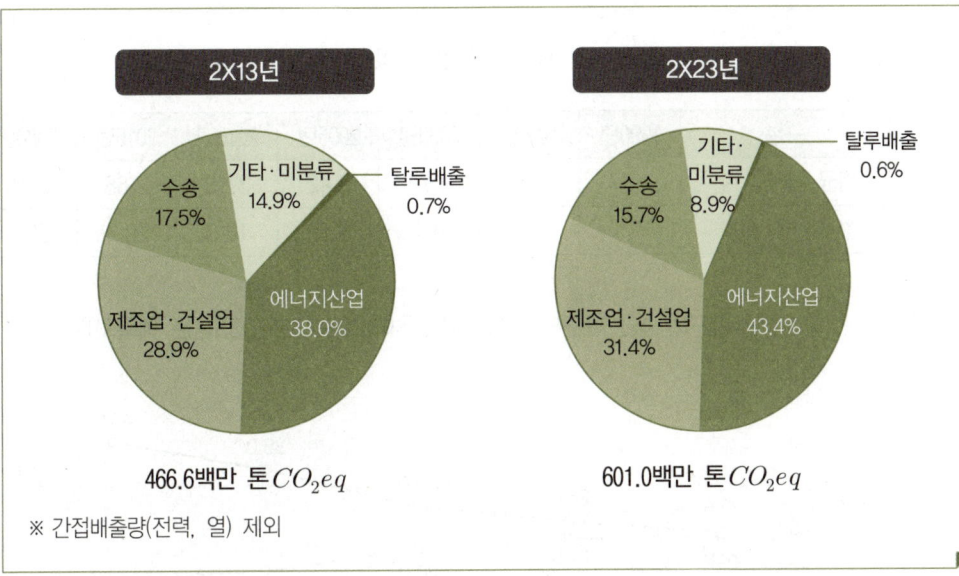

㉠ 우리나라 온실가스 전체 배출량은 2X13년과 2X23년이 같다.

㉡ 2X13년과 2X23년 모두 에너지부문의 온실가스는 에너지산업, 제조업 · 건설업, 수송 세 개 분야에서 총합 84% 이상이 배출되었다.

㉢ 2X13년에 비해 2X23년의 에너지산업부문 배출비중은 5.4%p, 제조업 · 건설업부문의 배출비중은 2.5%p 늘어났다.

㉣ 2X13년에 비해 2X23년의 수송부문의 배출비중은 1.8%p, 기타부문(미분류 포함)의 배출비중은 6.0%p 감소했다.

① ㉠, ㉢　② ㉡, ㉣　③ ㉢, ㉣

④ ㉠, ㉡, ㉢　⑤ ㉡, ㉢, ㉣

14. 다음은 우리나라 가구 수에 관한 자료이다. 〈보기〉 중 자료에 대한 해석으로 옳은 것은 모두 몇 개인가?

〈우리나라 평균 가구원 수 및 1인 가구 비율〉

(단위 : 명, %)

구분	1990년	1995년	2000년	2005년	2010년	2015년	2020년
평균 가구원 수	4.47	4.08	2.74	3.42	3.12	2.88	2.76
1인 가구 비율	4.5	6.7	9.1	12.9	16.3	20.4	23.8

〈1인 가구와 4인 가구의 비율 예상 추이(2030년, 2035년은 예측치)〉

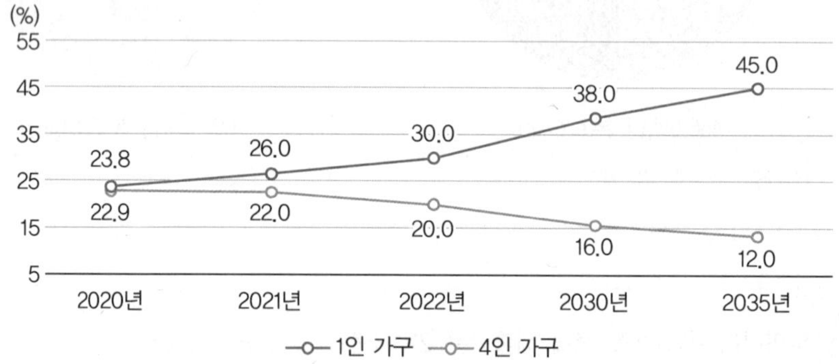

| 보기 |

㉠ 2021년 평균 가구원 수는 최소 2.13명이다.
㉡ 1990년 이후 평균 가구원 수는 5년마다 꾸준히 감소하였다.
㉢ 2022년 2 ~ 3인 가구의 비율은 전체 가구에서 절반 이하이다.
㉣ 2005년 1인 가구 비율은 2000년 대비 50% 이상 증가하였다.

① 0개 ② 1개 ③ 2개
④ 3개 ⑤ 4개

15. 다음 대륙별 인구 전망을 나타내는 자료에 대한 설명으로 옳은 것을 〈보기〉에서 모두 고르면?

〈대륙별 인구 전망〉

(단위 : 백만 명)

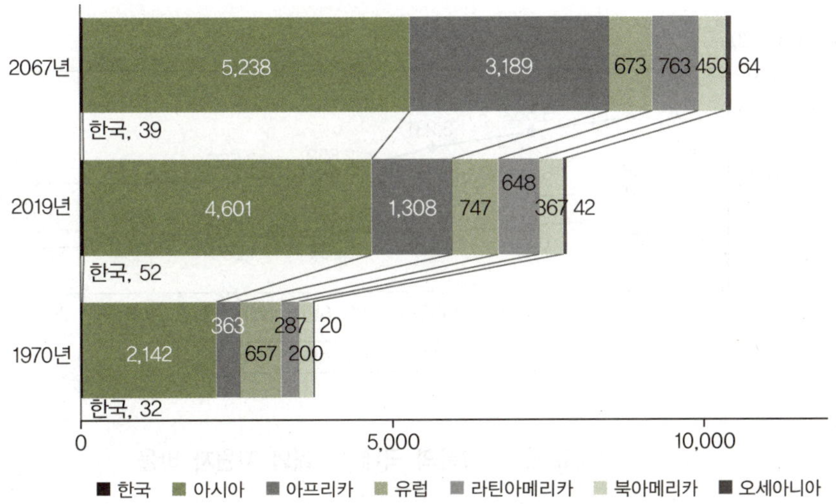

| 보기 |

(가) 아시아 인구 중 한국의 인구가 차지하는 비중은 1970년보다 2019년이 더 낮다.
(나) 세계 인구 중 아프리카의 인구가 차지하는 비중은 2019년보다 2067년이 더 높다.
(다) 1970년 대비 2067년의 인구 증가율은 북아메리카가 오세아니아보다 더 크다.
(라) 2067년에는 2019년 대비 모든 대륙의 인구 증가가 세계 인구 증가의 원인이 된다.

① (가), (나)　② (가), (라)　③ (나), (다)
④ (나), (라)　⑤ (다), (라)

16. 다음은 K 그룹의 채용에 지원서를 접수한 지원자 수와 비율에 대한 자료이다. 이에 대한 설명으로 적절하지 않은 것은? (단, 소수점 아래 둘째 자리에서 반올림한다)

〈자료 1〉 K 그룹의 국내 및 해외 지원자 수

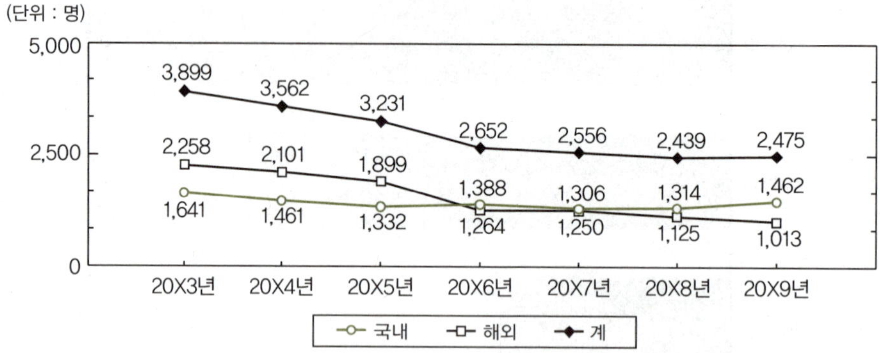

〈자료 2〉 K 그룹의 국내 및 해외 지원자 비율

(단위 : %)

구분	20X3년	20X4년	20X5년	20X6년	20X7년	20X8년	20X9년
국내	42.1	41.0	41.2	52.3	51.1	53.9	(A)
해외	57.9	59.0	58.8	47.7	48.9	46.1	(B)
합계	100.0	100.0	100.0	100.0	100.0	100.0	100.0

① 전체 지원자 대비 해외 지원자의 수가 전반적으로 감소하는 추세이다.
② 20X9년 전체 지원자 대비 국내 지원자의 비율은 약 59.1%에 해당한다.
③ 20X3년 대비 20X9년 전체 지원자 수는 1,424명 감소하였다.
④ 20X5년 대비 20X6년 전체 지원자 수는 약 25% 급감하였다.
⑤ (A)는 (B)보다 약 18.2%p 높다.

17. 다음은 20X9년 유럽 주요 국가의 보건부문 통계 자료이다. 이에 대한 설명으로 옳은 것을 〈보기〉에서 모두 고르면?

구분	기대수명(세)	조사망률(명)	인구 만 명당 의사 수(명)
독일	81.7	11.0	38.0
영국	79.3	10.0	27.0
이탈리아	81.3	10.0	37.0
프랑스	81.0	9.0	36.0
그리스	78.2	12.0	25.0

※ 조사망률 : 인구 천 명당 사망자 수

| 보기 |

ㄱ. 유럽에서 기대수명이 가장 낮은 국가는 그리스이다.
ㄴ. 인구 만 명당 의사 수가 많을수록 조사망률은 낮다.
ㄷ. 20X9년 프랑스의 인구가 6,500만 명이라면 사망자는 585,000명이다.

① ㄱ ② ㄷ ③ ㄱ, ㄴ
④ ㄴ, ㄷ ⑤ ㄱ, ㄷ

18. 다음 자료를 보고 1일 평균 차량 통행속도가 가장 빠른 곳부터 순서대로 올바르게 나열한 것은?

〈시간대 · 도로별 차량의 평균속도〉

(단위 : km/h)

구분	통행속도		
	오전	낮	오후
도시고속도로	54.9	59.2	40.2
주간선도로	27.9	24.5	20.8
보조간선도로	25.2	22.4	19.6
기타도로	23.1	20.5	18.6

① 도시고속도로 – 보조간선도로 – 주간선도로 – 기타도로
② 도시고속도로 – 주간선도로 – 보조간선도로 – 기타도로
③ 도시고속도로 – 주간선도로 – 기타도로 – 보조간선도로
④ 도시고속도로 – 기타도로 – 보조간선도로 – 주간선도로
⑤ 도시고속도로 – 보조간선도로 – 기타도로 – 주간선도로

19. 다음은 1인 가구의 주거환경 만족/불만족 실태를 조사한 자료이다. 이를 토대로 작성한 그래프 중 자료의 내용과 일치하지 않는 것은?

1. 우리나라 1인 가구 비율은 1985년 6.7%에서 2015년 27.2%로 급격히 증가하였으며 2025년에는 31.9%가 될 것으로 예측된다.
2. 1인 가구의 위험 요소로는 대중교통 이용, 늦은 귀가, 만취귀가, 집이 비어 있는 시간의 순으로 비중이 높았다.
3. 1인 가구의 52.1%가 단독주택에 거주하고 있으며 이어 아파트(27.6%), 다세대 주택(8.3%), 주택 이외의 거처(8.0%)의 순이었다. 이는 원룸이 단독주택으로 분류되기 때문이다.
4. 주택환경 만족도는 재난 · 재해(산사태나 홍수, 지진 피해 등) 안전성(52.1%), 주택 방범상태(27.6%), 화재로부터의 안전성(화재예방, 전기시설, 화재대피시설 유무)(8.3%)의 순이었다.
5. 1인 가구가 주택환경에서 가장 만족하는 부분은 이웃과의 유대감(89.8%), 대기오염도(84.5%), 청결도(83.3%)의 순이었다. 그 밖에 문화시설 접근용이성(56.7%), 주차시설 이용편리성(67.4%), 의료시설 접근용이성(69.2%), 공공기관 접근용이성(69.9%) 등으로 조사되었다.

①
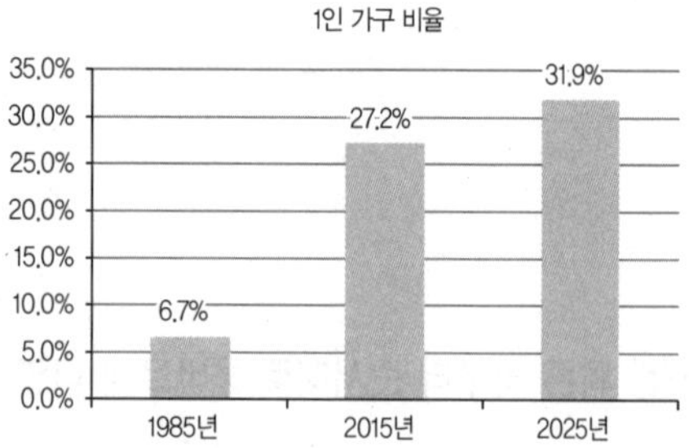

②
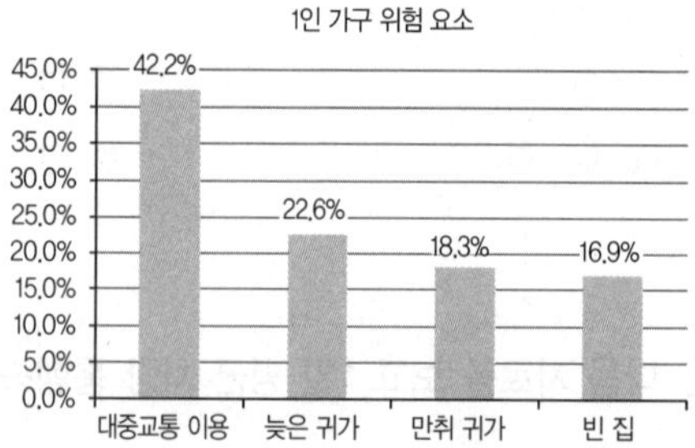

③
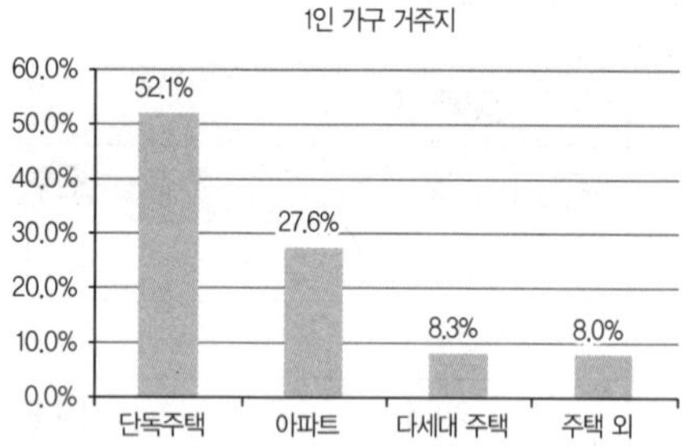

④
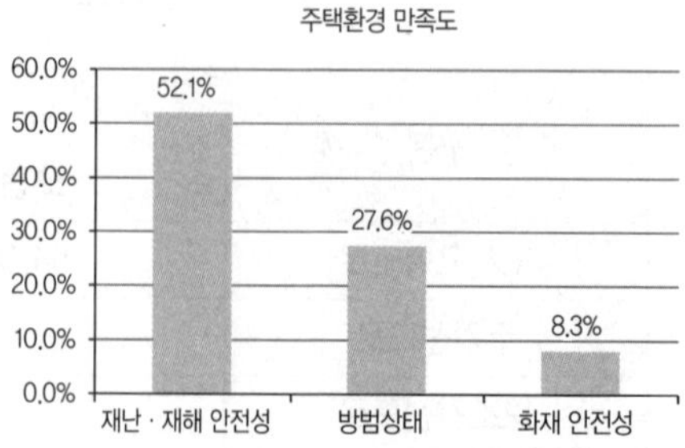

⑤
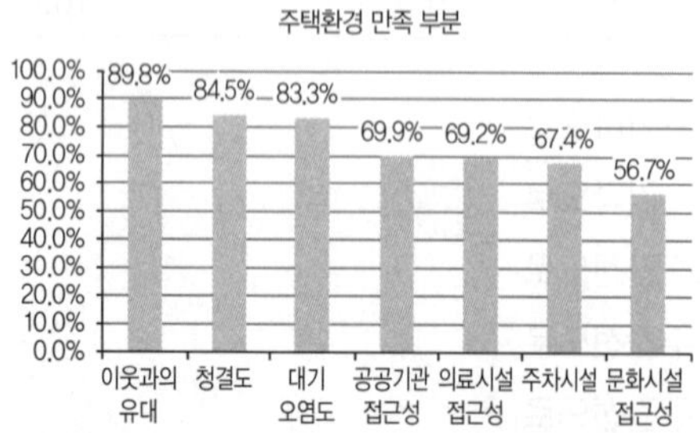

20. 다음 자료를 바르게 이해한 것을 〈보기〉에서 모두 고르면?

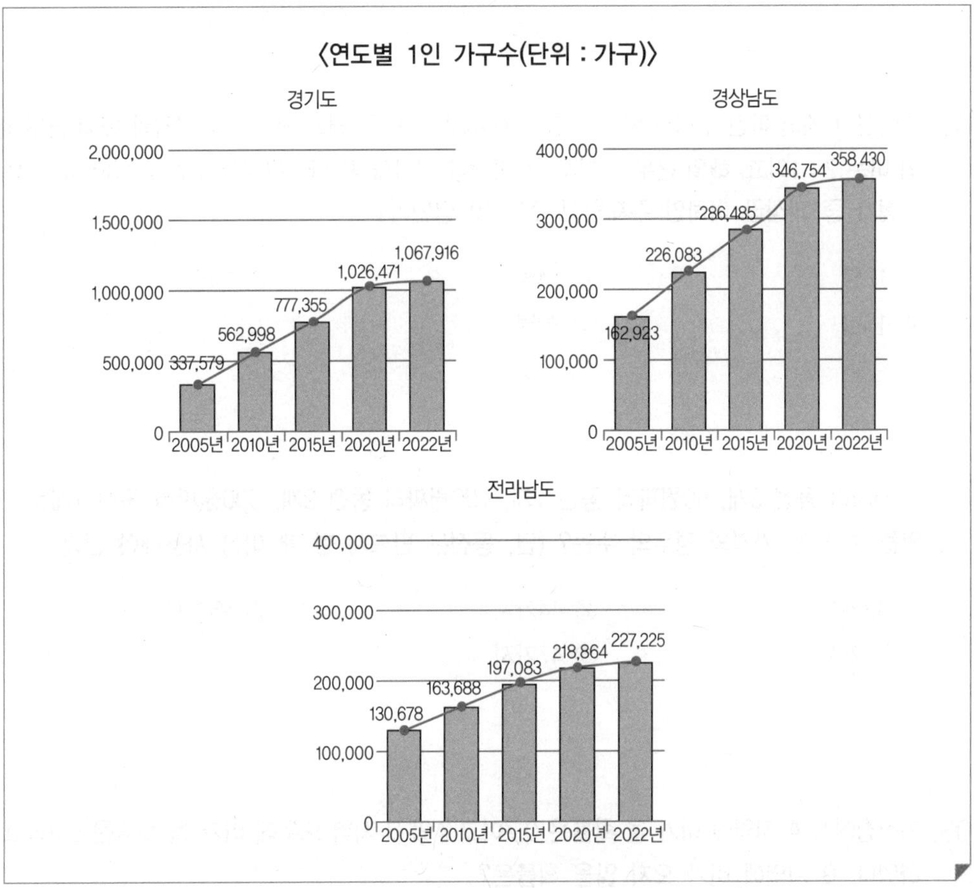

| 보기 |

가. 세 지역의 2005년 대비 2022년의 1인 가구수는 모두 2배가 넘었다.
나. 2005년 대비 2022년의 1인 가구수 증가율은 전라남도가 가장 작다.
다. 2015년의 경기도 1인 가구수는 2022년의 경상남도 1인 가구수보다 적다.

① 나　② 다　③ 가, 나
④ 나, 다　⑤ 가, 나, 다

영역 3

창의수리

20문항 / 15분

01. S 물산의 해외 파견 주재원의 수는 총 120명이다. 이 중 해외 근무 무경험자와 해외 근무 경험자의 비는 2 : 1이고, 해외 근무 경험자 중 과장급 이하와 차장급 이상의 비는 2 : 3이다. 해외 근무 경험자 중 과장급 이하인 주재원의 수는 몇 명인가?

① 12명 ② 14명 ③ 16명
④ 18명 ⑤ 20명

02. 10원짜리 동전 3개, 50원짜리 동전 1개, 100원짜리 동전 2개, 500원짜리 동전 1개를 가지고 만들 수 있는 가격의 경우의 수는? (단, 동전은 반드시 한 개 이상 사용해야 한다)

① 43가지 ② 44가지 ③ 45가지
④ 46가지 ⑤ 47가지

03. 기상청에서 A 지역에 비가 올 확률은 0.7이고 A와 B 지역 모두에 비가 올 확률은 0.4라고 발표하였다. B 지역에 비가 오지 않을 확률은?

① $\frac{1}{7}$ ② $\frac{2}{7}$ ③ $\frac{3}{7}$
④ $\frac{4}{7}$ ⑤ $\frac{5}{7}$

04. 12%의 소금물에 물을 더 넣었더니 9%의 소금물이 되었다. 더 넣은 물의 양이 처음 소금물의 양보다 100g 적었다면, 소금물에 녹아 있는 소금의 양은?

① 18g ② 19g ③ 20g
④ 21g ⑤ 22g

05. 지우에게는 언니와 동생이 있다. 언니 지아는 지우보다 두 살 많으며, 동생 지선은 지우보다 다섯 살 적다. 세 명의 평균 나이가 15세일 때, 지우의 나이는?

① 12세 ② 14세 ③ 16세
④ 18세 ⑤ 20세

06. 20X1 프로야구 페넌트레이스는 총 10개 구단이 리그전 방식으로 9차전에 걸쳐 진행된다. 모든 경기를 단판으로 진행한다고 할 때, 총 몇 경기가 진행되는가?

① 315경기 ② 405경기 ③ 435경기
④ 450경기 ⑤ 495경기

07. 50m/s로 달리는 길이 360m의 급행열차가 30m/s로 달리는 길이 380m의 화물열차의 끝에 닿은 후부터 화물열차를 완전히 추월할 때까지 걸리는 시간은 몇 초인가? (단, 두 열차는 같은 방향으로 달린다)

① 9.25초 ② 14.8초 ③ 24.7초
④ 37초 ⑤ 55초

08. 영이는 4%의 소금물 200g에 소금을 넣어 6%의 소금물을 만들려고 한다. 각각 3g, 4g, 5g, 6g, 8g으로 포장된 다섯 종류의 소금 중 몇 g이 들어 있는 것을 사용해야 하는가? (단, 최소의 소금을 사용해야 한다)

① 3g ② 4g ③ 5g
④ 6g ⑤ 8g

09. A 지역과 B 지역을 잇는 철로의 길이는 540km이다. 이 철로 위에 A 지역에서 B 지역으로 시속 100km로 이동하는 기차와 B 지역에서 A 지역으로 시속 80km로 이동하는 기차가 있다. 두 기차가 함께 출발함과 동시에 A 지역에 있던 독수리가 B 지역을 향해 시속 120km로 날기 시작했다면, 독수리가 B 지역에서 출발한 기차와 만나게 되는 시점에 두 기차 사이의 거리는? (단, 독수리가 비행하는 경로는 기차와 같다)

① 40km ② 45km ③ 48km
④ 50km ⑤ 54km

10. A, B, C, D 4개 수의 평균이 18이고 B, C의 평균이 17이며 B, C, D의 평균이 20일 때, A, D의 평균은?

① 10 ② 15 ③ 19
④ 21 ⑤ 22

11. A 대학교에서 경영학을 전공하는 학생은 전체 남학생 중 12.6%, 전체 여학생 중 21.4%로, 이는 A 대학교 전체 학생 수의 19.2%라고 한다. 이때, 남학생 전체의 수는 여학생 전체의 수의 몇 배인가?

① $\frac{1}{5}$배 ② $\frac{1}{4}$배 ③ $\frac{1}{3}$배
④ $\frac{2}{3}$배 ⑤ $\frac{3}{4}$배

12. A ~ F 여섯 명이 회의를 하기 위해 원형 탁자에 둘러앉았다. 이 중 A와 B가 서로 이웃하여 앉게 되는 경우의 수는 모두 몇 가지인가?

① 30가지 ② 38가지 ③ 45가지
④ 48가지 ⑤ 50가지

13. A가 하면 18일, B가 하면 27일 걸리는 일이 있다. 둘은 함께 일을 시작했으나, 도중에 B가 일을 그만두어 A 혼자 일을 해 끝마치기까지 총 16일이 걸렸다. 전체 일한 날 중 B가 참여하지 않은 날은 며칠인가?

① 9일 ② 10일 ③ 11일
④ 12일 ⑤ 13일

14. 어떤 학교에서 개최한 수영대회에 학생 수의 78%가 참가했다. 수영대회 참가자 중 35%가 장거리 수영 경기에 출전하여 그중 70%가 완주하였다면, 장거리 수영 경기를 완주한 학생은 전체 학생 수의 몇 %인가? (단, 소수점 아래 첫째 자리에서 반올림한다)

① 3% ② 7% ③ 12%
④ 15% ⑤ 19%

15. 배를 타고 관광하는 일정의 내용이 다음과 같을 때, 배 승선에서부터 하선까지 총 얼마의 시간이 소요되는가? (단, 상류 관광지에서 정지하지 않고, 관광지 도착 후 곧바로 하류 선착장으로 향하면서 선상에서 관람한다)

- 강 하류 선착장에서 승선하여 강 상류의 관광지를 선상에서 관람하고 다시 강 하류 선착장으로 복귀한 뒤 하선하는 코스이다.
- 강 하류 선착장에서 승선과 하선을 할 때 각 15분씩 걸린다.
- 강 하류 선착장에서 관광지까지의 거리는 30km이다.
- 배의 평균 속력은 25km/h이다.
- 강물은 한 방향으로 흐르며, 강물의 유속은 5km/h로 일정하다.

① 1시간 ② 1시간 30분 ③ 2시간 30분
④ 2시간 45분 ⑤ 3시간

16. 다음 〈조건〉을 참고할 때, 전 사원들에게 지급되고 있는 월급의 총액은 얼마인가?

| 조건 |

- 모든 사원의 월급은 동일하다.
- 사원 10명을 증원하고 각 사원의 월급을 100만 원씩 줄이면 전 사원에게 지급하는 월급 총액은 기존의 80%가 된다.
- 사원 20명을 감축하고 각 사원의 월급을 전과 같이 지급한다면 전 사원에게 지급하는 월급 총액은 기존의 60%가 된다.

① 1억 원 ② 1억 2천만 원 ③ 1억 5천만 원
④ 1억 8천만 원 ⑤ 2억 원

17. 주사위 2개를 던져서 나온 수의 합이 10 이상인 경우 300원을 받고, 다른 한 사람과 가위바위보를 해서 이기거나 비기는 경우 120원을 받는다고 한다. 이를 각각 20번 반복했을 때 얻을 수 있는 기댓값의 차이는 얼마인가?

① 320원 ② 500원 ③ 540원
④ 600원 ⑤ 630원

18. 7%의 소금물 300g에 xg의 소금을 넣어서 10%의 소금물을 만들었다. 이때 추가한 소금 xg의 양은?

① 8g ② 10g ③ 12g
④ 14g ⑤ 16g

19. 어떤 수조에 물을 가득 채우는 데 A 펌프로는 30분, B 펌프로는 40분이 걸리고, C 펌프로 수조의 물을 모두 빼는 데는 1시간이 걸린다. 수조에 물이 절반만큼 차 있는 상태에서 A, B, C 펌프를 함께 사용한다면 수조를 가득 채우는 데 얼마의 시간이 걸리겠는가?

① 12분 ② 13분 ③ 14분
④ 15분 ⑤ 16분

20. A와 B는 빨간 구슬, 파란 구슬, 하얀 구슬이 각각 한 개씩 담겨 있는 주머니를 가지고 다음 〈규칙〉에 따라 게임을 하려고 한다. 빨간 구슬을 뽑는 사람이 이긴다고 할 때, A가 이길 확률은?

| 규칙 |

- A부터 번갈아서 구슬을 한 개씩 뽑는다.
- 빨간 구슬을 뽑으면 게임이 종료된다.
- 파란 구슬을 뽑으면 구슬을 주머니에 다시 넣지 않는다.
- 하얀 구슬을 뽑으면 하얀 구슬을 제외한 모든 구슬을 주머니에 다시 넣는다.

① $\frac{1}{5}$ ② $\frac{7}{12}$ ③ $\frac{2}{3}$
④ $\frac{3}{4}$ ⑤ $\frac{5}{6}$

영역 4 20문항 / 15분

언어추리

01. 다음 전제를 읽고 반드시 참인 결론을 고르면?

[전제] • 아기는 천사다.
• 천사는 번개를 부릴 수 있다.
• 천사가 아니면 신의 노예다.
[결론] ______________________

① 천사는 아기다.
② 아기는 번개를 부릴 수 없다.
③ 번개를 부릴 수 있으면 아기다.
④ 신의 노예가 아니면 번개를 부릴 수 있다.
⑤ 아기는 신의 노예이다.

02. S 기업의 야유회에서 10명의 사원들은 5명씩 두 팀으로 나뉘어 보물찾기를 하고 있다. 한 팀이 먼저 보물을 숨기고 다른 팀에게 다음과 같이 힌트를 주었는데 두 명이 거짓을 말하고 있을 때, 거짓을 말하는 사람은? (단, 보물은 한 개다)

A : 보물은 풀숲 안에 숨겼습니다.
B : 텐트 안에 보물이 있습니다.
C : D는 진실만을 말하고 있습니다.
D : 풀숲 안에 보물을 숨기는 것을 보았습니다.
E : 저희는 나무 아래에 보물을 숨겼습니다.

① A, B
② A, D
③ B, C
④ B, E
⑤ C, E

03. 다음 전제를 읽고 결론에 대해 설명한 내용으로 옳은 것은?

> [전제] • 복지가 좋은 회사는 직원들의 불만이 많지 않다.
> • 연봉이 높지 않은 회사는 직원들의 불만이 많다.
> • 복지가 좋은 회사는 직원들의 여가생활을 존중한다.
>
> [결론] A : 복지가 좋은 회사가 연봉이 높은 것은 아니다.
> B : 직원들의 여가생활을 존중하지 않는 회사는 복지가 좋지 않다.

① A만 옳다. ② B만 옳다. ③ A, B 모두 옳다.
④ A, B 모두 옳지 않다. ⑤ 알 수 없다.

04. 송 차장, 김 과장, 이 대리, 정 사원이 각각 서로 다른 색상의 우산(노란색, 빨간색, 파란색, 검은색)을 쓴 채 횡단보도를 사이에 두고 마주 보거나 나란히 서 있다. 서 있는 위치와 쓰고 있는 우산의 〈조건〉이 다음과 같을 때, 이에 대한 설명으로 옳은 것은?

| 조건 |

> • 김 과장은 노란색 우산을 쓰고 있다.
> • 이 대리는 맞은편에 노란색과 검은색 우산을 쓴 직원이 나란히 보인다.
> • 정 사원은 맞은편에 빨간색 우산을 쓴 직원만 보인다.
> • 이 대리가 볼 때 송 차장은 검은색 우산을 쓴 직원의 왼편에 있다.

① 이 대리는 검은색 우산을 쓰고 있다.
② 김 과장과 정 사원은 나란히 서 있다.
③ 송 차장은 김 과장과 마주 보고 서 있다.
④ 정 사원은 빨간색 우산을 쓰고 있다.
⑤ 이 대리와 정 사원은 나란히 서 있다.

05. **사원 A, B, C, D, E는 5개월간 순환근무를 하며 수습기간을 거친 후 정식으로 발령을 받게 되어 있다. 다음의 내용을 토대로 할 때, B와 C가 각각 마지막으로 근무하는 지점은?**

- 신입사원 5명이 순환근무하는 지점은 1, 2, 3, 4, 5 총 5개 지점이고 각 지점에서 한 달씩 근무한다.
- 지금은 5개월의 수습기간 중 3번째 기간이다.
- 현재 근무하는 지점은 A－3지점, B－4지점, C－2지점, D－1지점, E－5지점이다.
- A가 아직 근무하지 않은 지점은 4지점과 5지점이다.
- C는 지난달에 1지점에서 근무했고 다음 달에는 3지점에서 근무한다.
- B가 마지막으로 근무하는 지점은 A가 1번째로 근무한 지점이다.
- 지금까지 4지점에서 근무한 사람은 B, C, E이다.

① B－1지점, C－5지점
② B－1지점, C－4지점
③ B－2지점, C－5지점
④ B－2지점, C－4지점
⑤ B－3지점, C－4지점

06. **기획팀의 홍일동, 홍이동, 홍삼동, 홍사동 4명이 다음 〈조건〉과 같이 각각 3월, 6월, 9월, 12월에 출장을 간다고 할 때, 이에 대한 설명으로 옳은 것은?**

| 조건 |

- 홍일동은 짝수 달에 출장을 간다.
- 홍이동은 9월에 출장을 가지 않는다.
- 홍사동은 홍일동보다 늦게 출장을 간다.
- 홍이동은 홍삼동보다 먼저 출장을 간다.

① 홍사동은 9월에 출장을 간다.
② 홍삼동은 12월에 출장을 간다.
③ 홍이동은 3월에 출장을 간다.
④ 홍일동과 홍삼동은 연속해서 출장을 간다.
⑤ 홍삼동은 홍사동보다 먼저 출장을 간다.

07. 다음은 갑, 을, 병, 정, 무 5명이 달리기 시합을 한 뒤 등수에 대해 나눈 대화이다. 이들 가운데 한 명만 거짓말을 하고 있다고 할 때, 옳지 않은 것은?

- 갑 : 나는 4등을 했어.
- 을 : 나는 2등을 했고, 병과는 연이어 결승점에 들어왔어.
- 병 : 나와 정은 2순위가 차이가 나.
- 정 : 무는 1등도 꼴등도 아니야.
- 무 : 갑은 5등을 했고, 정과의 순위 차이가 제일 크지.

① 을이 정보다 순위가 더 높다.
② 갑이 무보다 순위가 더 낮다.
③ 을보다 병의 순위가 낮다.
④ 병은 3등이다.
⑤ 무는 병보다 순위가 낮다.

08. S 기업 업무지원팀은 팀원 A, B, C, D, E 5명의 지방 파견 가능 여부를 체크하고 있다. 다음 내용을 바탕으로 할 때, 지방으로 파견될 수 있는 팀원들은 누구인가?

- D는 반드시 파견되기로 하였다.
- D가 파견되면 E도 같이 파견된다.
- C가 파견되면 B는 파견될 수 없다.
- A가 파견되면 D는 파견될 수 없다.
- E가 파견될 경우, A 혹은 C도 같이 파견된다.

① A, B, C
② A, C, D
③ C, D, E
④ A, B, C, E
⑤ B, C, D, E

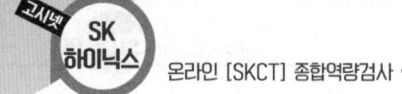

09. 김정식, 김병연, 허초희, 백기행, 정지용은 이번에 최종합격한 신입사원들이다. 다음 나열된 정보들이 모두 거짓일 때, 자신이 배정받은 팀을 정확히 알 수 있는 신입사원은? (단, 신입사원은 모두 다른 팀에 배정된다)

- 김병연은 영업팀 또는 홍보팀이다.
- 백기행은 재무팀 또는 개발팀이다.
- 허초희는 홍보팀이다.
- 김병연은 설계팀이다.
- 정지용, 백기행 중에 한 명은 영업팀이다.
- 김정식, 정지용 중에 한 명은 재무팀이다.
- 허초희, 백기행 중에 한 명은 설계팀이다.

① 김정식　② 김병연　③ 허초희
④ 백기행　⑤ 정지용

10. 다음 전제를 통해 얻을 수 있는 결론으로 적절한 것은?

[전제] • 진달래를 좋아하는 사람은 감성적이다.
• 백합을 좋아하는 사람은 보라색을 좋아하지 않는다.
• 감성적인 사람은 보라색을 좋아한다.

[결론] ______________________

① 감성적인 사람은 백합을 좋아한다.
② 백합을 좋아하는 사람은 감성적이다.
③ 진달래를 좋아하는 사람은 보라색을 좋아한다.
④ 보라색을 좋아하는 사람은 감성적이다.
⑤ 보라색을 좋아하는 사람은 백합을 좋아한다.

11. 다음은 K 치과에 근무하는 세 명의 의사가 근무 날짜를 정하기 위해 나눈 대화이다. 하루에 한 명씩 근무하며 목요일은 휴무일이라고 한다. 〈조건〉을 참고할 때, B가 근무하는 요일은 언제인가?

| 조건 |

A : 나는 일주일에 하루만 근무하는 대신 요일은 상관없어.
B : 나는 일주일에 2일 근무하고, 하루 근무하면 그 뒤에 2일은 연이어 쉬고 싶어. 휴무일을 쉬는 날에 포함해도 괜찮아.
C : 나는 일주일에 월요일을 포함해서 3일 근무할게. 근무하고 나면 휴무일을 제외하고 하루는 쉬고 싶어.

① 월요일, 수요일　② 월요일, 금요일　③ 화요일, 금요일
④ 수요일, 금요일　⑤ 수요일, 일요일

12. 다음을 읽고 〈보기〉 중 항상 참인 것을 모두 고르면?

H사에 다니고 있는 남자사원 A가 하는 말은 모두 거짓이고, 여자사원 B가 하는 말은 모두 진실이다. 어느 날 H사에 A와 B의 후임으로 신입사원 C, D가 들어왔는데 둘 중 한 명이 하는 말은 모두 거짓이고 나머지 한 명이 하는 말은 모두 진실이다. 여자사원 B는 "신입사원 중 여자사원이 한 명 이상 있고, 여자사원이 하는 말은 모두 진실이다."라고 말했다.

| 보기 |

㉠ 신입사원 C가 하는 말은 모두 거짓이다.
㉡ 신입사원 D가 하는 말은 모두 진실이다.
㉢ 남자사원 A가 "신입사원 D는 남자이다."라고 말했다면, D가 하는 말은 모두 거짓이다.
㉣ 신입사원 C가 하는 말이 모두 거짓이라면, D는 여자이다.

① ㉢　② ㉣　③ ㉠, ㉡
④ ㉠, ㉣　⑤ ㉡, ㉢

13. A, B, C, D, E 5명의 사원이 출퇴근 방법에 관한 설문조사에 참여하였다. 다음 〈정보〉는 다섯 사원들이 설문에서 말한 내용이다. 5명 중 2명이 거짓말을 하고 있을 때, 사원과 이용하는 교통수단이 바르게 연결된 것은?

| 정보 |

5명의 사원이 이용한다고 대답한 교통수단은 자가용(2명), 택시(2명), 버스(3명), 지하철(3명)이고, 5명의 사원은 각각 두 가지 교통수단을 이용한다고 대답하였다.

A 사원 : 저는 자가용을 이용한다고 대답했고, E는 거짓말을 하고 있습니다.
B 사원 : 저는 버스를 이용하지 않는다고 대답했고, D는 진실을 말하고 있습니다.
C 사원 : 저는 버스를 이용하지 않는다고 대답했고, E는 진실을 말하고 있습니다.
D 사원 : 저는 자가용과 지하철을 이용한다고 대답했습니다.
E 사원 : 저는 택시를 이용한다고 대답했고, B와 D는 거짓말을 하고 있습니다.

① A : 버스　② B : 자가용　③ C : 지하철
④ D : 택시　⑤ E : 자가용

14. 다음은 댐의 방류 일정에 대한 사원들의 대화이다. 이 중 한 사람만 거짓을 말하고 있을 때, 댐을 방류하는 달은 언제인가?

- A 사원 : 1월과 2월은 둘 다 방류하거나 방류하지 않아.
- B 사원 : 1월과 4월은 한 쪽이 방류하면 한 쪽은 방류하지 않아.
- C 사원 : 1 ~ 4월 중 댐을 방류하지 않는 달은 두 달이야.
- D 사원 : B 사원은 방류하는 달에 대해 거짓을 말하고 있어.
- E 사원 : 3월에는 댐을 방류해.

① 1월, 2월　② 1월, 4월　③ 2월, 3월
④ 2월, 4월　⑤ 3월, 4월

15. 다음 전제를 통해 얻을 수 있는 결론으로 적절한 것은?

[전제] • 다이빙을 좋아하는 사람은 서핑도 좋아한다.
• 요트를 좋아하는 사람은 낚시도 좋아한다.
• 서핑을 좋아하지 않는 사람은 낚시도 좋아하지 않는다.
• 카누를 좋아하지 않는 사람은 서핑도 좋아하지 않는다.
[결론] (   )

① 다이빙을 좋아하는 사람은 요트도 좋아한다.
② 요트를 좋아하지 않는 사람은 서핑도 좋아하지 않는다.
③ 카누를 좋아하는 사람은 낚시도 좋아한다.
④ 다이빙을 좋아하는 사람은 카누도 좋아한다.
⑤ 낚시를 좋아하지 않는 사람은 다이빙을 좋아한다.

16. 다음 전제를 통해 얻을 수 있는 결론으로 적절한 것은?

[전제] • 나이가 많으면 뇌의 활동이 둔화되어 기억력이 감퇴한다.
• 남성은 여성에 비해 뇌의 부피가 크다.
• 뇌의 부피가 크면 뇌에 필요한 산소의 양이 많다.
• 기억력이 감퇴하면 치매에 걸릴 가능성이 크다.
[결론] (   )

① 치매에 걸릴 가능성이 크면 뇌의 활동이 둔화되어 기억력이 감퇴한다.
② 기억력이 감퇴하면 나이가 많은 것이다.
③ 나이가 많으면 치매에 걸릴 가능성이 크다.
④ 여성은 치매에 걸릴 가능성이 남성보다 크다.
⑤ 남성은 뇌의 활동이 둔화되면 뇌에 산소가 많이 필요하다.

17. ○○기업은 업무협력 편의를 위해 팀 위치를 재배치하였다. 다음 〈조건〉을 토대로 할 때, 잘못된 추론은? (단, 방향은 제시된 방향을 기준으로 한다)

	[4층]	1실	2실	3실	
왼쪽	[3층]	4실	5실	6실	오른쪽
	[2층]	7실	8실	9실	

| 조건 |

- ○○기업에는 8개(A, B, C, D, E, F, G, H) 팀이 있고, 3개 층을 사용하고 있다.
- 한 층에는 2개 팀과 휴게실, 나머지 두 층에는 각각 3개 팀을 배치하였다.
- H 팀과 D 팀은 같은 층이며, H 팀은 D 팀 바로 왼쪽에 배치한다.
- F 팀과 C 팀은 같은 층이며, F 팀은 C 팀 바로 오른쪽에 배치한다.
- 휴게실과 C 팀은 각 층의 가장 왼쪽 실에 배치되었다.
- 휴게실과 가장 먼 곳에 배치된 팀은 D 팀이다.
- A 팀은 G 팀보다 낮은 층에 위치하고, A 팀 위층에는 E 팀이 있다.
- B 팀은 H 팀과 같은 층에 위치한다.
- C 팀과 D 팀은 휴게실보다 낮은 층에 있다.

① 휴게실은 1실에 있다.
② A 팀은 B 팀보다 한 층 위에 있다.
③ D 팀은 2실, E 팀은 3실에 있다.
④ F 팀은 A 팀과 C 팀 사이에 있다.
⑤ C 팀은 3층 가장 왼쪽에 있다.

18. 고, 구, 마 세 명의 면접관이 앉아 있다. 이들 면접관의 넥타이 색깔은 물방울무늬, 줄무늬, 물결무늬이다. 피면접자가 면접관을 바라볼 때 다음의 〈조건〉을 만족한다면, 항상 참인 것은?

| 조건 |

- 물결무늬 넥타이는 맨 오른쪽에 있는 면접관이 하고 있다.
- 구 면접관은 고 면접관 옆에 앉아 있다.
- 마 면접관의 넥타이 무늬는 물방울무늬이다.

① 마 면접관은 맨 왼쪽에 앉아 있다.
② 고 면접관은 가운데 앉아 있다.
③ 고 면접관의 넥타이는 줄무늬이다.
④ 구 면접관의 넥타이는 물결무늬이다.
⑤ 구 면접관은 고 면접관 왼쪽에 앉아 있다.

19. 다음 명제가 참이라고 할 때 항상 옳은 것을 〈보기〉에서 모두 고르면?

- 드라마 셜록 홈즈를 좋아하는 사람은 영화 반지의 제왕을 좋아하지 않는다.
- 영화 반지의 제왕을 좋아하지 않는 사람은 영화 해리포터 시리즈를 좋아하지 않는다.
- 영화 반지의 제왕을 좋아하는 사람은 영화 스타트랙을 좋아한다.
- 지연이는 영화 해리포터 시리즈를 좋아한다.

| 보기 |

(가) 지연이는 영화 스타트랙을 좋아한다.
(나) 지연이는 드라마 셜록 홈즈를 좋아하지 않는다.
(다) 영화 스타트랙을 좋아하는 사람은 드라마 셜록 홈즈를 좋아하지 않는다.

① (가)만 항상 옳다.
② (나)만 항상 옳다.
③ (다)만 항상 옳다.
④ (가), (나) 모두 항상 옳다.
⑤ (나), (다) 모두 항상 옳다.

20. 다음 명제가 모두 참일 때 〈결론〉에 대한 설명으로 옳은 것은?

- 장갑을 낀 사람은 운동화를 신지 않는다.
- 양말을 신은 사람은 운동화를 신는다.
- 운동화를 신은 사람은 모자를 쓴다.
- 장갑을 끼지 않은 사람은 목도리를 하지 않는다.
- 수민이는 목도리를 하고 있다.

| 결론 |

(가) 장갑을 낀 사람은 양말을 신지 않는다.
(나) 수민이는 운동화를 신고 있다.
(다) 양말을 신은 사람은 목도리를 하지 않는다.

① (가)만 항상 옳다.
② (나)만 항상 옳다.
③ (다)만 항상 옳다.
④ (나), (다) 모두 항상 옳다.
⑤ (가), (다) 모두 항상 옳다.

영역 5

수열추리

20문항 / 15분

[01~11] 다음 배열 규칙을 찾아 '?'에 들어갈 알맞은 문자 및 숫자를 고르시오.

01.

E	J	I	N	(?)

① P ② F ③ M

④ N ⑤ S

02.

1	2	6	24	120	(?)

① 360 ② 480 ③ 600

④ 720 ⑤ 840

03.

121	100	81	64	49	(?)

① 24 ② 27 ③ 30

④ 33 ⑤ 36

04.

−4 2 −2 4 0 6 (?)

① 2 ② 3 ③ 4
④ 5 ⑤ 6

05.

21 19 15 7 (?) −41 −105

① 1 ② −3 ③ −5
④ −9 ⑤ −10

06.

3 4 9 8 15 12 21 16 27 20 (?)

① 29 ② 31 ③ 33
④ 35 ⑤ 36

07.

3 5 8 13 21 (?) 50

① 33 ② 42 ③ 44
④ 52 ⑤ 55

08.

2.3　3.9　6.7　10.7　15.9　(?)

① 18.9　② 22.3　③ 23.4　④ 25.9　⑤ 27.3

09.

7　8　12　19　(?)　42　58

① 22　② 23　③ 25　④ 28　⑤ 29

10.

$\frac{5}{10}$　(?)　$\frac{17}{86}$　$\frac{33}{257}$　$\frac{65}{770}$

① $\frac{3}{23}$　② $\frac{5}{25}$　③ $\frac{7}{27}$　④ $\frac{9}{29}$　⑤ $\frac{11}{31}$

11.

$\underline{4\quad 4\quad 2}$　$\underline{6\quad 8\quad (\ ?\ )}$　$\underline{7\quad 10\quad 2}$

① 2　② 3　③ 4　④ 5　⑤ 6

12. 다음 기호의 일정한 규칙에 따라 '?'에 들어갈 숫자는?

34 ◎ 90 = 1204
85 ◎ 77 = 1512
54 ◎ 15 = 609
48 ◎ 39 = (?)

① 717　② 772　③ 1217
④ 1272　⑤ 1717

13. 다음 기호의 일정한 규칙에 따라 '?'에 들어갈 알맞은 숫자는?

1△3=5　2△4=10　5△7=37
8△10=82　10△12=(?)

① 104　② 114　③ 122
④ 144　⑤ 152

14. 다음 숫자들의 배열 규칙에 따라 '?'에 들어갈 알맞은 숫자는?

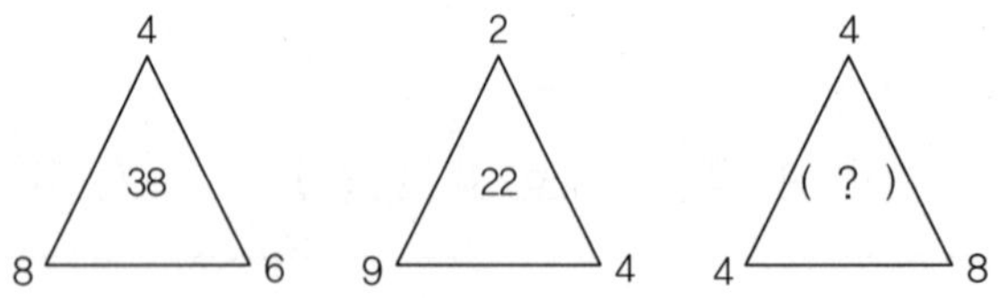

① 14　② 19　③ 20
④ 24　⑤ 38

15. 다음 숫자들의 배열 규칙에 따라 '?'에 들어갈 알맞은 숫자는?

18	24
15	21

4	10
6	12

11	17
13	(?)

① 17 ② 19 ③ 21
④ 23 ⑤ 25

16. 다음 숫자들의 배열 규칙에 따라 '?'에 들어갈 알맞은 숫자는?

(?)
18 19
8 10 9
3 5 5 4
1 2 3 2 2

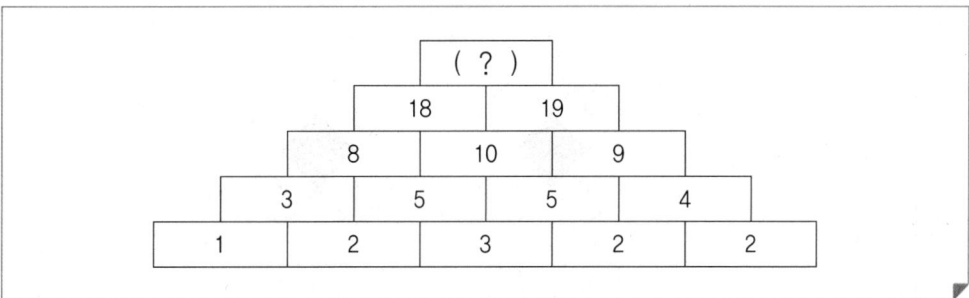

① 20 ② 26 ③ 31
④ 37 ⑤ 41

17. 다음 숫자들의 배열 규칙에 따라 '?'에 들어갈 숫자는?

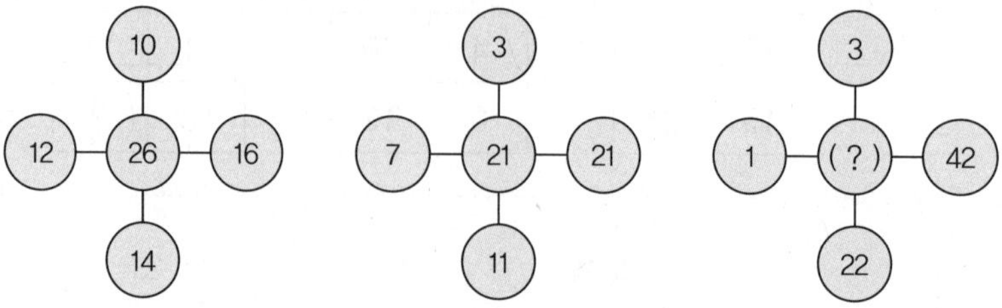

① 31 ② 32 ③ 34
④ 45 ⑤ 46

18. 다음에 적용된 숫자의 규칙에 따를 때, ★+☆의 값은?

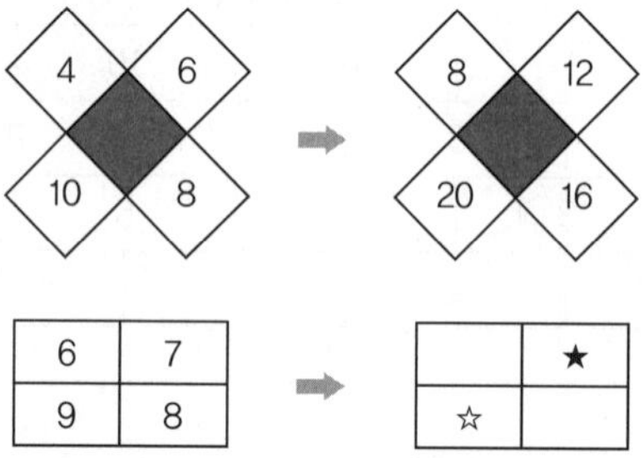

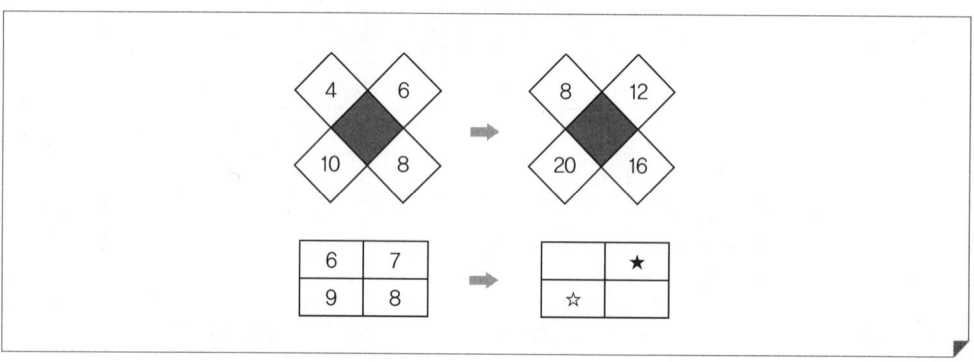

① 20 ② 24 ③ 28
④ 32 ⑤ 36

19. 다음 숫자들의 배열 규칙에 따라 '?'에 들어갈 숫자로 알맞은 것은?

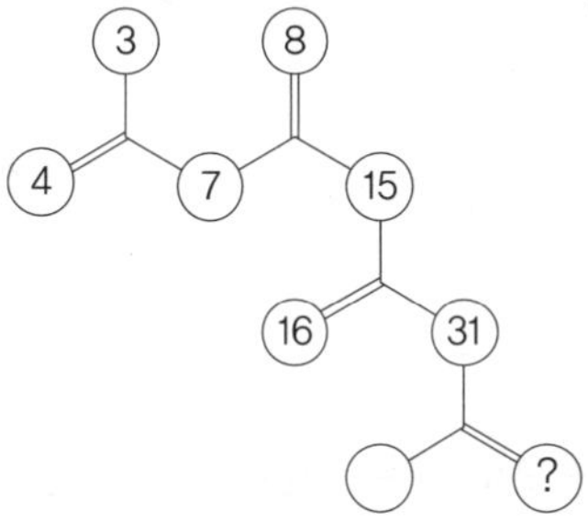

① 32　② 36　③ 40
④ 54　⑤ 63

20. 다음과 같이 자연수를 나열해 가면 1의 직선상 아래에 있는 숫자는 첫 번째가 5이고, 두 번째가 13이다. 1의 직선상 아래에 있는 31번째 숫자는 무엇인가?

1
2 3
4 5 6
7 8 9 10
11 12 13 ………

① 1,841　② 1,851　③ 1,861
④ 1,871　⑤ 1,881

SKCT 2회 기출유형문제

문항수 | 100문항
시험시간 | 75분

▸ 정답과 해설 35쪽

영역 1 언어이해

20문항 / 15분

01. 다음 글을 통해 추론한 내용으로 옳은 것은?

> 아파트를 분양받을 경우 전용면적, 공용면적, 공급면적, 계약면적, 서비스면적이라는 용어를 자주 접하게 된다. 전용면적은 아파트의 방이나 거실, 주방, 화장실 등을 모두 포함한 면적으로, 개별 세대 현관문 안쪽의 전용 생활공간을 말한다. 다만, 발코니 면적은 전용면적에서 제외된다. 공용면적은 주거공용면적과 기타공용면적으로 나뉜다. 주거공용면적은 세대가 거주를 위하여 공유하는 면적으로 세대가 속한 건물의 공용계단, 공용복도 등의 면적을 더한 것을 말한다. 기타공용면적은 주거공용면적을 제외한 지하층, 관리사무소, 노인정 등의 면적을 더한 것이다. 공급면적은 통상적으로 분양에 사용되는 용어로 전용면적과 주거공용면적을 더한 것이며, 계약면적은 공급면적과 기타공용면적을 더한 것이다. 서비스면적은 발코니 같은 공간의 면적으로 전용면적과 공용면적에서 제외된다.

① 발코니 면적은 계약면적에 포함된다.

② 관리사무소 면적은 공급면적에 포함된다.

③ 계약면적은 전용면적, 주거공용면적, 기타공용면적을 더한 것이다.

④ 공용계단과 공용복도의 면적은 공급면적에 포함되지 않는다.

⑤ 개별 세대 내 거실과 주방의 면적은 주거공용면적에 포함된다.

02. 다음 글을 읽고 잘못된 추론을 한 사람은?

> 대부분의 포유류는 손과 발에 물갈퀴가 없다. 태아기에 손 · 발가락 사이에서 '세포사(細胞死)'가 일어나 세포가 제거되기 때문이다. 그렇다면 세포사는 왜 일어나는 걸까. 최근 미국과 일본 연구팀이 세포사가 진행되는 진화의 과정에 대기 중 산소가 중요한 역할을 한다는 사실을 밝혀내 국제 학술지에 발표했다. 세포사는 진화 과정에서 동물이 물속에서부터 산소가 많은 육지로 올라온 것과 관계가 있으며, 이 때문에 조류와 포유류의 손발 모양을 만드는 세포사가 개구리 등 양서류 대부분에서는 일어나지 않는 것이다.

① A : 포유류라 할지라도 태아 시기에는 물갈퀴가 있었구나.
② B : 포유류의 손, 발에 물갈퀴가 없는 이유는 세포사 때문이었어.
③ C : 세포사는 대기 중 산소 농도로 인해 조절되는구나.
④ D : 진화가 진행되면서 많은 동물들이 육지에 적응하게 되었어.
⑤ E : 진화 초기 단계에서는 산소 농도가 매우 높아 물갈퀴가 존재했겠네.

03. 다음 (가) ~ (라)를 문맥에 맞게 순서대로 배열한 것은?

> (가) 기술은 새로운 과학적 사실을 검증하는 실험적 수단을 제공하거나 새로운 과학적 발견 가능성을 높이는 데 기여하였고, 과학은 새로운 기술을 개발하는 데 필요한 법칙과 이론을 제공하게 되었던 것이다.
> (나) 과학과 기술은 그 특성과 역사에서 구별되며 이는 지금도 마찬가지다.
> (다) 그럼에도 불구하고 19세기 중반 이후부터 과학과 기술은 호혜적이며 공생적인 특성을 바탕으로 본격적으로 제휴하게 되었다.
> (라) 즉, 기술 전체가 과학에 바탕을 두고 있는 것은 아니며 모든 과학 이론이 기술에서 도출되는 것도 아니다.

① (가)－(나)－(다)－(라)　② (나)－(가)－(다)－(라)　③ (나)－(라)－(다)－(가)
④ (다)－(라)－(가)－(나)　⑤ (다)－(라)－(나)－(가)

04. 다음 글에서 필자가 주장하는 바로 가장 적절한 것은?

> 속도는 기술 혁명이 인간에게 선사한 엑스터시(Ecstasy)의 형태이다. 오토바이 운전자와는 달리, 뛰어가는 사람은 언제나 자신의 육체 속에 있으며, 뛰면서 생기는 미묘한 신체적 변화와 가쁜 호흡을 생각할 수밖에 없다. 뛰고 있을 때 그는 자신의 체중, 나이를 느끼며 그 어느 때보다도 더 자신과 자기 인생의 시간을 의식한다. 그러나 인간이 기계에 속도의 능력을 위임하고 나면 모든 게 변한다. 이때부터 그의 고유한 육체는 관심 밖에 있게 되고 그는 비신체적 속도, 비물질적 속도, 순수한 속도, 속도 그 자체, 속도 엑스터시에 몰입한다. 기묘한 결합테크닉의 싸늘한 몰개인성과 엑스터시 불꽃. 어찌하여 느림의 즐거움은 사라져 버렸는가?

① 무한정한 속도 경쟁의 문화는 왜곡된 현대성의 한 예이다.
② 속도 추구에만 몰입할 것이 아니라 느린 삶의 미학을 회복해야 한다.
③ 사람들은 성취의 과정이나 그 질보다는 속도와 양에 매달린다.
④ 현대 사회의 몰개인성은 지나친 속도 경쟁 때문이다.
⑤ 기계에게 속도의 능력을 부여함으로써 인간은 속도 자체의 즐거움을 잃어버렸다.

05. 다음 기사를 읽고 '프탈레이트'에 대해 파악한 내용으로 적절하지 않은 것은?

> 내년 1월부터 플라스틱을 부드럽게 만드는 유해성 화학물질인 프탈레이트를 전자제품에 사용할 수 없게 된다. 프탈레이트는 현재 가전 전원 코드부터 냉장고 소음방지고무, 충전용 케이블 등에 사용되고 있다. TV, 냉장고, 세탁기 같은 대형 가전부터 헤어드라이기 같은 소형 가전까지 이 물질이 널리 사용되고 있어 전자제품 업계에 미치는 영향이 클 것으로 전망된다.
>
> 프탈레이트는 동물이나 사람의 생체 호르몬 작용을 방해하는 내분비 교란 물질이다. 프탈레이트는 카드뮴에 비견될 정도의 독성을 갖고 있으며 동물실험 결과 간과 신장, 심장, 허파 등에 부정적인 영향을 미치고, 여성 불임, 정자 수 감소 생식기관에 유해한 독성 물질로 보고된 바 있다. 사용이 금지되는 물질은 디에틸헥실프탈레이트(DEHP), 부틸벤질프탈레이트(BBP), 디부틸프탈레이트(DBP), 디이소부틸프탈레이트(DIBP) 등 프탈레이트계 물질 4가지다.

① 플라스틱을 유연하게 만들어 전자제품에 사용된다.
② 간, 신장, 심장, 허파 등에 악영향을 준다.
③ 내분비계의 작용이 원활하도록 하는 물질이다.
④ 생체 호르몬 작용에 영향을 끼치는 물질이다.
⑤ 카드뮴에 비견될 정도의 독성을 지닌 물질이다.

06. 다음 글의 주제로 적절한 것은?

> 자신의 소통 스타일이 궁금하다면 자신이 하는 말에 '다'로 끝나는 말이 많은지 '까'로 끝나는 말이 많은지를 확인해 보는 것이 도움이 된다. '다'가 많다면 주로 닫힌 소통을 하고 있는 것이다. 상대방을 향한 내 이야기가 잔소리라는 저항의 벽을 넘길 원한다면 '까'로 끝나는 문장을 써 주는 것이 효과적이다. 닫힌 문장이 아닌 열린 질문으로 소통하라는 것이다. '공부 열심히 해라'는 닫힌 문장이다. '공부 열심히 하니?'는 질문이긴 한데 닫힌 질문이다. '네, 아니요'로 답이 떨어지기 때문이다. '요즘 공부하는 거 어때?'가 열린 질문이다. 마찬가지로 '여보, 술 줄인다면서 어제 또 술을 먹은 것 아니에요?'는 닫힌 질문이다. '여보, 술을 잘 줄이지 못하는 이유가 무엇일까요?'가 열린 질문이다.
>
> 열린 질문은 일방적 지시가 아닌 상대방 의견을 묻는 구조이므로 저항이 적게 생긴다. 그래서 마음이 열리게 된다. 술을 끊지 못하는 이유를 묻는 질문에 '술을 끊으려 해도 스트레스를 받으니 쉽지 않아'라고 답하게 되고 술 대신 스트레스를 풀 방법을 찾는 것이 중요하다는 결론에 이르게 된다. 이 결론은 대화를 통해 얻은 내 생각이고 내 결정이기 때문에 거부감 없이 받아들이게 된다.
>
> 열린 질문에 익숙하지 않은 이유는 빨리 변화시키고 싶은 조급함과 불안감 때문이다. 그러나 긍정적인 변화를 위한 소통에는 인내와 기다림이 필요하다.
>
> 열린 질문, 어떻게 생각하는가?

① 열린 질문은 원활한 소통에 도움이 된다.
② 열린 질문과 닫힌 질문은 각각의 장단점이 있다.
③ 소통 스타일은 매우 다양하다.
④ 적당한 음주는 친분 형성에 긍정적인 영향을 끼친다.
⑤ 대화할 때 딱딱한 말투의 사용은 자제해야 한다.

07. 다음 글의 주제로 가장 적절한 것은?

기초과학연구원(IBS) 시냅스 뇌 질환 연구단은 자폐증 환자에게 발견되는 CHD8 유전자에 돌연변이를 일으킨 암컷과 수컷 생쥐를 대상으로 연구를 진행하였다. 유전자 돌연변이를 일으킨 암컷과 수컷 생쥐를 관찰한 결과 그 행동 변화가 다르게 나타났다. 뇌 속 신경세포인 뉴런의 활성화 정도를 측정하였더니 CHD8 유전자 돌연변이를 일으킨 수컷 생쥐에서는 흥분성 뉴런의 활성화가 증가하였다. 연구단은 뇌 속 뉴런에 주목하였다. 뇌 속 신경세포의 활동은 크게 흥분과 억제로 나뉘는데, CHD8 돌연변이를 일으킨 수컷 생쥐에게선 흥분성 뉴런과 억제성 뉴런 사이에서 균형을 유지하는 시스템이 무너진 것을 확인했다. 반대로 CHD8 돌연변이 암컷 생쥐에게선 흥분성 뉴런과 억제성 뉴런 사이의 균형이 유지됐다. 연구단은 암컷 생쥐의 뇌에서 CHD8 돌연변이에 대응하기 위해 특이적 유전자 발현이 증가한 것으로 분석했다. 돌연변이를 일으킨 수컷 생쥐보다 암컷 생쥐의 뇌에서 더 많은 유전자 변화가 나타난 것이다.

① 신경세포 활동에 따라 변하는 행동 패턴
② 뉴런의 숨겨진 균형시스템, 아동발달의 열쇠를 움켜줘
③ 질병 스위치, 유전자에 따른 활성 여부
④ 뇌 속 신경세포 불균형으로 인한 자폐증의 남녀 성차
⑤ 흥분성 뉴런과 억제성 뉴런 사이의 관계

08. (가), (나)를 읽고 도출할 수 있는 결론으로 적절한 것은?

(가) 지난해 정부에서는 정보격차 해소를 위해 저소득층 가정의 아이들에게 컴퓨터 등의 정보 통신기기를 보급하였으며 이를 통해 정보의 접근성 및 활용능력이 향상되었고, 이는 학업성적의 향상에도 도움이 될 것이라 전망하였다. 그런데 올해 정보 통신기기를 지원받은 가정의 아이들의 학업성적을 살펴본 결과, 성적이 오른 아이들은 소수에 불과하고 대부분이 전과 유사한 성적에 머물거나 오히려 하락한 경우도 나타났다.

(나) 정보 통신기기의 보급은 아이들로 하여금 다양한 지식을 쉽게 얻을 수 있도록 한다는 점에서 도움이 되지만, 수업에 대한 흥미와 집중력이 낮아지고 공부를 소홀히 하는 행동 등을 유발하여 학업성적이 떨어지는 이유가 되기도 한다. 정보 통신기기로 인한 학업성적의 하락은 저소득층 가정의 아이들에게서 더 큰 폭으로 나타나는데, 이러한 결과는 부모들의 관리에서 비롯된다고 보는 견해가 있다. 대부분 고소득층의 부모들은 자녀의 기기 활용에 대해 관리와 통제를 가하지만, 저소득층의 부모들은 이러한 관리에 대해 소홀한 경향이 있다는 것이다.

① 정보 통신기기의 보급은 정보격차 해소에는 도움이 되지만 아이들의 학업수준에는 부정적인 영향을 미친다.

② 정보 통신기기의 보급을 통하여 부모들의 소득수준과 아이들의 학업수준과의 관련성을 찾아볼 수 있다.

③ 저소득층 아이들의 학업성적은 정보 통신기기의 보급에 따라 영향을 받으므로 적절한 조절을 통해 아이들의 성적향상을 도울 수 있다.

④ 저소득층의 정보 통신기기 보급률은 고소득층보다 낮은 수준으로, 이로 인한 정보수준의 격차가 아이들의 학업에 영향을 미친다.

⑤ 아이들의 학업성적은 정보 통신기기의 보급보다 기기에 대한 관리와 통제가 더 중요하게 작용한다.

09. 다음 (가) ~ (라)를 문맥에 맞게 순서대로 배열한 것은?

(가) 스마트폰의 혁신에서 스티브 잡스의 기여는 대단하다. 그는 직관적 인터페이스를 강조하여 스마트폰을 단순한 고급 휴대전화나 소형 컴퓨터가 아닌, 사람들이 항상 휴대하거나 필수로 간직하게 되는 것으로 만들었다. 이것은 착용하는 것이라는 표현이 더 적절할 것이다.

(나) 스마트폰이 성공을 거둔 것도 그것이 휴대전화와 인터넷 단말기를 복합하여 소형화한 것이어서가 아니다. 스마트폰은 그것 자체가 하나의 문화가 되었다. 어떤 기술도 인문학적 소양이나 예술적 감각이 없이는 우리 사회에서 과연 그 쓸모를 말할 수 있을까 싶을 정도로 오늘날 우리 사회는 융합이 필요하다.

(다) 스마트폰이 우리 생활에서 가져온 혁신과 혁명을 일일이 나열하기란 어려울 것이다. 스마트폰은 컴퓨터이면서 전화기이고, 전화기이자 인터넷 검색기이기도 하다. 휴대전화나 인터넷, 컴퓨터 하나하나는 이미 만들어져 있는 것이다. 스마트폰은 이것을 하나로 모아서 휴대가 가능하게 했다.

(라) 스티브 잡스는 기술, 인문, 예술의 융합을 강조했다. 그가 말하는 직관적 인터페이스도 이러한 융합적 사고로부터 만들어진 산물이다. 이러한 융합적 사고나 융합적 재능은 천재적 개인의 창조적 능력에만 그치는 것은 아니다. 우리의 삶이나 생활이 이제는 융합적 사고를 하지 않고서는 안 되게 만들어지고 있다.

① (가)-(다)-(라)-(나)

② (나)-(가)-(라)-(다)

③ (다)-(가)-(나)-(라)

④ (다)-(가)-(라)-(나)

⑤ (다)-(라)-(가)-(나)

10. 다음 글의 빈칸에 들어갈 말로 적절한 것은?

> 많은 사람들이 '진화(進化)'에는 특정한 방향이나 목적으로 향하는 성질, 우열 관계가 있다고 오해한다. 즉, 말 자체에 담긴 '나아가다' 혹은 '발전하다'라는 뉘앙스 때문에 세월이 지날수록 생물체는 이전보다 더 '훌륭한' 것이 되어 이상적인 생물체의 모습에 한 발 가까워지며, 열등한 존재는 진화하면서 부족한 부분을 극복하고 고등한 존재로 발전된다고 여긴다. 얼핏 보면 생물체가 진화를 거쳐 단순한 존재에서 복잡한 존재로, 미숙한 개체에서 성숙한 개체로 바뀌는 듯 보여 진화가 발전과 개선을 내포하고 있다고 여기기 쉽다. 생물체의 변이는 우연적인 사건이지만, 오랜 세월을 거쳐 누적되다 보면 마치 누군가 의도를 가지고 특정 개체만을 선별해 낸 듯이 뛰어난 형질을 지닌 생물 종이 남는 경우가 있기 때문이다.
> 하지만 (   )

① 이상적인 생물체는 오랜 세월에 걸쳐 만들어진다.
② 이는 생물체 진화가 '환경에 더 잘 적응한 개체가 선택되는 방식'으로 이루어진 결과일 뿐 애초에 그런 결과를 염두에 두고 만들어졌다는 뜻은 아니다.
③ 양육강식의 원리에 따라 강자만이 선별되기 때문에 생물체들은 발전을 거듭하고 있는 것이다.
④ 진화는 우월한 자손을 남기려는 생물체들의 욕망에서 비롯된 의도된 현상이라고 볼 수 있다.
⑤ 열등한 존재는 오랜 세월을 거쳐 우수한 형질을 가진 고등한 존재로 발전한다.

11. 다음 밑줄 친 ㉠ ~ ㉤ 중 성격이 같은 것을 모두 고르면?

한때 ㉠사진 필름 시장에서 우위를 점하던 후지필름은 디지털카메라의 등장으로 필름 수요가 급감하면서 최대 위기를 맞았다. 이에 대응하여 후지필름은 화장품을 대안으로 내놓았다. 사진 필름의 주원료는 콜라겐이고 후지필름은 콜라겐 변성 방지 기술과 나노 관련 기술을 가지고 있었는데, 이 기술을 노화방지에 응용한 것이다. 그 결과 ㉡노화방지 화장품은 매출의 상당 부분을 차지할 만큼 성공을 거두게 되었다. 그 후 후지필름은 필름 개발 과정에서 얻은 화학 합성 물질 데이터베이스와 노하우를 활용하여 독감 치료제인 ㉢'아비간' 등을 만들어 주목을 받았다. 이렇듯 새로 발굴한 사업들은 기존의 주력 사업과 밀접한 연관성을 갖고 있었기 때문에 경쟁력을 발휘할 수 있었다.

포스트잇, 스카치테이프 등 사무용품으로 우리에게 유명한 3M이라는 회사의 시초는 광산업이었으며, 주로 ㉣사금 채굴을 하는 회사였다. 그러나 채굴에 실패를 겪으면서 사포와 연마석을 만드는 제조사로 전환하게 되었다. 뛰어난 유연성과 금속 연마력을 지닌 방수 샌드페이퍼와 자동차 도색용 마스킹 테이프는 그 자체로도 주력 상품이 되었으나, 3M은 더 나아가 당시 꽤 혁신적인 제품이었던 셀로판지의 단점을 보완할 테이프를 연구하였다. 마침내 얇고 투명한 셀로판에 접착제를 붙이는 수많은 실험의 결과로 3M은 '스카치테이프'를 출시하였고, 이후 접착제 연구를 바탕으로 ㉤포스트잇을 개발하였다. 이렇게 광산회사에서 시작한 3M은 점진적인 사업다각화 전략으로 지금의 거대 기업이 될 수 있었다.

① ㉠, ㉡, ㉢　　② ㉠, ㉢, ㉤　　③ ㉡, ㉢, ㉣

④ ㉡, ㉢, ㉤　　⑤ ㉢, ㉣, ㉤

12. 다음 중 빈칸에 들어갈 말로 가장 적절한 것은?

> 한국 전통 춤이 가진 특성의 하나를 단적으로 나타내는 말로, "손 하나만 들어도 춤이 된다."라는 표현이 있다. 겉으로는 동작이 거의 없는 듯하면서도 그 속에 잠겨 흐르는 미묘한 움직임이 있다는 것이다. 이를 흔히 정중동(靜中動)이라고 한다. (　　　　　　　　　　) 가장 간소한 형태로 가장 많은 의미를 담아내고, 가장 소극적인 것으로 가장 적극적인 것을 전개하여 불필요한 것이나 잡다한 에피소드를 없애고 사상(事象)의 본질만을 드러낸다.

① 정중동은 우리나라를 대표하는 가장 고귀한 춤이다.
② 정중동은 화려하고 다양한 동작으로 강렬하게 완성된다.
③ 정중동은 여인의 한을 담고 있는 슬픈 몸짓으로 표현된다.
④ 정중동은 수많은 움직임을 하나의 움직임으로 집중하여 완결시킨 경지이다.
⑤ 정중동은 한국인들이 지니고 있는 한의 정서를 표현한다.

13. 문맥상 빈칸에 들어갈 단어로 가장 적절한 것은?

> 정부 정책이 추구하는 궁극적 목표는 '국민의 행복 추구'이다. 그런데 개인의 행복을 결정하는 요소는 매우 다양하다. 소득 수준, 직업, 주거 환경 등 경제적 측면뿐 아니라 학업 수준, 혼인 여부, 고용 형태 등 사회적 조건 모두가 행복 및 불행을 결정한다. 나아가 가족관계, 인간관계 등에서 비롯되는 개인의 주관적 감정 역시 행복에 영향을 미친다. 따라서 국민의 행복 증진을 위해서는 먼저 '행복에 대한 (　　　　)인 이해'에서 벗어나야 한다. 소득 불평등 해소는 행복 증진의 가장 실제적인 요소이다. 정부의 주요 목표가 국민 행복 증진이라면, 소득 불평등 해소를 위한 구체적 정책 방향을 모색해야 한다.

① 관념적　　② 구체적　　③ 방어적
④ 사회적　　⑤ 합리적

14. 다음 기사문의 제목으로서 빈칸에 들어갈 문장으로 가장 적절한 것은?

> **스마트폰 속 콜탄 0.02g … "(   )"**
>
> 스마트폰 한 대에 들어가는 탄탈륨의 양은 총 0.02g. 22g가량 쓰이는 알루미늄의 1,100분의 1 수준이다. 이 소량의 자원 때문에 전쟁이 그치지 않았다. 콩고민주공화국(이하 민주콩고)의 얘기다. 콩고에는 전 세계 콜럼바이트－탄타라이트(콜탄)의 70 ~ 80%가 매장돼 있다. '자원의 저주'다.
>
> 콜탄은 광학용 분산유리와 TV · 절삭공구 · 항공기 재료 등에 쓰이며 휴대폰에도 들어간다. 2018년 콜탄 1위 생산국은 민주콩고, 2위는 르완다로, 두 나라가 전 세계 생산량의 66%를 차지하고 있다. 미국 지질조사국(USGS)에 의하면 미국에서만 1년 새 소비량이 27% 늘었다. 2018년 9월 1kg당 값은 224달러였고 1월의 193달러에서 16%가 올랐다. 스마트폰이 나오기 직전인 2006년 1kg당 70달러에서 300% 넘게 올랐다.
>
> 이 콜탄이 민주콩고의 내전 장기화에 한몫했다는 주장이 곳곳에서 나왔다. 휴대폰 이용자들이 기기를 바꿀 때마다 콩고 국민 수십 명이 죽는다는 말도 있다. '피 서린 휴대폰(bloody mobile)'이란 표현이 나올 정도다. 콩고 내전은 1996년에 시작돼 2003년에 공식 종료됐다. 이후로도 크고 작은 분쟁이 그치질 않고 있다. 이 기간에 500만 명이 희생됐다. 전문가 ○○○ 교수는 "민주콩고에서는 우간다 · 르완다와의 접경에서 아직 분쟁이 일어나고 있다"라며 "콜탄이 많이 나오는 동북부 지역도 그중 하나"라고 말했다.

① 콩고와 르완다가 콜탄을 독점하고 있다.

② 폰 가격이 급등하는 이유가 있었다.

③ 폰을 바꿀 때마다 콩고 주민 죽는다.

④ 콜탄이 휴대폰의 가장 중요한 소재로 부각되었다.

⑤ 콩고의 내전이 장기화되고 있다.

15. 다음 사건을 통해 글쓴이가 강조하고자 하는 바로 적절한 것은?

2015년 7월, 스스로 '임팩트 팀'이라 밝힌 해커 집단이 웹사이트 애슐리 매디슨(Ashley Madison)을 해킹했다는 사실을 알려 왔다. 애슐리 매디슨은 기혼자들이 불륜 상대를 찾는 웹사이트로, 이 해킹 사건은 피해자들에게 엄청난 정신적 피해를 주었다. 유출된 데이터는 3,700만 건의 고객 기록과 취약 비밀번호 수백만 건이었다. 하지만 애슐리 매디슨은 해커들이 직원들의 로그인 화면을 통해 해킹 사실을 알려 주기 전까지 이 사실을 파악조차 못하고 있었다. 해커들은 애슐리 매디슨 고객들의 개인 정보를 공개해 버렸고, 불륜자로 낙인찍힌 이들은 정신적 고통을 호소하다가 결국 두 건의 자살 사건까지 발생하고 말았다.

① 개인정보 보호의 방법
② 해킹에 대한 철저한 대비
③ 불륜의 심각성
④ 해킹 기술의 놀라운 발달
⑤ 개인정보 유출 피해의 심각성

16. 다음 글의 주제로 가장 적절한 것은?

지금까지의 산업 사회에서 문화와 경제는 각각 독자적 영역을 유지해 왔다. 그러나 지식정보 사회에서는 경제 성장에 따라 소득 수준이 향상되고 교육 기회가 확대되면서 물질적 풍요를 뛰어넘는 삶의 질을 고민하게 되었고, 모든 재화와 서비스를 선택할 때 기능성을 능가하는 문화적 · 미적 가치를 고려하게 되었다. 뿐만 아니라 정보 통신이 급격하게 발달함에 따라 세계 각국의 다양한 문화를 보다 빠르게 수용하면서 문화적 욕구와 소비를 가속화시켰고, 그 상황 속에서 문화와 경제는 서로 도움이 되는 보완적 기능을 하게 되었다.

이제 문화는 배부른 사람이나 유한계급의 전유물이 아니라 생활 그 자체가 되었다. 고급문화와 대중문화의 경계가 무너지고 장르 간 구분이 모호해지면서 서로 다른 문화가 뒤섞여 새로운 문화가 생겨나고 있다. 이렇게 해서 나타나는 퓨전 문화가 대중적 관심을 끌고 있는 가운데, 이율배반적인 것처럼 보였던 문화와 경제의 공생 시대가 열린 것이다. 특히 경제적 측면에서 문화는 고전 경제학에서 말하는 생산의 3대 요소인 토지 · 노동 · 자본을 대체하는 생산요소가 되었을 뿐만 아니라 경제적 자본 이상의 주요한 자본이 되고 있다.

① 문화와 경제가 상생하는 지식정보 사회
② 21세기 지식정보 사회의 경쟁 원천
③ 퓨전 문화의 등장 배경
④ 산업 사회와 지식정보 사회의 특징
⑤ 경제 성장과 퓨전 문화의 탄생

17. 다음 글을 읽고 추론한 내용으로 적절하지 않은 것은?

> 알코올이 뇌에 흡수되면 뇌의 보상중추 안의 신경세포를 자극해 신경전달물질인 도파민이 분출된다고 한다. 보상을 담당하고 있는 화학물질인 도파민은 음주 행위를 계속하게 만드는데, VTA(Ventral Tegmental Area, 복측 피개영역)의 신경세포 활동 증가로 분비된다.
>
> 과학자들이 이번에 알코올과 관련된 도파민과 VTA의 작용을 밝혀냈다. 연구팀은 쥐 실험을 통해 VTA에 있는 칼륨채널과 같은 기능이 작동하는 것을 알아냈는데, 칼륨채널이란 세포막에 있으면서 칼륨이온을 선택적으로 통과시키는 일을 하는 것으로 여겨지는 경로이다. 그리고 연구 결과에 따르면 뇌에 들어간 알코올 성분이 'KCNK13'이란 명칭이 붙여진 이 채널에 도달해 도파민 분비를 촉진하도록 압박을 가하는 것으로 밝혀졌다.
>
> 미국의 연구팀은 이번 연구를 위해 'KCNK13 채널'의 크기와 활동량이 보통 쥐보다 15% 축소된 쥐를 유전자 복제했다. 그리고 같은 양의 알코올을 투입한 결과 보통의 쥐보다 30%나 더 많은 양의 알코올을 폭음하기 시작했다.

① 'KCNK13 채널'의 활동량이 작은 쥐일수록 도파민 분비를 위해 더 많은 알코올을 원하게 된다.

② 뇌는 알코올을 보상으로 인식한다.

③ 위와 같은 사실을 일상에 적용시킬 경우 알코올 중독자의 치료에 도움을 줄 수 있다.

④ 'KCNK13 채널'이 축소된 쥐는 같은 양의 알코올을 섭취했을 때, 보통의 쥐보다 VTA의 신경세포 활동이 더 활발해질 것이다.

⑤ 이번 연구결과 이전에는 알코올과 관련된 도파민과 VTA의 작용을 알지 못했다.

18. 다음 글을 읽고 추론한 내용으로 적절한 것은?

> 세금은 소득 수준에 따른 비율을 어떻게 정하느냐에 따라 비례세, 누진세, 역진세로 분류된다. 비례세는 소득 수준과 관계없이 각자 소득에 같은 비율로 부과되는 세금을 말하고, 누진세는 저소득층보다 고소득층에게 더 높은 세율을 적용하는 세금, 역진세는 저소득층보다 고소득층에게 더 낮은 세율을 적용하는 세금을 뜻한다.
>
> 한편 세금은 조세부담의 전가가 이뤄지는지에 따라 직접세와 간접세로도 분류된다. 직접세는 납세의무자와 조세부담자가 같고 조세부담이 전가되지 않는 세금이다. 주로 소득과 재산에 부과되는 세금으로 근로소득세, 사업소득세, 양도소득세, 법인세, 상속세 등이 해당된다. 보통 직접세에는 누진세율이 적용돼 소득재분배 효과를 발생시킨다. 반면 간접세는 납세의무자와 조세부담자가 다르고 조세의 부담이 타인에게 전가되는 세금이다. 대개는 생산자가 소비세를 소비자에게 전가한다. 간접세에는 물건을 구입할 때 물건 값의 10%가 붙는 부가가치세, 개별소비세, 증권거래세 등이 있다. 간접세는 물건 가격에 세금이 포함돼 있어 세원 파악이 쉽고, 조세부담자의 저항이 거의 없어 쉽게 징수할 수 있다.

① 간접세의 납세 의무가 있는 주체는 일반적으로 소비자일 것이다.
② 만약 소득세가 비례세라면 모든 사람이 같은 금액의 세금을 낼 것이다.
③ 누진세 강화는 세금 측면에서 부의 재분배를 약화시키는 기능을 수행할 것이다.
④ 소득 수준에 따라 상품 소비에 느끼는 부담이 다르므로 부가가치세는 누진세로 볼 수 있다.
⑤ 직접세는 간접세에 비해 조세부담자의 조세 저항이 더 심할 것이다.

19. 다음 글의 빈칸에 들어갈 공통된 내용으로 적절한 것은?

최근 대기업들 사이에서 (   )을/를 중시하는 분위기가 확산되고 있다. 그 예로 L 통신회사는 즐거운 직장팀을 신설해 오후 10시 이후 업무와 관련한 모바일 메시지 보내기, 쉬는 날 업무 지시하기 등을 '절대 하면 안 되는 일'로 지정, 이를 어기는 직원에게는 인사상 불이익을 주고 있고, H 백화점은 업계 최초로 PC오프제를 도입해 본사는 오후 6시, 점포는 오후 8시 30분에 자동으로 PC 전원이 꺼지게 함으로써 정시 퇴근을 유도하고 있다. 많은 젊은이들이 이용하는 O 뷰티 스토어는 유연근무제를 도입해 오전 8시부터 10시 사이 30분 단위로 출근 시간을 자유롭게 정할 수 있도록 하고 있으며, 정시 퇴근 제도도 강화해 '저녁이 있는 삶'을 적극 권장하고 있다. K 기업은 입사 후 5년마다 3주간의 휴가를 부여하는 '리프레시 휴가' 제도를 운영 중인데, 회사가 7일의 휴가를 제공하고, 연차 사용 독려 차원에서 연차 8일을 함께 사용하게 해 총 3주간의 장기휴가를 주는 것이다. 기업은 당장의 성과에만 집착할 것이 아니라 장기적인 안목을 가지고 (   )을/를 핵심으로 한 조직문화 혁신을 지속해야 할 것이다. 그럴 때에만 이러한 문화가 한때 부는 바람에 그치지 않고, 대한민국 기업의 발전과 그 기업에 속한 한 사람 한 사람의 행복을 견인하는 역할을 할 수 있을 것이다.

① 공정한 인센티브제　　② 업무시간 최소화　　③ 일과 삶의 균형

④ 개인의 프라이버시　　⑤ 공사(公私) 구분 경영

20. 다음 글을 읽고 이해한 내용으로 적절하지 않은 것은?

건축물에서의 피난 관련 사항은 건축허가 요건을 이루는 중요한 규정이다. 일반적으로 피난은 건축물의 화재상황을 염두에 두고 검토되기 때문에 건축법에서는 대피 관련 규정의 상당 부분을 화재상황으로 상정하고 있고, 방화규정과 피난규정을 엄격히 구분하고 있지 않다.

건축물에서의 피난요건을 규정하는 방식은 크게 두 가지로 사양방식과 성능방식이 있다. 사양방식이란 건축 상황을 일반화시켜 놓고 피난시설의 개수, 치수, 면적, 위치 등을 구체적으로 규정하는 방식을 말한다. 반면 성능방식이란 건축물의 특수한 상황에서 법으로 규정된 사양을 맞출 수는 없으나 시뮬레이션을 통해 사람들이 안전하게 대피할 수 있음을 입증하는 방식이다. 우리나라의 건축법은 전적으로 사양방식을 채택하고 있으나 해외에서는 사양방식을 기본으로 하되 필요에 따라 일부 층이나 특정 공간에서 성능방식을 채택할 수 있도록 규정하고 있다.

① 우리나라는 건축 상황을 일반화시킨 뒤 피난시설의 개수, 치수, 면적, 위치 등을 구체적으로 규정하는 방식을 채택하고 있다.

② 해외에서는 건물 규모에 따라 성능방식과 사양방식을 달리 적용하고 있다.

③ 해외에서는 필요에 따라 일부 층이나 특정 공간에서 건축적 특수상황 시뮬레이션을 통해 사람들이 안전하게 대피할 수 있음을 입증하는 방법을 채택하기도 한다.

④ 피난규정과 방화규정은 엄격히 구분되지 않고 있는데, 이는 피난이 건축물의 화재상황을 염두에 두고 검토되기 때문이다.

⑤ 건축허가를 받기 위해서는 피난 관련 사항을 준수해야 한다.

권두 부록
언어이해 자료해석 창의수리 언어추리 수열추리 영역별 빈출이론
1회 2회 3회 4회 기출유형문제
인성 검사
면접 가이드

영역 2

자료해석

20문항 / 15분

01. 다음 자료에 대한 설명으로 옳지 않은 것을 〈보기〉에서 모두 고르면?

〈전공과 직업의 일치 여부〉

(단위 : %)

구분		일치한다	보통이다	일치하지 않는다	계
성별	남성	33.3	40.4	26.3	100
	여성	33.7	32.1	26.3	100
연령대별	10 ~ 20대	31.6	38.0	30.4	100
	30 ~ 40대	33.0	38.3	28.7	100
	50대 이상	36.7	30.7	32.6	100
직종별	전문직	45.3	30.5	24.2	100
	사무직	29.7	41.9	28.4	100
	서비스직	22.3	25.2	52.5	100
	기타	31.0	51.9	17.1	100

| 보기 |

㉠ 전공과 직업이 일치한다고 응답한 비율이 가장 높은 항목은 성별에서는 여성, 연령대별에서는 50대 이상, 직종별에서는 전문직으로 나타났다.

㉡ 만약 조사대상이 600명, 남녀 비율이 2 : 3이라면, 여성 중 전공과 직업이 일치한다고 응답한 사람은 120명 이하이다.

㉢ 만약 조사대상이 1,000명이고 그중 서비스직에 종사하는 사람이 35%라면, 서비스직에 종사하는 사람 중 전공과 직업이 일치하지 않는다고 응답한 사람은 185명 이상이다.

① ㉠ ② ㉡ ③ ㉢

④ ㉠, ㉢ ⑤ ㉡, ㉢

02. 다음 자료에 대한 설명으로 옳지 않은 것은?

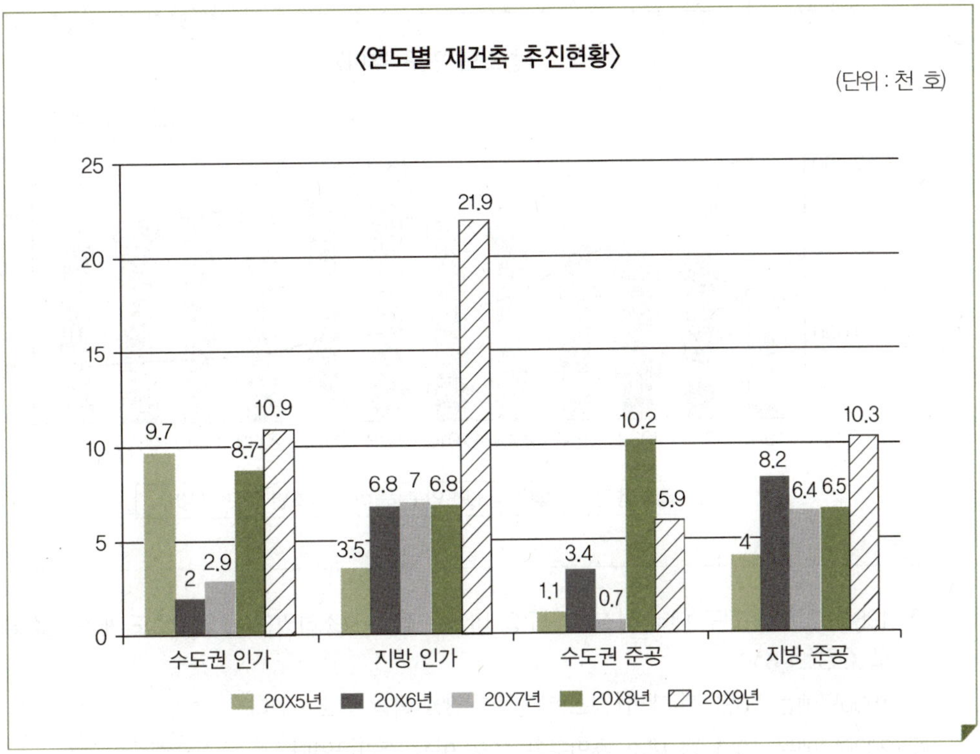

① 20X5 ~ 20X9년 동안 수도권의 평균 재건축 인가 호수는 준공 호수보다 많다.

② 재건축 인가 호수가 전년 대비 가장 큰 폭으로 변동한 것은 20X9년 지방의 경우이다.

③ 수도권이 지방보다 더 많은 재건축 인가, 준공 호수를 보인 해는 각각 2개씩이다.

④ 20X9년 지방의 재건축 준공 호수는 전년 대비 50% 이상 증가하였다.

⑤ 지방 재건축 준공 호수의 연도별 증감 추이와 동일한 항목은 없다.

03. 다음은 청소년 인구 추이에 관한 그래프이다. 이에 대한 이해로 적절하지 않은 것은?

〈청소년 인구 추이〉

(단위 : 천 명, %)

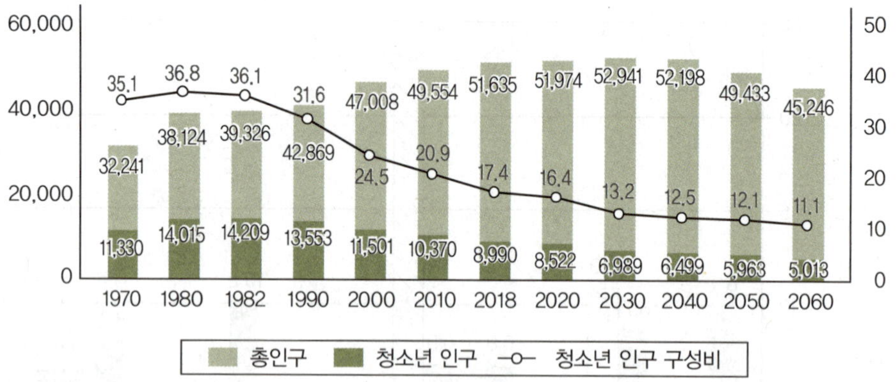

① 1980년부터 총인구 대비 청소년 인구의 비율은 점점 감소하였으며, 앞으로도 계속 감소할 것으로 전망된다.

② 1990년에는 10년 전 대비 청소년 인구가 3% 이상 감소하였다.

③ 2020년에는 10년 전 대비 총인구가 10% 이상 증가하였다.

④ 10년 전 대비 청소년 인구의 감소율은 2000년이 2010년보다 더 크다.

⑤ 청소년 인구수가 가장 많았던 해는 1982년이다.

04. 다음 자료에 대한 설명으로 적절하지 않은 것은?

〈우리나라 1인당 온실가스 배출원별 배출량〉

(단위 : 100만 톤 CO_2eq, 톤 CO_2eq/10억 원, 톤 CO_2eq/명)

구분		2X00년	2X05년	2X10년	2X15년	2X20년	2X25년
온실가스 총배출량		292.9	437.3	500.9	558.8	656.2	690.2
	에너지	241.4	354.2	410.6	466.6	564.9	601.0
	산업공장	19.8	44.1	49.9	54.7	54.0	52.2
	농업	21.3	23.2	21.6	20.8	22.2	20.6
	폐기물	10.4	15.8	18.8	16.7	15.1	16.4
GDP 대비 온실가스 배출량		698.2	695.7	610.2	540.3	518.6	470.6
1인당 온실가스 배출량		6.8	9.2	10.7	11.6	13.2	13.5

① 온실가스 배출원 중 주된 배출원은 에너지 부문이다.

② 2X25년 1인당 온실가스 배출량은 2X00년에 비해 약 2배 증가하였다.

③ 2X10년 온실가스 총배출량 중 에너지 부문을 제외한 나머지 부문이 차지하는 비율은 15% 미만이다.

④ 온실가스 총배출량은 계속해서 증가하고, 2X25년 온실가스 총배출량은 2X00년 대비 2배 이상 증가하였다.

⑤ GDP 대비 온실가스 배출량이 감소한 것은 온실가스 배출량의 증가 속도보다 GDP 증가 속도가 상대적으로 더 빨랐기 때문이다.

05. 다음은 우리나라의 코로나19 바이러스 환자 추이이다. 이에 대한 설명으로 옳지 않은 것은? (단, 완치자는 바로 퇴원했다고 가정한다)

〈코로나19 바이러스 환자 추이〉

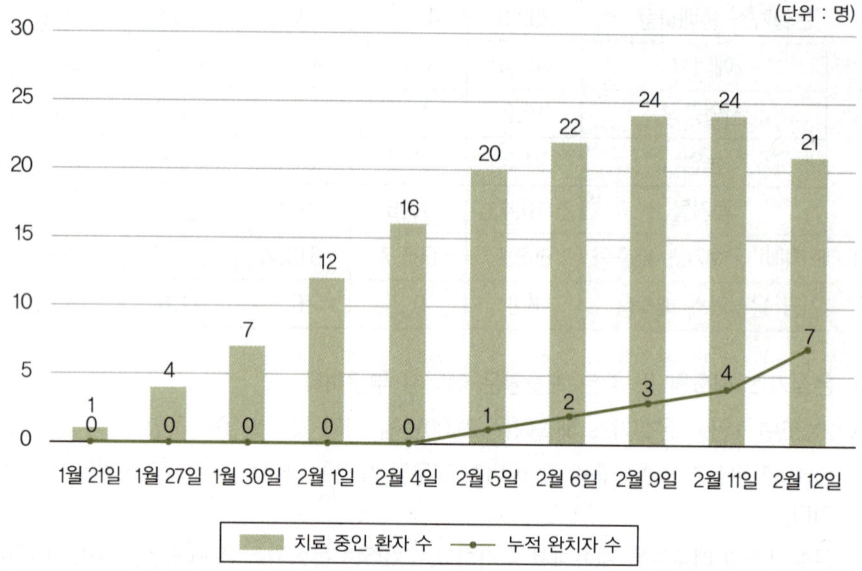

① 2월 12일까지 총 28명의 환자가 발생했다.

② 2월 9일과 2월 11일 사이에는 추가로 확진자가 발생하지 않았다.

③ 확진 판정을 받고 치료 중인 환자는 2월 12일 기준 21명이다.

④ 그래프의 추세로 보면 앞으로 누적 완치자 수는 점차 증가할 것으로 전망된다.

⑤ 2월 11일까지 누적 확진자는 28명이며 다음날은 추가로 확진자가 발생하지 않았다.

06. 다음은 지난 1개월간 패밀리레스토랑 방문 경험이 있는 20 ~ 35세 113명을 대상으로 연령대별 방문 횟수와 직업을 조사한 자료이다. 이에 대한 설명으로 옳은 것은?

〈표 1〉 연령대별 패밀리레스토랑 방문 횟수

(단위 : 명)

방문 횟수 \ 연령대	20 ~ 25세	26 ~ 30세	31 ~ 35세	계
1회	19	12	3	34
2 ~ 3회	27	32	4	63
4 ~ 5회	6	5	2	13
6회 이상	1	2	0	3
계	53	51	9	113

〈표 2〉 응답자의 직업 조사결과

(단위 : 명)

직업	학생	회사원	공무원	전문직	자영업	가정주부	계
응답자	49	43	2	7	9	3	113

※ 복수응답과 무응답은 없음.

① 전체 응답자 중 20 ~ 25세 응답자가 차지하는 비율은 50% 이상이다.
② 26 ~ 30세 응답자 중 4회 이상 방문한 응답자 비율은 15% 미만이다.
③ 31 ~ 35세 응답자의 1인당 평균 방문횟수는 2회 미만이다.
④ 전체 응답자 중 직업이 학생 또는 공무원인 응답자 비율은 50% 이상이다.
⑤ 전체 응답자 중 20 ~ 25세인 전문직 응답자 비율은 5% 미만이다.

07. 다음은 초콜릿 수출입에 관한 자료이다. 이에 대한 설명으로 옳은 것은?

〈자료 1〉 우리나라 연도별 초콜릿 수출입

(단위 : 톤(t), 천 불)

구분	수출총량	수입총량	수출금액	수입금액	무역수지
20X4년	2,941	26,186	23,384	169,560	−146,176
20X5년	2,827	29,963	22,514	195,643	−173,129
20X6년	2,703	30,669	24,351	212,579	−188,228
20X7년	2,702	31,067	22,684	211,438	−188,754
20X8년	3,223	32,973	22,576	220,479	−197,903
20X9년	2,500	32,649	18,244	218,401	−200,157

〈자료 2〉 20X9년 우리나라의 초콜릿 수출입 주요 6개국

(단위 : 톤(t), 천 불)

구분	수출총량	수입총량	수출금액	수입금액	무역수지
미국	89.9	6,008	518	39,090	−38,572
중국	900.0	3,624	6,049	14,857	−8,808
말레이시아	15.3	3,530	275	25,442	−25,167
싱가포르	13.9	3,173	61	12,852	−12,791
벨기에	0.0	3,155	0	23,519	−23,519
이탈리아	0.0	2,596	0	27,789	−27,789

※ 〈자료 2〉의 수치는 우리나라를 기준으로 해당 국가와의 수출, 수입총량과 금액을 의미한다.

① 무역수지는 수출금액에서 수입총량을 뺀 값과 같다.

② 수출입 주요 6개국의 20X9년 수출금액 평균은 1,000천 불 이하다.

③ 20X7년의 단위 총량당 수입금액은 20X6년에 비해 감소하였다.

④ 우리나라는 20X6년부터 20X9년까지 전년에 비해 수출총량이 감소하면 수출금액도 감소하는 경향을 보인다.

⑤ 20X9년 우리나라의 수출총량에서 중국으로의 수출총량의 비중은 40%를 차지한다.

08. 다음은 ○○사의 개방형 직위 충원 현황에 대한 자료이다. 이에 대한 설명으로 옳은 것은? (단, 소수점 아래 둘째 자리에서 반올림한다)

〈표 1〉 연도별 개방형 직위 충원 현황

(단위 : 명)

구분	전체 개방형 직위 수	충원 직위 수			
		내부 임용	외부 임용		합계
			민간인	타 부처	
20X3년	130	54	11	0	65
20X4년	131	96	14	5	115
20X5년	139	95	18	5	118
20X6년	142	87	33	4	124
20X7년	154	75	53	8	136
20X8년	156	79	60	7	146
20X9년	165	81	54	8	143

〈표 2〉 A 부처와 B 부처의 개방형 직위 충원 현황

(단위 : 명)

구분	충원 직위 수	내부 임용	외부 임용	
			민간인	타 부처
A 부처	201	117	72	12
B 부처	182	153	22	7

① 20X4년 이후 미충원 직위 수는 매년 감소하였다.
② 전체 개방형 직위 수 중 충원 직위 수가 차지하는 비율이 가장 높았던 해는 20X8년이다.
③ 연도별 충원 직위 수 중 내부 임용이 차지하는 비율은 항상 60% 이상이었다.
④ B 부처의 내부 임용 비율이 A 부처의 내부 임용 비율보다 30%p 이상 높다.
⑤ 전체 개방형 직위 수는 20X6년 이후로 감소하고 있다.

09. 다음은 각 세관별 자동출입국심사 등록 및 이용 현황을 나타낸 자료이다. 이에 대한 설명으로 적절하지 않은 것은?

(단위 : 백 명)

구분	등록 누계	이용 누계	20X7년		20X8년		20X9년	
			등록자 수	이용자 수	등록자 수	이용자 수	등록자 수	이용자 수
계	179,988	1,544,864	48,066	246,206	43,236	304,669	33,794	376,978
인천공항	142,455	1,266,687	40,586	202,641	32,497	243,747	23,938	309,644
김해공항	24,958	159,965	6,101	28,808	6,822	38,040	4,736	40,587
김포공항	2,543	60,362	708	9,116	661	9,694	454	10,778
제주공항	824	34,127	259	3,609	301	5,732	193	5,713
인천항	519	3,994	37	585	160	597	268	538
청주공항	349	2,039	25	144	93	421	183	894
부산항	770	4,757	164	1,302	298	1,412	259	918
대구공항	2,533	12,933	10	1	1,012	5,026	1,452	7,906
기타	5,036	0	176	0	1,394	0	2,310	0

① 제시된 기간 동안 자동출입국심사 등록자 수는 매년 감소했지만 이용자 수는 매년 증가한 세관은 인천공항과 김포공항 2곳이다.

② 대구공항과 '기타'를 제외한 모든 곳의 세관에서 제시된 기간 동안의 자동출입국심사 이용자 수는 20X7년 이전의 전체 이용자 수보다 더 많다.

③ 등록자 수와 이용자 수의 합계 상위 4개 세관의 순위는 20X7년과 20X9년이 동일하지 않다.

④ '기타'의 3개 연도 등록자 수는 등록자 누계의 75% 이상이다.

⑤ 제시된 기간 동안 인천항은 등록자 수와 이용자 수의 합계가 매년 증가하였으나, 부산항은 증가 후 다시 감소하는 추세를 보인다.

10. 다음은 ○○산업의 불량품 폐기량을 처리 방법에 따라 연도별로 나타낸 표이다. 20X1년 대비 20X5년도에 소각 처리한 불량품의 증가율로 옳은 것은? (단, 소수점 아래 둘째 자리에서 반올림한다)

(단위 : 톤/일)

구분	20X1년	20X2년	20X3년	20X4년	20X5년
분해	23,228	24,500	20,122	20,000	18,950
소각	12,292	15,666	16,700	16,912	17,200
재판매	139,600	160,065	177,200	182,165	200,135
해외반출	6,500	7,100	7,955	8,888	9,300
합계	181,620	197,331	221,977	228,053	245,585

① 38.3%
② 39.9%
③ 42.1%
④ 44.8%
⑤ 48.2%

11. 다음 연도별 수출 및 무역수지를 나타낸 표에 대한 올바른 설명을 〈보기〉에서 모두 고르면?

(단위 : 억 달러)

구분	수출	수입	무역수지
20X1년	3,255	3,094	161
20X2년	3,715	3,568	147
20X3년	4,220	4,353	−133
20X4년	3,635	3,231	404
20X5년	4,674	4,257	417

| 보기 |

㉠ 20X3년부터 20X5년까지의 평균 수출액과 수입액은 모두 4,000억 달러 이상이다.
㉡ 수출과 수입의 격차가 가장 큰 해는 20X4년도이다.
㉢ 20X6년의 수입이 전년 대비 14.6% 증가한다면 수입금액은 약 4,879억 달러이다.
㉣ 무역수지가 적자였던 해는 20X2년이다.
㉤ 20X5년 전체 무역금액에서 수출금액은 약 50% 이상을 차지한다.

① ㉠, ㉡
② ㉠, ㉤
③ ㉡, ㉢
④ ㉢, ㉤
⑤ ㉣, ㉤

12. 다음 자료에서 재해율이 가장 높은 지역은?

〈20XX년 지역별 산업재해조사 현황〉

(단위 : 개, 명)

구분	사업장 수	근로자 수	재해자 수
전국	1,292,696	11,688,797	89,910
서울특별시	349,046	2,974,209	13,660
부산광역시	85,390	689,773	6,272
대구광역시	69,933	558,975	4,857
인천광역시	66,988	602,112	5,517
광주광역시	41,794	353,020	2,998
대전광역시	38,833	383,659	2,843
강원도	46,471	375,840	3,934
경기도	266,943	2,434,619	21,211
충청북도	41,264	380,707	3,052
충청남도	40,604	449,547	3,358
전라북도	42,469	334,537	3,594
전라남도	35,627	354,177	2,479
경상북도	46,583	516,799	3,904
경상남도	106,406	1,182,260	11,412
제주도	14,345	98,563	819

※ 재해율(%) = $\frac{\text{재해자 수}}{\text{근로자 수}} \times 100$

① 강원도 ② 경상남도 ③ 서울특별시
④ 인천광역시 ⑤ 전라북도

13. 다음 표를 분석한 내용으로 옳지 않은 것은?

〈우리나라 유제품별 생산 및 소비 실적〉

(단위 : 톤)

유제품별	20X0년		20X1년	
	생산	소비	생산	소비
연유	2,620	1,611	4,214	1,728
버터	1,152	9,800	3,371	10,446
치즈	24,708	99,520	22,522	99,243
발효유	522,005	516,687	557,639	551,595

① 전년도 대비 20X1년 발효유의 소비량 증가율은 생산량 증가율보다 높다.

② 조사 기간 동안 전체 치즈의 소비량은 생산량보다 4배 이상 많았다.

③ 20X1년 유제품별 생산량을 높은 순서대로 나열하면 전년도의 순서와 같다.

④ 20X1년에 전년 대비 증가한 연유 생산량은 전년 대비 증가한 연유 소비량보다 많다.

⑤ 20X0년에 소비량이 생산량에 비해 가장 많은 유제품은 버터이다.

14. 다음은 △△기업의 연도별 실적에 관한 자료이다. 이를 통해 추론한 내용으로 옳은 것은?

〈△△기업의 연도별 실적 추이〉

(단위 : 천억 원, %)

구분	매출액	영업이익	경상이익	전년 대비 증감률		
				매출액	영업이익	경상이익
20X1년	580	24	-0.9	-	-	-
20X2년	551	30	10	(A)	25	흑자전환
20X3년	576	33	18	(B)	(D)	(E)
20X4년	589	33	21	(C)	0	17

※ 매출 총이익=매출액-매출원가 ※ 영업이익=매출 총이익-판매비 및 관리비

※ 경상이익=영업이익+영업 외 수익-영업 외 비용

① (B)의 값은 (C)의 값보다 작다.

② 20X4년 소요된 매출원가는 55조 6천억 원 이하다.

③ (A), (D), (E) 중에서 가장 큰 값은 (D)이다.

④ 매출액이 많은 연도일수록 영업이익도 큰 양상을 보인다.

⑤ 20X2년 '영업 외 수익'이 '영업 외 비용'보다 2조 원 더 많았다.

15. 다음은 20X9년 7월 연령별 비경제활동인구에 관한 자료이다. 이에 대한 설명으로 옳은 것은?

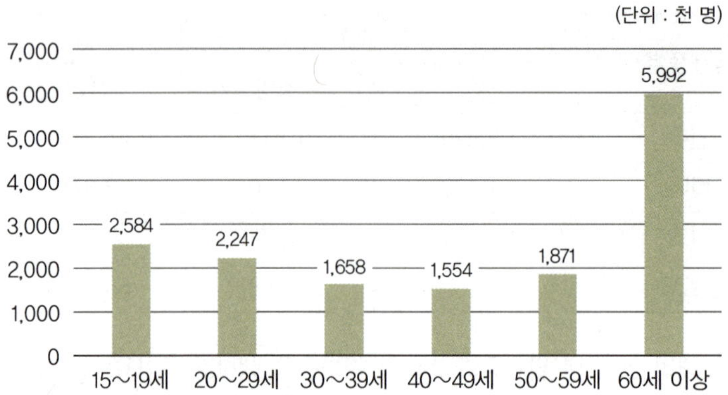

※ 경제활동참가율(%) = $\frac{\text{경제활동인구}}{\text{15세 이상 인구}} \times 100$

① 각 연령대별 비경제활동인구의 비율이 가장 적은 연령대는 40대다.

② 40대까지 연령대가 높아질수록 비경제활동인구는 10% 이상씩 감소한다.

③ 60세 이상을 제외한 나머지 연령대의 비경제활동인구의 합은 1천만 명 이상이다.

④ 60세 이상 비경제활동인구가 30% 감소하면 전체 비경제활동인구는 10% 이상 감소한다.

⑤ 15세 이상 인구가 5천만 명일 때, 경제활동참가율은 60%에 못 미친다.

16. 다음은 김 씨의 자녀 A, B, C의 한 달 사교육비를 나타낸 자료이다. C의 사교육비가 전체 사교육비에서 차지하는 비중의 1월 대비 4월의 변동 폭으로 알맞은 것은? (단, 소수점 아래 둘째 자리에서 반올림한다)

(단위 : 만 원)

구분	계	A	B	C
1월	73.2	23.2	27.0	23.0
2월	74.2	23.1	27.5	23.6
3월	77.8	24.1	27.5	26.2
4월	82.8	25.3	29.1	28.4

① 약 3%p 증가하였다.　② 약 3%p 감소하였다.　③ 약 2.9%p 감소하였다.

④ 약 2.9%p 증가하였다.　⑤ 약 0.3%p 감소하였다.

17. 다음 자료에 대한 설명으로 옳은 것은?

〈서유럽으로부터의 수입액 추이〉

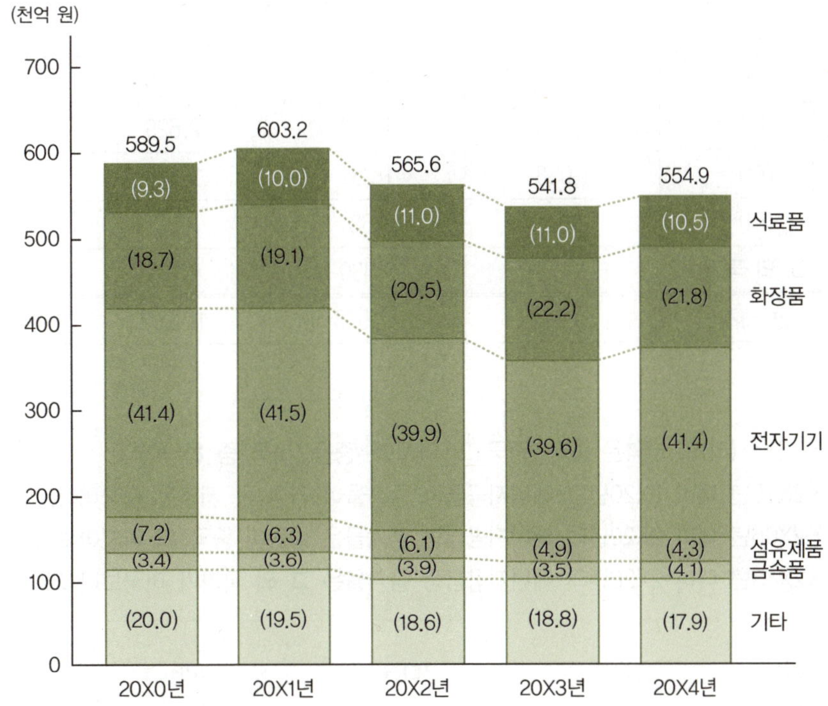

※ 막대그래프 위의 수치는 수입 총액을 나타낸다.

※ 괄호 안의 수치는 구성비(%)를 나타낸다.

① 20X0 ~ 20X4년 동안 매년 전자기기 수입액 대비 화장품 수입액의 비율은 50% 미만이다.

② 20X1 ~ 20X4년 동안 섬유제품과 금속품의 수입액 합계는 매년 감소하였다.

③ 20X0년의 전자기기 수입액은 20X4년의 전자기기 수입액보다 15,000억 원 이상 많다.

④ 20X4년 섬유제품의 수입액은 20X0년 섬유제품 수입액의 $\frac{1}{2}$ 이상이다.

⑤ 기타 제품의 수입액은 매년 10조 원 이상이다.

18. 〈조건〉을 토대로 다음 표의 (가) ~ (라)에 해당하는 지역명을 올바르게 연결한 것은?

〈세계 1차 에너지공급 권역별 현황〉

(단위 : 백만 toe)

구분	2X05년	2X10년	2X15년	2X20년
유럽(OECD)	1,748	1,849	1,820	1,675
(가)	2,273	2,319	2,215	2,216
(나)	1,149	1,830	2,629	3,066
(다)	1,038	1,237	1,526	1,741
(라)	354	468	623	721
그 외 국가	3,475	3,830	4,139	4,280
전 세계	10,037	11,533	12,952	13,699

| 조건 |

- (가) ~ (라)의 지역은 중국, 중국 외 아시아, 중동, 미국 중 하나이다.
- 2X15년 대비 2X20년의 에너지공급량 증가율이 가장 큰 지역은 중국이다.
- 2X05년 대비 2X20년의 에너지공급량 증가율은 중동이 중국 외 아시아보다 더 크다.
- 2X15년 대비 2X20년의 에너지공급량 증가율은 그 외 국가가 미국보다 크다.

	(가)	(나)	(다)	(라)
①	중국	미국	중국 외 아시아	중동
②	미국	중국	중국 외 아시아	중동
③	미국	중국	중동	중국 외 아시아
④	미국	중국 외 아시아	중국	중동
⑤	중동	중국	중국 외 아시아	미국

19. 다음은 202X년 읍면동 행정구역별 고령자 가구에 관한 자료이다. 이에 대한 설명으로 옳지 않은 것은?

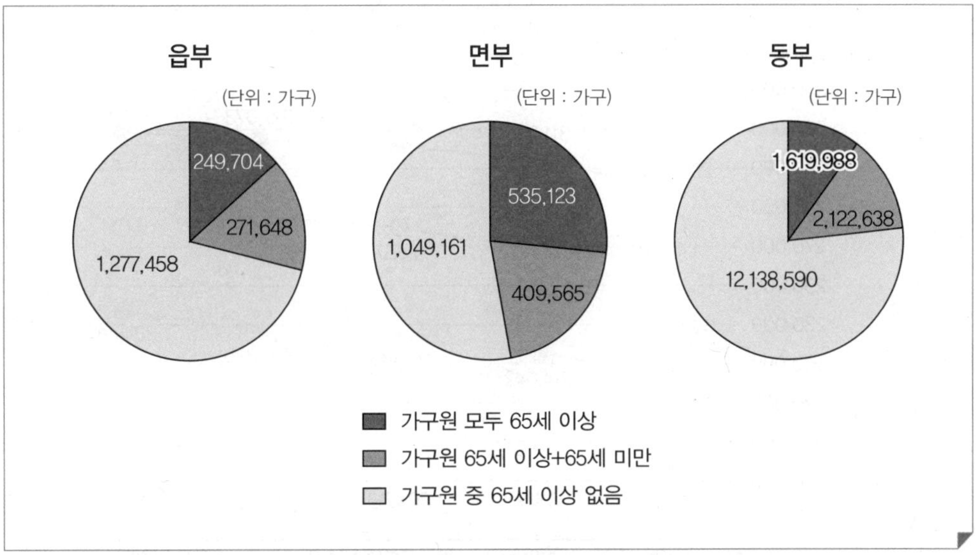

① 동부에서 가구원이 모두 65세 이상인 가구의 비율은 15% 미만이다.

② 65세 이상 고령자를 포함한 가구의 비율은 면부, 읍부, 동부 순으로 높다.

③ 가구원 모두 65세 미만인 가구 중 동부에 속한 가구의 비율은 80%를 초과한다.

④ 전체 가구 수는 면부보다 읍부가 더 많으나, 65세 이상 고령자를 포함한 가구 수는 그 반대이다.

⑤ 65세 미만 가구원, 65세 이상 가구원을 모두 포함한 가구가 읍부에 속할 확률은 10% 미만이다.

20. 다음 자동차 주행거리 및 등록대수, 평균유가를 그래프로 나타낸 자료에 대한 설명으로 옳지 않은 것은?

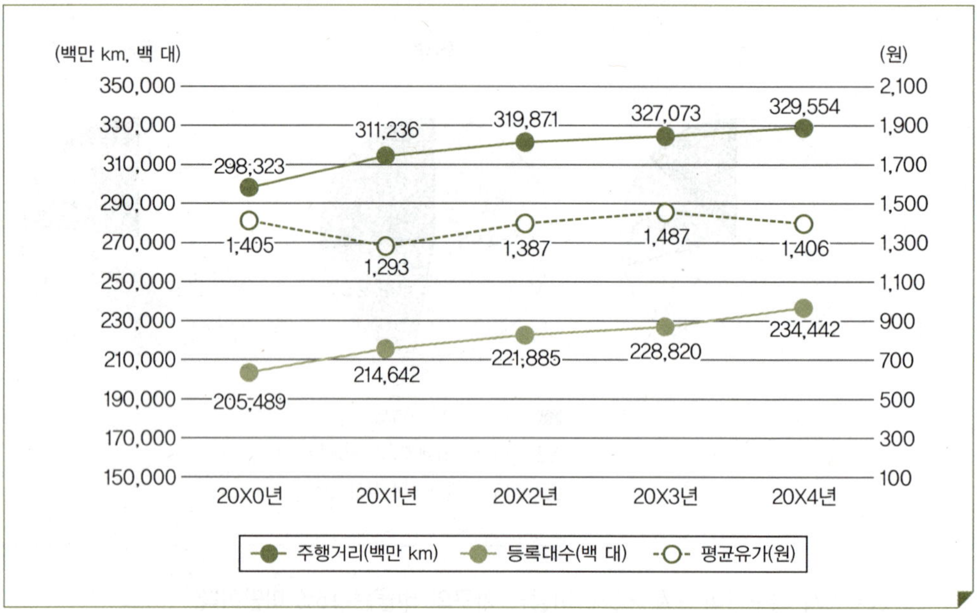

① 20X0년부터 20X4년까지 자동차 등록대수는 지속적으로 증가하였다.

② 20X1년부터 20X4년까지 전년 대비 평균유가 증감폭은 지속적으로 줄어드는 추세이다.

③ 20X4년 자동차 주행거리는 약 3,296억 km로 전년 대비 약 0.8% 증가하였다.

④ 20X4년 자동차 등록대수는 약 23,444천 대로 전년 대비 약 2.5% 증가하였다.

⑤ 20X4년 자동차 1대당 하루 평균 주행거리는 약 38.5km이다.

20문항 / 15분

영역 3 창의수리

01. A가 출발점에서 목적지까지 무빙워크에 서서 갈 경우 15분이 소요되지만, 같은 구간을 무빙워크에서 계속 걸어가면 6분이 소요된다. A가 출발지점에서 무빙워크에 올라탄 후, 중간지점에서 무빙워크를 역방향으로 걸어서 출발점에 돌아간다면 A가 중간지점에서 출발지점까지 돌아오는데 걸린 시간은 몇 분인가? (단, 무빙워크의 속력과 A가 걷는 속력은 일정하다)

① 10분 ② 12분 ③ 15분
④ 18분 ⑤ 20분

02. 다음 그림을 서로 다른 3가지 색을 사용하여 색칠하려고 한다. 이웃한 직사각형에는 서로 다른 색을 칠하고, 맨 위의 직사각형과 맨 아래의 직사각형에는 서로 다른 색을 칠한다고 할 때, 색을 칠하는 방법은 모두 몇 가지인가?

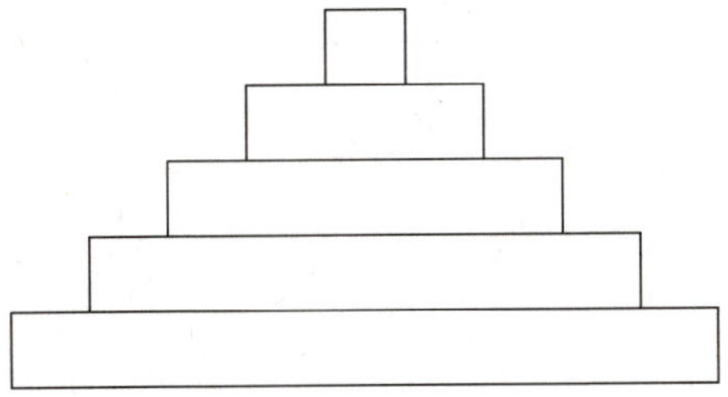

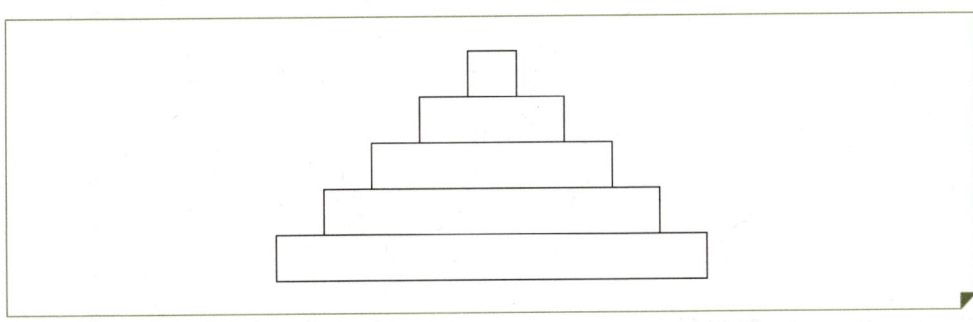

① 20가지 ② 25가지 ③ 30가지
④ 35가지 ⑤ 40가지

03. ○○기업에 근무하는 K는 대중교통을 이용해 회사에서 집으로 가려면 다음과 같이 지하철이나 버스로 두 번을 환승해야 한다. 이때, 버스를 두 번 이용할 확률은? (단, 지하철과 버스 중 하나를 선택할 확률은 모두 같다)

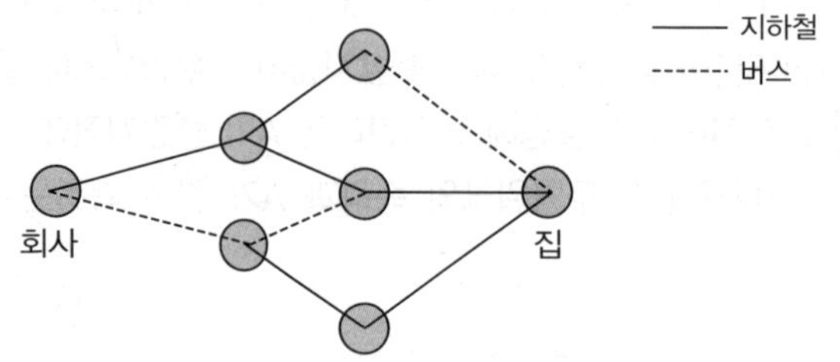

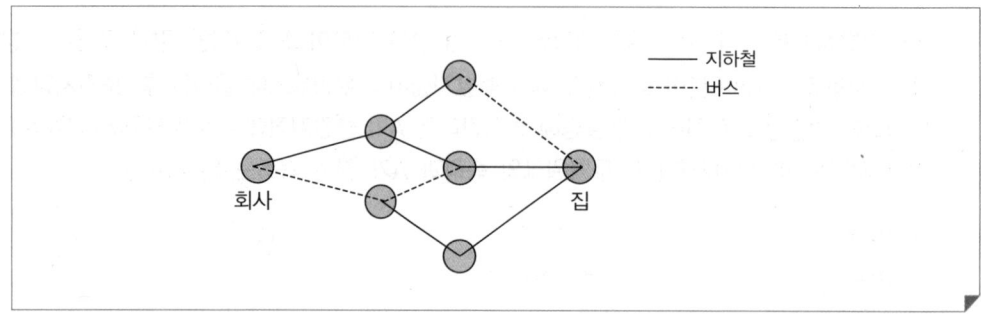

① $\frac{1}{4}$ ② $\frac{1}{3}$ ③ $\frac{1}{2}$
④ $\frac{2}{3}$ ⑤ $\frac{3}{4}$

04. 어떤 소금물 300g에서 물 220g을 증발시킨 후 소금 20g을 더 넣었더니 처음 농도의 A배가 되었다. 처음 소금물의 농도는 몇 %인가?

① $\frac{20}{A-3}$% ② $\frac{A-3}{20}$% ③ $\frac{20}{A-2}$%
④ $\frac{A-2}{20}$% ⑤ $\frac{20}{A-5}$%

05. 1부터 9까지의 자연수가 적힌 9장의 카드가 있다. A는 2, 5, 9가 적힌 카드를, B는 1, 7, 8이 적힌 카드를, C는 3, 4, 6이 적힌 카드를 각각 가지고 있다. A, B, C 세 사람이 동시에 카드를 한 장씩 꺼낼 때, A가 뽑은 카드의 숫자가 가장 큰 수가 되는 경우의 수는?

① 8가지 ② 9가지 ③ 10가지
④ 11가지 ⑤ 12가지

06. 총무과 소속 김 대리, 이 대리, 박 대리 3명이 하루에 하는 일의 비는 3 : 2 : 2이다. 세 명이서 10일 동안 전체 일의 $\frac{1}{3}$을 완료할 수 있었다. 이후 김 대리는 5일, 이 대리는 3일 쉬고 박 대리는 쉬지 않았다면 일을 완료하는 데 걸리는 기간은?

① 30일 ② 33일 ③ 36일
④ 39일 ⑤ 42일

07. 어떤 기차가 800m 길이의 터널로 들어가 마지막 칸까지 모두 통과하는 데 36초가 걸렸다. 기차의 총길이가 100m라면 이 기차의 속력은 몇 km/h인가?

① 60km/h ② 70km/h ③ 80km/h
④ 90km/h ⑤ 100km/h

08. 15%의 소금물 120g에 22%의 소금물을 넣어 18%의 소금물을 만들려고 할 때, 22%의 소금물을 몇 g 넣어야 하는가?

① 75g ② 80g ③ 85g
④ 90g ⑤ 95g

09. 10명의 사원들에게 25, 26, 27, 28일 중 하루를 특별휴가로 지급하려 한다. 하루에 최대 3명까지 휴가를 쓸 수 있다면 휴가를 분배할 수 있는 경우의 수는? (단, 어떤 사원이 어느 날짜에 휴가를 쓰는지는 고려하지 않는다)

① 10가지 ② 16가지 ③ 48가지
④ 80가지 ⑤ 100가지

10. 정사면체의 네 면에 각각 1, 1, −1, 0이 적혀 있다. 이 정사면체를 두 번 던졌을 때 바닥에 깔리는 숫자의 합이 0이 될 확률은?

① $\frac{5}{9}$ ② $\frac{2}{3}$ ③ $\frac{3}{8}$
④ $\frac{5}{16}$ ⑤ $\frac{8}{17}$

11. 어느 카페에서 개업 이벤트로 가로세로 5칸의 총 25칸짜리 박스 안에 무료 음료 쿠폰 5개를 서로 다른 칸에 하나씩 넣어 두고, 한 사람당 칸을 고를 기회를 3번씩 준다고 한다. 2번만에 쿠폰이 있는 칸을 고를 확률은? (단, 소수점 아래 첫째 자리에서 반올림한다)

① 9% ② 11% ③ 14%
④ 16% ⑤ 17%

12. ○○사는 하계 워크숍에 참석한 직원들에게 객실을 배정하고 있다. 다음의 〈조건〉을 참고할 때, 워크숍에 참석한 직원들은 최대 몇 명인가?

| 조건 |

- 객실 1개에 4명씩 배정하면 12명이 객실 배정을 받지 못한다.
- 객실 1개에 6명씩 배정하면 객실은 2개가 남고 하나의 객실은 6명 미만이 사용한다.

① 60명 ② 64명 ③ 68명
④ 72명 ⑤ 76명

13. 민혜는 이번 달에 생일이 있는데 달력에서 자신의 생일 날짜와 생일 날짜 바로 위 칸의 왼쪽 날짜와 생일 날짜 바로 아래 칸의 왼쪽 날짜를 더했더니 55가 나왔다. 민혜의 생일은 언제인가?

① 17일 ② 18일 ③ 19일
④ 20일 ⑤ 21일

14. 연속하는 세 짝수의 합이 87 미만일 때 이 세 수의 합의 최댓값은?

① 80 ② 82 ③ 84
④ 86 ⑤ 88

15. 물속에서 A 금속은 $\frac{1}{10}$이 가벼워지고, B 금속은 $\frac{1}{8}$이 가벼워진다. 무게가 200g인 A와 B로 만든 합금을 물속에서 무게를 측정하였더니 178g이었다. 두 금속 A와 B의 무게의 차는? (단, A 금속과 B 금속으로 만든 합금의 무게는 A 금속과 B 금속의 무게의 합과 같다)

① 25g ② 30g ③ 35g
④ 40g ⑤ 45g

16. A와 B가 운동을 하기 위해 같은 지점에서 동시에 출발하여 A가 15km를 걸었을 때, B는 자전거를 이용하여 A보다 10km/h 빠른 속력으로 같은 시간 동안 40km를 이동하였다. A가 운동한 시간은 얼마인가?

① 1시간 ② 1시간 30분 ③ 2시간
④ 2시간 30분 ⑤ 3시간

17. 소금이 12g 들어 있는 6%의 소금물과 소금이 15g 들어 있는 10%의 소금물을 섞은 후 물을 증발시켜 9%의 소금물을 만들려고 한다. 몇 g의 물을 증발시켜야 하겠는가?

① 20g ② 30g ③ 40g
④ 50g ⑤ 60g

18. 16%의 소금물 500g에 물 100g을 추가한 후, 소금을 더 넣었더니 20%의 소금물이 되었다. 더 넣은 소금의 양은 몇 g인가?

① 45g ② 50g ③ 55g
④ 60g ⑤ 65g

19. 어떤 공장에 제품을 4분에 1개씩 생산하는 기계가 6대 있고, 그 제품을 3분에 1개씩 포장하는 기계가 3대 있다. 어제 생산만 하고 포장은 하지 못한 제품이 95개 남아 있다고 할 때, 7시간 후에 포장하지 못한 생산품은 모두 몇 개인가?

① 205개 ② 295개 ③ 300개
④ 305개 ⑤ 310개

20. A 인형 공장에서 일하는 직원 10명이 곰인형 150개를 만드는 데 25시간이 걸린다고 할 때, 20시간 동안 곰인형 300개를 만들기 위해서는 직원 몇 명이 동원되어야 하는가?

① 21명 ② 22명 ③ 23명
④ 24명 ⑤ 25명

영역 4

언어추리

20문항 / 15분

01. ○○기업에서는 자율근무제를 실시하여 오전 8시부터 오전 11시까지 정각을 기준으로 자유롭게 출근할 수 있다. 직원 A ~ D 4명 중 1명은 거짓, 나머지 3명은 진실을 말한다고 할 때, 다음 중 거짓을 말한 직원과 오전 11시에 출근한 직원을 순서대로 나열한 것은? (단, 네 명의 직원은 모두 다른 시간에 출근했다)

> 직원 A : 나는 C와 D보다 늦게 출근했다.
> 직원 B : 나는 8시에 출근하였고, C는 9시에 출근하였다.
> 직원 C : 나는 10시에 출근하지 않았다.
> 직원 D : 나는 8시에 출근하였고, A는 9시에 출근하였다.

① 직원 A, 직원 C　② 직원 B, 직원 C　③ 직원 B, 직원 D
④ 직원 D, 직원 A　⑤ 직원 D, 직원 B

02. 다음 전제에 따라 반드시 참이 되는 결론은?

> [전제] • 축구를 잘하는 사람은 감기에 걸리지 않는다.
> • 감기에 걸리지 않는 사람은 휴지를 아껴 쓴다.
> • 나는 축구를 잘한다.
> [결론] ____________________

① 나는 감기에 자주 걸린다.　② 환자는 휴지를 아껴 쓴다.
③ 나는 축구를 자주 한다.　④ 나는 휴지를 아껴 쓴다.
⑤ 축구를 하면 감기에 걸린다.

03. 인력구조조정의 결과로 A ~ F 지사에 가 ~ 바 지사장의 인사발령이 있었다. 다음 〈조건〉에 따라 A ~ F 지사에 배치되는 지사장의 배열로 적절한 것은?

| 조건 |

- 본사와 지사는 다음과 같이 일정한 간격으로 나란히 배치되어 있다.

A 지사 – B 지사 – C 지사 – 본사 – D 지사 – E 지사 – F 지사

- 다 지사장과 나 지사장은 가 지사장과 바로 옆에서 근무한다.
- 마 지사장은 B 지사의 지사장이다.
- 라와 나 지사장은 양쪽 끝 위치에서 근무한다.

① 라 – 마 – 가 – 다 – 바 – 나
② 라 – 마 – 가 – 바 – 다 – 나
③ 라 – 마 – 바 – 다 – 가 – 나
④ 나 – 마 – 가 – 다 – 바 – 라
⑤ 나 – 바 – 다 – 가 – 마 – 라

04. S사의 사옥 5층에 일렬로 배치된 501 ~ 507호에는 각각 일학습확산팀, 일학습운영팀, 일학습인증팀, 총무팀, 인재개발팀, 자산팀, 고객지원팀이 위치해 있다. 〈조건〉에 따를 때, 504호에 위치한 팀은? (단, 501 ~ 507호 이외에 사무실은 없다)

| 조건 |

㉠ 자산팀은 503호에 위치한다.
㉡ 일학습확산팀은 자산팀과 붙어 있지 않다.
㉢ 총무팀은 맨 끝에 있으며 고객지원팀과 한 사무실 건너에 위치한다.
㉣ 일학습운영팀의 바로 옆 사무실은 일학습인증팀이 위치한다.

① 일학습인증팀
② 인재개발팀
③ 고객지원팀
④ 일학습확산팀
⑤ 총무팀

05. 그림과 같은 도로에서 검은 점 표시 부분마다 A ~ F 6명이 한 명씩 서 있다. 6명이 다음과 같이 말했을 때, 6명의 위치 관계로 올바른 것은?

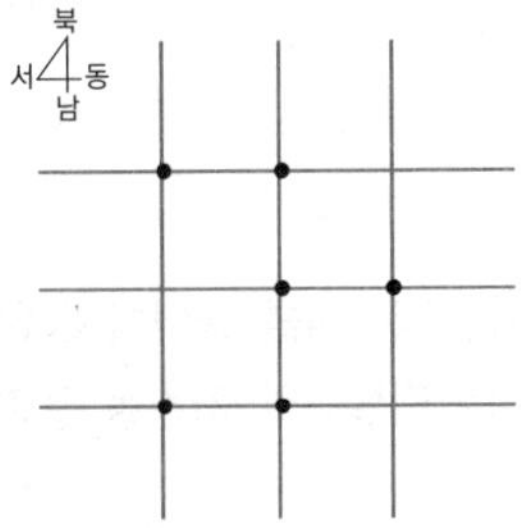

A : C는 내 남쪽 방향에 있다.
B : C는 내 서쪽 방향에 있다.
C : F는 내 북동 방향에 있다.
D : B는 내 남쪽 방향에 있다.
E : D는 내 북서 방향에 있다.
F : A는 내 북서 방향에 있다.

① A는 B의 동쪽 방향에 있다.
② B는 E의 북동 방향에 있다.
③ D는 C의 북서 방향에 있다.
④ E는 F의 동쪽 방향에 있다.
⑤ F는 D의 동쪽 방향에 있다.

06. 다음 진술이 모두 참일 때, 항상 옳은 것은?

- 회의 장소를 정하는 사람은 회의록을 작성하지 않는다.
- 발표하는 사람은 회의 장소를 정하지 않는다.
- 회의 장소를 정하는 사람은 모두 신입사원이다.
- 회의록을 작성하는 사람은 모두 경력직 사원이다.
- A는 경력직 사원, B는 신입사원이다.

① A는 회의 장소를 정하지만 회의록은 작성하지 않는다.
② A는 회의록을 작성하지만 회의 장소를 정하지는 않는다.
③ A는 회의 장소를 정하지 않고 B는 회의록을 작성하지 않는다.
④ B는 회의록을 작성하지 않지만 회의 장소를 정한다.
⑤ A는 회의 장소를 정하지 않지만 발표를 한다.

07. 다음 〈조건〉을 참고할 때 A ~ D에 대한 설명으로 옳지 않은 것은?

야근하는 직원들을 위하여 야식을 준비했다. 준비한 야식은 떡볶이, 도넛, 치킨, 피자이다. A, B, C, D 4명이 좋아하는 음식은 네 개의 음식 중 하나이며, 서로 겹치지 않고 전부 다르다.

| 조건 |

- A는 피자를 좋아한다.
- B는 떡볶이를 좋아하지 않는다.
- C는 도넛과 피자를 좋아하지 않는다.
- D는 떡볶이와 치킨을 좋아하지 않는다.

① B는 도넛을 좋아하지 않는다.
② B는 치킨을 좋아한다.
③ C는 도넛을 좋아하지 않는다.
④ C는 떡볶이를 좋아하지 않는다.
⑤ D는 도넛을 좋아한다.

08. 어느 온라인 카페에서 회원들이 키우고 있는 동물을 조사하여 얻은 결과 A, B, C를 통해 내릴 수 있는 결론으로 옳은 것을 〈보기〉에서 모두 고르면?

A : 닭을 키우고 있는 사람은 개와 고양이를 키우고 있다.
B : 개를 키우고 있지만 고양이를 키우지 않는 사람은 닭이나 물고기를 키우고 있다.
C : 물고기를 키우고 있지 않거나 원숭이를 키우고 있는 사람은 고양이를 키우고 있지 않다.

| 보기 |

(가) 고양이를 키우고 있는 사람은 원숭이를 키우고 있지 않다.
(나) 원숭이를 키우고 있는 사람은 닭도 키우고 있다.
(다) 닭을 키우는 사람은 물고기도 키우고 있다.

① (가), (나)
② (가), (다)
③ (나), (다)
④ (가)
⑤ (다)

09. 다음 명제가 모두 참일 때 〈결론〉에 대한 설명으로 옳은 것은?

- 학생들은 모두 이과 또는 문과에 간다.
- 소설책 읽는 것을 좋아하는 학생은 국어 시험 성적이 높다.
- 이과에 간 학생은 국어 시험 성적이 낮다.
- 문과에 간 학생은 수다 떠는 것을 좋아한다.
- 수다 떠는 것을 좋아하지 않는 학생은 소설책 읽는 것을 좋아하지 않는다.

| 결론 |

(가) 수다 떠는 것을 좋아하지 않는 학생은 이과에 간다.
(나) 문과에 간 학생은 소설책 읽는 것을 좋아한다.
(다) 국어 시험 성적이 높은 학생은 수다 떠는 것을 좋아한다.

① (가)만 항상 옳다.
② (나)만 항상 옳다.
③ (다)만 항상 옳다.
④ (나), (다) 모두 항상 옳다.
⑤ (가), (다) 모두 항상 옳다.

10. ○○기업에서 근무하는 한 부장은 업무협약과 관련해 7명의 담당자와 각각 미팅을 약속하였다. 약속 순서에 관한 〈정보〉가 다음과 같을 때, 한 부장이 세 번째로 만날 담당자는 누구인가?

| 정보 |

- 제일 처음으로 만나는 사람은 B가 아니다.
- G는 E, F보다 나중에 만난다.
- G보다 C를 나중에 만난다.
- B보다 F를 나중에 만난다.
- D보다 G를 먼저 만난다.
- D는 A보다 먼저 만난다.
- D를 만나고 바로 A를 만나지 않는다.

① B
② C
③ E
④ F
⑤ G

11. 다음 〈조건〉의 명제가 모두 참일 때 반드시 참이라고 할 수 있는 것은?

| 조건 |

(가) 대전으로 출장 가는 사람은 부산에도 간다.
(나) 대전으로 출장 가지 않는 사람은 광주에도 가지 않는다.
(다) 원주로 출장 가지 않는 사람은 대구에도 가지 않는다.
(라) 원주로 출장 가지 않는 사람은 대전에도 가지 않는다.
(마) 제주로 출장 가지 않는 사람은 부산에도 가지 않는다.

① 제주로 출장 가는 사람은 대전에도 간다.
② 부산으로 출장 가지 않는 사람은 대구에도 가지 않는다.
③ 광주로 출장 가는 사람은 대구에도 간다.
④ 제주로 출장 가지 않는 사람은 광주에도 가지 않는다.
⑤ 부산으로 출장 가는 사람은 원주에도 간다.

12. ○○대학교는 제2캠퍼스를 다른 지역에 유치하면서 본부 건물 1층에 교무처, 학생처, 연구처, 기획협력처, 사무국, 입학본부 여섯 개 부서의 사무실을 다음의 배치 계획에 따라 배치하고자 한다. 학생처가 두 번째 자리에 배치되었을 경우, 여섯 번째 자리에 배치되는 부서는?

〈사무실 배치 계획〉

- 교무처와 연구처 사이에는 아무 부서도 배치되지 않는다.
- 사무국과 입학본부 사이에는 아무 부서도 배치되지 않는다.
- 교무처와 학생처 사이에는 두 부서가 배치된다.
- 맨 왼쪽 자리를 첫 번째 자리로 지정하고, 왼쪽부터 일렬로 사무실을 배치한다.

① 연구처　② 입학본부　③ 사무국
④ 교무처　⑤ 기획협력처

13. ○○기업 체육대회에서 A ~ E 5명이 달리기 시합을 했다. 결과가 다음과 같을 때, E의 등수는?

- B와 D는 E보다 먼저 결승선을 통과했다.
- A와 D는 연속해서 결승선에 들어왔다.
- C와 E는 연속해서 결승선에 들어왔다.
- B와 C의 등수는 홀수이고, D의 등수는 짝수이다.

① 1등 ② 2등 ③ 3등
④ 4등 ⑤ 5등

14. A, B, C 세 사람은 직업이 각각 다르고 판사, 검사, 변호사 중 하나이다. A는 진실만 말하고 B는 거짓만 말할 때 반드시 참인 것은?

- A : 검사는 거짓말을 하고 있다.
- B : C는 검사이다.
- C : B는 변호사이다.

① 검사는 A이다. ② C의 진술은 거짓이다.
③ 변호사는 거짓말을 하고 있다. ④ 모든 경우의 수는 세 가지이다.
⑤ 판사는 진실을 말하고 있다.

15. 다음 〈조건〉이 모두 참일 때, 반드시 참인 것은?

| 조건 |

- 안경을 쓰면 사물이 또렷하게 보인다.
- 헤드폰을 쓰면 소리가 크게 들린다.
- 안경을 쓰면 소리가 작게 들린다.
- 헤드폰을 쓰면 사물이 흐리게 보인다.

① 안경을 쓰면 헤드폰을 쓴 것이다.
② 소리가 크게 들리면 헤드폰을 쓴 것이다.
③ 헤드폰을 쓰면 안경을 쓰지 않은 것이다.
④ 사물이 또렷하게 보이면 안경을 쓴 것이다.
⑤ 소리가 작게 들리면 사물이 또렷하게 보인다.

16. 다음 〈조건〉에 근거하여 부서의 예산이 적은 팀부터 순서대로 바르게 나열한 것은?

| 조건 |

- 마케팅팀의 예산은 경리팀 예산의 세 배이다.
- 생산팀의 예산은 마케팅팀의 예산과 같다.
- 영업팀의 예산은 마케팅팀의 예산과 연구팀의 예산을 합한 것과 같다.
- 마케팅팀의 예산은 경리팀의 예산과 비서팀의 예산을 합한 것과 같다.
- 비서팀의 예산은 연구팀의 예산과 같다.

① 비서팀 < 경리팀 < 마케팅팀 < 영업팀
② 비서팀 < 마케팅팀 < 경리팀 < 영업팀
③ 경리팀 < 비서팀 < 마케팅팀 < 생산팀
④ 경리팀 < 연구팀 < 생산팀 < 영업팀
⑤ 경리팀 < 마케팅팀 < 비서팀 < 생산팀

17. 갑 ~ 정 4명 중 2명은 학생, 2명은 회사원이다. 4명은 다음과 같이 말했으며, 회사원 2명은 거짓을, 학생 2명은 사실을 말하고 있다. 다음 중 학생 2명은 누구인가?

- 갑 : 저와 정은 학생입니다.
- 을 : 저는 회사를 다니지 않습니다.
- 병 : 갑은 회사를 다니지 않습니다.
- 정 : 병은 회사를 다닙니다.

① 갑, 을 ② 갑, 병 ③ 갑, 정
④ 을, 정 ⑤ 병, 정

18. 다음 내용 중 하나만 진실이고, 나머지는 모두 거짓이다. 갑, 을, 병 세 사람이 강아지, 고양이, 토끼 중 각각 서로 다른 동물을 키운다고 할 때, 다음 중 옳은 것은?

㉠ 갑은 강아지를 키우지 않는다.
㉡ 갑은 고양이를 키우지 않는다.
㉢ 병은 고양이를 키우지 않는다.
㉣ 병은 토끼를 키운다.

① 을은 토끼를 키우지 않는다. ② 병은 고양이를 키우지 않는다.
③ 갑은 강아지를 키우지 않는다. ④ 을은 고양이를 키우지 않는다.
⑤ 갑은 토끼를 키운다.

19. 다음 명제가 모두 참일 때, 반드시 참인 것은?

- 제품 출시일이 당겨지면 퇴근시간이 늦어진다.
- 수면시간이 길어지면 건강이 좋아진다.
- 야식을 먹으면 살이 찐다.
- 퇴근시간이 빨라지면 야식을 먹지 않는다.
- 건강이 좋아지면 제품 출시일이 늦춰진 것이다.

① 야식을 먹으면 수면시간이 짧아진다.
② 수면시간이 짧아지면 건강이 나빠진다.
③ 제품 출시일이 늦춰지면 건강이 좋아진다.
④ 제품 출시일이 당겨지면 야식을 먹지 않는다.
⑤ 제품 출시일이 당겨지면 수면시간이 짧아진다.

20. 가, 나, 다, 라, 마 5명은 A, B, C 3편의 영화 중 하나를 보았다. 누가 어떤 영화를 보았는지는 〈조건〉과 같다. 영화 A와 B를 본 사람이 각각 2명, 영화 C를 본 사람이 1명이라고 할 때 영화와 이를 본 사람의 연결이 적절한 것은?

| 조건 |

- 가는 B를 보지 않았다.
- 가와 마는 서로 다른 영화를 보았다.
- 라는 영화를 혼자 보았다.

① A－가　　② A－나　　③ B－다
④ B－라　　⑤ C－마

20문항 / 15분

영역 5 수열추리

[01 ~ 11] 다음 배열 규칙을 찾아 '?'에 들어갈 알맞은 문자 및 숫자를 고르시오.

01.

8 9 6 8 3 7 0 7 (?)

① −4　② −2　③ 0
④ 2　⑤ 3

02.

6 8 13 19 20 30 27 (?) 34

① 29　② 33　③ 37
④ 41　⑤ 45

03.

2 3 6 18 (?) 1,944

① 54　② 64　③ 81
④ 108　⑤ 119

04.

$\frac{1}{2}$ 1 $\frac{5}{4}$ $\frac{7}{5}$ $\frac{3}{2}$ (?)

① $\frac{9}{4}$ ② $\frac{13}{6}$ ③ $\frac{11}{7}$
④ $\frac{15}{9}$ ⑤ $\frac{17}{11}$

05.

1.5 2 1.4 2.1 1.3 2.2 (?)

① 1.2 ② 1.5 ③ 1.8
④ 2.1 ⑤ 2.4

06.

<u>36 3 6</u> <u>44 7 4</u> <u>32 5 (?)</u>

① 3 ② 5 ③ 6
④ 7 ⑤ 8

07.

1 5 20 16 19 57 54 56 (?) 110

① 56 ② 58 ③ 112
④ 114 ⑤ 115

08.

8 5 13　　9 7 16　　7 4 (?)

① 9　　② 11　　③ 12
④ 14　　⑤ 15

09.

2 1 2 18　　2 3 10 250　　3 4 5 (?)

① 84　　② 169　　③ 212
④ 245　　⑤ 250

10.

6 4 27　　5 (?) 33　　5 5 28

① 4　　② 5　　③ 6
④ 7　　⑤ 8

11.

D　G　F　I　H　(?)

① J　　② K　　③ M
④ Q　　⑤ R

12. 다음 숫자들의 배열 규칙에 따라 '?'에 들어갈 알맞은 숫자는?

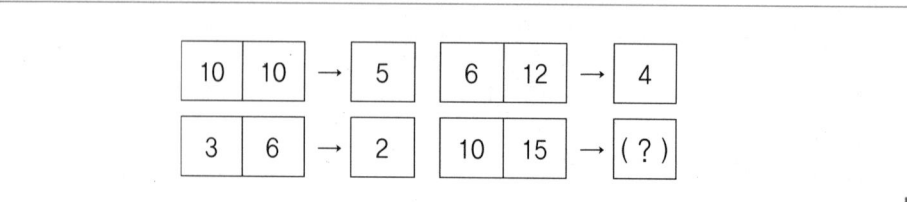

10	10	→	5	6	12	→	4
3	6	→	2	10	15	→	(?)

① 4 ② 5 ③ 6
④ 7 ⑤ 8

13. 다음 숫자들의 배열 규칙에 따라 '?'에 들어갈 알맞은 숫자는?

12	12	→	6	5	20	→	4
4	12	→	3	8	24	→	(?)

① 4 ② 5 ③ 6
④ 7 ⑤ 8

14. 다음 숫자들의 배열 규칙에 따라 '?'에 들어갈 알맞은 숫자는?

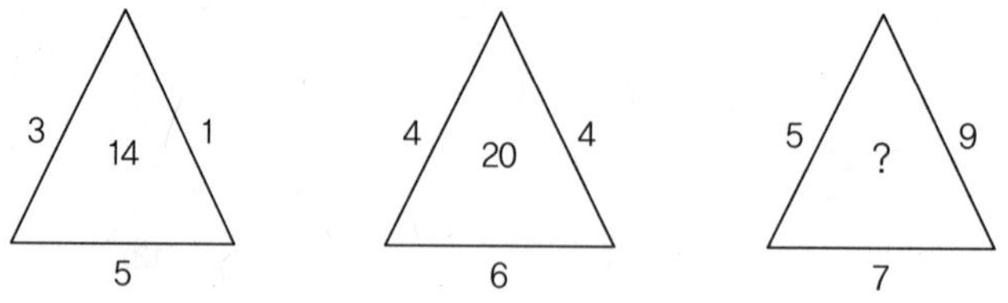

① 35 ② 31 ③ 29
④ 26 ⑤ 25

15. 다음 도형의 ⇧자리부터 시작해 시계 방향으로 돌아가는 규칙에 따라 '?'에 들어갈 알맞은 숫자는?

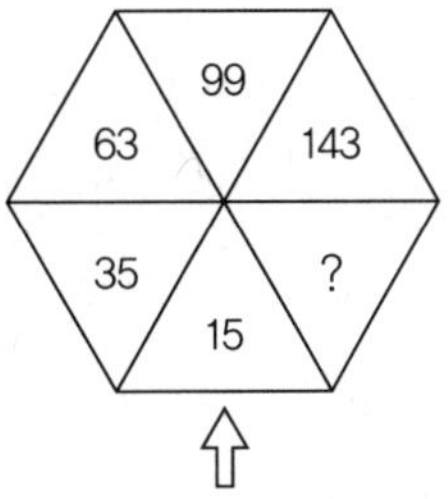

① 167　　② 186　　③ 195
④ 204　　⑤ 205

16. 다음 숫자들의 배열 규칙에 따라 '?'에 들어갈 숫자로 적절한 것은?

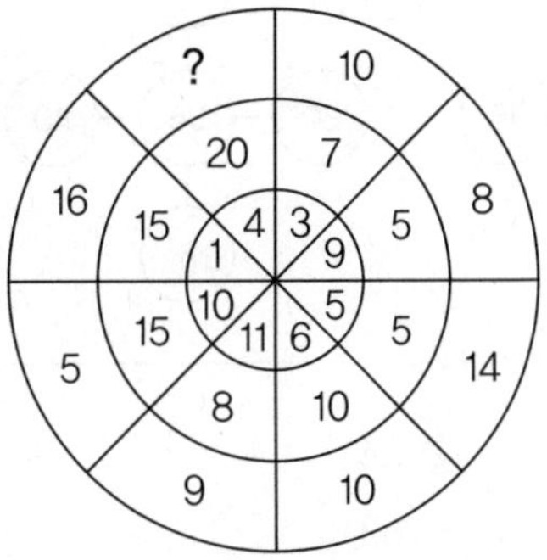

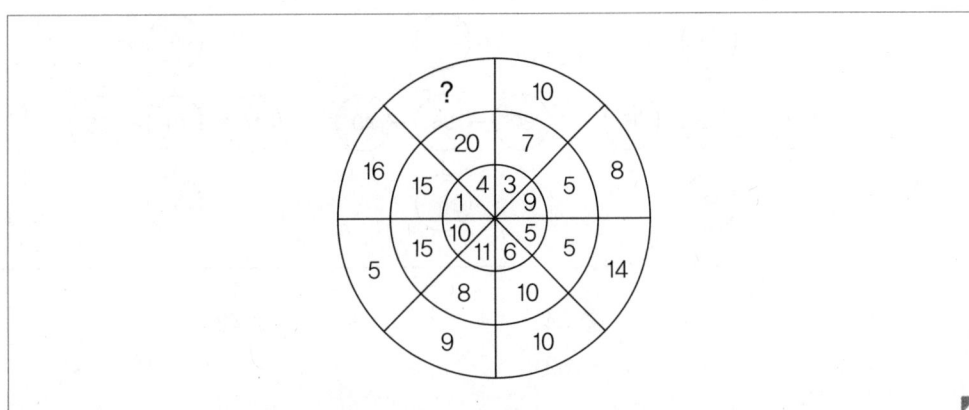

① 10　　② 12　　③ 14
④ 16　　⑤ 18

17. 다음 숫자들의 배열 규칙에 따라 '?'에 들어갈 알맞은 숫자는?

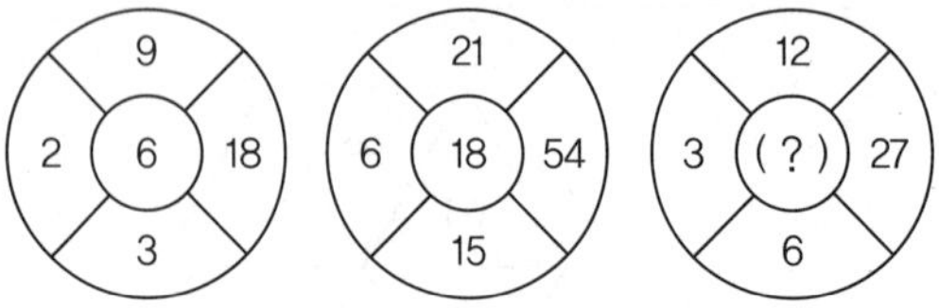

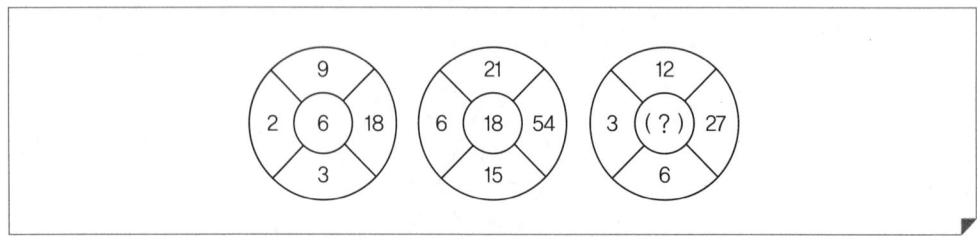

① 8　② 9　③ 12
④ 15　⑤ 16

18. 다음 숫자들의 배열 규칙에 따라 A와 B에 들어갈 숫자의 합은?

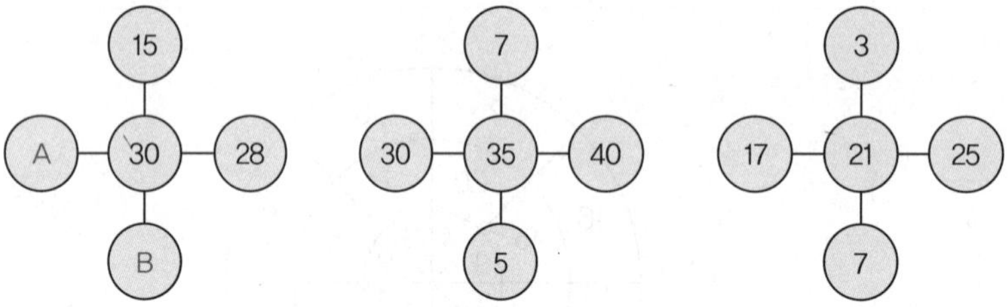

① 24　② 34　③ 42
④ 50　⑤ 52

19. 다음 숫자들의 배열 규칙에 따라 '?'에 들어갈 숫자는?

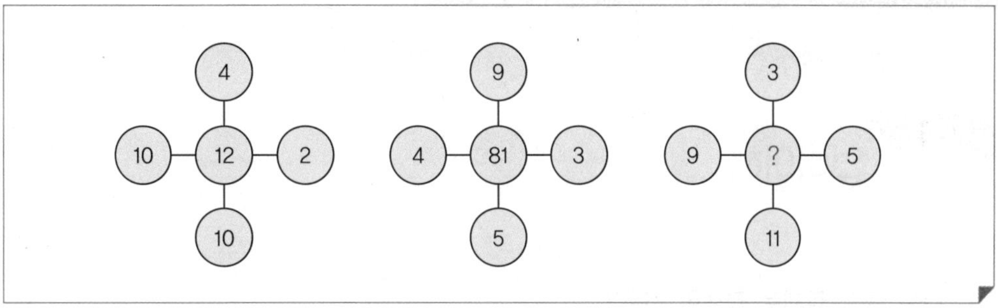

① 8 ② 12 ③ 20
④ 22 ⑤ 24

20. 다음 그림과 같이 흰색과 검은색 바둑돌을 정사각형 형태로 나열하고 있다. 처음으로 검은색 바둑돌의 수가 총 171개가 될 때, 가장 큰 정사각형 1변의 바둑돌의 개수는?

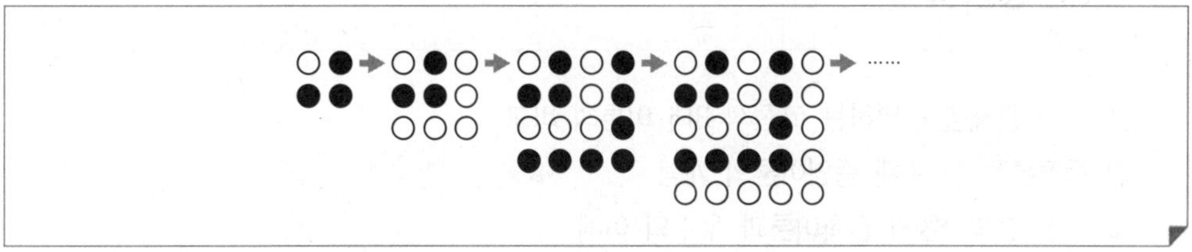

① 14개 ② 16개 ③ 18개
④ 20개 ⑤ 22개

SKCT 3회 기출유형문제

문항수 | 100문항
시험시간 | 75분

▸ 정답과 해설 57쪽

영역 1 언어이해

20문항 / 15분

01. 다음 글의 주제로 적절한 것은?

신(神)은 신성하거나 성스러운 것으로 간주되는 자연적 혹은 초자연적 존재로, 모르는 것이 없고 못하는 일이 없으며 어떠한 일이라도 다 해내는 절대자의 지혜와 능력을 가진 전지전능한 존재로 정의된다. 철학자들은 신이 존재하는가에 대해 다양한 신 존재 증명 이론을 내세웠다. 신의 존재에 대한 다양한 증명 이론 중 목적론적 신 존재 증명은 존재론적 증명, 우주론적 증명과 함께 신의 존재를 증명하기 위한 고전적 3대 증명으로 손꼽힌다.

목적론적 신 존재 증명에서 이 세계는 정연한 목적론적 질서를 드러내고 있고, 그것은 전지전능한 신에 의해 만들어진 것이라는 추론형식을 취한다. 목적론적인 질서에는 복잡한 유기체의 구조나 본능적 행동의 합목적성에서부터 우주의 정연한 질서가 상정되어 있으며, 목적론적 신 존재 증명은 이 세계가 매우 탁월한 질서를 가지고 있다고 전제한다. 이 세계를 설계하고 유기체를 창조한 고도의 이성적 능력을 가진 원인으로서의 신이 존재해야 한다고 추론하는 것이다. 따라서 목적론적 신 존재 증명은 결과인 자연현상으로부터 그 원인인 신을 추론하는 증명이다.

① 신의 존재를 증명하는 고전적 3대 이론의 비교
② 목적론적 신 존재 증명이론의 개념
③ 고전 철학자들의 진화이론과 우주의 이해
④ 삼단추론논법을 활용한 신 존재 이론에 대한 이해
⑤ 철학적인 자연현상의 이해

02. 다음 글의 빈칸에 들어갈 내용으로 가장 적절한 것은?

> 토크 쇼의 여왕으로 불리는 오프라 윈프리. 오프라는 출연자의 마음을 이해하는 데 있어 뛰어났고, 시카고의 30분짜리 아침 프로그램을 미국의 대표 토크 쇼로 만들었다. 이것이 바로 '오프라 윈프리 쇼'다. 그녀는 상대방을 설득하기 위한 방법으로 다섯 가지를 들었다. 첫째, 언제나 진솔한 자세로 말한다. 둘째, 아픔을 함께하는 자세로 한다. 셋째, 항상 긍정적으로 말한다. 넷째, 사랑스럽고 따뜻한 표정으로 대화한다. 다섯째, 말할 때는 상대방을 위한다는 생각으로 정성을 들여 말한다. 그녀는 (　　　　　　　　　　　　　　　　)을 가장 잘 알고 있었던 것이다.

① 인종차별을 이겨 내기 위한 노력의 힘
② 자신의 의도를 정확하게 전달하는 비결
③ 상대방을 설득하여 협상에서 이기는 비법
④ 공감을 통한 화법이 가지는 힘
⑤ 자신의 주관을 지키는 방법

03. 다음 글의 중심내용으로 적절한 것은?

> 소위 말하는 특종을 잡기 위해서는 재정적 뒷받침이 필요한데 그럴 여력이 없는 상태에서 언론사가 선택할 수 있는 가장 좋은 전략은 정치적 지향성을 강하게 드러내는 것이다. 구독자들은 언론사와 자신의 정치적 지향점이 같다고 느끼면 더 많은 후원을 하는 경향이 있기 때문이다. 특히 대안언론은 재정적으로 매우 열악하여 자체적인 수익 없이 구독자들의 후원을 통해 유지되는 곳이 대부분이다. 구독자 수가 많지 않은 언론에 광고할 회사를 찾기가 쉬운 것도 아니고, 광고를 수주해도 수익성이 낮은 실정이니 사실상 구독자들에게 받는 후원금이 대안언론의 가장 큰 수입원이 된다. 따라서 대안언론에게는 후원금을 많이 받아내는 전략이 곧 생존전략이다.

① 대안언론이 정치성을 띠는 것은 불가피한 측면이 있다.
② 언론사에 대한 기부 활동은 제한되어야 한다.
③ 대안언론에 대한 지원을 확대해야 한다.
④ 언론은 공정해야 하므로 정치적인 행태를 보여서는 안 된다.
⑤ 대안언론의 수익구조를 개선할 필요가 있다.

04. 다음 글에서 추론할 수 없는 내용은?

우주는 물체와 허공으로 구성된다. 물체와 허공 이외에는 어떠한 것도 존재한다고 생각할 수 없다. 그리고 우리가 허공이라고 부르는 것이 없다면 물체가 존재할 곳이 없고 움직일 수 있는 공간도 없을 것이다. 허공을 제외하면 비물질적인 것은 존재하지 않는다. 허공은 물체에 영향을 주지도 받지도 않으며 다만 물체가 자신을 통과해서 움직이도록 허락할 뿐이다. 물질적인 존재만이 물질적 존재에 영향을 줄 수 있다.

영혼은 아주 미세한 입자들로 구성되어 있기 때문에 몸의 나머지 구조들과 더 조화를 잘 이룰 수 있다. 감각의 주요한 원인은 영혼에 있다. 그러나 몸의 나머지 구조에 의해 보호되지 않는다면 영혼은 감각을 가질 수 없을 것이다. 몸은 감각의 원인을 영혼에 제공한 후 자신도 감각 속성의 몫을 영혼으로부터 얻는다. 영혼이 몸을 떠나면 몸은 더 이상 감각을 소유하지 않는다. 왜냐하면 몸은 감각 능력을 스스로 가진 적이 없으며 몸과 함께 태어난 영혼이 몸에게 감각 능력을 주었기 때문이다. 물론 몸의 일부가 소실되어 거기에 속했던 영혼이 해체되어도 나머지 영혼은 몸 안에 있다. 또한 영혼의 한 부분이 해체되더라도 나머지 영혼이 계속해서 존재하기만 한다면 여전히 감각을 유지할 것이다. 반면에 영혼을 구성하는 입자들이 전부 몸에서 없어진다면 몸 전체 또는 일부가 계속 남아 있더라도 감각을 가지지 못할 것이다. 더구나 몸 전체가 분해된다면 영혼도 더 이상 이전과 같은 능력을 가지지 못하고 해체되며 감각 능력도 잃게 된다.

① 허공은 물체의 운동을 위해 반드시 필요하다.

② 감각을 얻기 위해서는 영혼과 몸 모두가 필요하다.

③ 영혼은 비물질적인 존재이며 몸에게 감각 능력을 제공한다.

④ 영혼이 담겨 있던 몸 전체가 분해되면 영혼의 입자들은 흩어져 버린다.

⑤ 육체의 일부가 소실되면 영혼의 일부가 해체되지만 나머지 영혼은 여전히 감각 능력을 유지할 수 있다.

05. 다음 글의 내용과 일치하지 않는 것은?

우리가 흔히 영화를 사실적이라고 할 때, 그것은 영화의 재현 방식에 반응해서 영화 속 내용을 현실처럼 보는 데에 동의함을 뜻한다. 영화 속 내용은 실제 현실과 같지 않다. 우리는 영화가 현실의 복잡성을 똑같이 모방하기를 원하지 않으며, 영화 역시 굳이 그러기 위해 노력하지 않는다. 이렇게 관객과 감독 사이에 맺어진 암묵적 합의를 '영화적 관습'이라고 한다. 영화적 관습은 영화사 초기부터 확립돼 온 산물로, 관객과 감독의 소통을 돕는다. 반복적인 영화 관람 행위를 통해 관객은 영화적 관습을 익히고, 감독은 그것을 활용하여 관객에게 친숙함을 제공한다.

확립된 관습을 무시하거나 그것에 도전하는 것은 쉬운 일이 아니다. 그런데 프랑스의 누벨바그 감독들은 고전적인 영화 관습을 파괴하며 영화의 현대성을 주도하였다. 이들은 불필요한 사건을 개입시켜 극의 전개를 느슨하게 만들거나 단서나 예고 없이 시간적 순서를 뒤섞어 사건의 인과 관계를 교란하기도 했다. 이들은 자기만족적이고 독창적인 미학적 성취를 위해 영화의 고전적인 관습을 파괴하였다.

① 관객은 반복적인 영화관람을 통해 암묵적으로 합의된 영화적 관습을 익힐 수 있다.
② 자기만족을 위해 영화적 관습에 도전하는 행위는 영화의 현대성을 주도한다.
③ 현실의 복잡성을 그대로 모방한 영화는 사실적이라는 평가를 받는다.
④ 영화 속 내용이 시간적 순서에 따라 재현되는 방식은 영화적 관습의 예가 될 수 있다.
⑤ 프랑스의 누벨바그 감독들은 오랜 기간 확립되어 온 영화적 관습을 무시하였다.

06. 다음 기사의 제목으로 적절한 것은?

> 10대는 성인보다 니코틴 중독에 더욱 취약하고, 이는 금연을 하지 못하고 평생 흡연으로 이어질 가능성이 높아 청소년 흡연에 대한 경각심이 높아지고 있다. 하지만 미질병통제예방센터(CDC)가 발표한 2018년 청소년 흡연 실태 보고서에 따르면 고등학생의 27.1%, 중학생의 7.1%가 최근 30일 내에 담배 제품을 흡입한 적이 있고, 최근 30일 내에 흡연 경험이 있는 10대는 2017년 360만 명에서 2018년 470만 명으로 증가했다. 한편 미국에서는 18세 이상이면 담배를 구입할 수 있다는 현행법이 청소년 흡연율과 연관성이 있다는 주장이 지속적으로 확산되면서 담배 구입 가능 연령을 상향 조정해야 한다고 제기하고 있다. 이에 하와이, 캘리포니아, 뉴저지, 오레곤, 메인, 매사추세츠, 알칸소주 등은 21세부터 담배 구매가 가능하도록 현행법을 바꾸었고, 2019년 7월 1일부터 일리노이주와 버지니아주를 시작으로 워싱턴, 유타주에서도 담배 구매 가능 연령을 향후 상향할 것이라고 발표했다.

① 미국, 청소년 흡연 실태 조사 결과 대다수의 중 · 고등학생이 흡연 유경험자로 나타나
② 미국, 심각한 청소년 흡연율로 인한 미 전역 담배 구입 연령 상향 조정
③ 흡연 연령과 청소년 흡연율의 관계가 밝혀짐에 따라 담배 구입 연령 상향 조정
④ 미국, 심각한 청소년 흡연율에 다수의 주들 담배 구입 연령 21세로 상향 조정
⑤ 흡연이 유발하는 다양한 질병, 미국 청소년일수록 높게 나타나

07. 다음 글의 흐름에 따라 빈칸에 들어갈 문장으로 적절한 것은?

(   ) 도시의 과밀화는 상대적으로 거주공간이 부족하게 되는 결과를 낳았다. 따라서 최대한 많은 가구를 수용하기 위해 한정된 공간에 많은 집들이 근접하여 있고, 그것도 부족하여 상하좌우로 이웃집이 위치해 있다. 그러나 이러한 물리적 이웃이 모두 마음을 줄 수 있는 이웃은 아니다. 전통적인 이웃 형태와 비교하면 더 가까운 위치에, 더 많은 이웃을 갖게 되었지만 사실상 도시의 거주자들은 이사를 자주 하기 때문에 이웃을 깊게 사귈 시간적 여유가 없다. 그뿐만 아니라 폐쇄적인 아파트의 형태와 바쁜 도시 생활로 한가로이 이웃과 대화할 시간을 만들기도 어렵다.

① 현대 도시 생활의 특징은 주거 공간의 밀집화 현상이다.
② 현대 도시 생활의 특징은 가구의 고립화 현상이다.
③ 현대 도시 생활의 특징은 도시화로 인한 활동의 분주함에 있다.
④ 현대 도시 생활의 특징은 개인주의적 경향이 두드러진 점이다.
⑤ 현대 도시 생활의 특징은 전통적 이웃 형태와의 결별이다.

08. 다음 글의 주제로 적절한 것은?

경쟁이라는 말은 어원적으로 '함께 추구한다'라는 뜻을 내포한다. 경쟁의 논리가 기술의 진보와 생산성 향상에 크게 기여했음은 부인할 수 없다. 인간의 욕구 수준을 계속 높여 감으로써 새로운 진보와 창조를 가능케 한 것이다. 정치적인 측면에서도 경쟁 심리는 민주주의 발전의 핵심적인 동인(動因)이었다. 정치적 의지를 관철시키려는 이익집단 또는 정당 간의 치열한 경쟁을 통해 민주주의가 뿌리내릴 수 있었기 때문이다.

그러나 오늘날의 경쟁은 어원적 의미와는 달리 변질되어 통용된다. 경쟁은 더 이상 목적을 달성하기 위한 수단들 가운데 하나가 아니다. 경쟁은 그 자체가 하나의 범세계적인 지배 이데올로기로 자리잡게 되었다.

경쟁 논리가 지배하는 사회에서는 승리자와 패배자가 확연히 구분된다. 경쟁 사회에서는 협상을 통해 갈등을 해소하거나 타협점을 찾을 여지가 없다. 그저 경쟁에서 상대방을 이기면 된다는 간단한 논리가 존재할 뿐이다.

① 경쟁의 어원　② 경쟁의 목적　③ 경쟁의 변모
④ 경쟁의 공정성　⑤ 경쟁의 부작용

09. 다음 글에 대한 설명으로 옳지 않은 것은?

10월 31일 ○○발전은 지진 발생 시 입체적 대응이 가능하도록 발전회사 최초로 기존의 지진 감시 시스템을 'GIS(Geographic Information System) 기반 지진 모니터링 시스템'으로 개선했다고 밝혔다.

이 시스템 개선을 통해 직관적인 화면으로 지진 관측의 시인성 및 관제효율성을 높이고 계측기 관리대장과 이력관리 시스템을 통합 운영해 점검결과를 원클릭으로 행정안전부에 보고할 수 있게 됐다. 또한 사외전문가와의 협업을 통해 국내 최초로 개발한 '지진 발생 후 건축물 긴급 안전성평가 소프트웨어' 시스템은 발전소 개별 건축물의 특수성을 감안한 설계지반 가속도 초과율, 최상층 최대변위, 고유진동수 변화율이라는 안전성 평가지표를 사용해 설계데이터와 실제 관측결과를 연계 · 활용하는 방식을 사용할 수 있게 되었다. 이와 함께 지진과 터빈 자동정지의 상관관계를 분석해 발전소 운영한계를 명확히 함으로써 설비 피해에 대한 사전예방과 업무연속성을 확보하게 됐다. 한편 발전소는 지진기상, 유해물질, 화재, 보안 등 기존 계측설비에서 축적된 데이터를 적극적으로 활용할 수 있는 4차 산업기반의 통합플랫폼 구축을 추진해 재난안전사고 예방기술을 고도화하고 대응력을 확보해 나갈 방침이다.

① 발전회사 중 최초로 GIS 기반 지진 모니터링 시스템을 구축하였다.

② 지진 발생 시 터빈 자동정지의 상관관계를 분석하여 발전소 운영한계를 설정했다.

③ ○○발전은 자체 기술로 '지진 발생 후 건축물 긴급 안정성평가 소프트웨어'를 국내 최초로 개발했다.

④ 발전소의 계측설비에서 축적된 데이터를 활용할 수 있는 4차 산업기반의 통합플랫폼 구축을 추진할 예정이다.

⑤ 기존 지진 감시 시스템에 비하여 GIS 기반 지진 모니터링 시스템은 지진 관측의 시인성 및 관제효율성이 개선되었다.

10. 다음 글을 통해 알 수 있는 내용으로 적절한 것은?

식수오염의 방지를 위해서 병원성 세균, 바이러스, 원생동물, 기생체 소낭 등과 같은 병원체를 직접 검출하는 것은 비싸고 시간이 많이 걸릴 뿐 아니라 숙달된 기술을 요구한다. 이러한 문제를 해결하고자 빠른 시간 내에 식수의 분변오염 여부를 밝히고 오염의 정도를 확인하기 위한 목적으로 지표생물의 개념을 도입하였다.

식수가 분변으로 오염되어 있다면 분변에 있는 병원체 수와 비례하여 존재하는 비병원성 세균을 지표생물로 이용한다. 특히 대장균은 그 기원이 전부 동물의 배설물에 의한 것이므로 시료에서 대장균의 균체 수가 일정 기준보다 많이 검출되면 그 시료에는 인체에 유해할 만큼의 병원체도 존재한다고 추정할 수 있다. 그러나 온혈동물에게서 배설되는 비슷한 종류의 다른 세균들을 배제하고 대장균만을 측정하는 것은 어렵다. 그렇기 때문에 대장균이 속해 있는 비슷한 세균군을 모두 검사하여 분변오염 여부를 판단하는데, 이 세균군을 총대장균군이라고 한다.

총대장균군에 포함된 세균이 모두 온혈동물의 분변에서 기원한 것은 아니지만 온혈동물의 배설물을 통해서도 많은 수가 방출되고, 그 수는 병원체의 수에 비례한다. 염소 소독과 같은 정화과정에서도 병원체와 유사한 저항성을 가지므로 수질 결정에 좋은 지표이다. 지표생물로 사용하는 또 다른 것은 분변성 연쇄상구균군이다. 이들은 잔류성이 높고 장 밖에서는 증식하지 않아 시료에서도 그 수가 일정하게 유지되어 좋은 상수소독 처리지표로 활용된다.

① 온혈동물의 분변에서 기원되는 균은 모두 지표생물이 될 수 있다.

② 수질 정화과정에서 총대장균군은 병원체보다 높은 생존율을 보인다.

③ 채취된 시료 속의 총대장균군의 세균 수와 병원체 수는 비례하여 존재한다.

④ 지표생물을 검출하는 것은 병원체를 직접 검출하는 것보다 숙달된 기술을 필요로 한다.

⑤ 분변성 연쇄상구균군은 시료 채취 후 시간이 지남에 따라 시료 안에서 증식하여 정확한 오염 지표로 사용하기 어렵다.

11. 다음 글의 글쓴이가 궁극적으로 말하고자 하는 바를 반박하는 내용으로 적절한 것은?

우리가 기술을 만들지만 기술은 우리 경험과 인간관계 및 사회적 권력관계를 바꿈으로써 우리를 새롭게 만든다. 어떤 기술은 인간 사회를 더 민주적으로 만드는 데 기여하지만 어떤 기술은 독재자의 권력을 강화하는 데 사용된다. 예를 들어 라디오는 누가, 어떻게, 왜 사용하는가에 따라서 다른 결과를 낳는다. 그렇지만 핵무기처럼 아무리 민주적으로 사용하고 싶어도 그렇게 사용할 수 없는 기술도 있다. 인간은 어떤 기술에 대해서는 이를 지배하고 통제하는 주인 노릇을 할 수 있다. 그렇지만 어떤 기술에는 꼼짝달싹 못하게 예속되어 버린다.

기술은 새로운 가능성을 열어 주지만 기존의 가능성 중 일부를 소멸시키기도 한다. 따라서 이렇게 도입된 기술은 우리를 둘러싼 기술 환경을 바꾸고, 결과적으로 사회 세력들과 조직들 사이의 역학 관계를 바꾼다. 새로운 기술 때문에 더 큰 힘을 가지게 된 그룹과 힘을 잃게 된 그룹이 생기며 이를 바탕으로 사회 구조의 변화가 생긴다.

기술 중에는 우리가 잘 이해하고 통제하는 기술도 있지만 대규모 기술 시스템은 한두 사람의 의지만으로는 통제할 수 없다. '기술은 언제나 사람에게 진다'라고 계속해서 믿다가는 기술의 지배와 통제를 벗어나기 힘들다. 기술에 대한 비판적이면서 균형 잡힌 철학과 사상이 필요하다.

① 전문가를 통해 충분히 기술을 통제할 수 있다.

② 기술의 양면성은 철학과 사상이 아닌 새로운 기술로 보완해야 한다.

③ 기술의 순기능만을 더 발전시켜야 한다.

④ 새로운 기술로 힘을 잃게 된 그룹을 지원해 주는 정책이 필요하다.

⑤ 철학과 사상은 기술을 지배하고 통제할 수 있다.

권두 부록
영역별 빈출이론 언어이해 자료해석 창의수리 언어추리 수열추리
기출유형문제 1회 2회 3회 4회
인성 검사
면접 가이드

12. 다음 글의 내용과 일치하는 것은?

> 파놉티콘은 영국의 철학자이자 사회 개혁가인 제레미 벤담의 유토피아적 열망에 의해 구상된 일종의 감옥 형식의 건축양식을 말한다. 파놉티콘은 중앙에 존재하는 감시탑의 주위를 독방들이 원형으로 둘러싸도록 배치되어 있다. 이러한 구조에 따라 독방에 있는 죄수들은 간수 또는 감시자의 관찰에 노출되지만, 죄수는 감시자를 볼 수가 없다. 그 결과, 죄수들은 감시자가 없어도 부재를 인식하지 못하기 때문에 실제로 감시자가 있는 것과 같은 효과가 나타나게 된다. 보이지 않는 사람들에 의해 언제 감시되고 있을지 모른다는 생각 자체가 지속적인 통제를 가능하게 해 주는 것이다. 이처럼 죄수들은 중앙 감시탑에 있는 권력에 대한 종속적 관계를 내면화하여 스스로 자신을 감시하는 '주체'가 된다. 벤담은 최소한의 비용, 최소한의 감시로 최대의 효과를 누릴 수 있다는 점에서 파놉티콘이 사회 개혁을 가능하게 해 주는 가장 효율적인 수단이 될 수 있다고 생각했지만, 이는 결국 받아들여지지 않았다.

① 파놉티콘은 권력에 따른 시선의 불균형을 확인시켜 주는 장치이다.
② 파놉티콘은 타자에 의한 이중 통제 장치이다.
③ 파놉티콘의 원리는 감옥 이외의 다른 사회 부문에 적용될 수 없다.
④ 파놉티콘의 가장 큰 장점은 죄수들이 서로를 감시할 수 있다는 점이다.
⑤ 파놉티콘은 감시 권력을 가시화함으로써 죄수들에게 불안감을 조성한다.

13. 다음 글의 내용과 일치하는 것은?

한 나라의 경제가 안정적으로 성장하기 위해서는 일자리만큼 중요한 것은 없다. 일자리가 있어야만 국민에게 소득이 발생하고, 이를 통해 소비해야 경제가 활성화되는 등 경제가 선순환할 수 있다. 즉, 경제가 성장하기 위해서는 양질의 일자리 창출이 뒷받침되어야 한다.

고성장기업(High-Growth Firms)은 일정 기간에 고용 또는 매출액, 수익 등에서의 성장률이 여타 기업들보다 현저히 높은 기업을 뜻한다. 여기서 현저히 높은 정도는 나라별 · 학자별로 다양하며 가장 많이 준용되는 것은 OECD의 정의이다. OECD는 종업원 수가 10인 이상인 기업 중에서 고용 또는 매출액이 3년간 연속적으로 20% 이상 증가한 기업을 고성장기업으로 정의하였다. 가젤(Gazelles) 기업은 작지만 빠른 성장을 보이는 기업의 미국식 표현이며, 보통 고성장기업 중에서 창업한 지 5년이 지나지 않은 신생기업을 말한다.

고성장기업을 주목하는 주된 이유는 신규 일자리 창출에 대한 기여도가 매우 높기 때문이다. 국내외 연구들을 살펴보면 나라별 · 산업별 전체 기업 중에서 고성장기업은 매우 적은 비중을 차지하지만 소수의 고성장기업이 전체 신규 일자리에서 상당한 비중을 창출하는 것으로 나타났다.

① 양질의 일자리 창출을 위해서는 고성장기업보다 탄탄한 중견기업의 역할이 더 중요하다.
② 고성장기업은 지나치게 빠른 성장으로 인해 경제의 선순환에 악영향을 준다.
③ 양질의 신규 일자리를 창출하는 데 있어서 고성장기업의 비중은 상당히 높다.
④ OECD의 정의에 따르면 매출액이 상위 20% 안에 포함되는 기업을 고성장기업이라 칭한다.
⑤ 고성장기업은 가젤 기업에 비해 일자리 창출 효과가 높다.

14. 다음 글에 이어질 내용으로 적절한 것은?

나라를 위해 헌신한 이들을 위해 나라에서 적절한 보상과 지원제도를 마련하는 것은 당연하다. 따라서 관련법을 제정하고 이에 따라 최선의 지원이 될 수 있도록 나라에서 심혈을 기울이고 있다. 그런데 이를 실행에 옮기기 위해서는 적지 않은 국가 재정이 소요되므로 신중하고 합리적인 집행이 될 수 있도록 해야 한다. 나라를 위해 헌신한 이들에게 최대한 지원을 아끼지 않아야 하지만, 그렇다고 무한정 지원을 해 줄 수는 없다. 이에 따라 한정된 재정을 활용하여 그 효과를 극대화하기 위한 고민이 동반된다.

여기에는 다른 측면의 고민 또한 포함되어 있다. 지원을 위한 재정이 국민들의 세금에 의해 마련된다는 점이다. 국민들의 세금이 어떤 의미를 담고 있으며 어떤 법적 근거에 의해 납부되는지를 생각한다면 결코 허투루 사용되어서는 안 된다.

① 세금이 의무사항이기는 하지만 나라는 국민에 의해 이러한 예산을 신중하게 사용해야 한다.
② 나라를 위해 헌신한 이들도 국민의 한 사람으로서 세금을 납부해야 할 의무를 가지고 있다.
③ 세금으로 마련한 나라의 예산은 사용 목적에 따라 적절히 구분하여 집행되어야 한다.
④ 나라를 위해 헌신한 이들은 세금을 통해 마련한 지원을 받을 만한 자격이 충분히 있다.
⑤ 정부가 세금을 가장 효율적으로 운용하기 때문에 무조건 정부의 주관대로 집행돼야 한다.

15. 다음 글에 대한 반박으로 적절하지 않은 진술은?

> 경제적 불의는 더 이상 방치할 수 없는 상태에 이르렀다. 도시 빈민가의 빈곤은 최소한의 인간적 삶조차 박탈하고 있으며, 경제력을 독점하고 있는 소수 계층은 각계에 영향력을 행사하여 대다수 국민들의 의사에 반하는 결정들을 관철시키고 있다. 만연한 사치와 향락은 근면과 저축의욕을 감퇴시키고 손쉬운 투기와 불로소득은 기업들의 창의력과 투자 의욕을 감소시킴으로써 경제 성장의 토대가 와해되고 있다.
>
> 부동산 투기, 정경유착, 불로소득과 탈세를 공인하는 차명계좌의 허용, 극심한 소득차, 불공정한 노사관계, 농촌과 중소기업의 피폐 및 이 모든 것들의 결과인 부와 소득의 불공정한 분배, 그리고 재벌로의 경제적 집중, 사치와 향락, 환경 오염 등 이 사회에 범람하고 있는 경제적 불의를 척결하고 경제정의를 실천함은 이 시대 우리 사회의 역사적 과제이다.
>
> 이런 실천 없이는 경제 성장도 산업 평화도 민주복지사회의 건설도 한갓 꿈에 불과하다. 이 중에서도 부동산 문제의 해결은 가장 시급한 우리의 당면 과제이다. 토지 소유의 극심한 편중과 투기화, 그로 인한 지가의 폭등은 국민생활의 근거인 주택의 원활한 공급을 곤란하게 하고 있을 뿐만 아니라 물가 폭등 및 노사 분규의 격화, 거대한 투기 소득의 발생 등을 초래함으로써 현재 이 사회가 당면하고 있는 대부분의 경제적 · 사회적 불안과 부정의의 가장 중요한 원인으로 작용하고 있다.
>
> 정부 정책에 대한 국민들의 자유로운 선택권이 보장되며 경제적으로 시장 경제의 효율성과 역동성을 살리면서 깨끗하고 유능한 정부의 적절한 개입으로 분배의 편중, 독과점 및 공해 등 시장 경제의 결함을 해결하는 민주복지사회를 실현하여야 한다. 그리고 이것이 자유와 평등, 정의와 평화의 공동체로서 우리가 지향할 목표이다.

① 뚜렷하고 구체적인 정책을 제시하지 않고 해결책을 에둘러 말하고 있다.

② 경제 · 사회적 불안과 부정의의 가장 큰 원인이 부동산 문제라고만은 할 수 없다.

③ 경제력을 독점하고 있는 소수 계층이 경제적 불의를 일으키고 있다.

④ 수많은 경제적 불의 문제들은 나라가 발전하고 성장하는 데에 필수불가결한 단계이다.

⑤ 소수 전문가들의 의사결정이 필요한 경우도 있으며 이는 더 효율적일 수 있다.

16. 다음 글과 대화를 참고할 때, 빈칸에 들어갈 문장으로 알맞은 것은?

인공지능(AI)은 1956년에 처음 등장한 단어로, 기계가 경험을 통해 학습하고 새로운 입력 내용에 따라 기존 지식을 조합하여 사람과 같은 방식으로 과제를 수행할 수 있도록 하는 것을 의미한다. 체스를 두는 컴퓨터에서부터 직접 운전을 하는 자동차 등 많은 분야와 관련이 있으며, 대량의 데이터를 처리하고 데이터에서 패턴을 인식함으로써 특정한 과제를 수행하도록 컴퓨터를 훈련시킬 수 있다.

표 사원 : 인공지능이 발전을 거듭할수록 일자리에 미칠 영향력에 대한 대중의 우려가 커지고 있어.

정 사원 : 그럴 만해. 우리나라 전체 일자리의 43%가 인공지능으로 대체될 가능성이 높은 고위험군이라 하더라고.

강 사원 : 하지만 요즘은 인구 감소의 문제와 맞물려 노동력의 부족에 대한 걱정이 이만저만이 아니어서 인공지능 기술이 생산성 향상에 필연적이라는 의견도 만만치 않아.

유 사원 : (   )

① 또한 인공지능의 발전이 오히려 새로운 일자리를 창출하는 경우도 많이 있다고 해.

② 맞아. 실제로 이러한 인구 감소 문제를 안고 있는 국가들은 인구 증대 방안이 매우 시급한 실정이야.

③ 실제로 과거엔 사무직, 생산직처럼 단순 반복적 직무만 로봇이 대체할 것이라 예상했지만, 지금은 전문직도 안전하지 않다는 인식이 점차 많아지고 있어.

④ 그래서 요즘에는 AI로봇 전문가, 생명정보 분석가, 의료정보 분석가, 닥터 셰프 등과 같은 인공지능이 대체하기 어려운 직업들이 향후 유망 직업으로 꼽히고 있어.

⑤ 그럼에도 인간 생활의 편리성 향상과 과학의 발전을 위해 인공지능 발전을 더욱 지원해야 해.

17. 다음 글을 통해 추론할 수 있는 내용으로 적절하지 않은 것은?

> '핸드오버'란 이동단말기가 이동함에 따라 기존 기지국에서 이탈하여 새로운 기지국으로 넘어갈 때 통화가 끊기지 않도록 통화 신호를 새로운 기지국으로 넘겨주는 것을 말한다. 이동단말기가 기지국에 가까워지면 그 둘 사이의 신호가 점점 강해지고, 기지국과 멀어지면 그 둘 사이의 신호는 점점 약해진다. 이 신호의 세기가 특정값 이하로 떨어지면 핸드오버가 명령되어 이동단말기와 새로운 기지국 간의 통화 채널이 형성되는데 이 과정에서 이동전화교환국과 기지국 간 연결에 문제가 발생하면 핸드오버가 실패하게 된다.
>
> 핸드오버는 이동단말기와 기지국 간 통화 채널 형성 순서에 따라 FDMA와 TDMA에서 사용하는 '형성 전 단절 방식'과 CDMA에서 사용하는 '단절 전 형성 방식'으로 구분될 수 있다. 형성 전 단절 방식은 이동단말기와 새로운 기지국 간의 통화 채널이 형성되기 전에 기존 기지국과의 통화 채널을 단절하는 것을 말한다. 이와 반대로 단절 전 형성 방식은 이동단말기와 기존 기지국 간의 통화 채널이 단절되기 전에 새로운 기지국과의 통화 채널을 형성하는 방식이다. 이런 방식의 차이는 각 기지국이 사용하는 주파수 간 차이에서 비롯된다. 각 기지국이 다른 주파수를 사용하고 있다면, 이동단말기는 기존 기지국과의 통화 채널을 미리 단절한 뒤 새로운 기지국에 맞는 주파수를 할당받은 후 통화 채널을 형성해야 한다. 그러나 각 기지국이 같은 주파수를 사용하고 있다면, 그런 주파수 조정이 필요 없으므로 새로운 통화 채널을 형성하고 나서 기존 통화 채널을 단절할 수 있다.

① 핸드오버가 명령되었다는 것은 이동단말기와 기지국 사이의 거리가 멀어졌음을 의미한다.
② 단절 전 형성 방식은 각 기지국이 같은 주파수를 사용할 때 가능하다.
③ FDMA는 CDMA보다 더 빠르게 핸드오버가 명령되며 연결이 더 간편하다.
④ CDMA에서는 하나의 이동단말기가 두 기지국과 동시에 통화 채널을 형성할 수 있다.
⑤ 이동단말기와 기지국 사이의 신호가 특정 값 아래로 떨어지지 않으면 핸드오버가 명령되지 않는다.

권두 부록
언어이해
자료해석
창의수리
언어추리
수열추리
영역별 빈출이론
1회
2회
3회
4회
기출유형문제
인성 검사
면접 가이드

18. 다음 중 (가) ~ (바)를 글의 흐름에 맞게 순서대로 배열한 것은?

> (가) 쇠못으로 결합하는 방법은 쉽고 간단하지만 결합 부위가 오래 견디지 못하고 삐걱거리게 된다.
> (나) 이러한 짜맞춤 기법에는 목재의 재질이나 만들고자 하는 제품의 종류(집, 가구 등)에 따라 '삼장부 짜임', '연귀촉 짜임'과 같은 다양한 기법이 있다.
> (다) 목재와 목재를 연결하는 기술에는 쇠못으로 결합하는 방법과 목재들을 서로 물리도록 깎아 결합하는 짜맞춤 기법이 있다.
> (라) 하지만 한번 결합된 목재들은 분해가 불가능할 정도로 아주 튼튼하게 맞물린다.
> (마) 그에 비해 짜맞춤 기법은 서로 모양을 맞추는 정교한 작업이므로 많은 시간이 필요하다.
> (바) 장인들의 아이디어와 땀이 배어 있는 짜맞춤 기법을 통해 튼튼한 작품이 완성되는 것이다.

① (다)－(가)－(라)－(마)－(나)－(바)
② (다)－(가)－(마)－(라)－(나)－(바)
③ (가)－(바)－(다)－(라)－(마)－(나)
④ (다)－(나)－(가)－(마)－(라)－(바)
⑤ (가)－(다)－(라)－(마)－(바)－(나)

19. 다음 글을 읽고 추론할 수 있는 내용이 아닌 것은?

> 온실가스로부터 지구를 지키지 못하면 인류의 미래를 보장할 수 없을지도 모른다는 위기감이 부상하면서 신재생에너지에 대한 관심이 높아지고 있다. 이러한 관심에 힘입어 여러 방식의 신재생에너지가 개발되고 있으며, 이 중 가장 주목받고 있는 것은 바로 풍력발전이다. 사실 인류가 바람을 에너지원으로 사용한 지 1만 년, 풍차를 사용한 지 3,000년이 넘었다. 풍력발전이 시작된 지도 100년이 넘었지만 그동안 생산비용이 저렴하고 사용하기 편리한 화력발전에 밀려 그다지 빛을 보지 못했다. 그러나 온실가스와 같은 환경문제가 대두되자 이로부터 자유로운 풍력발전이 차세대 에너지로 주목받게 되었고 이에 힘입어 풍력발전은 변신을 거듭하고 있다.

① 풍력발전은 인류사에 있어 가장 오래된 에너지원이다.
② 화력발전은 풍력발전보다 전력생산 비용이 낮다는 장점이 있다.
③ 환경오염으로부터 자유로운 신재생에너지에 대한 관심이 높아지고 있다.
④ 화력발전은 온실가스 배출과 같은 환경문제를 일으킨다는 문제점이 있다.
⑤ 신재생에너지는 기존의 화력발전과 같은 발전방법에 비해 환경문제를 적게 일으킬 것이다.

20. 다음 글의 빈칸에 들어갈 내용으로 적절한 것은?

키치(Kitsch)란 미학에서 보기 괴상한 것, 저속한 것과 같은 사물을 뜻하는 미적 가치이다. 키치라는 용어는 그것이 지칭하는 개념처럼 매우 근대적인 것이다. 키치는 1860년대에서 1870년대 사이 뮌헨의 화가와 화상(畫商)의 속어로 사용되었으며, 하찮은 예술품을 지칭하는 데 사용되다 1910년대에 이르러 느슨하고 널리 유통되는 호칭으로서 국제적인 용어가 된다.

키치는 대중적 취향과 심리가 산업 사회에 직면하는 생생한 태도와 산물을 반영하고 있다. 이러한 의미에서 키치는 결코 쉽게 단정 짓고 파기할 수 없는 대중문화의 중요한 자원이다. 또한 문화 내에 만연된 키치적 속성은 디자인이 반영해야 할 문화적 의미뿐만 아니라 표현성 면에서 미적 범주를 확장시킬 수 있는 가능성을 제공할 수 있다. 어떤 특정 시공간에 좋은 취향(good taste)과 좋은 디자인(good design)이 존재한다고 가정한다면 거기에는 언제나 키치의 모습이 함께 존재하기 때문이다.

키치와 '좋은' 취향의 예술 또는 디자인 사이의 관계는 '같은 동전의 양면'과 같은 것으로 우리는 이 모두를 함께 문화 현상으로 파악해야 한다. 따라서 그것이 미술, 디자인 또는 그 어떤 예술 형태이든 간에 일상 삶으로부터 유래하는 키치 현상을 이해하지 못한 채 막연히 '순수하고 진정하게 아름다운 것'을 만든다면 마치 그림자 없이 빛이 존재한다고 주장하는 것과 같다. 그러나 무엇이 빛이고 그림자인지는 오직 대중적 선택에 의해 결정될 일이다. 대중문화는 (   )

① 키치와 고급 예술을 분류하는 확실한 기준이 되기 때문이다.
② 문화 현상에서 '동전의 양면'과 같은 역할을 담당하기 때문이다.
③ 영원히 고정된 것도 불변적인 것도 아니기 때문이다.
④ 산업 사회에 대한 인간의 태도를 반영하기 때문이다.
⑤ 대중의 미적 범주를 확장시키는 기능을 갖고 있기 때문이다.

영역 2

자료해석

20문항 / 15분

01. 다음은 전공 분야별 연구원 현황에 관한 자료이다. 〈조건〉을 모두 만족하는 전공 분야 X는 무엇인가?

〈전공 분야별 연구원 현황〉

(단위 : 명)

구분	박사	석사	학사	기타
총계	103,582	137,996	214,752	26,466
이학	17,976	22,587	24,296	2,877
공학	45,445	91,783	166,088	19,636
농학	4,795	3,453	1,965	210
의 · 약 · 보건학	14,123	8,112	4,882	794
인문학	8,017	4,846	11,684	2,029
사회과학	13,226	7,215	5,837	920

| 조건 |

- 어떤 사람이 박사 학위를 가진 연구원일 때, 그 사람의 전공 분야가 X일 확률은 8%보다 크다.
- X 분야에서 석박사 학위를 갖지 않은 연구원의 비율은 35% 이상이다.
- X 분야의 석사와 학사 연구원 수의 차이는 3,000명보다 적다.

① 이학 ② 공학 ③ 의 · 약 · 보건학
④ 인문학 ⑤ 사회과학

02. 다음은 청소년의 일평균 스마트폰 이용 현황 및 이용 시간에 관한 자료이다. 이에 대한 설명으로 옳지 않은 것은?

〈표 1〉 청소년(12 ~ 19세)의 일평균 스마트폰 이용 현황

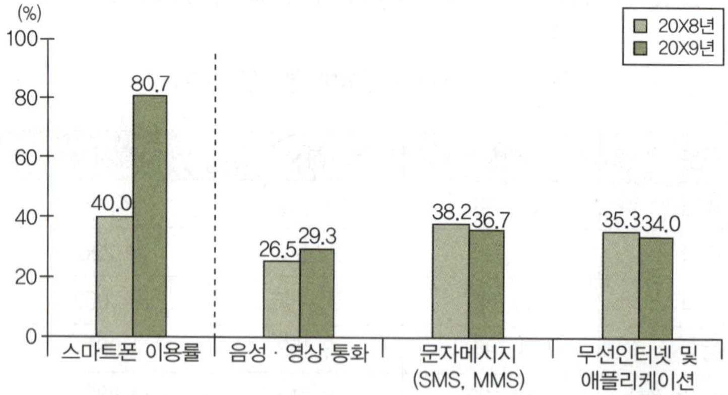

〈표 2〉 청소년(12 ~ 19세)의 스마트폰 이용 시간

(단위 : 시간, %)

구분	일평균 이용 시간	시간별 이용률				
		계	1시간 미만	1시간 이상~2시간 미만	2시간 이상~3시간 미만	3시간 이상
20X8년	2.7	100.0	16.0	24.3	18.0	41.7
20X9년	2.6	100.0	7.7	28.9	27.0	36.4

① 청소년들은 스마트폰으로 음성 · 영상 통화보다 문자메시지를 더 많이 사용한다.

② 20X9년 청소년의 스마트폰 일평균 이용 시간은 전년과 비슷한 수준이다.

③ 청소년의 스마트폰 일평균 이용 시간은 시간별 이용률에서 가장 많은 비중을 차지하는 이용 시간보다 많으며, 전년에 비해 20X9년 평균 문자메시지 이용 시간은 10분 이상 감소했다.

④ 20X9년 청소년의 스마트폰 이용률은 전년에 비해 40%p 이상 증가하였다.

⑤ 20X8년과 20X9년에 3시간 이상 스마트폰을 사용한다고 답한 청소년들의 정확한 수는 파악할 수 없다.

03. 다음의 학교급별 인원에 대한 자료를 적절하게 파악한 것은?

〈조사항목에 따른 학교급별 해당 비율〉

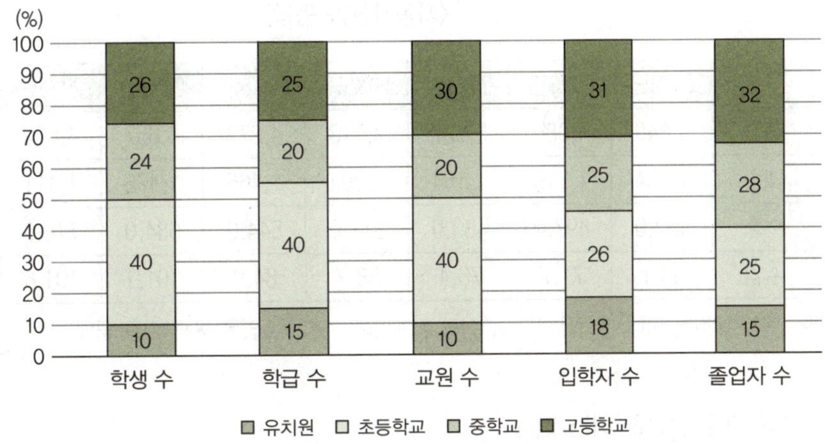

〈조사항목별 유치원 · 초등학교 · 중학교 · 고등학교 합계 현황〉

(단위 : 만 개, 만 명)

구분	학생 수	학급 수	교원 수	입학자 수	졸업자 수
합계	6,600	250	460	1,730	1,830

① 초등학교 학급당 학생 수는 25명이다.

② 교원 1명당 학생 수는 고등학교가 가장 많다.

③ 모든 조사항목에서 초등학교의 비율이 가장 높다.

④ 중학교 졸업자 수는 중학교 입학자 수보다 많다.

⑤ 전체 고등학교 학생 중에서 고등학교 졸업자의 비율은 30% 이하이다.

04. 다음 20X2 ~ 20X9년 국내 자동차산업 동향을 나타낸 자료에 대한 설명으로 옳지 않은 것은? (단, 모든 계산은 소수점 아래 첫째 자리에서 반올림한다)

〈자동차산업 동향〉

(단위 : 천 대, 억 불)

구분	20X2년	20X3년	20X4년	20X5년	20X6년	20X7년	20X8년	20X9년
생산	3,840	4,086	3,827	3,513	4,272	4,657	4,562	4,522
내수	1,164	1,219	1,154	1,394	1,465	1,475	1,411	1,383
수출	432.0	497.0	489.0	371.0	544.0	684.0	718.0	747.0
수입	58.1	71.7	76.4	58.7	84.9	101.1	101.6	112.2

※ 생산 · 내수는 국내 완성차 업계의 실적 집계이며, 수출 · 수입은 통관 기준 금액이다.

① 무역적자를 달성한 해는 없다.

② 자동차를 가장 많이 생산한 해는 20X7년이다.

③ 20X6년 이후 수출이 꾸준히 증가하였다.

④ 20X4년과 비교하여 20X5년에 생산 · 내수는 증가하고, 수출 · 수입은 감소하였다.

⑤ 전년 대비 생산이 가장 크게 감소한 해의 무역흑자는 약 312억 불이다.

05. 다음 A 편의점의 202X년 2월 라면 판매량 중 S사 S 라면이 차지하는 비율은? (단, 소수점 아래 둘째 자리에서 반올림한다)

〈202X년 상반기 A 편의점 라면 판매량〉

(단위 : 개)

구분	1월	2월	3월	4월	5월	6월	계
N사 S 라면	1,935	1,235	993	1,853	1,108	1,056	8,180
N사 J 라면	1,052	891	1,021	1,219	993	920	6,096
S사 S 라면	1,210	(　)	1,035	1,212	1,013	978	6,582
O사 P 라면	897	768	546	974	789	922	4,896
O사 J 라면	345	471	890	789	346	278	3,119
기타	568	567	614	578	945	761	4,033
계	6,007	5,066	5,099	6,625	5,194	4,915	32,906

① 17.3%　　② 22.4%　　③ 27.3%

④ 32.4%　　⑤ 35.1%

06. 다음은 우리나라의 5차 해외자원개발기본계획에서 밝힌 상위 5개국의 광종별 부존량 점유 현황이다. 이에 대한 분석으로 옳은 것은?

철광석(백만 톤)		동광석(천 톤)		보크사이트(백만 톤)		아연(천 톤)		니켈(천 톤)	
국명	매장량	국명	매장량	국명	매장량	국명	매장량	국명	매장량
호주	35,000	칠레	190,000	기니	7,400	호주	64,000	호주	18,000
브라질	31,000	호주	87,000	호주	6,000	중국	43,000	뉴칼레	12,000
러시아	25,000	페루	70,000	브라질	2,600	페루	24,000	브라질	8,400
중국	23,000	미국	39,000	베트남	2,100	멕시코	18,000	러시아	6,100
인도	8,100	멕시코	38,000	자메이카	2,000	인도	11,000	쿠바	5,500
소계	122,100	소계	424,000	소계	20,100	소계	160,000	소계	50,000
세계 매장량	170,000	세계 매장량	690,000	세계 매장량	28,000	세계 매장량	250,000	세계 매장량	74,000

※ '뉴칼레'는 '뉴칼레도니아'를 의미함.

① 5개 광종 모두에 있어 부존량 상위 5개국에 속하는 국가는 2개이다.
② 상위 5개국 부존량의 합은 5개 광종 모두 세계 매장량의 70% 이상이다.
③ 각 광종별 부존량 1위 국가들은 모두 해당 광종 세계 매장량의 20% 이상 점유비중을 나타낸다.
④ 상위 5개국 부존량의 합에서 1위 국가 부존량이 차지하는 비중은 아연이 가장 크다.
⑤ 전 세계에서 호주의 부존량 비중이 가장 큰 광종은 니켈이다.

07. 다음 자료에 대한 해석으로 옳은 것은?

〈자료 1〉 고등교육기관 졸업자 전체 취업률 추이

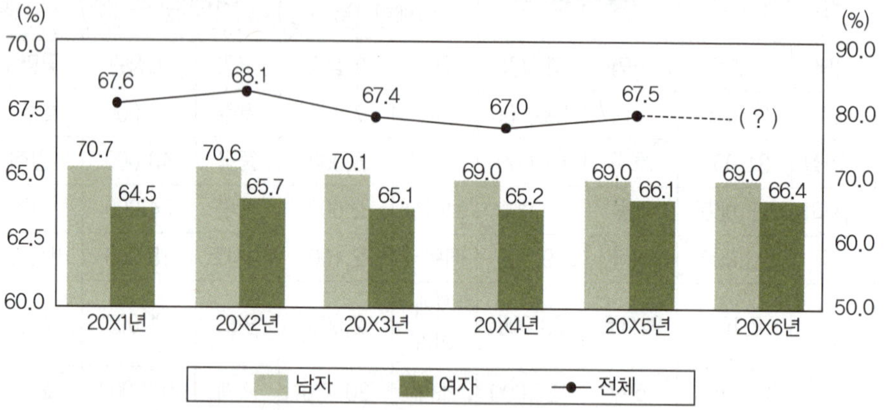

〈자료 2〉 20X6년 고등교육기관 졸업자 진학 현황

(단위 : 개교, 명, %)

구분		학교 수	졸업자	진학자	진학률	진학현황	
						국내진학자	국외진학자
전체		566	580,695	36,838	6.3	35,959	879
성별	남자	–	285,443	19,415	( )	19,066	349
	여자	–	295,252	17,423	( )	16,893	530

〈자료 3〉 20X6년 고등교육기관 졸업자 취업통계조사 결과 현황

(단위 : 명)

구분	취업 대상자	취업자	취업현황					
			A	B	C	D	E	F
전체	516,620	349,584	318,438	2,333	617	3,125	4,791	20,280

※ 취업대상자(명)=졸업자−(진학자+입대자+취업불가능자+외국인 유학생+제외인정자)

※ 진학률(%)$=\frac{\text{진학자}}{\text{졸업자}}\times100$, 취업률(%)$=\frac{\text{취업자}}{\text{취업대상자}}\times100$

※ 취업현황 : 조사기준 당시 A ~ F에 해당하는 자
A) 건강보험 직장가입자, B) 해외취업자, C) 농림어업종사자, D) 개인창작활동종사자, E) 1인 창업 · 사업자, F) 프리랜서

① 20X1년 이후 남자와 여자의 취업률 차이가 지속적으로 줄어들고 있다.
② 20X1년부터 20X5년까지의 기간 중 20X2년에 취업자 수가 가장 많다.
③ 20X6년 고등교육기관을 졸업한 취업자 중 프리랜서의 비율은 10% 미만이다.
④ 20X6년 고등교육기관 졸업자 진학 현황에서 남자보다 여자의 진학률이 더 높다.
⑤ 20X6년 고등교육기관 졸업자의 취업률은 70% 이상이다.

08. 다음 자료에 대한 분석으로 옳은 것은?

〈소방인력 현황〉

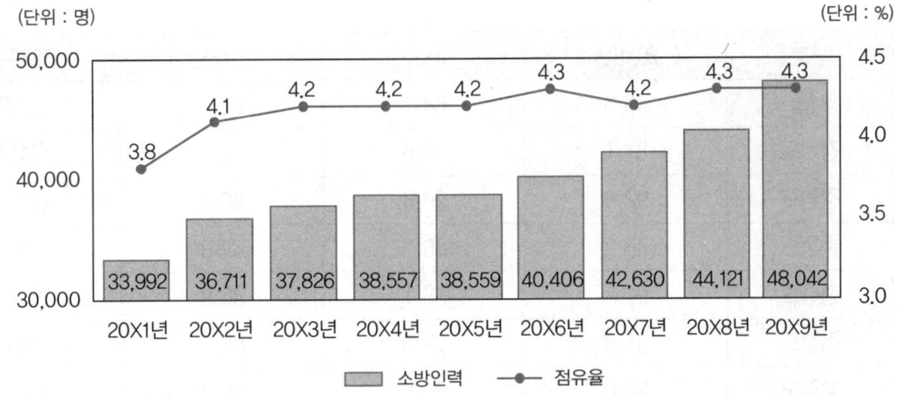

※ 점유율 : 전체 공무원 대비 소방인력 비율

① 분석기간 중 전년 대비 소방인력 수가 가장 큰 비율로 증가한 해는 20X2년이다.
② 분석기간 중 전체 공무원 대비 소방인력 비율은 매년 4%를 초과한다.
③ 20X9년 소방인력은 8년 전 대비 1만 5천 명 이상 증가하였다.
④ 20X6년부터 20X9년까지 소방인력은 매년 4만 명 이상이다.
⑤ 20X1년 전체 공무원 수는 100만 명 이상이다.

09. 다음은 지역별 학교 현황과 대학진학률에 관한 표이다. 이에 대한 설명으로 옳은 것은?

〈표 1〉 지역별 학교 현황

(단위 : 개)

구분	초등학교	중학교	고등학교	대학교	합계
서울	591	377	314	52	1,334
경기도	1,434	721	592	68	2,815
강원도	353	163	117	18	651
충청도	873	410	262	53	1,598
전라도	1,107	556	354	58	2,075
경상도	1,718	932	677	98	3,425
제주도	116	43	30	5	194

〈표 2〉 지역별 고등학교 졸업생의 대학진학률

(단위 : %)

구분	20X6년	20X7년	20X8년	20X9년
서울	65.6	64.7	64.2	62.8
경기도	81.1	80.6	78.5	74.7
강원도	92.9	90.8	88.4	84.2
충청도	88.2	86.7	84.0	80.1
전라도	91.3	88.1	86.9	81.9
경상도	91.8	89.6	88.2	83.8
제주도	92.6	91.5	90.2	87.6

① 20X9년 전국 고등학교 졸업생의 대학진학률 평균은 약 79.3%이다.

② 대학진학률의 순위는 각 지역의 대학교 개수와 서로 밀접한 관련이 있다.

③ 전체 학교의 개수가 많은 지역일수록 대학교의 개수도 많다.

④ 20X6년 대비 20X9년의 대학진학률 감소폭이 가장 작은 지역은 경기도이다.

⑤ 20X8년 전라도의 고등학교 졸업생 대학진학률은 20X7년에 비해 1.2% 감소하였다.

10. 다음 자료에 대한 해석으로 적절하지 않은 것은?

〈자료 1〉 국내 인구이동

(단위 : 천 명, %, 건)

구분		20X1년	20X2년	20X3년	20X4년	20X5년
총이동	이동자 수	7,412	7,629	7,755	7,378	7,154
	이동률	14.7	15.0	15.2	14.0	13.8
	전입신고건수	4,505	4,657	4,761	4,570	4,570
	이동자 성비(여자=100)	102.3	102.9	103.2	103.9	104.1

※ 이동률(%) : (연간 이동자수÷주민등록 연앙인구)×100

※ 주민등록 연앙인구 : 한 해의 중앙일(7월 1일)에 해당하는 인구로 당해년 평균 인구의 개념이다.

※ 전입신고건수 : 동일시점에 동일세대 구성원이 동시에 전입신고한 경우 함께 신고한 세대원수에 상관없이 1건으로 집계

〈자료 2〉 권역별 순이동자 수

(단위 : 천 명)

구분	20X1년	20X2년	20X3년	20X4년	20X5년
수도권	−4	−21	−33	−1	16
중부권	28	39	49	41	42
호남권	−7	−6	−8	−16	−18
영남권	−25	−23	−22	−40	−54

※ 순이동=전입−전출

※ 전입 : 행정 읍면동 경계를 넘어 다른 지역에서 특정 지역으로 이동해 온 경우

※ 전출 : 행정 읍면동 경계를 넘어 특정 지역에서 다른 지역으로 이동해 간 경우

① 20X2년에는 여자 100명이 이동할 때 남자 102.9명이 이동했다.

② 국내 인구 이동률은 20X3년 이후 계속해서 감소하고 있는 추세이다.

③ 20X1 ~ 20X4년까지 수도권으로 전입한 인구가 전출한 인구보다 많다.

④ 20X1 ~ 20X5년까지 중부권은 전입이 전출보다 많다.

⑤ 20X5년 국내 이동자 수는 총 715만 4천 명으로 전년 대비 약 3% 감소하였다.

11. 다음은 A 씨의 보수 지급 명세서이다. 이에 대한 설명으로 옳은 것을 〈보기〉에서 모두 고르면?

〈보수 지급 명세서〉

보수		공제	
보수항목	보수액(원)	공제항목	공제액(원)
기본급	2,530,000	소득세	160,000
직무급	150,000	지방소득세	16,000
시간 외 수당	510,000	일반기여금	284,000
급식비	130,000	건강보험료	103,000
직급보조비	250,000	장기요양보험료	7,000
보수총액	(　　　)	공제총액	(　　　)
실수령액 : (　　　)			

※ 실수령액＝보수총액－공제총액

| 보기 |

ㄱ. 일반기여금이 15% 증가하면 공제총액은 60만 원 이상이 된다.
ㄴ. 실수령액은 기본급의 1.3배 이상이다.
ㄷ. 건강보험료는 장기요양보험료의 15배 이하이다.
ㄹ. 공제총액에서 일반기여금이 차지하는 비중은 보수총액에서 직급보조비가 차지하는 비중의 6배 이상이다.

① ㄱ, ㄷ　② ㄱ, ㄹ　③ ㄱ, ㄴ, ㄷ
④ ㄱ, ㄷ, ㄹ　⑤ ㄴ, ㄷ, ㄹ

12. 노인부양비율은 생산가능인구 대비 고령인구의 비율을 뜻한다. 다음 자료에 나타난 노인부양비율에 대한 설명으로 옳지 않은 것은?

〈인구 및 고령화 전망 추이(1990 ~ 2050년)〉

(단위 : 천 명, %)

구분	총인구	유년인구 (0 ~ 14세)		생산가능인구 (15 ~ 64세)		고령인구 (65세 이상)	
		인구	구성비	인구	구성비	인구	구성비
1990년	42,870	10,974	25.6	29,701	69.3	2,195	5.1
2000년	47,008	9,911	21.1	33,702	71.7	3,395	7.2
2010년	49,410	7,985	16.2	35,973	72.8	5,452	11.0
2014년	50,424	7,229	14.3	36,809	73.0	6,386	12.7
2017년	50,977	6,890	13.5	37,068	72.7	7,019	(　　)
2020년	51,435	6,788	13.2	36,563	71.1	8,084	15.7
2026년	52,042	6,696	12.9	34,506	66.3	10,840	20.8
2030년	52,159	6,575	12.6	32,893	63.1	12,691	24.3
2040년	51,092	5,718	11.2	28,873	56.5	16,501	32.3
2050년	48,121	4,783	9.9	25,347	52.7	17,991	(　　)

① 2010년 노인부양비율은 1990년 노인부양비율의 두 배 이상이다.

② 2020년 노인부양비율은 20%를 넘는다.

③ 2020년 이후 노인부양비율은 10년 단위로 계속 증가할 전망이다.

④ 2040년 노인부양비율은 약 57%로 2030년보다 15%p 이상 증가할 전망이다.

⑤ 2050년 노인부양비율은 약 75%를 상회할 전망이다.

13. 다음은 수도권 5대 대형병원의 수익에 대한 자료이다. 이에 대한 설명으로 옳지 않은 것은?

〈수도권 5대 대형병원 의료 통계 자료〉

(단위 : 억 원, %, 명)

순위	병원명	의료수익	의료이익	의료이익률	의사 수	의사 1인당 의료수익
1	A 병원	13,423	825	6.1	1,625	8.3
2	B 병원	10,612	−463	−4.4	1,230	8.6
3	C 병원	10,244	1,640	16.0	1,240	8.3
4	D 병원	8,715	−41	−0.5	1,208	7.2
5	E 병원	6,296	399	6.3	830	7.6
5대 대형병원 평균		9,858	472	4.7	1,227	8.0

※ 의료이익률 $= \frac{\text{의료이익}}{\text{의료수익}} \times 100$　　※ 의사 1인당 의료수익 $= \frac{\text{의료수익}}{\text{의사 수}}$

① 의사 수가 가장 많은 병원은 의료수익도 가장 많다.

② 의사 1인당 의료수익이 가장 큰 병원은 B 병원이다.

③ 의료수익이 5대 대형병원 평균에 미치지 못하는 대형병원은 2개이다.

④ E 병원의 의사 1인당 의료이익은 A 병원의 의사 1인당 의료이익보다 많다.

⑤ B 병원과 C 병원의 의료수익의 합은 A 병원과 E 병원의 의료수익의 합보다 크다.

14. 다음은 우리나라의 막걸리 출하량 추이를 나타낸 자료이다. 이에 대한 설명으로 옳지 않은 것은?

〈막걸리 출하량 추이〉

(단위 : kℓ)

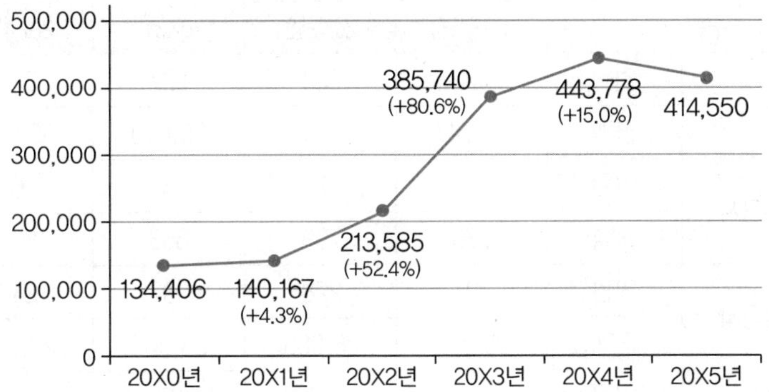

※ (　)는 전년 대비 증감률이다.

① 20X0년부터 20X3년까지 막걸리 출하량이 지속적으로 증가했다.

② 20X4년 막걸리 출하량은 20X1년 막걸리 출하량의 약 3.4배이다.

③ 20X1 ~ 20X4년 중 전년 대비 막걸리 출하량의 증감률이 가장 큰 해는 20X3년이다.

④ 20X0 ~ 20X5년 중 막걸리 출하량이 가장 많았던 해는 20X4년, 가장 적었던 해는 20X0년이다.

⑤ 20X5년 막걸리 출하량은 20X0년 막걸리 출하량의 3배 이상이다.

15. 다음은 보훈 보상금 지급 현황에 관한 자료이다. 이에 대한 설명으로 옳지 않은 것은? (단, 소수점 아래 셋째 자리에서 반올림한다)

〈보훈 보상금 지급 현황〉

(단위 : 천 명, 억 원)

구분		20X1년	20X2년	20X3년	20X4년	20X5년
계	인원	522	524	527	526	502
	금액	32,747	34,370	35,610	36,672	37,306
독립유공자	인원	6	6	6	6	6
	금액	776	799	863	896	910
국가유공자	인원	227	228	237	246	237
	금액	25,212	26,085	26,967	27,570	27,948
고엽제 후유의증환자	인원	37	37	37	37	37
	금액	2,209	2,309	2,430	2,512	2,590
참전유공자	인원	252	253	247	237	222
	금액	4,550	5,177	5,350	5,694	5,858

① 20X1년 대비 20X5년에 전체 대상자 인원이 감소한 것은 참전유공자의 인원이 감소한 것에 기인한다.

② 20X1년 고엽제후유의증환자의 1인당 보상금액은 참전유공자의 1인당 보상금액의 3배 이상이다.

③ 20X3년 보훈 대상자는 전년 대비 약 3천 명 증가하였고, 보상금액은 약 1,240억 원 증가하였다.

④ 20X4년 국가유공자의 1인당 보상금액은 전년 대비 20만 원 이상 감소하였다.

⑤ 20X5년 고엽제후유의증환자의 보상금액은 전년 대비 78억 원 증가하였다.

16. 다음은 우리나라의 지역별 사업체 수 현황을 나타낸 자료이다. 〈분석〉을 근거로 할 때, 빈칸 ㉠ ~ ㉣에 들어갈 지역명을 바르게 연결한 것은?

〈우리나라 지역별 사업체 수 현황〉

(단위 : 개)

구분	문화산업	예술산업	스포츠산업	관광산업	문화체육 관광산업 전체
㉠	8,645	14,672	9,646	4,482	37,445
㉡	7,072	12,050	6,247	2,027	27,396
인천	5,471	8,254	5,633	2,872	22,230
㉢	4,508	6,896	3,808	1,364	16,576
㉣	4,390	6,690	3,802	1,183	16,065

| 분석 |

㉮ 문화체육 관광산업의 사업체 수는 대구가 인천보다 많으며 대전은 인천보다 적다.
㉯ 광주와 대전의 관광산업 사업체 수의 합은 대구보다 많고 부산보다 적다.
㉰ 대구와 대전의 예술산업 사업체 수의 합은 5개 도시 예술산업 사업체 수 합의 약 38.6% 이다.

	㉠	㉡	㉢	㉣
①	부산	대구	대전	광주
②	대구	부산	광주	대전
③	대전	대구	광주	부산
④	부산	대구	광주	대전
⑤	부산	광주	대구	대전

17. 다음 ○○사 전 직원의 구강건강 실태조사 자료에 대한 설명으로 옳은 것을 〈보기〉에서 모두 고르면?

〈○○사 전 직원의 구강건강실태〉

구분		대상자(명)	구강건강실태(%)				
			매우 건강	건강	보통	건강하지 않음	매우 건강하지 않음
전체		19,597	6.87	34.60	42.46	14.75	1.32
성별	남성	10,154	6.99	35.47	40.97	15.33	1.23
	여성	9,443	6.74	33.65	44.08	14.11	1.41
연령별	20대	4,784	9.66	39.00	34.69	14.29	2.36
	30대	4,365	7.14	37.49	40.88	13.85	0.64
	40대	5,173	5.95	34.32	46.01	12.95	0.77
	50대 이상	5,275	4.84	28.09	47.93	17.67	1.46
근무지	A 지사	8,487	7.44	36.62	40.34	14.01	1.58
	B 지사	8,555	6.51	33.69	43.83	14.94	1.03
	본사	2,555	5.77	27.60	46.18	18.53	1.91

※ 구강건강실태(%)는 소수점 아래 셋째 자리에서 반올림한 값임.

| 보기 |

㉠ 연령대가 낮을수록 구강건강이 보통인 직원의 비율이 높다.

㉡ 구강건강이 매우 건강하지 않은 직원들 중에서 B 지사에서 근무하는 직원이 A 지사에서 근무하는 직원보다 더 많다.

㉢ 전체 직원 중에서 구강건강이 매우 건강한 직원은 1,300명 이상이다.

㉣ 구강건강이 매우 건강한 남성 직원이 구강건강이 매우 건강한 여성 직원보다 더 많다.

① ㉠, ㉡ ② ㉠, ㉢ ③ ㉡, ㉢

④ ㉡, ㉣ ⑤ ㉢, ㉣

18. 다음 자료에 대한 설명으로 옳지 않은 것은?

〈A 회사의 연도별 매출 및 비용〉

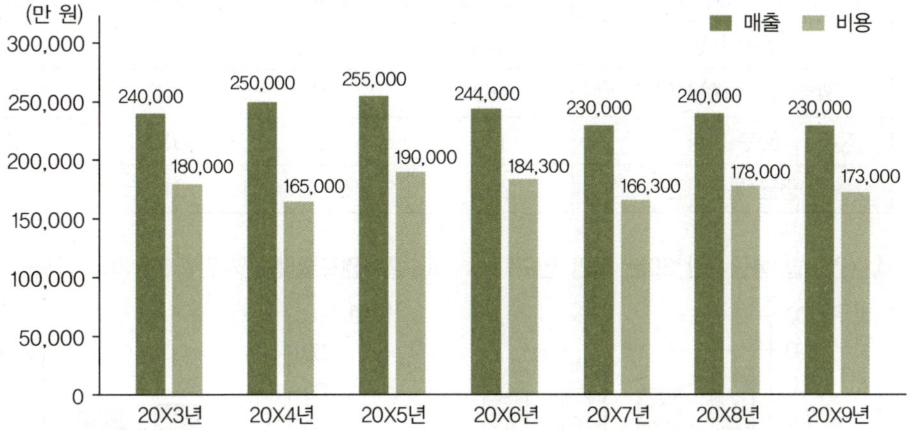

※ 이익=매출－비용

① 이익이 가장 많았던 해는 전년 대비 이익 증감률의 절댓값도 가장 높다.

② 이익이 가장 적었던 해는 전년 대비 비용 증감률의 절댓값도 가장 낮다.

③ 전년 대비 비용 증감률의 절댓값이 가장 높았던 해는 비용이 가장 많았던 해가 아니다.

④ 전년 대비 매출 증감률의 절댓값이 가장 높았던 해는 매출이 가장 많았던 해가 아니다.

⑤ 전년 대비 매출 증감률의 절댓값이 가장 낮았던 해는 매출과 비용 모두 가장 많았던 해이다.

19. 다음 자료를 참고하여 작성한 그래프로 옳은 것은?

〈S 시의 통근시간별 통근 인구와 평균 통근시간〉

(단위 : 천 명, 분)

구분	20X5년	20X6년	20X7년	20X8년
30분 미만	548	515	562	547
30분 이상 60분 미만	462	441	488	616
60분 이상	109	183	181	241
평균 통근시간	29.6	32.1	31.1	33.7

① 〈연도별 통근시간 30분 미만 인구〉

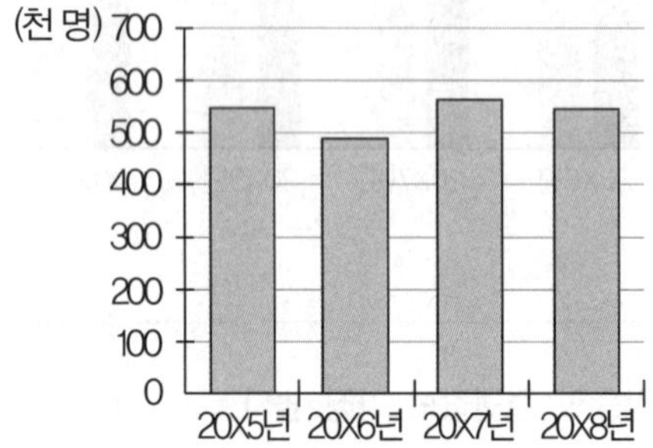

② 〈연도별 통근시간 60분 이상 인구〉

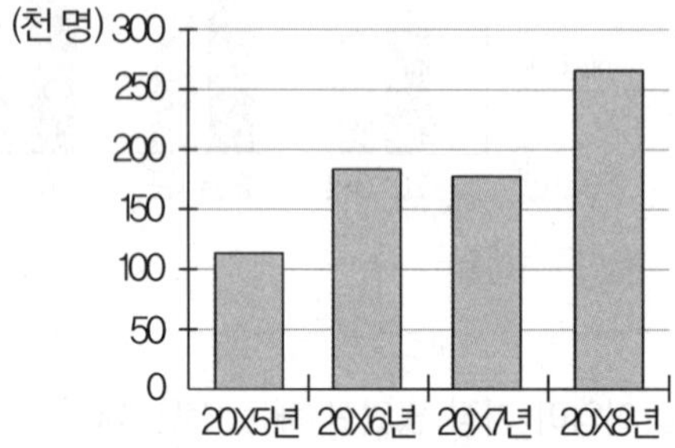

③ 〈연도별 평균 통근시간〉

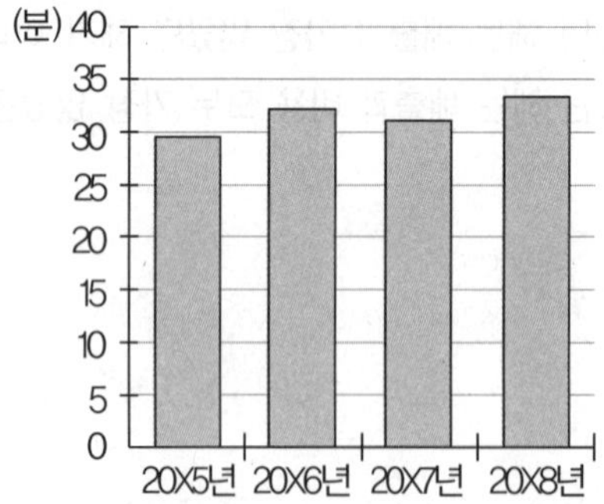

④ 〈전년 대비 평균 통근시간의 증감〉

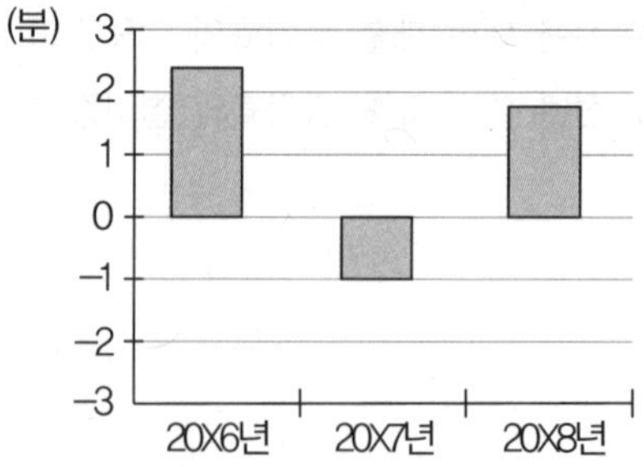

⑤ 〈20X7년 통근시간별 인구〉

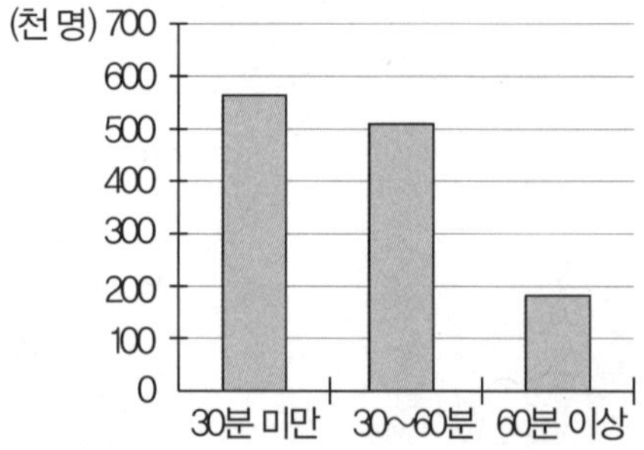

20. 다음 자료에 대한 설명으로 옳지 않은 것을 〈보기〉에서 모두 고르면? (단, 괄호 안 수치는 전년 대비 증감률을 의미한다)

〈국적별 입국자 수 현황〉

(단위 : 명)

구분		20X7년	20X8년	20X9년
아시아주		1,034,009	1,122,374(8.5%)	1,256,875(12%)
	일본	201,489	188,420(−6.5%)	178,735(−5.1%)
	중국	517,031	618,083(19.5%)	705,844(14.2%)
미국		67,928	70,891(4.4%)	80,489(13.5%)
캐나다		13,103	14,541(11%)	15,617(7.4%)

| 보기 |

㉠ 20X9년 입국자 수의 전년 대비 증가율이 가장 큰 국가는 미국이다.
㉡ 일본과 중국 입국자 수를 합하면 매년 아시아주의 50% 이상을 차지한다.
㉢ 중국인 입국자 수는 20X9년 이후에는 감소할 것이다.
㉣ 매년 입국자 수가 꾸준히 늘어난 국가는 1곳이다.

① ㉠　② ㉠, ㉡　③ ㉡, ㉢
④ ㉡, ㉢, ㉣　⑤ ㉠, ㉢, ㉣

영역 3

창의수리

20문항 / 15분

01. 김 대리는 회사에서 출발하여 문구점, 서점, 카페에서 각각 사무용품, 책, 커피를 산 뒤 다시 회사로 돌아오려 한다. 김 대리는 걷거나 자전거를 탈 수 있으며 걷는 경우 4km/h, 자전거를 타는 경우 12km/h의 속력으로 움직인다. 자전거는 회사에 비치되어 있고 사용 후 반드시 회사로 반납해야 하며 커피를 든 채로 자전거를 탈 수는 없다고 할 때, 김 대리가 이동하는 데 소요되는 시간은 최소 몇 분인가? (단, 사무용품과 책, 커피를 사는 순서는 상관이 없다)

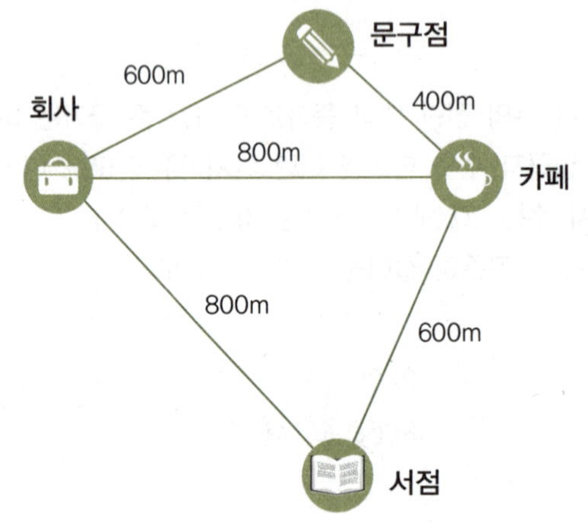

① 30분 ② 35분 ③ 40분
④ 45분 ⑤ 50분

02. 10%의 소금물 450g을 증발시켜 23%의 소금물로 만들기 위해서는 얼마만큼의 물을 증발시켜야 하는가? (단, 소수점 아래 첫째 자리에서 반올림한다)

① 104g ② 154g ③ 204g
④ 254g ⑤ 304g

03. 항상 일정한 비율로 물이 흘러 들어가는 탱크에 물이 채워지고 있다. 동일한 성능을 가진 8대의 펌프로 이 물을 퍼 올리면 7분 만에 탱크를 비울 수 있고, 3대로는 21분이 걸린다. 이 물을 5분 만에 다 퍼 올리기 위해서는 펌프 몇 대가 필요한가?

① 9대　② 10대　③ 11대
④ 12대　⑤ 13대

04. A 팀과 B 팀이 축구경기를 하고 있다. A 팀이 골을 넣을 확률이 70%, B 팀이 골을 넣을 확률이 40%일 때, 이 두 팀이 승부차기까지 갈 확률은? (단, 골 득실차로 인해 두 골을 먼저 넣는 팀이 이기는 것으로 한다)

① 0.45　② 0.46　③ 0.47
④ 0.48　⑤ 0.49

05. 다음 도형에 색을 칠하려고 한다. 색을 여러 번 사용할 수는 있으나 이웃하는 영역은 서로 다른 색으로 칠해야 한다. 빨간색, 파란색, 노란색의 세 가지 색깔을 사용할 때, 색을 칠하는 방법은 모두 몇 가지인가?

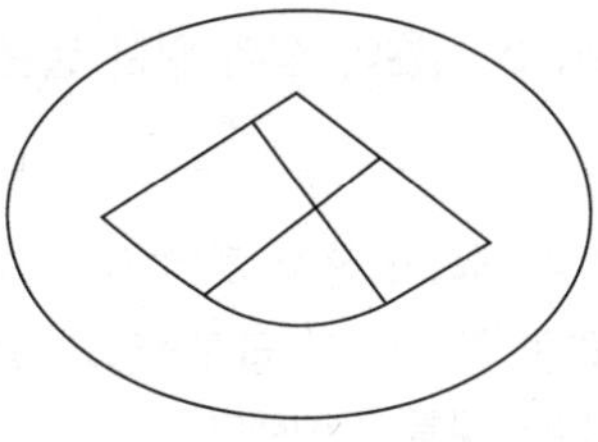

① 4가지　② 6가지　③ 8가지
④ 10가지　⑤ 12가지

06. Q 세균은 상온에서 6분에 1번씩 한 마리가 두 마리로 자체 분열한다. Q 세균 한 마리를 상온에 두었을 때, 1시간 후의 Q 세균의 수는 42분 후의 Q 세균의 수보다 몇 마리가 더 많아지겠는가?

① 896마리　② 960마리　③ 992마리
④ 1,008마리　⑤ 1,206마리

07. 항상 일정한 양의 물이 솟아 나오는 우물이 있다. 4명이 이 우물의 물을 퍼 올리면 모두 다 퍼 올리는 데에는 30분이 걸리고, 8명이 퍼 올리면 10분이 걸린다. 이 우물의 물을 5분 만에 다 퍼 올리기 위해서는 몇 명이 필요한가?

① 12명　② 13명　③ 14명
④ 15명　⑤ 16명

08. 연속하는 두 자연수의 곱이 1,406일 때 이 두 수를 더한 값은 얼마인가?

① 65　② 75　③ 85
④ 95　⑤ 105

09. A 대리와 B 사원은 컴퓨터 프로그램 코딩 업무를 하고 있다. 이번에 진행된 프로그램 코딩 일정이 다음과 같을 때, A 대리와 B 사원이 함께 일한 날은 며칠인가?

- 프로그램을 코딩하는 데 A 대리가 혼자 하면 8일, B 사원이 혼자 하면 12일이 걸린다.
- A 대리가 혼자 코딩을 하던 중 납기가 급작스럽게 앞당겨져 A 대리가 업무를 시작한 지 4일째부터 B 사원과 함께 업무를 진행했다.

① 2일　② 3일　③ 4일
④ 6일　⑤ 10일

10. 민상이는 매일 A, B 두 지점을 왕복하는 운동을 한다. 어느 날 시속 12km로 B에 갔다가 시속 8km로 A에 돌아왔더니 총 1시간 15분이 걸렸다. 만약 민상이가 B에 갈 때는 시속 15km로, A에 돌아올 때는 시속 12km로 달린다면, 왕복하는 데 걸리는 시간은?

① 50분 ② 52분 ③ 54분
④ 56분 ⑤ 58분

11. A, B, C가 함께 작업하면 15시간 걸리는 일이 있는데 이 일을 A와 B만 하면 20시간, A와 C만 하면 30시간이 걸린다. 만약 A를 제외하고 B와 C만 일한다면 일을 끝내는 데 얼마나 걸리는가?

① 16시간 ② 17시간 ③ 18시간
④ 19시간 ⑤ 20시간

12. 그림과 같은 형태로 배열한 7개의 정육각형 타일 중 4개에 색을 칠할 때, 칠하는 방법은 총 몇 가지인가? (단, 회전해서 모양이 같아지는 색칠방법은 1가지로 취급한다)

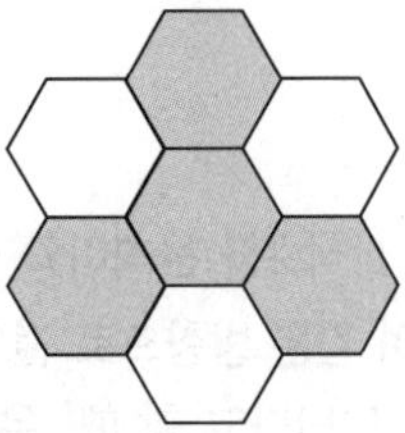

① 6가지 ② 7가지 ③ 8가지
④ 9가지 ⑤ 10가지

13. G 노트북에 들어가는 부품을 생산하는 업체로 A사와 B사가 있다. 이들의 제품 생산량 비율은 3 : 7이며, A사의 제품 불량률은 2%이고 B사의 제품 불량률은 3%이다. 임의로 부품 하나를 선택하였을 때 그것이 불량품이었다면, B사의 불량품일 확률은?

① $\frac{7}{9}$ ② $\frac{7}{12}$ ③ $\frac{13}{27}$

④ $\frac{13}{38}$ ⑤ $\frac{17}{38}$

14. 새로운 프로젝트에 사원 A, B, C를 투입해 진행하려고 한다. A와 B가 투입되면 5일이 걸리고, B와 C가 투입되면 10일이 걸리며, A와 C가 투입되면 8일이 걸린다. C 사원이 혼자 프로젝트를 진행한다면 프로젝트를 끝내는 데 최소 며칠이 걸리겠는가?

① 40일 ② 60일 ③ 70일

④ 80일 ⑤ 120일

15. A 컨트리클럽 관리과 김 대리는 직선형 골프코스 경계에 흰색 OB 말뚝을 설치하려 한다. 처음 7m 간격으로 설치하려던 계획을 5m 간격으로 바꾸었더니 6개의 말뚝이 더 필요하게 되었다. 코스의 양끝에도 말뚝을 설치한다면, 골프코스의 길이는 몇 m인가?

① 100m ② 105m ③ 107m

④ 110m ⑤ 112m

16. 둘레의 길이가 1,560m인 호수의 산책로를 윤석이와 상호가 일정한 속력으로 걷고 있다. 두 사람이 같은 지점에서 동시에 출발하여 같은 방향으로 걸으면 52분 후에 처음으로 만나고, 반대 방향으로 걸으면 13분 후에 처음으로 만난다고 할 때, 윤석이의 속력은? (단, 윤석이가 상호보다 걸음이 빠르다)

① 45m/분 ② 60m/분 ③ 75m/분

④ 90m/분 ⑤ 95m/분

17. 10%의 소금물 150g과 15%의 소금물 100g을 섞은 후 물을 증발시켜 15%의 소금물을 만들려고 한다. 이때 몇 g의 물을 증발시켜야 하는가?

① 50g ② 55g ③ 60g
④ 65g ⑤ 70g

18. K 회사는 이번에 새로 출시된 상품들을 광고하려 한다. 광고 시간은 상품별로 20초와 25초 두 종류로 나누어 진행하며, 다음 광고로 넘어갈 때마다 1초의 간격이 있다고 한다. 정확하게 4분 30초 동안 11개의 상품을 광고하고 싶다면, 최대 몇 개의 상품을 25초로 광고할 수 있는가?

① 3개 ② 5개 ③ 6개
④ 7개 ⑤ 8개

19. 가로와 세로의 길이가 각각 10cm, 14cm인 직사각형이 있다. 이 직사각형의 가로와 세로를 똑같은 길이만큼 늘려 새로운 직사각형을 만들었더니 넓이가 기존보다 80% 증가하였다. 새로운 직사각형의 가로 길이는 몇 cm인가?

① 12cm ② 14cm ③ 16cm
④ 18cm ⑤ 20cm

20. 고 씨에게는 43세의 남편과 8세, 6세, 4세의 자녀가 있다. A년 후에 부부 연령의 합계가 자녀 연령 합계의 배가 되고 남편의 나이가 자녀들의 나이 합보다 1살 많아진다고 할 때, 고 씨의 현재 나이는 몇 세인가?

① 40세 ② 41세 ③ 42세
④ 43세 ⑤ 44세

영역 4

언어추리

20문항 / 15분

01. 다음 전제를 바탕으로 할 때, 반드시 참이 되는 결론은?

[전제] • 모든 사탕은 빨갛거나 둥글다.
• 둥근 모양의 사탕은 딸기맛이 난다.
• 소연이가 산 사탕은 딸기맛이 아니다.
[결론] ____________________

① 모든 사탕은 딸기맛이 아니다.
② 소연이가 산 사탕은 빨갛다.
③ 소연이가 산 사탕은 레몬맛이다.
④ 소연이가 산 사탕은 둥글다.
⑤ 빨간 사탕에서는 딸기맛이 난다.

02. 승아, 현정, 아영, 희진, 도현, 선우 6명은 놀이기구를 타기 위해 줄을 서 있다. 서 있는 위치가 〈조건〉과 같을 때, 항상 옳은 것은?

| 조건 |

㉠ 승아와 현정 사이에 2명이 있다.
㉡ 아영은 현정의 바로 뒤에 위치한다.
㉢ 선우는 앞에서 두 번째에 위치한다.
㉣ 현정과 선우는 서로 붙어 있다.

① 승아는 맨 앞에 위치한다.
② 현정은 희진과 붙어 있다.
③ 선우는 승아와 붙어 있다.
④ 희진은 아영의 뒤에 위치한다.
⑤ 도현은 현정과 떨어져 있다.

03. ○○기업은 경쟁사가 해외에 생산기지를 증설 중임을 파악하고 이에 대응하기 위하여 정보를 수집하였다. 〈정보〉의 진위 여부가 확실하지 않다고 할 때, 타당한 의견을 제시한 사원을 모두 고르면?

| 정보 |

1. 경쟁사의 해외기지는 통틀어 최소한 세 개 이상의 국가에서 건설 중이라고 한다.
2. 경쟁사는 중동, 유럽, 아시아, 미주 중 적어도 두 지역에 생산기지를 건설 중이다.
3. 경쟁사는 중동지역 최소 두 국가, 유럽지역 최소 두 국가에서 생산기지를 건설 중이다.

- 사원 A : 정보 1이 참이라면, 정보 2도 참이다.
- 사원 B : 정보 2가 참이라면, 정보 1도 참이다.
- 사원 C : 정보 3이 참이라면, 정보 1도 참이다.

① 사원 A ② 사원 B ③ 사원 C
④ 사원 A, B ⑤ 사원 B, C

04. 다음 문장을 근거로 할 때, 밑줄 친 부분에 들어갈 내용으로 적절한 것은?

- 영우는 형탁이보다 연봉이 높다.
- 다니엘은 알베르토보다 연봉이 높지 않다.
- 알베르토는 형탁이보다 연봉이 높지 않다.
- 그러므로 ________________

① 영우는 다니엘보다 연봉이 높지 않다.
② 다니엘은 형탁이와 연봉이 같을 수도 있다.
③ 알베르토는 영우보다 연봉이 높다.
④ 형탁이는 영우보다 연봉이 높다.
⑤ 다니엘은 형탁이보다 연봉이 높다.

05. 가인, 나은, 다훈, 라온, 마준은 A ~ F 위원회의 위원으로, 회의 때마다 반드시 참석해야 한다. 다음 표는 5명의 위원회 소속여부를 나타낸 것으로, 이번 포럼에서는 위원회 회의를 1시간씩 진행할 계획이며 모든 소속 위원들이 참석할 수 있도록 시간표를 계획하려고 한다. 모든 회의가 진행되는 데 필요한 최소 시간은? (단, 휴식 시간은 없다)

구분	가인	나은	다훈	라온	마준
A	○		○	○	
B	○	○			
C			○		○
D		○		○	○
E	○				
F		○			○

※ ○ : 해당위원회 위원임을 표시

① 2시간
② 3시간
③ 4시간
④ 5시간
⑤ 6시간

06. P 기업은 ○○도 6개의 시에 지점을 하나씩 가지고 있는데, 이웃한 시의 지점끼리 선으로 이어 위에서 내려다보면 정육각형의 모습이 된다. 본사는 여름을 맞아 각 지점에 가 ~ 바 6명을 새 지점장으로 내려보내는 인사발령을 하려고 한다. A시를 기준으로 발령된 지점장의 순서를 시계 방향으로 바르게 나열한 것은?

| 조건 |

- 시 배치는 A시를 기준으로 시계 방향으로 A시 – B시 – C시 – D시 – E시 – F시 순이다.
- A시에는 가 지점장이 근무한다.
- 나 지점장은 마 지점장과 마주 보는 시에서 근무한다.
- 다 지점장은 가 지점장과 나 지점장 사이에서 근무한다.
- F시에는 마 지점장이 근무한다.
- 라 지점장은 마 지점장과 가장 가까운 곳에서 근무한다.

① 가 – 다 – 라 – 바 – 나 – 마
② 가 – 다 – 나 – 바 – 라 – 마
③ 가 – 라 – 다 – 나 – 바 – 마
④ 가 – 다 – 나 – 라 – 바 – 마
⑤ 가 – 나 – 바 – 라 – 다 – 마

07. 다음과 같은 전열기 사용 현황을 참고할 때, 반드시 참이라고 할 수 없는 것은?

- 전기장판을 사용하면 열풍기도 사용한다.
- 전기장판이나 전기밥솥을 사용하면 전기히터도 사용한다.
- 전기스토브를 사용하면 열풍기도 사용한다.
- 전기밥솥을 사용하지 않으면 열풍기도 사용하지 않는다.

① 전기장판을 사용하면 전기밥솥도 사용한다.
② 전기장판을 사용하면 전기스토브도 사용한다.
③ 전기밥솥을 사용하지 않으면 전기스토브를 사용하지 않는다.
④ 전기히터를 사용하지 않으면 열풍기도 사용하지 않는다.
⑤ 전기히터를 사용하지 않으면 전기밥솥도 사용하지 않는다.

08. 다음은 A 양계장에 대한 정보이다. 제시된 정보에 대한 진위여부는 정확하지 않다고 할 때, 〈보기〉에서 반드시 참인 추론을 모두 고른 것은?

[정보 1] A 양계장에는 총 4마리의 암탉이 있다.
[정보 2] 알을 낳을 수 있는 암탉은 하루에 최소 2개 이상의 알을 낳는다.
[정보 3] 알을 낳을 수 있는 암탉의 수는 2마리이다.
[정보 4] 오늘 암탉이 새로 낳은 알의 개수는 홀수 개이다.

| 보기 |

(가) [정보 1], [정보 2]와 [정보 3]이 참이면 오늘 새로 낳은 알의 개수는 최소 4개이다.
(나) [정보 1]과 [정보 3]이 참이면 오늘 새로 낳은 알의 개수는 최소 2개이다.
(다) [정보 1]과 [정보 2]가 참이면 [정보 4]는 거짓이다.

① (가) ② (나) ③ (다)
④ (가), (다) ⑤ (가), (나)

09. ○○투자회사에서 신규 펀드를 만들려고 한다. 펀드의 성과 예상치가 A ~ D와 같을 때, 반드시 거짓인 내용은?

> 신규 펀드에 포함할 자산군은 국내 주식, 원자재, 부동산이다. 각 자산군은 서로 상관관계가 낮으며, 투자 실패의 원인은 단 한 가지이다.
>
> ---
>
> A : 국내 주식에 투자하고, 원자재에 투자하고, 부동산에 투자했을 때, 손실의 위험성이 높다.
> B : 국내 주식에 투자하지 않고, 원자재에 투자하고, 부동산에 투자했을 때, 손실의 위험성이 높다.
> C : 국내 주식에 투자하지 않고, 원자재에 투자하지 않고, 부동산에 투자했을 때, 손실의 위험성이 낮다.
> D : 국내 주식에 투자하고, 원자재에 투자하고, 부동산에 투자하지 않았을 때, 손실의 위험성이 높다.

① A, B만을 고려한다면 펀드 손실의 주원인이 무엇인지 알 수 없다.
② A, C만을 고려한다면 펀드 손실의 주원인은 국내 주식 투자와 원자재 투자에 있을 것이다.
③ B, C만을 고려한다면 펀드 손실의 주원인은 원자재 투자일 것이다.
④ B, D만을 고려한다면 원자재 투자는 펀드 손실의 주원인이 아니다.
⑤ C, D만을 고려한다면 원자재 투자가 실패 위험성을 크게 하는 원인일 수 있다.

10. 다음 명제가 모두 참일 때, 반드시 참인 것은?

> • 요리를 잘하는 사람은 반드시 청소도 잘한다.
> • 청소를 잘하는 사람은 반드시 키가 크다.
> • 나는 요리를 잘한다.

① 키가 크면 청소를 잘한다.
② 청소를 잘하면 요리를 잘한다.
③ 키가 작으면 청소를 잘한다.
④ 나는 키가 크다.
⑤ 나는 키가 작다.

11. 다음 〈조건〉이 모두 성립할 때, 반드시 참인 것은?

| 조건 |

- 법학을 공부하는 사람은 모두 행정학 수업을 듣는다.
- 경제학 수업을 듣는 사람은 역사를 공부하지 않는다.
- 법학을 공부하는 사람은 철학을 공부한다.
- 경제학 수업을 듣지 않는 사람은 행정학 수업을 듣지 않는다.

① 경제학 수업을 듣는 사람은 법학을 공부한다.
② 철학을 공부하는 사람은 행정학 수업을 듣는다.
③ 역사를 공부하는 사람은 법학을 공부하지 않는다.
④ 법학을 공부하는 사람은 경제학 수업을 듣지 않는다.
⑤ 행정학 수업을 듣지 않으면 철학을 공부한다.

12. 다음 명제가 모두 참일 때, 반드시 참이 아닌 것은?

- 책 읽기를 좋아하는 사람은 영화 감상을 좋아한다.
- 여행 가기를 좋아하지 않는 사람은 책 읽기를 좋아하지 않는다.
- 산책을 좋아하는 사람은 게임하기를 좋아하지 않는다.
- 영화 감상을 좋아하는 사람은 산책을 좋아한다.

① 책 읽기를 좋아하는 사람은 산책을 좋아한다.
② 책 읽기를 좋아하는 사람은 게임하기를 좋아하지 않는다.
③ 게임하기를 좋아하는 사람은 영화 감상을 좋아하지 않는다.
④ 책 읽기를 좋아하는 사람은 여행 가기를 좋아한다.
⑤ 여행 가기를 좋아하는 사람은 책 읽기를 좋아한다.

13. 다음 명제들을 근거로 추론한 내용 중 항상 참인 것은?

- 1호선을 타 본 사람은 2호선도 타 보았다.
- 2호선을 타 본 사람은 5호선도 타 보았다.
- 5호선을 타 본 사람은 3호선을 타 보지 않았다.
- 3호선을 타 본 사람은 4호선을 타 보지 않았다.
- 4호선을 타 본 사람은 1호선을 타 보지 않았다.

① 5호선을 타 보지 않은 사람은 1호선을 타 보았다.
② 3호선을 타 본 사람은 1호선을 타 보지 않았다.
③ 4호선을 타 보지 않은 사람은 5호선을 타 보았다.
④ 2호선을 타 본 사람은 4호선을 타 보았다.
⑤ 5호선을 타 보지 않은 사람은 3호선을 타 보았다.

14. 다음 명제가 모두 참일 때, 반드시 참인 것은?

- 머리를 많이 쓰면 잠이 온다.
- 머리가 길면 오래 잔다.
- 다리를 떨면 잠이 오지 않는다.
- 잠을 오래 자면 머리를 적게 쓴다.

① 잠이 오지 않으면 다리를 떤다.
② 머리가 길면 잠이 오지 않는다.
③ 머리를 많이 쓰면 잠을 오래 잔다.
④ 머리를 많이 쓰면 머리가 길어진다.
⑤ 머리를 많이 쓰면 다리를 떨지 않는다.

15. **이 부장, 박 과장, 김 대리가 외근을 나가기 위해 내려간 지하 주차장에는 두 기둥 사이에 A, B, C 세 차량이 나란히 일렬로 주차되어 있다. 다음 〈조건〉에 따를 때 항상 참인 것은?**

| 조건 |

- 차를 정면에서 바라볼 때 A는 오른쪽 기둥 옆에 주차되어 있다.
- 김 대리의 차는 박 과장의 차보다 왼쪽에 주차되어 있다.
- B는 김 대리의 차이다.
- 가장 왼쪽에 주차되어 있는 차는 이 부장의 차가 아니다.

① A는 이 부장의 차이다.
② C는 박 과장의 차이다.
③ 왼쪽 기둥 옆에 있는 것은 김 대리의 차이다.
④ 박 과장의 차는 가장 오른쪽에 주차되어 있다.
⑤ B는 가운데에 주차되어 있다.

16. **같은 엘리베이터에 탄 사원 A ~ E 중 한 명은 거짓말을 하고 있다. 〈조건〉을 고려할 때 다음 중 항상 참인 것은? (단, 같은 층에서 내린 사람은 없다)**

| 조건 |

- A : B는 확실히 1층에서 내렸어.
- B : C는 1층에서 내렸어.
- C : 잘은 모르겠지만, D는 적어도 3층에서 내리지 않았어.
- D : E는 4층에서 내렸어.
- E : 나는 4층에서 내렸고 A는 5층에서 내렸어.

① A는 4층에서 내렸다.
② B는 3층에서 내렸다.
③ C는 1층에서 내렸다.
④ D는 2층에서 내렸다.
⑤ E는 3층에서 내렸다.

권두 부록
영역별 빈출이론: 언어이해 자료해석 창의수리 언어추리 수열추리
기출유형문제: 1회 2회 3회 4회
인성 검사
면접 가이드

17. 용의자 세 명 중 한 명의 진술은 거짓이고, 나머지 두 명의 진술이 진실이라고 했을 때, 거짓을 말하는 사람과 범인을 순서대로 바르게 연결한 것은?

> ○○기업은 경쟁사에 기밀을 유출한 것으로 추정되는 용의자를 3명으로 추렸다. 진술은 다음과 같다.
>
> 사원 A : 저는 거짓말을 하는 것이 아닙니다. 제가 유출하지 않았습니다.
> 사원 B : 저는 정직합니다. A가 유출했고 거짓말을 하고 있습니다.
> 사원 C : 저는 사실을 말하고 있습니다. B가 거짓을 말하고 있으므로 B가 범인입니다.

① 사원 A – 사원 B　　② 사원 B – 사원 A　　③ 사원 B – 사원 B
④ 사원 C – 사원 B　　⑤ 사원 C – 사원 C

18. 구매팀 직원 중 1명이 잘못된 발주서를 작성하여 막대한 피해를 입게 되었다. 구매팀 직원은 5명이며 이들 중 1명은 거짓말을 하고 있다. 다음 중 잘못된 발주서를 작성한 직원은 누구인가?

> • A : C는 거짓말을 하고 있다.
> • B : 나는 그 발주서를 작성하지 않았다.
> • C : D가 그 발주서를 작성하였다.
> • D : E가 말하는 것이 진실이다.
> • E : 그 발주서를 작성한 사람은 C이다.

① A　　② B　　③ C
④ D　　⑤ E

19. 사내 체육대회에서 각 부서별 대표 1명 또는 2명씩 총 7명(A, B, C, D, E, F, G)이 달리기 시합을 진행하였다. 시합 결과가 다음과 같다면 첫 번째로 결승점에 들어온 직원은 누구인가?

- 네 번째로 들어온 사람은 D이다.
- F보다 나중에 D가 들어왔다.
- G보다 나중에 F가 들어왔다.
- B보다 나중에 E가 들어왔다.
- D보다 나중에 E가 들어왔다.
- G보다 나중에 B가 들어왔다.
- A보다 나중에 F가 들어왔으나 A가 1등은 아니다.

① A ② B ③ C
④ E ⑤ G

20. A ~ E 다섯 명의 직원 중 잘못된 정보를 말하고 있는 직원 두 명은 누구인가?

- A : 최 사원은 1년 전에 입사했습니다.
- B : 최 사원은 2년 전에 이직해 왔습니다.
- C : D는 진실을 말하고 있습니다.
- D : 1년 전에 입사한 직원 중에 최 사원이 있습니다.
- E : 최 사원은 올해 우리 회사에 들어왔습니다.

① A, D ② A, E ③ B, C
④ B, E ⑤ C, D

영역 5

수열추리

20문항 / 15분

[01 ~ 11] 다음 배열 규칙을 찾아 '?'에 들어갈 알맞은 문자 및 숫자를 고르시오.

01.

2　6　14　30　62　(?)

① 124　② 125　③ 126
④ 127　⑤ 128

02.

0.14　0.21　0.28　(?)

① 0.31　② 0.32　③ 0.33
④ 0.34　⑤ 0.35

03.

10.5　3.1　1.62　(?)　1.2648

① 1.324　② 1.342　③ 1.472
④ 1.486　⑤ 1.494

04.

97 60 37 23 14 9 (?)

① 4 ② 5 ③ 6
④ 7 ⑤ 8

05.

$\frac{3}{4}$ $\frac{1}{2}$ $\frac{1}{3}$ $\frac{2}{9}$ (?)

① $\frac{4}{27}$ ② $\frac{5}{18}$ ③ $\frac{7}{12}$
④ $\frac{4}{9}$ ⑤ $\frac{4}{15}$

06.

(?) 9.5 19.5 39.5 79.5

① 2.5 ② 4.5 ③ 5.5
④ 6.5 ⑤ 7

07.

$\frac{1}{3}$ $\frac{5}{6}$ $\frac{4}{3}$ $\frac{11}{6}$ $\frac{7}{3}$ (?)

① $\frac{5}{3}$ ② $\frac{8}{3}$ ③ $\frac{17}{6}$
④ $\frac{19}{6}$ ⑤ $\frac{23}{6}$

08.

2 5 11　　3 9 28　　6 7 (?)

① 40　② 41　③ 42
④ 43　⑤ 44

09.

6 13 39　　3 16 24　　9 12 (?)

① 52　② 53　③ 54
④ 55　⑤ 56

10.

3 2 6 12　　2 2 5 9　　12 3 10 (?)

① 25　② 26　③ 42
④ 46　⑤ 50

11.

Z　A　C　F　J　(?)

① W　② P　③ Y
④ H　⑤ O

12. 다음 숫자들의 배열 규칙에 따라 '?'에 들어갈 알맞은 숫자는?

7	(?)
−11	−5

121	115
103	109

① 0 ② 1 ③ 2
④ 3 ⑤ 4

13. 다음 숫자들의 배열 규칙에 따라 '?'에 들어갈 알맞은 숫자는?

5	27	22
4	8	14
3	1	8
7	125	(?)

① 40 ② 42 ③ 44
④ 46 ⑤ 48

14. ⇩부터 시계 방향으로 이동할 때 '?'에 들어갈 알맞은 문자는?

⇩

Gg	Ii	Dd
		Ff
?	Cc	Aa

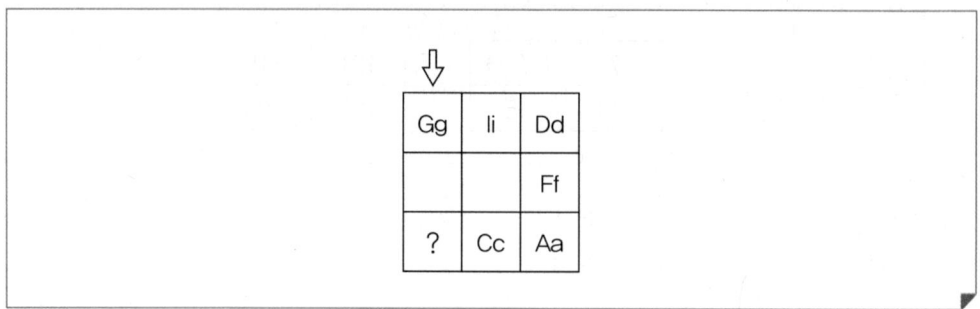

① Vv ② Ww ③ Xx
④ Yy ⑤ Zz

15. 다음 수열의 일정한 규칙에 따라 29가 처음 나오는 것은 몇 번째인가?

4 3 2 1 2 3 4 5 6 5 4 3 4 5 6 7 8 7 6 5 …

① 100번째 ② 101번째 ③ 104번째
④ 108번째 ⑤ 116번째

16. 다음 숫자들의 배열 규칙에 따라 A와 B에 들어갈 숫자의 합은?

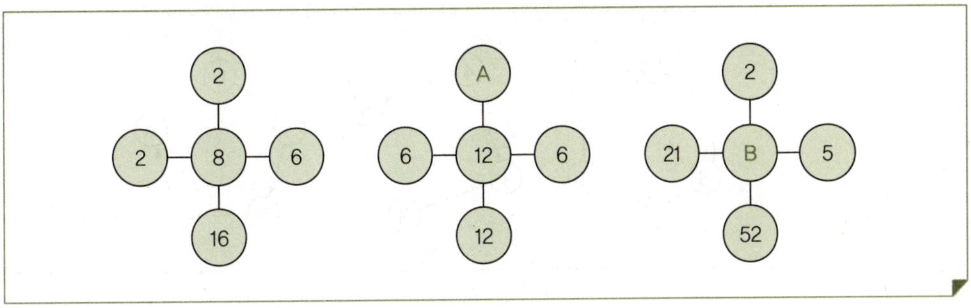

① 20　② 23　③ 27
④ 30　⑤ 41

17. 다음 숫자들의 배열 규칙에 따라 A와 B에 들어갈 숫자의 곱은?

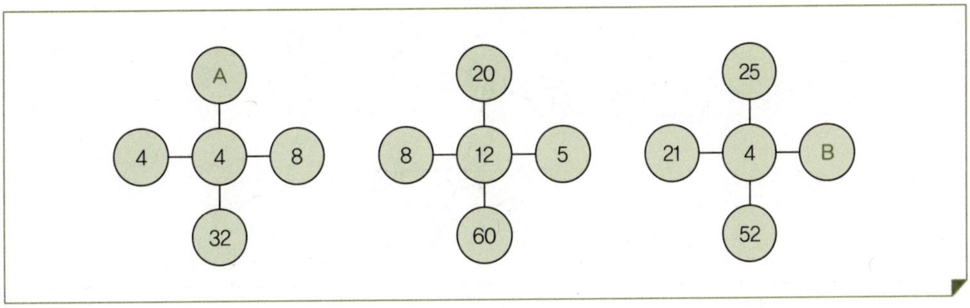

① 104　② 180　③ 201
④ 205　⑤ 404

18. 다음 숫자들의 배열 규칙에 따라 A와 B에 들어갈 숫자의 합은?

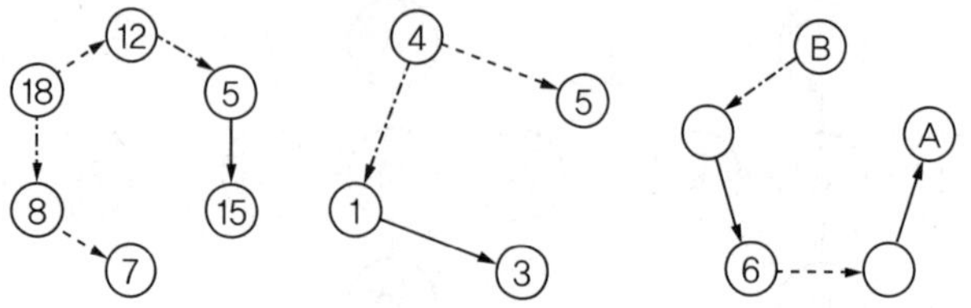

① 23 ② 24 ③ 25
④ 26 ⑤ 27

19. 다음 숫자들의 배열 규칙에 따라 A−B의 값으로 적절한 것은?

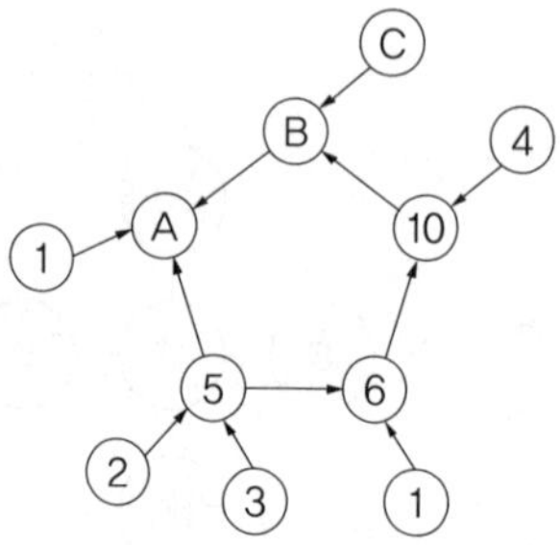

① −4 ② −2 ③ 4
④ 6 ⑤ 8

20. 다음 도형의 규칙에 따라 '?'에 들어갈 도형은?

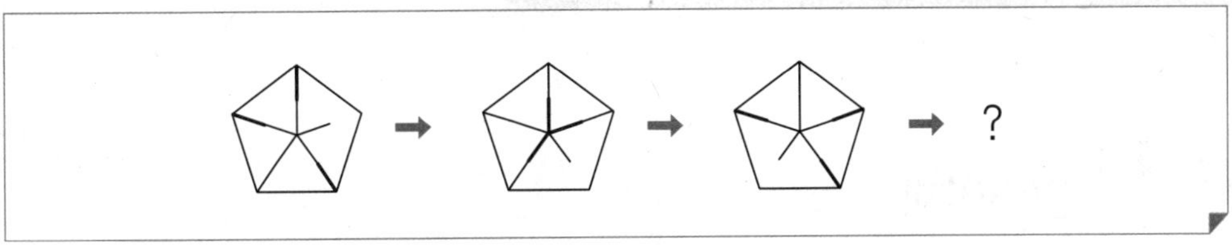

① 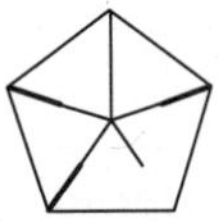

② 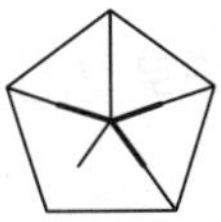

③ 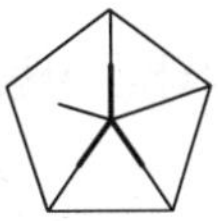

④ 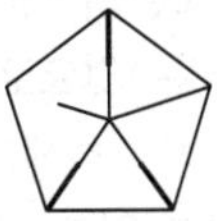

⑤ 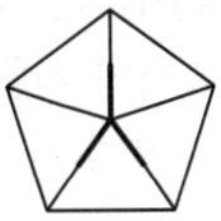

SKCT 4회 기출유형문제

문항수 | 100문항
시험시간 | 75분

▸ 정답과 해설 79쪽

영역 1 언어이해

20문항 / 15분

01. 다음 글에 나타난 사랑에 대한 필자의 입장으로 가장 적절하지 않은 것은?

> 사랑은 본래 '주는 것'이다. 시장형 성격의 사람은 사랑을 받는 것에 대한 교환의 의미로만 주어야 한다고 본다. 대부분의 비생산적인 성격의 사람은 주는 것을 가난해지는 것으로 생각해서 주려고 하지 않는다. 다만 어떤 사람은 환희의 경험보다 고통을 감수하는 희생이라는 의미에서 사랑을 주는 것을 덕으로 삼는다. 그들은 모두 사랑에 대해 오해하고 있다. 생산적인 성격의 사람은 사랑을 주는 것이 잠재적인 능력의 최고 표현이며 생산적인 활동이라고 본다. 이것은 상대방의 생명과 성장에 적극적인 관심을 가지는 것이고 자발적으로 책임지는 것이며, 착취 없이 존경하는 것이다.

① 사랑은 능동적으로 활동하여 자신의 생동감을 고양하는 것이다.
② 사랑은 상대방을 있는 그대로 존중하는 것이다.
③ 사랑은 상대방에 대해 적극적인 관심을 갖는 것이다.
④ 사랑은 자신을 희생하여 상대방이 원하는 것을 들어주는 것이다.
⑤ 사랑을 주는 행위는 잠재 능력의 최고 표현이다.

02. 다음 글을 읽고 이해한 내용으로 적절하지 않은 것은?

가족은 경제적으로 협동하는 사회적 단위이자 정서적 욕구를 충족하는 곳이다. 그러나 구성원들 간의 이런 끈끈함은 외부 세계에 대한 배타성을 강화시키고 사적 이익만을 추구하게 하여 이타성과 공공선을 추구하는 공동체의 원리와 대립하게 한다.

그동안 우리 사회는 경제적으로 급성장하였지만 불균등한 분배 구조로 계층 간의 차이가 지속적으로 확대되었고, 그 차이는 다음 세대로 전승되어 사회적 불평등 구조가 재생산되고 있다. 이러한 사회적 불평등 재생산 구조는 한국 특유의 배타적 가족주의와 결합되면서 온갖 사회 모순을 확대시켜 왔다. 기업의 족벌 경영 체제, 부동산 투기, 사치성 소비 성향, 고액 과외 등의 부정적 현상들은 개개인들이 자기 가족의 안락과 번영을 위해 헌신한 행위로 정당화되어 결과적으로 가족 집단의 공동 이익이 다른 가족들의 경제적 빈곤을 악화시키는 반공동체적 행위를 강화시켜 왔다.

이와 같이 가족 내에서 형성된 배타성이 전체 사회의 공동체적 언어를 파괴할 뿐만 아니라, 가족생활 자체도 점차 공동체적 성격을 상실해 간다면, 가족은 더 이상 전체 사회에 유익한 일차 집단이 될 수 없다. 그럼에도 불구하고 가족에 대한 비판을 금기시하고 신성화하는 이데올로기를 고집한다면 우리 사회가 직면한 문제들을 해결하기는 더욱 어려워질 것이다.

① 한국 특유의 현상으로 배타적 가족주의가 있다.
② 가족 공동체는 사회의 일차 집단이다.
③ 현재는 가족에 대한 비판을 금기시하고 있다.
④ 가족주의를 사회의 구조적 불평등 문제와 연결시키고 있다.
⑤ 가족의 이익추구는 사회적 공동체의 원리와 대립한다.

03. 다음 글을 읽고 유추할 수 없는 것은?

경제 위기가 여성 노동에 미치는 영향에 관한 연구에서 나타나는 입장은 크게 세 가지로 분류할 수 있다. 첫째는 안전판 가설로, 여성 노동력은 주기적인 경기 변동의 충격을 흡수하는 일종의 산업예비군적 노동력으로써 경기 상승 국면에서는 충원되고 하강 국면에서는 축출된다는 가설이다. 둘째는 대체 가설로, 불황기에 기업은 비용 절감과 생산의 유연성 증대를 위해 남성 노동력을 대신하여 여성 노동력을 사용하기 때문에 여성의 고용이 완만하게 증가한다고 분석한다. 마지막으로 분절 가설에서는 여성 노동력이 특정의 산업과 직무에 고용되어 있는 성별 직무 분리 때문에 여성의 고용 추이는 경기 변화의 영향을 남성 노동과 무관하게 받는다고 주장한다. 그런데 서구의 1970 ~ 1980년대 경기 침체기 여성 노동 변화에 대한 경험적 연구에 따르면, 이 기간에도 여성 고용은 전반적으로 증가하였으며 불황의 초기 국면에서는 여성 고용이 감소하지만 불황이 심화되면서부터는 여성 고용이 오히려 증가하는 경향을 보였다. 또한 경제 위기 자체보다도 산업별 · 규모별 · 직업별 구조적 변동이 여성 노동에 더 큰 영향을 미치는 것으로 나타났다. 이것은 세 가지 가설이 경기의 국면과 산업 부문에 따라 차별적으로 설명력을 갖는다는 것을 의미한다.

① 노동 시장에서 여성 노동은 남성 노동과 상호 작용하면서 존재한다.
② 추측의 산물인 가설은 경험 자료를 근거로 기각되거나 채택된다.
③ 경기 변동과 관계없이 여성의 경제 활동 참여가 지속적으로 증가하고 있다.
④ 복잡한 사회 상황을 특정의 입장에서 명료하게 해명하기는 어렵다.
⑤ 대체 가설에 따르면 여성의 임금은 남성보다 낮게 산정되어 있다.

권두 부록
영역별 빈출이론 언어이해 자료해석 창의수리 언어추리 수열추리
기출유형문제 1회 2회 3회 4회
인성 검사
면접 가이드

04. 다음 글에서 필자가 전달하고자 하는 바로 가장 적절한 것은?

> 사람들은 흔히 뉴스를 세상에 일어난 일을 사실적이고 객관적으로 기술한 정보라고 생각한다. 만약 어떤 사건이나 이슈가 완벽하게 사실적이고 객관적으로 기술될 수 있다면, 서로 다른 미디어가 취재해서 보도하더라도 같은 뉴스가 만들어질 것이니 우리 사회에는 굳이 그렇게 많은 뉴스 미디어가 존재할 필요가 없을 것이다. 하지만 현실에는 언론사, 포털 뉴스, 뉴스 큐레이션 서비스, 소셜 미디어 및 개인 미디어 등 수많은 뉴스 생산 주체들이 뉴스를 생산한다. 이렇게 많은 언론사 및 개인들이 뉴스를 생산한다는 것은 현실에서 일어난 하나의 사건이 뉴스 미디어에 따라 다르게 보도될 수 있다는 것을 의미한다.
>
> 과거에는 뉴스를 만드는 사람들은 언론사에 속해 있었고, 언론사의 수도 많지 않았기 때문에 누가 뉴스를 만들었는지를 쉽게 파악할 수 있었다. 하지만 미디어 환경 및 뉴스 산업 구조의 변화로 인해 뉴스 생산환경이 급속하게 변화하였고, 지금은 언론사에 속한 기자뿐만 아니라 블로거, 시민기자, 팟캐스터 등 다양한 사람들이 뉴스 생산에 기여한다. 따라서 뉴스를 바르게 이해하기 위해서는 뉴스 생산자의 역할과 임무에 대한 이해가 선행되어야 한다.

① 뉴스가 가지는 가치는 다양성에 있다.
② 뉴스는 생산자에 따라 다르게 구성된다.
③ 뉴스는 이용자의 특성에 따라 다르게 구성된다.
④ 뉴스에는 생산자의 특정한 시각과 가치가 담겨 있다.
⑤ 올바른 뉴스 소비를 위해서는 이용자의 능동적인 판단이 필요하다.

05. 다음 글의 중심내용으로 적절한 것은?

> 올바른 그리고 깊은 경험을 통한 말은 형용하기 어려운 무게가 있다. 이는 어떤 것을 표현하는 말의 진정한 설명이 그 어떤 것 자체 안에 있기 때문이다. 이러한 맥락에서 사물에 대해서만 사색한다는 '알랭 드 보통'의 신조를 이해할 수 있다.
>
> 말에는 그것이 진짜 말이 되기 위한 필수 조건이 있고 이를 충족시키는 것은 조건에 대응하는 경험이다. 다만 현실에서는 그 조건을 최소한으로도 충족시키지 못하는 말의 사용이 횡행하다. 어떤 관점에서 보면 경험이란 사물과 자기 자신 사이에서 생기는 장애 의식과 저항의 역사이다. 이를 통하지 않은 말은 안이하고 매우 알기 쉽다. 따라서 사회의 복지나 평화를 논할 때 근거가 되는 경험이 얼마나 어려운 것이어야 하는지를 알게 된다.
>
> 또한 얼마나 스스로를 포기해야 하는지를 생각한다면, 세상에 횡행하는 명론탁설은 실제로는 분석도 논의도 아니며 허영심에 지나지 않음을 알 수 있다. 이것이 일종의 모럴리즘의 입장에서 체험주의를 예찬하는 것은 아니다. 여기서의 경험은 이른바 체험과 비슷하기도 하며 비슷하지 않기도 하다. 체험주의는 일종의 안일한 주관주의로 빠지기 쉬운 것이며, 또한 그것에 그치고 마는 경우가 대부분이기 때문이다.

① 단순한 체험주의가 아니라 사물과 자기 자신 사이에서 생기는 장애 의식과 저항의 역사라고도 할 수 있는 경험에 근거해야 비로소 사물에 맞는 진정한 말이 생겨난다.

② 사물 자체를 진정한 말로 표현하려면 자기희생을 동반하는 어려움으로 가득한 경험이 필요하다.

③ 올바르고 깊은 경험은 일종의 무게를 지닌 말을 만들어 내는데, 자기 주관에 그치는 경험은 안일하고 과장된 말밖에 만들어 내지 못한다.

④ 현실에 있는 대부분의 말은 사물과의 안일한 타협을 통해 생겨난 단순한 관념의 유희에 지나지 않으며 어떤 것 자체를 표현하지는 못한다.

⑤ 경험에 기반하지 않은 말은 진정한 말이 되기 위한 최소한의 조건을 충족시키지 못한 것이며, 진정한 말이 되기 위해 그 내용은 철저히 체험에 기반해야 한다.

06. 다음 글의 빈칸에 들어갈 강의 제목으로 가장 적절한 것은?

> 고객들에게 자사 제품과 브랜드를 최소의 비용으로 최대의 효과를 내며 알릴 수 있는 비법이 있다면, 마케팅 담당자들의 스트레스는 훨씬 줄어들 것이다. 이런 측면에서 웹2.0 시대의 UCC를 활용한 마케팅 전략은 자사 제품의 사용 상황이나 대상에 따라 약간의 차이는 보이겠지만, 마케팅 활동에 있어 굉장한 기회가 될 것이다. 그러나 마케팅 교육을 담당하는 입장에서 보면, 아직까지는 인터넷 업종을 제외한 주요 기업 마케팅 담당자들의 UCC에 대한 이해 수준이 생각보다 깊지 않다. 우선 웹2.0에 대한 정확한 이해가 부족하고, 자사 제품이나 브랜드를 어떻게 적용할 것인가 하는 고민은 많지만 활용 전략에서 많은 어려움을 겪는다. 그래서 후년부터 '(   )'을(를) 주제로 강의를 할 예정이다. 이 강좌에서는 국내 대표 인터넷 기업들의 웹2.0 비즈니스 성공 모델을 분석하면서 어떻게 활용할 것인가를 함께 고민하고자 한다.

① 웹2.0 시대의 마케팅 담당자

② 웹2.0 시대의 비즈니스 성공 열쇠

③ 웹2.0 시대 비즈니스 성공 모델 완벽 분석

④ 웹2.0 시대 UCC를 통한 마케팅 활용 전략

⑤ 웹2.0 시대 브랜드의 가치개념 변화

07. 다음 글을 읽고 추론한 내용으로 옳지 않은 것은?

> 국내 출생률을 높이기 위해 정부는 다양한 지원 정책을 마련해 적극적으로 추진하고 있다. 정부 정책의 성과를 높이려면 출산에 대한 사회 인식을 높이고 새로운 육아 문화가 형성되어야 한다. 출산에 대한 사회 인식을 높이기 위해서는 우선 저출산이 심각하다는 사회적 공감대를 형성하는 것이 절실하다. 저출산은 인구 감소로 직접 연결되며, 인구 감소는 생산 가능 인구를 축소시켜 노동력의 약화를 불러 온다. 저출산이 급속도로 진행되고 있는 고령화 추세와 맞물려 있어 더 큰 문제이다. 젊은 세대의 노인 부양 부담이 커질수록 세대 간 불화와 갈등이 심화되고, 국가의 복지 재정 부담도 점점 증가한다. 궁극적으로는 국가 경쟁력 자체가 떨어지게 된다. 따라서 각급 학교나 언론, 시민단체들은 기회가 있을 때마다 저출산으로 생기는 문제점을 인식하게 하고 널리 알리는 데 힘을 모아야 한다.

① 출산에 대한 사회 인식을 높여야 한다.
② 정부에서 추진하는 정책은 다양성이 결여되어있다.
③ 저출산이 심각하다는 사회적 공감대를 형성하는 것이 절실하다.
④ 각급 학교나 언론, 시민 단체는 저출산으로 인해 생기는 문제의 심각성을 널리 알려야 한다.
⑤ 새로운 육아 문화가 형성되어야 한다.

08. 다음 (가) ~ (바)를 문맥상 순서에 맞게 나열한 것은?

(가) 하지만 최근 상대방의 얼굴을 보면서 대화하는 화상통화가 개발되어 이러한 문제점의 많은 부분이 해결되고 있다.
(나) 환자와 의사의 관계는 의료의 질을 결정하는 가장 중요한 요소이며, 환자와 의사 사이의 의사소통은 가장 기본적인 진료수단이다.
(다) 이는 전통적인 진료실의 대면 접촉보다 제한이 많아 원격진료의 단점으로 지적되었다.
(라) 그러나 통신 매체를 이용한 의사소통은 얼굴을 마주한 의사소통보다 상대방의 실재감을 느끼기 어렵다.
(마) 진단이나 치료결정의 절반 이상이 면담에서 얻은 정보로 결정된다는 사실은 의사소통의 중요성을 단적으로 보여 준다.
(바) 최근에는 의사소통의 수단으로 통신 매체가 발달하며 이를 이용한 원격진료의 사례가 늘어나고 있다.

① (나)－(마)－(다)－(바)－(라)－(가)
② (나)－(마)－(바)－(라)－(다)－(가)
③ (마)－(나)－(다)－(바)－(가)－(라)
④ (마)－(나)－(라)－(가)－(다)－(바)
⑤ (마)－(나)－(바)－(가)－(라)－(다)

09. 다음 글의 주제로 적절한 것은?

제2차 세계 대전 중, 태평양의 한 전투에서 일본군은 미군 흑인 병사들에게 자신들은 유색인과 전쟁할 의도가 없으니 투항하라고 선전하였다. 이 선전물을 본 백인 장교들은 그것이 흑인 병사들에게 미칠 영향을 우려하여 급하게 부대를 철수시켰다. 사회학자인 데이비슨은 이 사례로부터 아이디어를 얻어서 대중 매체가 수용자에게 미치는 영향과 관련한 '제3자 효과(Third-person Effect)' 이론을 발표하였다.

이 이론의 핵심은 사람들이 대중 매체의 영향력을 차별적으로 인식한다는 데에 있다. 사람들은 수용자의 의견과 행동에 미치는 대중 매체의 영향력이 자신보다 다른 사람들에게서 더 크게 나타나리라고 믿는 경향이 있다는 것이다. 예를 들어, 선거 때 어떤 후보에게 탈세 의혹이 있다는 신문 보도를 보았다고 하자. 그때 사람들은 후보를 선택하는 데에 자신보다 다른 독자들이 더 크게 영향을 받을 것이라고 여긴다. 이러한 현상을 데이비슨은 '제3자 효과'라고 하였다.

① 제3자 효과의 의의 및 현대적 재조명
② 제3자 효과 이론의 등장 배경 및 개념 정의
③ 유해한 대중 매체가 수용자에게 미치는 영향력
④ 제3자 효과를 이용한 대중 매체 규제의 필요성
⑤ 제3자 효과의 예시와 현대사회에서 보이는 한계

10. 다음 글에 대한 이해로 적절하지 않은 것은?

> 비행기의 뒤를 따라 꼬리 모양으로 이어진 구름을 비행기구름 또는 비행운(飛行雲)이라고 한다. 비행기가 비행하는 고도는 매우 높으며, 이 부근의 온도는 섭씨 영하 40 ~ 50도 정도로 매우 낮다. 비행기 제트 엔진에서 나오는 고온의 배기가스와 대기 중의 수분이 융합하여 수증기를 만들어 내고, 이 수증기가 주변의 수분과 융합해 작은 물방울의 집합이 된다. 이것이 높은 고도 탓에 바로 얼어붙어 구름이 되는 것이다. 따라서 비행운은 적어도 고도 8천 미터 이상의 높이에서 주변의 대기 온도가 영하 38도 이하일 때 나타나게 된다.
>
> 이 비행운은 만들어져도 쉽게 사라지는 특성 때문에 덧없는 것을 비유할 때 사용되기도 한다. 쌍발기에서는 2줄의 비행기구름이 생기며, 4발기에서는 4줄의 비행기구름이 생긴다. 또한 습도가 높은 공기 중을 비행할 때 공기역학적으로 감압(減壓)이 일어나서 응결이 발생하는데, 이때는 날개 뒤쪽에 생기기도 한다. 보통은 곧 없어지지만 1시간 이상 계속 보일 때도 있으며, 고공(5 ~ 10km)일수록 오래 남는다.
>
> 즉, 기온이 낮긴 하지만 구름이 생성될 정도로 습기가 많지 않은 하늘에 비행기의 배기가스가 뿌려지면 구름이 생성되는 것이다. 이러한 비행운은 비행기의 배기가스로 인해 발생하므로 당연히 비행기의 엔진 뒤에서 발생한다.

① 비행기가 날아가면서 남기는 하얀 줄 모양을 비행운이라고 부른다.
② 비행운은 고도 8,000m 이상, 주변 대기 온도가 영하 38도 이하일 때 나타난다.
③ 비행운은 쉽게 사라지지 않아 긴 인생을 비유할 때 사용되기도 한다.
④ 비행운은 비행기가 고공 5 ~ 10km 이상에서 비행했을 때 더 오래 유지된다.
⑤ 비행운의 발생 원인은 비행기의 배기가스이다.

11. 다음 글을 이해한 내용으로 적절하지 않은 것은?

> 예술에 해당하는 '아트(art)'는 '조립하다', '고안하다'라는 의미를 가진 라틴어의 '아르스(ars)'에서 비롯되었고, 예술을 의미하는 독일어 '쿤스트(kunst)'는 '알고 있다', '할 수 있다'라는 의미의 '쾬넨(können)'에서 비롯되었다. 이러한 의미 모두 일정한 목적을 가진 일을 잘 해낼 수 있는 숙련된 기술을 의미한다. 따라서 이들 용어는 예술뿐만 아니라 수공이나 기타 실용적인 기술들을 모두 포괄하고 있다고 볼 수 있다.
>
> 미적인 의미로 한정해서 쓰이는 예술의 개념은 18세기에 들어와서야 비로소 두드러지게 나타나기 시작했으며, 예술을 일반적인 기술과 구별하기 위하여 특별히 '미적 기술(영어 : fine arts, 프랑스어 : beaux-arts)'이라고 하는 표현이 사용되었다. 그리하여 현대에는 생활에 유용한 것을 만들기 위한 실용적인 기술과 구별되는 좁은 의미의 예술은 조형 예술에 국한되기도 하지만, 일반적으로는 조형 예술 이외의 음악, 문예, 연극, 무용 등을 포함한 미적 가치의 실현을 본래의 목적으로 하는 기술을 가리키는 것으로 이해된다.

① '미적 기술'이라는 개념이 등장하기 전에 '예술'은 포괄적 의미로 사용되었다.
② 어원상 '예술'에는 숙련된 기술이라는 의미가 포함되어 있다.
③ 18세기 이후 기술과 예술의 구분이 비로소 이루어지기 시작했다.
④ 오늘날 '예술'을 일반적인 기술과 구별하기 위해 '미적 기술'이라는 표현을 사용해야 한다.
⑤ 현대의 '예술'은 의미가 축소된 개념이다.

12. 다음 글을 통해 알 수 있는 사실로 적절한 것은?

세계는 화석연료의 사용으로 급속한 경제성장을 이뤘으나 기후변화, 미세먼지 등 환경문제에 직면해 있다. 지난 100년(1911 ~ 2010년) 동안 지구의 평균 기온이 0.75도 상승, 국내는 1.8도 상승했으며 세계보건기구는 세계 사망자의 16%(830만 명)가 대기오염으로 사망한다고 추정하였다.

2015년 파리협정이 체결되면서 전 지구적인 기후변화 대응이 이루어질 것으로 전망된다. 또한 국내에서는 밀양 송전탑 사건 이후로 송전탑에 대한 기피가 심해지면서 분산전원 이슈가 부각되고 있다. 원자력 발전 · 석탄화력 발전 등에 필요한 송전탑의 수용성이 낮아 사회적 문제가 야기되고 있기 때문이다. 반면 태양광 · 연료전지 등은 소비지에서 전력생산이 가능하고 고압 송전시설 문제가 없어 사회적 문제 해결에 효과적인 것으로 알려져 있다. 최근 한국 정부는 재생에너지 목표를 2030년까지 전체 발전량 대비 20%로 설정하였다. 하지만 국내 신재생에너지 발전을 위해서는 경제적 · 사회적 · 기술적으로 중요한 이슈가 존재하므로 이에 대한 정책적 해결이 필요하다.

① 세계보건기구가 추정하는 세계 사망자 수는 총 5천만 명 미만이다.
② 1911 ~ 2010년 기간 동안 우리나라는 지구 전체보다 줄곧 높은 평균 기온을 보여 왔다.
③ 정부의 충분한 예산 지원만 보장되면 신재생에너지는 국내에 본격 적용될 수 있다.
④ 2030년에도 재생에너지는 전체 발전량의 3분의 1에 미치지 못할 전망이다.
⑤ 태양광과 연료전지는 전력의 소비지와 생산지가 분리되어 있다.

13. 다음 ㄱ ~ ㄷ 중 제시된 글의 내용과 일치하는 것을 모두 고르면?

간편송금 서비스 시장이 이용건수와 금액 모두 세 배 이상 급성장한 것으로 조사되었다.

간편송금 서비스의 최대 강점은 복잡한 인증 절차 없이 쉽고 빠르게 송금할 수 있다는 것이다. 간편송금 서비스는 공인인증서 의무사용이 폐지되면서 등장하였으며, 보안카드나 1회용 비밀번호생성기(OTP) 대신 비밀번호나 지문인식 등 간편 인증수단을 이용한다.

그러나 간편송금 서비스의 수익성이 낮기 때문에 은행권이 적극적으로 경쟁에 뛰어들지 않는다는 분석도 있다. 현재 간편송금 시장을 주도하고 있는 전자금융업자들도 사실상 간편송금 서비스로 손해를 보고 있기 때문이다. 간편송금 전자금융업자는 현재 송금 건당 150 ~ 450원의 비용을 제휴 은행에 지불하는 반면, 이들 업체의 무료 고객 비중은 72 ~ 100%에 달한다. 간편송금 서비스 자체가 손실을 입을 수밖에 없는 구조이다. 하지만 간편송금 서비스로 고객을 확보한 전자금융업자가 차후 소비자 금융을 연계 제공한다면 은행의 신규 수익 영역을 침범하게 된다. 따라서 이미 포화되어 있는 간편송금 시장에서 은행권이 어떻게 경쟁력을 확보할지 귀추가 주목된다.

ㄱ. 은행권은 간편송금 서비스 경쟁에 적극적이지 않다.
ㄴ. 간편송금은 공인인증서 없이 간편 인증수단만으로 이용 가능하다.
ㄷ. 간편송금 이용자의 과반수는 무료로 서비스를 이용한다.

① ㄱ ② ㄷ ③ ㄱ, ㄴ
④ ㄴ, ㄷ ⑤ ㄱ, ㄴ, ㄷ

14. 다음 밑줄 친 ㉠ ~ ㉤ 중에서 가리키는 것이 다른 하나는?

로빈슨은 상응하는 신체기관을 가지지 않는다고 알려진 ㉠ 능동적 지성에 주목하여 아리스토텔레스가 신체로부터 독립되어 존재할 수 있는 ㉡ 비물질적인 지성을 인정한다고 주장한다. 아리스토텔레스 이전에 이러한 이론의 대표자는 오르페우스교와 피타고라스학파의 이론을 수용한 플라톤이다. 근대에 들어와 데카르트가 이 같은 이론을 재조명해 많은 영향을 미쳤다. 이 이론은 영혼(정신, ㉢ 마음 또는 지성)과 신체는 같은 속성들을 전혀 공유하지 않는 두 개의 실체들이며, 따라서 신체로부터 독립되어 정신만이 존재하는 것은 논리적으로 가능하다는 입장이다. 로빈슨은 아리스토텔레스가 '능동적 지성'이 신체로부터 단지 논리적으로 분리 가능한 것이 아니라 실제로 분리 가능한 것으로 본다고 여긴다.

아리스토텔레스의 심신론에 대해 다른 입장도 존재한다. 코드는 아리스토텔레스의 심신론은 몸과 마음을 이원론적으로 분리하는 것이 아니라고 지적한다. 살아 있는 생물 자체는 자연적 또는 본질적으로 ㉣ 심신의 유기체라는 것이다. 코드에 따르면 물질적 신체와 ㉤ 비물질적 영혼을 구분하는 것은 데카르트 이후의 근대적인 구분법이며, 아리스토텔레스는 그러한 구분을 생각조차 할 수 없었다. 또한 그는 '환원' 개념도 아리스토텔레스에게는 적용될 수 없다고 주장한다. '환원'은 생명이 없는 물질을 인정할 때 사용하는 반면에, 아리스토텔레스가 논의했던 물질은 생명이 있는 물질이기 때문이다.

① ㉠ ② ㉡ ③ ㉢

④ ㉣ ⑤ ㉤

15. 다음 글의 주제로 가장 적절한 것은?

> 결핵을 예방하기 위한 BCG는 B형 간염 예방백신과 함께 아이가 태어나서 가장 먼저 맞는 백신이다. 출생 후 4주 이내 1회로 어깨 부위에 접종한다. BCG를 접종한 지 2 ~ 3주 후에 주사 부위에 5 ~ 7mm 크기로 곪는 것 같은 반응이 나타나고 3개월 이내 아물면서 작은 흉터(반흔)를 남긴다. 곪는 것은 정상적인 반응이므로 무조건 소독하려 하거나 반창고를 붙이면 안 된다. 하지만 접종 부위에 염증반응이 생겨 오랜 기간 회복되지 않고 더 심해지면 치료를 받아야 한다. 결핵 접종방법에는 전통적인 피내용과 최근 민간병원에서 많이 사용하는 경피용이 있다. 최근 경피용이 반흔이 적어 선호되는 경향이 있으나, 면역력 획득에 있어 피내용에 비해 시술자의 경험이나 술기에 따라 달라질 수 있다는 단점이 있다.

① 생후 최초로 맞아야 하는 백신 종류
② 결핵 예방 백신의 종류
③ 결핵 예방 백신 후의 신체 반응
④ 결핵 예방을 위한 백신 접종방법
⑤ 결핵 예방 백신의 장단점

16. 다음 (가) ~ (라)를 문맥에 따라 순서대로 배열한 것은?

> (가) 여러 감각 기관을 통해 입력된 감각 정보는 대부분 대뇌피질에서 인식된다.
> (나) 우리에게 입력된 감각 정보는 모두 저장되는 것이 아니라 극히 일부분만 특정한 메커니즘을 통해 단기간 또는 장기간 저장된다.
> (다) 신경과학자들은 장기 또는 단기기억의 저장 장소가 뇌의 어디에 존재하는지 연구해 왔고, 그 결과 두 기억은 모두 대뇌피질에 저장된다는 것을 알아냈다.
> (라) 인식된 일부 정보는 해마와 대뇌피질 간에 이미 형성되어 있는 신경세포 간 연결이 일시적으로 변화하는 과정에서 단기기억으로 저장된다.

① (가) – (다) – (나) – (라)
② (가) – (라) – (다) – (나)
③ (나) – (다) – (가) – (라)
④ (다) – (가) – (라) – (나)
⑤ (라) – (가) – (나) – (다)

17. 다음 글의 빈칸에 들어갈 단어로 적절한 것은?

> '수인의 딜레마'란 개인적인 관점에서는 합리적인 의사 결정이 전체적으로 보면 모두에게 더 불합리한 결과를 가져오는 상황으로, 우리가 일상적으로 흔히 처하게 되는 문제 상황이다. 이러한 상황에서 갈등은 두 가지의 의사 결정으로 일어나게 되는데, 한 가지는 개인의 관점에서의 합리적인 선택이고, 다른 한 가지는 전체의 관점에서 볼 때의 합리적인 선택이다. 결국 수인의 딜레마 상황은 개방사회에서 합리성과 (　　　　) 간의 갈등을 나타낸다.

① 개방성　② 도덕성　③ 신뢰성
④ 정체성　⑤ 자발성

18. 다음 글의 흐름상 빈칸에 들어갈 문장으로 적절한 것은?

> 고대의 노예들이 저항의 깃발을 들고 일어설 때는 그들의 굴종과 인내가 한계에 이르렀을 때이다. 이처럼 저항의 본질은 억압하는 자에 대한 공통의 분노와 원한이 확산되어 공통의 가치를 공유하게 되는 데 있다.
>
> (　　　　　　　　　　　　　　　　) 그리스도교의 정신과 의식을 원용하여 권력의 신성화에 성공한 중세의 지배체제는 너무도 견고하여 농민들의 눈물과 원한이 저항의 형태로 폭발하지 못했다. 한편 산업사회의 시민이나 노동자들은 평균적이고 안락한 생활이 위협받을 때에만 '저항의 광장'으로 나가는 모험을 감행했다. 그들이 바라고 지키려던 것은 가족, 주택, 자동차, 휴가였다.

① 시대의 흐름에 따라 저항은 여러 가지 모습으로 그 형태를 달리하였다.
② 저항에 나선 사람들이 느끼는 굴종과 인내의 한계는 시대와 그들이 처한 상황에 따라 다르게 나타난다.
③ 굴종과 인내의 한계는 시대가 변화함에 따라 달라졌고, 저항을 보는 사회적 시선도 그에 따라 변화됐다.
④ 사회와 시대가 발전되어 감에 따라 저항이 표출되는 행태 또한 예전과 달라졌지만 변함없이 우리 사회에 존재하여 왔다.
⑤ 지배계급을 향한 대규모 저항은 타인의 분노와 원한에 공감해야만 발생한다.

19. 다음 글의 빈칸에 들어갈 말로 적절한 것은?

> 죽음의 편재성(偏在性)이란 우리가 언제 어디서든 죽을 수 있다는 것을 뜻한다. 죽음의 편재성은 부인할 수 없는 사실이고, 그 사실은 우리에게 죽음에 대한 공포를 불러일으킨다. 보통 우리는 죽음의 공포를 불러일으키는 것을 회피대상으로 생각하고 가급적 피하려고 한다. 예를 들어, 어떤 세계에 아무도 죽지 않는 장소가 있다고 상상해 보자. 아마도 그 장소는 발 디딜 틈도 없이 북적일 것이다. 그 장소에서는 죽음의 공포를 피할 수 있기 때문이다. 따라서 죽음의 편재성이 우리에게 죽음의 공포를 불러일으키고, 이로 인해 우리는 죽음의 편재성을 회피대상으로 생각한다는 것을 알 수 있다.
>
> 그런데 이러한 생각이 항상 맞는 것은 아니다. 스카이다이빙과 같이 죽음의 공포를 기꺼이 감수하면서 즐기는 활동들이 있기 때문이다. 혹시 그 활동들이 죽음의 공포를 높이기 때문에 매력적으로 보이는 것은 아닐까? 스카이다이빙과 같은 사례는 인간에게 죽음의 공포를 불러일으키는 것이 반드시 회피대상은 아님을 보여준다. 그렇다면 앞서 상상해 본 세계와 관련된 우리의 생각에는 오류가 있다고 할 수 있다. 즉, (   )

① 죽음의 편재성을 반드시 공포를 불러일으키는 대상으로 볼 수는 없다.

② 죽음의 편재성이 불러일으키는 죽음의 공포란, 인간 개개인에 따라 얼마든지 그 크기가 달라질 수 있다.

③ 죽음의 편재성이 가져오는 죽음의 공포는 반드시 피해야 할 회피대상이 아닌, 맞서 대적해야 할 대상으로 인식된다.

④ 죽음의 편재성이 불러일으키는 공포가 유희성을 띤 활동에서는 발생하지 않는다.

⑤ 죽음의 편재성이 인간에게 죽음의 공포를 불러일으킨다고 해서 그것이 반드시 회피대상이라는 결론으로 나아갈 수는 없다.

20. 다음 글의 논지를 반박하는 근거는?

지구 곳곳에서 심각한 기후 변화가 나타나고 있고 그 원인이 인간의 활동에 있다는 주장은 일견 과학적인 것처럼 들리지만 따지고 보면 진실과는 거리가 먼, 다분히 정치적인 프로파간다에 불과하다. 즉, 온실가스 배출을 낮추기 위한 인간의 노력은 낭비일 뿐이다.

기후 변화가 일어나는 이유는 인간이 발생시키는 온실가스 때문이 아니라 태양의 활동 때문이라고 보는 것이 합리적이다. 태양 표면의 폭발이나 흑점의 변화는 지구의 기후 변화에 막대한 영향을 미친다. 결과적으로 태양의 활동이 활발해지면 지구의 기온이 올라가고 태양의 활동이 상대적으로 약해지면 기온이 내려간다. 태양 활동의 거시적 주기에 따라 지구 대기의 온도는 올라가다가 다시 낮아지게 될 것이다.

대기화학자 브림블컴은 런던의 대기 오염 상황을 16세기 말까지 추적해 올라가서 20세기까지 그 거시적 변화의 추이를 연구했는데 그 결과 매연의 양과 아황산가스농도가 모두 19세기 말까지 빠르게 증가했다가 그 이후 아주 빠르게 감소하여 1990년대에는 16세기 말보다도 낮은 수준에 도달했음이 밝혀졌다. 반면에 브림블컴이 연구 대상으로 삼은 수백 년 동안 지구의 평균 기온은 지속적으로 상승해왔다. 두 변수의 이런 독립적인 행태는 인간이 기후에 미치는 영향이 거의 없다는 것을 보여 준다.

① 지구의 온도가 상승하면서 인도의 벵골 호랑이와 중국의 판다 개체 수가 줄어들어 멸종 위기에 처해 있다.

② 1,500cc 자동차가 5분 동안 공회전을 하면 90g의 이산화탄소가 공기 중에 배출되고, 12km를 달릴 수 있는 정도의 연료가 소모된다.

③ 친환경 에너지타운, 생태마을 등을 조성하는 일이 실질적으로 미세먼지를 줄이는 데에 실효성이 있는지는 여전히 의문이다.

④ 미세먼지에 자주 노출되면 호흡기 및 심혈관계 질환을 발생시킬 위험이 있으며, 특히 10마이크로미터 이하의 미세한 입자들은 폐와 혈중으로 유입될 수 있다.

⑤ 최근 수십 년간 전 세계가 대기오염을 줄이기 위한 캠페인의 일환으로 숲을 조성한 결과 지구의 평균 기온 상승률이 어느 정도 완만해졌다.

영역 2

자료해석

20문항 / 15분

01. 다음 표에 대한 설명으로 옳은 것을 〈보기〉에서 모두 고르면?

〈A, B, C사 사원의 근무조건 만족도 평가〉

(단위 : 명)

구분	불만	어느 쪽도 아니다	만족	합계
A사	29	36	47	112
B사	73	11	58	142
C사	71	41	24	136
합계	173	88	129	390

| 보기 |

㉠ 설문조사에서 현재의 근무조건에 대해 불만을 나타낸 사람은 과반수가 되지 않는다.
㉡ B사와 C사의 불만 응답 비율은 모두 50%를 초과한다.
㉢ '어느 쪽도 아니다'라고 회답한 사람이 가장 적은 B사는 가장 근무조건이 좋은 기업이다.
㉣ '만족'이라고 답변한 사람이 가장 많은 B사가 근무조건이 가장 좋은 회사이다.

① ㉠, ㉡　② ㉠, ㉢　③ ㉡, ㉣
④ ㉡, ㉢　⑤ ㉢, ㉣

02. 다음 자료에 대한 설명으로 옳은 것은?

〈한국, 중국, 일본의 배타적 경제수역(EEZ) 내 조업현황〉

(단위 : 척, 일, 톤)

해역	어선 국적	구분	20X8년 12월	20X9년 11월	20X9년 12월
한국 EEZ	일본	입어척수	30	70	57
		조업일수	166	1,061	277
		어획량	338	2,176	1,177
	중국	입어척수	1,556	1,468	1,536
		조업일수	27,070	28,454	27,946
		어획량	18,911	9,445	21,230
중국 EEZ	한국	입어척수	68	58	62
		조업일수	1,211	789	1,122
		어획량	463	64	401
일본 EEZ	한국	입어척수	335	242	368
		조업일수	3,992	1,340	3,236
		어획량	5,949	500	8,233

① 20X9년 12월 중국 EEZ 내 한국어선 조업일수는 전월 대비 감소하였다.

② 20X9년 11월 한국어선의 일본 EEZ 입어척수는 전년 동월 대비 감소하였다.

③ 20X9년 12월 일본 EEZ 내 한국어선의 조업일수는 같은 기간 중국 EEZ 내 한국어선 조업일수의 3배 이상이다.

④ 20X9년 12월 일본어선의 한국 EEZ 내 입어척수당 조업일수는 전년 동월 대비 증가하였다.

⑤ 20X9년 11월 일본어선과 중국어선의 한국 EEZ 내 어획량 합은 같은 기간 중국 EEZ와 일본 EEZ 내 한국어선 어획량 합의 20배 이상이다.

03. 다음 국내 문화콘텐츠 산업의 매출액 · 수출액 · 고용현황 자료에 대한 설명으로 옳지 않은 것은?

(단위 : 조 원, 천 달러, 명)

구분	2X21년			2X22년			2X23년		
	매출액	수출액	고용현황	매출액	수출액	고용현황	매출액	수출액	고용현황
출판	20.61	250,764	206,926	21.24	357,881	203,226	21.24	283,439	198,691
만화	0.74	4,209	10,748	0.74	8,153	10,779	0.75	17,213	10,358
음악	2.74	31,269	76,539	2.96	83,262	76,654	3.82	196,113	78,181
게임	6.58	1,240,856	92,533	7.43	1,606,102	94,973	8.80	2,378,078	95,015
영화	3.31	14,122	28,041	3.43	13,583	30,561	3.77	15,829	29,569
애니메이션	0.42	89,651	4,170	0.51	96,827	4,349	0.53	115,941	4,646
방송(영상)	9.88	184,577	34,714	11.18	184,700	34,584	12.75	222,372	38,366
광고	9.19	93,152	33,509	10.32	75,554	34,438	12.17	102,224	34,647
캐릭터	5.36	236,521	23,406	5.90	276,328	25,102	7.21	392,266	26,418
지식정보	6.07	348,906	55,126	7.24	368,174	61,792	9.05	432,256	69,026
콘텐츠솔루션	2.18	114,675	17,089	2.36	118,510	19,540	2.87	146,281	19,813
합계	67.08	2,608,702	582,801	73.32	3,189,074	595,998	82.97	4,302,012	604,730

① 2X22년 문화콘텐츠 산업의 총매출액의 전년 대비 증가율은 10% 미만이다.
② 2X21 ~ 2X23년 문화콘텐츠 산업의 매출액 및 수출액은 전 분야에서 꾸준히 증가하였다.
③ 지난 3년간 가장 낮은 고용현황을 보이는 분야는 애니메이션 산업이다.
④ 문화콘텐츠 산업 가운데 주요 수출 종목은 게임과 지식정보 산업이다.
⑤ 2X21년과 2X22년 캐릭터 산업의 매출액 비중은 8% 전후이다.

04. 다음은 어느 제조업 회사 A 공장의 지난해 제품 X와 제품 Y의 분기별 생산량, 생산 비용 및 재고에 관한 자료이다. 이를 통해 추론한 내용으로 옳지 않은 것은? (단, 제품 X와 제품 Y는 지난해 1분기에 처음 제조 및 출시되었다)

〈제품 X와 제품 Y의 분기별 생산량〉

(단위 : 만 개)

구분	1분기	2분기	3분기	4분기
제품 X	329	519	449	364
제품 Y	1,079	2,485	1,967	1,338

〈제품 X와 제품 Y의 분기별 생산 비용〉

(단위 : 천만 원)

구분	1분기	2분기	3분기	4분기
제품 X	756	1,965	1,173	776
제품 Y	1,812	3,511	2,972	2,181

〈제품 X와 제품 Y의 분기별 재고〉

(단위 : 만 개)

구분	1분기	2분기	3분기	4분기
제품 X	101	29	135	277
제품 Y	174	308	632	958

① 두 제품의 수요는 2분기에 가장 많았다.

② 제품 Y의 재고는 매분기 50% 이상 증가하였다.

③ 제품 X의 개당 평균 생산 비용은 2분기에 가장 높다.

④ 제품 Y의 개당 판매 가격이 3,000원일 때, 1분기에 제품 Y를 판매하여 얻은 순이익은 100억 원 이상이다.

⑤ 제품 X의 생산량이 가장 적은 분기의 생산 비용은 제품 X의 생산량이 가장 많은 분기의 생산 비용의 50% 미만이다.

05. 다음은 유료방송서비스 가입자에 관한 표이다. 이에 대한 설명으로 옳은 것은?

(단위 : 명)

구분				2X21년	2X22년	2X23년
유료방송서비스 전체				19,419,782	22,062,740	22,294,159
유선방송	종합유선방송	디지털방송	유료시청	1,901,770	2,662,677	2,853,398
			무료시청	10,981	12,386	12,400
		아날로그방송	유료시청	12,900,924	12,093,121	11,894,754
			무료시청	199,552	285,671	277,092
		총계		15,013,227	15,053,855	15,037,644
	중계유선방송			216,573	176,106	184,178
	총계			15,229,800	15,229,961	15,221,822
일반위성방송				2,338,378	2,457,408	2,486,922
위성DMB				1,851,604	2,001,460	2,007,293
IPTV	실시간 IPTV			-	1,741,455	1,963,784
	Pre IPTV(VOD)			-	632,456	614,338
	총계			-	2,373,911	2,578,122

※ 유료방송서비스 중 둘 이상의 유료방송에 가입한 중복 가입자를 제외하지 않고 단순 합산함.

① 2X23년도 IPTV의 가입자 수는 전년 대비 약 10% 이상 증가하였다.

② 아날로그방송의 유 · 무료시청 가입자 수 모두 지속적으로 감소하고 있다.

③ 2X21년 유선방송에서 중계유선방송이 차지하는 비율은 5%가 채 되지 않는다.

④ 2X21 ~ 2X23년 유료방송 서비스 전체 가입자 수의 평균은 2천만 명 미만이다.

⑤ 아날로그 방송의 유료시청 가입자 수가 해마다 감소하는 원인은 디지털 방송의 유료시청 가입자 수 증가에서 찾을 수 있다.

06. 다음은 경쟁 관계에 있는 K 백화점과 J 백화점의 한 해 매출액과 인건비를 비교한 자료이다. 이에 대한 설명으로 옳은 것은?

(단위 : 명, 백만 원)

구분	종사자 수	매출액	매출원가	인건비
K 백화점	245	343,410	181,656	26,705
J 백화점	256	312,650	153,740	28,160

※ 매출 총이익 = 매출액 − 매출원가

※ 직원 1인당 평균 인건비 = $\frac{인건비}{종사자 수}$

① J 백화점은 K 백화점보다 매출액과 매출원가가 모두 높다.

② J 백화점의 매출 총이익이 K 백화점의 매출 총이익보다 많다.

③ J 백화점의 직원 1인당 평균 인건비는 K 백화점보다 적다.

④ K 백화점은 J 백화점보다 인건비 대비 매출액이 좋은 편이다.

⑤ J 백화점이 직원을 30명 줄이고 인건비를 3,000백만 원 낮추면 직원 1인당 평균 인건비는 K 백화점보다 적어진다.

07. 다음 자료에 대한 설명으로 옳은 것은?

〈신문 구독 여부〉

(단위 : %)

구분		신문을 본다고 응답한 비율	일반 신문	인터넷 신문
20X7년	전체	75.6	67.8	77.9
20X9년	남자	79.5	61.9	80.6
	여자	65.8	50.0	82.5

※ 20X9년 조사 대상 남녀의 수는 동일함.

① 20X7년에 신문을 본다고 응답한 사람 중 일반 신문과 인터넷 신문을 모두 보는 사람의 비율은 최소 67.8%이다.

② 20X7년과 20X9년 모두에서 신문을 본다고 응답한 인구수는 여자보다 남자가 더 많다.

③ 20X9년 남자 응답자 중 인터넷 신문을 본다고 응답한 사람의 비율은 62.94%이다.

④ 20X9년에 신문을 본다고 응답한 사람의 수는 20X5년에 비해 증가했다.

⑤ 20X9년에 신문을 본다고 응답한 사람 중 일반 신문을 본다고 응답한 인구수는 남자가 여자보다 많다.

08. 다음은 20X7년 설비투자 집행률에 대한 자료이다. 이에 대한 해석으로 옳지 않은 것은? (단, 집행률은 소수점 아래 둘째 자리에서 반올림한다)

〈20X7년 설비투자 집행률〉

(단위 : 조 원, %)

구분		계획(A)	실적(B)	집행률($\frac{B}{A}\times100$)
전체	합계	181.8	189.8	
	대기업	133.5	150.5	
	중견기업	23.6	18.0	
	중소기업	24.7	21.3	
제조업	합계	89.9	106.0	
	대기업	67.2	86.4	
	중견기업	13.1	10.8	
	중소기업	9.6	8.8	
비제조업	합계	91.9	83.8	
	대기업	66.3	64.1	
	중견기업	10.5	7.2	
	중소기업	15.1	12.5	

① 제조업 중 중소기업의 집행률은 91.7%이다.

② 제조업, 비제조업 모두 대기업, 중견기업, 중소기업의 집행률은 각각 70%를 웃돈다.

③ 제조업, 비제조업 모두 대기업의 집행률이 가장 높고, 중견기업의 집행률이 가장 낮다.

④ 제조업 중 중견기업은 20X7년 설비투자 계획에 비해 실적이 적었다.

⑤ 기업 단위로 비교할 때, 비제조업에 비해 제조업의 집행률이 모두 높았다.

09. 다음은 인접한 4개 국가의 상호 전력 수출입 현황을 나타낸 표이다. 이에 대한 설명으로 옳은 것을 〈보기〉에서 모두 고르면?

(단위 : 천 kW)

수출국 \ 수입국	N국	K국	S국	E국
N국	–	420	234	270
K국	153	–	552	635
S국	277	432	–	405
E국	105	215	330	–

| 보기 |

가. 전력의 수출량이 수입량보다 많은 국가는 2개이다.
나. 전력의 무역수지가 0에 가장 가까운 국가는 S국이다.
다. N국의 전력 총수입량의 2배가 넘는 전력량을 수출하는 국가는 2개이다.
라. N국이 모든 국가로의 수출량을 절반으로 줄이면 나머지 3개국 각각의 수입량은 모두 1,000천 kW 이하로 줄어든다.

※ 무역수지=수출－수입

① 가, 나, 다　② 가, 나, 라　③ 가, 다, 라
④ 나, 다, 라　⑤ 가, 나, 다, 라

권두 부록
영역별 빈출이론: 언어이해 자료해석 창의수리 언어추리 수열추리
기출유형문제: 1회 2회 3회 4회
인성 검사
면접 가이드

10. 다음 자료에 대한 설명으로 옳은 것을 〈보기〉에서 모두 고르면? (단, '구간 비용'은 이전 구간에서의 주유량과 연료 단가를 곱한 값을 해당 구간 주행거리로 나눈 값이다)

〈구간별 자동차 주행거리, 주유량, 연료 단가〉

구간	총 주행거리 (km)	구간 주행거리 (km)	주유량 (L)	연료 단가 (원/L)
1	0	0	30	1,900
2	428	428	40	1,900
3	935	507	35	2,000
4	1,351	416	40	2,000
5	1,846	495	30	1,900
6	2,225	379	45	1,800
7	2,812	587		

| 보기 |

ㄱ. 구간 주행거리는 지속적으로 증가하였다.
ㄴ. 4구간의 '구간 비용'이 5구간의 '구간 비용'보다 적다.
ㄷ. 7구간 이전까지의 구간당 평균 주유량은 35L 이상이다.
ㄹ. 1 ~ 6구간 중 연료 단가가 가장 낮은 구간에서 가장 많은 양을 주유하였다.

① ㄱ, ㄴ　② ㄱ, ㄹ　③ ㄴ, ㄷ
④ ㄴ, ㄹ　⑤ ㄷ, ㄹ

11. 다음 자료에 대한 설명으로 옳은 것을 〈보기〉에서 모두 고르면?

〈20X9년 운송업 종사자 수〉

(단위 : 명)

구분		육상 운송업	수상 운송업	항공 운송업	운송 관련 서비스업	계
상용 근로자	남자	305,343	16,897	13,639	120,649	456,528
	여자	22,645	3,332	11,150	37,856	74,983
	계	327,988	20,229	24,789	158,505	531,511
임시 근로자	남자	18,409	1,468	358	14,407	34,642
	여자	3,381	79	233	4,535	8,228
	계	21,790	1,547	591	18,942	42,870

| 보기 |

㉠ 전체 운송업 종사자 중에서 운송 관련 서비스업 종사자가 가장 많다.
㉡ 전체 상용근로자 중 여자가 차지하는 비율은 10%가 되지 않는다.
㉢ 전체 임시근로자 중 육상 운송업 종사자의 비율은 50%가 넘는다.
㉣ 운송 관련 서비스업에 종사하는 남자 임시근로자는 항공 운송업에 종사하는 여자 상용근로자보다 많다.

① ㉠, ㉡
② ㉡, ㉢
③ ㉢, ㉣
④ ㉠, ㉡, ㉢
⑤ ㉡, ㉢, ㉣

12. 다음 회계감리 결과(위반 또는 종결) 현황에 대한 표의 내용과 일치하지 않는 그래프는?

구분		표본감리(건)	협의감리(건)	위탁감리(건)	합계(건)
20X5년	감리	204	28	13	245
	위반	16	26	12	54
20X6년	감리	222	30	16	268
	위반	43	26	16	85
20X7년	감리	99	20	18	137
	위반	29	19	18	66
20X8년	감리	79	33	15	127
	위반	19	32	15	66
20X9년	감리	49	16	33	98
	위반	10	14	28	52

① 〈20X5년 회계감리 결과 비율〉

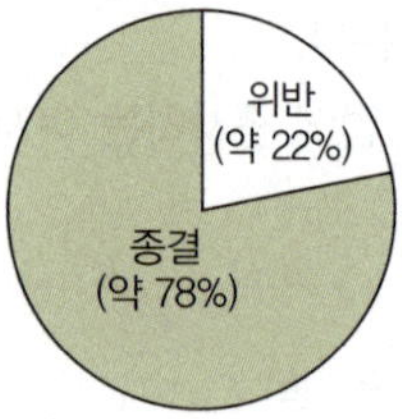

② 〈20X6년 표본감리 결과 비율〉

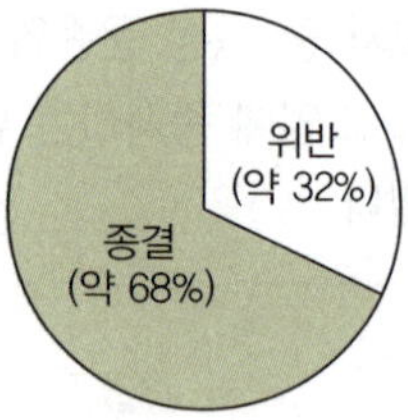

③ 〈20X7년 회계감리 종류별 비율〉

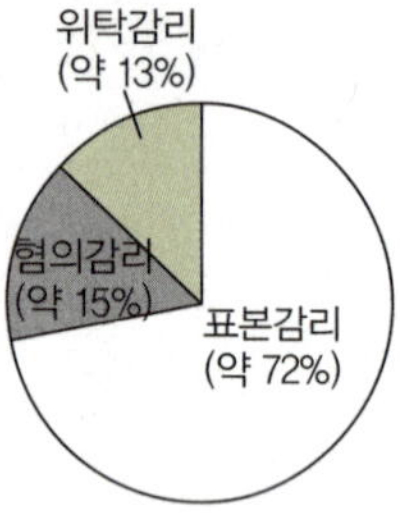

④ 〈20X8년 회계감리 종류별 비율〉

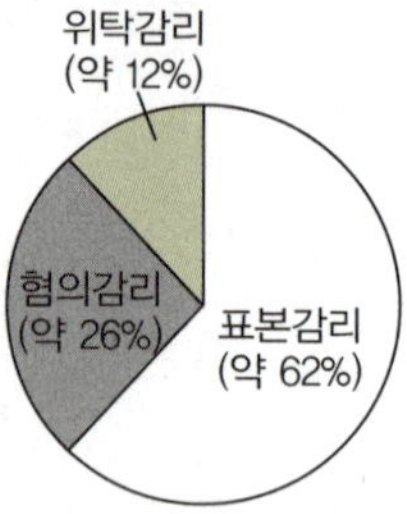

⑤ 〈20X9년 회계감리 위반 종류별 비율〉

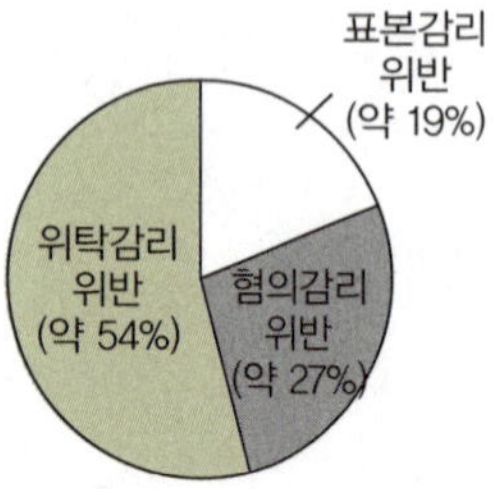

13. 다음은 A 기업의 기업경쟁력 평가에 관한 자료이다. 이에 대한 설명으로 옳은 것을 〈보기〉에서 모두 고르면?

〈A 기업의 기업경쟁력 평가 자료〉

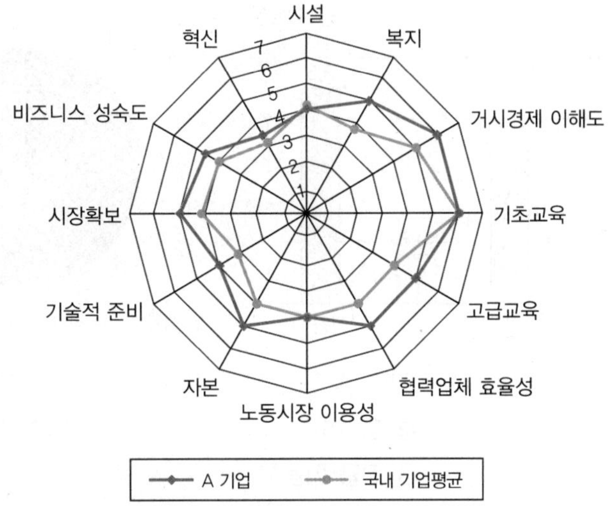

※ 1단계가 가장 낮고, 7단계가 가장 높음.

| 보기 |

㉠ A 기업과 국내 기업평균 간의 기업경쟁력 차이는 복지 부문보다 노동시장 이용성 부문에서 더 작게 나타난다.
㉡ 시장확보 부문에서 국내 기업평균 경쟁력 수준은 A 기업보다 높다.
㉢ A 기업의 12개 부문 중 기업경쟁력이 가장 낮게 평가된 분야는 혁신이다.
㉣ A 기업은 12개 부문 각각 국내 평균보다 높은 기업경쟁력을 보이고 있다.

① ㉠, ㉡ ② ㉠, ㉢ ③ ㉡, ㉢
④ ㉡, ㉣ ⑤ ㉢, ㉣

14. 다음은 ○○시 직원 A ~ D의 주평균 야근에 관한 자료이다. ㉠ ~ ㉣에 들어갈 값이 바르게 연결된 것은?

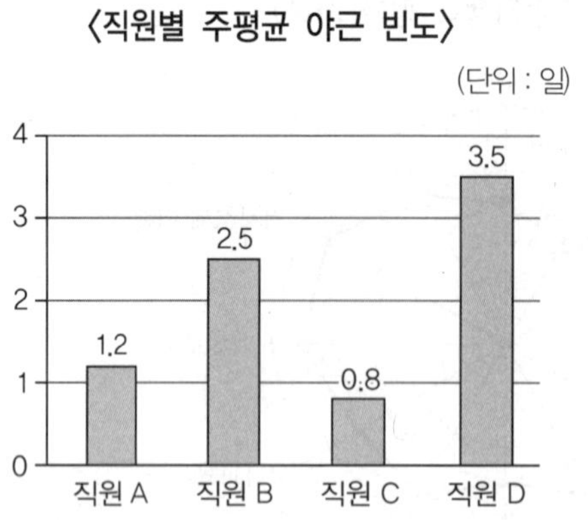

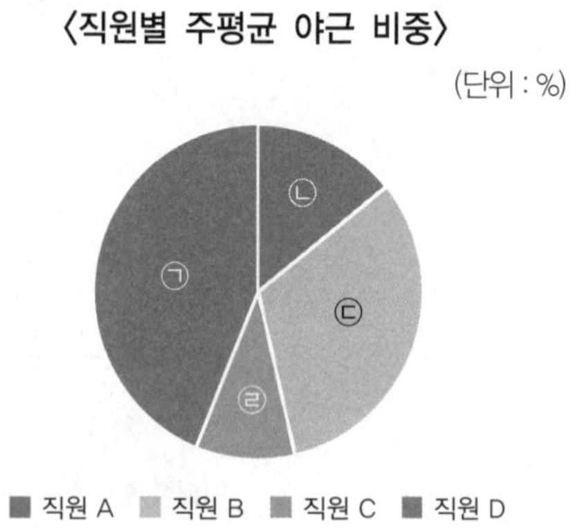

① ㉠ 46　　② ㉡ 15　　③ ㉢ 32
④ ㉣ 11　　⑤ 정답 없음.

15. 다음 자료에서 20X9년 65세 이상 인구가 100만 명이라면 생산 가능 인구는 몇 명인가? (단, 천의 자리에서 반올림한다)

〈부양 인구비〉

구분	20X5년	20X6년	20X7년	20X8년	20X9년
부양인구비(%)	39.1	36.8	36.3	36.2	37.1
소년부양인구비(%)	26.6	22	18.8	18.2	18.5
노년부양인구비(%)	12.5	14.8	17.5	18	18.6

※ 생산 가능 인구 : 15 ~ 64세 인구

※ 노년부양인구비(%) = $\frac{\text{65세 이상 인구}}{\text{생산 가능 인구}} \times 100$

※ 소년부양인구비(%) = $\frac{\text{15세 미만 인구}}{\text{생산 가능 인구}} \times 100$

※ 부양인구비(%) = $\frac{\text{15세 미만 인구} + \text{65세 이상 인구}}{\text{생산 가능 인구}} \times 100$

① 536만 명　　② 538만 명　　③ 540만 명
④ 542만 명　　⑤ 544만 명

16. 다음은 20X5 ~ 20X9년 동안 해외여행자 수의 전년 대비 증가율 추이를 나타낸 자료이다. 이에 대한 설명으로 옳은 것은?

〈목적별 해외여행자 수의 전년 대비 증가율〉

(단위 : %, 명)

구분	계	관광	업무	기타
20X5년	23.4 (8,426,867)	24.6 (7,028,001)	16.9 (1,120,230)	21.4 (278,636)
20X6년	14.7	15.3	9.3	19.1
20X7년	12.8	12.1	22.6	23.3
20X8년	−3.3	−4.2	0.7	−3.9
20X9년	10.9	13.1	0.5	18.6

※ (　) 안의 수치는 20X5년의 해외여행자 수이다.

① 전체 해외여행자 수의 전년 대비 증가 수는 20X7년이 20X6년보다 많다.
② 20X5년 대비 20X9년 업무 목적의 여행자 수는 감소하였다.
③ 20X5 ~ 20X9년 동안 관광 목적의 여행자 수가 전년 대비 가장 크게 감소한 해는 20X8년이다.
④ 20X6년 대비 20X8년 업무 목적의 여행자의 증가 수는 30만 명 이상이다.
⑤ 20X5 ~ 20X9년 동안 전체 해외여행자 수가 전년 대비 감소했던 해는 없다.

17. 다음은 보이스피싱 피해신고 건수 및 금액에 대한 자료이다. 이에 대한 설명으로 옳은 것은?

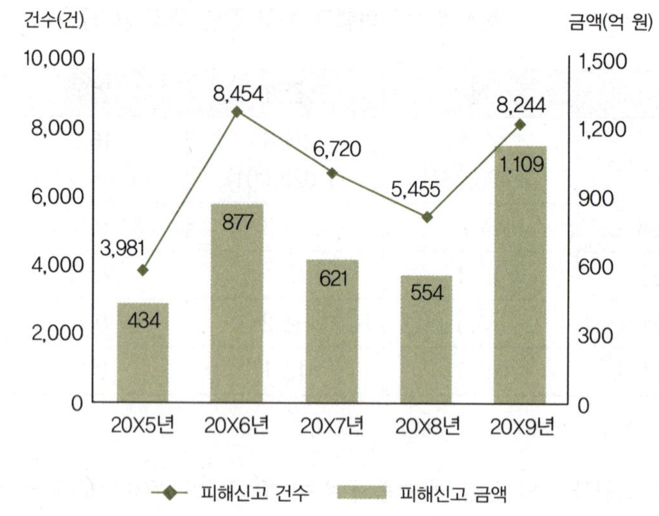

① 보이스피싱 피해신고 건수는 20X5년 이후 점차 감소하다가 20X9년 다시 급격히 증가하였다.

② 보이스피싱 피해신고 건수와 금액이 가장 많았던 해와 가장 적었던 해는 서로 같다.

③ 20X5 ~ 20X9년 보이스피싱 피해신고 금액의 평균은 700억 원에 미치지 못한다.

④ 전년 대비 20X9년 보이스피싱 피해신고 건수의 증가율은 50% 이상이다.

⑤ 20X9년 보이스피싱 피해신고 금액은 20X5년에 비해 약 2.3배 증가하였다.

18. 다음은 소나무재선충병 발생지역에 관한 자료이다. 제주의 고사한 소나무 수는 거제의 고사한 소나무 수의 약 몇 배인가? (단, 소수점 아래 둘째 자리에서 반올림한다)

〈소나무재선충병 발생지역별 소나무 수〉

(단위 : 천 그루)

발생지역	거제	경주	제주	청도	포항
소나무 수	1,590	2,981	1,201	279	2,312

〈소나무재선충병 발생지역별 감염률 및 고사율〉

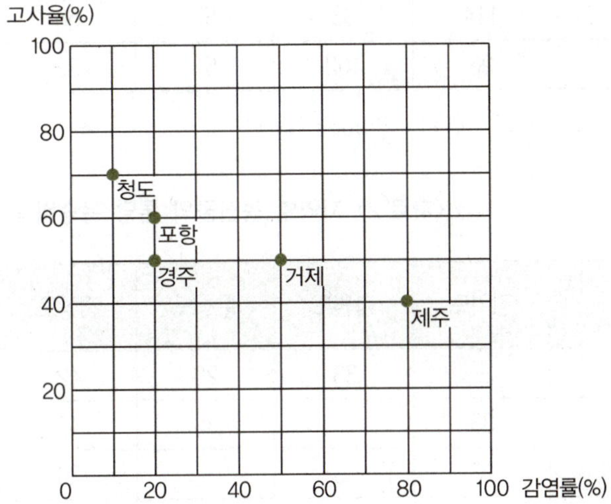

※ 감염률(%) = $\frac{\text{발생지역의 감염된 소나무 수}}{\text{발생지역의 소나무 수}} \times 100$

※ 고사율(%) = $\frac{\text{발생지역의 고사한 소나무 수}}{\text{발생지역의 감염된 소나무 수}} \times 100$

① 0.5배 ② 1.0배 ③ 1.5배
④ 2.0배 ⑤ 2.5배

19. 다음은 국내 농산물 출하 관련 자료이다. 이에 대한 옳은 설명을 〈보기〉에서 모두 고르면?

〈자료 1〉 지역별 농산물의 출하량

(단위 : 톤)

생산지＼도착지	경기도	강원도	충청도	경상도	전라도	제주도
경기도	–	72	58	120	65	105
강원도	48	–	66	36	59	60
충청도	125	75	–	66	85	43
경상도	86	51	69	–	87	22
전라도	114	33	53	58	–	92
제주도	96	102	55	32	40	–

※ 동일 지역 내로 출하되는 경우는 고려하지 않는다.

〈자료 2〉 지역별 농산물의 톤당 운송비용

(단위 : 천 원)

생산지＼도착지	경기도	강원도	충청도	경상도	전라도	제주도
경기도	–	33	25	42	45	75
강원도	35	–	38	45	47	82
충청도	23	36	–	20	16	66
경상도	39	46	22	–	13	60
전라도	42	45	18	13	–	12
제주도	78	80	70	57	14	–

| 보기 |

㉠ 농산물의 지역별 총생산량보다 도착한 출하량이 더 많은 지역은 2개 지역이다.

㉡ 경상도에서 생산된 농산물의 지역별 평균 출하량보다 많은 농산물이 경상도로부터 출하된 곳은 3개 지역이다.

㉢ 제주도에서 경기도로 출하한 농산물은 경기도에서 제주도로 출하한 농산물보다 적은 양이지만 총운송비용은 더 많다.

㉣ 경상도에서 생산한 농산물의 출하지별 총운송비용이 가장 많은 지역은 경기도이다.

① ㉢　　② ㉠, ㉡　　③ ㉢, ㉣

④ ㉠, ㉡, ㉣　　⑤ ㉠, ㉢, ㉣

20. 다음 자료에 대한 설명으로 옳지 않은 것은?

〈K 제품에 대한 각국의 물동량 현황〉

(단위 : 천 톤)

출발지 \ 도착지	태국	필리핀	인도	인도네시아
태국	–	25	33	30
필리핀	12	–	9	22
인도	23	15	–	10
인도네시아	16	24	6	–

① 출발지에서의 국가별 이동 물량의 순위는 '태국－인도－인도네시아－필리핀'의 순이다.

② 인도네시아에서 출발하는 국가별 K 제품이 모두 절반으로 감소해도 도착지의 국가별 도착량 순위는 바뀌지 않는다.

③ K 제품의 출발 물량과 도착 물량이 같은 국가가 있다.

④ 전체 출발 물량의 40% 이상을 차지하고 있는 국가는 없다.

⑤ 필리핀으로 도착하는 K 제품의 75%와 같은 양이 인도로 도착한다.

영역 3

창의수리

20문항 / 15분

01. 농도가 다른 A, B 소금물이 각각 400g씩 있다. 두 소금물에서 각각 100g씩 덜어내어 A 소금물에서 덜어낸 것을 B 소금물에, B 소금물에서 덜어낸 것을 A 소금물에 넣었더니 A 소금물의 농도는 5%, B 소금물의 농도는 6%가 되었다. A 소금물의 처음 농도는 몇 %인가?

① 4.5% ② 5% ③ 5.5%
④ 6% ⑤ 6.5%

02. 조립제품 한 개를 완성하는 데 A, B, C가 함께 일하면 4시간, A와 B가 함께 일하면 5시간, A와 C가 함께 일하면 6시간이 걸린다. B와 C가 24시간 동안 함께 일한다면 몇 개의 제품을 완성할 수 있는가? (단, 소수점 이하는 버린다)

① 2개 ② 3개 ③ 4개
④ 5개 ⑤ 6개

03. P와 Q가 조깅을 할 때 P는 5.4km/h, Q는 7.2km/h로 달린다. P가 S 지점에서 T 지점으로 달리기 시작함과 동시에 Q는 T 지점에서 S 지점을 향해 달리기 시작했다. P가 S 지점에서 T 지점까지 달리면 63분이 걸린다고 할 때, 두 사람이 만나는 것은 출발하고서 몇 분 후인가?

① 20분 30초 ② 24분 ③ 25분 30초
④ 27분 ⑤ 29분 30초

04. 길이가 570m인 철교를 완전히 통과하는 데 A 열차는 50초가 걸리고, A 열차보다 길이가 60m 짧은 B 열차는 23초가 걸린다. 두 열차가 철교의 양 끝에서 서로 마주 보는 방향으로 동시에 출발하면 A 열차가 출발한 곳으로부터 다리 길이의 $\frac{1}{3}$이 되는 지점에서 두 열차가 마주친다고 할 때, A 열차의 길이는? (단, 두 열차의 속력은 일정하다)

① 150m ② 180m ③ 200m
④ 210m ⑤ 240m

05. 다음 〈조건〉을 통해 알 수 있는 질문 1과 질문 2에 대한 답을 순서대로 나열한 것은?

| 조건 |

- 식사를 할 때마다 쿠폰에 도장을 1개씩 찍어 준다.
- 7개의 도장을 찍으면 식사 한 번이 무료이고, 무료 식사 시에는 도장을 찍어주지 않는다.
- 7개의 도장을 모두 찍으면 쿠폰을 바로 사용한다.

| 질문 |

- 질문 1 : 41번 식사를 하였다면 실제 지불한 돈은 식사 몇 번에 해당하는 금액인가?
- 질문 2 : 100번 식사를 하였다면 지금 쿠폰에 도장은 몇 개가 찍혀 있는가?

① 36번, 4개 ② 36번, 2개 ③ 34번, 4개
④ 34번, 3개 ⑤ 33번, 2개

06. 양궁 선수 A와 B는 각각 $\frac{7}{8}$과 $\frac{8}{9}$의 확률로 10점 과녁을 명중시킨다고 한다. 두 선수가 동시에 화살을 날렸을 때 두 명 모두 10점 과녁에 명중시키지 못할 확률은?

① $\frac{1}{72}$ ② $\frac{7}{9}$ ③ $\frac{1}{36}$
④ $\frac{1}{9}$ ⑤ $\frac{5}{36}$

07. A는 회사로 출근하던 도중 집에 중요한 서류를 두고 온 것을 깨닫고 다시 돌아가게 되었다. 다음을 참고할 때, A가 회사에 제시간에 도착하려면 최소 몇 km/h로 운전해야 하는가? (단, 모든 운송수단은 동일한 경로로 이동하며, 각각 일정한 속력으로 이동한다)

- 집에서 버스를 타고 60km/h의 속력으로 15분 동안 이동하였다. 버스를 타고 이동한 거리는 집에서 회사까지 거리의 절반이었다.
- 버스에서 내리자마자 집에서 서류를 가져오기 위해 택시를 타고 75km/h의 속력으로 이동하였다. 택시 승차 시각은 8시 20분이었다.
- 집에서 서류를 챙겨서 아파트 주차장에 있는 자신의 승용차를 타기까지 3분의 시간이 걸렸고, 바로 운전하여 회사로 출발하였다. 회사에 도착해야 할 시간은 9시이다.

① 68km/h　② 69km/h　③ 70km/h
④ 71km/h　⑤ 72km/h

08. 홍보부의 K 프로젝트를 완료하는 데 A 사원은 24일, B 사원은 20일, C 사원은 15일이 소요된다. 세 사원이 함께 이 프로젝트를 4일간 진행하였는데, 출장 일정이 잡혀 셋 중 한 명은 프로젝트를 진행할 수 없게 되었다. 5일 차부터 남은 프로젝트를 두 명의 사원이 진행한다고 할 때, 이후 프로젝트를 완료하기까지 최대 며칠이 더 걸리겠는가?

① 3일　② 4일　③ 5일
④ 6일　⑤ 7일

09. 농도가 6%인 설탕물 500g이 있다. 이 설탕물의 농도를 8%가 되도록 하려면 몇 g의 물을 증발시켜야 하는가?

① 100g　② 125g　③ 150g
④ 175g　⑤ 200g

10. 다음과 같이 구분된 구역에 색을 칠하고자 한다. 인접한 구역은 서로 같은 색으로 칠할 수 없으며 모든 구역을 색칠하는 데 최소 종류의 색을 이용한다고 할 때, 그림을 색칠하는 방법은 몇 가지인가?

① 120가지 ② 288가지 ③ 432가지
④ 648가지 ⑤ 720가지

11. A는 동우회 회원들과 함께 프로야구 경기를 관람하러 야구경기장을 찾았다. A가 응원하는 팀이 이길 확률은 비가 올 경우 $\frac{2}{5}$, 비가 오지 않을 경우 $\frac{2}{3}$라고 할 때, A가 응원하는 팀이 이길 확률은? (단, 야구장은 돔구장으로 비가 내려도 경기를 치를 수 있으며 비가 올 확률은 $\frac{1}{4}$이다)

① $\frac{3}{5}$ ② $\frac{1}{3}$ ③ $\frac{3}{4}$
④ $\frac{1}{10}$ ⑤ $\frac{7}{10}$

12. 16장의 종이에 큰 활자와 작은 활자를 사용하여 21,000자의 활자를 찍으려 한다. 큰 활자는 한 장에 1,200자가 들어가고, 작은 활자는 한 장에 1,500자가 들어간다면, 작은 활자를 사용한 종이는 몇 장인가? (단, 종이 한 장당 들어가는 활자는 큰 활자 또는 작은 활자 중 한 종류여야만 한다)

① 6장 ② 7장 ③ 8장
④ 9장 ⑤ 10장

13. 톱니 수가 각각 24개, 54개, 36개인 톱니바퀴 A, B, C가 서로 맞물려 있다. 이 세 개의 톱니바퀴들이 회전을 시작하고 다시 처음 상태로 돌아오려면, 톱니바퀴 A는 최소 몇 번을 회전해야 하는가?

① 7번
② 9번
③ 11번
④ 13번
⑤ 15번

14. 수조에 물을 퍼 담아 가득 채우는 데 A는 3분, B는 9분이 걸린다. 또한 가득 찬 물을 빼는 데 C는 6분, D는 12분이 걸린다. 물이 절반 높이까지 차 있는 상태에서 A와 B는 물을 채우고 C와 D는 물을 뺄 경우 수조에 물이 가득 차는 데까지 걸리는 시간은?

① $\frac{15}{7}$분
② $\frac{16}{7}$분
③ $\frac{17}{7}$분
④ $\frac{18}{7}$분
⑤ $\frac{19}{7}$분

15. 농도가 각각 16%, 26%인 설탕물 A, B가 100g씩 있다. A에서 25g을 덜어내어 B에 넣고 잘 섞은 후에 다시 B에서 25g을 덜어내어 A에 넣은 후에 섞으면 설탕물 A의 농도는 몇 %인가?

① 12%
② 16%
③ 18%
④ 20%
⑤ 22%

16. ○○회사의 영업부 직원인 K 씨는 A 대리점에 다녀왔다. 차를 타고 A 대리점에 갈 때는 시속 70km로 가고, 다시 회사로 돌아올 때는 시속 80km로 달렸다. 왕복하는 데 총 1시간 30분이 걸렸다면 A 대리점까지의 거리는 몇 km인가?

① 50km
② 53km
③ 56km
④ 62km
⑤ 65km

17. 100명이 응시한 자격증 시험에서 20%가 합격하였는데 합격자의 평균 점수가 80점이었다. 전체 평균 점수가 70점이라고 할 때 불합격자의 평균 점수는?

① 65점
② 67.5점
③ 69점
④ 69.5점
⑤ 70점

18. 피자가게에서 부가세를 15%로 잘못 알아 피자 가격을 부가세 포함 18,400원으로 책정하였다. 부가세를 10%로 계산하면 부가세를 포함한 피자 가격은 얼마인가?

① 16,600원
② 16,800원
③ 17,600원
④ 17,800원
⑤ 18,000원

19. 다음과 같은 상황에서 6명의 직원이 앉을 수 있는 경우의 수는 몇 가지인가?

> A 기업 B 부서가 직원 회식을 하게 되었다. B 부서의 전체 직원 수는 총 6명이며, 원형 테이블의 식당에서 회식을 하기로 하였다. B 부서의 회식 준비 담당자는 6명의 직원을 어떻게 앉도록 하는 것이 좋을지 고민 중이다.

① 6가지
② 12가지
③ 24가지
④ 120가지
⑤ 720가지

20. S 공장 전체 직원 중 50%, 남자 직원 중 40%가 안경을 썼다. 남자가 여자보다 안경을 쓴 직원이 5명 더 많고 총 직원 수가 150명이라면, S 공장의 남자 직원은 모두 몇 명인가?

① 50명
② 75명
③ 100명
④ 125명
⑤ 150명

영역 4

언어추리

20문항 / 15분

01. 수영, 우진, 미정, 아영, 가희는 다섯 가지의 디저트가 코스로 서빙되는 디저트 카페에 방문하였다. 이들에게 디저트가 서빙되는 순서는 모두 다르며 동일 코스에서 디저트는 서로 겹치지 않는다면, 우진이 두 번째로 먹은 디저트와 미정이 마지막으로 먹게 될 디저트는 각각 무엇인가?

> ㉠ 다섯 가지 디저트의 종류는 딸기 케이크, 망고 무스, 레몬 마카롱, 딸기 젤리, 흑임자 아이스크림이다.
> ㉡ 현재 각자 세 번째 디저트를 맛보고 있으며 수영은 레몬 마카롱, 우진은 딸기 젤리, 미정은 망고 무스, 아영은 딸기 케이크, 가희는 흑임자 아이스크림을 먹고 있다.
> ㉢ 우진이 마지막으로 먹게 될 코스는 수영이 처음으로 먹은 디저트이다.
> ㉣ 수영이 아직 맛보지 않은 디저트는 딸기 젤리와 흑임자 아이스크림이다.
> ㉤ 미정은 두 번째 코스로 딸기 케이크를 먹었고, 네 번째 코스로 레몬 마카롱을 먹을 것이다.
> ㉥ 지금까지 딸기 젤리를 먹은 사람은 우진, 미정, 가희이다.
> ㉦ 아영이는 두 번째 코스에 미정이가 네 번째로 먹을 디저트를 맛보지 않았다.

	우진	미정
①	딸기 젤리	레몬 마카롱
②	딸기 케이크	흑임자 아이스크림
③	흑임자 아이스크림	딸기 젤리
④	레몬 마카롱	딸기 젤리
⑤	레몬 마카롱	흑임자 아이스크림

02. **카페 원탁에 A ~ F 6명이 같은 간격으로 앉아 커피, 홍차, 콜라 중 하나를 각각 주문하였다. 좌석과 주문한 음료 상태가 다음과 같을 때, 반드시 참인 것은?**

- A의 한 좌석 건너 앉은 E는 콜라를 주문하였다.
- B의 맞은편에 앉은 사람은 D이다.
- C의 양 옆에 앉은 사람은 모두 커피를 주문하였다.

① A는 커피를 주문했다.
② B는 A 옆에 앉지 않았다.
③ E의 양옆은 D와 F였다.
④ F는 홍차를 주문했다.
⑤ 옆에 앉은 사람끼리는 각각 다른 음료를 주문했다.

03. **A ~ E 다섯 사원은 이번 주 평일에 당직 근무를 선다. 하루에 두 명씩 당직을 서고 근무 배정은 다음과 같을 때, 반드시 참인 것은? (단, 다섯 명 모두 당직을 서는 횟수는 동일하다)**

- E는 금요일 당직을 선다.
- 수요일은 A와 C가 당직을 선다.
- D는 수요일 이후로 당직 근무를 서지 않는다.
- A와 E는 이번 주에 한 번씩 D와 함께 당직을 선다.

① A는 두 번 연이어 당직을 선다.
② B는 화요일과 목요일에 당직을 선다.
③ E는 월요일과 금요일에 당직을 선다.
④ 목요일에는 B와 C가 당직을 선다.
⑤ B와 E는 함께 당직을 서지 않는다.

04. 영업본부 A, B, C, D 네 개의 부서가 축구시합을 벌이는데 리그전을 통해 관리본부와의 결선에 진출하게 된다. 이기면 3점, 무승부면 1점, 지면 0점이 주어지며 승점이 많은 상위 두 개의 부서가 결선에 진출한다. 다음 경기 결과를 근거로 할 때, 결선에 진출할 두 개의 부서는? (단, 하나의 부서만 무승부 기록이 없다)

- A 부서는 D 부서를 이겼고, 한 번의 무승부를 기록했다.
- B 부서는 A 부서에게 졌고, 무승부 기록이 없는 부서에게 이겼다.
- C 부서는 A 부서에게 진 부서들과 1무 1패를 기록하였다.

① A, B 부서　② A, C 부서　③ A, D 부서
④ B, C 부서　⑤ B, D 부서

05. 다음은 알레르기 반응과 알레르기 약의 효능에 관한 기술이다. 알레르기 반응의 원인이 새우, 복숭아 또는 땅콩이라고 할 때, 다음 중 옳지 않은 설명은? (단, 알레르기의 원인이 있는 요인들은 독립적으로 영향을 주고, 모든 사람들은 동일한 알레르기 약을 먹었으며, 해당 알레르기 약을 먹은 모든 사람에게 동일한 효과를 보인다)

㉠ A는 새우를 먹었고 두드러기가 났다.
㉡ A는 새우와 복숭아를 먹고 알레르기 약도 먹었으나 두드러기가 났다.
㉢ B는 복숭아를 먹고 두드러기가 났으나 알레르기 약을 먹고 가라앉았다.
㉣ C는 땅콩을 먹었고 두드러기가 났다.
㉤ C는 땅콩을 먹으면서 알레르기 약을 같이 먹었고, 두드러기가 나지 않았다.

① ㉠, ㉡의 경우만 고려하면 A는 새우와 복숭아 알레르기를 모두 가지고 있다.
② ㉣, ㉤의 경우만 고려하면 알레르기 약은 땅콩 알레르기에 효과가 있다.
③ ㉠, ㉡, ㉢의 경우만 고려하면 알레르기 약은 새우 알레르기에는 효과가 없다.
④ ㉢, ㉣, ㉤의 경우만 고려하면 알레르기 약은 복숭아와 땅콩 알레르기 모두에 효과가 있다.
⑤ ㉠～㉤ 모두를 고려하면 A, B, C 세 사람은 모두 최소한 한 가지 이상의 알레르기가 있다.

06. 다음 명제가 모두 참일 때, 반드시 참이 되는 것은?

- 나무를 좋아하는 사람은 새를 좋아한다.
- 하늘을 좋아하는 사람은 꽃을 좋아하며 숲을 좋아한다.
- 숲을 좋아하는 사람은 나무를 좋아한다.

① 숲을 좋아하는 사람은 꽃을 좋아한다.
② 꽃을 좋아하는 사람은 자연을 좋아한다.
③ 새를 좋아하는 사람은 하늘을 좋아한다.
④ 하늘을 좋아하는 사람은 새를 좋아한다.
⑤ 하늘을 좋아하는 사람은 나무를 좋아하지 않는다.

07. ○○기업은 최근 감사를 진행하던 중에 부정청탁을 받은 정황을 포착하였다. 이에 관련된 직원 4명을 불러 조사한 결과, 다음과 같은 사실을 알 수 있었다. 반드시 부정청탁을 받은 사람은?

- 해미는 부정청탁을 받은 사실이 없다.
- 유결이 부정청탁을 받았다면 다른 한 명도 부정청탁을 받았다.
- 문영이 부정청탁을 받았다면 다른 두 명도 부정청탁을 받았다.
- 해미, 유결, 문영, 기현 중 최소 한 명은 부정청탁을 받았다.

① 해미　　② 유결　　③ 문영
④ 기현　　⑤ 문영, 기현

08. 다음 A ~ G 7개 기업의 난방비에 대한 20XX년도 조사 결과에 근거하여 난방비가 적은 기업부터 순서대로 나열한 것은?

> (ㄱ) B 기업의 난방비와 C 기업의 난방비는 같다.
> (ㄴ) A 기업의 난방비는 F 기업의 난방비와 D 기업의 난방비를 합한 것과 같다.
> (ㄷ) G 기업의 난방비가 가장 낮다.
> (ㄹ) E 기업의 난방비는 C 기업, A 기업, D 기업의 난방비를 모두 합한 것과 같다.
> (ㅁ) B 기업의 난방비는 A 기업의 난방비와 D 기업의 난방비를 합한 것과 같다.
> (ㅂ) D 기업의 난방비는 F 기업의 난방비의 3배이다.

① G < A < B = C < D < F < E
② G < D < B = C < A < F < E
③ G < A < D < B = C < E < F
④ G < F < D < B = C < A < E
⑤ G < F < D < A < B = C < E

09. **○○기업에서는 신입사원과 선임들이 팀을 이루어 멘토링 프로그램을 진행하려고 한다. 다음 〈조건〉을 토대로 할 때, 옳지 않은 것은?**

| 조건 |

- 신입사원은 A, B, C, D, E 5명이고 선임은 (가), (나), (다) 3명이다.
- B와 E는 같은 팀이다.
- (다) 선임은 C와 같은 팀이다.
- D는 (가) 선임과 같은 팀이 아니다.
- A, B, C, D, E 중 (가) 선임과 팀을 이룬 사람은 1명이다.
- (가), (나), (다)는 신입사원 2명 또는 1명과 팀을 이루며, 팀을 이루지 않는 사람은 없다.

① 선임 (나)는 B의 멘토이다.
② 선임 (다)는 D의 멘토이다.
③ A와 C의 선임은 같다.
④ A와 D는 같은 팀이 아니다.
⑤ C와 D는 같은 팀이다.

10. **연초에 본사로부터 6개 지사에 대해 최고책임자인 가 ~ 바 지사장들의 인사발령이 있었다. 본사와 지사의 배치가 〈보기〉와 같을 때, E 지사에 근무하는 지사장은 누구인가?**

| 보기 |

- 회사의 배치는 일직선인 '본사 – A 지사 – B 지사 – C 지사 – D 지사 – E 지사 – F 지사'이다.
- 가 지사장은 본사와 가장 가까운 곳에서 근무한다.
- 나 지사장은 다 지사장보다 본사와 더 가까이 있으며, 나 지사장과 다 지사장은 바로 옆 지사에서 근무하지 않는다.
- 마 지사장은 가 지사장과 나 지사장 사이에서 근무한다.
- 바 지사장은 본사에서 제일 먼 곳에서 근무한다.

① 가
② 나
③ 다
④ 라
⑤ 마

11. **한 생산부서에서 각각의 생산 공정을 담당한 직원 4명 중 1명의 작업 실수로 불량이 발생했다. 이에 관한 아래 증언 중 1명만이 거짓을 말하고 있다면, 거짓을 말한 직원과 불량의 원인이 되는 작업을 담당한 직원을 차례로 나열한 것은?**

직원 A는 포장 작업, B는 제품 실행, C는 색칠 작업, D는 원료 분류를 담당하고 있다.

- 직원 A의 증언 : 포장 작업은 불량의 원인이 아닙니다.
- 직원 B의 증언 : 원료를 잘못 분류했으니 불량이 나오는 것입니다.
- 직원 C의 증언 : 색칠 작업에서는 불량이 나올 수가 없습니다.
- 직원 D의 증언 : 제가 보기엔 포장 작업에서 불량이 나옵니다.

① 직원 A, A　② 직원 A, D　③ 직원 B, D
④ 직원 D, A　⑤ 직원 D, D

12. **일 년 동안 개근한 사원에게 포상을 하기 위해 사내 설문조사를 실시하였다. 결과가 다음과 같을 때 추론한 내용으로 적절한 것은?**

포상의 종류는 네 가지로 상여금, 진급, 유급 휴가, 연봉 인상이 있으며 설문지에는 '선택함'과 '선택하지 않음'의 두 가지 선택지만 존재한다.

- 진급을 선택한 사람은 상여금을 선택하지 않는다.
- 유급 휴가를 선택하지 않은 사람은 상여금을 선택한다.
- 유급 휴가를 선택한 사람은 연봉 인상을 선택하지 않는다.

① 상여금을 선택한 사람은 연봉 인상을 선택한다.
② 진급을 선택한 사람은 연봉 인상을 선택한다.
③ 유급 휴가를 선택한 사람은 진급을 선택하지 않는다.
④ 연봉 인상을 선택한 사람은 진급을 선택하지 않는다.
⑤ 상여금을 선택한 사람은 유급 휴가를 선택한다.

13. 다음 명제들이 참일 때, 반드시 참인 것은?

- 국어 수업을 듣는 학생은 A 선생님의 수업을 좋아한다.
- B 선생님의 수업을 좋아하는 학생은 과학 수업을 듣지 않는다.
- 영어 수업을 듣는 학생은 국어 수업도 듣는다.
- B 선생님의 수업을 좋아하지 않는 학생은 A 선생님의 수업도 좋아하지 않는다.

① 국어 수업을 듣는 학생은 영어 수업을 듣는다.
② 과학 수업을 듣는 학생은 국어 수업을 듣지 않는다.
③ 과학 수업을 듣지 않는 학생은 A 선생님의 수업을 좋아한다.
④ A 선생님의 수업을 좋아하지 않는 학생은 영어 수업을 듣는다.
⑤ 영어 수업을 듣지 않는 학생은 국어 수업도 듣지 않는다.

14. 다음 명제들이 모두 참이라고 할 때, 반드시 참인 것은?

- 피자를 먹은 사람은 샐러드를 먹었다.
- 리소토를 먹은 사람은 스파게티를 먹지 않았다.
- 피자를 먹은 사람은 김밥을 먹지 않았다.
- 리소토를 먹은 사람은 피자를 먹지 않았다.

① 샐러드를 먹은 사람은 모두 피자를 먹었다.
② 스파게티를 먹지 않은 사람은 리소토를 먹은 사람이다.
③ 김밥을 먹지 않은 사람은 피자를 먹은 사람이다.
④ 샐러드를 먹지 않은 사람은 피자를 먹지 않은 사람이다.
⑤ 피자를 먹지 않은 사람은 리소토를 먹은 사람이다.

15. 다음의 〈조건〉이 참일 때, 반드시 참인 추론을 〈보기〉에서 모두 고른 것은?

| 조건 |

규칙을 잘 지키거나 협동 정신이 강하면, 동정심이 강하고 성실하다.

| 보기 |

ㄱ. 동정심이 약하거나 성실하지 않으면, 규칙을 잘 지키지도 않고 협동 정신도 약하다.
ㄴ. 규칙을 잘 지키지도 않으면서 협동 정신도 강하지 않으면, 동정심이 강하지 않거나 성실하지 않다.
ㄷ. 규칙을 잘 지키고 협동 정신이 강한 동시에, 동정심이 약하거나 성실하지 않을 수 있다.

① ㄱ　② ㄱ, ㄴ　③ ㄱ, ㄷ
④ ㄴ, ㄷ　⑤ ㄱ, ㄴ, ㄷ

16. 5층짜리 건물에 5명이 각각 다른 층에 거주하고 있으며, 모두 다른 직업을 가지고 있다. 〈조건〉을 바탕으로 할 때, 4층에 거주하고 있는 사람의 직업은?

| 조건 |

- 시나리오 작가의 위층에는 아무도 살지 않으며, 시나리오 작가와 새로운 영화를 준비하는 감독이 같은 건물에 살아 마감 원고를 들고 두 개의 층을 내려갔다.
- 경찰은 자신이 있는 동안은 건물 보안을 책임지겠다며 자발적으로 1층에 입주하였다.
- 교사는 체험학습 프로그램을 고민하던 중 같은 건물 2층에 사는 국립과학박물관의 큐레이터에게 전시 정보를 물어보았다.

① 경찰　② 큐레이터　③ 영화감독
④ 교사　⑤ 시나리오 작가

17. 용인에 있는 ○○화랑에서 지난 금요일 오후 10시에 도둑이 들어 그림이 도난되는 사건이 발생하였다. 용의자는 A, B, C, D, E 5명으로 이 중 두 사람이 거짓을 말하고 있고, 거짓을 말한 사람들 중 한 명이 그림을 훔친 범인이다. 용의자들의 진술이 다음과 같을 때, 그림을 훔친 범인은?

- A : 나는 지난 금요일 오후 10시에 종로에 있었다.
- B : 나는 그날 오후 10시에 A와 C랑 함께 있었다.
- C : B는 그날 오후 10시에 A와 함께 인천에 있었다.
- D : C는 그날 오후 10시에 나와 단둘이 있었다.
- E : B의 진술은 참이다.

① A　② B　③ C
④ D　⑤ E

18. A, B, C, D는 가수, 탤런트, 개그맨, MC의 네 분야 중 각각 두 분야에서 활동하고 있다. 이들의 활동 영역에 대한 〈조건〉이 다음과 같을 때 B의 활동 분야는?

| 조건 |

- 개그맨인 사람은 가수와 MC가 아니다.
- 가수와 탤런트 분야에서 활동하는 사람들은 두 분야 모두 3명씩이다.
- D는 개그맨이다.
- B와 C의 활동 분야는 동일하다.
- MC인 사람은 한 명이다.

① 가수, 탤런트　② 가수, MC
③ 개그맨, 탤런트　④ MC, 탤런트
⑤ MC, 개그맨

19. 갑, 을, 병 3명의 심사위원들이 사원 A, B, C에 대하여 업무성과평가를 진행하였다. 이 평가는 1 ~ 3등급으로 구분되며, 1등급은 3점, 2등급은 2점, 3등급은 1점으로 환산한다. 업무성과평가의 결과가 다음과 같을 때 〈보기〉 중 항상 옳은 것은?

- 심사위원 '갑'은 사원 A, B, C 모두에게 1등급을 주었다.
- 사원 B는 심사위원 1명에게서만 1등급을 받았다.
- 심사위원 '병'은 사원 C에게 3등급을 주었다.
- 최종 평가에서 사원 C가 가장 높은 점수를 받았다.
- 사원 A는 심사위원 1명에게 2등급을 받았다.

| 보기 |

㉠ 심사위원 '을'은 사원 C에게 1등급을 주었다.
㉡ 사원 A는 사원 B보다 종합점수가 높다.
㉢ 사원 A는 적어도 1명에게 3등급을 받았을 것이다.

① ㉡ ② ㉠, ㉡ ③ ㉠, ㉢
④ ㉡, ㉢ ⑤ ㉠, ㉡, ㉢

20. A 제품을 생산하는 공정에는 총 4단계의 오류 점검 단계가 있다. 갑, 을, 병, 정 네 사람이 각각 순서대로 1단계, 2단계, 3단계, 4단계를 점검하는데, 그 결과 한 단계에서만 오류가 발견되었다. 네 명 중 한 명만 거짓을 말하고 있을 때, 거짓을 말한 사람과 오류가 있는 단계를 바르게 고른 것은?

- 갑 : 3단계에서 오류가 있었습니다.
- 을 : 저는 오류를 발견하지 못했습니다.
- 병 : 2단계에서 오류가 있었습니다.
- 정 : 4단계에는 오류가 전혀 없었습니다.

	거짓을 말한 사람	오류가 있는 단계
①	갑	2단계
②	을	2단계
③	을	3단계
④	병	2단계
⑤	병	3단계

영역 5

수열추리

20문항 / 15분

[01 ~ 10] 다음 수열의 규칙을 찾아 '?'에 들어갈 알맞은 수를 고르시오.

01.

2.25　2.59　2.94　3.3　(?)

① 3.57　② 3.67　③ 3.77
④ 3.87　⑤ 3.97

02.

2	6	3	2	8	4
	49	(?)	77	84	

① 24　② 31　③ 49
④ 54　⑤ 66

03.

1　−1　1　1　2　−2　6　(?)

① −3　② 1　③ 3
④ 6　⑤ 8

04.

1.2 2 1.5 5 2.1 11 2.4 14 (?) 20

① 2.7 ② 3 ③ 3.2
④ 4 ⑤ 4.1

05.

1 2 4 7 13 17 40 (?) 121

① 37 ② 42 ③ 84
④ 115 ⑤ 121

06.

2.2 4.3 6.6 9.1 11.8 14.7 (?)

① 15.9 ② 17.8 ③ 19.2
④ 21.1 ⑤ 22.5

07.

$\frac{4}{9}$ (?) $\frac{24}{54}$ $\frac{48}{162}$ $\frac{144}{324}$

① $\frac{12}{18}$ ② $\frac{8}{27}$ ③ $\frac{12}{36}$
④ $\frac{8}{45}$ ⑤ $\frac{11}{45}$

08.

8 6 6　　4 1 9　　3 2 (?)

① 1　　② 2　　③ 3
④ 4　　⑤ 6

09.

2 7 5　　8 9 9　　13 3 (?)

① 10　　② 11　　③ 12
④ 13　　⑤ 14

10.

$\frac{1\ 2\ 3\ 5}{2}$　　$\frac{2\ 3\ 5\ 9}{3}$　　$\frac{3\ 5\ 7\ 10}{4}$　　$\frac{3\ 7\ 10\ (\ ?\ )}{5}$

① 13　　② 14　　③ 15
④ 16　　⑤ 17

11. 다음 숫자들의 배열 규칙에 따라 '?'에 들어갈 알맞은 숫자는?

위	왼쪽 아래	오른쪽 아래
2	17	36
9	23	55
13	39	(?)

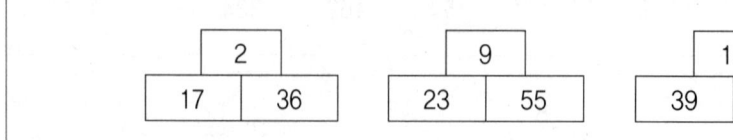

① 91　　② 92　　③ 93
④ 94　　⑤ 95

12. 다음 숫자들의 배열 규칙에 따라 '?'에 들어갈 알맞은 숫자는?

1	2	$\frac{1}{2}$
6	18	2

10	5	20
12	18	(?)

① 6 ② 7 ③ 8 ④ 9 ⑤ 10

13. 다음 숫자들의 배열 규칙에 따라 '?'에 들어갈 알맞은 숫자는?

			7
17			11
21			15
25		(?)	
29	27		23

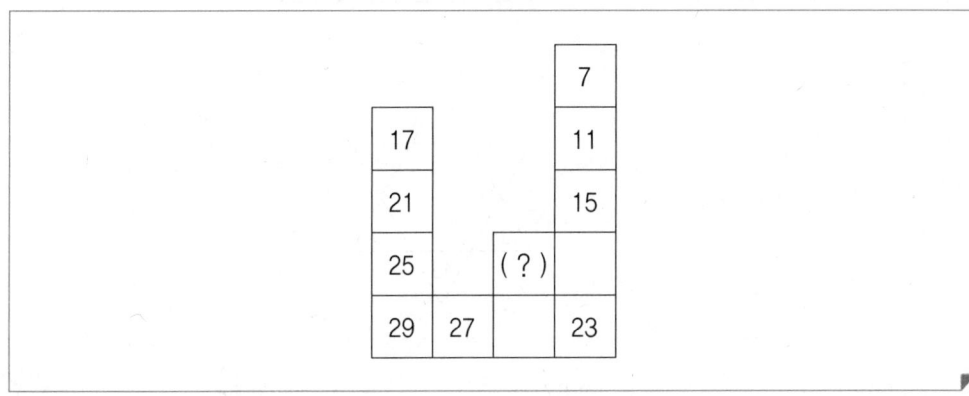

① 19 ② 21 ③ 25 ④ 29 ⑤ 31

14. ⬇자리부터 시작해 시계 방향으로 돌아갈 때 '?'에 들어갈 알맞은 숫자는?

	⬇	
(?)	4	16
196		36
144	100	64

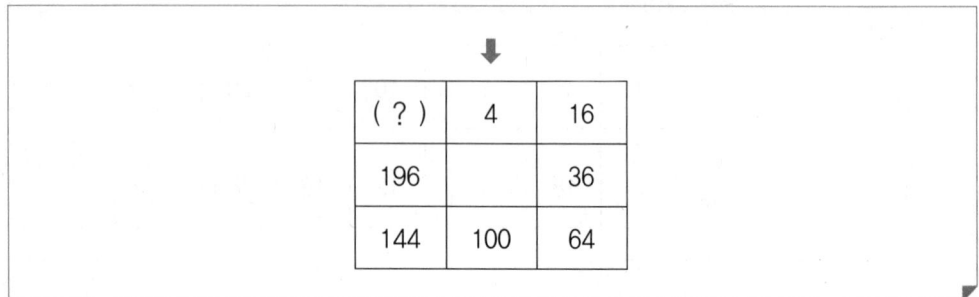

① 240 ② 256 ③ 512
④ 556 ⑤ 784

15. 다음 숫자들의 배열 규칙에 따라 '?'에 들어갈 알맞은 숫자는?

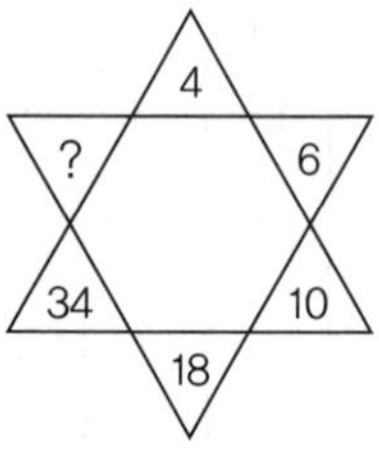

① 66 ② 67 ③ 68
④ 69 ⑤ 70

16. 다음 숫자들의 배열 규칙에 따라 '?'에 들어갈 숫자로 알맞은 것은?

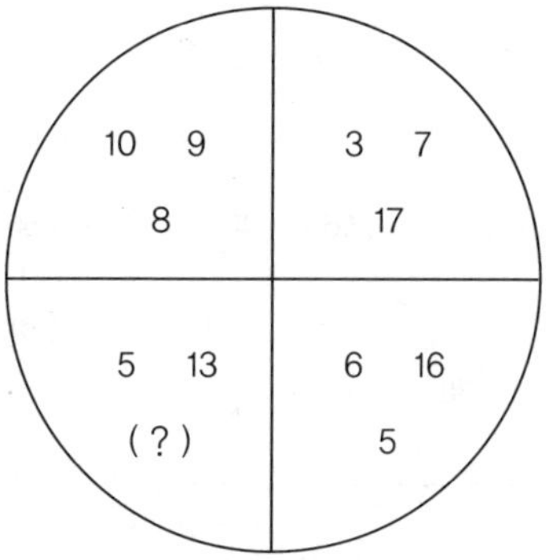

① 6 ② 7 ③ 8
④ 9 ⑤ 10

17. 다음 숫자들의 배열 규칙에 따라 '?'에 들어갈 알맞은 숫자는?

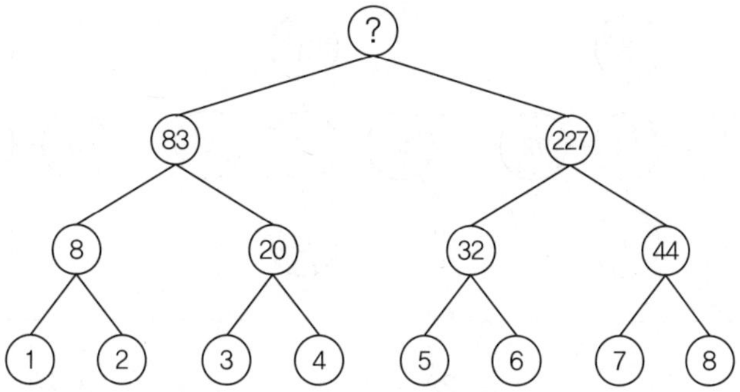

① 927 ② 929 ③ 931
④ 1,029 ⑤ 1,131

18. 다음 숫자들의 배열 규칙에 따라 '?'에 들어갈 알맞은 숫자는?

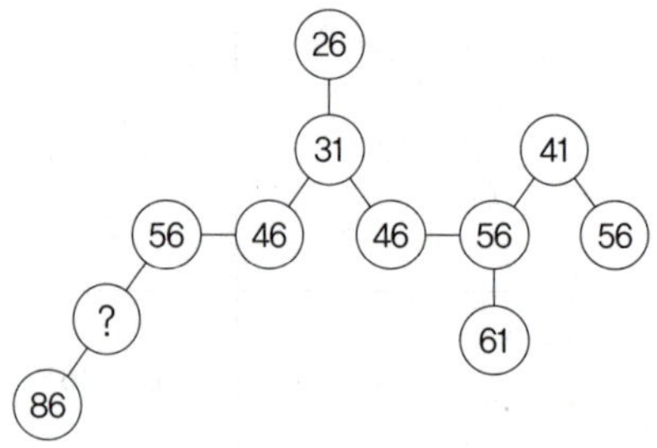

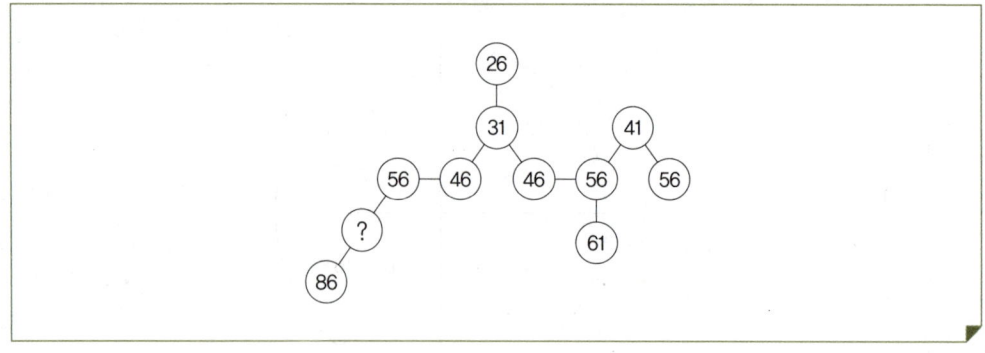

① 61 ② 66 ③ 71
④ 76 ⑤ 81

19. 다음 숫자들의 배열 규칙에 따라 A와 B에 들어갈 숫자의 합은?

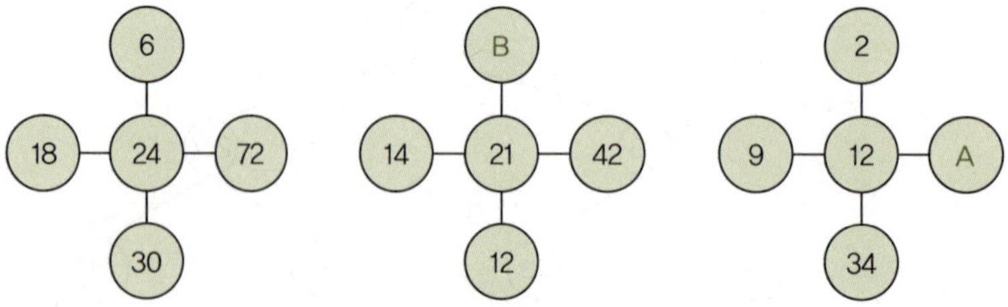

① 16 ② 22 ③ 28
④ 39 ⑤ 48

20. 다음을 보고 도형들의 규칙을 찾아 '?'에 들어갈 도형을 고르면?

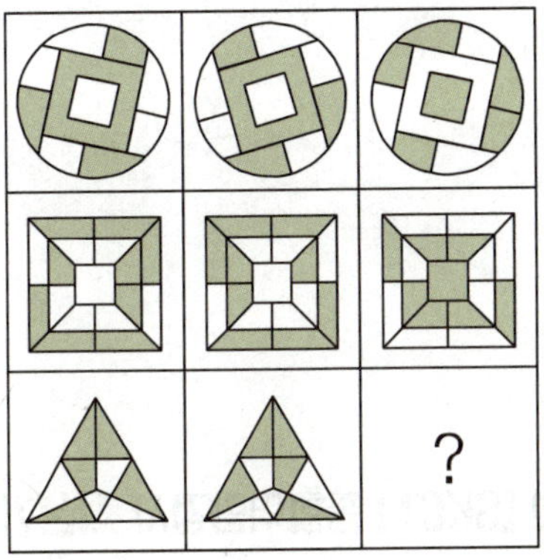

① 

② 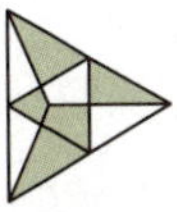

③ 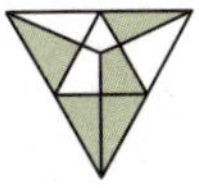

④ 

⑤ 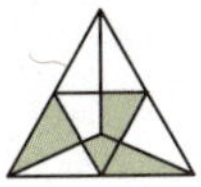

고시넷 SK하이닉스 온라인 [SKCT] 종합역량검사 최신기출유형모의고사

SK하이닉스 온라인 [SKCT] 종합역량검사

파트 3 심층역량검사 [인성검사]

01 인성검사의 이해

1 인성검사, 왜 필요한가?

채용기업은 지원자가 '직무적합성'을 지닌 사람인지에 대해 인성검사와 필기시험을 통해 판단한다. 인성검사에서 말하는 인성(人性)이란 그 사람의 성품, 즉 각 개인이 가지고 있는 사고와 태도 및 행동 특성을 의미한다. 인성은 사람의 생김새처럼 사람마다 다르기 때문에 몇 가지 유형으로 분류하고 이에 맞추어 판단한다는 것 자체가 억지스럽고 어불성설일지 모른다. 그럼에도 불구하고 기업들의 입장에서는 입사를 희망하는 사람이 어떤 성품을 가졌는지에 대한 정보가 필요하다. 그래야 해당 기업의 인재상에 적합하고 담당할 업무에 적격한 인재를 채용할 수 있기 때문이다.

지원자의 성격이 외향적인지 아니면 내향적인지, 어떤 직무와 어울리는지, 조직에서 다른 사람과 원만하게 생활할 수 있는지, 업무 수행 중 문제가 생겼을 때 어떻게 대처하고 해결할 수 있는지에 대한 전반적인 개성은 자기소개서나 면접을 통해서도 어느 정도 파악할 수 있다. 그러나 이것들만으로는 인성을 충분히 파악할 수 없기 때문에, 객관화되고 정형화된 인성검사로 지원자의 성격을 판단하고 있다.

채용기업은 직무적성검사를 높은 점수로 통과한 지원자라 하더라도 해당 기업과 거리가 있는 성품을 가졌다면 탈락시키게 된다. 일반적으로 직무적성검사 통과자 중 인성검사로 탈락하는 비율은 10% 내외라고 알려져 있다. 물론 인성검사에서 탈락하였다 하더라도 특별히 인성에 문제가 있는 사람이 아니라면 절망할 필요는 없다. 자신을 되돌아보고 다음 기회를 대비하면 되기 때문이다. 탈락한 기업이 원하는 인재상이 아니었다면 맞는 기업을 찾으면 되고, 적합한 경쟁자가 많았기 때문이라면 자신을 다듬어 경쟁력을 높이면 될 것이다.

2 인성검사의 특징

우리나라 대다수의 채용기업은 인재개발 및 인적자원을 연구하는 한국행동과학연구소(KIRBS), 에스에이치알(SHR), 한국사회적성개발원(KSAD), 한국인재개발진흥원(KPDI) 등 전문기관에 인성검사를 의뢰하고 있다.

이 기관들의 인성검사 개발 목적은 비슷하지만 기관마다 검사 유형이나 평가 척도는 약간의 차이가 있다. 또 지원하는 기업이 어느 기관에서 개발한 검사지로 인성검사를 시행하는지는 사전에 알 수 없다. 그렇지만 공통으로 적용하는 척도와 기준에 따라 구성된 여러 형태의 인성검사지로 사전 테스트를 해 보고 자신의 인성이 어떻게 평가되는가를 미리 알아보는 것은 가능하다.

인성검사는 필기시험 당일 직무능력평가와 함께 실시하는 경우와 직무능력평가 합격자에 한하여 면접과 함께 실시하는 경우가 있다. 인성검사의 문항은 100문항 내외에서부터 최대 500문항까지 다양하다. 인성검사에 주어지는 시간은 문항 수에 비례하여 30 ~ 100분 정도가 된다.

문항 자체는 단순한 질문으로 어려울 것은 없지만, 제시된 상황에서 본인의 행동을 정하는 것이 쉽지만은 않다. 문항 수가 많을 경우 이에 비례하여 시간도 길게 주어지지만, 단순하고 유사하며 반복되는 질문에 방심하여 집중하지 못하고 실수하는 경우가 있으므로 컨디션 관리와 집중력 유지에 노력하여야 한다. 특히 같거나 유사한 물음에 다른 답을 하는 경우가 가장 위험하니 주의해야 한다.

3 인성검사 척도 및 구성

1 미네소타 다면적 인성검사(MMPI)

MMPI(Minnesota Multiphasic Personality Inventory)는 1943년 미국 미네소타 대학교수인 해서웨이와 매킨리가 개발한 대표적인 자기 보고형 성향 검사로서, 오늘날 가장 대표적으로 사용되는 객관적 심리검사 중 하나이다. MMPI는 약 550여 개의 문항으로 구성되며, 각 문항을 읽고 '예(YES)' 또는 '아니오(NO)'로 대답하게 되어 있다.

MMPI는 4개의 타당도 척도와 10개의 임상척도로 구분된다. 500개가 넘는 문항들 중 중복되는 문항들이 포함되어 있는데 내용이 똑같은 문항도 10문항 이상 포함되어 있다. 이 반복 문항들은 응시자가 얼마나 일관성 있게 검사에 임했는지를 판단하는 지표로 사용된다.

구분	척도명	약자	주요 내용
타당도 척도 (바른 태도로 임했는지, 신뢰할 수 있는 결론인지 등을 판단)	무응답 척도 (Can not say)	?	응답하지 않은 문제와 복수로 답한 문제들의 총합으로 빠진 문제를 최소한으로 줄이는 것이 중요하다.
	허구 척도 (Lie)	L	자신을 좋은 사람으로 보이게 하려고 고의적으로 정직하지 못한 답을 판단하는 척도이다. 허구 척도가 높으면 장점까지 인정받지 못하는 결과가 발생한다.
	신뢰 척도 (Frequency)	F	검사 문제에 빗나간 답을 한 경향을 평가하는 척도로 정상적인 집단의 10% 이하의 응답을 기준으로 일반적인 경향과 다른 정도를 측정한다.
	교정 척도 (Defensiveness)	K	정신적 장애가 있음에도 다른 척도에서 정상적인 면을 보이는 사람을 구별하는 척도로 허구 척도보다 높은 고차원으로 거짓 응답을 하는 경향이 나타난다.
임상척도 (정상적 행동과 그렇지 않은 행동의 종류를 구분하는 척도로, 척도마다 다른 기준으로 점수가 매겨짐)	건강염려증 (Hypochondriasis)	Hs	신체에 대한 지나친 집착이나 신경질적 혹은 병적 불안을 측정하는 척도로 이러한 건강염려증이 타인에게 어떤 영향을 미치는지도 측정한다.
	우울증 (Depression)	D	슬픔·비관 정도를 측정하는 척도로 타인과의 관계 또는 본인 상태에 대한 주관적 감정을 나타낸다.
	히스테리 (Hysteria)	Hy	갈등을 부정하는 정도를 측정하는 척도로 신체 증상을 호소하는 경우와 적대감을 부인하며 우회적인 방식으로 드러내는 경우 등이 있다.
	반사회성 (Psychopathic Deviate)	Pd	가정 및 사회에 대한 불신과 불만을 측정하는 척도로 비도덕적 혹은 반사회적 성향 등을 판단한다.
	남성-여성특성 (Masculinity-Feminity)	Mf	남녀가 보이는 흥미와 취향, 적극성과 수동성 등을 측정하는 척도로 성에 따른 유연한 사고와 융통성 등을 평가한다.

	편집증 (Paranoia)	Pa	과대망상, 피해망상, 의심 등 편집증에 대한 정도를 측정하는 척도로 열등감, 비사교적 행동, 타인에 대한 불만과 같은 내용을 질문한다.
	강박증 (Psychasthenia)	Pt	과대 근심, 강박관념, 죄책감, 공포, 불안감, 정리정돈 등을 측정하는 척도로 만성 불안 등을 측정한다.
	정신분열증 (Schizophrenia)	Sc	정신적 혼란을 측정하는 척도로 자폐적 성향이나 타인과의 감정 교류, 충동 억제불능, 성적 관심, 사회적 고립 등을 평가한다.
	경조증 (Hypomania)	Ma	정신적 에너지를 측정하는 척도로 생각의 다양성 및 과장성, 행동의 불안정성, 흥분성 등을 나타낸다.
	사회적 내향성 (Social introversion)	Si	대인관계 기피, 사회적 접촉 회피, 비사회성 등의 요인을 측정하는 척도로 외향성 및 내향성을 구분한다.

2 캘리포니아 성격검사(CPI)

CPI(California Psychological Inventory)는 캘리포니아 대학의 연구팀이 개발한 인성검사로 MMPI와 함께 세계에서 가장 널리 사용되고 있는 인성검사 툴이다. CPI는 다양한 인성 요인을 통해 지원자가 답변한 응답 왜곡 가능성, 조직 역량 등을 측정한다. MMPI가 주로 정서적 측면을 진단하는 특징을 보인다면, CPI는 정상적인 사람의 심리적 특성을 주로 진단한다.

CPI는 약 480개 문항으로 구성되어 있으며 다음과 같은 18개의 척도로 구분된다.

구분	척도명	주요 내용
제1군 척도 (대인관계 적절성 측정)	지배성(Do)	리더십, 통솔력, 대인관계에서의 주도권을 측정한다.
	지위능력성(Cs)	내부에 잠재되어 있는 내적 포부, 자기 확신 등을 측정한다.
	사교성(Sy)	참여 기질이 활달한 사람과 그렇지 않은 사람을 구분한다.
	사회적 자발성(Sp)	사회 안에서의 안정감, 자발성, 사교성 등을 측정한다.
	자기 수용성(Sa)	개인적 가치관, 자기 확신, 자기 수용력 등을 측정한다.
	행복감(Wb)	생활의 만족감, 행복감을 측정하며 긍정적인 사람으로 보이고자 거짓 응답하는 사람을 구분하는 용도로도 사용된다.
제2군 척도 (성격과 사회화, 책임감 측정)	책임감(Re)	법과 질서에 대한 양심, 책임감, 신뢰성 등을 측정한다.
	사회성(So)	가치 내면화 정도, 사회 이탈 행동 가능성 등을 측정한다.
	자기 통제성(Sc)	자기조절, 자기통제의 적절성, 충동 억제력 등을 측정한다.
	관용성(To)	사회적 신념, 편견과 고정관념 등에 대한 태도를 측정한다.
	호감성(Gi)	타인이 자신을 어떻게 보는지에 대한 민감도를 측정하며, 좋은 사람으로 보이고자 거짓 응답하는 사람을 구분한다.
	임의성(Cm)	사회에 보수적 태도를 보이고 생각 없이 적당히 응답한 사람을 판단하는 타당성 척도로도 사용된다.

제3군 척도 (인지적, 학업적 특성 측정)	순응적 성취(Ac)	성취동기, 내면의 인식, 조직 내 성취 욕구 등을 측정한다.
	독립적 성취(Ai)	독립적 사고, 창의성, 자기실현을 위한 능력 등을 측정한다.
	지적 효율성(Le)	지적 능률, 지능과 연관이 있는 성격 특성 등을 측정한다.
제4군 척도 (제1 ~ 3군과 무관한 척도의 혼합)	심리적 예민성(Py)	타인의 감정 및 경험에 대해 공감하는 정도를 측정한다.
	융통성(Fx)	개인적 사고와 사회적 행동에 대한 유연성을 측정한다.
	여향성(Fe)	남녀 비교에 따른 흥미의 남향성 및 여향성을 측정한다.

3 SHL 직업성격검사(OPQ)

OPQ(Occupational Personality Questionnaire)는 세계적으로 많은 외국 기업에서 널리 사용하는 CEB 사의 SHL 직무능력검사에 포함된 직업성격검사이다. 4개의 질문이 한 세트로 되어 있고 총 68세트 정도 출제되고 있다. 4개의 질문 안에서 '자기에게 가장 잘 맞는 것'과 '자기에게 가장 맞지 않는 것'을 1개씩 골라 '예', '아니오'로 체크하는 방식이다. 단순하게 모든 척도가 높다고 좋은 것은 아니며, 척도가 낮은 편이 좋은 경우도 있다.

기업에 따라 척도의 평가 기준은 다르다. 희망하는 기업의 특성을 연구하고, 채용 기준을 예측하는 것이 중요하다.

척도	내용	질문 예
설득력	사람을 설득하는 것을 좋아하는 경향	– 새로운 것을 사람에게 권하는 것을 잘한다. – 교섭하는 것에 걱정이 없다. – 기획하고 판매하는 것에 자신이 있다.
지도력	사람을 지도하는 것을 좋아하는 경향	– 사람을 다루는 것을 잘한다. – 팀을 아우르는 것을 잘한다. – 사람에게 지시하는 것을 잘한다.
독자성	다른 사람의 영향을 받지 않고, 스스로 생각해서 행동하는 것을 좋아하는 경향	– 모든 것을 자신의 생각대로 하는 편이다. – 주변의 평가는 신경 쓰지 않는다. – 유혹에 강한 편이다.
외향성	외향적이고 사교적인 것을 좋아하는 경향	– 다른 사람의 주목을 끄는 것을 좋아한다. – 사람들이 모인 곳에서 중심이 되는 편이다. – 담소를 나눌 때 주변을 즐겁게 해 준다.
우호성	친구가 많고 대세의 사람이 되는 것을 좋아하는 경향	– 친구와 함께 있는 것을 좋아한다. – 무엇이라도 얘기할 수 있는 친구가 많다. – 친구와 함께 무언가를 하는 것이 많다.
사회성	세상 물정에 밝고 사람 앞에서도 낯을 가리지 않는 성격	– 자신감이 있고 유쾌하게 발표할 수 있다. – 공적인 곳에서 인사하는 것을 잘한다. – 사람들 앞에서 발표하는 것이 어렵지 않다.

겸손성	사람에 대해서 겸손하게 행동하고 누구라도 똑같이 사귀는 경향	- 자신의 성과를 그다지 내세우지 않는다. - 절제를 잘하는 편이다. - 사회적인 지위에 무관심하다.
협의성	사람들에게 의견을 물으면서 일을 진행하는 경향	- 사람들의 의견을 구하며 일하는 편이다. - 타인의 의견을 묻고 일을 진행시킨다. - 친구와 상담해서 계획을 세운다.
돌봄	측은해 하는 마음이 있고, 사람을 돌봐 주는 것을 좋아하는 경향	- 개인적인 상담에 친절하게 답해 준다. - 다른 사람의 상담을 진행하는 경우가 많다. - 후배의 어려움을 돌보는 것을 좋아한다.
구체적인 사물에 대한 관심	물건을 고치거나 만드는 것을 좋아하는 경향	- 고장 난 물건을 수리하는 것이 재미있다. - 상태가 안 좋은 기계도 잘 사용한다. - 말하기보다는 행동하기를 좋아한다.
데이터에 대한 관심	데이터를 정리해서 생각하는 것을 좋아하는 경향	- 통계 등의 데이터를 분석하는 것을 좋아한다. - 표를 만들거나 정리하는 것을 좋아한다. - 숫자를 다루는 것을 좋아한다.
미적가치에 대한 관심	미적인 것이나 예술적인 것을 좋아하는 경향	- 디자인 감각이 뛰어나다. - 미술이나 음악을 좋아한다. - 미적인 감각에 자신이 있다.
인간에 대한 관심	사람의 행동에 대한 동기나 배경을 분석하는 것을 좋아하는 경향	- 다른 사람을 분석하는 편이다. - 타인의 행동을 보면 동기를 알 수 있다. - 다른 사람의 행동을 잘 관찰한다.
정통성	이미 있는 가치관을 소중히 하고, 익숙한 방법으로 사물을 대하는 것을 좋아하는 경향	- 실적이 보장되는 확실한 방법을 취한다. - 낡은 가치관을 존중하는 편이다. - 보수적인 편이다.
변화 지향	변화를 추구하고 변화를 받아들이는 것을 좋아하는 경향	- 새로운 일을 하는 것을 좋아한다. - 해외여행을 좋아한다. - 경험이 없는 일이라도 시도해 보는 것을 좋아한다.
개념성	지식욕이 있고 논리적으로 생각하는 것을 좋아하는 경향	- 개념적인 사고가 가능하다. - 분석적인 사고를 좋아한다. - 순서를 만들고 단계에 따라 생각한다.
창조성	새로운 분야에 대해 공부를 하는 것을 좋아하는 경향	- 새로운 것을 추구한다. - 독창성이 있다. - 신선한 아이디어를 낸다.
계획성	앞을 생각해서 사물을 예상하고, 계획적으로 실행하는 것을 좋아하는 경향	- 과거를 돌이켜보며 계획을 세운다. - 앞날을 예상하며 행동한다. - 실수를 돌아보며 대책을 강구하는 편이다.

치밀함	정확한 순서를 세워서 진행하는 것을 좋아하는 경향	– 사소한 실수는 거의 하지 않는다. – 정확하게 요구되는 것을 좋아한다. – 사소한 것에도 주의하는 편이다.
꼼꼼함	어떤 일이든 마지막까지 꼼꼼하게 마무리 짓는 경향	– 맡은 일을 마지막까지 해결한다. – 마감 시한은 반드시 지킨다. – 시작한 일은 중간에 그만두지 않는다.
여유	평소에 침착하고 스트레스에 강한 경향	– 감정의 회복이 빠르다. – 분별없이 함부로 행동하지 않는다. – 스트레스에 잘 대처한다.
근심 · 걱정	어떤 일이 잘 진행되지 않으면 불안을 느끼고, 중요한 약속이나 일의 앞에는 긴장하는 경향	– 계획대로 되지 않으면 근심 · 걱정이 많다. – 신경 쓰이는 일이 있으면 불안하다. – 중요한 만남 전에는 기분이 편하지 않다.
호방함	사람들이 자신을 어떻게 생각하는지를 신경 쓰지 않는 경향	– 사람들이 자신을 어떻게 생각하는지 그다지 신경 쓰지 않는다. – 상처받아도 동요하지 않고 아무렇지 않은 태도를 취한다. – 사람들의 비판을 신경 쓰지 않는다.
억제	감정을 표현하지 않는 경향	– 쉽게 감정적으로 되지 않는다. – 분노를 억누른다. – 격분하지 않는다.
낙관적	사물을 낙관적으로 보는 경향	– 낙관적으로 생각하고 일을 진행시킨다. – 문제가 일어나도 낙관적으로 생각한다.
비판적	비판적으로 사물을 생각하고, 이론 · 문장 등의 오류에 신경 쓰는 경향	– 이론의 모순을 찾아낸다. – 계획이 갖춰지지 않은 것이 신경 쓰인다. – 누구도 신경 쓰지 않는 오류를 찾아낸다.
행동력	운동을 좋아하고 민첩하게 행동하는 경향	– 동작이 날렵하다. – 여가를 활동적으로 보낸다. – 몸을 움직이는 것을 좋아한다.
경쟁성	지는 것을 싫어하는 경향	– 승부를 겨루게 되면 지는 것을 싫어한다. – 상대를 이기는 것을 좋아한다. – 싸워 보지 않고 포기하는 것을 싫어한다.
출세 지향	출세하는 것을 중요하게 생각하고, 야심적인 목표를 향해 노력하는 경향	– 출세 지향적인 성격이다. – 어려운 목표도 달성할 수 있다. – 실력으로 평가받는 사회가 좋다.
결단력	빠르게 판단하는 경향	– 답을 빠르게 찾아낸다. – 문제에 대한 상황 파악이 빠르다. – 위험을 감수하고도 결단을 내리는 편이다.

4 인성검사 합격 전략

1 포장하지 않은 솔직한 답변

'다른 사람을 험담한 적이 한 번도 없다', '물건을 훔치고 싶다고 생각해 본 적이 없다'

이 질문에 당신은 '그렇다', '아니다' 중 무엇을 선택할 것인가? 채용기업이 인성검사를 실시하는 가장 큰 이유는 '이 사람이 어떤 성향을 가진 사람인가'를 효율적으로 파악하기 위해서이다.

인성검사는 도덕적 가치가 빼어나게 높은 사람을 판별하려는 것도 아니고, 성인군자를 가려내기 위함도 아니다. 인간의 보편적 성향과 상식적 사고를 고려할 때, 도덕적 질문에 지나치게 겸손한 답변을 체크하면 오히려 솔직하지 못한 것으로 간주되거나 인성을 제대로 판단하지 못해 무효 처리가 되기도 한다. 자신의 성격을 포장하여 작위적인 답변을 하지 않도록 솔직하게 임하는 것이 예기치 않은 결과를 피하는 첫 번째 전략이 된다.

2 필터링 함정을 피하고 일관성 유지

앞서 강조한 솔직함은 일관성과 연결된다. 인성검사를 구성하는 많은 척도는 여러 형태의 문장 속에 동일한 요소를 적용해 반복되기도 한다. 예컨대 '나는 매우 활동적인 사람이다'와 '나는 운동을 매우 좋아한다'라는 질문에 '그렇다'고 체크한 사람이 '휴일에는 집에서 조용히 쉬며 독서하는 것이 좋다'에도 '그렇다'고 체크한다면 일관성이 없다고 평가될 수 있다.

그러나 일관성 있는 답변에만 매달리면 '이 사람이 같은 답변만 체크하기 위해 이 부분만 신경 썼구나'하는 필터링 함정에 빠질 수도 있다. 비슷하게 보이는 문장이 무조건 같은 내용이라고 판단하여 똑같이 답하는 것도 주의해야 한다. 일관성보다 중요한 것은 솔직함이다. 솔직함이 전제되지 않은 일관성은 허위 척도 필터링에서 드러나게 되어 있다. 유사한 질문의 응답이 터무니없이 다르거나 양극단에 치우치지 않는 정도라면 약간의 차이는 크게 문제되지 않는다. 중요한 것은 솔직함과 일관성이 하나의 연장선에 있다는 점을 명심하자.

3 지원한 직무와 연관성을 고려

다양한 분야의 많은 계열사와 큰 조직을 통솔하는 대기업은 여러 사람이 조직적으로 움직이는 만큼 각 직무에 걸맞은 능력을 갖춘 인재가 필요하다. 그래서 기업은 매년 신규채용으로 입사한 신입사원들의 젊은 패기와 참신한 능력을 성장 동력으로 활용한다.

기업은 사교성 있고 활달한 사람만을 원하지 않는다. 해당 직군과 직무에 따라 필요로 하는 사원의 능력과 개성이 다르기 때문에, 지원자가 희망하는 계열사나 부서의 직무가 무엇인지 제대로 파악하여 자신의 성향과 맞는지에 대한 고민은 반드시 필요하다. 같은 질문이라도 기업이 원하는 인재상이나 부서의 직무에 따라 판단 척도가 달라질 수 있다.

4 평상심 유지와 컨디션 관리

역시 솔직함과 연결된 내용이다. 한 질문에 대해 오래 고민하고 신경 쓰면 불필요한 생각이 개입될 소지가 크다. 이는 직관을 떠나 이성적 판단에 따라 포장할 위험이 높아진다는 뜻이기도 하다. 오래 생각하지 말고 자신의 평상시 생각과 감정대로 답하는 것이 중요하며, 가능한 한 건너뛰지 말고 모든 질문에 답하도록 한다. 300 ~ 400개 정도의 문항을 출제하는 기업이 많기 때문에 끝까지 집중하여 임하는 것이 중요하다.

특히 적성검사와 같은 날 실시하는 경우, 적성검사를 마친 후 연이어 보기 때문에 신체적 · 정신적으로 피로한 상태에서 자세가 흐트러질 수도 있다. 따라서 컨디션을 유지하면서 문항당 7 ~ 10초 이상 쓰지 않도록 하고 문항 수가 많을 때는 답안지에 바로 바로 표기하도록 한다.

02 심층역량검사 연습

SK 하이닉스 심층역량검사

SKCT 심층역량검사는 '일 잘하는 인재'가 직무를 원활히 수행하기 위해 필요한 성격, 가치관, 태도 등을 측정하는 것이다. 응시자 개인의 사고와 태도·행동 특성에 관한 질문 및 유사 질문의 반복을 통한 거짓말 척도 측정 등으로 기업의 인재상에 적합한지를 판단하므로 특별하게 정해진 답은 없다.

PART 1, PART 2 심층역량검사(인성검사)는 PART 1, PART 2로 구성되었고, 실제 시험처럼 주어진 시간 내에 검사를 마치도록 모의 연습을 수행하는 것이 좋다.

PART 1 개별 항목 체크형[240문항/45분]

자신의 성향과 동의 정도에 따라 '전혀 그렇지 않다', '그렇지 않다', '그렇다', '매우 그렇다' 중 해당되는 것 하나를 선택하는 유형이다.

문항군 예시

번호	문항 예시	응답			
		전혀 그렇지 않다	그렇지 않다	그렇다	매우 그렇다
001	나는 항상 새로운 방식으로 일하는 것이 좋다.	①	②	③	④
⋮	⋮	⋮	⋮	⋮	⋮

PART 2 '멀다' 또는 '가깝다' 항목 체크형[150문항/25분]

3개 내외의 A 문항 군으로 구성된 검사지에 자신이 동의하는 정도에 따라 '전혀 아님 ~ 매우 그러함' 중 해당되는 것을 표시한 후 체크한 문항들 중 자신과 가장 가까운 것과 가장 먼 것 하나를 선택하는 유형이다.

응답예시

• 1(전혀 아님) ~ 7(매우 그러함) : 오른쪽 '답안체크 예시'를 참조해 주세요.

번호		문항 예시	응답 1							응답 2	
			전혀 아님 《《《			보통 》》》			매우 그러함	멀다	가깝다
01	A	나는 운동화를 좋아한다.	①	②	③	④	⑤	⑥	⑦	○	○
	B	나는 꽃을 좋아한다.	①	②	③	④	⑤	⑥	⑦	○	○
	C	나는 비를 좋아한다.	①	②	③	④	⑤	⑥	⑦	○	○

[답안체크 예시]

응답 1							응답 2	
전혀 아님 《《《			보통 》》》			매우 그러함	멀다	가깝다
①	②	③	④	⑤	⑥	❼	○	●
①	②	③	④	⑤	❻	⑦	○	○
①	❷	③	④	⑤	⑥	⑦	●	○

PART 1 다음 문항을 읽고 자신의 성격, 가치관, 태도 등에 비추어 보았을 때 동의하는 정도에 따라 '전혀 그렇지 않다', '그렇지 않다', '그렇다', '매우 그렇다' 중에 표시하여 주십시오.

번호	문항	응답			
		전혀 그렇지 않다	그렇지 않다	그렇다	매우 그렇다
001	고객을 만족시키기 위해서 거짓말을 할 수 있다.	①	②	③	④
002	일을 통해 나의 지식과 기술로 후대에 기여하고 싶다.	①	②	③	④
003	내 의견을 이해하지 못하는 사람은 상대하지 않는다.	①	②	③	④
004	사회에서 인정받을 수 있는 사람이 되고 싶다.	①	②	③	④
005	착한 사람은 항상 손해를 보게 되어 있다.	①	②	③	④
006	내가 잘한 일은 남들이 꼭 알아줬으면 한다.	①	②	③	④
007	나와 다른 의견도 끝까지 듣는다.	①	②	③	④
008	어떤 말을 들을 때 다른 생각이 자꾸 떠오른다.	①	②	③	④
009	조직에서 될 수 있으면 비중 있는 일을 담당하려 노력한다.	①	②	③	④
010	싸운 후 다시 화해하는 데까지 시간이 많이 걸린다.	①	②	③	④
011	인정에 이끌려 내 생각을 변경한 적이 많다.	①	②	③	④
012	상처를 잘 받지 않고 실패나 실수를 두려워하지 않는다.	①	②	③	④
013	나만의 공간에 다른 사람이 침범하는 것을 싫어한다.	①	②	③	④
014	약속을 잊어버려 당황할 때가 종종 있다.	①	②	③	④
015	정해진 내용과 범위에 따라 일하는 것을 좋아한다.	①	②	③	④
016	지시를 받기 전에 먼저 일을 찾아서 하는 성향이다.	①	②	③	④
017	내 뜻에 맞지 않으면 조목조목 따진다.	①	②	③	④
018	하고 싶은 말이 있으면 꼭 해야만 마음이 편하다.	①	②	③	④
019	일 때문에 다른 것을 포기할 때가 많다.	①	②	③	④
020	상대방을 격려하고 고무시키는 일을 잘 못한다.	①	②	③	④
021	잘못을 저질렀을 때 요령 있게 상황을 잘 넘긴다.	①	②	③	④
022	문제를 많이 가지고 있는 사람일수록 덜 행복할 것이다.	①	②	③	④
023	현실에서 벗어나고 싶다는 생각이 들 때가 많다.	①	②	③	④
024	주변에는 감사할 일들이 별로 없다.	①	②	③	④
025	어떤 경우라도 남을 미워하지 않는다.	①	②	③	④
026	미래를 예측하거나 추상적인 개념 정립을 좋아한다.	①	②	③	④
027	회사의 일거리를 집에까지 가져가서 일하고 싶지는 않다.	①	②	③	④
028	웬만해서는 자신의 감정을 표현하지 않는다.	①	②	③	④
029	약속을 한 번도 어긴 적이 없다.	①	②	③	④
030	지루하거나 심심한 것은 잘 못 참는다.	①	②	③	④

번호	문항	응답			
		전혀 그렇지 않다	그렇지 않다	그렇다	매우 그렇다
031	자신의 논리와 법칙에 따라 행동한다.	①	②	③	④
032	옳다고 생각하면 다른 사람과 의견이 달라도 끝까지 의견을 고수한다.	①	②	③	④
033	확실하지 않은 것은 처음부터 시작하지 않는다.	①	②	③	④
034	성공할 것이라고 생각되는 확실한 계획만 실행에 옮긴다.	①	②	③	④
035	지인이나 친구의 부탁을 쉽게 거절하지 못한다.	①	②	③	④
036	잘못한 상대와는 다시 상대하지 않는 편이다.	①	②	③	④
037	나는 무슨 일이든지 잘할 수 있다.	①	②	③	④
038	양보와 타협보다 내 이익이 우선이다.	①	②	③	④
039	속고 사는 것보다 차라리 남을 속이는 것이 좋다.	①	②	③	④
040	새로운 유행이 시작되면 먼저 시도해 본다.	①	②	③	④
041	내 의견과 다르더라도 집단의 의견과 결정에 순응한다.	①	②	③	④
042	사람이 많이 모인 곳에 나가기가 어렵다.	①	②	③	④
043	기분에 따라 행동하는 경우는 거의 없다.	①	②	③	④
044	문제를 해결할 때 제일 먼저 떠오른 생각에 따른다.	①	②	③	④
045	작은 기쁨에도 지나치게 기뻐한다.	①	②	③	④
046	세상에는 감사할 일들이 너무 많다.	①	②	③	④
047	조심스럽게 운전하는 사람을 보면 짜증이 난다.	①	②	③	④
048	타고난 천성은 근본적으로 변화시킬 수 없다.	①	②	③	④
049	혼자보다 함께 일할 때 더 신이 난다.	①	②	③	④
050	식사 전에는 꼭 손을 씻는다.	①	②	③	④
051	문제가 생겼을 때 그 원인을 남에 비해 쉽게 알아낸다.	①	②	③	④
052	세상은 부정부패로 가득 차 있다.	①	②	③	④
053	하고 싶은 일을 하지 않고는 못 배긴다.	①	②	③	④
054	에너지가 넘친다는 말을 자주 듣는다.	①	②	③	④
055	거래처를 방문할 때 조그마한 선물 준비는 기본 예의다.	①	②	③	④
056	타인이 나를 비판하는 것을 견디지 못한다.	①	②	③	④
057	다른 사람의 일에는 절대 참견하지 않는다.	①	②	③	④
058	경제적 이득이 없더라도 인맥 구축을 위해 모임에 참석한다.	①	②	③	④
059	많은 사람의 도움이 없었다면 지금의 나도 없었을 것이다.	①	②	③	④
060	기분파라는 말을 자주 듣는다.	①	②	③	④

번호	문항	응답			
		전혀 그렇지 않다	그렇지 않다	그렇다	매우 그렇다
061	상대방을 생각해서 하고 싶은 말을 다 못할 때가 많다.	①	②	③	④
062	수줍음이 많아 앞에 잘 나서질 못한다.	①	②	③	④
063	내키지 않는 약속이라도 철저히 지킨다.	①	②	③	④
064	모임에서 함께 어울려 놀기보다 조용히 구경하는 것을 더 좋아한다.	①	②	③	④
065	조그마한 소리에도 잘 놀란다.	①	②	③	④
066	부자와 가난한 사람의 주된 차이는 운이다.	①	②	③	④
067	다양한 사람을 만나 소통하는 것을 좋아한다.	①	②	③	④
068	먼저 뛰어 들기보다 남들이 하는 것을 우선 관찰해본다.	①	②	③	④
069	살아있는 하루하루에 대해 감사함을 느낀다.	①	②	③	④
070	다른 사람에 비해 열등감을 많이 느낀다.	①	②	③	④
071	국제적, 정치적 문제에 보수적인 태도를 취한다.	①	②	③	④
072	깊이 생각하는 문제보다 쉽게 다룰 수 있는 문제를 선호한다.	①	②	③	④
073	통제하는 것보다 통제받는 것을 더 선호한다.	①	②	③	④
074	우선순위가 상황에 따라 자주 바뀐다.	①	②	③	④
075	주위 환경이 나를 괴롭히거나 불행하게 만든다.	①	②	③	④
076	좋고 싫음에 대해 내색을 잘하지 못한다.	①	②	③	④
077	갈등이 생기면 간접적이고 우회적으로 접근한다.	①	②	③	④
078	필요하다면 어떤 상대도 내 편으로 만들 수 있다.	①	②	③	④
079	남이 시키는 일을 하는 것이 편하다.	①	②	③	④
080	미래의 비전보다는 구체적인 현안 해결을 중시한다.	①	②	③	④
081	순간적인 기분으로 행동할 때가 많다.	①	②	③	④
082	사소한 법이라도 어긴 적이 없다.	①	②	③	④
083	누군가 나를 감시(미행)하고 있다는 느낌이 들 때가 있다.	①	②	③	④
084	현재의 나는 그렇게 행복한 삶을 살고 있지 않다.	①	②	③	④
085	상대에게 상처가 되더라도 진실을 이야기한다.	①	②	③	④
086	내가 행복해지려면 주변의 많은 것들이 변해야 한다.	①	②	③	④
087	일이나 타인의 부탁에 대해 끊고 맺음이 분명하다.	①	②	③	④
088	성격이 급하다는 말을 자주 듣는다.	①	②	③	④
089	아무 이유 없이 눈물이 나기도 한다.	①	②	③	④
090	다른 사람의 사랑 없이 나는 행복해질 수 없다.	①	②	③	④

번호	문항	응답			
		전혀 그렇지 않다	그렇지 않다	그렇다	매우 그렇다
091	조직의 이익보다는 내 입장이 우선이다.	①	②	③	④
092	본인에게 중요하지 않은 대화는 안 하는 편이다.	①	②	③	④
093	상대방이 불편해 하면 비위를 맞추려고 노력한다.	①	②	③	④
094	관심 있는 세미나나 강연회가 있으면 열심히 찾아가서 듣는다.	①	②	③	④
095	살아갈수록 감사할 일들이 많아진다.	①	②	③	④
096	사고하는 문제보다 쉽게 풀 수 있는 문제를 좋아한다.	①	②	③	④
097	눈치가 빠르며 상황을 빨리 파악하는 편이다.	①	②	③	④
098	현재의 나에 대해 매우 만족한다.	①	②	③	④
099	자존심이 상하면 화를 잘 참지 못한다.	①	②	③	④
100	부담을 주는 상대는 되도록 피한다.	①	②	③	④
101	일의 성사를 위해 연고(지연, 학연, 혈연 등)관계를 적극 활용할 필요가 있다.	①	②	③	④
102	어떤 일에 집중하느라 약속을 잊어버릴 때가 가끔 있다.	①	②	③	④
103	자진해서 발언하는 일이 별로 없다.	①	②	③	④
104	쓸데없는 잔걱정이 끊이질 않는다.	①	②	③	④
105	공정과 정의보다 사랑과 용서가 더 중요하다.	①	②	③	④
106	의사결정을 할 때 주도적 역할을 한다.	①	②	③	④
107	다툼을 피하기 위해 상대에게 져주는 편이다.	①	②	③	④
108	갈등이나 마찰을 피하기 위해 대부분 양보하는 편이다.	①	②	③	④
109	무엇이든 직선적으로 대응하는 방식을 선호한다.	①	②	③	④
110	자료를 분석하고 예측하는 일을 잘한다.	①	②	③	④
111	행운이 없이는 능력 있는 지도자가 될 수 없다.	①	②	③	④
112	뜻을 정하면 좀처럼 흔들리지 않는다.	①	②	③	④
113	혁신적이고 급진적인 사고방식에 거부감이 있다.	①	②	③	④
114	완벽한 능력이 있고, 성공을 해야만 내 가치를 인정받을 수 있다.	①	②	③	④
115	세상일은 절대로 내 뜻대로 되지 않는다.	①	②	③	④
116	조금은 엉뚱하게 생각하곤 한다.	①	②	③	④
117	불편한 상황은 그대로 넘기지 않고 시시비비를 따지는 편이다.	①	②	③	④
118	아무 목적 없이 여행하고 방랑했던 기억이 몇 차례 있다.	①	②	③	④
119	남들이 생각하지 못한 독특한 의견을 개진하곤 한다.	①	②	③	④
120	사람들과 헤어질 때 불안을 느낀다.	①	②	③	④

번호	문항	응답			
		전혀 그렇지 않다	그렇지 않다	그렇다	매우 그렇다
121	과거의 영향에서 벗어난다는 것은 거의 불가능하다.	①	②	③	④
122	세상에서 행복해지려면 반드시 돈이 많아야 한다.	①	②	③	④
123	상대방의 의견에 잘 맞추어 행동한다.	①	②	③	④
124	이롭지 않은 약속은 무시할 때가 종종 있다.	①	②	③	④
125	새롭게 느껴지는 문제를 해결하는 것을 좋아한다.	①	②	③	④
126	궂은일이나 애로사항이 생기면 도맡아서 처리한다.	①	②	③	④
127	다른 사람이 한 말의 숨은 뜻을 쉽게 알아차릴 수 있다.	①	②	③	④
128	잘못된 규정이라도 일단 확정되면 규정에 따라야 한다.	①	②	③	④
129	새로운 것을 보면 그냥 지나치지 못한다.	①	②	③	④
130	다시 태어나도 현재와 같은 삶을 살고 싶다.	①	②	③	④
131	나와 맞지 않다고 생각되는 사람하고는 굳이 친해지려고 하지 않는다.	①	②	③	④
132	양심적으로 살면 불이익을 당하는 경우가 많다.	①	②	③	④
133	가까운 사람에게 선물을 주는 것을 좋아한다.	①	②	③	④
134	남들이 당연하게 여기는 것도 의문을 품는 경향이 있다.	①	②	③	④
135	어렵고 힘든 일을 자진해서 떠맡는 편이다.	①	②	③	④
136	주변 환경이나 사물에 별로 관심이 없다.	①	②	③	④
137	나는 모든 사람으로부터 사랑받고 인정받아야 한다.	①	②	③	④
138	마음이 안심될 때까지 확인한다.	①	②	③	④
139	정서적으로 예민하고 유행에 민감하다.	①	②	③	④
140	조직이 원한다면 많은 희생을 감수할 수 있다.	①	②	③	④
141	다른 사람에 비해 유행이나 변화에 민감하지 못한 편이다.	①	②	③	④
142	명절에 거래처에서 주는 상품권이나 선물은 금액이 많지 않다면 받아도 된다.	①	②	③	④
143	질문을 많이 하고 의문을 많이 가진다.	①	②	③	④
144	감수성이 풍부하고 감정의 기복이 심하다.	①	②	③	④
145	공정한 사람보다 인정 많은 사람으로 불리고 싶다.	①	②	③	④
146	목표 달성을 위해서라면 사소한 규칙은 무시해도 된다.	①	②	③	④
147	남이 부탁하면 거절하지 못하고 일단 맡아 놓고 본다.	①	②	③	④
148	나의 미래는 희망으로 가득 차 있다.	①	②	③	④
149	기존의 방법과 다른 방향으로 생각하려 노력한다.	①	②	③	④
150	아무리 바빠도 시간을 내서 독서를 한다.	①	②	③	④

번호	문항	응답			
		전혀 그렇지 않다	그렇지 않다	그렇다	매우 그렇다
151	내 생각과 달라도 어른이나 상사의 행동이나 지시를 잘 따르는 편이다.	①	②	③	④
152	나와 관련 없는 것은 관심을 갖지 않는다.	①	②	③	④
153	항상 스스로 실수를 인정한다.	①	②	③	④
154	발이 넓고 활동적이어서 늘 바쁘다.	①	②	③	④
155	시간이 지난 후에야 어떤 일이나 사람에 대해 감사함을 느끼게 된다.	①	②	③	④
156	다른 사람들보다 옳고 그름에 대해 엄격한 편이다.	①	②	③	④
157	세세한 것에 신경 쓰다 큰 그림을 놓치는 경향이 있다.	①	②	③	④
158	사정에 따라 우선순위를 자주 바꾸는 경향이 있다.	①	②	③	④
159	흥분을 잘하지만 또 금방 풀어진다.	①	②	③	④
160	세상은 그저 스쳐 지나가는 것이라는 느낌이 자주 든다.	①	②	③	④
161	내 근심을 덜어 줄 사람은 아무도 없다.	①	②	③	④
162	하고 싶은 말을 잘 참지 못한다.	①	②	③	④
163	위험을 회피하고 확실한 길만 간다.	①	②	③	④
164	내 주장이 맞다고 생각하면 양보하지 않는다.	①	②	③	④
165	분노를 표현하는 데 주저하지 않는다.	①	②	③	④
166	나는 주는 것보다 받은 것이 너무 많다.	①	②	③	④
167	특별한 용건이 없는 한 사람들을 잘 만나지 않는다.	①	②	③	④
168	인생은 허무하고 공허할 뿐이다.	①	②	③	④
169	상대 잘못으로 갈등이 생겨도 먼저 가서 화해를 청한다.	①	②	③	④
170	나에 대한 가치는 다른 사람의 평가에 달려 있다.	①	②	③	④
171	다른 사람의 일까지 맡아서 하는 경우가 많다.	①	②	③	④
172	다른 사람들과 똑같은 생각이나 행동을 하기 싫다.	①	②	③	④
173	내키지 않는 하찮은 일을 하기가 어렵다.	①	②	③	④
174	지배당하는 것보다 지배하는 삶이 훨씬 가치 있다.	①	②	③	④
175	문제가 생기면 해결사 역할을 도맡아 한다.	①	②	③	④
176	꼼꼼히 하는 것보다 빨리하는 것을 좋아한다.	①	②	③	④
177	나는 언제나 잘될 것이라고 생각한다.	①	②	③	④
178	남을 의심해 본 적이 없다.	①	②	③	④
179	도전해 볼만한 일이라면 실패 위험을 감수한다.	①	②	③	④
180	어찌 됐든 규정을 어겼다면 처벌을 받아야 한다.	①	②	③	④

번호	문항	응답			
		전혀 그렇지 않다	그렇지 않다	그렇다	매우 그렇다
181	다른 사람의 좋은 점을 말하고 칭찬하기를 좋아한다.	①	②	③	④
182	미래가 암담하게 느껴질 때가 많다.	①	②	③	④
183	다른 사람이 선뜻 나서지 않는 문제를 먼저 자원해서 해결한다.	①	②	③	④
184	세상의 모든 불공정한 일에 대해 생각할 때 괴롭다.	①	②	③	④
185	일과 사람(공과 사)의 구분이 명확하다.	①	②	③	④
186	조그마한 실수나 결점에 매우 민감하다.	①	②	③	④
187	복잡하고 어려운 문제에 도전하는 것이 재미있다.	①	②	③	④
188	종종 내 삶은 무의미한 것 같다.	①	②	③	④
189	서로 대립할 때 중재 역할을 잘 못한다.	①	②	③	④
190	협력하는 일보다 개인 중심 업무를 선호한다.	①	②	③	④
191	다른 사람이 참견하고 간섭하는 것을 싫어한다.	①	②	③	④
192	개인 활동보다 팀 활동을 선호한다.	①	②	③	④
193	건물에 들어가면 비상구를 항상 확인해 둔다.	①	②	③	④
194	어떤 경기든 홈그라운드의 이점은 있어야 한다.	①	②	③	④
195	상대가 공격해오면 곧바로 되받아친다.	①	②	③	④
196	상대방이 실수를 해도 싫은 말을 잘 못한다.	①	②	③	④
197	확인되고 증명된 것만을 믿는다.	①	②	③	④
198	나의 일상은 흥미진진한 일들로 가득 차 있다.	①	②	③	④
199	회사에 지장을 주지 않는 선에서 다른 일을 겸하는 것은 문제되지 않는다.	①	②	③	④
200	좋은 소식은 물론 나쁜 소식도 솔직하게 공유한다.	①	②	③	④
201	우울해지면 며칠 혹은 몇 주 동안 아무것도 못하고 보내 버린다.	①	②	③	④
202	사람을 접대하고 응대하는 일을 잘한다.	①	②	③	④
203	일이나 생활에서 정해진 시간에 맞춰 일하는 것을 잘 못 한다.	①	②	③	④
204	무슨 일이든 빨리 해결하려는 경향이 있다.	①	②	③	④
205	정보나 감정을 나누는 데 서툰 편이다.	①	②	③	④
206	사소한 잘못은 지혜롭게 변명하고 넘어간다.	①	②	③	④
207	나에게는 좋지 못한 습관이 있다.	①	②	③	④
208	정직한 사람은 평생 가난하게 산다.	①	②	③	④
209	개인의 목표보다 조직의 목표가 우선이다.	①	②	③	④
210	어떤 현상에 대해 비판적 시각으로 접근한다.	①	②	③	④

번호	문항	응답			
		전혀 그렇지 않다	그렇지 않다	그렇다	매우 그렇다
211	내 생각과 견해가 다른 규칙(또는 규정)은 따르기가 어렵다.	①	②	③	④
212	남들과 다른 방식으로 생각하기를 좋아한다.	①	②	③	④
213	자신을 잘 드러내지 않고 사적인 이야기를 거의 하지 않는다.	①	②	③	④
214	정해진 틀(규정이나 절차) 안에서 움직이길 싫어한다.	①	②	③	④
215	주변의 조그만 변화도 빨리 알아챈다.	①	②	③	④
216	항상 나 자신이 만족스럽다.	①	②	③	④
217	관심이나 관련 없는 지루한 말도 끝까지 잘 들어준다.	①	②	③	④
218	격식의 틀을 싫어하고 구속받는 것을 싫어한다.	①	②	③	④
219	사람을 사귈 때 어느 정도 거리를 두고 사귄다.	①	②	③	④
220	앞에 나서기보다 뒤에서 도와주는 역할을 선호한다.	①	②	③	④
221	다소 원칙을 벗어나도 결과가 좋으면 다 해결된다.	①	②	③	④
222	남에게 일을 가르치거나 지도하기를 좋아한다.	①	②	③	④
223	상대가 불쾌한 자극을 주어도 잘 참는 편이다.	①	②	③	④
224	남과 어울려서 일하면 집중이 잘 안 된다.	①	②	③	④
225	한 자리에 오랫동안 앉아있지 못한다.	①	②	③	④
226	좋고 나쁨에 대한 감정을 확실히 표현하며 잘 흥분한다.	①	②	③	④
227	모든 것이 현실이 아닌 것처럼 느껴질 때가 종종 있다.	①	②	③	④
228	자신의 이익을 주장하지 못하는 것은 무능한 것이다.	①	②	③	④
229	느린 속도의 안정보다 빠른 속도의 변화를 선호한다.	①	②	③	④
230	다른 사람들이 나를 이해하지 못하는 것 같다.	①	②	③	④
231	급한 성격 탓에 작은 실수를 범하곤 한다.	①	②	③	④
232	의견이 서로 다를 때 대부분 양보하는 편이다.	①	②	③	④
233	남이 잘되는 것을 보고 시샘한 적이 없다.	①	②	③	④
234	타인의 느낌이나 관심에 민감하다.	①	②	③	④
235	나와 다른 의견을 가진 사람들을 설득하는 것을 잘한다.	①	②	③	④
236	약속을 겹치게 잡는 경우가 종종 있다.	①	②	③	④
237	다른 사람의 비판에 매우 민감한 편이다.	①	②	③	④
238	좋아하는 사람과 싫은 사람의 경계가 분명하다.	①	②	③	④
239	내 자신이 초라하게 느껴질 때가 종종 있다.	①	②	③	④
240	살아있는 것이 기적이라고 생각한다.	①	②	③	④

PART 2 다음 문항을 읽고 자신과 가까운 정도를 '전혀 아님' 1점부터 '매우 그러함' 7점까지 표시하여 주십시오. 또한 자신의 모습과 '멀다'고 생각되는 문항과 '가깝다'고 생각되는 문항을 각각 1개씩 표시하여 주십시오.

문항수_150문항 시험시간_25분

번호		문항 예시	응답 1							응답 2	
			전혀 아님	⟪	보통	⟫	매우 그러함			멀다	가깝다
01	A	나는 활동적인 것을 좋아한다.	①	②	③	④	⑤	⑥	⑦	○	○
	B	나는 예술을 좋아한다.	①	②	③	④	⑤	⑥	⑦	○	○
	C	숫자를 잘 못 외우는 편이다.	①	②	③	④	⑤	⑥	⑦	○	○
02	A	음악 감상을 즐긴다.	①	②	③	④	⑤	⑥	⑦	○	○
	B	미술관을 자주 찾는 편이다.	①	②	③	④	⑤	⑥	⑦	○	○
	C	정적인 활동보다는 몸을 움직이는 것을 좋아한다.	①	②	③	④	⑤	⑥	⑦	○	○
03	A	평소 이미지 관리에 신경을 많이 쓴다.	①	②	③	④	⑤	⑥	⑦	○	○
	B	내가 세운 공은 남에게 절대 넘길 수 없다.	①	②	③	④	⑤	⑥	⑦	○	○
	C	해야 할 일을 나중으로 미루지 않는다.	①	②	③	④	⑤	⑥	⑦	○	○
04	A	논리적으로 자신의 의견을 말할 수 있다.	①	②	③	④	⑤	⑥	⑦	○	○
	B	남의 눈치를 보며 나의 성격을 포장할 때가 있다.	①	②	③	④	⑤	⑥	⑦	○	○
	C	사람들 앞에 나서는 것을 좋아하지 않는다.	①	②	③	④	⑤	⑥	⑦	○	○
05	A	나의 이득을 위해서라면 부정행위도 할 수 있다.	①	②	③	④	⑤	⑥	⑦	○	○
	B	조원들의 과오를 감싸 줄 수 있다.	①	②	③	④	⑤	⑥	⑦	○	○
	C	개인의 목표보다는 공동체의 목표가 더 중요하다.	①	②	③	④	⑤	⑥	⑦	○	○
06	A	손해 보는 일은 하지 않는다.	①	②	③	④	⑤	⑥	⑦	○	○
	B	자유롭게 행동하는 것이 좋다.	①	②	③	④	⑤	⑥	⑦	○	○
	C	기분 변화가 심하다.	①	②	③	④	⑤	⑥	⑦	○	○
07	A	나는 타인의 의견을 존중한다.	①	②	③	④	⑤	⑥	⑦	○	○
	B	리더십이 있다.	①	②	③	④	⑤	⑥	⑦	○	○
	C	팀 활동을 좋아한다.	①	②	③	④	⑤	⑥	⑦	○	○
08	A	수치로 나타내는 것을 좋아한다.	①	②	③	④	⑤	⑥	⑦	○	○
	B	준법정신이 뛰어나다.	①	②	③	④	⑤	⑥	⑦	○	○
	C	현재보다 미래가 중요하다.	①	②	③	④	⑤	⑥	⑦	○	○
09	A	나는 어떤 일을 할 때 항상 계획해서 행동한다.	①	②	③	④	⑤	⑥	⑦	○	○
	B	나는 그릇된 일을 한 번도 한 적이 없다.	①	②	③	④	⑤	⑥	⑦	○	○
	C	의사결정을 할 때에는 사람들과 의논한다.	①	②	③	④	⑤	⑥	⑦	○	○

번호		문항 예시	응답 1							응답 2	
			전혀 아님 ⟨⟨⟨ 보통 ⟩⟩⟩ 매우 그러함							멀다	가깝다
10	A	나는 모임을 좋아한다.	①	②	③	④	⑤	⑥	⑦	○	○
	B	다른 사람의 충고를 기분 좋게 받아들이는 편이다.	①	②	③	④	⑤	⑥	⑦	○	○
	C	팀에서 사람들과의 화합이 중요하다고 생각한다.	①	②	③	④	⑤	⑥	⑦	○	○
11	A	나는 언제나 새로운 계획이 있다.	①	②	③	④	⑤	⑥	⑦	○	○
	B	실수한 일을 절대로 잊지 않는다.	①	②	③	④	⑤	⑥	⑦	○	○
	C	오늘 할 일을 내일로 미루지 않는다.	①	②	③	④	⑤	⑥	⑦	○	○
12	A	나는 어떤 경우에라도 법을 준수한다.	①	②	③	④	⑤	⑥	⑦	○	○
	B	양보하는 것을 좋아한다.	①	②	③	④	⑤	⑥	⑦	○	○
	C	사람들에게 선을 긋는 편이다	①	②	③	④	⑤	⑥	⑦	○	○
13	A	처음 만난 사람 앞에서도 자신감이 있다.	①	②	③	④	⑤	⑥	⑦	○	○
	B	나는 미리 계획하는 편이다.	①	②	③	④	⑤	⑥	⑦	○	○
	C	나는 문제를 신속하게 해결한다.	①	②	③	④	⑤	⑥	⑦	○	○
14	A	나는 공식이나 법칙을 다루는 것이 좋다.	①	②	③	④	⑤	⑥	⑦	○	○
	B	동료와 쉽게 유대관계를 형성한다.	①	②	③	④	⑤	⑥	⑦	○	○
	C	여러 사람의 의견을 종합하여 결론을 이끌어낸다.	①	②	③	④	⑤	⑥	⑦	○	○
15	A	다른 사람이 한 행동의 이유를 잘 파악하는 편이다.	①	②	③	④	⑤	⑥	⑦	○	○
	B	일상생활에서 새로운 것을 즐긴다.	①	②	③	④	⑤	⑥	⑦	○	○
	C	책임감이 강하다는 말을 자주 듣는다.	①	②	③	④	⑤	⑥	⑦	○	○
16	A	나는 질문을 체계적으로 잘하는 사람이다.	①	②	③	④	⑤	⑥	⑦	○	○
	B	조용하고 차분하다는 말을 자주 듣는다.	①	②	③	④	⑤	⑥	⑦	○	○
	C	빨리 결정하고 과감히 행동하는 사람이다.	①	②	③	④	⑤	⑥	⑦	○	○
17	A	나는 신속하게 의사결정을 한다.	①	②	③	④	⑤	⑥	⑦	○	○
	B	나는 회의에서 리더역할을 잘한다.	①	②	③	④	⑤	⑥	⑦	○	○
	C	기발한 아이디어를 많이 생각하고 제안한다.	①	②	③	④	⑤	⑥	⑦	○	○
18	A	다른 사람들보다 체계적으로 일을 처리하는 편이다.	①	②	③	④	⑤	⑥	⑦	○	○
	B	남들이 나를 비난해도 쉽게 동요하지 않는다.	①	②	③	④	⑤	⑥	⑦	○	○
	C	다른 사람들의 기분과 느낌을 잘 파악한다.	①	②	③	④	⑤	⑥	⑦	○	○
19	A	모임을 주선하게 되는 경우가 자주 있다.	①	②	③	④	⑤	⑥	⑦	○	○
	B	나는 학창시절부터 리더역할을 많이 해 왔다.	①	②	③	④	⑤	⑥	⑦	○	○
	C	변화를 즐기는 편이다.	①	②	③	④	⑤	⑥	⑦	○	○

번호		문항 예시	응답 1							응답 2	
			전혀 아님 ⟪			보통		⟫ 매우 그러함		멀다	가깝다
20	A	혼자서 생활해도 밥은 잘 챙겨 먹고 생활리듬이 많이 깨지지 않는 편이다.	①	②	③	④	⑤	⑥	⑦	○	○
	B	다른 나라의 음식을 시도해 보는 것이 즐겁다.	①	②	③	④	⑤	⑥	⑦	○	○
	C	나 스스로에 대해서 높은 기준을 제시하는 편이다.	①	②	③	④	⑤	⑥	⑦	○	○
21	A	대화를 주도한다.	①	②	③	④	⑤	⑥	⑦	○	○
	B	나 스스로에 대해서 높은 기준을 세우고 시도해 보는 것을 즐긴다.	①	②	③	④	⑤	⑥	⑦	○	○
	C	나와 다른 분야에 종사하는 사람들을 만나도 쉽게 공통점을 찾을 수 있다.	①	②	③	④	⑤	⑥	⑦	○	○
22	A	나는 설득을 잘하는 사람이다.	①	②	③	④	⑤	⑥	⑦	○	○
	B	현상에 대한 새로운 해석을 알게 되는 것이 즐겁다.	①	②	③	④	⑤	⑥	⑦	○	○
	C	새로운 기회를 만들기 위해서 다방면으로 노력을 기울인다.	①	②	③	④	⑤	⑥	⑦	○	○
23	A	한 달 동안 필요한 돈이 얼마인지 파악하고 있다.	①	②	③	④	⑤	⑥	⑦	○	○
	B	어디가서든 친구들 중에서 내가 제일 적응을 잘하는 편이다.	①	②	③	④	⑤	⑥	⑦	○	○
	C	대개 어떤 모임이든 나가다 보면 중심 멤버가 돼 있는 경우가 많다.	①	②	③	④	⑤	⑥	⑦	○	○
24	A	극복하지 못할 장애물은 없다고 생각한다.	①	②	③	④	⑤	⑥	⑦	○	○
	B	생활패턴이 규칙적인 편이다.	①	②	③	④	⑤	⑥	⑦	○	○
	C	내 분야에서 전문가가 되기 위한 구체적인 계획을 가지고 있다.	①	②	③	④	⑤	⑥	⑦	○	○
25	A	누구보다 앞장서서 일하는 편이다.	①	②	③	④	⑤	⑥	⑦	○	○
	B	일어날 일에 대해서 미리 예상하고 준비하는 편이다.	①	②	③	④	⑤	⑥	⑦	○	○
	C	동문회에 나가는 것이 즐겁다.	①	②	③	④	⑤	⑥	⑦	○	○
26	A	같은 과 친구들을 만나면 행동만으로도 기분을 눈치챌 수 있다.	①	②	③	④	⑤	⑥	⑦	○	○
	B	혼자서 일하는 것보다 팀을 이루어서 일하는 것이 더 좋다.	①	②	③	④	⑤	⑥	⑦	○	○
	C	예상외의 일이 생겨도 상황에 적응하고 즐기는 편이다.	①	②	③	④	⑤	⑥	⑦	○	○
27	A	내 분야에 관한 한 전문가가 되기 위해 따로 시간 투자를 한다.	①	②	③	④	⑤	⑥	⑦	○	○
	B	일단 마음먹은 일은 맘껏 해 봐야 직성이 풀리는 편이다.	①	②	③	④	⑤	⑥	⑦	○	○
	C	위기는 기회라는 말에 동의한다.	①	②	③	④	⑤	⑥	⑦	○	○

번호		문항 예시	응답 1							응답 2	
			전혀 아님	《	보통	》			매우 그러함	멀다	가깝다
28	A	팀 내에서 업무적인 대화만큼 개인적인 고민에 대한 대화 역시 필요하다.	①	②	③	④	⑤	⑥	⑦	○	○
	B	컨디션이 좋지 않아도 계획한 일은 예정대로 하는 편이다.	①	②	③	④	⑤	⑥	⑦	○	○
	C	내 몸의 컨디션에 대해서 잘 파악하는 편이다.	①	②	③	④	⑤	⑥	⑦	○	○
29	A	교통질서를 잘 지킨다.	①	②	③	④	⑤	⑥	⑦	○	○
	B	내가 무엇을 하면 즐거워지는지 정확하게 알고 있다.	①	②	③	④	⑤	⑥	⑦	○	○
	C	다른 나라의 문화에 대해서 알게 되는 것은 즐거운 일이다.	①	②	③	④	⑤	⑥	⑦	○	○
30	A	자기개발에 도움이 되는 것들을 꾸준히 찾아서 한다.	①	②	③	④	⑤	⑥	⑦	○	○
	B	모임에서 새로운 사람들과 잘 어울린다.	①	②	③	④	⑤	⑥	⑦	○	○
	C	친구의 고민 상담을 잘해 주는 편이다.	①	②	③	④	⑤	⑥	⑦	○	○
31	A	처음 경험하는 일이라도 빠르게 파악하고 적응하는 편이다.	①	②	③	④	⑤	⑥	⑦	○	○
	B	새로운 모임에 가도 잘 적응하는 편이다.	①	②	③	④	⑤	⑥	⑦	○	○
	C	새로운 정보나 지식을 팀원들과 공유한다.	①	②	③	④	⑤	⑥	⑦	○	○
32	A	다양한 문화를 인정하는 것은 중요하다.	①	②	③	④	⑤	⑥	⑦	○	○
	B	친구를 사귀는 것은 어렵지 않다.	①	②	③	④	⑤	⑥	⑦	○	○
	C	적응을 잘하는 편이다.	①	②	③	④	⑤	⑥	⑦	○	○
33	A	꾸준하다는 평가를 받는다.	①	②	③	④	⑤	⑥	⑦	○	○
	B	의리가 나에게는 매우 중요한 덕목이다.	①	②	③	④	⑤	⑥	⑦	○	○
	C	내 분야에서 최고가 되기 위해서 노력한다.	①	②	③	④	⑤	⑥	⑦	○	○
34	A	기분 나쁜 말을 전해야 할 때는 상대방의 기분을 고려하여 부드러운 말로 바꾸어 표현하는 편이다.	①	②	③	④	⑤	⑥	⑦	○	○
	B	나와 다른 관점이 있다는 것을 인정한다.	①	②	③	④	⑤	⑥	⑦	○	○
	C	규칙을 잘 지킨다.	①	②	③	④	⑤	⑥	⑦	○	○
35	A	내 성과로 직결되지 않는 일이라도 조직에 필요한 일은 묵묵히 하는 편이다.	①	②	③	④	⑤	⑥	⑦	○	○
	B	팀을 이루어 성취한 후 느끼는 쾌감이 크다.	①	②	③	④	⑤	⑥	⑦	○	○
	C	우리 회사(학교, 동아리) 사람들은 나를 좋아한다.	①	②	③	④	⑤	⑥	⑦	○	○

번호		문항 예시	응답 1							응답 2	
			전혀 아님 ⟨⟨⟨ 보통 ⟩⟩⟩ 매우 그러함							멀다	가깝다
36	A	친절하다는 말을 많이 듣는다.	①	②	③	④	⑤	⑥	⑦	○	○
	B	사람들과 어울리는 것이 좋다.	①	②	③	④	⑤	⑥	⑦	○	○
	C	내가 공금을 맡으면 사람들이 안심하고 맡기는 편이다.	①	②	③	④	⑤	⑥	⑦	○	○
37	A	팀원들과의 관계는 늘 좋았던 편이다.	①	②	③	④	⑤	⑥	⑦	○	○
	B	나는 실패를 극복할 만한 의지를 가진 사람이라고 생각한다.	①	②	③	④	⑤	⑥	⑦	○	○
	C	다양한 가치를 존중받을 수 있는 사회가 바람직하다고 생각한다.	①	②	③	④	⑤	⑥	⑦	○	○
38	A	회의를 할 때 독특한 아이디어를 많이 내놓는 편이다.	①	②	③	④	⑤	⑥	⑦	○	○
	B	어느 집단에 소속되면 주로 리더의 역할을 맡는다.	①	②	③	④	⑤	⑥	⑦	○	○
	C	나는 돈 관리를 잘하는 편이어서 적자가 나는 법이 없다.	①	②	③	④	⑤	⑥	⑦	○	○
39	A	학창시절 반장이나 동아리 회장 등을 하곤 했다.	①	②	③	④	⑤	⑥	⑦	○	○
	B	무언가를 새롭게 창조하는 것을 좋아한다.	①	②	③	④	⑤	⑥	⑦	○	○
	C	어떤 환경에서 집중이 잘되는지 알고 있으며 되도록 그 시간대는 공부를 위해서 비워 놓으려고 노력한다.	①	②	③	④	⑤	⑥	⑦	○	○
40	A	목표를 세우면 거기에 모든 것을 거는 편이다.	①	②	③	④	⑤	⑥	⑦	○	○
	B	상황에 대한 내 감정을 잘 설명한다.	①	②	③	④	⑤	⑥	⑦	○	○
	C	주변사람들은 나를 개방적이라고 평가한다.	①	②	③	④	⑤	⑥	⑦	○	○
41	A	갑작스럽게 일이 생겨도 해결할 수 있도록 미리 준비하는 편이다.	①	②	③	④	⑤	⑥	⑦	○	○
	B	내가 하고자 하는 일이 있으면 잠을 못 잘 정도로 몰두한다.	①	②	③	④	⑤	⑥	⑦	○	○
	C	상대방의 표정이나 몸짓(비언어적 요소들)만으로 상대방 마음을 잘 알아차린다.	①	②	③	④	⑤	⑥	⑦	○	○
42	A	어떻게 하면 내 화가 풀리는지 알고 있다.	①	②	③	④	⑤	⑥	⑦	○	○
	B	일을 성취하기 위해서 공식적인 활동 이외의 노력도 기울인다.	①	②	③	④	⑤	⑥	⑦	○	○
	C	나는 목표를 달성하기 위해 방식을 현실적으로 조정해 가면서 일을 한다.	①	②	③	④	⑤	⑥	⑦	○	○

번호		문항 예시	응답 1							응답 2	
			전혀 아님	⟪		보통		⟫	매우 그러함	멀다	가깝다
43	A	나는 호기심이 풍부한 사람이다.	①	②	③	④	⑤	⑥	⑦	○	○
	B	하나의 사안에 대해서 다양한 관점이 있다는 것을 흥미롭게 생각한다.	①	②	③	④	⑤	⑥	⑦	○	○
	C	일을 마치기 위해 즐거움을 잠시 미루는 것이 어렵지 않다.	①	②	③	④	⑤	⑥	⑦	○	○
44	A	아이디어가 풍부하다.	①	②	③	④	⑤	⑥	⑦	○	○
	B	한 가지에 빠지면 주변의 악조건에는 상관없이 몰두하는 편이다.	①	②	③	④	⑤	⑥	⑦	○	○
	C	외국인 친구와 교류하면서 외국문화를 알게 되는 것이 즐겁다.	①	②	③	④	⑤	⑥	⑦	○	○
45	A	나는 책임감이 강한 사람이다.	①	②	③	④	⑤	⑥	⑦	○	○
	B	현상의 원인에 대해서 궁금해 한다.	①	②	③	④	⑤	⑥	⑦	○	○
	C	나는 감정 조절을 잘하는 편이다.	①	②	③	④	⑤	⑥	⑦	○	○
46	A	기분이 우울하거나 화가 날 때 스스로를 달래는 방법을 알고 있다.	①	②	③	④	⑤	⑥	⑦	○	○
	B	믿을 수 있는 사람이 되고 싶다.	①	②	③	④	⑤	⑥	⑦	○	○
	C	나는 에너지가 넘친다.	①	②	③	④	⑤	⑥	⑦	○	○
47	A	굳이 말로 하지 않아도 행동을 보면 그 사람의 기분을 잘 파악할 수 있다.	①	②	③	④	⑤	⑥	⑦	○	○
	B	의리를 지키는 것은 중요하다고 생각한다.	①	②	③	④	⑤	⑥	⑦	○	○
	C	다른 나라에 가서 새로운 경험을 하는 것은 즐거운 일이다.	①	②	③	④	⑤	⑥	⑦	○	○
48	A	사람들 사이의 신의를 지키기 위해서 노력한다.	①	②	③	④	⑤	⑥	⑦	○	○
	B	일을 성취하기 위해서 최대한의 방법을 동원한다.	①	②	③	④	⑤	⑥	⑦	○	○
	C	비난보다는 칭찬을 많이 하는 편이다.	①	②	③	④	⑤	⑥	⑦	○	○
49	A	나는 늘 책임감이 강한 편에 속했다.	①	②	③	④	⑤	⑥	⑦	○	○
	B	나 스스로의 한계에 도전하는 일을 좋아한다.	①	②	③	④	⑤	⑥	⑦	○	○
	C	실력을 쌓을 수 있는 기회면 일이 어려워도 자원해서 한다.	①	②	③	④	⑤	⑥	⑦	○	○
50	A	상대방이 편안하게 느낄 수 있도록 배려해야 마음이 놓인다.	①	②	③	④	⑤	⑥	⑦	○	○
	B	문제를 해결하는 데에는 다양한 가능성이 있다고 생각한다.	①	②	③	④	⑤	⑥	⑦	○	○
	C	내 실수에 대해서는 스스로 책임을 진다.	①	②	③	④	⑤	⑥	⑦	○	○

고시넷 SK하이닉스 온라인 [SKCT] 종합역량검사 최신기출유형모의고사

SK하이닉스 온라인 [SKCT] 종합역량검사

파트 4 면접가이드

01 면접의 이해

※ 능력중심 채용에서는 타당도가 높은 구조화 면접을 적용한다.

1 면접이란?

일을 하는 데 필요한 능력(직무역량, 직무지식, 인재상 등)을 지원자가 보유하고 있는지에 대해 다양한 면접 기법을 활용하여 확인하는 절차이다. 자신의 환경, 성취, 관심사, 경험 등에 대해 이야기하여 본인이 적합하다는 것을 보여 줄 기회를 제공하고, 면접관은 평가에 필요한 정보를 수집하고 평가하는 것이다.

- 지원자의 태도, 적성, 능력에 대한 정보를 심층적으로 파악하기 위한 방법
- 선발의 최종 의사결정에 주로 사용되는 방법
- 전 세계적으로 선발에서 가장 많이 사용되는 핵심적이고 중요한 방법

2 면접의 특징

서류전형이나 인적성검사에서 드러나지 않는 것들을 볼 수 있는 기회를 제공한다.

- 직무수행과 관련된 다양한 지원자 행동에 대한 관찰이 가능하다.
- 면접관이 알고자 하는 정보를 심층적으로 파악할 수 있다.
- 서류상의 미비한 사항과 의심스러운 부분을 확인할 수 있다.
- 커뮤니케이션, 대인관계행동 등 행동 · 언어적 정보도 얻을 수 있다.

3 면접의 평가요소

1 인재적합도

해당 기관이나 기업별 인재상에 대한 인성 평가

2 조직적합도

조직에 대한 이해와 관련 상황에 대한 평가

3 직무적합도

직무에 대한 지식과 기술, 태도에 대한 평가

4 면접의 유형

구조화된 정도에 따른 분류

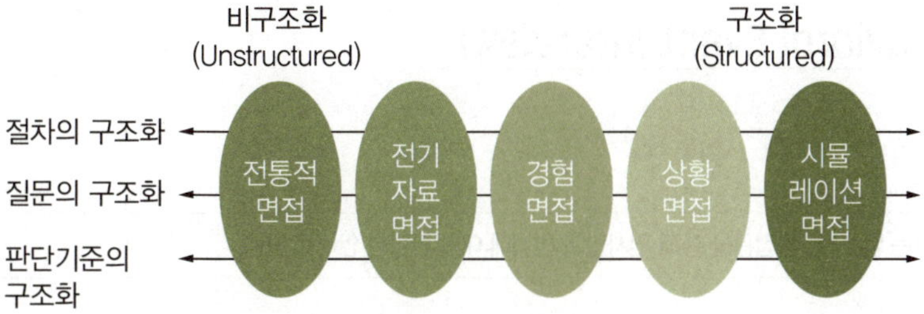

1 구조화 면접(Structured Interview)

사전에 계획을 세워 질문의 내용과 방법, 지원자의 답변 유형에 따른 추가 질문과 그에 대한 평가역량이 정해져 있는 면접 방식(표준화 면접)

- 표준화된 질문이나 평가요소가 면접 전 확정되며, 지원자는 편성된 조나 면접관에 영향을 받지 않고 동일한 질문과 시간을 부여받을 수 있음.
- 조직 또는 직무별로 주요하게 도출된 역량을 기반으로 평가요소가 구성되어, 조직 또는 직무에서 필요한 역량을 가진 지원자를 선발할 수 있음.
- 표준화된 형식을 사용하는 특성 때문에 비구조화 면접에 비해 신뢰성과 타당성, 객관성이 높음.

2 비구조화 면접(Unstructured Interview)

면접 계획을 세울 때 면접 목적만 명시하고 내용이나 방법은 면접관에게 전적으로 일임하는 방식(비표준화 면접)

- 표준화된 질문이나 평가요소 없이 면접이 진행되며, 편성된 조나 면접관에 따라 지원자에게 주어지는 질문이나 시간이 다름.
- 면접관의 주관적인 판단에 따라 평가가 이루어져 평가 오류가 빈번히 일어남.
- 상황 대처나 언변이 뛰어난 지원자에게 유리한 면접이 될 수 있음.

02 구조화 면접 기법

※ 능력중심 채용에서는 타당도가 높은 구조화 면접을 적용한다.

1 경험면접(Behavioral Event Interview)

면접 프로세스

안내 — 지원자는 입실 후, 면접관을 통해 인사말과 면접에 대한 간단한 안내를 받음.

질문 — 지원자는 면접관에게 평가요소(직업기초능력, 직무수행능력 등)와 관련된 주요 질문을 받게 되며, 질문에서 의도하는 평가요소를 고려하여 응답할 수 있도록 함.

세부질문
- 지원자가 응답한 내용을 토대로 해당 평가기준들을 충족시키는지 파악하기 위한 세부질문이 이루어짐.
- 구체적인 행동·생각 등에 대해 응답할수록 높은 점수를 얻을 수 있음.

- 방식
  해당 역량의 발휘가 요구되는 일반적인 상황을 제시하고, 그러한 상황에서 어떻게 행동했었는지(과거 경험)를 이야기하도록 함.
- 판단기준
  해당 역량의 수준, 경험자체의 구체성, 진실성 등
- 특징
  추상적인 생각이나 의견 제시가 아닌 과거 경험 및 행동 중심의 질의가 이루어지므로 지원자는 사전에 본인의 과거 경험 및 사례를 정리하여 면접에 대비할 수 있음.
- 예시

지원분야		지원자		면접관	(인)
경영자원관리 조직이 보유한 인적자원을 효율적으로 활용하여, 조직 내 유·무형 자산 및 재무자원을 효율적으로 관리한다.					
주질문					
A. 어떤 과제를 처리할 때 기존에 팀이 사용했던 방식의 문제점을 찾아내 이를 보완하여 과제를 더욱 효율적으로 처리했던 경험에 대해 이야기해 주시기 바랍니다.					
세부질문					
[상황 및 과제] 사례와 관련해 당시 상황에 대해 이야기해 주시기 바랍니다. [역할] 당시 지원자께서 맡았던 역할은 무엇이었습니까? [행동] 사례와 관련해 구성원들의 설득을 이끌어 내기 위해 어떤 노력을 하였습니까? [결과] 결과는 어땠습니까?					

기대행동	평점
업무진행에 있어 한정된 자원을 효율적으로 활용한다.	① - ② - ③ - ④ - ⑤
구성원들의 능력과 성향을 파악해 효율적으로 업무를 배분한다.	① - ② - ③ - ④ - ⑤
효과적 인적/물적 자원관리를 통해 맡은 일을 무리 없이 잘 마무리한다.	① - ② - ③ - ④ - ⑤

척도해설

1 : 행동증거가 거의 드러나지 않음	2 : 행동증거가 미약하게 드러남	3 : 행동증거가 어느 정도 드러남	4 : 행동증거가 명확하게 드러남	5 : 뛰어난 수준의 행동증거가 드러남
관찰기록 : 총평 :				

※ 실제 적용되는 평가지는 기업/기관마다 다름.

2 상황면접(Situational Interview)

면접 프로세스

안내 — 지원자는 입실 후, 면접관을 통해 인사말과 면접에 대한 간단한 안내를 받음.

질문
- 지원자는 상황질문지를 검토하거나 면접관을 통해 상황 및 질문을 제공받음.
- 면접관의 질문이나 질문지의 의도를 파악하여 응답할 수 있도록 함.

세부질문
- 지원자가 응답한 내용을 토대로 해당 평가기준들을 충족시키는지 파악하기 위한 세부질문이 이루어짐.
- 구체적인 행동·생각 등에 대해 응답할수록 높은 점수를 얻을 수 있음.

- 방식
  직무 수행 시 접할 수 있는 상황들을 제시하고, 그러한 상황에서 어떻게 행동할 것인지(행동의도)를 이야기하도록 함.
- 판단기준
  해당 상황에 맞는 역량의 구체적 행동지표
- 특징
  지원자의 가치관, 태도, 사고방식 등의 요소를 평가하는 데 용이함.

• 예시

지원분야		지원자		면접관	(인)

유관부서협업 타 부서의 업무협조요청 등에 적극적으로 협력하고 갈등 상황이 발생하지 않도록 이해관계를 조율하며 관련 부서의 협업을 효과적으로 이끌어 낸다.
주질문
당신은 생산관리팀의 팀원으로, 2개월 뒤에 제품 A를 출시하기 위해 생산팀의 생산 계획을 수립한 상황입니다. 그러나 원가가 곧 실적으로 이어지는 구매팀에서는 최대한 원가를 줄여 전반적 단가를 낮추려고 원가절감을 위한 제안을 하였으나, 연구개발팀에서는 구매팀이 제안한 방식으로 제품을 생산할 경우 대부분이 구매팀의 실적으로 산정될 것이므로 제대로 확인도 해 보지 않은 채 적합하지 않은 방식이라고 판단하고 있습니다. 당신은 어떻게 하겠습니까?
세부질문
[상황 및 과제] 이 상황의 핵심적인 이슈는 무엇이라고 생각합니까? [역할] 당신의 역할을 더 잘 수행하기 위해서는 어떤 점을 고려해야 하겠습니까? 왜 그렇게 생각합니까? [행동] 당면한 과제를 해결하기 위해서 구체적으로 어떤 조치를 취하겠습니까? 그 이유는 무엇입니까? [결과] 그 결과는 어떻게 될 것이라고 생각합니까? 그 이유는 무엇입니까?

척도해설

1 : 행동증거가 거의 드러나지 않음	2 : 행동증거가 미약하게 드러남	3 : 행동증거가 어느 정도 드러남	4 : 행동증거가 명확하게 드러남	5 : 뛰어난 수준의 행동증거가 드러남
관찰기록 : 총평 :				

※ 실제 적용되는 평가지는 기업/기관마다 다름.

3 발표면접(Presentation)

면접 프로세스

안내
- 입실 후 지원자는 면접관으로부터 인사말과 발표면접에 대해 간략히 안내받음.
- 면접 전 지원자는 과제 검토 및 발표 준비시간을 가짐.

발표
- 지원자들이 과제 주제와 관련하여 정해진 시간 동안 발표를 실시함.
- 면접관은 발표내용 중 평가요소와 관련해 나타난 가점 및 감점요소들을 평가하게 됨.

질문응답
- 발표 종료 후 면접관은 정해진 시간 동안 지원자의 발표내용과 관련해 구체적인 내용을 확인하기 위한 질문을 함.
- 지원자는 면접관의 질문의도를 정확히 파악하여 적절히 응답할 수 있도록 함.
- 응답 시 명확하고 자신있게 전달할 수 있도록 함.

- 방식
  지원자가 특정 주제와 관련된 자료(신문기사, 그래프 등)를 검토하고, 그에 대한 자신의 생각을 면접관 앞에서 발표하며 추가 질의응답이 이루어짐.
- 판단기준
  지원자의 사고력, 논리력, 문제해결능력 등
- 특징
  과제를 부여한 후, 지원자들이 과제를 수행하는 과정과 결과를 관찰 · 평가함. 과제수행의 결과뿐 아니라 과제수행 과정에서의 행동을 모두 평가함.

4 토론면접(Group Discussion)

면접 프로세스

안내	•입실 후, 지원자들은 면접관으로부터 토론 면접의 전반적인 과정에 대해 안내받음. •지원자는 정해진 자리에 착석함.
토론	•지원자들이 과제 주제와 관련하여 정해진 시간 동안 토론을 실시함(시간은 기관별 상이). •지원자들은 면접 전 과제 검토 및 토론 준비시간을 가짐. •토론이 진행되는 동안, 지원자들은 다른 토론자들의 발언을 경청하여 적절히 본인의 의사를 전달할 수 있도록 함. 더불어 적극적인 태도로 토론면접에 임하는 것도 중요함.
마무리 (5분 이내)	•면접 종료 전, 지원자들은 토론을 통해 도출한 결론에 대해 첨언하고 적절히 마무리 지음. •본인의 의견을 전달하는 것과 동시에 다른 토론자를 배려하는 모습도 중요함.

- 방식
  상호갈등적 요소를 가진 과제 또는 공통의 과제를 해결하는 내용의 토론 과제(신문기사, 그래프 등)를 제시하고, 그 과정에서의 개인 간의 상호작용 행동을 관찰함.
- 판단기준
  팀워크, 갈등 조정, 의사소통능력 등
- 특징
  면접에서 최종안을 도출하는 것도 중요하나 주장의 옳고 그름이 아닌 결론을 도출하는 과정과 말하는 자세 등도 중요함.

5 역할연기면접(Role Play Interview)

• 방식
기업 내 발생 가능한 상황에서 부딪히게 되는 문제와 역할을 가상적으로 설정하여 특정 역할을 맡은 사람과 상호작용하고 문제를 해결해 나가도록 함.

• 판단기준
대처능력, 대인관계능력, 의사소통능력 등

• 특징
실제 상황과 유사한 가상 상황에서 지원자의 성격이나 대처 행동 등을 관찰할 수 있음.

6 조별활동(GA : Group Activity)

• 방식
지원자들이 팀(집단)으로 협력하여 정해진 시간 안에 활동 또는 게임을 하며 면접관들은 지원자들의 행동을 관찰함.

• 판단기준
대인관계능력, 팀워크, 창의성 등

• 특징
기존 면접보다 오랜 시간 관찰을 하여 지원자들의 평소 습관이나 행동들을 관찰하려는 데 목적이 있음.

03 면접 최신 기출 주제

1 SK하이닉스 면접 기출 질문

1분 자기소개를 해보세요.
회사 내 다양한 직무 중, 해당 직무에 지원하게 된 이유는 무엇인가?
지원 직무에서 가장 중요한 점과 필요한 역량을 말해보세요.
최근에 해당 직무 관련하여 관심 있게 읽은 기사나 논문에 대하여 말해보세요.
해당 직무에서 가장 자신 있는 분야는 무엇인가?
해당 직무에서 데이터를 어떻게 활용할지 말해보세요.
SK그룹의 최근 기술 동향이나 뉴스 중 관심있게 본 것이 있는가?
SK 제품에 대해 아는대로 말해보세요.
자사의 경쟁사 대비 강점이 무엇이라고 생각하는가?
인턴 경험이 있나요? 해당 경험이 회사에 어떻게 기여될 것이라 생각하는가?
입사 후에 목표가 무엇인가?
원하는 부서에 배치되지 않는다면, 어떻게 할 것인가?
본인의 부족한 점이 무엇이고, 어떻게 극복하였는가?
팀플레이로 원하는 목표에 도달한 경험이 있나요? 그에 대해 말해보세요.
마음에 안 드는 구성원과 회의를 하게 된다면, 어떻게 할 것인가?
어떤 상황에서 스트레스를 받는가? 자신만의 스트레스 해소 방법을 말해보세요.
학교생활 중에 자신이 가장 열정적으로 무엇을 성취한 경험을 말해보세요.
본인만의 장점을 말해보세요.
본인이 그 누구보다 가장 자신 있는 것을 말해보세요.
직무가 본인이 생각하는 것과 다를 수 있는데, 다른 일을 하게 된다면 어떻게 할 것인가?
최근 3년 내에 꾸준히 계획을 세워 달성한 경험이 있다면 말해보세요.
본인이 맡았던 프로젝트에서 인상 깊었던 점에 대해 말해보세요.
훌륭한 리더십이란 무엇인가? 리더십을 발휘하는 과정에서 생겼던 문제는 무엇이고, 어떻게 해결했는가?
상사의 부당한 지시에 어떻게 반응할 것인가?
교통체증으로 인해 아주 중요한 미팅 자리에 늦을 것 같은데, 어떻게 하겠는가?
공백기가 있던데, 공백기 동안 특별히 한 활동이 있다면 말해보세요.

회사를 계속 다닐 수 있게 하는 본인의 원동력은 무엇인가?
지사, 본사와 순환을 하다 보니 지방근무를 해야 할 수도 있는데 괜찮겠는가?
워킹홀리데이 등 해외에서 살다 온 경험이 있는가?
본인을 3가지 해시태그로 표현한다면 무엇인가?
공모전에 참여해본 적 있나요? 그에 대해 말해보세요.
새로운 방식을 도입해 도전했던 경험과 그 방법에 대해 말해보세요.

2 면접 예상 질문

주변 사람들과 트러블이 생기면 어떻게 해결하는가?
본인 성격의 장단점에 대해 말해보세요.
SK에 입사하기 위해 어떠한 노력을 하였는가?
지금까지 살면서 가장 힘들었던 경험은 무엇인가?
입사한 후 어떠한 자기계발을 할 생각인가?
자신이 취업할 기업을 선정함에 있어 기준이 되는 것은 무엇인가?
자신의 창의적인 아이디어가 조직에 도움이 되었던 경험이 있는가?
기존의 방식과는 다른 새로운 방식으로 일을 해 본 경험이 있는가?
다른 사람에게 도움을 주고, 도움을 받았던 경험에 대해 말해보세요.
회사에서 부당한 업무를 시킨다면 어떻게 하겠는가?
리더십을 발휘했던 경험을 말해보세요.
자격증을 여러 개 취득한 이유가 무엇인가?
10년 후 자신의 모습을 상상하여 말해보세요.
어학연수 경험을 통해 무엇을 배웠는가?
자신이 지휘관과 참모 가운데 어떤 역할에 더 어울리는지 말하고, 그 이유에 대해 설명해보세요.
자신이 성공했던 경험과 이를 통해 깨달은 점을 말해보세요.
공동의 목표를 위해 자신이 희생한 경험을 말해보세요.
개인 휴식 시간에는 주로 무엇을 하는가?
직장 동료가 들어주기 난감한 부탁을 한다면 어떻게 대처하겠는가?
원하는 부서에 배치되지 않는다면 어떻게 하겠는가?
성공의 요소에는 무엇이 있다고 생각하고 그 이유는 무엇인가?

SK하이닉스 종합역량검사

감독관 확인란	

권두부록 최신기출유형

성명표기란

ㄱ	ㅏ	ㄱ	ㄱ	ㅏ	ㄱ	ㄱ	ㅏ	ㄱ	ㄱ	ㅏ	ㄱ
ㄴ	ㅑ	ㄴ	ㄴ	ㅑ	ㄴ	ㄴ	ㅑ	ㄴ	ㄴ	ㅑ	ㄴ
ㄷ	ㅓ	ㄷ	ㄷ	ㅓ	ㄷ	ㄷ	ㅓ	ㄷ	ㄷ	ㅓ	ㄷ
ㄹ	ㅕ	ㄹ	ㄹ	ㅕ	ㄹ	ㄹ	ㅕ	ㄹ	ㄹ	ㅕ	ㄹ
ㅁ	ㅗ	ㅁ	ㅁ	ㅗ	ㅁ	ㅁ	ㅗ	ㅁ	ㅁ	ㅗ	ㅁ
ㅂ	ㅛ	ㅂ	ㅂ	ㅛ	ㅂ	ㅂ	ㅛ	ㅂ	ㅂ	ㅛ	ㅂ
ㅅ	ㅜ	ㅅ	ㅅ	ㅜ	ㅅ	ㅅ	ㅜ	ㅅ	ㅅ	ㅜ	ㅅ
ㅇ	ㅠ	ㅇ	ㅇ	ㅠ	ㅇ	ㅇ	ㅠ	ㅇ	ㅇ	ㅠ	ㅇ
ㅈ	ㅡ	ㅈ	ㅈ	ㅡ	ㅈ	ㅈ	ㅡ	ㅈ	ㅈ	ㅡ	ㅈ
ㅊ	ㅣ	ㅊ	ㅊ	ㅣ	ㅊ	ㅊ	ㅣ	ㅊ	ㅊ	ㅣ	ㅊ
ㅋ	ㅐ	ㅋ	ㅋ	ㅐ	ㅋ	ㅋ	ㅐ	ㅋ	ㅋ	ㅐ	ㅋ
ㅌ	ㅒ	ㅌ	ㅌ	ㅒ	ㅌ	ㅌ	ㅒ	ㅌ	ㅌ	ㅒ	ㅌ
ㅍ	ㅔ	ㅍ	ㅍ	ㅔ	ㅍ	ㅍ	ㅔ	ㅍ	ㅍ	ㅔ	ㅍ
ㅎ	ㅖ	ㅎ	ㅎ	ㅖ	ㅎ	ㅎ	ㅖ	ㅎ	ㅎ	ㅖ	ㅎ
	ㅘ		ㄲ	ㅘ	ㄲ	ㄲ	ㅘ	ㄲ	ㄲ	ㅘ	ㄲ
	ㅙ		ㄸ	ㅙ	ㄸ	ㄸ	ㅙ	ㄸ	ㄸ	ㅙ	ㄸ
	ㅚ		ㅃ	ㅚ	ㅃ	ㅃ	ㅚ	ㅃ	ㅃ	ㅚ	ㅃ
	ㅝ		ㅆ	ㅝ	ㅆ	ㅆ	ㅝ	ㅆ	ㅆ	ㅝ	ㅆ
	ㅞ		ㅉ	ㅞ	ㅉ	ㅉ	ㅞ	ㅉ	ㅉ	ㅞ	ㅉ
	ㅟ			ㅟ	ㄺ		ㅟ	ㄺ		ㅟ	ㄺ
	ㅢ			ㅢ	ㄻ		ㅢ	ㄻ		ㅢ	ㄻ

수험번호

0	0	0	0	0	0
1	1	1	1	1	1
2	2	2	2	2	2
3	3	3	3	3	3
4	4	4	4	4	4
5	5	5	5	5	5
6	6	6	6	6	6
7	7	7	7	7	7
8	8	8	8	8	8
9	9	9	9	9	9

(주민등록 앞자리 생년제외) 월일

0	0	0	0
1	1	1	1
2	2	2	2
3	3	3	3
4	4	4	4
5	5	5	5
6	6	6	6
7	7	7	7
8	8	8	8
9	9	9	9

수험생 유의사항

※ 답안은 반드시 컴퓨터용 사인펜으로 보기와 같이 바르게 표기해야 합니다.
〈보기〉 ① ② ③ ❹ ⑤

※ 성명표기란 위 칸에는 성명을 한글로 쓰고 아래 칸에는 성명을 정확하게 표기하십시오. (맨 왼쪽 칸부터 성과 이름은 붙여 씁니다)

※ 수험번호/월일 위 칸에는 아라비아 숫자로 쓰고 아래 칸에는 숫자와 일치하게 표기하십시오.

※ 월일은 반드시 본인 주민등록번호의 생년을 제외한 월 두 자리, 일 두 자리를 표기하십시오. 〈예〉 1994년 1월 12일 → 0112

인적성검사

	문번	답란						문번	답란						문번	답란				
언어이해	1	①	②	③	④	⑤	자료해석	1	①	②	③	④	⑤	창의수리	1	①	②	③	④	⑤
	2	①	②	③	④	⑤		2	①	②	③	④	⑤		2	①	②	③	④	⑤
	3	①	②	③	④	⑤		3	①	②	③	④	⑤		3	①	②	③	④	⑤
	4	①	②	③	④	⑤		4	①	②	③	④	⑤		4	①	②	③	④	⑤
	5	①	②	③	④	⑤		5	①	②	③	④	⑤		5	①	②	③	④	⑤
	6	①	②	③	④	⑤		6	①	②	③	④	⑤		6	①	②	③	④	⑤
	7	①	②	③	④	⑤		7	①	②	③	④	⑤		7	①	②	③	④	⑤
	8	①	②	③	④	⑤		8	①	②	③	④	⑤		8	①	②	③	④	⑤
	9	①	②	③	④	⑤		9	①	②	③	④	⑤		9	①	②	③	④	⑤
	10	①	②	③	④	⑤		10	①	②	③	④	⑤		10	①	②	③	④	⑤
	11	①	②	③	④	⑤		11	①	②	③	④	⑤		11	①	②	③	④	⑤
	12	①	②	③	④	⑤		12	①	②	③	④	⑤		12	①	②	③	④	⑤
	13	①	②	③	④	⑤		13	①	②	③	④	⑤		13	①	②	③	④	⑤
	14	①	②	③	④	⑤		14	①	②	③	④	⑤		14	①	②	③	④	⑤
	15	①	②	③	④	⑤		15	①	②	③	④	⑤		15	①	②	③	④	⑤
	16	①	②	③	④	⑤		16	①	②	③	④	⑤		16	①	②	③	④	⑤
	17	①	②	③	④	⑤		17	①	②	③	④	⑤		17	①	②	③	④	⑤
	18	①	②	③	④	⑤		18	①	②	③	④	⑤		18	①	②	③	④	⑤
	19	①	②	③	④	⑤		19	①	②	③	④	⑤		19	①	②	③	④	⑤
	20	①	②	③	④	⑤		20	①	②	③	④	⑤		20	①	②	③	④	⑤

문번		답란					문번		답란				
언어추리	1	①	②	③	④	⑤	수열추리	1	①	②	③	④	⑤
	2	①	②	③	④	⑤		2	①	②	③	④	⑤
	3	①	②	③	④	⑤		3	①	②	③	④	⑤
	4	①	②	③	④	⑤		4	①	②	③	④	⑤
	5	①	②	③	④	⑤		5	①	②	③	④	⑤
	6	①	②	③	④	⑤		6	①	②	③	④	⑤
	7	①	②	③	④	⑤		7	①	②	③	④	⑤
	8	①	②	③	④	⑤		8	①	②	③	④	⑤
	9	①	②	③	④	⑤		9	①	②	③	④	⑤
	10	①	②	③	④	⑤		10	①	②	③	④	⑤
	11	①	②	③	④	⑤		11	①	②	③	④	⑤
	12	①	②	③	④	⑤		12	①	②	③	④	⑤
	13	①	②	③	④	⑤		13	①	②	③	④	⑤
	14	①	②	③	④	⑤		14	①	②	③	④	⑤
	15	①	②	③	④	⑤		15	①	②	③	④	⑤
	16	①	②	③	④	⑤		16	①	②	③	④	⑤
	17	①	②	③	④	⑤		17	①	②	③	④	⑤
	18	①	②	③	④	⑤		18	①	②	③	④	⑤
	19	①	②	③	④	⑤		19	①	②	③	④	⑤
	20	①	②	③	④	⑤		20	①	②	③	④	⑤

SK하이닉스 종합역량검사

감독관 확인란	

1회 기출유형문제

성명표기란

초성: ㄱ ㄴ ㄷ ㄹ ㅁ ㅂ ㅅ ㅇ ㅈ ㅊ ㅋ ㅌ ㅍ ㅎ

중성: ㅏ ㅑ ㅓ ㅕ ㅗ ㅛ ㅜ ㅠ ㅡ ㅣ ㅐ ㅒ ㅔ ㅖ ㅘ ㅙ ㅚ ㅝ ㅞ ㅟ ㅢ

종성: ㄱ ㄴ ㄷ ㄹ ㅁ ㅂ ㅅ ㅇ ㅈ ㅊ ㅋ ㅌ ㅍ ㅎ ㄲ ㄸ ㅃ ㅆ ㅉ ㄺ ㄻ

수험번호

⓪ ① ② ③ ④ ⑤ ⑥ ⑦ ⑧ ⑨

(주민등록 앞자리 생년제외) 월일

⓪ ① ② ③ ④ ⑤ ⑥ ⑦ ⑧ ⑨

수험생 유의사항

※ 답안은 반드시 컴퓨터용 사인펜으로 보기와 같이 바르게 표기해야 합니다.
〈보기〉 ① ② ③ ❹ ⑤

※ 성명표기란 위 칸에는 성명을 한글로 쓰고 아래 칸에는 성명을 정확하게 표기하십시오. (맨 왼쪽 칸부터 성과 이름은 붙여 씁니다)

※ 수험번호/월일 위 칸에는 아라비아 숫자로 쓰고 아래 칸에는 숫자와 일치하게 표기하십시오.

※ 월일은 반드시 본인 주민등록번호의 생년을 제외한 월 두 자리, 일 두 자리를 표기하십시오. 〈예〉 1994년 1월 12일 → 0112

인적성검사

문번	답란	문번	답란	문번	답란
언어이해		자료해석		창의수리	
1	① ② ③ ④ ⑤	1	① ② ③ ④ ⑤	1	① ② ③ ④ ⑤
2	① ② ③ ④ ⑤	2	① ② ③ ④ ⑤	2	① ② ③ ④ ⑤
3	① ② ③ ④ ⑤	3	① ② ③ ④ ⑤	3	① ② ③ ④ ⑤
4	① ② ③ ④ ⑤	4	① ② ③ ④ ⑤	4	① ② ③ ④ ⑤
5	① ② ③ ④ ⑤	5	① ② ③ ④ ⑤	5	① ② ③ ④ ⑤
6	① ② ③ ④ ⑤	6	① ② ③ ④ ⑤	6	① ② ③ ④ ⑤
7	① ② ③ ④ ⑤	7	① ② ③ ④ ⑤	7	① ② ③ ④ ⑤
8	① ② ③ ④ ⑤	8	① ② ③ ④ ⑤	8	① ② ③ ④ ⑤
9	① ② ③ ④ ⑤	9	① ② ③ ④ ⑤	9	① ② ③ ④ ⑤
10	① ② ③ ④ ⑤	10	① ② ③ ④ ⑤	10	① ② ③ ④ ⑤
11	① ② ③ ④ ⑤	11	① ② ③ ④ ⑤	11	① ② ③ ④ ⑤
12	① ② ③ ④ ⑤	12	① ② ③ ④ ⑤	12	① ② ③ ④ ⑤
13	① ② ③ ④ ⑤	13	① ② ③ ④ ⑤	13	① ② ③ ④ ⑤
14	① ② ③ ④ ⑤	14	① ② ③ ④ ⑤	14	① ② ③ ④ ⑤
15	① ② ③ ④ ⑤	15	① ② ③ ④ ⑤	15	① ② ③ ④ ⑤
16	① ② ③ ④ ⑤	16	① ② ③ ④ ⑤	16	① ② ③ ④ ⑤
17	① ② ③ ④ ⑤	17	① ② ③ ④ ⑤	17	① ② ③ ④ ⑤
18	① ② ③ ④ ⑤	18	① ② ③ ④ ⑤	18	① ② ③ ④ ⑤
19	① ② ③ ④ ⑤	19	① ② ③ ④ ⑤	19	① ② ③ ④ ⑤
20	① ② ③ ④ ⑤	20	① ② ③ ④ ⑤	20	① ② ③ ④ ⑤

gosinet (주)고시넷

문번		답란					문번		답란				
언어추리	1	①	②	③	④	⑤	수열추리	1	①	②	③	④	⑤
	2	①	②	③	④	⑤		2	①	②	③	④	⑤
	3	①	②	③	④	⑤		3	①	②	③	④	⑤
	4	①	②	③	④	⑤		4	①	②	③	④	⑤
	5	①	②	③	④	⑤		5	①	②	③	④	⑤
	6	①	②	③	④	⑤		6	①	②	③	④	⑤
	7	①	②	③	④	⑤		7	①	②	③	④	⑤
	8	①	②	③	④	⑤		8	①	②	③	④	⑤
	9	①	②	③	④	⑤		9	①	②	③	④	⑤
	10	①	②	③	④	⑤		10	①	②	③	④	⑤
	11	①	②	③	④	⑤		11	①	②	③	④	⑤
	12	①	②	③	④	⑤		12	①	②	③	④	⑤
	13	①	②	③	④	⑤		13	①	②	③	④	⑤
	14	①	②	③	④	⑤		14	①	②	③	④	⑤
	15	①	②	③	④	⑤		15	①	②	③	④	⑤
	16	①	②	③	④	⑤		16	①	②	③	④	⑤
	17	①	②	③	④	⑤		17	①	②	③	④	⑤
	18	①	②	③	④	⑤		18	①	②	③	④	⑤
	19	①	②	③	④	⑤		19	①	②	③	④	⑤
	20	①	②	③	④	⑤		20	①	②	③	④	⑤

SK하이닉스 종합역량검사

감독관 확인란	

2회 기출유형문제

성명표기란

칸	표기
1	ㄱ ㄴ ㄷ ㄹ ㅁ ㅂ ㅅ ㅇ ㅈ ㅊ ㅋ ㅌ ㅍ ㅎ
2	ㅏ ㅑ ㅓ ㅕ ㅗ ㅛ ㅜ ㅠ ㅡ ㅣ ㅐ ㅒ ㅔ ㅖ ㅘ ㅙ ㅚ ㅝ ㅞ ㅟ ㅢ
3	ㄱ ㄴ ㄷ ㄹ ㅁ ㅂ ㅅ ㅇ ㅈ ㅊ ㅋ ㅌ ㅍ ㅎ
4	ㄱ ㄴ ㄷ ㄹ ㅁ ㅂ ㅅ ㅇ ㅈ ㅊ ㅋ ㅌ ㅍ ㅎ ㄲ ㄸ ㅃ ㅆ ㅉ
5	ㅏ ㅑ ㅓ ㅕ ㅗ ㅛ ㅜ ㅠ ㅡ ㅣ ㅐ ㅒ ㅔ ㅖ ㅘ ㅙ ㅚ ㅝ ㅞ ㅟ ㅢ
6	ㄱ ㄴ ㄷ ㄹ ㅁ ㅂ ㅅ ㅇ ㅈ ㅊ ㅋ ㅌ ㅍ ㅎ ㄲ ㄸ ㅃ ㅆ ㅉ ㄺ ㄻ
7	ㄱ ㄴ ㄷ ㄹ ㅁ ㅂ ㅅ ㅇ ㅈ ㅊ ㅋ ㅌ ㅍ ㅎ ㄲ ㄸ ㅃ ㅆ ㅉ
8	ㅏ ㅑ ㅓ ㅕ ㅗ ㅛ ㅜ ㅠ ㅡ ㅣ ㅐ ㅒ ㅔ ㅖ ㅘ ㅙ ㅚ ㅝ ㅞ ㅟ ㅢ
9	ㄱ ㄴ ㄷ ㄹ ㅁ ㅂ ㅅ ㅇ ㅈ ㅊ ㅋ ㅌ ㅍ ㅎ ㄲ ㄸ ㅃ ㅆ ㅉ ㄺ ㄻ
10	ㄱ ㄴ ㄷ ㄹ ㅁ ㅂ ㅅ ㅇ ㅈ ㅊ ㅋ ㅌ ㅍ ㅎ ㄲ ㄸ ㅃ ㅆ ㅉ
11	ㅏ ㅑ ㅓ ㅕ ㅗ ㅛ ㅜ ㅠ ㅡ ㅣ ㅐ ㅒ ㅔ ㅖ ㅘ ㅙ ㅚ ㅝ ㅞ ㅟ ㅢ
12	ㄱ ㄴ ㄷ ㄹ ㅁ ㅂ ㅅ ㅇ ㅈ ㅊ ㅋ ㅌ ㅍ ㅎ ㄲ ㄸ ㅃ ㅆ ㅉ ㄺ ㄻ

수험번호

⓪	⓪	⓪	⓪	⓪	⓪
①	①	①	①	①	①
②	②	②	②	②	②
③	③	③	③	③	③
④	④	④	④	④	④
⑤	⑤	⑤	⑤	⑤	⑤
⑥	⑥	⑥	⑥	⑥	⑥
⑦	⑦	⑦	⑦	⑦	⑦
⑧	⑧	⑧	⑧	⑧	⑧
⑨	⑨	⑨	⑨	⑨	⑨

(주민등록 앞자리 생년제외) 월일

⓪	⓪	⓪	⓪
①	①	①	①
②	②	②	②
③	③	③	③
④	④	④	④
⑤	⑤	⑤	⑤
⑥	⑥	⑥	⑥
⑦	⑦	⑦	⑦
⑧	⑧	⑧	⑧
⑨	⑨	⑨	⑨

수험생 유의사항

※ 답안은 반드시 컴퓨터용 사인펜으로 보기와 같이 바르게 표기해야 합니다.
〈보기〉 ① ② ③ ❹ ⑤

※ 성명표기란 위 칸에는 성명을 한글로 쓰고 아래 칸에는 성명을 정확하게 표기하십시오. (맨 왼쪽 칸부터 성과 이름은 붙여 씁니다)

※ 수험번호/월일 위 칸에는 아라비아 숫자로 쓰고 아래 칸에는 숫자와 일치하게 표기하십시오.

※ 월일은 반드시 본인 주민등록번호의 생년을 제외한 월 두 자리, 일 두 자리를 표기하십시오. 〈예〉 1994년 1월 12일 → 0112

인적성검사

영역	문번	답란	영역	문번	답란	영역	문번	답란
언어이해	1	① ② ③ ④ ⑤	자료해석	1	① ② ③ ④ ⑤	창의수리	1	① ② ③ ④ ⑤
	2	① ② ③ ④ ⑤		2	① ② ③ ④ ⑤		2	① ② ③ ④ ⑤
	3	① ② ③ ④ ⑤		3	① ② ③ ④ ⑤		3	① ② ③ ④ ⑤
	4	① ② ③ ④ ⑤		4	① ② ③ ④ ⑤		4	① ② ③ ④ ⑤
	5	① ② ③ ④ ⑤		5	① ② ③ ④ ⑤		5	① ② ③ ④ ⑤
	6	① ② ③ ④ ⑤		6	① ② ③ ④ ⑤		6	① ② ③ ④ ⑤
	7	① ② ③ ④ ⑤		7	① ② ③ ④ ⑤		7	① ② ③ ④ ⑤
	8	① ② ③ ④ ⑤		8	① ② ③ ④ ⑤		8	① ② ③ ④ ⑤
	9	① ② ③ ④ ⑤		9	① ② ③ ④ ⑤		9	① ② ③ ④ ⑤
	10	① ② ③ ④ ⑤		10	① ② ③ ④ ⑤		10	① ② ③ ④ ⑤
	11	① ② ③ ④ ⑤		11	① ② ③ ④ ⑤		11	① ② ③ ④ ⑤
	12	① ② ③ ④ ⑤		12	① ② ③ ④ ⑤		12	① ② ③ ④ ⑤
	13	① ② ③ ④ ⑤		13	① ② ③ ④ ⑤		13	① ② ③ ④ ⑤
	14	① ② ③ ④ ⑤		14	① ② ③ ④ ⑤		14	① ② ③ ④ ⑤
	15	① ② ③ ④ ⑤		15	① ② ③ ④ ⑤		15	① ② ③ ④ ⑤
	16	① ② ③ ④ ⑤		16	① ② ③ ④ ⑤		16	① ② ③ ④ ⑤
	17	① ② ③ ④ ⑤		17	① ② ③ ④ ⑤		17	① ② ③ ④ ⑤
	18	① ② ③ ④ ⑤		18	① ② ③ ④ ⑤		18	① ② ③ ④ ⑤
	19	① ② ③ ④ ⑤		19	① ② ③ ④ ⑤		19	① ② ③ ④ ⑤
	20	① ② ③ ④ ⑤		20	① ② ③ ④ ⑤		20	① ② ③ ④ ⑤

문번		답란					문번		답란				
언어추리	1	①	②	③	④	⑤	수열추리	1	①	②	③	④	⑤
	2	①	②	③	④	⑤		2	①	②	③	④	⑤
	3	①	②	③	④	⑤		3	①	②	③	④	⑤
	4	①	②	③	④	⑤		4	①	②	③	④	⑤
	5	①	②	③	④	⑤		5	①	②	③	④	⑤
	6	①	②	③	④	⑤		6	①	②	③	④	⑤
	7	①	②	③	④	⑤		7	①	②	③	④	⑤
	8	①	②	③	④	⑤		8	①	②	③	④	⑤
	9	①	②	③	④	⑤		9	①	②	③	④	⑤
	10	①	②	③	④	⑤		10	①	②	③	④	⑤
	11	①	②	③	④	⑤		11	①	②	③	④	⑤
	12	①	②	③	④	⑤		12	①	②	③	④	⑤
	13	①	②	③	④	⑤		13	①	②	③	④	⑤
	14	①	②	③	④	⑤		14	①	②	③	④	⑤
	15	①	②	③	④	⑤		15	①	②	③	④	⑤
	16	①	②	③	④	⑤		16	①	②	③	④	⑤
	17	①	②	③	④	⑤		17	①	②	③	④	⑤
	18	①	②	③	④	⑤		18	①	②	③	④	⑤
	19	①	②	③	④	⑤		19	①	②	③	④	⑤
	20	①	②	③	④	⑤		20	①	②	③	④	⑤

SK하이닉스 종합역량검사

감독관 확인란	

3회 기출유형문제

성명표기란

칸	표기 항목
1 (초성)	㉠ ㉡ ㉢ ㉣ ㉤ ㉥ ㉦ ㉧ ㉨ ㉩ ㉪ ㉫ ㉬ ㉭
2 (중성)	ㅏ ㅑ ㅓ ㅕ ㅗ ㅛ ㅜ ㅠ ㅡ ㅣ ㅐ ㅒ ㅔ ㅖ ㅘ ㅙ ㅚ ㅝ ㅞ ㅟ ㅢ
3 (종성)	㉠ ㉡ ㉢ ㉣ ㉤ ㉥ ㉦ ㉧ ㉨ ㉩ ㉪ ㉫ ㉬ ㉭
4, 7, 10 (초성)	㉠ ㉡ ㉢ ㉣ ㉤ ㉥ ㉦ ㉧ ㉨ ㉩ ㉪ ㉫ ㉬ ㉭ ㄲ ㄸ ㅃ ㅆ ㅉ
5, 8, 11 (중성)	ㅏ ㅑ ㅓ ㅕ ㅗ ㅛ ㅜ ㅠ ㅡ ㅣ ㅐ ㅒ ㅔ ㅖ ㅘ ㅙ ㅚ ㅝ ㅞ ㅟ ㅢ
6, 9, 12 (종성)	㉠ ㉡ ㉢ ㉣ ㉤ ㉥ ㉦ ㉧ ㉨ ㉩ ㉪ ㉫ ㉬ ㉭ ㄲ ㄸ ㅃ ㅆ ㅉ ㄺ ㄻ

수험번호

⓪	⓪	⓪	⓪	⓪	⓪
①	①	①	①	①	①
②	②	②	②	②	②
③	③	③	③	③	③
④	④	④	④	④	④
⑤	⑤	⑤	⑤	⑤	⑤
⑥	⑥	⑥	⑥	⑥	⑥
⑦	⑦	⑦	⑦	⑦	⑦
⑧	⑧	⑧	⑧	⑧	⑧
⑨	⑨	⑨	⑨	⑨	⑨

(주민등록 앞자리 생년제외) 월일

⓪	⓪	⓪	⓪
①	①	①	①
②	②	②	②
③	③	③	③
④	④	④	④
⑤	⑤	⑤	⑤
⑥	⑥	⑥	⑥
⑦	⑦	⑦	⑦
⑧	⑧	⑧	⑧
⑨	⑨	⑨	⑨

수험생 유의사항

※ 답안은 반드시 컴퓨터용 사인펜으로 보기와 같이 바르게 표기해야 합니다.
〈보기〉 ① ② ③ ❹ ⑤

※ 성명표기란 위 칸에는 성명을 한글로 쓰고 아래 칸에는 성명을 정확하게 표기하십시오. (맨 왼쪽 칸부터 성과 이름은 붙여 씁니다)

※ 수험번호/월일 위 칸에는 아라비아 숫자로 쓰고 아래 칸에는 숫자와 일치하게 표기하십시오.

※ 월일은 반드시 본인 주민등록번호의 생년을 제외한 월 두 자리, 일 두 자리를 표기하십시오. 〈예〉 1994년 1월 12일 → 0112

인적성검사

gosinet (주)고시넷

영역	문번	답란	영역	문번	답란	영역	문번	답란
언어이해	1	① ② ③ ④ ⑤	자료해석	1	① ② ③ ④ ⑤	창의수리	1	① ② ③ ④ ⑤
	2	① ② ③ ④ ⑤		2	① ② ③ ④ ⑤		2	① ② ③ ④ ⑤
	3	① ② ③ ④ ⑤		3	① ② ③ ④ ⑤		3	① ② ③ ④ ⑤
	4	① ② ③ ④ ⑤		4	① ② ③ ④ ⑤		4	① ② ③ ④ ⑤
	5	① ② ③ ④ ⑤		5	① ② ③ ④ ⑤		5	① ② ③ ④ ⑤
	6	① ② ③ ④ ⑤		6	① ② ③ ④ ⑤		6	① ② ③ ④ ⑤
	7	① ② ③ ④ ⑤		7	① ② ③ ④ ⑤		7	① ② ③ ④ ⑤
	8	① ② ③ ④ ⑤		8	① ② ③ ④ ⑤		8	① ② ③ ④ ⑤
	9	① ② ③ ④ ⑤		9	① ② ③ ④ ⑤		9	① ② ③ ④ ⑤
	10	① ② ③ ④ ⑤		10	① ② ③ ④ ⑤		10	① ② ③ ④ ⑤
	11	① ② ③ ④ ⑤		11	① ② ③ ④ ⑤		11	① ② ③ ④ ⑤
	12	① ② ③ ④ ⑤		12	① ② ③ ④ ⑤		12	① ② ③ ④ ⑤
	13	① ② ③ ④ ⑤		13	① ② ③ ④ ⑤		13	① ② ③ ④ ⑤
	14	① ② ③ ④ ⑤		14	① ② ③ ④ ⑤		14	① ② ③ ④ ⑤
	15	① ② ③ ④ ⑤		15	① ② ③ ④ ⑤		15	① ② ③ ④ ⑤
	16	① ② ③ ④ ⑤		16	① ② ③ ④ ⑤		16	① ② ③ ④ ⑤
	17	① ② ③ ④ ⑤		17	① ② ③ ④ ⑤		17	① ② ③ ④ ⑤
	18	① ② ③ ④ ⑤		18	① ② ③ ④ ⑤		18	① ② ③ ④ ⑤
	19	① ② ③ ④ ⑤		19	① ② ③ ④ ⑤		19	① ② ③ ④ ⑤
	20	① ② ③ ④ ⑤		20	① ② ③ ④ ⑤		20	① ② ③ ④ ⑤

	문번	답란						문번	답란				
언어추리	1	①	②	③	④	⑤	수열추리	1	①	②	③	④	⑤
	2	①	②	③	④	⑤		2	①	②	③	④	⑤
	3	①	②	③	④	⑤		3	①	②	③	④	⑤
	4	①	②	③	④	⑤		4	①	②	③	④	⑤
	5	①	②	③	④	⑤		5	①	②	③	④	⑤
	6	①	②	③	④	⑤		6	①	②	③	④	⑤
	7	①	②	③	④	⑤		7	①	②	③	④	⑤
	8	①	②	③	④	⑤		8	①	②	③	④	⑤
	9	①	②	③	④	⑤		9	①	②	③	④	⑤
	10	①	②	③	④	⑤		10	①	②	③	④	⑤
	11	①	②	③	④	⑤		11	①	②	③	④	⑤
	12	①	②	③	④	⑤		12	①	②	③	④	⑤
	13	①	②	③	④	⑤		13	①	②	③	④	⑤
	14	①	②	③	④	⑤		14	①	②	③	④	⑤
	15	①	②	③	④	⑤		15	①	②	③	④	⑤
	16	①	②	③	④	⑤		16	①	②	③	④	⑤
	17	①	②	③	④	⑤		17	①	②	③	④	⑤
	18	①	②	③	④	⑤		18	①	②	③	④	⑤
	19	①	②	③	④	⑤		19	①	②	③	④	⑤
	20	①	②	③	④	⑤		20	①	②	③	④	⑤

SK하이닉스 종합역량검사

감독관 확인란	

4회 기출유형문제

성명표기란

초성	중성	종성
ㄱ ㄴ ㄷ ㄹ ㅁ ㅂ ㅅ ㅇ ㅈ ㅊ ㅋ ㅌ ㅍ ㅎ	ㅏ ㅑ ㅓ ㅕ ㅗ ㅛ ㅜ ㅠ ㅡ ㅣ ㅐ ㅒ ㅔ ㅖ ㅘ ㅙ ㅚ ㅝ ㅞ ㅟ ㅢ	ㄱ ㄴ ㄷ ㄹ ㅁ ㅂ ㅅ ㅇ ㅈ ㅊ ㅋ ㅌ ㅍ ㅎ ㄲ ㄸ ㅃ ㅆ ㅉ ㄺ ㄻ

수험번호

⓪①②③④⑤⑥⑦⑧⑨	⓪①②③④⑤⑥⑦⑧⑨	⓪①②③④⑤⑥⑦⑧⑨	⓪①②③④⑤⑥⑦⑧⑨	⓪①②③④⑤⑥⑦⑧⑨	⓪①②③④⑤⑥⑦⑧⑨

(주민등록 앞자리 생년제외) 월일

⓪①②③④⑤⑥⑦⑧⑨	⓪①②③④⑤⑥⑦⑧⑨	⓪①②③④⑤⑥⑦⑧⑨	⓪①②③④⑤⑥⑦⑧⑨

수험생 유의사항

※ 답안은 반드시 컴퓨터용 사인펜으로 보기와 같이 바르게 표기해야 합니다.
〈보기〉 ① ② ③ ❹ ⑤

※ 성명표기란 위 칸에는 성명을 한글로 쓰고 아래 칸에는 성명을 정확하게 표기하십시오. (맨 왼쪽 칸부터 성과 이름은 붙여 씁니다)

※ 수험번호/월일 위 칸에는 아라비아 숫자로 쓰고 아래 칸에는 숫자와 일치하게 표기하십시오.

※ 월일은 반드시 본인 주민등록번호의 생년을 제외한 월 두 자리, 일 두 자리를 표기하십시오. 〈예〉 1994년 1월 12일 → 0112

인적성검사

언어이해 문번	답란	자료해석 문번	답란	창의수리 문번	답란
1	① ② ③ ④ ⑤	1	① ② ③ ④ ⑤	1	① ② ③ ④ ⑤
2	① ② ③ ④ ⑤	2	① ② ③ ④ ⑤	2	① ② ③ ④ ⑤
3	① ② ③ ④ ⑤	3	① ② ③ ④ ⑤	3	① ② ③ ④ ⑤
4	① ② ③ ④ ⑤	4	① ② ③ ④ ⑤	4	① ② ③ ④ ⑤
5	① ② ③ ④ ⑤	5	① ② ③ ④ ⑤	5	① ② ③ ④ ⑤
6	① ② ③ ④ ⑤	6	① ② ③ ④ ⑤	6	① ② ③ ④ ⑤
7	① ② ③ ④ ⑤	7	① ② ③ ④ ⑤	7	① ② ③ ④ ⑤
8	① ② ③ ④ ⑤	8	① ② ③ ④ ⑤	8	① ② ③ ④ ⑤
9	① ② ③ ④ ⑤	9	① ② ③ ④ ⑤	9	① ② ③ ④ ⑤
10	① ② ③ ④ ⑤	10	① ② ③ ④ ⑤	10	① ② ③ ④ ⑤
11	① ② ③ ④ ⑤	11	① ② ③ ④ ⑤	11	① ② ③ ④ ⑤
12	① ② ③ ④ ⑤	12	① ② ③ ④ ⑤	12	① ② ③ ④ ⑤
13	① ② ③ ④ ⑤	13	① ② ③ ④ ⑤	13	① ② ③ ④ ⑤
14	① ② ③ ④ ⑤	14	① ② ③ ④ ⑤	14	① ② ③ ④ ⑤
15	① ② ③ ④ ⑤	15	① ② ③ ④ ⑤	15	① ② ③ ④ ⑤
16	① ② ③ ④ ⑤	16	① ② ③ ④ ⑤	16	① ② ③ ④ ⑤
17	① ② ③ ④ ⑤	17	① ② ③ ④ ⑤	17	① ② ③ ④ ⑤
18	① ② ③ ④ ⑤	18	① ② ③ ④ ⑤	18	① ② ③ ④ ⑤
19	① ② ③ ④ ⑤	19	① ② ③ ④ ⑤	19	① ② ③ ④ ⑤
20	① ② ③ ④ ⑤	20	① ② ③ ④ ⑤	20	① ② ③ ④ ⑤

gosinet (주)고시넷

	문번	답란						문번	답란				
언어추리	1	①	②	③	④	⑤	수열추리	1	①	②	③	④	⑤
	2	①	②	③	④	⑤		2	①	②	③	④	⑤
	3	①	②	③	④	⑤		3	①	②	③	④	⑤
	4	①	②	③	④	⑤		4	①	②	③	④	⑤
	5	①	②	③	④	⑤		5	①	②	③	④	⑤
	6	①	②	③	④	⑤		6	①	②	③	④	⑤
	7	①	②	③	④	⑤		7	①	②	③	④	⑤
	8	①	②	③	④	⑤		8	①	②	③	④	⑤
	9	①	②	③	④	⑤		9	①	②	③	④	⑤
	10	①	②	③	④	⑤		10	①	②	③	④	⑤
	11	①	②	③	④	⑤		11	①	②	③	④	⑤
	12	①	②	③	④	⑤		12	①	②	③	④	⑤
	13	①	②	③	④	⑤		13	①	②	③	④	⑤
	14	①	②	③	④	⑤		14	①	②	③	④	⑤
	15	①	②	③	④	⑤		15	①	②	③	④	⑤
	16	①	②	③	④	⑤		16	①	②	③	④	⑤
	17	①	②	③	④	⑤		17	①	②	③	④	⑤
	18	①	②	③	④	⑤		18	①	②	③	④	⑤
	19	①	②	③	④	⑤		19	①	②	③	④	⑤
	20	①	②	③	④	⑤		20	①	②	③	④	⑤

SK하이닉스 종합역량검사

감독관 확인란	

기출유형문제_연습용

성명표기란

- ㉠ ㉡ ㉢ ㉣ ㉤ ㉥ ㉦ ㉧ ㉨ ㉩ ㉪ ㉫ ㉬ ㉭
- ㅏ ㅑ ㅓ ㅕ ㅗ ㅛ ㅜ ㅠ ㅡ ㅣ ㅐ ㅒ ㅔ ㅖ ㅘ ㅙ ㅚ ㅝ ㅞ ㅟ ㅢ
- ㉠ ㉡ ㉢ ㉣ ㉤ ㉥ ㉦ ㉧ ㉨ ㉩ ㉪ ㉫ ㉬ ㉭ ㄲ ㄸ ㅃ ㅆ ㅉ ㄺ ㄻ

수험번호

0	0	0	0	0	0
1	1	1	1	1	1
2	2	2	2	2	2
3	3	3	3	3	3
4	4	4	4	4	4
5	5	5	5	5	5
6	6	6	6	6	6
7	7	7	7	7	7
8	8	8	8	8	8
9	9	9	9	9	9

(주민등록 앞자리 생년제외) 월일

0	0	0	0
1	1	1	1
2	2	2	2
3	3	3	3
4	4	4	4
5	5	5	5
6	6	6	6
7	7	7	7
8	8	8	8
9	9	9	9

수험생 유의사항

※ 답안은 반드시 컴퓨터용 사인펜으로 보기와 같이 바르게 표기해야 합니다.
〈보기〉 ① ② ③ ❹ ⑤

※ 성명표기란 위 칸에는 성명을 한글로 쓰고 아래 칸에는 성명을 정확하게 표기하십시오. (맨 왼쪽 칸부터 성과 이름은 붙여 씁니다)

※ 수험번호/월일 위 칸에는 아라비아 숫자로 쓰고 아래 칸에는 숫자와 일치하게 표기하십시오.

※ 월일은 반드시 본인 주민등록번호의 생년을 제외한 월 두 자리, 일 두 자리를 표기하십시오. 〈예〉 1994년 1월 12일 → 0112

인적성검사

gosinet (주)고시넷

문번		답란	문번		답란	문번		답란
언어이해	1	① ② ③ ④ ⑤	자료해석	1	① ② ③ ④ ⑤	창의수리	1	① ② ③ ④ ⑤
	2	① ② ③ ④ ⑤		2	① ② ③ ④ ⑤		2	① ② ③ ④ ⑤
	3	① ② ③ ④ ⑤		3	① ② ③ ④ ⑤		3	① ② ③ ④ ⑤
	4	① ② ③ ④ ⑤		4	① ② ③ ④ ⑤		4	① ② ③ ④ ⑤
	5	① ② ③ ④ ⑤		5	① ② ③ ④ ⑤		5	① ② ③ ④ ⑤
	6	① ② ③ ④ ⑤		6	① ② ③ ④ ⑤		6	① ② ③ ④ ⑤
	7	① ② ③ ④ ⑤		7	① ② ③ ④ ⑤		7	① ② ③ ④ ⑤
	8	① ② ③ ④ ⑤		8	① ② ③ ④ ⑤		8	① ② ③ ④ ⑤
	9	① ② ③ ④ ⑤		9	① ② ③ ④ ⑤		9	① ② ③ ④ ⑤
	10	① ② ③ ④ ⑤		10	① ② ③ ④ ⑤		10	① ② ③ ④ ⑤
	11	① ② ③ ④ ⑤		11	① ② ③ ④ ⑤		11	① ② ③ ④ ⑤
	12	① ② ③ ④ ⑤		12	① ② ③ ④ ⑤		12	① ② ③ ④ ⑤
	13	① ② ③ ④ ⑤		13	① ② ③ ④ ⑤		13	① ② ③ ④ ⑤
	14	① ② ③ ④ ⑤		14	① ② ③ ④ ⑤		14	① ② ③ ④ ⑤
	15	① ② ③ ④ ⑤		15	① ② ③ ④ ⑤		15	① ② ③ ④ ⑤
	16	① ② ③ ④ ⑤		16	① ② ③ ④ ⑤		16	① ② ③ ④ ⑤
	17	① ② ③ ④ ⑤		17	① ② ③ ④ ⑤		17	① ② ③ ④ ⑤
	18	① ② ③ ④ ⑤		18	① ② ③ ④ ⑤		18	① ② ③ ④ ⑤
	19	① ② ③ ④ ⑤		19	① ② ③ ④ ⑤		19	① ② ③ ④ ⑤
	20	① ② ③ ④ ⑤		20	① ② ③ ④ ⑤		20	① ② ③ ④ ⑤

	문번	답란						문번	답란				
언어추리	1	①	②	③	④	⑤	수열추리	1	①	②	③	④	⑤
	2	①	②	③	④	⑤		2	①	②	③	④	⑤
	3	①	②	③	④	⑤		3	①	②	③	④	⑤
	4	①	②	③	④	⑤		4	①	②	③	④	⑤
	5	①	②	③	④	⑤		5	①	②	③	④	⑤
	6	①	②	③	④	⑤		6	①	②	③	④	⑤
	7	①	②	③	④	⑤		7	①	②	③	④	⑤
	8	①	②	③	④	⑤		8	①	②	③	④	⑤
	9	①	②	③	④	⑤		9	①	②	③	④	⑤
	10	①	②	③	④	⑤		10	①	②	③	④	⑤
	11	①	②	③	④	⑤		11	①	②	③	④	⑤
	12	①	②	③	④	⑤		12	①	②	③	④	⑤
	13	①	②	③	④	⑤		13	①	②	③	④	⑤
	14	①	②	③	④	⑤		14	①	②	③	④	⑤
	15	①	②	③	④	⑤		15	①	②	③	④	⑤
	16	①	②	③	④	⑤		16	①	②	③	④	⑤
	17	①	②	③	④	⑤		17	①	②	③	④	⑤
	18	①	②	③	④	⑤		18	①	②	③	④	⑤
	19	①	②	③	④	⑤		19	①	②	③	④	⑤
	20	①	②	③	④	⑤		20	①	②	③	④	⑤

저마다의 일생에는,

특히 그 일생이 동터 오르는 여명기에는

모든 것을 결정짓는 한 순간이 있다.

그 순간을 다시 찾아내는 것은 어렵다.

그것은 다른 수많은 순간들의 퇴적 속에

깊이 묻혀있다.

- 장 그르니에, 섬 LES ILES

2026
고시넷
대기업

SK하이닉스 종합역량검사 SKCT 최신 기출유형 모의고사

필수이론 + 모의고사

정답과 해설

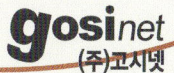

gosinet
(주)고시넷

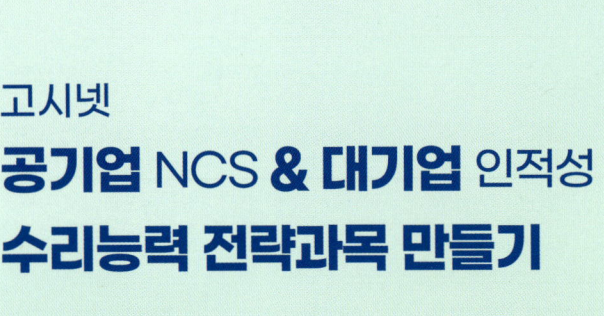

2026

고시넷

대기업

SK하이닉스 종합역량검사 SKCT

최신 기출유형 모의고사

정답과 해설

필수이론 + 모의고사

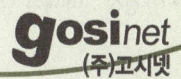

gosinet
(주)고시넷

SKCT 정답과 해설

권두부록 최신기출유형

유형 1 언어이해

▶ 문제 14쪽

01	④	02	③	03	②	04	③	05	⑤
06	④	07	④	08	②	09	④	10	③

01

| 정답 | ④

| 해설 | 플라톤은 인간의 다양한 욕망을 충족시키기 위해 국가가 필요하고, 국가 내 계급 간 분업과 전문화가 필요하다고 주장하였다. 따라서 플라톤은 직업이 상호 보완적 관계이며 직업에 따른 사회적 분업이 필요하다고 보았다.

02

| 정답 | ③

| 해설 | ㉠의 앞 문장을 살펴보면 바닷속에 몇몇 특정한 종들만이 크게 번창하고 있으며, 이를 바탕으로 ㉠이 크게 줄었다고 표현하고 있으므로 ㉠에는 '모양, 양식, 색 등이 여러 가지로 많은 특성'을 나타내는 '다양성'이 적합하다. ㉡이 포함된 문장은 몇몇 집단들에게 불필요하다 하여 물자와 에너지가 아깝게 버려지는 상황으로 이에 따라 ㉡이 극히 낮다고 하였다. 따라서 '들인 노력에 비해 훌륭한 결과를 얻을 수 있는 특수한 성질'을 뜻하는 '효율성'이 적절하다.

| 오답풀이 |

- 특수성 : 일반적이고 보편적인 것과 다른 성질
- 통일성 : 다양한 요소들이 있으면서도 전체가 하나로서 파악되는 성질
- 안정성 : 바뀌어 달라지지 아니하고 일정한 상태를 유지하는 성질
- 차이성 : 두 개 이상의 사상이나 사물이 서로 다른 성질
- 수용성 : 다른 것으로부터 사물을 받아들이는 능력
- 일체성 : 한 몸이나 한 덩어리를 이루고 있는 성질

03

| 정답 | ②

| 해설 | 제시된 글에 따르면 격차사회의 경쟁에서 차이를 만드는 것은 선천적 소질과 후천적인 학습 노력이므로 격차사회에서는 개인이 후천적 노력을 통해 자신이 서 있는 열을 바꾸는 것이 가능하다.

| 오답풀이 |

① 격차사회에서는 계급사회와 달리 개인의 재능과 노력에 따라 경쟁에서 우위에 설 수 있다.

③ 격차사회는 언뜻 매우 민주적인 사회라 할 수 있다. 능력과 성과를 수치로 비교할 수 있다는 것은 우선 그 외의 조건이 모두 동일하다는 것을 전제로 하기 때문이다.

④ 격차사회란 구성원들을 하나의 도량형으로 평가하는 사회이고, 단 하나의 도량형으로 모든 사람들의 등급을 매길 수 있기 때문에 격차가 발생한다고 하였다.

⑤ 과거는 계급사회, 그리고 현재 우리가 맞닥뜨리고 있는 것이 격차사회이다.

04

| 정답 | ③

| 해설 | ㉠에서 말하고 있는 자본주의 사회의 놀이가 대개 구경이나 소비의 형태로 이루어지는 이유는 생산자가 놀이 상품을 만들어 놓았기 때문이라고 하였으므로, 이와 가장 관련된 사례는 생산자인 여행사에서 마련해 놓은 상품을 구입하여 여행한 민지가 된다.

05

| 정답 | ⑤

| 해설 | 도시의 존재를 지탱하는 기본적인 힘은 공동체에 대한 의향과 화폐에 대한 욕망이며 이는 모순된다. 두 번째 문단에 따르면 공동체는 개인의 존재를 그 유한함 속에서 취급하고, 화폐나 자본의 작용은 개인의 윤곽을 일반화하고 추상화한다고 하였다.

| 오답풀이 |

① 도시가 공동체의 역학에서 화폐의 욕망을 내포하게 되면 얼핏 속박에서 해방된 것 같이 보이지만, 세 번째 문단의 '하지만'에 이어지는 내용을 보면 '새로운 규율 훈련의 메커니즘'이 부가된다고 하였다.

② '화폐나 자본의 작용'에 의해 개인 존재의 무게가 버려지게 되고, '새로운 규율 훈련의 메커니즘'은 그것으로부터 생겨난 것이므로 여전히 개인 존재의 무게는 버려진 상태이다.

③ '화폐나 자본에 사로잡힌 개인'은 배제의 대상이 되기는 하지만, 교외로 쫓겨난다고는 하지 않았다. 또한 '외부로부터의 시선'이란 '도시에서 외부의 시선을 끊임없이 내면화하는 것'을 말하므로 이 역시 적절하지 않다.

④ '자본의 역학과 개인의 욕망이 일치'하는 것에 대해서는 언급하고 있지 않으며, 그것이 도시를 '매력적인 게임의 영역으로서' 열고 있다고도 언급하지 않았다.

06

| 정답 | ④

| 해설 | 제시된 글은 섶다리를 만드는 과정을 순서대로 나열하고 섶다리를 만드는 방법을 상세히 설명하고 있다. 이와 같은 방식으로 전개한 것은 자동차의 작동 과정을 설명하는 ④이다.

| 오답풀이 |

① 얼굴의 생김새를 사실적으로 묘사하고 있다.

②, ③ 인물의 행동을 시간의 흐름에 따라 서술하고 있다.

⑤ 자동차의 연료 종류를 나열하고 있다.

07

| 정답 | ④

| 해설 | 〈보기〉에서는 마찰 항력과 압력 항력의 개념에 대해 간략하게 설명하고 있다. 두 항력에 대한 설명은 둘을 아우르는 개념인 '항력'에 대한 내용이 제시된 후 그 뒤에 나오는 것이 자연스럽다. 따라서 〈보기〉가 들어가기에 적합한 곳은 전체 항력의 개념에 대한 설명이 언급된 세 번째 문단과 마찰 · 압력 항력의 구체적 개념 설명이 제시된 네 번째 문단의 사이인 ㉣이다.

08

| 정답 | ②

| 해설 | 제시된 글에서는 '사회적 증거의 법칙'에 대해 설명하면서 이러한 사회적 증거의 특성은 장점이 되기도 하고 약점이 될 수도 있으므로 맹목적으로 따라 하는 것을 지양해야 한다고 설명하고 있다. 따라서 글의 주제는 ②가 적절하다.

| 오답풀이 |

①, ④ '사회적 증거의 법칙'을 맹목적으로 따르게 되면 이용당할 수도 있다고 하였으므로 무조건 많은 사람들이 하는 행동을 따라 해야 한다는 것은 주제로 적절하지 않다.

③ '사회적 증거의 법칙'이 주어진 상황에서 어떻게 행동해야 할 것인가를 결정하는 지름길로 사용될 수 있다고 하였으므로 항상 피해야 한다는 것은 주제로 적절하지 않다.

⑤ 일반적으로 다수의 행동이 올바르다고 인정되는 경우가 많다고 하였으므로 소수의 행동이 다수의 행동보다 올바르다는 것은 주제로 적절하지 않다.

09

| 정답 | ④

| 해설 | 제시된 글에 따르면 경제와 환경은 상호 영향을 주고받는 불가분의 관계에 있으며 양자 간에 순환하는 구조를 갖고 있다. 그러므로 경제활동에 공급되는 자연자원은 가급적 효율적으로 사용되어야 하며, 배출되는 잔여물의 재활용 기능을 강화한 자원순환형 경제 구조를 요구해야 한다고 하였다. 따라서 글의 제목으로 적절한 것은 '자원순환형 경제의 필요성'이다.

10

| 정답 | ③

| 해설 | (마)에서 멜라민이 주로 공업용에서 쓰이는 화학물질이라는 일반적 용도를 언급하였고, (가)는 멜라민이 인체에 들어왔을 때 초래하는 악영향을 설명하였다. 이어서 (다)에서는 미국 FDA가 멜라민 일일섭취량을 권고한 것을 부연하고 있으며, (나)와 (라)는 그러한 권고에도 불구하고 기준치를 넘은 멜라민을 사용하여 인명 사고를 일으킨 중국의 사례를 소개하고 있다. 따라서 (마)－(가)－(다)－(나)－(라) 순이 적절하다.

유형 2 자료해석

▶ 문제 22쪽

01	④	02	①	03	③	04	②	05	④
06	④	07	④	08	②	09	③	10	④

01

| 정답 | ④

| 해설 | 2X21년의 남성 1인 가구 수와 여성 1인 가구 수가 동일하다면, 여성 1인 가구 수는 7,166÷2=3,583이다. 따라서 20～39세 여성 1인 가구 수는 $3,583 \times \frac{19.4+12.4}{100}$ ≒1,139(천 가구)로, 110만 가구 이상이다.

| 오답풀이 |

① 제시된 기간 동안 전체 가구 수와 1인 가구 수는 모두 지속적으로 증가하였다.

② 2X17년 1인 가구 수는 2X15년 대비 $\frac{5,619-5,203}{5,203} \times 100 \fallingdotseq 8.0(\%)$로 증가하였다.

③ 전체 가구 수 대비 1인 가구 수의 비중은 다음과 같다.

- 2X15년 : $\frac{5,203}{19,111} \times 100 \fallingdotseq 27.2(\%)$
- 2X17년 : $\frac{5,619}{19,674} \times 100 \fallingdotseq 28.6(\%)$
- 2X19년 : $\frac{6,148}{20,343} \times 100 \fallingdotseq 30.2(\%)$
- 2X21년 : $\frac{7,166}{21,448} \times 100 \fallingdotseq 33.4(\%)$

따라서 전체 가구 수 대비 1인 가구 수의 비중은 2X21년에 가장 컸다.

⑤ 2X21년 남성 1인 가구 수와 여성 1인 가구 수가 동일하면, 남성 1인 가구 수는 3,583(천 가구)이다. 따라서 30～39세 남성 1인 가구 수는 $3,583 \times \frac{21.8}{100}$ ≒781(천 가구)로 75만 가구 이상이다.

02

| 정답 | ①

| 해설 | ㉠ 한국의 1인당 알코올음료 소비량은 20X0～20X4년 내내 다른 여섯 국가보다 많았다.

㉡ 중국의 1인당 알코올음료 소비량은 20X0～20X4년 내내 인도네시아와 이스라엘의 1인당 알코올음료 소비량의 합보다 더 많다.

㉢ 일본의 알코올음료 소비량은 20X0～20X4년 내내 중국의 알코올음료 소비량보다 많다.

| 오답풀이 |

㉣ 제시된 자료를 통해서는 증류주 소비량을 알 수 없어 비교할 수 없다.

㉤ 이스라엘의 1인당 알코올음료 소비량은 20X0～20X1년에 튀르키예의 1인당 알코올음료 소비량의 2배보다 적다.

03

| 정답 | ③

| 해설 | 2017년 총인구에서 생산연령인구가 차지하는 비율은 $\frac{3,757}{5,136}$ ×100≒73.2(%)이고 2067년 총인구에서 생산연령인구가 차지하는 비율은 $\frac{1,784}{3,929}$ ×100≒45.4(%)이므로 2017년 생산연령인구 비중의 절반 이상이다.

| 오답풀이 |

① 총인구 및 인구성장률 그래프에서 2028년에 5천 194만 명으로 정점을 찍은 뒤 2029년부터 인구성장률이 0% 이하로 떨어지면서 본격적으로 감소세로 돌아서는 것을 확인할 수 있다.

② 2017년 생산연령인구 중 15～24세 비율은 $\frac{651}{3,757}\times 100 ≒ 17.3$(%)이고, 2067년 생산연령인구 중 15～24세 비율은 $\frac{258}{1,784}\times 100 ≒ 14.5$(%)이다.

④ 2017년 생산연령인구 중 50～64세 비율은 $\frac{1,156}{3,757}\times 100 ≒ 30.8$(%)이고, 2067년 생산연령인구 중 50～64세 비율은 $\frac{703}{1,784}\times 100 ≒ 39.4$(%)이므로 증가한다.

⑤ 총인구 및 인구성장률 그래프를 통해 1960년에는 2.0%를 상회하는 수치를 보이는 반면, 2040년대에서는 0.0% 미만의 마이너스 성장률을 보일 것으로 예측된다.

04

| 정답 | ②

| 해설 | ㉠ 2023년 채소류, 과일류, 특수 농산물의 수출량은 각각 175천만 톤, 75천만 톤, 50천만 톤이고 2024년 채소류, 과일류, 특수 농산물의 수출량은 각각 200천만 톤, 125천만 톤, 100천만 톤으로 모두 증가하는 모습을 보이고 있다.

㉢ 수출량 대비 수입량 비율이 가장 높다는 것은 그래프 상의 기울기가 가장 크다는 것이다. 2023년과 2024년 모두 곡물류가 수출량 대비 수입량 비율이 가장 크다.

| 오답풀이 |

㉡ 2023년 농산물 수입량은 200+200+75+50=525(천만 톤)이고 2024년 농산물 수입량은 150+150+75+50=425(천만 톤)이므로 전년 대비 감소하였다.

㉣ 2024년 과일류 수출량의 전년 대비 증가율은 $\frac{125-75}{75}\times 100 ≒ 66.7$(%)이고, 2024년 특수 농산물 수출량의 전년 대비 증가율은 $\frac{100-50}{50}\times 100 ≒ 50$(%)이므로 과일류가 가장 높다.

05

| 정답 | ④

| 해설 | 20X1년 이후 전년 대비 무역규모가 감소한 해는 20X9년으로, 전년 대비 수출액은 4천억 달러에서 약 4천 2백억 달러로 증가하였으나, 수입액이 약 3천 9백억 달러에서 3천 3백억 달러로 감소하였다.

| 오답풀이 |

① '무역규모=수출액+수입액'에 따라 그래프에서 수입액과 수출액의 합계를 계산해 보면 무역규모가 가장 큰 해는 20X8년(약 7천 9백억 달러)이고, 가장 작은 해는 20X1년(약 2천 8백억 달러)이다.

② 수출액 대비 수입액의 비율은 그래프에서 각 해당 연도와 원점을 이었을 때 직선의 기울기 값이 되므로, 기울기 값이 가장 큰 연도가 수출액 대비 수입액의 비율이 가장 높은 해가 된다. 따라서 기울기 값이 가장 큰 20X3년이 수출액 대비 수입액의 비율이 가장 높은 해가 된다.

③ 그래프에서 대각선으로 연결된 선은 무역수지가 0이 되는 지점으로, 왼쪽은 수입액이 더 크므로 무역수지 적자, 오른쪽은 수출액이 더 크므로 무역수지 흑자를 의미하며, 대각선에서 멀리 위치할수록 그 폭이 커진다. 따라서 무역수지 적자폭이 가장 큰 해는 20X3년이며, 흑자폭이 가장 큰 해는 20X7년이다.

⑤ 무역수지가 0에 가까우려면 수출액과 수입액이 동일한 구간을 그은 대각선에 가까워야 한다. 따라서 20X3년 이후 무역수지가 0에 가장 가까운 해는 20X8년이다.

06

| 정답 | ④

| 해설 | 각 라인별 성과달성률의 평균이 가장 높은 라인인 제2생산라인에서 가장 높은 달성률을 기록한 G가 가장 많은 성과급을 지급받게 된다. 제2생산라인의 성과달성률 평균은 $\frac{82+96+117+95}{4} ≒ 98$(%p)이므로, G가 받게 될 성과급의 합은 개인별 성과급 90,000원과 라인별 성과급 160,000원을 4로 나눈 40,000원을 더하여 총 130,000원이다. 따라서 상반기 성과급을 가장 많이 받는 직원의 성과급은 150,000원 미만이다.

| 오답풀이 |

① 2/4분기 개인별 성과급을 지급받지 못하는 직원은 성과달성률이 83% 미만인 D, E, I 세 명이다.

② 제2생산라인에서 성과달성률이 82%로 가장 저조하여 개인별 성과급을 받지 못하는 E도 라인별 성과급으로 40,000원을 지급받아 제2생산라인의 모든 직원들은 최소 40,000원 이상의 성과급을 지급받는다.

③ 2/4분기 성과급이 100,000원 이상인 직원은 130,000원을 받는 G와 110,000원을 받는 K 두 명이다.

⑤ 2/4분기 성과급을 가장 적게 받는 직원은 라인별 성과급 20,000원만을 받는 D와 I이다.

07

| 정답 | ④

| 해설 | 가정양육과 아이돌봄 서비스를 동시에 받는 혼합형의 보육형태는 20X0년에 13,056명에서 20X1년에 8,485명으로 감소하였다.

| 오답풀이 |

① 20X1년 어린이집에 자녀 보육을 맡긴 비율은 $\frac{393,205}{917,863}\times 100 \fallingdotseq 42.8(\%)$로 20X0년 $\frac{388,348}{956,523}\times 100 \fallingdotseq 40.6(\%)$보다 증가하였다.

② 20X0년과 20X1년 아이돌봄 서비스(종일제)를 받는 비율은 각각 $\frac{1,208}{956,523}\times 100 \fallingdotseq 0.1(\%)$과 $\frac{1,147}{917,863}\times 100 \fallingdotseq 0.1(\%)$로 동일하다.

⑤ 유치원과 아이돌봄 서비스를 동시에 받은 비율은 20X0년에 $\frac{1,040}{956,523}\times 100 \fallingdotseq 0.1(\%)$, 20X1년에 $\frac{911}{917,863}\times 100 \fallingdotseq 0.1(\%)$로 동일하다.

08

| 정답 | ②

| 해설 | 2X15년 인구 10만 명당 경찰관 수의 전년 대비 증가율은 $\frac{204-202}{202}\times 100 \fallingdotseq 1(\%)$이므로, 2X22년 국내 총 경찰관 수는 $114,658\times(1+0.01)\fallingdotseq 115,805$(명)이다.

09

| 정답 | ③

| 해설 | ㉠에 들어갈 수치는 $\frac{32,638-31,503}{31,503}\times 100 \fallingdotseq 3.6(\%)$이다.

㉡에 들어갈 수치는 $\frac{48,532-46,695}{46,695}\times 100 \fallingdotseq 3.9(\%)$이다.

10

| 정답 | ④

| 해설 | A에서 B로 변동된 수치의 증가율은 '$\frac{B-A}{A}\times 100$'으로 계산할 수 있다. 따라서 신용대출 증가율은 $\frac{768-678}{678}\times 100 \fallingdotseq 13.3(\%)$가 되어 증가율이 10%가 넘는다.

| 오답풀이 |

① 부채 항목의 2022년 대비 2023년 증가율은 $\frac{7,531-7,099}{7,099}\times 100 \fallingdotseq 6.1(\%)$이다.

② 금융부채(전체) 항목의 2022년 대비 2023년 증가율은 $\frac{5,447-5,041}{5,041}\times 100 \fallingdotseq 8.1(\%)$이다.

③ 담보대출 항목의 2022년 대비 2023년 증가율은 $\frac{4,332-4,070}{4,070}\times 100 \fallingdotseq 6.4(\%)$이다.

⑤ 신용카드 관련 대출 항목의 2022년 대비 2023년 증가율은 $\frac{58-57}{57}\times 100 \fallingdotseq 1.8(\%)$이다.

유형 3 창의수리

▶ 문제 30쪽

01	④	02	④	03	⑤	04	①	05	⑤
06	②	07	④	08	④	09	③	10	①

01

| 정답 | ④

| 해설 | 강물의 속력을 $x$km/h로 하고, 출발한 지 5시간 후 A, B가 만난 지점을 Q 지점으로부터 $y$km 떨어졌다고 가정한다.

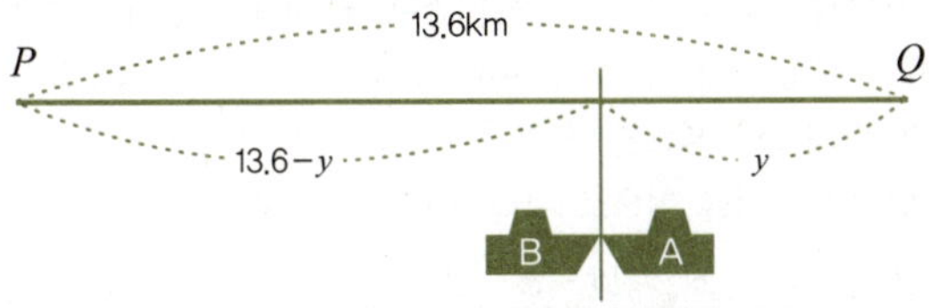

B는 5시간 동안 $3-x$km/h의 속력으로 $13.6-y$km를 이동하였다. 이를 식으로 나타내면 다음과 같다.

$$\frac{13.6-y}{3-x}=5$$

$13.6-y=15-5x$

$y=5x-1.4$ ··· ㉠

A는 5시간 동안 $5-x$km/h의 속력으로 13.6km, $5+x$ km/h의 속력으로 $y$km를 이동하였다. 이를 식으로 나타내면 다음과 같다.

$$\frac{13.6}{5-x}+\frac{y}{5+x}=5$$

$13.6(5+x)+y(5-x)=5(5-x)(5+x)$ ·········· ㉡

㉡에 ㉠을 대입하면 다음과 같다.

$13.6(5+x)+(5x-1.4)(5-x)=5(5-x)(5+x)$

$68+13.6x+25x-5x^2-7+1.4x=125-5x^2$

$40x=64$

$\therefore x=1.6$

따라서 강물의 속력은 1.6km/h이다.

02

| 정답 | ④

| 해설 | 기차의 속력을 초속 xm, 터널의 길이를 ym라고 하면 다음과 같은 식이 성립한다.

$30x=y+300$ ······································· ㉠

$55x=2y+300$ ···································· ㉡

㉠을 ㉡에 대입하면

$55x=2(30x-300)+300$

$55x=60x-600+300$

$5x=300$

$\therefore x=60$(m/s), $y=1,500$(m)

따라서 터널의 길이는 1,500m이다.

03

| 정답 | ⑤

| 해설 | 45,000원 내에서 각 종류별 건전지를 몇 개 구입할 수 있는지 구하고 최대 개수에 개당 지속 시간을 곱하여 스톱워치의 최대 지속 시간을 구하면 다음과 같다.

건전지 종류	A	B	C	D
1개당 가격	25,000원	12,500원	10,000원	13,000원
예산 내 최대 개수	1개	3개	4개	3개
개당 스톱워치 지속 시간	25시간	6시간	4시간	10시간
스톱워치 최대 지속 시간	25시간	18시간	16시간	30시간

따라서 최대 지속 시간에 따라 건전지 종류를 나열하면 D−A−B−C 순이다.

04

| 정답 | ①

| 해설 | 10년 전 3형제의 나이를 각각 A, B, C세라 하면, 처음 받은 상금 1억 4천만 원을 나이에 비례하게 나누어 첫째가 6천만 원을 받았다.

$\frac{6,000}{14,000}=\frac{A}{A+B+C}$ ······ ㉠

10년 후 받은 상금 1억 4천만 원 역시 나이에 비례하게 나누어 첫째가 5천 6백만 원을 받았다.

$\frac{5,600}{14,000}=\frac{A+10}{(A+10)+(B+10)+(C+10)}$ ······ ㉡

㉠을 정리하면 $\frac{6,000}{14,000}=\frac{3}{7}=\frac{A}{A+B+C}$

$A+B+C=\frac{7}{3}A$ ······ ㉠′

㉡을 정리하면 $\frac{5,600}{14,000}=\frac{2}{5}=\frac{A+10}{A+B+C+30}$ ··· ㉡′

㉡′에 ㉠′을 대입하면 다음과 같다.

$\frac{2}{5}\left(\frac{7}{3}A+30\right)=A+10$

$\frac{14}{15}A+12=A+10$

$\frac{1}{15}A=2$

$\therefore A=30$(세)

따라서 10년이 지난 현재 첫째의 나이는 40세이다.

05

| 정답 | ⑤

| 해설 | A 비커에 더 넣어야 하는 소금의 양을 xg이라 하면, 농도가 20%가 되는 식은 다음과 같다.

$300\times\frac{16}{100}+x=(300+x)\times\frac{20}{100}$

$48+x=60+0.2x$

$0.8x=12$

$\therefore x=15$(g)

B 비커에서 증발시켜야 하는 물의 양을 yg이라 하면, 농도가 20%가 되는 식은 다음과 같다.

$500\times\frac{16}{100}=(500-y)\times\frac{20}{100}$

$80=100-0.2y$

$0.2y=20$

$\therefore y=100$(g)

따라서 A 비커에는 15g의 소금을 더 넣고 B 비커에서 100g의 물을 증발시켜야 한다.

06

| 정답 | ②

| 해설 | 전체 프로젝트의 양을 1이라고 할 때, 박 교수는 하루에 $\frac{1}{23}$, 차 교수는 $\frac{1}{30}$, 정 교수는 $\frac{1}{25}$ 만큼의 일을 처리할 수 있다. 박 교수와 차 교수가 3일 동안 함께 프로젝트를 진행하던 중 차 교수가 그만두고, 이후 박 교수 혼자 프로젝트를 진행하던 중 정 교수가 합류하여 프로젝트를 완료하는 데 총 14일이 소요되었다. 박 교수가 혼자 프로젝트를 진행한 기간을 x(일)이라고 할 때, 박 교수와 정 교수가 함께 프로젝트를 진행한 기간은 $14-3-x=11-x$(일)이다. 이를 식으로 나타내면 다음과 같다.

$\frac{3}{23}+\frac{3}{30}+\frac{x}{23}+\frac{11-x}{23}+\frac{11-x}{25}=1$

$\frac{3+x+11-x}{23}+\frac{3}{30}+\frac{11-x}{25}=1$

$\frac{14}{23}+\frac{1}{10}+\frac{11-x}{25}=1$

$11-x=25\{1-(\frac{14}{23}+\frac{1}{10})\}$

$x=11-25\times\left(1-\frac{163}{230}\right)$

$=11-25\times\frac{67}{230}\fallingdotseq 11-7.28$

$\therefore x=3.72$

따라서 박 교수는 혼자 약 4일 동안 프로젝트를 진행하였다.

07

| 정답 | ④

| 해설 | 가습기의 정가를 x원, 서랍장의 정가를 y원이라고 하면 다음 식이 성립한다.

$0.85x+0.75y=183,520$ ······ ㉠

$0.8(x+y)=183,520$ ······ ㉡

㉠, ㉡을 연립하여 풀면

$0.05x = 0.05y$

$\therefore x = y$

이를 ㉠에 대입하면

$0.85x + 0.75x = 183,520$

$1.6x = 183,520$

$\therefore x = 114,700$(원)

따라서 가습기의 정가는 114,700원이다.

08

| 정답 | ④

| 해설 | 연수원에 있는 방의 수를 x개, 신입사원의 수를 y명이라 하면 다음과 같은 식이 성립한다.

$6x + 4 = y$ ··· ㉠

$8(x-3) - 6 = y$ ··· ㉡

㉠, ㉡을 연립하여 풀면 다음과 같다.

$6x + 4 = 8(x-3) - 6$

$\therefore x = 17$

따라서 신입사원의 수는 $6 \times 17 + 4 = 106$(명)이 된다.

09

| 정답 | ③

| 해설 | 가위바위보를 한 번 할 때 나올 수 있는 결과는 소희가 현욱이를 이기는 경우, 현욱이가 소희를 이기는 경우, 비기는 경우로 총 세 가지이고, 가위바위보는 총 세 판을 하므로 모든 경우의 수는 $3 \times 3 \times 3 = 27$(가지)이다.

가위바위보 세 판을 하고 난 뒤 현욱이가 딸기 4개, 배 2개를 가지고 있으므로 현욱이는 한 번 지고 두 번 이긴 것이 된다. 이긴 경우를 ○로, 진 경우를 ×로 표시하면 (○, ○, ×), (○, ×, ○), (×, ○, ○)로 세 가지가 나온다. 따라서 현욱이가 딸기 4개, 배 2개를 가지고 있을 확률은 $\frac{3}{27} = \frac{1}{9}$이다.

10

| 정답 | ①

| 해설 | A와 B가 이웃해야 하므로 먼저 A와 B를 제외한 남자 3명, 여자 3명이 번갈아 줄을 서는 경우의 수를 생각한다.

남자를 ●, 여자를 ○라 하면, 남녀가 번갈아 줄을 서는 경우는 다음과 같이 2가지이다.

○●○●○● 또는 ●○●○●○

이와 같이 남자 3명과 여자 3명을 번갈아 일렬로 세우는 경우의 수는 $2 \times 3! \times 3! = 2 \times 6 \times 6 = 72$(가지)이다.

다음으로 남자와 여자의 사이사이에 A와 B가 이웃되도록 배치하는 경우의 수는 다음과 같이 7가지이다(남자가 가장 왼쪽에 서는 경우도 동일하다).

B−A → ∨ ∨ ∨ ∨ ○●○●○● A−B → ∧ ∧ ∧

따라서 구하는 방법의 수는 $72 \times 7 = 504$(가지)이다.

유형 4 언어추리

▶ 문제 34쪽

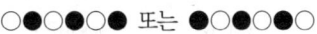

01	③	02	③	03	②	04	⑤	05	①
06	①	07	③	08	③	09	③	10	④

01

| 정답 | ③

| 해설 | 첫 번째 전제와 두 번째 전제의 대우는 '사람을 사귀는 것이 어렵지 않은 사람은 성격이 외향적이다'와 '말하는 것을 싫어하지 않는 사람은 외국어를 쉽게 배운다'이다. 두 번째 명제의 '말하는 것을 싫어하지 않는 사람'의 자리에 '외향적인 성격'이 들어가면 '외향적인 성격은 외국어를 쉽게 배운다'가 성립한다. 따라서 '외향적인 성격은 말하는 것을 싫어하지 않는다'라는 전제가 필요하다.

02

| 정답 | ③

| 해설 | 첫 번째 전제의 대우인 '단독주택에 살지 않는 모든 사람은 대형견을 키우지 않는다'와 두 번째 전제를 삼단논법으로 연결하면 '단독주택X → 모든 대형견X → 어떤 고양이X'가 성립한다. 이를 벤다이어그램으로 나타내면 다음과 같다.

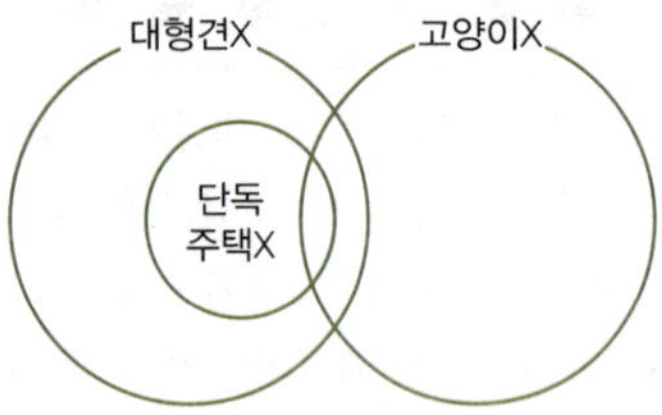

따라서 '단독주택에 살지 않는 어떤 사람은 고양이를 키운다'는 참이다.

03

| 정답 | ②

| 해설 | 첫 번째 명제의 대우인 '동대문에 자주 가지 않는 사람은 옷을 좋아하지 않는다'와 네 번째 명제를 삼단논법으로 연결하면 '동대문에 자주 가지 않는 사람은 헤드셋을 구매하지 않는다'가 참인 것을 알 수 있다.

| 오답풀이 |

① 세 번째 명제의 대우와 다섯 번째 명제를 삼단논법으로 연결하면 '헤드셋을 구매하는 사람은 여행을 좋아한다'가 참인 것을 알 수 있다. 따라서 ①은 거짓이다.

③, ④, ⑤ 제시된 명제만으로는 알 수 없다.

04

| 정답 | ⑤

| 해설 | 각 사원의 발언을 전 발언과 후 발언으로 구분하고, A의 전 발언이 참이거나 거짓인 경우로 나누어 추론한다.

- A의 전 발언이 참인 경우

  A의 전 발언이 참이라면, B의 전 발언이 참이 되고 후 발언은 거짓이 된다. 이에 따라 D의 전 발언은 거짓이 되어 후 발언은 참이 되고, E의 전 발언도 참이 되어 후 발언은 거짓이 된다. 그러면 C의 전 발언도 거짓이 되므로 후 발언은 참이 되고, 이들은 모두 조건과 상충하지 않는다. 이를 표로 정리하면 다음과 같다.

인사팀	재무팀	영업팀	기획팀	마케팅팀
C	D	B	E	A

- A의 전 발언이 거짓인 경우

  A의 후 발언이 참이라면, B의 전 발언은 거짓이 되고 후 발언은 참이 된다. 이에 따라 D의 전 발언은 거짓이 되어 후 발언은 참이 되는데, 이러한 경우 기획팀에는 A와 E 두 명이 배치되므로 조건과 상충한다.

따라서 기획팀에는 E가 배치된다.

05

| 정답 | ①

| 해설 | A의 앞 진술과 뒤 진술이 각각 참 또는 거짓인 경우로 나누어 추론한다.

- A의 앞 진술이 참, 뒤 진술이 거짓인 경우

  A는 3위이고, D는 2위가 아니다. 따라서 D의 앞 진술은 거짓이 되고, 뒤 진술은 참이 되어야 하는데 A는 5위라고 했으므로 모순이다.

- A의 앞 진술이 거짓, 뒤 진술이 참인 경우

  A는 3위가 아니고, D는 2위이다. 이에 따라 D의 앞 진술은 참이 되고, 뒤 진술은 거짓이 되어 A는 5위가 아니다. D가 2위이므로 E의 앞 진술은 거짓, 뒤 진술은 참이 되어 C는 3위가 되고 C의 앞 진술은 거짓, 뒤 진술은 참이 되어 B는 4위가 된다. A는 1위와 5위 중 1위가 되고 남은 E는 5위가 된다.

  이를 표로 정리하면 다음과 같다.

1위	2위	3위	4위	5위
A	D	C	B	E

따라서 1위를 한 사람은 A이다.

06

| 정답 | ①

| 해설 | B와 C 둘 다 사과는 적자를 본 작물이 아니라고 말하고 있으므로 둘은 진실을 말하고 있다. 따라서 A나 D 둘 중 한 명이 거짓말을 하고 있는 것이다.

• A가 거짓을 말한 경우

B, C, D의 말이 진실이 되며 이들의 말은 서로 상충하지 않는다. A의 말이 거짓이므로 귤은 적자를 본 작물이 아니게 되고, B, C, D의 말에 따라 사과와 복숭아도 적자를 본 작물이 아니므로 적자를 본 작물은 포도이다.

• D가 거짓을 말할 경우

A, B, C의 말이 진실이 된다. D의 말이 거짓임에 따라 복숭아가 적자를 본 작물이 되는데, 이 경우 귤이 적자를 본 작물이라는 A의 진술에 의해 적자를 본 작물이 2개가 된다. 이는 적자를 본 작물이 1개라는 조건에 상충하므로 D는 거짓말을 하지 않았다.

따라서 거짓을 말한 사람은 A이고 적자를 본 작물은 포도이다.

07

| 정답 | ③

| 해설 | 술래를 기준으로 동그랗게 앉아 있는 모습을 평면으로 나타내면 다음과 같다.

← 시계 방향 반시계 방향 →

그 이전 사람	이전 사람	술래	다음 사람	그 다음 사람
숫자 1	숫자 2	숫자 3	숫자 4	숫자 5

이때, 첫 번째 술래가 A이므로 첫 번째 게임 때는 A가 숫자 3을 배정받고, 그 자리에서 다음 술래로 호명된 숫자에 해당하는 사람이 다음 게임의 숫자 3을 배정받는다. 이에 따라 게임이 진행된 순서대로 정리하여 나타내면 다음과 같다.

← 시계 방향 반시계 방향 →

구분	숫자 1	숫자 2	숫자 3 (술래)	숫자 4	숫자 5
첫 번째	D	E	A	B (호명)	C
두 번째	E (호명)	A	B	C	D
세 번째	C (호명)	D	E	A	B

따라서 네 번째 술래는 세 번째 게임에서 숫자 1을 배정받은 C이다.

08

| 정답 | ③

| 해설 | 제시된 조건을 바탕으로 빨리 도착한 순서대로 나타내면 무>갑>을, 병>을>정이다. 따라서 첫 번째로 도착했을 가능성이 있는 사람은 무와 병뿐이다.

병이 첫 번째로 도착했을 경우 병은 정보다 4분 일찍 도착했다는 조건과 가장 일찍 도착한 사람과 가장 늦게 도착한 사람의 시간의 차이는 10분이라는 조건 사이에 모순이 발생한다. 그러므로 가장 먼저 도착한 사람은 무이고, 무>갑>병>을>정 또는 무>병>갑>을>정이 가능하다. 그런데 병>갑일 경우, 갑이 을보다 6분 일찍 도착했다는 조건과 을, 병, 정이 지각한 시간의 합이 8분이라는 조건을 동시에 만족시킬 수 없다. 따라서 다음의 순서만 가능하다.

1등	2등	3등	4등	5등
무	갑	병	을	정

이때, 병, 을, 정이 지각한 시간의 합이 8분이 되기 위해서는 지각한 시간의 조합이 순서대로 [1분, 2분, 5분] 혹은 [1분, 3분, 4분]만이 가능한데, 병과 정이 4분 차이이므로 병, 을, 정은 각각 1분, 2분, 5분을 지각한 것이 된다. 이를 바탕으로 첫 번째와 마지막 조건도 함께 고려하여 갑～무의 도착 시점을 오후 3시를 기점으로 정리하면 다음과 같다.

1등	2등	3등	4등	5등
무	갑	병	을	정
5분 일찍 도착	4분 일찍 도착	1분 늦게 도착	2분 늦게 도착	5분 늦게 도착

따라서 병은 약속시간인 오후 3시보다 1분 늦게 도착했다.

| 오답풀이 |

① 갑은 무보다 1분 늦게 도착했다.

② 을은 약속시간보다 2분 늦게 도착했다.

④ 정은 을보다 3분 늦게 도착했다.

⑤ 무는 병보다 6분 일찍 도착했다.

보충 플러스+

두 번째 조건과 세 번째, 네 번째 조건에 의해 병이 x분 늦었다고 하면, 을은 $x+y$분, 정은 $x+4$분 늦었다. 이 때 x와 y는 자연수이다.
세 사람이 늦은 시간의 합이 8분이라고 했으므로 다음 식이 성립한다.
$3x+y+4=8$
$3x+y=4$
위 식을 만족하는 자연수 x, y는 $x=1$, $y=1$뿐이다.
따라서 병은 3시 1분, 을은 3시 2분, 정은 3시 5분에 도착했다. 그리고 첫 번째 조건에 의해 갑은 2시 56분에 도착했고, 다섯 번째 조건에 의해 무는 2시 55분에 도착했다.

09

| 정답 | ③

| 해설 | A는 이틀 연속으로 야근을 한 적이 없으므로 월, 수, 금에 야근을 한 것을 알 수 있다. 다음으로 두 번째, 네 번째 조건을 통해 B는 화, 목, 금에 야근한 것이 된다. E는 3일간 연속으로 야근을 했으므로 [월, 화, 수], [화, 수, 목], [수, 목, 금]의 경우가 가능하다. 그런데, [월, 화, 수]나 [화, 수, 목]에 야근한 경우 다섯 번째 조건에 부합하지 않게 된다(요일별 야근 인원이 3명이 되기 위해서 C 또는 D와 반드시 하루를 초과하여 함께 야근을 해야 한다). 따라서 E는 수, 목, 금에 야근을 했으며, 이를 정리하면 다음과 같다.

구분	월	화	수	목	금	야근 일수
남자						
A	O	X	O	X	O	3
B	X	O	X	O	O	3
여자						
C	O	O	O/X	X/O	X	3
D	O	O	X/O	O/X	X	3
E	X	X	O	O	O	3
인원	3	3	3	3	3	

따라서 C와 D는 반드시 이틀간 함께 야근을 한다.

10

| 정답 | ④

| 해설 | 조건 1에 따라 H는 파란색이며, 파란색 집 옆에는 반드시 초록색 집이 있어야 하므로 B와 G는 초록색이다. 조건 4에 따라 같은 색 집이 인접하는 2곳 사이에는 다른 집이 2채 이상 있어야 하므로 B와 C, F와 G 모두 초록색이다.
이때 조건 2에 따라 D와 E 중 하나는 갈색이고, 갈색 집 옆에는 반드시 파란색 집이 있어야 하므로 나머지는 파란색이 된다. 이를 다음과 같이 정리할 수 있다.

A	B	C	D	E	F	G	H
파랑	초록	초록	갈색/파랑	파랑/갈색	초록	초록	파랑

따라서 초록색 집은 4채이다.

유형 5 수열추리

▶ 문제 40쪽

01	③	02	②	03	②	04	②	05	③
06	①	07	⑤	08	④	09	④	10	④

01

| 정답 | ③

| 해설 | 제시된 수열을 a_n이라 할 때, 수열의 계차를 계산하면 다음과 같다.

$7-5=2$

$12-7=5$

$20-12=8$

$31-20=11$

a_n의 계차들은 공차 3인 등차수열을 이루고 있다. 이 계차 수열을 b_n이라 하고 식을 구하면 $b_n=2+(n-1)\times3=3n-1$이 된다. 따라서 b_n의 일반항을 가지고 수열 a_n을 구하면 다음과 같다.

$$a_n = a_1 + \sum_{k=1}^{n-1} b_k = 5 + \sum_{k=1}^{n-1}(3k-1)$$
$$= 5 + 3 \times \frac{n(n-1)}{2} - (n-1)$$
$$= 5 + \frac{3n^2 - 3n}{2} - n + 1$$
$$= \frac{3n^2 - 5n + 12}{2}$$

이때 20번째에 오는 숫자 a_{20}을 구하는 식은 다음과 같다.

$$\frac{3 \times 20^2 - 5 \times 20 + 12}{2} = \frac{1{,}200 - 100 + 12}{2} = 556$$

따라서 20번째에 오는 숫자는 556이다.

02

| 정답 | ②

| 해설 | 제시된 숫자들은 오른쪽부터 다음과 같은 규칙이 있다.

- $1=2-1$
- $4=1+(2^2-1)$
- $11=4+(2^3-1)$
- $26=11+(2^4-1)$
- $57=26+(2^5-1)$
- $(\ ?\ )=57+(2^6-1)$
- $247=(\ ?\ )+(2^7-1)$
- $502=247+(2^8-1)$

따라서 '?'에 들어갈 숫자는 $57+(2^6-1)=120$이다.

03

| 정답 | ②

| 해설 | 제시된 각각의 수는 다음과 같이 분수로 나타낼 수 있다.

$$-\frac{1}{1},\ \frac{2}{2},\ -\frac{4}{3},\ \frac{8}{4},\ (\ ?\ ),\ \frac{32}{6}$$

이에 따라, 분모는 첫 항부터 1씩 더해지고, 분자는 첫 항부터 순서대로 −2씩 곱해지는 것을 알 수 있다.

따라서 '?'에 들어갈 수는 분모가 5, 분자가 −16이 되어 $-\frac{16}{5}=-3\frac{1}{5}$이다.

04

| 정답 | ②

| 해설 | 제시된 각 숫자 간의 값은 +2, ÷2로 반복되므로 '?'에 들어갈 알맞은 수는 $3.625 \div 2 = 1.8125$이다.

05

| 정답 | ③

| 해설 | 알파벳 순서대로 번호를 붙이면 다음과 같다.

A	B	C	D	E	F	G	H	I	J
1	2	3	4	5	6	7	8	9	10
K	L	M	N	O	P	Q	R	S	T
11	12	13	14	15	16	17	18	19	20
U	V	W	X	Y	Z				
21	22	23	24	25	26				

제시된 각 문자를 알파벳 순서에 따라 숫자로 변경하면 다음과 같다. 이때, 알파벳은 26개의 문자가 순환한다.

H(8) J(10) N(14) V(22) L(12 → 38)

이를 통해 첫 번째 문자부터 +2, $+2^2$, $+2^3$, $+2^4$의 규칙으로 증가함을 알 수 있다. 따라서 '?'의 문자에 해당하는 수는 $38+2^5=70$이다.

70은 $26 \times 2 + 18$이므로, '?'에 들어갈 문자는 알파벳 18번째 문자인 R이다.

06

| 정답 | ①

| 해설 | 제시된 각 문자를 알파벳 순서에 따라 숫자로 변경하면 I(9), Y(25)이다.

이를 통해 2^2, 3^2, 4^2, 5^2, 6^2, …의 규칙이 있는 것을 알 수 있고, '?'에는 $7^2=49$에 해당하는 문자가 들어가야 한다. $49=26+23$이므로 23번째에 해당하는 W가 알맞다.

07

| 정답 | ⑤

| 해설 | 각 항의 분자의 합을 분모로 나누면 6이 된다.

- $1+3+6+8=18 \rightarrow \frac{18}{3}=6$
- $2+5+9+14=30 \rightarrow \frac{30}{5}=6$
- $3+7+13+19=42 \rightarrow \frac{42}{7}=6$

그러므로 4, 9, 16, '?'의 합은 9×6=54가 된다.
따라서 '?'에 들어갈 숫자는 54−(4+9+16)=25이다.

08

| 정답 | ④

| 해설 | 첫 번째 행에 제시된 각 숫자 간의 값은 ×(−2), ×2로 반복되므로 A에 해당하는 숫자는 −2×(−2)=4이다. 두 번째 행에 제시된 각 숫자 간의 값은 ×(−0.2), ×0.2가 반복되므로 B에 해당하는 숫자는 −3×(−0.2)=0.6이다. 따라서 5AB의 값은 5×4×0.6=12이다.

09

| 정답 | ④

| 해설 | 홀수 번째 수는 +3을 규칙으로 하는 등차수열로 3n−1로 나타낼 수 있고, 짝수 번째 수는 ×2를 규칙으로 하는 등비수열로 $3\times2^{n-1}$로 나타낼 수 있다. 따라서 15번째에 들어갈 수는 3×8−1=23, 16번째에 들어갈 수는 $3\times2^{8-1}$=384이며 그 합은 23+384=407이다.

10

| 정답 | ④

| 해설 |

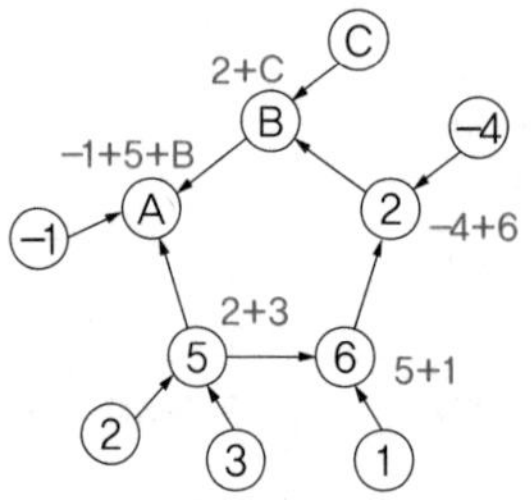

규칙을 찾아보면 화살표가 모이는 위치의 숫자는 화살표들이 출발하는 위치에 있는 각 숫자의 합임을 알 수 있다. 그 규칙에 따라 A=−1+5+B이고, B=2+C이므로 A=−1+5+2+C가 성립한다. 따라서 A−C=6이 된다.

파트2 기출유형모의고사

1회 언어이해

문제 96쪽

01	②	02	①	03	③	04	①	05	④
06	③	07	③	08	②	09	②	10	③
11	④	12	⑤	13	②	14	④	15	①
16	①	17	②	18	②	19	①	20	④

01

| 정답 | ②

| 해설 | 제시된 글은 외부성의 개념을 정리하고, 구체적인 사례(과수원과 양봉업자의 관계)를 들어 외부성으로 인해 발생되는 비효율성 문제에 대해 설명하고 있다. 그리고 이러한 외부성으로 인한 비효율성의 해결 방안으로 보조금이나 벌금과 같은 정부의 개입을 주장한 전통적인 경제학을 소개하고 있다.

02

| 정답 | ①

| 해설 | 세 번째 문장을 통해 소비자는 같은 제품이라도 겉모습이 화려한 것을 구입하려고 한다는 것을 알 수 있다.

| 오답풀이 |

② 마지막 문장에서 자본주의 사회에서는 인간까지 상품미를 추구하는 대상으로 보고 있다는 내용이 나오지만, 그것이 비난받을 일이라는 언급은 나와 있지 않다.

③ 제시된 글을 통해서는 알 수 없는 내용이다.

④ 두 번째 문장에서 상품미는 이윤을 얻기 위한 것이라고 하였으므로 이익과 관련이 없다는 설명은 잘못되었다.

⑤ 네 번째 문장에서 우리가 주위에서 보는 거의 모든 상품은 상품미를 추구하고 있다고 하였으므로, 보기 어렵다는 설명은 잘못되었다.

03

| 정답 | ③

| 해설 | 빈칸의 뒤에서 옷차림새나 말투 등으로 느낌이 형성될 수 있음을 이야기하고 있으므로, 빈칸에는 겉모습의 중요성에 대해 언급한 ③이 가장 적절하다.

04

| 정답 | ①

| 해설 | 우리나라와 미국의 예시에서 우리나라가 달러가 부족할 때 미국에 일정액의 수수료를 부담하고 달러를 공급받는다는 내용을 통해 추론할 수 있다.

| 오답풀이 |

②, ⑤ 변제할 때에는 변동금리가 아닌 예치 당시의 환시세인 고정금리를 적용한다.

③ 다국적 기업이 통화 스와프를 적극 활용한다고 해서 필수적으로 활용한다고 볼 수는 없다.

④ 자국의 통화를 맡기면서 일정액의 수수료를 부담하고 상대국의 외환을 공급받으며 변제 시에는 예치 당시의 환시세를 적용한다고 하였으므로, 추가적으로 드는 수수료에 의해 변제 당시보다는 예치 당시의 금액이 더 많이 소요된다.

05

| 정답 | ④

| 해설 | (라)에서는 19세기 일부 인류학자들의 주장을 설명하고 있고, (마)에서는 '그들'이라는 단어로 19세기 일부 인류학자들을 포괄하며 (라)의 주장에 대해 구체적으로 설명하고 있다. 따라서 (라)－(마)로 이어짐을 알 수 있다. (다)에서는 역접의 의미를 지닌 접속어 '그러나'를 사용하여 (라), (마)에서 언급한 일부 인류학자의 주장이 비판을 받게 되었다고 설명하며 내용을 전환하고 있다. (가)에서는 이러한 비판을 받은 이유를, (나)에서는 비판을 받은 이후 20세기 인류학자들의 변화에 대해 설명하고 있으므로 (다)－(가)－(나)로 이어짐을 알 수 있다. 따라서 (라)－(마)－(다)－(가)－(나) 순이 적절하다.

06

| 정답 | ③

| 해설 | 제시된 글의 핵심 주장은 올바른 칭찬을 위해서는 결과보다는 과정을 칭찬해야 한다는 것이다. 따라서 그에 대한 반박으로는 과정을 칭찬하는 데에만 집중하면 되레 결과를 소홀히 할 수 있다는 것이 가장 적절하다.

07

| 정답 | ③

| 해설 | 제시된 글은 지속가능한 노동시장의 경쟁력과 고용가능성을 갖추는 것은 개인뿐 아니라 국가 차원에서도 중요한 문제로 대두되고 있다고 설명하면서, 이를 위해 국가 차원에서 체계적인 정책 수립이 필요하다고 언급하고 있다. 또한 전 생애에 걸쳐 지속가능한 경력개발과 고용가능성 함양을 위해 정책적 지원이 요구되고 있다고 주장하고 있으므로 '생애경력개발을 위한 정책 지원의 필요성'이 글의 제목으로 적절하다.

| 오답풀이 |

① 거시적 관점에서 노동시장 변화에 대해 언급한 내용이 없으므로 적절하지 않다.

② 지속가능 성장을 위해 국가 차원에서 체계적으로 정책을 수립해야 한다고 하였으므로 적절하지 않다.

④ 청소년의 경우 4차 산업혁명에 따른 변화에 대비할 수 있는 방안을 마련해야 한다는 내용이 제시되어 있지만, 4차 산업혁명으로 인한 고용시장의 변화와 전망이 글 전체의 핵심 내용은 아니므로 적절하지 않다.

⑤ 생산가능인구 감소 시대의 경제성장과 노동시장에 대해 언급한 내용이 없으므로 적절하지 않다.

08

| 정답 | ②

| 해설 | 빈칸의 전후 문장을 살펴보면, 보는 놀이는 주체적이고 능동적인 생각을 촉진시키지 못하므로 생각하는 사회를 만들기 위해서는 읽는 문화가 중요하다는 내용이 나온다. 따라서 빈칸에는 읽는 문화가 사라지면 생각 없는 사회가 될 수 있다는 우려를 나타내는 내용이 들어가는 것이 자연스럽다.

09

| 정답 | ②

| 해설 | 제시된 글은 자연재해의 종류 중에서 물과 관련한 재해의 발생 비중이 높고, 그에 의한 피해를 줄이기 위한 노력에도 불구하고 물과 관련한 재해가 감소하지 않고 있다는 점을 우려하고 있다. 따라서 글의 주제로는 ②가 가장 적절하다.

10

| 정답 | ③

| 해설 | 정상 초파리는 약물 B의 존재 유무와 상관없이 위로 올라가는 성질을 보이고, 유전자 A가 돌연변이인 초파리는 약물 B를 넣은 배양기에서는 위로 올라가지 못하지만 약물 B를 넣지 않은 배양기에서는 위로 올라가는 운동성을 보였다고 하였다. 따라서 유전자 A가 돌연변이인 초파리가 약물 B를 섭취하면 파킨슨씨병에 걸린다는 것을 알 수 있다.

| 오답풀이 |

① 약물 B의 섭취로 인해 유전자 A가 돌연변이로 변하는지는 제시된 글만으로 알 수 없다.

② 약물 B가 들어 있는 배양기에서 정상 초파리는 위로 올라가는 성질을 보였으므로 옳지 않다.

④ 파킨슨씨병에 걸린 초파리가 운동성이 결여된 것이지, 운동성이 결여된 모든 초파리가 파킨슨씨병에 걸린 것이라고는 볼 수 없다.

⑤ 약물 B를 섭취한 정상 초파리는 위로 올라갔으나 약물 B를 섭취한 유전자 A가 돌연변이인 초파리는 위로 올라가지 못했으므로 옳지 않다.

11

| 정답 | ④

| 해설 | 제시된 글은 본인이 느끼는 감각을 하나의 용어로 칭하여 사용할 수 없는 이유를 이야기하고 있다. 그러므로 혼자 느끼는 감각에 관하여 만든 용어는 무의미하다는 ④가 결론으로 적절하다.

12

| 정답 | ⑤

| 해설 | 기계적 이원론은 인간과 자연을 분리하여 인식하고, 객체인 자연은 주체인 인간에게 관찰되고 이용되는 대상으로 인식한다. 따라서 이를 비판하기 위해서는 인간과 자연은 하나이며, 자연은 인간에게 이용되어야 하는 대상이 아님을 주장하는 것이 가장 적절하다.

| 오답풀이 |

② 자연은 후손에게 빌려 쓰고 있는 것임을 주장하는 내용은 자연은 인간의 소유와 관리의 대상이라는 인식을 바탕으로 하고 있으므로 기계적 이원론의 비판으로는 적절하지 않다.

13

| 정답 | ②

| 해설 | 제시된 글은 평균값만을 가지고서는 정확한 결론을 낼 수 없다는 것을 설명하고 있다. 따라서 마지막 문장은 자료의 변수(Variable)를 넓혀 다양한 요소를 고려해야 한다고 주장하는 내용임을 추론할 수 있다.

14

| 정답 | ④

| 해설 | 빈칸 앞부분에서는 '집을 사랑한다는 것은 또 우리의 정체성이 스스로 결정되는 것이 아님을 인정하는 것이다'라고 했고, 뒷부분에서는 '우리의 약한 면을 보상하기 위해서다'라고 했다. 따라서 빈칸에 들어갈 말로 ④가 가장 적절하다.

15

| 정답 | ①

| 해설 | 빈칸 뒷부분에서 비용 절감을 위해 모노 방식의 카메라를 고수한다고 하였으므로 스테레오 방식의 카메라는 가격이 비싸다(ⓐ)는 것을 알 수 있다. 또한 스테레오 방식을 사용하면서 영상신호데이터 처리 속도를 높이기 위한 칩을 사용한다 했으므로 스테레오 방식의 카메라는 처리해야 할 데이터 양이 많아 속도가 느리다(ⓓ)는 것을 알 수 있다.

16

| 정답 | ①

| 해설 | 제시된 글은 적정기술을 목적에 적합한 다양한 기술에 대한 지식, 대안적 선택 사항에 대한 규범적 평가, 혁신 전략, 기술-실천 방식 등과 같은 넓은 의미에서 규정하고 있다. '실질적인 기술적 인공물'은 좁은 의미에서의 적정기술을 의미하므로 적절하지 않다.

17

| 정답 | ②

| 해설 | IoT 기술은 사람의 도움 없이도 서로 알아서 정보를 주고받으며 대화를 나눌 수 있어야 한다. 블루투스 이어폰은 귀에 착용할 시 블루투스를 이용해 정보를 주고받지만 이어폰을 착용하고 작동시키는 데까지는 사람의 개입이 필요하므로 IoT 기술이라 보기 어렵다.

18

| 정답 | ②

| 해설 | ⓑ 통화지표는 다양한 기준에 의해 측정이 가능하며, 범위를 좁혀 지폐와 주화만을 통화로 정의할 수도 있고, 보다 범위를 넓혀 예금까지 포함하여 통화량을 측정할 수 있다고 언급되어 있다. 따라서 일반적으로 통화지표가 지폐와 주화를 바탕으로 이루어진 예금까지 포함한다고 단정지을 수는 없다.

ⓔ 한국은행은 예금취급기관의 대차대조표를 이용하여 통화지표를 편제하고 있다고 언급되어 있다.

따라서 옳지 않은 설명은 총 2개이다.

19

| 정답 | ①

| 해설 | ㉠의 죽음은 우리의 시대에서의 죽음으로서 개인으로 하여금 '흉측한 것'으로 인식되는 죽음이다. 하지만 ㉡, ㉢, ㉣, ㉤의 죽음은 삶보다 더한 양지를 누린, 영 · 육의 이원법에서 절대적 지배권을 향유하던 죽음이다. 따라서 문맥적 의미가 다른 하나는 ㉠이다.

20

| 정답 | ④

| 해설 | 제3의 공인기관 개입이 필요없는 이유는 서로 신뢰할 수 있도록 만들어주는 탈중앙화된 정보공유 저장기술(Decentralized Shared-information Storing Technology)이 있기 때문이다. 따라서 이용자가 반드시 더 큰 리스크를 감수하게 된다고 볼 수 없다.

| 오답풀이 |

① 블록이 10분에 한 번씩 만들어지게 되므로 전체 블록체인의 내용은 계속 생성되며 업데이트되므로 지속적인 변화가 반복된다.

1회 자료해석

문제 110쪽

01	④	02	④	03	④	04	③	05	⑤
06	③	07	②	08	④	09	④	10	②
11	③	12	②	13	⑤	14	②	15	①
16	④	17	②	18	②	19	⑤	20	①

01

| 정답 | ④

| 해설 | D 지점은 20X6년 대비 20X9년에 판매 실적이 $\frac{5,766-2,244}{2,244} \times 100 ≒ 157(\%)$ 증가했다.

| 오답풀이 |

① 20X8년 전체 판매 실적 대비 B 지점의 비중은 $\frac{10,622}{64,603} \times 100 ≒ 16(\%)$이다.

② 32,427−39,060=−6,633(천 원)으로 20X3년에 비해 600만 원 이상 감소하였다.

02

| 정답 | ④

| 해설 | '전입률−전출률=인구의 전년 대비 증가율'이므로 2022년과 1988년의 F 시 전입률−전출률 값을 비교하면 2022년의 값이 크다. 이는 산포도의 직선상에서 볼 때, 1988년은 직선(균등선)에 거의 근접해 있고 2022년에는 오른쪽 하단에 멀리 떨어져 있다는 것으로 확인할 수 있다. 따라서 인구의 전년 대비 증가율도 2022년이 크다.

| 오답풀이 |

① 1988년 인구의 전년 대비 증가율이 음수(−)인 시는 C, E, 인구의 대비 전년 증가율이 0%인 시는 D, 인구의 전년 대비 증가율이 양수(+)인 시는 A, B, F, G이다. 하지만 각 해의 전년도 인구 또는 그 비율에 대한 정보가 제시되어 있지 않으므로 총인구가 전년보다 증가했는지의 여부는 판단할 수 없다.

② 1988년 각 시의 인구 또는 그 비율에 대한 정보가 제시되어 있지 않으므로 전출률을 바탕으로 전출자 수의 대

소는 판단할 수 없다.

③, ⑤ 1988년, 2022년 모두 전년도의 인구 또는 그 비율에 대한 정보가 제시되어 있지 않으므로 1988년과 2022년의 인구와 전입자 수를 비교하는 것은 불가능하다.

03

| 정답 | ④

| 해설 | A ~ E의 평가점수 총점을 계산하면 다음과 같다.

- A : 80×0.3+86×0.3+90×0.4=85.8(점)
- B : 84×0.3+80×0.3+92×0.4=86(점)
- C : 85×0.3+90×0.3+87×0.4=87.3(점)
- D : 93×0.3+88×0.3+85×0.4=88.3(점)
- E : 91×0.3+94×0.3+80×0.4=87.5(점)

따라서 평가점수의 총점이 가장 높은 D가 우수 인재로 선발된다.

04

| 정답 | ③

| 해설 | 연령대별 20X1년 2/4분기 대비 3/4분기 증감률을 계산해 보면 다음과 같다.

구분	증감률
20대 이하	$\frac{37,549-38,597}{38,597}\times 100 ≒ -2.7(\%)$
30대	$\frac{49,613-51,589}{51,589}\times 100 ≒ -3.8(\%)$
40대	$\frac{47,005-47,181}{47,181}\times 100 ≒ -0.4(\%)$
50대	$\frac{49,770-48,787}{48,787}\times 100 ≒ 2.0(\%)$
60대 이상	$\frac{35,423-32,513}{32,513}\times 100 ≒ 9.0(\%)$

따라서 60대 이상 고령자의 구직급여 신청 증가 비율이 가장 높다.

| 오답풀이 |

① 20X1년 3/4분기의 구직급여 신청자 수는 219,360명으로 전 분기의 구직급여 신청자 수인 218,667명에 비해 증가하였다.

② 구직급여 신청 사유에 대한 자료가 제시되어 있지 않아 알 수 없다.

④ 20X1년 3/4분기에 20대나 30대는 전 분기에 비하여 신청자 수가 조금씩 줄어들었다.

⑤ 20X1년 3/4분기에 전 분기 대비 신청자 수가 증가한 연령대는 50대와 60대 이상이다.

05

| 정답 | ⑤

| 해설 | 대구의 밤 평균 소음측정치는

$\frac{62+63+64+64+63+62+63}{7}=63(\text{dB})$,

대전의 낮 평균 소음측정치는

$\frac{62+62+63+62+62+61+61}{7} ≒ 61.86(\text{dB})$이므로 대구의 밤 평균 소음측정치는 대전의 낮 평균 소음측정치보다 높다.

| 오답풀이 |

① 조사 기간 동안 밤 시간대 소음측정치가 가장 높은 도시는 서울이다.

② 대전은 낮 소음환경기준인 65dB 미만을 조사 기간 동안 지키고 있다.

③ 부산의 낮 평균 소음측정치는 $\frac{(68\times 3)+(67\times 4)}{7} ≒ 67.43(\text{dB})$이다.

④ 광주에서 낮과 밤 소음측정치의 차이가 가장 큰 해는 66−60=6(dB)로 20X4년이다.

06

| 정답 | ③

| 해설 | 한국의 25 ~ 29세의 고용률은 2X05년에 증가한 이후 계속 감소하였다. 이와 같은 고용률 변동 추이는 프랑스에서 나타나고 있다.

한국의 30 ~ 34세의 고용률은 계속 감소하다가 2X20년에 증가하였다. 이와 같은 고용률 변동 추이는 일본에서 나타나고 있다.

07

| 정답 | ②

| 해설 | ㉠ 20X7년 A사와 C사의 매출액 합계는 3,969+2,603=6,572(백만 달러)이고, 4대 이동통신업자 전체 매출액은 13,582(백만 달러)이므로 $\frac{6,572}{13,582}\times100 ≒$ 48.4(%)로 전체 매출액의 50%를 넘지 않는다.

㉣ 20X8년의 전체 인구를 x명이라 하고 주어진 보급률 공식에 따라 식을 세우면 다음과 같다.

$$125.3(\%) = \frac{76,900,000}{x}\times100$$

$x ≒ 61,372,706$

따라서 20X8년의 전체 인구는 대략 6,100만여 명임을 알 수 있다.

| 오답풀이 |

㉡ 4대 이동통신사업자의 매출액 순위는 20X6년과 20X7년에 A사>B사>D사>C사 순이었고, 20X8년은 B사>A사>D사>C사 순이었다. 따라서 20X8년 A사와 B사의 매출액 순위가 서로 바뀐 것 외에 나머지 순위는 변하지 않았음을 알 수 있다.

㉢ A사의 20X9년 10 ~ 12월 월평균 매출액이 1 ~ 9월의 월평균 매출액과 동일하다고 가정할 경우, 1 ~ 9월의 월평균 매출액은 2,709÷9=301(백만 달러)이므로, 10 ~ 12월 매출액은 301×3=903(백만 달러)가 된다. 따라서 A사의 20X9년 한 해의 전체 매출액은 2,709+903=3,612(백만 달러)이다.

08

| 정답 | ④

| 해설 | ㉡ 20X2년의 총수출금액은 354,671÷0.585≒606,275(백만 달러), 20X3년의 총수출금액은 304,240÷0.561≒542,317(백만 달러)로 20X2년 대비 20X3년에 총수출금액은 감소하였다.

㉣ 20X2년 대비 20X3년에 수출금액이 상승한 품목은 자동차 1개 품목으로, 증가율은 $\frac{43,036-40,887}{40,887}\times100$ ≒5.3(%)이다.

| 오답풀이 |

㉠ 자동차부품과 디스플레이의 경우 20X1년 대비 20X2년에 순위가 상승하였으나 수출금액은 감소하였다.

㉢ 20X2년 대비 20X3년에 수출금액 감소율이 가장 큰 품목은 반도체로 그 값은 $\frac{93,930-127,706}{127,706}\times100≒$ −26.4(%)이다. 디스플레이의 감소율은 $\frac{20,657-24,856}{24,856}$ ×100≒−16.9(%)이다.

09

| 정답 | ④

| 해설 | • (가) : $91.1\times\frac{2,097}{100}$ ≒1,910.4(천 명)

• (나) : $\frac{2,958}{3,403}\times100$≒86.9(%)

10

| 정답 | ②

| 해설 | 이메일 스팸 수신량이 전년 동기 대비 가장 크게 감소한 시기는 20X2년 상반기(전년 동기 대비 0.4통 감소)로, $\frac{0.52-0.92}{0.92}\times100$≒−43.5(%) 감소하였다.

| 오답풀이 |

① 휴대전화 스팸 수신량이 전년 동기 대비 가장 크게 감소한 시기는 20X4년 상반기로, $\frac{0.09-0.17}{0.17}\times100$≒−47.1(%) 감소하였다.

③ 20X1년 하반기 휴대전화 스팸 수신량은 0.18통으로 20X4년 상반기 휴대전화 스팸 수신량인 0.09통의 두 배이다.

④ 20X3년 상반기 1일 스팸 이메일 수신량은 0.51통이다. 상반기인 1 ~ 6월은 약 180일이므로 6개월간 90통 이상의 스팸 이메일을 받았다고 추론할 수 있다.

⑤ 20X4년 상반기 이메일 스팸 수신량은 20X3년 하반기 대비 $\frac{0.41-0.47}{0.47}\times100$≒−12.8(%) 감소하였다.

11

| 정답 | ③

| 해설 | ㉡ 시장점유율과 이익률 공식을 이용하여 2개년 E 품목의 시장규모와 이익을 구하면 다음과 같다.

- 20X8년 시장규모(x) : $\frac{50}{x}\times100=40,\ x=125$
- 20X9년 시장규모(y) : $\frac{60}{y}\times100=30,\ y=200$
- 20X8년 이익(p) : $\frac{p}{50}\times100=14,\ p=7$
- 20X9년 이익(q) : $\frac{q}{60}\times100=20,\ q=12$

따라서 E 품목은 20X8년 대비 20X9년에 시장규모와 이익이 모두 늘었다.

㉣ 20X9년 매출액이 가장 큰 품목은 90억 원의 A 품목이므로, A 품목의 시장규모를 구하면 다음과 같다.

- 20X8년 시장규모(x) : $\frac{100}{x}\times100=30,\ x\fallingdotseq333$
- 20X9년 시장규모(y) : $\frac{90}{y}\times100=40,\ y=225$

따라서 A 품목의 20X9년 시장규모는 20X8년보다 작아졌다.

| 오답풀이 |

㉠ 20X8년보다 시장점유율이 줄어든 품목은 B(20%→15%), C(50%→40%), E(40%→30%)이고, 이익률이 줄어든 품목은 A(5%→4%), B(10%→8%)이다. 따라서 모두 줄어든 것은 B 품목뿐이다.

㉢ • 20X9년 D 품목 이익(x) : $\frac{x}{35}\times100=10,\ x=3.5$

• 20X9년 A 품목 이익(y) : $\frac{y}{90}\times100=4,\ y=3.6$

따라서 A 품목 이익이 D 품목 이익보다 크다.

12

| 정답 | ②

| 해설 | ㉠~㉣에 들어갈 수치를 계산하면 다음과 같다.

㉠ $\frac{23,442+48,724}{220,573}\times100\fallingdotseq33(\%)$

㉡ $\frac{12,875,191+12,114,897}{189,019,253}\times100\fallingdotseq13(\%)$

㉢ $\frac{17,220+37,972}{144,587}\times100\fallingdotseq38(\%)$

㉣ $\frac{7,409,831+6,001,760}{95,435,474}\times100\fallingdotseq14(\%)$

13

| 정답 | ⑤

| 해설 | ㉡ 2X13년에는 에너지산업 분야에서 38.0%, 제조업·건설업 분야에서 28.9%, 수송 분야에서 17.5%로 세 개 분야 총합 84.4% 배출되었다. 2X23년에는 에너지산업 분야에서 43.4%, 제조업·건설업 분야에서 31.4%, 수송 분야에서 15.7%로 세 개 분야 총합 90.5% 배출됐다.

㉢ 2X13년에 비해 2X23년의 에너지산업부문 배출비중이 43.4−38.0=5.4(%p), 제조업·건설업부문의 배출비중이 31.4−28.9=2.5(%p) 늘어났다.

㉣ 2X13년에 비해 2X23년의 수송부문의 배출비중은 17.5−15.7=1.8(%p), 기타부문(미분류 포함)의 배출비중은 14.9−8.9=6(%p) 감소했다.

| 오답풀이 |

㉠ 제시된 자료는 에너지부문의 온실가스 배출량에 대한 자료이므로 온실가스 전체 배출량은 알 수 없다.

14

| 정답 | ②

| 해설 | ㉢ 2022년의 1인 가구와 4인 가구의 합이 50%이므로 2~3인 가구는 50% 이하일 것이다.

| 오답풀이 |

㉠ 최소 평균 가구원 수를 구하기 위해서는 그래프에 제시되지 않은 나머지 가구를 모두 2인 가구로 전제하여 계산해야 한다(100−26−22=52). 따라서 2021년 평균 가구원 수는 최소 1×0.26+4×0.22+2×0.52=2.18(명)이다.

㉡ 2005년의 평균 가구원 수는 3.42명으로 2000년의 2.74명에 비해 증가하였다.

㉣ 2005년 1인 가구 비율은 2000년 대비 $\frac{12.9-9.1}{9.1}\times100 \fallingdotseq 42(\%)$ 증가하였다.

15

| 정답 | ①

| 해설 | (가) 아시아 인구 중 한국이 차지하는 비중은 1970년 $\frac{32}{2,142}\times100 \fallingdotseq 1.5(\%)$에서 2019년 $\frac{52}{4,601}\times100 \fallingdotseq 1.1(\%)$로 낮아졌다.

(나) 세계 인구 중 아프리카의 인구가 차지하는 비중을 구하기 위해 우선 세계 인구를 구하면 2019년이 4,601+1,308+747+648+367+42=7,713(백만 명), 2067년은 5,238+3,189+673+763+450+64=10,377(백만 명)이 된다.

따라서 아프리카 인구의 비중은 2019년 $\frac{1,308}{7,713}\times100 \fallingdotseq 17.0(\%)$에서 2067년 $\frac{3,189}{10,377}\times100 \fallingdotseq 30.7(\%)$로 높아진다.

| 오답풀이 |

(다) 북아메리카는 1970년 200백만 명에서 2067년 450백만 명으로 2배가 조금 넘게 변하나, 오세아니아는 1970년 20백만 명에서 2067년 64백만 명으로 3배가 넘는 수치 변동을 보이고 있다. 2067년의 1970년 대비 인구 증가율을 계산해 보면 다음과 같다.

- 북아메리카 : $\frac{450-200}{200}\times100=125(\%)$
- 오세아니아 : $\frac{64-20}{20}\times100=220(\%)$

(라) 2067년의 유럽의 인구는 673백만 명으로 2019년 747백만 명에서 74백만 명 감소하였으므로 모든 대륙의 인구가 증가한 것은 아니다.

16

| 정답 | ④

| 해설 | 20X5년 대비 20X6년 전체 지원자 수는 $\frac{2,652-3,231}{3,231}\times100 \fallingdotseq -17.9(\%)$ 감소하였다.

| 오답풀이 |

① 〈자료 2〉에서 해외 지원자 비율을 보면 전반적으로 감소하는 추세임을 알 수 있다.

② 〈자료 1〉에서 20X9년 전체 지원자 수 대비 국내 지원자의 비율을 계산해 보면 $\frac{1,462}{2,475}\times100 \fallingdotseq 59.1(\%)$이다.

③ 〈자료 1〉의 수치를 통해 20X3년 대비 20X9년 전체 지원자 수는 3,899−2,475=1,424(명) 감소했음을 알 수 있다.

⑤ 〈자료 1〉을 통해 (A)와 (B)를 구하면 다음과 같다.

(A) : $\frac{1,462}{2,475}\times100 \fallingdotseq 59.1(\%)$

(B) : $\frac{1,013}{2,475}\times100 \fallingdotseq 40.9(\%)$

따라서 (A)−(B)는 18.2%p이다.

17

| 정답 | ②

| 해설 | ㄷ. 20X9년 프랑스의 인구가 6,500만 명이라면 사망자는 $65,000,000\times\frac{9}{1,000}=585,000$(명)이다.

| 오답풀이 |

ㄱ. 유럽 5개 국가에 대한 자료만 제시되어 있으므로 유럽에서 기대수명이 가장 낮은 국가가 그리스인지는 알 수 없다.

ㄴ. 독일은 영국보다 인구 만 명당 의사 수가 많지만 영국보다 조사망률이 더 높다.

18

| 정답 | ②

| 해설 | 도로별 1일 평균 차량 통행속도는 오전, 낮, 오후 시간의 속도의 평균으로 구할 수 있다.

- 도시고속도로 : $\frac{(54.9+59.2+40.2)}{3} \fallingdotseq 51.4$(km/h)
- 주간선도로 : $\frac{(27.9+24.5+20.8)}{3}=24.4$(km/h)
- 보조간선도로 : $\frac{(25.2+22.4+19.6)}{3}=22.4$(km/h)

• 기타도로 : $\frac{(23.1+20.5+18.6)}{3} \fallingdotseq 20.7(\text{km/h})$

따라서 1일 평균 차량 통행속도는 도시고속도로－주간선도로－보조간선도로－기타도로의 순으로 빠른 것을 알 수 있다.

19

| 정답 | ⑤

| 해설 | 주택환경 만족 부분을 나타내는 그래프에서 청결도의 수치와 대기 오염도의 수치가 제시된 자료의 내용과 다르게 표시되어 있다.

20

| 정답 | ①

| 해설 | 나. 2005년 대비 2022년의 1인 가구수 증가율은 세 지역 중 전라남도가 2배에 못 미치며 그래프상으로도 가장 완만한 곡선을 나타내고 있으므로 가장 작다.

| 오답풀이 |

가. 2005년 대비 2022년의 1인 가구수는 경기도와 경상남도만 2배가 넘었다.

다. 그래프의 y축 수치는 경기도와 나머지 2개 지역이 다르다. 제시된 시점의 경기도의 막대그래프의 높이가 낮지만 실제 1인 가구수는 경기도가 777,355가구로 경상남도의 1인 가구수인 358,430가구보다 더 많은 점에 유의한다.

1회 창의수리

문제 128쪽

01	③	02	⑤	03	③	04	①	05	③
06	②	07	④	08	③	09	⑤	10	③
11	③	12	④	13	⑤	14	⑤	15	⑤
16	③	17	④	18	②	19	①	20	②

01

| 정답 | ③

| 해설 | 해외 파견 주재원 120명 중 해외 근무 무경험자와 해외 근무 경험자의 비가 2 : 1이므로 각각 $120 \times \frac{2}{3} = 80$(명)과 $120 \times \frac{1}{3} = 40$(명)이 된다. 해외 근무 경험자 40명 중 과장급 이하와 차장급 이상의 비가 2 : 3이므로 과장급 이하 주재원의 수는 총 $40 \times \frac{2}{5} = 16$(명)이다.

02

| 정답 | ⑤

| 해설 |

구분	동전을 사용하지 않을 경우	동전 1개의 경우	동전 2개의 경우	동전 3개의 경우	경우의 수
10원짜리 동전 3개	0원	10원	20원	30원	4가지
50원짜리 동전 1개	0원	50원	－	－	2가지
100원짜리 동전 2개	0원	100원	200원	－	3가지
500원짜리 동전 1개	0원	500원	－	－	2가지

가지고 있는 동전으로 만들 수 있는 가격의 경우의 수는 $(4\times2\times3\times2)$가지인데 여기에서 동전을 한 개도 사용하지 않아 그 합이 0이 되는 경우는 제외해야 하므로 $(4\times2\times3\times2)-1=47$(가지)이다.

03

| 정답 | ③

| 해설 | A 지역에 비가 올 확률이 0.7이므로 A 지역에 비가 오지 않을 확률은 0.3이다. 또한 A와 B 지역 모두 비가 올 확률이 0.4라고 하였으므로 B 지역에 비가 올 확률을 x라 하면 $0.7\times x=0.4$이므로 $x=\frac{4}{7}$이다.

따라서 B 지역에 비가 오지 않을 확률은 $\frac{3}{7}$이다.

04

| 정답 | ①

| 해설 | 처음 소금물의 양을 xg, 첨가한 물의 양을 yg이라 하면 다음 식이 성립한다.

$$\begin{cases} \frac{12}{100}\times x=\frac{9}{100}(x+y) & \cdots\cdots\cdots ㉠ \\ y=x-100 & \cdots\cdots\cdots ㉡ \end{cases}$$

㉡을 ㉠에 대입하여 풀면 $x=150$(g), $y=50$(g)이다.

따라서 소금물에 녹아 있는 소금의 양은 $\frac{12}{100}\times 150=$ 18(g)이다.

05

| 정답 | ③

| 해설 | 지우의 나이를 x세라 하면 지아의 나이는 $(x+2)$세, 지선의 나이는 $(x-5)$세이다.

세 명의 평균 나이가 15세이므로 다음 식이 성립한다.

$$\frac{x+(x+2)+(x-5)}{3}=15$$

$3x-3=45$

$3x=48$

$\therefore x=16$(세)

따라서 지우의 나이는 16세이다.

06

| 정답 | ②

| 해설 | 총 10개 구단이 리그전으로 1차전을 치를 경우 경기 횟수는 $\frac{10\times 9}{2}=45$(경기)이다. 이를 총 9차전에 걸쳐서 진행한다고 하였으므로, 진행될 야구 경기는 $45\times 9=405$(경기)이다.

07

| 정답 | ④

| 해설 | 급행열차가 화물열차를 추월하기까지 이동해야 하는 거리는 급행열차의 길이+화물열차의 길이=360+380=740(m)이다. 두 열차는 같은 방향으로 진행하므로, 추월 속력은 두 열차 속력의 차이인 50−30=20(m/s)이다.

따라서 급행열차가 화물열차를 추월하는 데 걸린 시간은 $\frac{740}{20}=37$(초)이다.

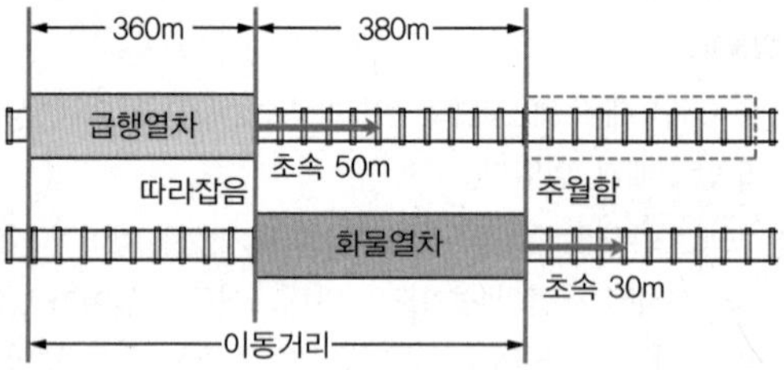

08

| 정답 | ③

| 해설 | 추가로 넣을 소금의 양을 xg이라 하면 다음 식이 성립한다.

$$\left(\frac{4}{100}\times 200\right)+x=\frac{6}{100}\times(200+x)$$

$\therefore x \fallingdotseq 4.26$(g)

따라서 5g이 들어 있는 소금이 필요하다.

09

| 정답 | ⑤

| 해설 | '거리=속력×시간'이므로 A 지역에서 출발한 독수리와 B 지역에서 출발한 기차가 만나는 데 걸리는 시간을 t시간이라 하면 다음과 같은 식이 성립한다.

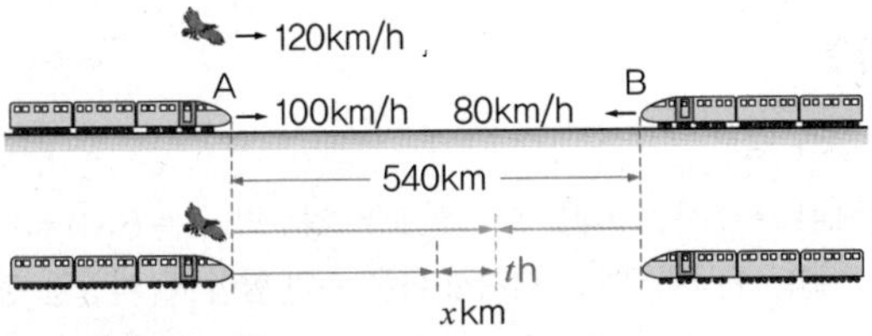

$120t+80t=540$

$200t=540$

$t=2.7$(시간)

- A 지역에서 출발한 기차가 2.7시간 동안 달린 거리 : $100\times2.7=270$(km)
- B 지역에서 출발한 기차가 2.7시간 동안 달린 거리 : $80\times2.7=216$(km)

독수리가 B 지역에서 출발한 기차와 만났을 시점에 두 기차 사이의 거리를 $x$km라 하면 $540=270+216+x$이므로 $x=540-486=54$(km)이다.

10

| 정답 | ③

| 해설 | 각각의 평균을 식으로 나타내면 다음과 같다.

$\frac{A+B+C+D}{4}=18 \quad A+B+C+D=72$ ……… ㉠

$\frac{B+C}{2}=17 \quad B+C=34$ ……… ㉡

$\frac{B+C+D}{3}=20 \quad B+C+D=60$ ……… ㉢

㉠, ㉡, ㉢을 연립하여 풀면 $A=12$, $D=26$이다.

따라서 A와 D의 평균은 $\frac{12+26}{2}=19$이다.

11

| 정답 | ③

| 해설 | A 대학교 전체에서 남학생, 여학생이 차지하는 비율을 각각 구한 뒤 비교해야 한다.

A 대학교 학생 전체를 1, 남학생 전체를 x, 여학생 전체를 $(1-x)$로 정한 뒤 경영학을 전공하는 학생에 대한 식을 세우면 다음과 같다.

- A 대학교에서 경영학을 전공하는 남학생 : $0.126x$
- A 대학교에서 경영학을 전공하는 여학생 : $0.214(1-x)$
- A 대학교에서 경영학을 전공하는 학생 : 0.192

모든 수에 1,000을 곱하여 정수로 만들어 계산한다.

$126x+214-214x=192$

$-88x=-22$

$\therefore x=\frac{1}{4}=0.25$

남학생은 25%이므로 여학생은 75%임을 알 수 있다. 따라서 남학생은 여학생의 $\frac{1}{3}$배이다.

12

| 정답 | ④

| 해설 | n명을 원형 탁자에 앉히는 경우의 수는 $(n-1)!$가지인데, 회의를 위해 모인 6명 중 A와 B가 서로 이웃하는 경우이므로 이 둘을 한 명으로 가정하여 5명의 자리를 배열한다. 또한 서로 이웃한 A와 B가 앉는 경우의 수는 2가지 존재하므로 모든 경우의 수는 $(5-1)!\times2=48$(가지)이다.

13

| 정답 | ⑤

| 해설 | 전체 일의 양을 1이라 할 때, A는 16일 모두 일한 것이므로 일한 기간은 $\frac{1}{18}\times16$이고, B가 일한 기간은 $\left\{1-\left(\frac{1}{18}\times16\right)\right\}\div\frac{1}{27}=3$(일)이다. 따라서 B가 일에 참여하지 않은 날은 $16-3=13$(일)이다.

14

| 정답 | ⑤

| 해설 | 학교의 전체 학생 수를 x명이라고 할 때, 수영대회에 참가한 학생은 $0.78x$명이다. 이 중 장거리 수영 경기에 출전한 학생은 $0.78x \times 0.35 = 0.273x$(명)이고, 이 중 완주를 한 학생은 $0.273x \times 0.7 = 0.1911x$(명)이다. 따라서 장거리 수영 경기에서 완주를 한 학생은 전체 학생 수의 19.11(%)로 약 19%이다.

15

| 정답 | ⑤

| 해설 | 승선부터 하선까지 소요되는 시간은 다음과 같다.

- 하류 선착장에서 승선 : 15분
- 하류 선착장에서 상류 관광지까지 이동 : 배의 속력은 $25-5=20$(km/h)이므로, 소요 시간은 $\frac{30}{20}=1.5$(h), 즉 1시간 30분이다.
- 상류 관광지에서 하류 선착장까지 이동 : 배의 속력은 $25+5=30$(km/h)이므로, 소요 시간은 $\frac{30}{30}=1$(시간)이다.
- 하류 선착장에서 하선 : 15분

따라서 총 3시간이 소요된다.

16

| 정답 | ③

| 해설 | 사원의 수를 x명, 각 사원의 월급을 y만 원이라 하면 다음 식이 성립한다.

$$\begin{cases} (x+10)(y-100)=0.8xy & \cdots\cdots \text{㉠} \\ (x-20)y=0.6xy & \cdots\cdots \text{㉡} \end{cases}$$

㉡을 정리하면,

$x-20=0.6x$

$0.4x=20$

$\therefore x=50$(명)

x의 값을 ㉠에 대입하면,

$60(y-100)=40y$

$\therefore y=300$(만 원)

따라서 사원의 수는 50명, 각 사원의 월급은 300만 원이므로 전 사원들에게 지급되고 있는 월급의 총액은 $50 \times 300 = 15{,}000$(만 원), 즉 1억 5천만 원이다.

17

| 정답 | ④

| 해설 |

- 주사위 2개를 던지는 모든 경우의 수는 $6 \times 6 = 36$이고, 주사위 2개를 던져서 나온 수의 합이 10 이상일 경우는 (4, 6), (5, 5), (5, 6), (6, 4), (6, 5), (6, 6)으로, 총 6가지이므로 확률은 $\frac{6}{36}$이다. 따라서 그 기댓값은 $\frac{1}{6} \times 300 = 50$(원)이며, 이를 20번 반복했을 때의 기댓값은 $50 \times 20 = 1{,}000$(원)이다.
- 다른 한 사람과 가위바위보를 할 때 모든 경우의 수는 $3 \times 3 = 9$이고, 가위바위보를 해서 이기거나 비길 확률은 (가위, 가위), (바위, 바위), (보, 보), (가위, 보), (바위, 가위), (보, 바위)로, 총 6가지이므로 확률은 $\frac{6}{9}$이다.
  따라서 그 기댓값은 $\frac{2}{3} \times 120 = 80$(원)이며, 이를 20번 반복했을 때의 기댓값은 $80 \times 20 = 1{,}600$(원)이다.

따라서 두 기댓값의 차이는 $1{,}600 - 1{,}000 = 600$(원)이다.

18

| 정답 | ②

| 해설 | 먼저 7%의 소금물 300g에 들어 있는 소금의 양은 $\frac{7}{100} \times 300 = 21$(g)이다. 여기에 소금을 xg 넣었더니 농도가 10%가 되었으므로 식을 세워 계산하면 다음과 같다.

$\frac{21+x}{300+x} \times 100 = 10$

$2{,}100 + 100x = 3{,}000 + 10x$

$\therefore x = 10$(g)

따라서 10g의 소금을 추가하였다.

19

| 정답 | ①

| 해설 | 수조 전체를 채우는 일의 양을 1이라 할 때, A 펌프의 1분 동안의 주입량은 $\frac{1}{30}$, B 펌프의 1분 동안의 주입량은 $\frac{1}{40}$, C 펌프의 1분 동안의 배출량은 $\frac{1}{60}$이다. 수조의 절반이 이미 물로 차 있으므로 나머지 절반을 채우는 데 걸리는 시간을 x분이라 하면 다음 식이 성립한다.

$$\frac{1}{30}x+\frac{1}{40}x-\frac{1}{60}x=\frac{1}{2}$$

$$\frac{4x+3x-2x}{120}=\frac{1}{2}$$

$$\frac{5x}{120}=\frac{1}{2}$$

$$5x=60$$

$$\therefore x=12(\text{분})$$

따라서 수조를 마저 가득 채우는 데 12분이 걸린다.

20

| 정답 | ②

| 해설 | 하얀 구슬을 뽑는 여부에 따라 아래의 세 경우로 나눌 수 있다.

(1) 하얀 구슬을 뽑지 않을 경우 : A가 처음에 빨간 구슬을 뽑을 확률은 $\frac{1}{3}$이고 A가 처음에 빨간 구슬을 뽑지 못하면 A가 빨간 구슬을 뽑을 수 있는 경우가 없으므로, 이 경우 A가 이길 확률은 $\frac{1}{3}$이다.

(2) 하얀 구슬을 처음에 뽑을 경우 : A가 처음에 하얀 구슬을 뽑을 확률은 $\frac{1}{3}$이다. 하얀 구슬을 뽑은 이후 주머니에는 파란 구슬과 빨간 구슬이 1개씩 있다. 다음 차례에 B가 빨간 구슬을 뽑지 않을 확률은 $\frac{1}{2}$이고 이때 남는 구슬은 빨간 구슬 1개뿐이므로 자동적으로 A가 이긴다. 따라서 이 경우 A가 이길 확률은 $\frac{1}{3}\times\frac{1}{2}=\frac{1}{6}$이다.

(3) 하얀 구슬을 두 번째에 뽑을 경우 : A가 처음에 빨간 구슬을 뽑거나 하얀 구슬을 뽑으면 안 되므로 이때의 확률(A가 처음에 파란 구슬을 뽑을 확률)은 $\frac{1}{3}$이다. 다음 차례에 B가 하얀 구슬을 뽑을 확률은 $\frac{1}{2}$이고 이후 주머니에는 빨간 구슬과 파란 구슬이 1개씩 들어있게 된다. 다음 차례에 A가 빨간 구슬을 뽑을 확률은 $\frac{1}{2}$이고 A가 빨간 구슬을 뽑지 못하면 남은 구슬은 빨간 구슬 1개뿐이므로 자동적으로 B가 이긴다.
즉, 이 경우 A가 이길 확률은 $\frac{1}{3}\times\frac{1}{2}\times\frac{1}{2}=\frac{1}{12}$이다.

위의 세 경우의 확률을 더하면 A가 이길 확률은 $\frac{1}{3}+\frac{1}{6}+\frac{1}{12}=\frac{7}{12}$이다.

1회 언어추리

문제 134쪽

01	④	02	④	03	②	04	②	05	①
06	③	07	①	08	③	09	④	10	③
11	③	12	②	13	①	14	⑤	15	④
16	③	17	③	18	①	19	④	20	⑤

01

| 정답 | ④

| 해설 | 세 번째 전제의 대우인 '신의 노예가 아니면 천사다'와 두 번째 전제를 삼단논법에 따라 연결하면 '신의 노예가 아니면 번개를 부릴 수 있다'가 성립한다.

| 오답풀이 |

② 첫 번째 전제와 두 번째 전제를 삼단논법에 따라 연결하면 '아기는 번개를 부릴 수 있다'가 성립한다. 따라서 이는 거짓이다.

02

| 정답 | ④

| 해설 | A, B, E는 서로 상반된 진술을 하고 있으므로 셋 중 두 명은 거짓을 말하고 있다. 따라서 C와 D는 반드시 참을 말하고 있으므로, D와 같은 내용을 말하는 A의 말도 참이 된다. 따라서 거짓을 말하는 사람은 B와 E이다.

03

| 정답 | ②

| 해설 | • A : 두 번째 전제의 대우는 '직원들의 불만이 많지 않은 회사는 연봉이 높다'이므로 첫 번째 전제와 삼단논법으로 연결하면 '복지가 좋은 회사 → 직원들의 불만이 많지 않음 → 연봉이 높은 회사'가 성립한다. 따라서 복지가 좋은 회사는 연봉이 높은 회사이므로 결론 A는 옳지 않다.

• B : 세 번째 전제의 대우는 '직원들의 여가생활을 존중하지 않는 회사는 복지가 좋지 않다'이므로 결론 B는 옳다.

04

| 정답 | ②

| 해설 | 세 번째 조건에서 정 사원은 맞은편에 빨간색 우산을 쓴 직원만 보인다고 하였으므로 정 사원의 맞은편에는 한 명의 직원이 있고, 정 사원은 다른 두 직원과 나란히 서 있다는 것을 알 수 있다. 그리고 두 번째 조건에서 이 대리는 맞은편에 여러 명이 보인다고 하였으므로, 정 사원의 맞은편에 있는 직원은 이 대리이며 빨간색 우산을 썼다는 것도 알 수 있다. 네 번째 조건에서 이 대리가 볼 때 송 차장이 검은색 우산을 쓴 직원의 왼편에 있으므로 송 차장은 검은색 우산의 오른편에 있고, 검은색 우산은 정 사원, 파란색 우산은 송 차장이 쓴 것이 된다. 정리하면 이 대리의 맞은편에는 노란색 우산을 쓴 김 과장, 검은색 우산을 쓴 정 사원, 파란색 우산을 쓴 송 차장이 나란히 서 있다.

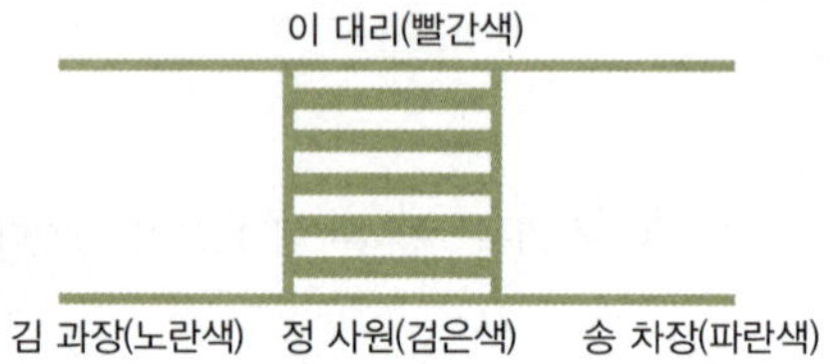

따라서 김 과장과 정 사원은 나란히 서 있다.

05

| 정답 | ①

| 해설 | 제시된 조건을 표로 정리하면 다음과 같다.

기간 \ 사원	A	B	C	D	E
1			4지점		
2			1지점		4지점
3(현재)	3지점	4지점	2지점	1지점	5지점
4	4 또는 5지점		3지점		
5	5 또는 4지점	A의 1번째 근무지			

A는 4, 5번째 기간에 4 또는 5지점에서 근무하므로 1, 2번째 기간에는 1 또는 2지점에서 근무했음을 알 수 있다. 이때 C가 2번째 기간에 1지점에서 근무를 하였기 때문에 A는 2번째 기간에 1지점에서 근무할 수 없다. 그러므로 A는

1번째 기간에 1지점, 2번째 기간에 2지점에서 근무하였고 B는 5번째 기간에 A의 1번째 근무지인 1지점에서 근무하게 된다. 마지막 조건에 의해 C는 이미 4지점에서 근무했으므로 남은 5번째 기간에는 5지점에서 근무하게 된다.

기간＼사원	A	B	C	D	E
1	1지점		4지점		
2	2지점		1지점		4지점
3(현재)	3지점	4지점	2지점	1지점	5지점
4	4 또는 5지점		3지점		
5	5 또는 4지점	1지점	5지점		

따라서 B와 C가 마지막으로 근무하는 지점은 각각 1지점과 5지점이다.

06

| 정답 | ③

| 해설 | 홍일동은 첫 번째 조건과 세 번째 조건에 따라 짝수 달(6월, 12월) 중 홍사동보다 먼저인 6월에 출장을 간다. 이에 따라 홍사동은 3, 6월에 출장이 불가능하다. 홍이동은 두 번째 조건에 따라 9월에 출장을 가지 않으므로 3월이나 12월 중 출장을 가야 하는데, 네 번째 조건에 따라 홍삼동보다 먼저 출장을 가야 하므로 3월에 출장을 간다. 이를 표로 정리하면 다음과 같다.

	3월	6월	9월	12월
홍일동	×	○	×	×
홍이동	○	×	×	×
홍삼동	×	×		
홍사동	×	×		

따라서 홍이동은 3월에 출장을 간다.

07

| 정답 | ①

| 해설 | 갑의 순위에 대한 갑과 무의 발언이 상충되므로 둘 중 한 사람이 거짓을 말하는 것이 된다.

- 무가 거짓말을 한 경우(갑이 4등)
  을은 2등이며, 병과 연이어 들어왔으므로 병은 1등 혹은 3등이 된다. 병이 1등일 경우 정이 3등, 병이 3등일 경우 정이 1등이나 꼴등이 되는데, 이 경우 무가 1등도 꼴등도 아니라는 정의 발언도 거짓이 되므로 적절하지 않다.
- 갑이 거짓말을 한 경우(갑이 5등)
  을, 무에 의해 2등과 5등은 각각 을과 갑으로 고정되며 갑과 정의 순위 차이가 가장 크다고 했으므로 정은 1등이 된다. 을과 연이어 들어오는 병은 3등, 1등도 꼴등도 아닌 무는 4등이 된다. 이를 정리하면 다음과 같다.

1등	2등	3등	4등	5등
정	을	병	무	갑

따라서 을은 정보다 순위가 낮다.

08

| 정답 | ③

| 해설 | D는 반드시 파견되며(첫 번째 조건), D가 파견되면 E 또한 파견된다(두 번째 조건). 또, A가 파견되면 D는 파견될 수 없으므로(네 번째 조건) D가 파견되기 위해서 A는 파견되지 않아야 한다. 그리고 E가 파견되면 A 혹은 C가 파견이 되는데(다섯 번째 조건), A는 파견되지 않으므로 C가 파견된다. 마지막으로 C가 파견되면 B는 파견되지 않는다(세 번째 조건). 따라서 파견되는 팀원은 C, D, E이다.

09

| 정답 | ④

| 해설 | 제시된 정보들은 모두 거짓이므로 각 신입사원이 배정받은 팀이 아닌 곳을 표로 정리하면 다음과 같다.

구분	영업팀	홍보팀	재무팀	개발팀	설계팀
김정식			×		
김병연	×	×			×
허초희		×			×
백기행	×		×	×	×
정지용	×		×		

따라서 배정받은 팀을 정확하게 알 수 있는 신입사원은 홍보팀에 배정된 백기행이다.

10

| 정답 | ③

| 해설 | 첫 번째 전제와 세 번째 전제를 삼단논법으로 연결하면 '진달래를 좋아하는 사람은 보라색을 좋아한다'가 성립한다.

| 오답풀이 |

① 세 번째 전제와 두 번째 전제의 대우를 삼단논법으로 연결하면 '감성적인 사람은 백합을 좋아하지 않는다'가 성립한다. 따라서 이는 거짓이다.

② 두 번째 전제와 세 번째 전제의 대우를 삼단논법으로 연결하면 '백합을 좋아하는 사람은 감정적이지 않다'가 성립한다. 따라서 이는 거짓이다.

④ 제시된 전제만으로는 알 수 없다.

⑤ 두 번째 전제의 대우에 따라 '보라색을 좋아하는 사람은 백합을 좋아하지 않는다'가 참이므로, 이는 거짓이다.

11

| 정답 | ③

| 해설 | 근무일이 많은 C를 기준으로 정리하면 다음과 같다. 이때, C는 근무 후 휴무일을 제외하고 하루 쉬어야 하므로 금요일에 근무할 수 없다.

월	화	수	목	금	토	일
C	B	C	휴무	B	C	A

따라서 B는 화요일, 금요일에 근무할 수 있다.

12

| 정답 | ②

| 해설 | 진실만을 말하는 여자사원 B가 신입사원 중 여자사원은 한 명 이상이고, 여자사원의 말은 모두 진실이라고 하였다. ㉣의 경우 신입사원 C가 하는 말이 모두 거짓이라고 하였으므로 신입사원 C는 B가 말한 여자사원이 아니다. 따라서 또 다른 신입사원인 D가 여자사원이 된다.

| 오답풀이 |

㉠, ㉡ 제시된 내용만으로는 알 수 없다.

㉢ 거짓만을 말하는 남자사원 A가 신입사원 D는 남자라고 하였으므로 D는 여자이다. 또한 진실만을 말하는 여자사원 B가 신입사원 중 여자사원이 하는 말은 모두 진실이라고 하였으므로 D가 하는 말은 모두 진실이 된다.

13

| 정답 | ①

| 해설 | A가 거짓을 말했다고 가정하면 E는 진실을 말하였다. E의 말에 의하면 B와 D는 거짓을 말했는데, 이 경우 거짓을 말한 사람이 3명 이상이 된다. 따라서 A의 말은 진실이고 E의 말은 거짓이다. 또한, E의 말이 진실이라고 한 C도 거짓을 말하고 있으므로 5명 중 거짓을 말하는 사람은 C와 E이다.

〈정보〉를 바탕으로 5명의 사원이 이용한 교통수단을 정리하면 다음과 같다.

구분	A	B	C	D	E
자가용	O	X	X	O	X
택시	X	O	O	X	X
버스	O	X	O	X	O
지하철	X	O	X	O	O

따라서 A 사원이 이용하는 교통수단은 자가용과 버스이다.

| 오답풀이 |

② B 사원이 이용하는 교통수단은 택시와 지하철이다.

③ C 사원이 이용하는 교통수단은 택시와 버스이다.

④ D 사원이 이용하는 교통수단은 자가용과 지하철이다.

⑤ E 사원이 이용하는 교통수단은 버스와 지하철이다.

14

| 정답 | ⑤

| 해설 | B 사원의 말이 거짓이라고 주장하는 D 사원의 말을 기준으로 살펴보면 다음과 같다.

i) D 사원의 말이 참일 경우

B 사원의 말은 거짓이 되고 다른 사원들의 말은 모두 참이다. 이때 A 사원과 C 사원의 말에 따라 1월과 2월은 둘 다 방류를 하거나 하지 않으므로 1, 2월에 방류를 한다면 다른 두 달은 방류를 하지 않게 된다. 이에 따라 B 사원의 말이 참이 되므로 한 사람은 거짓을 말하고 있다는 조건에 상충한다.

ⅱ) D 사원의 말이 거짓일 경우
B 사원을 비롯한 다른 사원들의 말이 모두 참이다. E 사원의 말에 따라 3월에 방류를 하고 1월과 2월은 둘 다 방류를 하거나 하지 않는데, 방류할 경우 C 사원의 말에 모순이 생기므로 방류하지 않는다. B 사원의 말에 따라 1월에 방류하지 않을 경우 4월에는 방류한다.

따라서 거짓을 말하는 사람은 D 사원이며, 방류하는 달은 3월과 4월이다.

15

| 정답 | ④

| 해설 | 제시된 전제에 기호를 붙여 정리하면 다음과 같다.

- a : 다이빙을 좋아한다.
- b : 서핑을 좋아한다.
- c : 요트를 좋아한다.
- d : 낚시를 좋아한다.
- e : 카누를 좋아한다.

기호에 따라 각 전제와 그 대우를 정리하면 다음과 같다.

- a → b(~b → ~a)
- c → d(~d → ~c)
- ~b → ~d(d → b)
- ~e → ~b(b → e)

이때 'a → b'와 'b → e'의 삼단논법에 의해 'a → e'는 반드시 참이 된다. 따라서 다이빙을 좋아하는 사람은 카누도 좋아한다.

| 오답풀이 |

①, ③, ⑤ 제시된 전제만으로는 알 수 없다.

② 'c → d'와 'd → b'의 삼단논법에 의해 'c → b'는 반드시 참이 된다. 따라서 요트를 좋아하는 사람은 서핑도 좋아한다.

16

| 정답 | ③

| 해설 | 'p : 나이가 많다', 'q : 기억력이 감퇴한다', 'r : 뇌의 부피가 크다', 's : 뇌에 필요한 산소의 양이 많다', 't : 치매에 걸릴 가능성이 크다'로 두고 제시된 전제와 그 대우를 정리하면 다음과 같다.

- p → q(~q → ~p)
- r → s(~s → ~r)
- q → t(~t → ~q)

따라서 위의 첫 번째 전제와 세 번째 전제에 따라 '나이가 많으면 치매에 걸릴 가능성이 크다'는 항상 참이 된다.

17

| 정답 | ③

| 해설 | 〈조건〉의 내용을 그림으로 나타내면 다음과 같다.

휴게실	E/G	G/E
C	F	A
B	H	D

따라서 D 팀은 9실, E 팀은 2실 혹은 3실에 있다.

18

| 정답 | ①

| 해설 | 물결무늬 넥타이를 한 면접관이 맨 오른쪽에 앉아 있고, 마 면접관은 물방울무늬 넥타이를 하고 있으므로 마 면접관은 맨 오른쪽에 앉지 못한다. 구 면접관은 고 면접관 옆에 앉는데 좌, 우를 알 수 없으나 연이어 있다는 것을 알 수 있다. 따라서 마-구-고 또는 마-고-구 순으로 앉는다는 것을 알 수 있어 마 면접관이 맨 왼쪽에 앉아 있다는 것은 항상 참이 된다.

19

| 정답 | ④

| 해설 | 제시된 명제와 그 대우를 정리하면 다음과 같다.

• 셜록 홈즈 ○ → 반지의 제왕 ×		• 반지의 제왕 ○ → 셜록 홈즈 ×
• 반지의 제왕 × → 해리포터 ×	대우 ⇔	• 해리포터 ○ → 반지의 제왕 ○
• 반지의 제왕 ○ → 스타트랙 ○		• 스타트랙 × → 반지의 제왕 ×

(가) 지연이는 해리포터를 좋아하고, 해리포터를 좋아하는 사람은 반지의 제왕을 좋아하며, 반지의 제왕을 좋아하는 사람은 스타트랙을 좋아하므로 지연이는 스타트랙을 좋아한다.

(나) 지연이는 해리포터를 좋아하고, 해리포터를 좋아하는 사람은 반지의 제왕을 좋아하는데, 반지의 제왕을 좋아하는 사람은 셜록 홈즈를 좋아하지 않으므로 지연이는 셜록 홈즈를 좋아하지 않는다.

| 오답풀이 |

(다) 이 결론이 참이 되기 위해서는 '스타트랙을 좋아하는 사람은 반지의 제왕을 좋아한다'가 참이 되어야 한다. 이는 세 번째 명제의 역에 해당하므로 참 · 거짓 여부를 알 수 없다.

20

| 정답 | ⑤

| 해설 | 제시된 명제와 그 대우를 정리하면 다음과 같다.

장갑 ○ → 운동화 ×		운동화 ○ → 장갑 ×
양말 ○ → 운동화 ○	대우	운동화 × → 양말 ×
운동화 ○ → 모자 ○	⇔	모자 × → 운동화 ×
장갑 × → 목도리 ×		목도리 ○ → 장갑 ○

(가) 첫 번째 명제에서 장갑을 낀 사람은 운동화를 신지 않고, 두 번째 명제의 대우에서 운동화를 신지 않은 사람은 양말을 신지 않는다고 하였으므로 '장갑을 낀 사람은 양말을 신지 않는다'는 참이다.

(다) 두 번째 명제에서 양말을 신은 사람은 운동화를 신고, 첫 번째 명제의 대우에서 운동화를 신은 사람은 장갑을 끼지 않으며, 네 번째 명제에서 장갑을 끼지 않은 사람은 목도리를 하지 않는다고 하였으므로, '양말을 신은 사람은 목도리를 하지 않는다'는 참이다.

| 오답풀이 |

(나) 마지막 명제에서 수민이는 목도리를 하고 있고, 네 번째 명제의 대우에서 목도리를 한 사람은 장갑을 끼며, 첫 번째 명제에서 장갑을 낀 사람은 운동화를 신지 않는다고 하였으므로 '수민이는 운동화를 신고 있지 않다'가 참이다. 따라서 (나)는 거짓이다.

1회 수열추리

문제 145쪽

01	③	02	④	03	⑤	04	①	05	④
06	③	07	①	08	②	09	⑤	10	④
11	①	12	①	13	③	14	④	15	②
16	④	17	③	18	④	19	①	20	③

01

| 정답 | ③

| 해설 | 제시된 각 문자를 알파벳 순서에 따라 순자로 변경하면 다음과 같다.

$$E(5) \xrightarrow[+5]{} J(10) \xrightarrow[-1]{} I(9) \xrightarrow[+5]{} N(14) \xrightarrow[-1]{} (\ ?\ )$$

따라서 '?'에 들어갈 문자는 알파벳 13번째 문자인 M이다.

02

| 정답 | ④

| 해설 |

$$1 \xrightarrow[\times 2]{} 2 \xrightarrow[\times 3]{} 6 \xrightarrow[\times 4]{} 24 \xrightarrow[\times 5]{} 120 \xrightarrow[\times 6]{} (\ ?\ )$$

따라서 '?'에 들어갈 숫자는 120×6=720이다.

03

| 정답 | ⑤

| 해설 |

121	100	81	64	49	(?)
↑	↑	↑	↑	↑	↑
11^2	10^2	9^2	8^2	7^2	6^2

따라서 '?'에 들어갈 숫자는 36이다.

04

| 정답 | ①

| 해설 |

$-4 \xrightarrow[+6]{} 2 \xrightarrow[-4]{} -2 \xrightarrow[+6]{} 4 \xrightarrow[-4]{} 0 \xrightarrow[+6]{} 6 \xrightarrow[-4]{} (\ ?\ )$

따라서 '?'에 들어갈 숫자는 $6-4=2$이다.

05

| 정답 | ④

| 해설 |

$21 \xrightarrow[-2^1]{} 19 \xrightarrow[-2^2]{} 15 \xrightarrow[-2^3]{} 7 \xrightarrow[-2^4]{} (\ ?\ ) \xrightarrow[-2^5]{} -41 \xrightarrow[-2^6]{} -105$

따라서 '?'에 들어갈 숫자는 $7-16=-9$이다.

06

| 정답 | ③

| 해설 |

3　4　9　8　15　12　21　16　27　20　(?)

(3 → 9 → 15 → 21 → 27 → (?): +6, +6, +6, +6, +6)

(4 → 8 → 12 → 16 → 20: +4, +4, +4, +4)

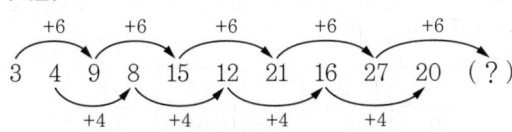

따라서 '?'에 들어갈 숫자는 $27+6=33$이다.

07

| 정답 | ①

| 해설 |

$3 \xrightarrow[+2]{} 5 \xrightarrow[+3]{} 8 \xrightarrow[+5]{} 13 \xrightarrow[+8]{} 21 \xrightarrow[+12]{} (\ ?\ ) \xrightarrow[+17]{} 50$

(+2 → +3 → +5 → +8 → +12 → +17: +1, +2, +3, +4, +5)

따라서 '?'에 들어갈 숫자는 $21+12=33$이다.

08

| 정답 | ②

| 해설 |

$2.3 \xrightarrow{} 3.9 \xrightarrow{} 6.7 \xrightarrow{} 10.7 \xrightarrow{} 15.9 \xrightarrow{} (\ ?\ )$

(+1.6 → +2.8 → +4 → +5.2 → +6.4: +1.2, +1.2, +1.2, +1.2)

따라서 '?'에 들어갈 숫자는 $15.9+6.4=22.3$이다.

09

| 정답 | ⑤

| 해설 |

7　8　12　19　(?)　42　58

(+1, +4, +7, +10, +13, +16)

(+3, +3, +3, +3, +3)

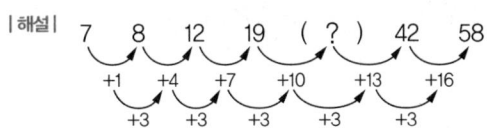

따라서 '?'에 들어갈 숫자는 $19+10=29$이다.

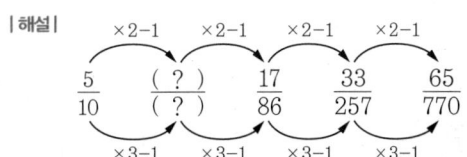

10

| 정답 | ④

| 해설 |

$\frac{5}{10}$　$\frac{(\ ?\ )}{(\ ?\ )}$　$\frac{17}{86}$　$\frac{33}{257}$　$\frac{65}{770}$

(분자: ×2−1, ×2−1, ×2−1, ×2−1)

(분모: ×3−1, ×3−1, ×3−1, ×3−1)

따라서 '?'에 들어갈 숫자는 $\frac{5\times2-1}{10\times3-1}=\frac{9}{29}$이다.

11

| 정답 | ①

| 해설 | 두 번째 수를 세 번째 수로 나누고 2를 더한 값이 첫 번째 숫자가 된다.

- 4 4 2 → $4\div2+2=4$
- 6 8 (?) → $8\div(?)+2=6$
- 7 10 2 → $10\div2+2=7$

따라서 '?'에 들어갈 숫자는 $\frac{8}{6-2}=2$이다.

12

| 정답 | ①

| 해설 | 두 수의 십의 자리 수끼리 더한 값을 앞 두 자리에, 일의 자리 수끼리 더한 값을 뒤 두 자리에 배치하는 규칙이다. 단, 두 수의 십의 자리 수끼리 더한 값이 한 자리 숫자라면 앞에 0을 붙이지 않고, 두 수의 일의 자리 수끼리 더한 값이 한 자리 숫자라면 앞에 0을 붙인다.

- 3+9=12, 4+0=04 → 1204
- 8+7=15, 5+7=12 → 1512
- 5+1=6, 4+5=09 → 609
- 4+3=7, 8+9=17 → (?)

따라서 '?'에 들어갈 숫자는 717이다.

13

| 정답 | ③

| 해설 | • 1×3+2=5 • 2×4+2=10

- 5×7+2=37
- 8×10+2=82

따라서 '?'에 들어갈 숫자는 10×12+2=122이다.

14

| 정답 | ④

| 해설 | 삼각형 안의 숫자는 위 꼭짓점 숫자와 왼쪽 꼭짓점 숫자를 곱한 후 오른쪽 꼭짓점 숫자를 더한 값이다.

- 4×8+6=38
- 2×9+4=22

따라서 '?'에 들어갈 숫자는 4×4+8=24이다.

15

| 정답 | ②

| 해설 | 분할된 각 칸을 다음과 같이 칭한다.

가	나
다	라

왼쪽 두 상자를 보면 '나+다=가+라'의 규칙임을 알 수 있다. 따라서 '?'에 들어갈 숫자는 17+13−11=19이다.

16

| 정답 | ④

| 해설 | 그림을 보면 맨 아래부터 인접해 있는 두 블록의 숫자를 합한 값이 그 위에 있는 블록의 숫자임을 알 수 있다. 따라서 '?'에 들어갈 숫자는 18+19=37이다.

17

| 정답 | ③

| 해설 | 가운데 숫자를 제외한 나머지 숫자들을 합한 값을 2로 나누면 가운데 숫자이다.

- (10+16+14+12)÷2=26
- (3+21+11+7)÷2=21

따라서 '?'에 들어갈 숫자는 (3+42+22+1)÷2=34이다.

18

| 정답 | ④

| 해설 | 왼쪽 도형의 숫자에 2를 곱하면 오른쪽 도형의 동일 위치의 숫자가 된다.

6	7
9	8

⇒

12	14
18	16

따라서 ★+☆=14+18=32이다.

19

| 정답 | ①

| 해설 | 단일선으로 연결된 두 수와 이중선으로 연결된 하나의 수 사이의 관계(규칙)를 파악하면 된다. 우선 복잡한 형태의 수열을 단순하게 변형(회전)하여 일렬로 정리한다. 이때, 빈 원은 A로 한다.

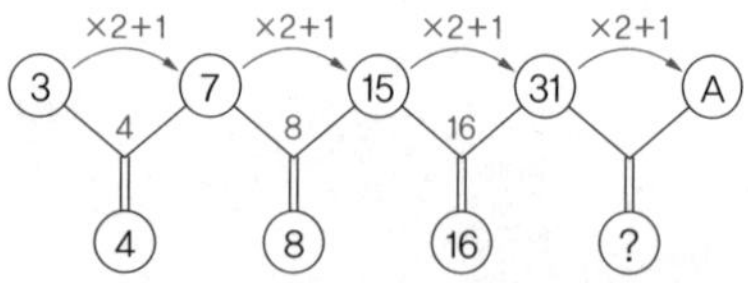

단일선으로 연결된 수 3, 7, 15, 31, A를 살펴보면, 이들 사이에는 '×2+1'의 규칙이 성립함을 알 수 있다. 이에 따라 A=31×2+1=62+1=63이 된다.

또한 이들 사이의 차를 표시하고 이중선으로 연결된 수와의 관계를 살펴보면 그 수가 동일함을 알 수 있다. 즉, 이중선으로 연결된 수는 단일선으로 연결된 '두 수의 차'이다. 따라서 '?'에 들어갈 숫자는 A−31=63−31=32이다.

20

| 정답 | ③

| 해설 | 1의 직선상 아래에 있는 숫자들이 이루는 수열의 차를 계산하면 다음과 같다.

1 5 13 25 41 …

+4 +8 +12 +16

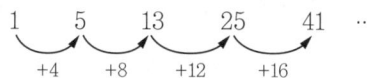

이를 토대로 규칙을 파악하면 다음과 같다.

- 1번째 : 1
- 2번째 : 5=1+4
- 3번째 : 13=1+4+8=1+4×(1+2)
- 4번째 : 25=1+4+8+12=1+4×(1+2+3)
- 5번째 : 41=1+4+8+12+16=1+4×(1+2+3+4)

따라서 31번째 수는 1+4(1+2+3+…+30)이 된다.

$1+2+3+\cdots+30=\frac{30\times(30+1)}{2}=465$이므로 31번째 수는 1+4×465=1,861이다.

2회 언어이해

문제 152쪽

01	③	02	⑤	03	③	04	②	05	③
06	①	07	④	08	⑤	09	④	10	②
11	④	12	④	13	①	14	③	15	⑤
16	①	17	④	18	⑤	19	③	20	②

01

| 정답 | ③

| 해설 | 제시된 용어를 정리하면 다음과 같다.

- 전용면적 : 아파트의 방이나 거실, 주방, 화장실 등을 모두 포함한 면적으로, 개별 세대 현관문 안쪽의 전용 생활공간, 단 발코니 면적은 제외
- 공용면적
  - 주거공용면적 : 세대가 거주를 위하여 공유하는 면적으로 세대가 속한 건물의 공용계단, 공용복도 등의 면적을 더한 것
  - 기타공용면적 : 주거공용면적을 제외한 지하층, 관리사무소, 노인정 등의 면적을 더한 것
- 공급면적 : 전용면적+주거공용면적
- 계약면적 : 공급면적+기타공용면적=(전용면적+주거공용면적)+기타공용면적
- 서비스면적 : 발코니 같은 공간의 면적으로 전용면적과 공용면적에서 제외

| 오답풀이 |

① '계약면적=공급면적+기타공용면적=(전용면적+주거공용면적)+기타공용면적'인데, 발코니 면적은 서비스면적으로 전용면적과 기타공용면적에서 제외되므로, 계약면적에 포함되지 않는다.

②, ④ '공급면적=전용면적+주거공용면적'인데, 관리사무소 면적은 기타공용면적으로 들어가므로 공급면적에 포함되지 않으며, 공용계단과 공용복도의 면적은 주거공용면적으로 들어가므로 공급면적에 포함된다.

⑤ 개별 세대 내 거실과 주방의 면적은 전용면적에 포함된다. 주거공용면적은 세대가 속한 건물의 공용계단, 공용복도 등의 면적을 더한 것을 말한다.

02

| 정답 | ⑤

| 해설 | 진화 초기 단계에서는 산소가 많은 육지로 올라오기 이전 단계이므로 산소 농도가 낮아 물갈퀴가 존재했을 것이라고 추론하는 것이 적절하다.

03

| 정답 | ③

| 해설 | 접속어는 주로 문장과 문장을 연결하는 데 쓰이므로 '그럼에도 불구하고'로 시작하는 (다)와 '즉'으로 시작하는 (라)는 첫 문장이 될 수 없다. '그럼에도 불구하고'는 앞 문장과 뒤 문장을 역접의 관계로 연결하는 접속어이므로 과학과 기술이 제휴한다는 (다)는 상반되는 내용의 (나) 또는 (라) 뒤에 오게 된다. 또한 '즉'은 앞 문장을 다시 한번 설명하는 접속어이므로 (라)는 (나)의 뒤에 오는 것이 바람직하다. 마지막으로 과학과 기술이 어떻게 제휴하는지 구체적으로 설명하는 (가)의 내용은 (다)의 뒤에 오는 것이 바람직하다. 따라서 (나)-(라)-(다)-(가) 순이 적절하다.

04

| 정답 | ②

| 해설 | 제시된 글은 현대의 물신주의에 따른 무한정한 속도 경쟁의 현실을 인간 중심의 사고로 돌이켜 보고자 하는 내용이다. 따라서 필자의 주장으로는 느림의 즐거움, 즉 정신적 여유를 되찾아야 한다는 내용의 ②가 적절하다.

05

| 정답 | ③

| 해설 | "프탈레이트는 동물이나 사람의 생체 호르몬 작용을 방해하는 내분비 교란 물질이다."라고 하였으므로 내분비계의 작용이 원활하도록 하는 것이 아니라 교란하는 물질임을 알 수 있다.

06

| 정답 | ①

| 해설 | 제시된 글은 상대방에게 말할 때 '까'를 활용한 열린 질문으로 말하면 저항이 적어져 마음이 열리게 되고, 질문에 대해 스스로 생각하여 내린 결론을 거부감 없이 받아들인다고 설명하고 있다. 따라서 주제로 적절한 것은 ①이다.

07

| 정답 | ④

| 해설 | 제시된 글은 뇌 속 신경세포와 자폐증과 관련된 CHD8 유전자 발현에 있어서의 성별의 차이에 주목하고 있다.

08

| 정답 | ⑤

| 해설 | (가)는 저소득층 가정에 보급한 정보 통신기기가 아이들의 성적향상에 별다른 영향을 미치지 못한다는 것을, (나)는 정보 통신기기의 활용에 대한 부모들의 관리와 통제가 학업성적에 영향을 준다는 것을 설명하고 있다. 따라서 아이들의 학업성적에는 정보 통신기기의 보급보다 기기 활용에 대한 관리와 통제가 더 중요하다는 것을 결론으로 도출할 수 있다.

09

| 정답 | ④

| 해설 | 스마트폰의 기본적이고 혁신적인 특징을 설명하는 (다)가 맨 처음에 와야 한다. 다음으로 그러한 스마트폰의 혁신에 있어 스티브 잡스가 기여한 바가 크다는 논점을 (가)에서 제시했으며 (라)를 통해 스티브 잡스가 융합을 강조했다는 점을 더욱 강조하고 있다. 마지막으로 (나)에서는 스마트폰과 스티브 잡스의 예를 통해 우리 사회에 융합의 필요성을 강조하였다. 따라서 (다)-(가)-(라)-(나) 순이 문맥상 자연스럽다.

10

| 정답 | ②

| 해설 | 제시된 글을 보면 많은 사람들이 생물체는 세월이 지날수록 진화를 거쳐 더 훌륭한 존재로 발전된다고 여기며, 이에 따라 '진화'에는 발전과 개선의 성질이 내포되어 있을 것이라 생각하고 있음을 알 수 있다. 따라서 '하지만' 뒤의 빈칸에는 진화란 단순히 적응과 선택의 결과일 뿐 그런 성질은 갖고 있지 않다는 내용인 ②가 가장 적절하다.

11

| 정답 | ④

| 해설 | ㉡ 노화방지 화장품, ㉢ 아비간은 후지필름이 필름을 만들던 기술과 노하우를 활용하여 새롭게 개발한 제품을 말하는 것이며, ㉤ 포스트잇은 3M이 광산업에서 쌓은 기술을 바탕으로 스카치테이프를 만들고 그 후 접착제에 대한 연구를 바탕으로 개발한 것이다. 따라서 ㉡, ㉢, ㉤은 모두 기존의 기술을 바탕으로 새롭게 개발된 제품을 나타내는 것이므로 성격이 같다고 볼 수 있다.

12

| 정답 | ④

| 해설 | 빈칸의 앞뒤 문장인 "겉으로는 동작이 거의 없는 듯 하면서도 그 속에 잠겨 흐르는 미묘한 움직임이 있다는 것이다."와 "가장 간소한 형태로 가장 많은 의미를 담아내고 …"를 통해, 빈칸에는 수많은 움직임을 하나의 움직임으로 집중하여 완결시킨 춤인 정중동에 대한 설명이 들어가야 한다.

13

| 정답 | ①

| 해설 | 빈칸 이후 문장에서 행복 증진의 가장 실제적인 요소인 소득 불평등 해소를 위한 구체적 정책 방향을 모색해야 한다고 하였으므로 빈칸이 포함된 문장에는 실제적이지 않은 이해 수준에서 벗어나야 한다는 언급이 들어가야 한다. 따라서 '실제적'과 가장 반대되는 뜻인 '관념적'이 빈칸에 적절하다.

14

| 정답 | ③

| 해설 | 기사문의 내용을 보면 스마트폰의 자원으로 쓰이는 콜탄의 1위 생산국은 민주콩고이며, 이 콜탄이 민주콩고의 내전 장기화에 한몫하고 있다는 주장에 대해 설명하고 있다. 따라서 '폰을 바꿀 때마다 콩고 주민 죽는다'는 제목이 가장 적절하다.

15

| 정답 | ⑤

| 해설 | 제시된 글은 개인정보 유출이 자살 사건까지 불러오는 심각한 사회적 문제로 비화되었다고 설명한다. 따라서 필자가 강조하고자 하는 바는 '개인정보 유출 피해의 심각성'이라고 볼 수 있다.

16

| 정답 | ①

| 해설 | 경제 성장에 따라 소득 수준이 향상되고 교육 기회가 확대되면서 지식정보 사회에서 문화는 생활 그 자체가 되었다. 또한 정보 통신의 발달이 문화적 욕구와 소비를 가속화시킴으로써 문화와 경제의 공생 시대가 시작되었다는 것이 제시된 글의 내용이다. 따라서 '문화'와 '경제', '상생'이 모두 포함된 ①이 주제로 가장 적절하다.

17

| 정답 | ④

| 해설 | 두 번째 문단에 따르면 알코올은 결과적으로 도파민 분비가 촉진되도록 압박하며, 첫 번째 문단에 따르면 도파민은 VTA의 신경세포 활동 증가로 분비된다. 그리고 'KCNK13 채널'이 축소된 쥐는 보통의 쥐보다 더 많은 알코올을 폭음하였는데, 이는 'KCNK13 채널'이 축소된 쥐는 VTA 신경세포 활동을 증가시켜 도파민을 분비시키기 위해 더 많은 알코올이 필요했기 때문이다. 따라서 해당 채널이 축소된 쥐는 보통의 쥐보다 VTA의 신경세포 활동이 활발하지 않았음을 추론할 수 있다.

| 오답풀이 |

① 알코올이 'KCNK13 채널'에 도달하여 도파민 분비를 촉진하도록 압박하므로, 해당 채널이 축소되면 도파민 분비를 위해 더 많은 알코올이 필요함을 추론할 수 있다. 그리고 마지막 문단에서 'KCNK13 채널' 활동량이 작은 쥐일수록 폭음하게 된다고 하였으므로, 해당 채널 활동량이 작은 쥐일수록 도파민 분비를 위해 더 많은 알코올을 원하게 됨을 추론할 수 있다.

② 첫 번째 문단에 따르면 도파민은 보상을 담당하는데, 알코올로 도파민이 분출되므로 뇌가 알코올을 보상으로 인식한다는 것을 알 수 있다.

③ 첫 번째 문단에 따르면 도파민은 음주 행위를 계속하게 만들고, 두 번째 문단에 따르면 알코올 성분이 'KCNK13' 채널에 도달하면 도파민 분비를 촉진하도록 압박한다. 따라서 이러한 사실을 적용하여 알코올 중독자의 알코올 섭취 시 도파민 분비를 억제할 수 있는 방법을 고안한다면 치료에 도움이 될 것이다.

⑤ 두 번째 문단에서 "과학자들이 이번에 알코올과 관련된 도파민과 VTA의 작용을 밝혀냈다."라고 하였으므로, 해당 연구 이전에는 이를 알지 못했음을 알 수 있다.

18

| 정답 | ⑤

| 해설 | 간접세는 물건 가격에 세금이 포함돼 있어 세원 파악이 쉽고, 조세부담자의 저항이 거의 없어 쉽게 징수할 수 있으나, 직접세는 조세부담자가 직접적으로 느끼는 세금 부담이므로 조세 저항이 더 심할 것이다.

| 오답풀이 |

① 간접세의 납세 의무가 있는 주체는 소비자가 아니라 생산자이다.

② 비례세는 같은 금액을 내는 세금이 아니라 소득에 같은 비율을 부과하는 세금이다.

③ 누진세 강화는 소득이 높은 사람에게 더 많은 세금을 부과하므로 부의 재분배의 기능을 수행한다.

④ 부가가치세는 물품에 일률적으로 부과하는 것이므로 누진세가 아니다.

19

| 정답 | ③

| 해설 | 제시된 글은 일과 삶의 균형에 관한 내용으로 볼 수 있다. 유연근무제, 정시 퇴근, PC오프제 등은 단순히 업무시간을 줄이려는 목적을 위한 수단으로 볼 수는 없으며, 이는 업무시간 이후 개인의 시간 사용을 질적 · 양적으로 향상시켜 일과 삶의 균형을 유도하기 위한 조치들로 보아야 한다.

20

| 정답 | ②

| 해설 | 건물의 규모에 따라 성능방식과 사양방식을 달리 적용한다는 내용은 언급되어 있지 않다.

| 오답풀이 |

① 우리나라는 전적으로 사양방식을 채택하고 있으므로 옳은 내용이다.

③ 해외에서는 사양방식을 기본으로 하되 필요에 따라 일부 층이나 특정 공간에서 성능방식을 채택할 수 있도록 규정하고 있으므로 옳은 내용이다.

④ 피난규정과 방화규정은 엄격히 구분되지 않고 있는데, 이는 피난이 건축물의 화재상황을 염두에 두고 검토되며 대피 관련 규정의 상당 부분을 화재상황으로 상정하고 있기 때문이다.

⑤ 건축물에서의 피난 관련 사항은 건축허가 요건을 이루는 중요한 규정이므로 옳은 내용이다.

2회 자료해석

문제 168쪽

01	⑤	02	③	03	③	04	③	05	②
06	②	07	③	08	②	09	②	10	②
11	④	12	⑤	13	①	14	②	15	④
16	④	17	④	18	②	19	④	20	②

01

| 정답 | ⑤

| 해설 | ㉡ 조사대상이 600명, 남녀 비율이 2 : 3이라면 조사대상 중 여성은 $600\times\frac{3}{5}=360$(명)이므로, 여성 중 전공과 직업이 일치한다고 응답한 사람은 $360\times0.337 \fallingdotseq 121$(명)이다.

㉢ 조사대상이 1,000명이고 그중 서비스직에 종사하는 사람이 35%라면 서비스직에 종사하는 사람은 $1,000\times0.35=350$(명)이므로, 서비스직에 종사하는 사람 중 전공과 직업이 일치하지 않는다고 응답한 사람은 $350\times0.525\fallingdotseq184$(명)이다.

02

| 정답 | ③

| 해설 | 수도권이 지방보다 더 많은 재건축 인가 호수를 보인 해는 20X5년과 20X8년이며, 수도권이 지방보다 더 많은 재건축 준공 호수를 보인 해는 20X8년뿐이다.

| 오답풀이 |

① 수도권의 5년 평균 재건축 인가 호수는 $\frac{9.7+2.0+2.9+8.7+10.9}{5}=6.84$(천 호)로, $\frac{1.1+3.4+0.7+10.2+5.9}{5}=4.26$(천 호)인 준공 호수보다 많다.

② 20X9년 지방의 재건축 인가 호수가 전년 대비 가장 큰 변동 폭을 나타내고 있다.

④ 20X9년 지방의 재건축 준공 호수는 전년 대비 $\frac{10.3-6.5}{6.5}\times100\fallingdotseq58.5$(%) 증가하였다.

⑤ 항목별 증감 추이를 정리하면 다음과 같다.

구분	20X6년	20X7년	20X8년	20X9년
수도권 인가	−	+	+	+
지방 인가	+	+	−	+
수도권 준공	+	−	+	−
지방 준공	+	−	+	+

따라서 지방 재건축 준공 호수의 증감 추이와 동일한 항목은 없다.

03

| 정답 | ③

| 해설 | 2010년 대비 2020년의 총인구는 $\frac{51,974-49,554}{49,554}\times100\fallingdotseq4.9$(%) 증가하였다.

| 오답풀이 |

① 1980년부터 청소년 인구 구성비가 지속적으로 감소하고 있으며, 향후에도 계속 감소할 것으로 전망된다.

② 1980년 청소년 인구 대비 1990년 청소년 인구는 $\frac{13,553-14,015}{14,015}\times100\fallingdotseq-3.3$(%)로, 약 3.3% 감소하였다.

④ 2000년의 10년 전 대비 청소년 인구는 $\frac{11,501-13,553}{13,553}\times100\fallingdotseq-15.1$(%)로 약 15.1% 감소했고, 2010년의 10년 전 대비 청소년 인구는 $\frac{10,370-11,501}{11,501}\times100\fallingdotseq-9.8$(%)로 약 9.8% 감소하였다. 따라서 10년 전 대비 청소년 인구의 감소율은 2000년이 더 크다.

⑤ 청소년 인구수는 1982년이 14,209천 명으로 가장 많다.

04

| 정답 | ③

| 해설 | 2X10년 온실가스 총배출량 중 에너지 부문을 제외한 나머지 부문이 차지하는 비율은 $\frac{49.9+21.6+18.8}{500.9}\times100\fallingdotseq18$(%)이다.

| 오답풀이 |

① 온실가스 총배출량에서 에너지, 산업공장, 농업, 폐기물의 배출량을 보면 에너지의 배출량이 현저히 크다는 것을 알 수 있다.

② 2X25년 1인당 온실가스 배출량은 13.5톤 CO_2eq/명으로, 2X00년의 6.8톤 CO_2eq/명에 비해 $\frac{13.5}{6.8} ≒ 2.0$(배) 증가하였다.

④ 온실가스 총배출량은 계속해서 증가한 것을 확인할 수 있고, 2X25년 온실가스 총배출량은 690.2CO_2eq로 2X00년의 292.9CO_2eq에 비해 $\frac{690.2}{292.9} ≒ 2.4$(배) 증가하였다.

⑤ GDP 대비 온실가스 배출량을 보면 계속 감소한 것을 볼 수 있는데, 이는 온실가스 배출량(분자에 해당)의 증가 속도보다 GDP(분모에 해당)의 증가 속도가 상대적으로 더 빠르기 때문이다.

05

| 정답 | ②

| 해설 | 2월 9일과 2월 11일 사이에 완치자는 3명에서 4명으로 1명 늘어났는데 치료 중인 환자 수는 동일하므로 1명의 추가 확진자가 발생했음을 알 수 있다.

| 오답풀이 |

① 2월 12일에 치료 중인 환자 수는 21명, 누적 완치자 수는 7명이므로 2월 12일까지 총 28명의 환자가 발생했음을 알 수 있다.

⑤ 2월 11일에 치료 중인 환자 수는 24명, 누적 완치자 수는 4명으로 누적 확진자 수는 24+4=28(명)이다. 다음날인 2월 12일에는 완치자가 3명 증가하고 치료 중인 환자 수는 3명 감소했으므로 추가로 확진자가 발생하지 않았음을 알 수 있다.

06

| 정답 | ②

| 해설 | 26 ~ 30세 응답자 중 4회 이상 방문한 응답자는 총 7명(4 ~ 5회 5명, 6회 이상 2명)으로 비율은 $\frac{7}{51} \times 100 ≒ 13.7$(%)이다.

| 오답풀이 |

① 전체 응답자 113명 중 20 ~ 25세 응답자는 총 53명으로, 20 ~ 25세 응답자가 차지하는 비율은 $\frac{53}{113} \times 100 ≒ 46.9$(%)이다.

③ 31 ~ 35세 응답자의 1인당 평균 방문횟수는 $\frac{(1\times3)+(2.5\times4)+(4.5\times2)}{9} ≒ 2.4$(회)이다.

④ 전체 응답자 113명 중 직업이 학생 또는 공무원인 응답자는 총 51명(학생 49명, 공무원 2명)으로 비율은 $\frac{51}{113} \times 100 ≒ 45$(%)이다.

⑤ 전문직이라고 응답한 연령대별 응답자 수가 제시되어 있지 않으므로 전체 응답자 중 20 ~ 25세인 전문직 응답자 비율은 알 수 없다.

07

| 정답 | ③

| 해설 | 단위 총량당 수입금액은 다음과 같다.

- 20X6년 : $\frac{212,579}{30,669} ≒ 6.9$(천 불/톤)
- 20X7년 : $\frac{211,438}{31,067} ≒ 6.8$(천 불/톤)

따라서 20X7년의 단위 총량당 수입금액은 20X6년에 비해 감소하였다.

| 오답풀이 |

① 무역수지는 수출금액에서 수입금액을 뺀 값이다.

② 수출입 주요 6개국의 20X9년 수출금액 평균은 $\frac{518+6,049+275+61+0+0}{6} = 1,150.5$(천 불)이다.

④ 20X6년에는 20X5년에 비해 수출총량이 감소하였지만 수출금액은 증가하였다.

⑤ 20X9년 우리나라의 수출총량에서 중국으로의 수출총량은 $\frac{900}{2,500} \times 100 = 36$(%)를 차지한다.

08

| 정답 | ②

| 해설 | 연도별 전체 개방형 직위 수 중 충원 직위 수가 차지하는 비율은 다음과 같다.

구분	전체 개방형 직위 수	충원 직위 수	비율
20X3년	130명	65명	50.0%
20X4년	131명	115명	87.8%
20X5년	139명	118명	84.9%
20X6년	142명	124명	87.3%
20X7년	154명	136명	88.3%
20X8년	156명	146명	93.6%
20X9년	165명	143명	86.7%

따라서 비율이 가장 높았던 해는 20X8년이다.

| 오답풀이 |

① 미충원 직위 수는 전체 개방형 직위 수에서 충원 직위 수를 제외하면 된다. 20X4년 이후 미충원 직위 수는 20X4년 16명, 20X5년 21명, 20X6년 18명, 20X7년 18명, 20X8년 10명, 20X9년 22명이므로 매년 감소하지 않았다.

③ 연도별 충원 직위 수 중 내부 임용이 차지하는 비율은 다음과 같다.

구분	충원 직위 수	내부 임용	비율
20X3년	65명	54명	83.1%
20X4년	115명	96명	83.5%
20X5년	118명	95명	80.5%
20X6년	124명	87명	70.2%
20X7년	136명	75명	55.1%
20X8년	146명	79명	54.1%
20X9년	143명	81명	56.6%

따라서 20X7년, 20X8년, 20X9년의 충원 직원 수 대비 내부 임용 비율은 60% 미만이다.

④ A 부처의 내부 임용 비율은 $\frac{117}{201} \times 100 ≒ 58.2(\%)$, B 부처의 내부 임용 비율은 $\frac{153}{182} \times 100 ≒ 84.1(\%)$이므로 B 부처가 약 25.9%p 더 높다.

⑤ 전체 개방형 직위 수는 20X3 ~ 20X9년 동안 지속적으로 증가 하였다.

09

| 정답 | ②

| 해설 | 이용 누계 수치에서 3개 연도의 수치를 빼면 20X7년 이전의 수치를 알 수 있다. 김포공항, 제주공항, 인천항의 3개 연도의 이용자 수는 각각 29,588(백 명), 15,054(백 명), 1,720(백 명)으로 20X7년 이전의 이용자 수인 30,774(백 명), 19,073(백 명), 2,274(백 명)보다 적다.

| 오답풀이 |

③ 20X7년에는 인천공항, 김해공항, 김포공항, 제주공항의 순으로 합계 인원수가 많았으나, 20X9년에는 인천공항, 김해공항, 김포공항, 대구공항의 순으로 합계 인원수가 많았다.

④ '기타'의 3개 연도 등록자 수는 176+1,394+2,310=3,880(백 명)이므로 등록자 누계의 $\frac{3,880}{5,036} \times 100 ≒ 77(\%)$이다.

⑤ 등록자 수와 이용자 수의 합계는 인천항이 622(백 명) → 757(백 명) → 806(백 명)으로 매년 증가하였으나, 부산항은 1,466(백 명) → 1,710(백 명) → 1,177(백 명)으로 20X8년 증가 후 20X9년에 감소하는 추세를 보였다.

10

| 정답 | ②

| 해설 | • 20X1년 소각 처리한 양 : 12,292(톤/일)

• 20X5년 소각 처리한 양 : 17,200(톤/일)

따라서 20X1년 대비 20X5년도에 소각 처리한 불량품은 $\frac{17,200-12,292}{12,292} \times 100 ≒ 39.9(\%)$ 증가하였다.

11

| 정답 | ④

| 해설 | ㉢ 수입이 전년도인 20X5년 대비 14.6% 증가하므로 20X6년의 예상 수입금액은 약 4,257×1.146≒4,879억 달러가 된다.

㉤ 20X5년 전체 무역금액인 4,674+4,257=8,931(억 달러)에서 수출금액의 비율을 구하면 $\frac{4,674}{8,931} \times 100 ≒ 52.3(\%)$정도를 차지한다.

| 오답풀이 |

㉠ • 20X3 ~ 20X5년의 평균 수출액 :

$$\frac{4,220+3,635+4,674}{3} \fallingdotseq 4,176\text{(억 달러)}$$

• 20X3 ~ 20X5년의 평균 수입액 :

$$\frac{4,353+3,231+4,257}{3} = 3,947\text{(억 달러)}$$

따라서 평균 수입액은 4,000억 달러 미만이다.

㉡ 수출과 수입의 격차를 보려면 무역수지(수출 – 수입)를 보면 된다. 무역수지가 417로 가장 높은 20X5년이 수출과 수입의 차이가 가장 큰 해이다.

㉣ 무역수지가 적자였던 해는 무역수지에서 마이너스를 기록한 20X3년이다.

12

| 정답 | ⑤

| 해설 | 선택지에 제시된 지역의 재해율을 계산하면 다음과 같다.

• 강원도 : $\frac{3,934}{375,840} \times 100 \fallingdotseq 1.05(\%)$

• 경상남도 : $\frac{11,412}{1,182,260} \times 100 \fallingdotseq 0.97(\%)$

• 서울특별시 : $\frac{13,660}{2,974,209} \times 100 \fallingdotseq 0.46(\%)$

• 인천광역시 : $\frac{5,517}{602,112} \times 100 \fallingdotseq 0.92(\%)$

• 전라북도 : $\frac{3,594}{334,537} \times 100 \fallingdotseq 1.07(\%)$

따라서 재해율이 가장 높은 지역은 전라북도이다.

13

| 정답 | ①

| 해설 | • 20X1년 발효유 소비량의 증가율 :

$$\frac{551,595-516,687}{516,687} \times 100 \fallingdotseq 6.76(\%)$$

• 20X1년 발효유 생산량의 증가율 :

$$\frac{557,639-522,005}{522,005} \times 100 \fallingdotseq 6.83(\%)$$

따라서 20X1년 발효유 소비량의 증가율은 생산량의 증가율보다 낮다.

| 오답풀이 |

② 2년간 치즈의 소비량은 99,520+99,243=198,763(톤)이고 생산량은 24,708+22,522=47,230(톤)으로, 소비량이 생산량보다 약 $\frac{198,763}{47,230} \fallingdotseq 4.2$(배) 많았다.

③ 20X1년 유제품별 생산량은 발효유－치즈－연유－버터 순으로 높았고, 20X0년 유제품별 생산량도 발효유－치즈－연유－버터 순으로 높았다.

④ 20X1년의 연유 생산량은 전년 대비 4,214－2,620=1,594(톤) 증가하였고, 연유 소비량은 전년 대비 1,728－1,611=117(톤) 증가하였다. 따라서 연유 생산량이 더 많이 증가하였다.

⑤ 20X0년 생산량 대비 소비량을 구하면 다음과 같다.

• 연유 : $\frac{1,611}{2,620} \fallingdotseq 0.61$(배)

• 버터 : $\frac{9,800}{1,152} \fallingdotseq 8.51$(배)

• 치즈 : $\frac{99,520}{24,708} \fallingdotseq 4.03$(배)

• 발효유 : $\frac{516,687}{522,005} \fallingdotseq 0.99$(배)

따라서 20X0년에 소비량이 생산량에 비해 가장 많은 유제품은 버터이다.

14

| 정답 | ②

| 해설 | '매출원가+판매비 및 관리비=매출액－영업이익'이 성립한다. 따라서 20X4년의 매출원가+판매비 및 관리비=589－33=556(천억 원)이므로 판매비 및 관리비를 제외한 매출원가는 55조 6천억 원 이하일 것이라는 추론이 가능하다.

| 오답풀이 |

① (B) : $\frac{576-551}{551} \times 100 \fallingdotseq 4.5(\%)$

(C) : $\frac{589-576}{576} \times 100 \fallingdotseq 2.3(\%)$

따라서 (B)의 값은 (C)의 값보다 크다.

③ (A) : $\frac{551-580}{580}\times100 ≒ -5(\%)$

(D) : $\frac{33-30}{30}\times100 = 10(\%)$

(E) : $\frac{18-10}{10}\times100 = 80(\%)$

따라서 (A), (D), (E) 중에서 가장 큰 값은 (E)이다.

④ 20X1년 매출액은 20X2년 매출액보다 많지만 영업이익은 20X2년보다 작다.

⑤ 20X2년의 경우 10=30+영업 외 수익-영업 외 비용이 되어, 영업 외 비용-영업 외 수익=20(천억 원)이다. 따라서 영업 외 비용이 영업 외 수익보다 2조 원 더 많았다.

15

| 정답 | ④

| 해설 | 전체 비경제활동인구는 1,590만 6천 명이다. 이때 60세 이상 비경제활동인구가 30% 감소하면 전체 비경제활동인구는 179만 7천6백 명이 줄어든다. 따라서 60세 이상 비경제활동인구의 30%가 감소하면 전체 비경제활동인구는 $\frac{1,797.6}{15,908}\times100 ≒ 11.3(\%)$로 10% 이상 감소한다.

| 오답풀이 |

① 비경제활동인구가 가장 적은 연령대는 40대이지만, 제시된 자료에는 각 연령대별 인구수가 주어지지 않았으므로 비경제활동인구의 비율이 가장 적은 연령대가 40대인지는 알 수 없다.

② 40대는 30대보다 비경제활동인구가 $\frac{1,554-1,658}{1,658}\times100 ≒ -6.2(\%)$ 감소했다.

③ 60세 이상을 제외한 나머지 연령대의 비경제활동인구의 합은 2,584+2,247+1,658+1,554+1,871=9,914(천 명)으로 1천만 명에 미치지 않는다.

⑤ 15세 이상 전체 비경제활동인구가 1,590만 6천 명이므로 15세 이상 인구가 5천만 명일 때 경제활동인구는 3409만 4천 명이다. 따라서 경제활동참가율은 $\frac{34,094,000}{50,000,000}\times100 ≒ 68(\%)$로 60% 이상이다.

16

| 정답 | ④

| 해설 | C의 사교육비가 전체 사교육비에서 차지하는 비중은 1월에 $\frac{23.0}{73.2}\times100 ≒ 31.4(\%)$, 4월에 $\frac{28.4}{82.8}\times100 ≒ 34.3(\%)$로 1월 대비 4월에 약 2.9%p 증가하였다.

17

| 정답 | ④

| 해설 | • 20X4년 섬유제품 수입액 : 554.9×0.043=23.8607(천억 원)

• 20X0년 석유제품 수입액 : 589.5×0.072=42.444(천억 원)

따라서 20X4년 섬유제품의 수입액은 20X0년 섬유제품 수입액의 $\frac{23.8607}{42.444} ≒ 0.56$으로 $\frac{1}{2}$ 이상이다.

| 오답풀이 |

① 20X0~20X4년 동안 전자기기 수입액 대비 화장품 수입액의 비율은 다음과 같다.

(단위 : %)

구분	전자기기 수입액	화장품 수입액	비율
20X0년	41.4	18.7	45.2
20X1년	41.5	19.1	46.0
20X2년	39.9	20.5	51.4
20X3년	39.6	22.2	56.1
20X4년	41.4	21.8	52.7

따라서 20X2년, 20X3년, 20X4년 전자기기 수입액 대비 화장품 수입액의 비율은 50% 이상이다.

② 20X1 ~ 20X4년 섬유제품과 금속품의 수입액 합계를 구하면 다음과 같다.

• 20X1년 : 603.2×(6.3+3.6)÷100≒59.72(천억 원)
• 20X2년 : 565.6×(6.1+3.9)÷100≒56.56(천억 원)
• 20X3년 : 541.8×(4.9+3.5)÷100≒45.51(천억 원)
• 20X4년 : 554.9×(4.3+4.1)÷100≒46.61(천억 원)

따라서 20X4년에는 증가하였다.

③ • 20X0년의 전자기기 수입액 : 589.5×0.414
• 20X4년의 전자기기 수입액 : 554.9×0.414

따라서 20X0년과 20X4년의 전자기기 수입액의 차이는 0.414×(589.5−554.9)=14.3244(천억 원) =14,324.4(억 원)이다.

⑤ 20X4년의 경우 기타 제품의 수입액은 554.9×0.179≒99.33(천억 원)으로 10조 원 미만이다.

18

| 정답 | ②

| 해설 | 두 번째 조건에 따라 2X15년 대비 2X20년의 에너지공급량 증가율이 약 16.62%로 가장 큰 지역인 (나)가 중국임을 알 수 있다.

네 번째 조건에 따라 그 외 국가의 2X15년 대비 2X20년의 에너지공급량 증가율이 약 3.41%이므로 이보다 낮은 약 0.05%의 증가율을 보이는 (가)가 미국임을 알 수 있다.

세 번째 조건에 따라 (다)와 (라)의 2X05년 대비 2X20년의 에너지공급량 증가율이 각각 약 67.73%와 약 103.67%이므로, 증가율이 더 큰 (라)가 중동이고 나머지 (다)가 중국 외 아시아임을 알 수 있다.

따라서 (가) ~ (라)는 순서대로 '미국−중국−중국 외 아시아−중동'이 된다.

19

| 정답 | ④

| 해설 | 백의 자리에서 반올림하여 계산하면, 전체 가구 수는 면부가 1,049,000+410,000+535,000=1,994,000(가구), 읍부가 1,277,000+272,000+250,000=1,799,000(가구)이다. 65세 이상 고령자를 포함한 가구 수는 면부가 410,000+535,000=945,000(가구), 읍부가 272,000+250,000=522,000(가구)이다.

따라서 전체 가구 수와 65세 이상 고령자 포함 가구 수 모두 면부가 읍부보다 많다.

| 오답풀이 |

① 동부에서 가구원이 모두 65세 이상인 가구의 비율은 $\frac{1,619,988}{12,138,590+2,122,638+1,619,988}\times 100 ≒ 10.2$(%)이다.

② 제시된 원그래프에서의 면적에 따라 65세 이상 고령자를 포함한 가구가 차지하는 비율은 면부, 읍부, 동부 순으로 높음을 알 수 있다.

③ 가구원 모두 65세 미만인 가구 중 동부에 속한 가구의 비율은 $\frac{12,138,590}{1,277,458+1,049,161+12,138,590}\times 100$ ≒ 83.9(%)이다.

⑤ 65세 미만 가구원과 65세 이상 가구원을 모두 포함한 가구가 읍부에 속할 확률은 $\frac{271,648}{271,648+409,565+2,122,638}\times 100 ≒ 9.7(\%)$ 이다.

20

| 정답 | ②

| 해설 | 전년 대비 평균유가의 증감폭은 20X1년에 112원, 20X2년에 94원, 20X3년에 100원, 20X4년에 81원으로 20X3년에 평균유가 증감폭이 증가하였다.

| 오답풀이 |

③ 20X4년 자동차 주행거리는 약 3,296억 km로 20X3년 대비 $\frac{3,296-3,271}{3,271}\times 100 ≒ 0.8(\%)$ 증가하였다.

④ 20X4년 자동차 등록대수는 약 23,444천 대로 20X3년 대비 $\frac{23,444-22,882}{22,882}\times 100 ≒ 2.5(\%)$ 증가하였다.

⑤ 20X4년 자동차 총주행거리는 329,554백만 km, 자동차 등록대수는 234,442백 대로 자동차 1대당 하루 평균 주행거리는 329,554,000,000÷365÷23,444,200≒38.5(km)이다.

2회 창의수리

문제 185쪽

01	③	02	③	03	①	04	①	05	④
06	②	07	④	08	④	09	①	10	④
11	⑤	12	③	13	③	14	③	15	④
16	④	17	④	18	②	19	④	20	⑤

01

|정답| ③

|해설| 무빙워크의 전체 길이를 15와 6의 최소공배수인 30으로 가정하면 무빙워크 위에 서서 출발점에서 목적지까지 나아가면 15분이 걸리므로, 무빙워크의 속력은 매분 2이다. 또한 같은 구간을 무빙워크에 타서 걸어가면 6분이 걸리므로, 이 경우의 빠르기는 매분 5이다. 그리고 이 경우의 속력은 A가 걷는 속력과 무빙워크의 속력의 합이 되므로, A가 걷는 속력은 매분 3인 것을 알 수 있다. 그리고 무빙워크의 위를 역방향으로 걷는 경우의 속력은 A가 걷는 속력에서 무빙워크의 속력을 뺀 3−2=1이다.

따라서 A가 무빙워크의 중간지점인 15에서 출발점까지 되돌아오는데 걸리는 시간은 $\frac{15}{1}=15$(분)이다.

02

|정답| ③

|해설| 서로 다른 3가지 색을 A, B, C라 하고 맨 아래의 직사각형에 A를 칠하는 경우를 수형도로 그려보면 다음과 같다.

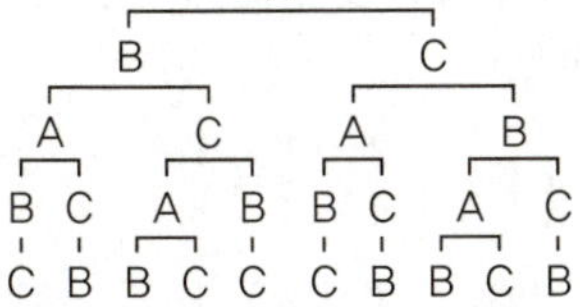

맨 아래의 직사각형에 B, C를 칠하는 경우에도 위와 같이 10가지의 경우가 나오므로 색을 칠하는 방법은 10+10+10=30(가지)이다.

03

|정답| ①

|해설| 그림에서 이용할 수 있는 경로는 총 4가지로, 이 중 버스를 두 번 이용하는 경로는 한 가지뿐이다. 지하철과 버스 중 하나를 선택하는 확률은 같다고 하였으므로 버스를 두 번 이용할 확률은 $\frac{1}{4}$이다.

04

|정답| ①

|해설| 최종적으로 만들어진 소금물의 양은 300−220+20=100(g)이다. 처음 소금물의 농도를 x%라 하면, 나중 소금물의 농도는 Ax%이므로 소금물 안에 들어 있는 소금의 양을 기준으로 식을 세우면 다음과 같다.

$$\left(\frac{x}{100}\times 300\right)+20=\frac{Ax}{100}\times 100$$

$$3x+20=Ax$$

$$(A-3)x=20$$

$$\therefore x=\frac{20}{A-3}$$

따라서 처음 소금물의 농도는 $\frac{20}{A-3}$%이다.

05

|정답| ④

|해설| A가 뽑은 카드의 숫자가 가장 큰 수가 되는 경우는 다음과 같다.

A	5	5	9	9	9	9	9	9	9	9	9
B	1	1	1	1	1	7	7	7	8	8	8
C	3	4	3	4	6	3	4	6	3	4	6

따라서 경우의 수는 총 11가지이다.

06

| 정답 | ②

| 해설 | 3명이 10일 동안 전체 일의 $\frac{1}{3}$만 완료하였다고 하였으므로 3명이 하루 동안 한 일은 $\frac{1}{3}\times\frac{1}{10}=\frac{1}{30}$이다.

김, 이, 박 대리 3명이 함께한 $\frac{1}{30}$의 일에서, 각자가 한 일의 비는 3 : 2 : 2이므로 김, 이, 박 대리가 하루 동안 한 일은 다음과 같다.

- 김 대리 : $\frac{1}{30}\times\frac{3}{7}=\frac{3}{210}$
- 이 대리 : $\frac{1}{30}\times\frac{2}{7}=\frac{2}{210}$
- 박 대리 : $\frac{1}{30}\times\frac{2}{7}=\frac{2}{210}$

일을 쉬지 않은 박 대리가 일한 날을 x일이라고 하면 김, 이 대리가 일한 일수는 각각 $(x-5)$일, $(x-3)$일이다.

$$\frac{3}{210}(x-5)+\frac{2}{210}(x-3)+\frac{2}{210}x=1$$

$\therefore x=33$(일)

따라서 이 일을 끝까지 완료하는 데 총 33일이 걸렸다.

07

| 정답 | ④

| 해설 | 우선 기차가 36초 동안 이동한 거리를 구한다. 기차의 앞부분이 터널 입구로 들어가서 마지막 칸까지 모두 통과하는 지점까지의 길이이므로, 기차가 이동한 거리는 터널의 길이와 기차의 길이를 합한 800+100=900(m)가 된다.

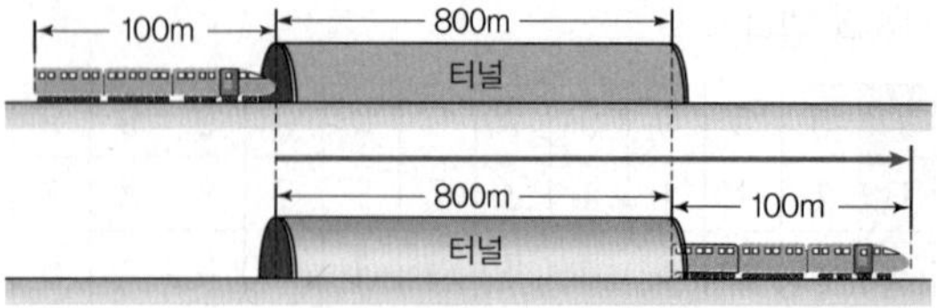

기차가 36초 동안 900m를 이동했으므로 선택지의 단위에 따라 이를 시속으로 변환하고 '속력$=\frac{\text{거리}}{\text{시간}}$'로 기차의 속력을 계산하면 다음과 같다.

$$\frac{900\text{m}}{36\text{s}}\times\frac{1\text{km}}{1{,}000\text{m}}\times\left(\frac{60\text{s}}{1\text{min}}\times\frac{60\text{min}}{1\text{h}}\right)$$

$$=\frac{900\text{m}}{36\text{s}}\times\frac{1\text{km}}{1{,}000\text{m}}\times\frac{3{,}600\text{s}}{1\text{h}}$$

$=90\text{km/h}$

08

| 정답 | ④

| 해설 | 22%의 소금물의 양을 xg이라 하면 다음 식이 성립한다.

$$\left(120\times\frac{15}{100}\right)+\left(x\times\frac{22}{100}\right)=(120+x)\times\frac{18}{100}$$

$1{,}800+22x=2{,}160+18x$

$x=90$(g)

따라서 22%의 소금물 90g을 넣어야 한다.

09

| 정답 | ①

| 해설 | 하루에 최대 3명까지 총 10명을 4일로 나누는 방법은 (3명, 3명, 3명, 1명) 또는 (3명, 3명, 2명, 2명)으로 두 가지이다. 첫 번째 방법을 날짜별로 배치하는 경우의 수는 ${}_4C_1=\frac{4}{1}=4$(가지), 두 번째 방법은 ${}_4C_2=\frac{4\times3}{2\times1}=6$(가지)이다. 따라서 전체 경우의 수는 4+6=10(가지)이다.

10

| 정답 | ④

| 해설 | 정사면체를 두 번 던졌을 때 바닥에 깔리는 두 숫자의 합이 0이 될 수 있는 숫자 조합은 (1, −1), (−1, 1), (0, 0) 세 가지이다.

- (1, −1)이 될 확률 : $\frac{2}{4}\times\frac{1}{4}=\frac{1}{8}$
- (−1, 1)이 될 확률 : $\frac{1}{4}\times\frac{2}{4}=\frac{1}{8}$
- (0, 0)이 될 확률 : $\frac{1}{4}\times\frac{1}{4}=\frac{1}{16}$

따라서 바닥에 깔리는 두 숫자의 합이 0이 될 확률은 $\frac{1}{8}+\frac{1}{8}+\frac{1}{16}=\frac{5}{16}$이다.

11

|정답| ⑤

|해설| 박스의 칸을 선택할 수 있는 모든 경우의 수는 25가지이고, 이 중 빈칸은 20개이므로 처음 선택 시 빈칸을 고를 확률은 $\frac{20}{25}$이다. 그리고 두 번째 선택에서 쿠폰이 있는 칸을 고를 확률은 처음 선택한 빈칸을 제외한 $\frac{5}{24}$가 된다.

따라서 두 번째 선택에서 쿠폰이 있는 칸을 고를 확률은 $\frac{20}{25}\times\frac{5}{24}=\frac{1}{6}$, 약 17%가 된다.

보충 플러스+

1. 동시에 일어나거나 '그리고'로 연결되는 경우는 확률을 곱한다.
2. '또는'으로 연결되는 경우는 확률을 더한다.
3. 어떠한 사건이 일어나지 않을 확률은 (1－사건이 일어날 확률)이다.

12

|정답| ③

|해설| 객실의 개수를 x개로 두면 직원은 총 $(4x+12)$명이므로 다음 식이 성립한다.

$6(x-3)<4x+12<6(x-3)+6$

$6x-18<4x+12<6x-12$

$6x-30<4x<6x-24$

$12<x<15$

자연수 x가 최대일 때 직원의 수도 최대이다. x의 최댓값은 14이므로, 직원의 수는 최대 $14\times4+12=68$(명)이다.

13

|정답| ③

|해설| 민혜의 생일 날짜를 x일이라 하면, 생일 날짜 바로 위 칸의 왼쪽은 $(x-8)$일, 생일 날짜 바로 아래 칸의 왼쪽은 $(x+6)$일이 된다.

$(x-8)+x+(x+6)=55$

$3x=57$

$\therefore x=19$(일)

14

|정답| ③

|해설| 연속하는 세 짝수 중 가운데 수를 x라 하면, 나머지 두 개의 수는 각각 $x-2$, $x+2$가 된다. 이 세 짝수의 합이 87 미만이므로 다음 식이 성립한다.

$(x-2)+x+(x+2)<87$

$3x<87$

$\therefore x<29$

세 짝수의 합의 최댓값을 구해야 하므로 x는 29 미만의 수 중 가장 큰 짝수인 28이 된다.

따라서 세 수의 합은 $(x-2)+x+(x+2)=26+28+30=84$이다.

15

|정답| ④

|해설| A 금속의 무게를 xg, B 금속의 무게를 yg이라 하면 다음 식이 성립한다.

$$\begin{cases} x+y=200 & \cdots\cdots ㉠ \\ \frac{9}{10}x+\frac{7}{8}y=178 & \cdots\cdots ㉡ \end{cases}$$

㉡×40－㉠×35를 하면 $x=120$, $y=80$이다.

따라서 두 금속 A와 B의 무게의 차는 40g이다.

16

| 정답 | ④

| 해설 | A의 속력을 $x$km/h라고 하면, B의 속력은 $(x+10)$km/h이고, A가 운동한 시간은 $\frac{15}{x}$h, B가 운동한 시간은 $\frac{40}{x+10}$h이다. 두 사람의 운동 시간이 같으므로 다음 식이 성립한다.

$$\frac{15}{x}=\frac{40}{x+10}$$

$$40x=15(x+10)$$

$$25x=150$$

$$\therefore x=6(\text{km/h})$$

따라서 A가 운동한 시간은 $\frac{15}{6}=2.5$(h), 즉 2시간 30분이다.

17

| 정답 | ④

| 해설 | • 6% 소금물의 양 : $12\times\frac{100}{6}=200$(g)

• 10% 소금물의 양 : $15\times\frac{100}{10}=150$(g)

9%의 소금물을 만들기 위해 증발시켜야 하는 물의 양을 xg이라 하면 다음과 같은 식이 성립한다.

$$\frac{12+15}{200+150-x}\times100=9$$

$$\frac{2,700}{350-x}=9$$

$$\therefore x=50(\text{g})$$

18

| 정답 | ②

| 해설 | '소금의 양$=\frac{\text{소금물의 농도}}{100}\times$소금물'의 양이고, 더 넣어야 하는 소금의 양을 xg이라 하면 다음과 같은 식이 성립한다.

$$\frac{16}{100}\times500+x=\frac{20}{100}\times(500+100+x)$$

$$8,000+100x=10,000+2,000+20x$$

$$80x=4,000$$

$$\therefore x=50(\text{g})$$

19

| 정답 | ④

| 해설 | 기계가 여러 대 있다는 것을 염두에 두고 식을 세워 보면 다음과 같다.

• 7시간 후에 생산된 제품의 개수 : $7\times(60\div4)\times6=630$(개)

• 7시간 후에 포장된 제품의 개수 : $7\times(60\div3)\times3=420$(개)

따라서 7시간 후에 포장하지 못한 생산품은 어제 생산하고 포장하지 못한 제품 95개를 포함하여 총 $(630-420)+95=305$(개)이다.

20

| 정답 | ⑤

| 해설 | 직원 1명이 1시간 동안 만들 수 있는 곰인형 개수는 $150\div10\div25=0.6$(개)이다. 따라서 20시간 동안 곰인형 300개를 만들기 위해서는 $300\div20\div0.6=25$(명)의 직원이 동원되어야 한다.

2회 언어추리

문제 191쪽

01	④	02	④	03	③	04	②	05	④
06	③	07	④	08	②	09	⑤	10	④
11	④	12	①	13	④	14	②	15	③
16	④	17	④	18	④	19	⑤	20	①

01

| 정답 | ④

| 해설 | 직원 A ~ D의 진술을 보면, 직원 B와 직원 D 둘 다 본인이 8시에 출근하였다고 진술하고 있다. 하지만 네 명의 직원은 모두 각기 다른 시간에 출근했다고 했으므로 이 두 명 중 한 명이 거짓을 말하고 있음을 알 수 있다. 따라서 직원 B와 직원 D가 각각 거짓을 말하는 경우로 나누어 생각해 본다.

i) 직원 B가 거짓을 말하는 경우 : 직원 D의 진술에 따라 직원 D는 8시, 직원 A는 9시에 출근하게 된다. 직원 C의 진술에 따라 직원 C는 11시, 직원 B는 10시에 출근하게 되는데, 이 경우 직원 A의 진술이 거짓이 되어 1명만 거짓을 말하고 있다는 조건에 상충한다. 따라서 직원 B는 진실을 말하고 있다.

ii) 직원 D가 거짓을 말하는 경우 : 직원 B의 진술에 따라 직원 B는 8시, 직원 C는 9시에 출근하게 된다. 직원 A의 진술에 따라 직원 A는 직원 D보다 늦게 출근해야 하므로 직원 D는 10시, 직원 A는 11시에 출근함을 알 수 있다.

따라서 거짓을 말한 직원은 D이며, 오전 11시에 출근한 직원은 A이다.

02

| 정답 | ④

| 해설 | 첫 번째 전제와 세 번째 전제를 삼단논법으로 연결하면, '나는 감기에 걸리지 않는다'가 성립한다. 마찬가지로 이 명제와 두 번째 전제를 삼단논법으로 연결하면 '나는 휴지를 아껴 쓴다'가 성립한다.

03

| 정답 | ③

| 해설 | 가, 나, 다 지사장은 두 번째 조건에 따라 다－가－나 또는 나－가－다 순으로 지사에 배치되는데, 세 번째 조건에 따라 마 지사장이 B 지사에서 근무하므로 이들은 D ~ F 지사에 배치된다. 이때 마지막 조건에 따라 라와 나 지사장은 양쪽 끝 위치에서 근무하므로 A 지사에는 라 지사장이, 그리고 D ~ F 지사에는 순서대로 다－가－나 지사장이 근무하게 된다.

따라서 A ~ F 지사에는 라－마－바－다－가－나 순으로 배치된다.

04

| 정답 | ②

| 해설 | ㉠에 따라 자산팀은 503호에 위치하고, ㉢에 따라 총무팀은 501호 또는 507호에 위치하게 된다. 이때 총무팀이 501호일 경우 자산팀에 의해 총무팀과 고객지원팀이 한 사무실 건너에 위치한다는 조건을 만족하지 못하므로 총무팀은 507호, 고객지원팀은 505호에 위치한다. ㉣에 따라 일학습운영팀과 일학습인증팀은 붙어 있어야 하므로 각각 501호와 502호 중 한 곳에 위치한다. ㉡에서 일학습확산팀은 자산팀과 붙어 있지 않다고 했으므로 일학습확산팀은 506호, 인재개발팀은 504호에 위치한다. 이를 정리하면 다음과 같다.

501호	502호	503호	504호	505호	506호	507호
일학습 운영팀 or 일학습 인증팀	일학습 인증팀 or 일학습 운영팀	자산팀	인재 개발팀	고객 지원팀	일학습 확산팀	총무팀

따라서 504호에 위치한 팀은 인재개발팀이다.

05

| 정답 | ④

| 해설 |

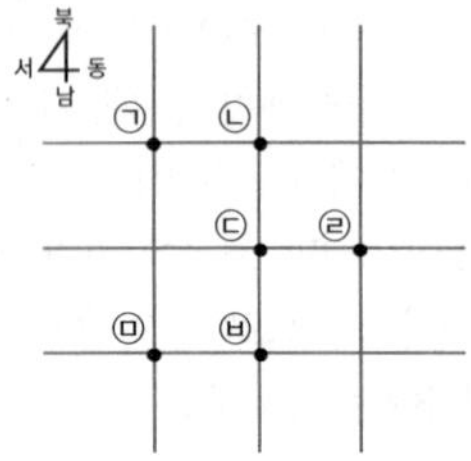

A의 발언으로 C의 북쪽에 A가 있는 것을 알 수 있다. 이때 C의 위치는 누군가의 남쪽으로 한정되기 때문에 ㉢, ㉤, ㉥ 중 하나임을 알 수 있다. 또한 B의 발언으로 C의 동쪽에 B가 있음을 알 수 있고 이때 C의 위치는 누군가의 서쪽으로 한정되므로 ㉢, ㉤ 중 하나인 것을 알 수 있다. C의 발언으로 C의 북동쪽에 F가 있다는 것을 알 수 있으므로 F의 위치는 ㉢, C의 위치는 ㉤이 된다.

C는 A의 남쪽이므로 A의 위치는 ㉠, C는 B의 서쪽이므로 B의 위치는 ㉥인 것을 알 수 있다.

D의 발언으로 D는 B의 북쪽인 ㉡에 위치하고, E는 D의 남동쪽에 있으므로 ㉣에는 E가 위치하게 된다.

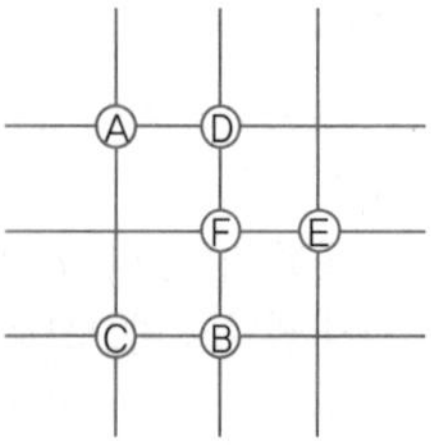

따라서 E는 F의 동쪽 방향에 있다.

06

| 정답 | ③

| 해설 | 'p : 회의 장소를 정한다, q : 회의록을 작성한다, r : 발표한다, s : 신입사원이다'라고 정의하여 제시된 명제와 그 대우를 다음과 같이 나타낼 수 있다.

- $p \rightarrow \sim q$ ($q \rightarrow \sim p$)
- $r \rightarrow \sim p$ ($p \rightarrow \sim r$)
- $p \rightarrow s$ ($\sim s \rightarrow \sim p$)
- $q \rightarrow \sim s$ ($s \rightarrow \sim q$)
- A는 $\sim s$, B는 s이다.

참인 명제의 대우는 항상 참이므로 '$\sim s \rightarrow \sim p$', '$s \rightarrow \sim q$'의 두 명제 역시 항상 참이 된다. 따라서 ③은 항상 참이다.

07

| 정답 | ④

| 해설 | A와 D의 조건에 따라 A는 피자, D는 도넛을 좋아한다는 것을 알 수 있다. 그리고 B와 C의 조건에 따라 B는 치킨, C는 떡볶이를 좋아한다는 것을 알 수 있다. 이를 표로 정리하면 다음과 같다.

A	B	C	D
피자	치킨	떡볶이	도넛

따라서 C는 떡볶이를 좋아한다.

08

| 정답 | ②

| 해설 | A : 닭 → 개∩고양이

닭 → 개 (㉠)	대우	개× → 닭×
닭 → 고양이 (㉡)	⇔	고양이× → 닭×

B : 개∩고양이× → 닭∪물고기 (㉢)

C : 물고기×∪원숭이 → 고양이×

물고기× → 고양이×(㉣)	대우	고양이 → 물고기
원숭이 → 고양이×(㉤)	⇔	고양이 → 원숭이×

이를 토대로 〈보기〉를 검토해 보면,

(가) 고양이 → 원숭이× : ㉤의 대우이므로 옳다.

(나) 원숭이 → 닭 : ㉤과 ㉡의 대우를 삼단논법으로 연결하면 원숭이 → 닭×이므로 옳지 않다.

(다) 닭 → 물고기 : ㉡과 ㉣의 대우를 삼단논법으로 연결하면 닭 → 물고기이므로 옳다.

따라서 옳은 것은 (가)와 (다)이다.

09

| 정답 | ⑤

| 해설 | 각 명제와 그 대우를 정리하면 다음과 같다.

명제		대우
• 소설책○ → 국어↑	대우 ⇔	• 국어↓ → 소설책×
• 이과○ → 국어↓		• 국어↑ → 이과×(→ 문과)
• 문과○ → 수다○		• 수다× → 문과×(→ 이과)
• 수다× → 소설책×		• 소설책○ → 수다○

(가) 네 번째 명제의 대우는 '수다 떠는 것을 좋아하지 않는 학생은 문과에 가지 않는다'인데, 모든 학생들은 문과 또는 이과에 간다고 하였으므로 문과에 가지 않은 학생은 이과에 간 학생들이 된다. 따라서 수다 떠는 것을 좋아하지 않는 학생은 이과에 간다.

(다) 세 번째 명제의 대우에 의해 국어 성적이 높은 학생은 이과에 가지 않으므로 모두 문과에 간 학생들이다. 여기에 네 번째 명제를 연결하면, 국어 시험 성적이 높은 학생은 수다 떠는 것을 좋아함을 알 수 있다.

| 오답풀이 |

(나) 두 번째 명제와 세 번째 명제의 대우에 의해 '소설책 읽는 것을 좋아하는 학생은 이과에 가지 않는다'가 되는데 이과에 가지 않으면 문과에 간 것이므로, '소설책 읽는 것을 좋아하는 학생은 문과에 간다'라는 명제가 성립한다. 그러나 결론 (나)는 그 명제의 역에 해당되는 참 · 거짓의 여부를 알 수 없다.

10

| 정답 | ④

| 해설 | 두 번째 정보와 다섯 번째, 여섯 번째 정보를 정리하면 E, F → G → D → A이다. 세 번째와 마지막 정보를 보면 G를 만난 후 C를 만나는데 D와 A 사이에 다른 사람을 만나므로 G → D → C → A 순이다. B와 E, F는 첫 번째 정보에서 B는 처음에 만나는 사람이 아니며, 네 번째 정보에서 F보다 먼저 만난다고 하였으므로 E → B → F 순임을 알 수 있다. 이를 정리하면 E → B → F → G → D → C → A이다. 따라서 세 번째로 만나는 사람은 F이다.

11

| 정답 | ④

| 해설 | 제시된 명제를 정리하면 다음과 같다.

p : 대전으로 출장 간다.

q : 부산으로 출장 간다.

r : 광주로 출장 간다.

s : 원주로 출장 간다.

t : 대구로 출장 간다.

u : 제주로 출장 간다.

(가) $p \rightarrow q$ (대우 : $\sim q \rightarrow \sim p$)

(나) $\sim p \rightarrow \sim r$ (대우 : $r \rightarrow p$)

(다) $\sim s \rightarrow \sim t$ (대우 : $t \rightarrow s$)

(라) $\sim s \rightarrow \sim p$ (대우 : $p \rightarrow s$)

(마) $\sim u \rightarrow \sim q$ (대우 : $q \rightarrow u$)

따라서 (마)와 (가)의 대우와 (나)를 삼단논법으로 연결하면 $\sim u \rightarrow \sim q \rightarrow \sim p \rightarrow \sim r$가 성립하므로 ④는 참이다.

12

| 정답 | ①

| 해설 | 학생처를 두 번째에 배치하면 세 번째 조건에 따라 교무처와의 사이에 두 부서가 배치되어야 하므로 교무처는 다섯 번째에 배치한다. 첫 번째 조건에 따라 교무처와 연구처는 연이어 배치되는데 연구처가 네 번째에 배치될 경우 사무국과 입학본부가 연이어 있다는 두 번째 조건을 충족하지 못하므로 연구처는 여섯 번째 자리에 배치한다. 따라서 최종 배치 순서는 기획협력처 – 학생처 – 사무국(입학본부) – 입학본부(사무국) – 교무처 – 연구처이다.

13

| 정답 | ④

| 해설 | 네 번째 조건에 따라 B, C는 1, 3, 5등이 가능하고 D는 2, 4등이 가능하다. 세 번째 조건에 따라 E와 C의 등수는 연속해야 하므로 E는 2, 4등이 가능하고 두 번째 조건에 따라 A와 D의 등수는 연속해야 하므로 A는 1, 3, 5등이 가능함을 알 수 있다. 정리하면 A, B, C 중 1, 3, 5등이 있고 D, E 중 2, 4등이 있다.

그런데 첫 번째 조건에 따라 D는 E보다 등수가 높아야 하므로 D가 2등, E가 4등이 되며, B는 E보다 등수가 높으므로 5등이 될 수 없다. 또한 D가 2등이므로 두 번째 조건에 따라 A도 5등이 될 수 없다. 따라서 C가 5등이 된다.

따라서 가능한 달리기 등수는 A－D－B－E－C 혹은 B－D－A－E－C로, E는 어떠한 경우에도 4등이 된다.

14

| 정답 | ②

| 해설 | B의 말이 거짓이므로 C는 검사가 아니다. A와 B 둘 중 한 명이 검사인데, 만약 A가 검사라면 A는 진실만 말한다는 문제의 조건과 검사는 거짓말을 한다는 A의 진술이 상충된다. 가능한 경우의 수를 정리하면 다음과 같다.

판사	검사	변호사
A	B	C
C	B	A

따라서 B가 변호사라고 말한 C의 진술은 거짓이다.

| 오답풀이 |

① 검사는 B이다.

③ 변호사가 A라면 진실을 말하고 있고 C라면 거짓을 말하고 있다.

④ 모든 경우의 수는 두 가지이다.

⑤ 판사가 A라면 진실을 말하고 있고 C라면 거짓을 말하고 있다.

15

| 정답 | ③

| 해설 | 명제가 참이면 그 대우도 참이라는 것과 명제의 삼단논법 관계를 이용한다.

• 두 번째 명제 : 헤드폰을 쓴다. → 소리가 크게 들린다.

• 세 번째 명제의 대우 : 소리가 크게 들린다. → 안경을 쓰지 않는다.

따라서 '헤드폰을 쓰면 안경을 쓰지 않은 것이다'가 성립하므로 ③은 참이다.

| 오답풀이 |

① 세 번째 명제와 두 번째 명제의 대우를 통해 '안경을 쓰면 헤드폰을 쓰지 않은 것이다'가 성립하므로 ②는 거짓이다.

② 두 번째 명제의 역에 해당하므로 반드시 참이라고 할 수는 없다.

④ 첫 번째 명제의 역에 해당하므로 반드시 참이라고 할 수는 없다.

⑤ 제시된 명제만으로는 참 · 거짓 여부를 알 수 없다.

16

| 정답 | ④

| 해설 | 제시된 조건을 'A : 마케팅팀의 예산', 'B : 경리팀의 예산', 'C : 생산팀의 예산', 'D : 영업팀의 예산', 'E : 연구팀의 예산', 'F : 비서팀의 예산'으로 정리하면 다음과 같다.

• A=3B

• C=A

• D=A+E → D=3B+2B=5B

• A=B+F → F=3B－B=2B

• F=E

따라서 예산이 적은 팀부터 순서대로 나열하면 B(경리팀)<E(연구팀)=F(비서팀)<A(마케팅팀)=C(생산팀)<D(영업팀)이다.

17

| 정답 | ④

| 해설 | 정을 기준으로 학생일 경우와 회사원일 경우를 나누어 생각하면 다음과 같다.

i) 정이 회사원이고 거짓말을 하는 경우

정의 발언을 통해 병은 학생이 된다. 병의 발언은 사실이므로 갑은 학생이다. 그렇다면 갑의 발언은 사실이므로 정도 학생이 되어 학생이 2명이라는 조건에 상충한다.

구분	갑	을	병	정
회사원				○
학생	○		○	○

따라서 정은 학생이고 사실을 말하고 있다.

ii) 정이 학생이고 사실을 말하는 경우
정의 발언을 통해 병은 회사원이 된다. 병의 발언은 거짓이므로 갑도 회사원이 된다. 갑의 발언은 갑 자신이 회사원이므로 거짓이 된다. 남은 을은 학생이고 사실을 말하고 있으며 모든 조건을 충족한다.

구분	갑	을	병	정
회사원	○		○	
학생		○		○

따라서 학생은 을, 정이다.

18

| 정답 | ④

| 해설 | 각각의 설명이 진실일 경우를 나누어 추론해 본다.

i) ㉠이 진실일 경우
㉡에 따라 갑은 고양이를 키우는데, ㉢에 따르면 병도 고양이를 키우므로 각각 서로 다른 동물을 키운다는 조건에 상충한다.

ii) ㉡이 진실일 경우
㉠에 따라 갑은 강아지를, ㉢에 따라 병은 고양이를 키우고 을은 토끼를 키우고 있음을 추론할 수 있다.

iii) ㉢이 진실일 경우
㉠에 따라 갑은 강아지를 키우는데, ㉡에 따라 갑은 고양이도 키우게 되므로 각각 서로 다른 동물을 키운다는 조건에 상충한다.

iv) ㉣이 진실일 경우
㉠에 따라 갑은 강아지를 키우는데, ㉡에 따르면 갑은 고양이도 키우게 되므로 각각 서로 다른 동물을 키운다는 조건에 상충한다.

따라서 ㉡만 진실이고 을은 고양이를 키우지 않는다.

19

| 정답 | ⑤

| 해설 | 명제가 참이면 그 대우도 참이라는 것과 명제의 삼단논법 관계를 이용한다.

• 두 번째 명제의 대우 : 건강이 나빠진다. → 수면시간이 짧아진다.

• 다섯 번째 명제의 대우 : 제품 출시일이 당겨진다. → 건강이 나빠진다.

따라서 '제품 출시일이 당겨지면 수면시간이 짧아진다'는 항상 참이 된다.

| 오답풀이 |

①, ④ 제시된 명제만으로는 참 · 거짓 여부를 알 수 없다.

② 두 번째 명제의 이에 해당하므로 반드시 참이라고 할 수는 없다.

③ 다섯 번째 명제의 역에 해당하므로 반드시 참이라고 할 수는 없다.

20

| 정답 | ①

| 해설 | 세 번째 조건에 의해 'C－라'가 된다. 가는 A 또는 B를 본 셈이 되는데 첫 번째 조건에 의해 'A－가'가 된다. 그리고 두 번째 조건에 따라 'B－마'가 된다. 따라서 가는 영화 A를 보았다.

| 오답풀이 |

②, ③ 제시된 조건만으로는 나, 다가 각각 영화 A, B 중 무엇을 보았는지 알 수 없다.

④ 세 번째 조건에 의해 라는 영화 C를 보았다.

⑤ 첫 번째 조건과 두 번째 조건에 의해 마는 영화 B를 보았다.

2회 수열추리

문제 201쪽

01	②	02	④	03	④	04	③	05	①
06	①	07	③	08	②	09	④	10	③
11	②	12	③	13	③	14	④	15	③
16	①	17	②	18	②	19	⑤	20	③

01

| 정답 | ②

| 해설 |

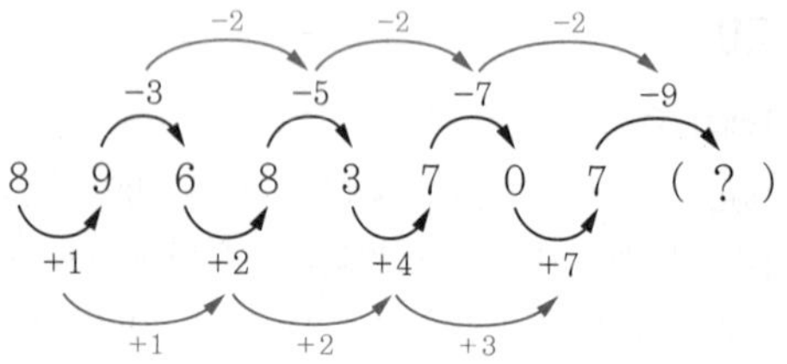

따라서 '?'에 들어갈 숫자는 7−9=−2이다.

02

| 정답 | ④

| 해설 |

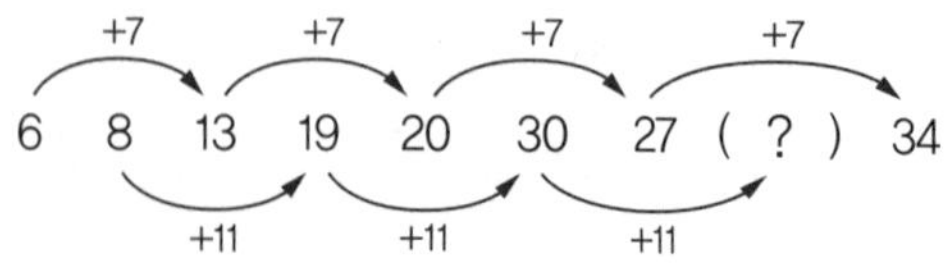

따라서 '?'에 들어갈 숫자는 30+11=41이다.

03

| 정답 | ④

| 해설 |

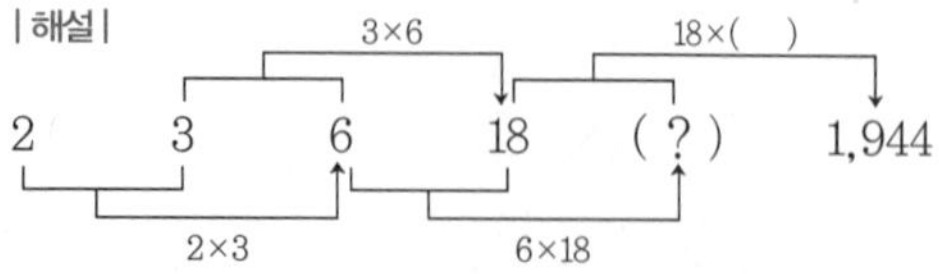

따라서 '?'에 들어갈 숫자는 6×18=108이다.

04

| 정답 | ③

| 해설 | 분자는 2씩, 분모는 1씩 증가한다. 약분되는 분수에 주의한다.

$$\frac{1}{2} \rightarrow \frac{1+2}{2+1} \rightarrow \frac{3+2}{3+1} \rightarrow \frac{5+2}{4+1} \rightarrow \frac{7+2}{5+1} \rightarrow (\ ?\ )$$

따라서 '?'에 들어갈 숫자는 $\frac{9+2}{6+1}=\frac{11}{7}$이다.

05

| 정답 | ①

| 해설 |

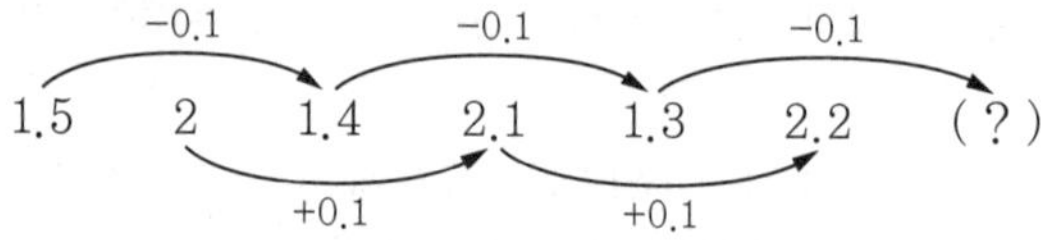

따라서 '?'에 들어갈 숫자는 1.3−0.1=1.2이다.

06

| 정답 | ①

| 해설 | 두 번째 수와 세 번째 수를 더하고 4를 곱한 값이 첫 번째 숫자가 된다.

- 36 3 6 → (3+6)×4=36
- 44 7 4 → (7+4)×4=44
- 32 5 (?) → (5+?)×4=32

따라서 '?'에 들어갈 숫자는 32÷4−5=3이다.

07

| 정답 | ③

| 해설 |

$1 \xrightarrow{+4} 5 \xrightarrow{\times 4} 20 \xrightarrow{-4} 16 \xrightarrow{+3} 19 \xrightarrow{\times 3} 57 \xrightarrow{-3} 54 \xrightarrow{+2} 56 \xrightarrow{\times 2} (\ ?\ ) \xrightarrow{-2} 110$

따라서 '?'에 들어갈 숫자는 56×2=112이다.

08

| 정답 | ②

| 해설 | 앞의 두 수를 더한 값이 세 번째 수가 된다.

- $8+5=13$
- $9+7=16$
- $7+4=(\ ?\ )$

따라서 '?'에 들어갈 숫자는 11이다.

09

| 정답 | ④

| 해설 | 첫 번째 수와 두 번째 수의 합을 제곱한 뒤 세 번째 수를 곱한 값이 네 번째 숫자가 된다.

- 2 1 2 18 → $(2+1)^2\times2=18$
- 2 3 10 250 → $(2+3)^2\times10=250$
- 3 4 5 (?) → $(3+4)^2\times5=(\ ?\ )$

따라서 '?'에 들어갈 숫자는 245이다.

10

| 정답 | ③

| 해설 | 세 번째 수는 첫 번째와 두 번째 수를 곱하고 3을 더한 값이다.

- 6 4 27 → $6\times4+3=27$
- 5 (?) 33 → $5\times(?)+3=33$
- 5 5 28 → $5\times5+3=28$

따라서 '?'에 들어갈 숫자는 6이다.

11

| 정답 | ②

| 해설 |

$$\begin{array}{cccccccccccc} D & \longrightarrow & G & \longrightarrow & F & \longrightarrow & I & \longrightarrow & H & \longrightarrow & (\ ?\ ) \\ 4 & \underset{+3}{\longrightarrow} & 7 & \underset{-1}{\longrightarrow} & 6 & \underset{+3}{\longrightarrow} & 9 & \underset{-1}{\longrightarrow} & 8 & \underset{+3}{\longrightarrow} & 11 \end{array}$$

따라서 '?'에 들어갈 문자는 11에 해당하는 K이다.

12

| 정답 | ③

| 해설 | 왼쪽 두 수를 곱한 값을 두 수를 더한 값으로 나누면 오른쪽 값이 된다.

- $(10\times10)\div(10+10)=100\div20=5$
- $(3\times6)\div(3+6)=18\div9=2$
- $(6\times12)\div(6+12)=72\div18=4$

따라서 '?'에 들어갈 숫자는 $(10\times15)\div(10+15)=150\div25=6$이다.

13

| 정답 | ③

| 해설 | 왼쪽 두 수를 곱한 값을 두 수를 더한 값으로 나누면 오른쪽 값이 된다.

- $(12\times12)\div(12+12)=144\div24=6$
- $(5\times20)\div(5+20)=100\div25=4$
- $(4\times12)\div(4+12)=48\div16=3$

따라서 '?'에 들어갈 숫자는 $(8\times24)\div(8+24)=192\div32=6$이다.

14

| 정답 | ④

| 해설 | 왼쪽 변의 수와 아래 변의 수를 곱하고 오른쪽 변의 수를 뺀 값이 삼각형 내부의 숫자가 된다.

- $3\times5-1=14$
- $4\times6-4=20$
- $5\times7-9=(?)$

따라서 '?'에 들어갈 숫자는 $5\times7-9=26$이다.

15

| 정답 | ③

| 해설 |

15 → 35 → 63 → 99 → 143 → (?)

+20, +28, +36, +44, +52

+8, +8, +8, +8

따라서 '?'에 들어갈 숫자는 143+52=195이다.

보충 플러스+

다음 규칙으로도 풀이될 수 있다.

15	→	35	→	63	→	99	→	143	→	?
↑		↑		↑		↑		↑		↑
3×5		5×7		7×9		9×11		11×13		13×15

16

| 정답 | ①

| 해설 | 같은 위치에 있는 3개의 숫자를 더했을 때 2씩 커짐을 알 수 있다. 즉, 3+7+10=20, 9+5+8=22, 5+5+14=24와 같이 규칙적으로 숫자의 합이 커지며, 이 규칙에 따라 4+20+(?)=34가 되어야 하므로 '?'에 들어갈 숫자는 10이다.

17

| 정답 | ②

| 해설 | 주어진 숫자는 다음과 같은 규칙에 따라 배열되어 있다.

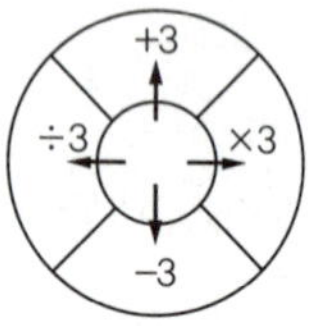

따라서 '?'에 들어갈 숫자는 9이다.

18

| 정답 | ②

| 해설 | 가운데 숫자는 왼쪽 숫자와 오른쪽 숫자의 평균이고, 또한 위쪽 숫자와 아래쪽 숫자의 곱이다.

- A+28=30×2, 15×B=30
  → A=32, B=2
- 30+40=35×2, 7×5=35
- 17+25=21×2, 7×3=21

따라서 A와 B에 들어갈 숫자의 합은 32+2=34이다.

19

| 정답 | ⑤

| 해설 | 제시된 규칙은 '(위쪽 숫자와 아래쪽 숫자의 제곱을 합한 값)−(왼쪽 숫자와 오른쪽 숫자의 제곱을 합한 값)=가운데 숫자'이다.

- $(10^2+4^2)-(10^2+2^2)=12$
- $(9^2+5^2)-(4^2+3^2)=81$
- $(11^2+3^2)-(5^2+9^2)=(\ ?\ )$

따라서 '?'에 들어갈 숫자는 24이다.

20

| 정답 | ③

| 해설 | 한 변의 검은색 바둑돌 수가 6개인 정사각형을 그림으로 나타내면 다음과 같다.

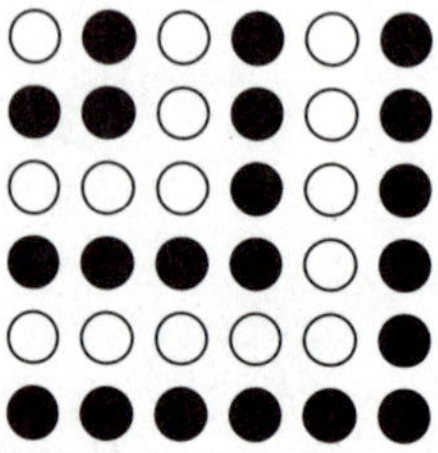

이때 검은 바둑돌의 수는 두 단계마다 4개씩 늘어나므로 총 3+7+11=21(개)이다.

이를 토대로 규칙을 파악하면 다음과 같다.

$$3$$
$$\overset{+4}{3+7} = 10$$
$$3+7+11 = 21$$
$$3+7+11+15 = 36$$
$$\vdots$$
$$3+7+11+15+\cdots+3+(n-1)\times 4 = \frac{2\times 3+(n-1)\times 4}{2}\times n$$

따라서 검은 바둑돌의 개수가 처음으로 총 171개일 때, 검은색 바둑돌이 변을 이루는 가장 큰 정사각형이 몇 번째에 해당하는지를 구하면 다음과 같다.

$$\frac{2\times 3+(n-1)\times 4}{2}\times n = 171$$

$2n^2+n-171=0$

$(n-9)(2n+19)=0$(단, n은 자연수)

$\therefore n=9$

따라서 검은색 바둑돌이 9번째로 정사각형의 변을 이룰 때, 그 두 변을 이루는 바둑돌의 개수는 $3+(9-1)\times 4=35$(개)이며, 이때 한 변을 이루는 바둑돌의 개수는 $\frac{35+1}{2}=18$(개)이다.

3회 언어이해

문제 208쪽

01	②	02	④	03	①	04	③	05	③
06	④	07	②	08	③	09	③	10	③
11	②	12	①	13	③	14	①	15	③
16	①	17	③	18	②	19	①	20	③

01

| 정답 | ②

| 해설 | 철학자들이 내세운 다양한 신 존재 증명이론 중 목적론적 신 존재 증명의 개념에 대해 서술하고 있다. 따라서 글의 주제로 '목적론적 신 존재 증명이론의 개념'이 가장 적절하다.

02

| 정답 | ④

| 해설 | 오프라 윈프리는 출연자의 마음을 이해하는 데 있어 뛰어났으며 상대방을 설득하기 위한 방법으로 이해와 공감을 제시했다. 따라서 ④가 적절하다.

03

| 정답 | ①

| 해설 | 제시된 글은 언론사들이 정치적 지향을 강하게 드러낼수록 자신의 정치적 성향과 동일하다고 생각하는 구독자들이 더 많은 후원금을 내고, 이를 통해 수입을 얻어 언론사를 이끌어갈 수 있다고 하면서, 대안언론이 정치성을 드러내는 이유에 대해 설명하고 있다.

04

| 정답 | ③

| 해설 | 허공을 제외하면 비물질적인 것은 존재하지 않으며, 영혼은 아주 미세한 입자들로 구성되어 있기 때문에 몸의 나머지 구조들과 더 조화를 잘 이룰 수 있다고 하였다. 따라서 영혼이 비물질적인 존재라고 추론하는 것은 적절하지 않다.

| 오답풀이 |

① 허공이 없다면 물체가 존재할 곳이 없고, 움직일 수 있는 공간도 없을 것이므로 물체의 운동을 위해 반드시 필요하다.

② 몸은 감각의 원인을 영혼에 제공한 후 자신도 감각 속성의 몫을 영혼으로부터 얻기 때문에 감각을 얻기 위해서는 영혼과 몸 모두가 필요하다.

④ 영혼이 담겨 있던 몸 전체가 분해되면 영혼의 입자들도 더 이상 이전과 같은 능력을 가지지 못하고 해체되며 감각 능력도 잃게 된다.

⑤ 육체의 일부가 소실되어 거기에 속했던 영혼이 해체되어도 나머지 영혼은 몸 안에 있으며, 영혼의 한 부분이 해체되더라도 나머지 영혼이 계속해서 존재하기만 한다면 여전히 감각을 유지할 것이다.

05

| 정답 | ③

| 해설 | 첫 번째 문단을 보면 관객은 영화가 현실의 복잡성을 똑같이 모방하기를 원하지 않고, 영화 역시 그러기 위해 애쓰지 않는다고 하였다. 즉, 사실적이라는 평가를 받는 영화란 영화적 관습에 의해 관객들이 영화 속 내용을 현실처럼 보는 데에 동의했기 때문이지 현실을 그대로 모방해서가 아님을 알 수 있다.

06

| 정답 | ④

| 해설 | 제시된 기사의 내용은 미국의 청소년 흡연율이 높은 수치를 기록하며, 높은 청소년 흡연율과 낮은 담배 구입 연령 제한이 연관이 있다는 주장이 나와 미국의 여러 주가 담배 구입 연령 제한을 상향했다는 것이다. 따라서 제목으로 '미국, 심각한 청소년 흡연율에 다수의 주들 담배 구입 연령 21세로 상향 조정'이 적절하다.

07

| 정답 | ②

| 해설 | 제시된 글은 이웃이 전보다 인접해 있으나 가까이 사귀지 못하는 도시의 생활 모습에 대하여 설명하고 있다. 따라서 글의 중심내용이 되는 빈칸에는 이로 인한 도시 생활의 문제점인 '가구의 고립화'가 들어가는 것이 적절하다.

| 오답풀이 |

⑤ 도시가 전통적 이웃 형태에 비해 더 가깝고, 더 많은 이웃을 갖게 되었다고 언급하였을 뿐 전반적인 내용은 가구의 고립화에 초점이 맞추어져 있으므로 적절하지 않다.

08

| 정답 | ③

| 해설 | '함께 추구한다'라는 경쟁의 어원처럼 본래의 경쟁은 사회의 여러 부문에서 상생 · 상보적인 요소로 작용하였으나, 오늘날의 경쟁은 지배 이데올로기로 자리잡아 어원과는 다른 의미로 사용되고 있음을 소개하고 있다. 따라서 '경쟁의 변모'가 주제로 가장 적절하다.

09

| 정답 | ③

| 해설 | ○○발전은 '지진 발생 후 건축물 긴급 안정성평가 소프트웨어'를 자체 기술이 아닌, 사외전문가와의 협업을 통해 국내 최초로 개발했다.

10

| 정답 | ③

| 해설 | 두 번째 문단에서 식수가 분변으로 오염되어 있다면 분변에 있는 병원체 수와 비례하여 존재하는 비병원성 세균을 지표생물로 이용한다고 하면서, 이에 대표적인 것은 대장균이라고 하였다. 따라서 채취된 시료 속의 총대장균

군의 세균 수와 병원체 수는 비례하여 존재한다는 것을 알 수 있다.

| 오답풀이 |

① 세 번째 문단에서 총대장균군에 포함된 세균이 모두 온혈동물의 분변에서 기원한 것은 아니라고 하고 있다.

② 세 번째 문단에서 총대장균군은 염소 소독과 같은 수질 정화과정에서도 병원체와 유사한 저항성을 가진다고 하고 있다.

④ 첫 번째 문단에서 병원성 세균, 바이러스, 원생동물, 기생체 소낭 등과 같은 병원체를 직접 검출하는 것은 비싸고 시간이 많이 걸릴 뿐 아니라 숙달된 기술을 요구하지만 지표생물을 이용하면 이러한 문제를 많이 해결할 수 있다고 하고 있다.

⑤ 세 번째 문단에서 분변성 연쇄상구균군은 잔류성이 높고 장 밖에서는 증식하지 않기 때문에 시료에서도 그 수가 일정하게 유지되어 좋은 상수소독 처리지표로 활용된다고 하고 있다.

11

| 정답 | ②

| 해설 | 첫 번째 문단, 두 번째 문단은 기술의 양면성에 관해 언급하고 있고, 세 번째 문단은 기술의 지배와 통제를 벗어나려면 기술에 대한 비판적이고 균형 있는 철학과 사상이 필요하다고 주장하고 있다. 따라서 이와 반대되는 내용인 기술의 양면성을 철학과 사상이 아닌 또 다른 새로운 기술로 보완해야 한다는 ②가 글의 주장을 반박하는 내용으로 적절하다.

| 오답풀이 |

①, ③ 글쓴이는 통제할 수 없는 기술이 존재한다고 보았다. 이는 인간이 강제적으로 기술의 순기능만을 발전시킬 수 없다는 사실을 암묵적으로 전제하고 있는 것이다. 따라서 글쓴이의 입장과 반대되는 내용은 맞지만, 글쓴이의 주장에 대한 반박은 아니다.

④ 새로운 기술로 힘을 잃게 된 그룹에 대한 언급이 있지만 이는 글쓴이가 궁극적으로 말하고자 하는 바가 아니므로 적절하지 않다.

⑤ 글쓴이의 주장과 유사한 내용이다.

12

| 정답 | ①

| 해설 | 파놉티콘은 중앙에 존재하는 감시탑의 주위를 독방들이 원형으로 둘러싸도록 배치된 구조로, 독방에 있는 죄수들은 간수 또는 감시자의 관찰에 노출되지만 죄수는 감시자를 볼 수 없는 '권력에 따른 시선의 불균형'을 확인시켜 주는 장치이다.

| 오답풀이 |

② 파놉티콘은 타자로부터 감시당할 수도 있지만 감시 권력이 보이지 않는다. 때문에 언제, 어디서든 감시당하고 있을지도 모른다는 생각이 지속적인 통제를 가능하게 하며 스스로 자신을 감시하는 '주체'가 되도록 한다.

③ 벤담은 파놉티콘이 사회 개혁을 가능하게 해 주는 효율적인 수단이라고 생각했고 이는 결국 받아들여지지 않았다고 설명되어 있지만, 파놉티콘의 원리가 다른 사회 부문에 적용될 수 없다는 언급은 찾을 수 없다.

④ 파놉티콘의 가장 큰 장점은 스스로를 감시하는 주체적 통제에 의해 최소한의 비용, 최소한의 감시로 최대의 효과를 누릴 수 있다는 점이다.

⑤ 파놉티콘은 감시 권력을 비가시화함으로써 죄수들에게 언제, 어디서든 감시받고 있을지도 모른다는 불안감을 조성한다.

13

| 정답 | ③

| 해설 | 마지막 문장에서 소수의 고성장기업이 전체 신규 일자리 창출에서 높은 비중을 차지하고 있음을 알 수 있다.

| 오답풀이 |

① 일자리 창출에서 고성장기업이 높은 비중을 차지하고 있다는 것만 알 수 있을 뿐, 중견기업의 역할은 강조하지 않았다.

② 첫 번째 문단에서 일자리가 경제의 선순환에 기여한다고 하였는데 고성장기업이 전체 신규 일자리에서 높은 비중을 차지한다고 하였으므로 악영향을 준다고 볼 수 없다.

④ OECD의 정의에 따르면 고성장기업은 '10인 이상의 기업 중에서 고용 또는 매출액이 3년 연속으로 20% 이상 증가한 기업'을 말한다.

⑤ 가젤 기업은 고성장기업에 속한다.

14

| 정답 | ①

| 해설 | 첫 번째 문단을 보면 나라를 위해 헌신한 이들에게 적절한 보상과 지원제도를 마련하기 위해서는 적지 않은 국가 재정이 소요되므로 한정된 재정을 활용하여 그 효과를 극대화하기 위해 고민해야 한다고 나와 있다. 두 번째 문단을 보면 또 다른 고민으로 지원을 위한 재정이 국민들의 세금에 의해 마련되므로 결코 허투루 사용되어서는 안 된다는 내용이 나온다. 따라서 국민들이 세금을 납부하는 것이 의무사항이기는 하지만 나라는 이러한 예산을 신중하게 사용해야 한다는 내용이 이어져야 자연스럽다.

15

| 정답 | ③

| 해설 | 제시된 글은 경제력을 독점하고 있는 소수 계층이 각계에 영향력을 행사하여 대다수 국민들의 의사에 반하는 결정들을 관철시키고 있으며, 토지 소유의 극심한 편중과 투기화 등은 대부분의 경제적 · 사회적 불안과 부정의의 가장 중요한 원인으로 작용하고 있다며 경고하고 있다. 따라서 ③은 제시된 글의 입장을 나타내는 진술이다.

| 오답풀이 |

① 네 번째 문단을 보면 구체적인 정책적 해결 방안을 말하기 보다는 전체적으로 둘러서 말하고 있다.

② 세 번째 문단에서 글쓴이는 부동산 문제 해결이 가장 시급한 사안이라고 하면서 부동산 문제가 모든 경제 사회적 불안과 부정의의 가장 중요한 원인으로 작용하고 있다고 하였다. 이에 대해 그 원인이 부동산 문제만은 아니라고 반박할 수 있다.

16

| 정답 | ①

| 해설 | 강 사원은 인공지능 기술이 인구 감소에 따른 노동력의 부족 문제를 해결할 수 있는 대안이 될 것이라고 하였다. 따라서 빈칸에는 '또한'으로 시작하면서 인공지능의 발전이 새로운 일자리 창출이라는 긍정적인 영향을 미칠 것이라는 내용의 ①이 적절하다.

| 오답풀이 |

② 인공지능 기술과 관련 없는 내용이다.

③ '실제로'로 시작하면서 앞선 사람의 말을 긍정하고 있다. 하지만 인공지능이 일자리에 대해 부정적인 영향을 미칠 것이라는 내용은 앞의 강 사원의 말과 일치하지 않으므로 적절하지 않다.

④ '그래서'로 시작하면서 앞선 사람의 말에 대한 결과를 말하고 있다. 하지만 유망 직업은 인공지능 기술이 생산성에 미치는 결과와 관계없는 내용이므로 적절하지 않다.

⑤ '그럼에도'로 시작하면서 앞선 사람의 말을 부정하고 있다. 하지만 인공지능의 긍정적인 영향에 대한 내용은 앞의 강 사원의 말과 일치하므로 적절하지 않다.

17

| 정답 | ③

| 해설 | FDMA는 형성 전 단절 방식을, CDMA는 단절 전 형성 방식을 사용하는데, 핸드오버의 명령이 어느 방식에서 더 빠르게 이루어지는지 그리고 어떤 방식의 연결이 더 간편한지에 대해서는 제시된 글을 통해 알 수 없다.

| 오답풀이 |

① 핸드오버는 이동단말기와 기지국 사이의 신호 세기가 특정 값 이하로 떨어지면 명령되는데, 신호는 이동단말기와 기지국의 거리가 가까울수록 강해지고 멀수록 약해진다.

②, ④ CDMA에서 사용하는 단절 전 형성 방식은 각 기지국이 같은 주파수를 사용하고 있을 경우에 사용되는 방식으로, 이동단말기와 기존 기지국 간 통화 채널이 단절되기 전 새로운 기지국과 통화 채널을 형성하여 두 기지국과 동시에 통화 채널을 형성할 수 있다.

⑤ 이동단말기와 기지국 사이의 신호 세기가 특정 값 이하로 떨어지게 되면 핸드오버가 명령된다고 하였으므로 신호의 세기가 특정 값보다 높다면 핸드오버가 명령되지 않음을 알 수 있다.

18

| 정답 | ②

| 해설 | 제시된 글은 목재와 목재를 연결하는 쇠못 결합 방법과 짜맞춤 기법에 대해 설명하고 있다. 먼저 (다)에서 목재 연결 기술의 두 가지 방법을 언급한 후에 (가)에서 쇠못 결합 방법의 특징을, (마)에서는 이에 대비되는 짜맞춤 기법의 특징을 보여 주고 있으므로 (다)-(가)-(마) 순으로 이어짐을 알 수 있다. 이후 (마)에서 말한 짜맞춤 기법의 단점에도 불구하고 역접 접속부사로 장점을 제시하고 있는 (라)가 이어진다. 그리고 '이러한' 짜맞춤 기법의 다양한 종류를 제시하고 있는 (나)와 결론인 (바)의 순으로 전개되어야 한다. 따라서 (다)-(가)-(마)-(라)-(나)-(바) 순이 적절하다.

19

| 정답 | ①

| 해설 | 인류가 바람을 에너지원으로 사용한 지는 1만 년, 풍차를 이용한 지는 3,000년이 넘었고 풍력발전이 시작된 지 100년이 넘었다고 제시되어 있지만 이를 통해 풍력발전이 인류사에 있어 가장 오래된 에너지인지는 알 수 없다.

| 오답풀이 |

② '그동안 생산비용이 저렴하고 사용하기 편리한 화력발전에 밀려 그다지 빛을 보지 못했다'고 제시되어 있다. 이를 통해 화력발전이 풍력발전보다 전력생산 비용이 낮다는 점을 알 수 있다.

③ '온실가스로부터 지구를 지키지 못하면 인류의 미래를 보장할 수 없을지도 모른다는 위기감이 부상하면서 신개념에너지에 대한 관심이 높아지고 있다'고 제시되어 있다. 이를 통해 환경오염으로부터 자유로운 신재생에너지에 대한 관심이 높아지고 있다는 것을 알 수 있다.

④ '그러나 온실가스와 같은 환경 문제가 대두되자'라고 제시되어 있다. 이는 앞 문장에서 말한 화력발전이 온실가스 배출과 같은 환경문제를 일으킨다는 것을 의미한다.

⑤ '이로부터 자유로운 풍력발전이 차세대 에너지로 주목받게 되었고 이에 힘입어 풍력발전은 변신을 거듭하고 있다'고 제시되어 있다. 화력발전은 온실가스와 같은 환경문제가 대두되고 있으며 신재생에너지(풍력발전)는 이러한 문제로부터 자유롭다는 것을 알 수 있다.

20

| 정답 | ③

| 해설 | 모든 문화는 키치적 속성과 '좋은' 예술의 속성을 동시에 가지고 있으나, 어떤 것이 키치이고 어떤 것이 좋은 것인지는 대중적 선택에 의해 결정될 수 있다고 하였다. 이때 대중의 선택이란 사회 흐름에 따라 변화할 수 있으므로 ③이 적절하다.

| 오답풀이 |

①, ② 대중문화는 키치와 고급 예술을 모두 아우르는 개념으로 볼 수 있다.

④, ⑤ 키치에 대한 설명이다.

3회 자료해석

문제 225쪽

01	①	02	③	03	④	04	④	05	②
06	③	07	③	08	④	09	③	10	③
11	④	12	⑤	13	④	14	②	15	④
16	④	17	⑤	18	③	19	③	20	⑤

01

| 정답 | ①

| 해설 | 어떤 사람이 박사 학위를 가진 연구원일 때, 그 사람의 전공 분야가 X일 확률은 다음과 같다.

X	확률
이학	17.35%
공학	43.87%
농학	4.63%
의 · 약 · 보건학	13.63%
인문학	7.74%
사회과학	12.77%

확률이 8%보다 큰 분야는 이학, 공학, 의 · 약 · 보건학, 사회과학이다. 이 중 석박사 학위를 갖지 않은 연구원의 비율은 다음과 같다.

X	비율
이학	40.12%
공학	57.51%
의 · 약 · 보건학	20.34%
사회과학	24.84%

비율이 35% 이상인 분야는 이학과 공학이다. 따라서 두 분야 중 석사와 학사 연구원 수의 차이가 1,709명으로 3,000명보다 적은 이학이 X 분야이다.

02

|정답| ③

|해설| 〈표 2〉의 시간별 이용률에서 청소년의 스마트폰 이용 시간은 3시간 이상대가 가장 높은 비중을 차지하고 있으며, 이는 일평균 이용 시간인 2.7시간(20X8년), 2.6시간(20X9년)보다 높다. 또한 일평균 스마트폰 이용 현황 중 문자메시지가 차지하는 시간은 20X8년에 2.7×0.382=1.0314(시간), 20X9년에 2.6×0.367=0.9542(시간)으로 1.0314−0.9542=0.0772(시간), 즉 4.632분 감소하였다.

|오답풀이|

① 〈표 1〉에서 청소년의 일평균 스마트폰 이용 현황을 보면, 문자메시지 이용률이 가장 높다.

② 〈표 2〉에서 청소년의 스마트폰 일평균 이용 시간은 20X9년과 20X8년에 각각 2.6시간, 2.7시간으로 비슷한 수준을 보이고 있다.

④ 〈표 1〉에서 청소년의 스마트폰 이용률은 20X8년에는 40.0%, 20X9년에는 80.7%로 40.7%p 급증하였다.

⑤ 20X8년과 20X9년 각각의 총 응답자 수를 제시해 주지 않았으므로 알 수 없다.

03

|정답| ④

|해설| 중학교 졸업자 수는 1,830×0.28=512.4(만 명)이고, 중학교 입학자 수는 1,730×0.25=432.5(만 명)이다. 따라서 중학교 졸업자 수가 입학자 수보다 많다.

|오답풀이|

① 초등학교 학생 수는 6,600×0.4=2,640(만 명)이고, 학급 수는 250×0.4=100(만 개)이다. 따라서 학급당 학생 수는 2,640÷100=26.4로 약 26명이다.

② 교원 1명당 학생 수는 중학교가 가장 많다.

- 유치원 : (6,600×0.1)÷(460×0.1)≒14.3
- 초등학교 : (6,600×0.4)÷(460×0.4)≒14.3
- 중학교 : (6,600×0.24)÷(460×0.2)≒17.2
- 고등학교 : (6,600×0.26)÷(460×0.3)≒12.4

③ 입학자 수와 졸업자 수의 경우 고등학교의 비율이 가장 높다.

⑤ 전체 고등학교 학생 수는 6,600×0.26=1,716(만 명)이고, 고등학교 졸업자 수는 1,830×0.32=585.6(만 명)이다. 따라서 전체 고등학교 학생 중 졸업자의 비율은 $\frac{585.6}{1,716}\times 100 \fallingdotseq 34.1(\%)$이다.

04

|정답| ④

|해설| 20X5년에는 20X4년에 비교하여 내수만 증가하고 생산 · 수출 · 수입은 감소하였다.

|오답풀이|

① 20X2 ~ 20X9년 동안 매년 수출이 수입보다 많으므로 무역적자를 달성한 연도는 없다.

② 20X7년에 4,657천 대로 가장 높은 자동차 생산 수치를 기록하고 있다.

③ 20X6 ~ 20X9년 동안 수출이 544.0억 불→684.0억 불→718.0억 불→747.0억 불로 꾸준히 증가하였다.

⑤ 전년 대비 생산이 감소한 해를 살펴보면 20X4년, 20X5년, 20X8년, 20X9년으로, 20X4년에는 25만 9천 대, 20X5년에는 31만 4천 대, 20X8년에는 9만 5천 대, 20X9년에는 4만 대가 감소하였다. 따라서 생산이 가장 크게 감소한 해는 20X5년이며, 20X5년의 무역흑자는 371.0−58.7≒312(억 불)이다.

05

|정답| ②

|해설| S사 S 라면 2월 라면 판매량은 6,582−(1,210+1,035+1,212+1,013+978)=1,134(개)이므로 그 비중은 $\frac{1,134}{5,066}\times100\fallingdotseq22.4(\%)$이다.

06

| 정답 | ③

| 해설 | 각 광종별 부존량 1위 국가들의 세계 매장량에 대한 점유비중은 다음과 같다.

- 철광석 : $\frac{35,000}{170,000}\times100≒20.6(\%)$
- 동광석 : $\frac{190,000}{690,000}\times100≒27.5(\%)$
- 보크사이트 : $\frac{7,400}{28,000}\times100≒26.4(\%)$
- 아연 : $\frac{64,000}{250,000}\times100=25.6(\%)$
- 니켈 : $\frac{18,000}{74,000}\times100≒24.3(\%)$

따라서 모두 세계 매장량의 20% 이상 점유하고 있다.

| 오답풀이 |

① 호주만 5개 광종 부존량 상위 5개국에 모두 속해 있음을 알 수 있다.

② 철광석과 보크사이트는 각각 71.8%로 70%를 넘고 있으나, 동광석은 61.4%, 아연은 64.0%, 니켈은 67.6%로 70%에 미치지 못한다.

④ 상위 5개국의 광종별 부존량 합에서 각 광종별 1위 국가의 부존량이 차지하는 비중은 다음과 같다.

- 철광석 : $\frac{35,000}{122,100}\times100≒28.7(\%)$
- 동광석 : $\frac{190,000}{424,000}\times100≒44.8(\%)$
- 보크사이트 : $\frac{7,400}{20,100}\times100≒36.8(\%)$
- 아연 : $\frac{64,000}{160,000}\times100=40.0(\%)$
- 니켈 : $\frac{18,000}{50,000}\times100=36.0(\%)$

따라서 상위 5개국 대비 1위 국가의 부존량이 차지하는 비중은 동광석이 가장 큰 것을 알 수 있다.

⑤ 전 세계에서 광종별 호주의 부존량 비중은 다음과 같다.

- 철광석 : $\frac{35,000}{170,000}\times100≒20.6(\%)$
- 동광석 : $\frac{87,000}{690,000}\times100≒12.6(\%)$
- 보크사이트 : $\frac{6,000}{28,000}\times100≒21.4(\%)$
- 아연 : $\frac{64,000}{250,000}\times100=25.6(\%)$
- 니켈 : $\frac{18,000}{74,000}\times100≒24.3(\%)$

따라서 호주의 부존량 비중은 아연이 가장 큰 것을 알 수 있다.

07

| 정답 | ③

| 해설 | 20X6년 고등교육기관을 졸업한 취업자 349,584명 중 프리랜서의 수는 20,280명이므로 프리랜서의 비율은 $\frac{20,280}{349,584}\times100≒5.8(\%)$이다.

| 오답풀이 |

① 남자와 여자의 취업률 차이는 20X1년 6.2%p, 20X2년 4.9%p, 20X3년 5%p, 20X4년 3.8%p, 20X5년 2.9%p, 20X6년 2.6%p로, 20X3년에는 20X2년에 비해 취업률 차이가 커졌다.

② 제시된 자료에는 취업률만 나와 있으므로 20X1 ~ 20X5년의 취업자 수는 비교할 수 없다.

④ 20X6년 남자의 진학률은 $\frac{19,415}{285,443}\times100≒6.8(\%)$, 여자의 진학률은 $\frac{17,423}{295,252}\times100≒5.9(\%)$로 남자의 진학률이 더 높다.

⑤ 20X6년 고등교육기관 졸업자의 취업률은 $\frac{349,584}{516,620}\times100≒67.7(\%)$이다.

08

| 정답 | ④

| 해설 | 20X6년은 40,406명, 20X7년은 42,630명, 20X8년은 44,121명, 20X9년은 48,042명으로 20X6년부터 20X9년까지 소방인력은 매년 4만 명 이상임을 알 수 있다.

| 오답풀이 |

① 전년 대비 소방인력 수의 증가율은 다음과 같다.

- 20X2년 : $\frac{36,711-33,992}{33,992}\times 100 \fallingdotseq 8.0(\%)$
- 20X3년 : $\frac{37,826-36,711}{36,711}\times 100 \fallingdotseq 3.0(\%)$
- 20X4년 : $\frac{38,557-37,826}{37,826}\times 100 \fallingdotseq 1.9(\%)$
- 20X5년 : $\frac{38,559-38,557}{38,557}\times 100 \fallingdotseq 0.0(\%)$
- 20X6년 : $\frac{40,406-38,559}{38,559}\times 100 \fallingdotseq 4.8(\%)$
- 20X7년 : $\frac{42,630-40,406}{40,406}\times 100 \fallingdotseq 5.5(\%)$
- 20X8년 : $\frac{44,121-42,630}{42,630}\times 100 \fallingdotseq 3.5(\%)$
- 20X9년 : $\frac{48,042-44,121}{44,121}\times 100 \fallingdotseq 8.9(\%)$

따라서 가장 큰 비율로 증가한 해는 20X9년이다.

② 20X1년에는 전체 공무원 대비 소방인력 비율이 3.8%로 4%를 초과하지 않는다.

③ 20X8년의 소방인력 수는 48,042명이고 8년 전인 20X1년에는 33,992명이므로 20X8년 소방인력 수는 20X1년에 비해 14,050명 늘어났음을 알 수 있다.

⑤ 20X1년 전체 공무원 수는 $\frac{33,992}{0.038} \fallingdotseq 894,526$(명)으로 100만 명 미만이다.

09

| 정답 | ③

| 해설 | 경상도, 경기도, 전라도, 충청도, 서울, 강원도, 제주도 순으로 전체 학교 개수와 대학교 개수가 많다.

| 오답풀이 |

① 각 지역별 고등학교 졸업생 수가 제시되어 있지 않으므로 전국 고등학교 졸업생의 대학진학률 평균을 알 수 없다.

② 대학교 개수가 가장 많은 지역은 경상도, 경기도, 전라도의 순서인데, 대학진학률이 가장 높은 지역의 순서는 해마다 다르므로 이 둘이 서로 밀접한 관련이 있다고 볼 수 없다.

④ 20X6년 대비 20X9년의 대학진학률 감소폭은 다음과 같다.

- 서울 : 65.6−62.8=2.8(%p)
- 경기도 : 81.1−74.7=6.4(%p)
- 강원도 : 92.9−84.2=8.7(%p)
- 충청도 : 88.2−80.1=8.1(%p)
- 전라도 : 91.3−81.9=9.4(%p)
- 경상도 : 91.8−83.8=8(%p)
- 제주도 : 92.6−87.6=5(%p)

따라서 가장 작은 감소폭을 보인 지역은 서울이다.

⑤ 전라도의 20X8년 대학진학률은 86.9%, 20X7년 대학진학률은 88.1%이다. 따라서 88.1−86.9=1.2%p 감소했다.

10

| 정답 | ③

| 해설 | 20X1 ~ 20X4년의 순이동자 수가 음수이므로 전출 인구가 전입 인구보다 더 많음을 알 수 있다.

| 오답풀이 |

⑤ 20X5년 국내 이동자 수는 전년 대비 $\frac{7,154-7,378}{7,378}\times 100 \fallingdotseq -3.0(\%)$ 감소하였다.

11

| 정답 | ④

| 해설 | 빈칸의 값을 구하면, 보수총액은 3,570,000원, 공제총액은 570,000원, 실수령액은 3,000,000원이다.

ㄱ. 일반기여금이 15% 증가하면 284,000×0.15=42,600(원) 증가하게 되므로, 공제총액은 570,000+42,600=612,600(원)이 된다.

ㄷ. 건강보험료는 장기요양보험료의 $\frac{103,000}{7,000} \fallingdotseq 14.7$(배)이다.

ㄹ. 공제총액에서 일반기여금이 차지하는 비중은 $\frac{284,000}{570,000}\times 100 \fallingdotseq 49.8(\%)$, 보수총액에서 직급보조

비가 차지하는 비중은 $\frac{250,000}{3,570,000} \times 100 \fallingdotseq 7.0(\%)$로, $\frac{49.8}{7.0} \fallingdotseq 7.1$(배)이다.

| 오답풀이 |

ㄴ. 실수령액은 기본급의 $\frac{3,000,000}{2,530,000} \fallingdotseq 1.19$(배)이다.

12

| 정답 | ⑤

| 해설 | 노인부양비율을 계산하면 다음과 같다.

구분	생산가능인구	고령인구	노인부양비율
1990년	29,701	2,195	약 7%
2000년	33,702	3,395	약 10%
2010년	35,973	5,452	약 15%
2014년	36,809	6,386	약 17%
2017년	37,068	7,019	약 19%
2020년	36,563	8,084	약 22%
2026년	34,506	10,840	약 31%
2030년	32,893	12,691	약 39%
2040년	28,873	16,501	약 57%
2050년	25,347	17,991	약 71%

2050년 노인부양비율은 약 71%로 75% 미만이다.

| 오답풀이 |

① 2010년 노인부양비율은 약 15%로 1990년 노인부양비율 약 7%의 $\frac{15}{7} \fallingdotseq 2.14$(배)이다.

④ 2040년 노인부양비율은 약 57%로 2030년의 약 39%보다 18%p 증가할 전망이다.

13

| 정답 | ④

| 해설 | E 병원의 의사 1인당 의료이익은 $\frac{399}{830} \fallingdotseq 0.48$(억 원)으로 A 병원의 의사 1인당 의료이익인 $\frac{825}{1,625} \fallingdotseq 0.51$(억 원)보다 적다.

14

| 정답 | ②

| 해설 | 20X4년 막걸리 출하량은 20X1년 막걸리 출하량의 약 $\frac{443,778}{140,167} \fallingdotseq 3.2$(배)이다.

| 오답풀이 |

③ 20X1 ~ 20X4년 중 전년 대비 막걸리 출하량의 증감률이 가장 큰 해는 20X3년으로, 80.6%를 기록하였다.

④ 20X0 ~ 20X5년 중 막걸리 출하량이 가장 많았던 해는 443,778kl를 기록한 20X4년이고, 가장 적었던 해는 134,406kl를 기록한 20X0년이다.

⑤ 20X5년 막걸리 출하량은 20X0년 막걸리 출하량의 $\frac{414,550}{134,406} \fallingdotseq 3.1$(배)이다. 따라서 20X0년 막걸리 출하량의 3배 이상이다.

15

| 정답 | ④

| 해설 | 20X4년 국가유공자의 1인당 보상금액은 27,570(억 원)÷246(천 명)≒112.07(십만 원)이고 20X3년에는 26,967(억 원)÷237(천 명)≒113.78(십만 원)이므로 약 17만 1천 원 감소하였다.

| 오답풀이 |

① 20X1년 대비 20X5년에 독립유공자, 고엽제후유의증환자 인원수는 변화가 없고 국가유공자는 10천 명이 증가하였지만 참전유공자 인원이 30천 명 감소하였으므로 참전유공자의 인원 감소가 전체 대상자 인원 감소에 기인하였다고 볼 수 있다.

② 20X1년 참전유공자의 1인당 보상금액은 4,550(억 원)÷252(천 명)≒18.06(십만 원)이다. 20X1년 고엽제후유의증환자의 1인당 보상금액은 2,209(억 원)÷37(천 명)≒59.70(십만 원)이므로 3배 이상이다.

③ 20X3년 보훈 대상자는 전년 대비 527－524＝3(천 명) 증가하였고 보상금액은 35,610－34,370＝1,240(억 원) 증가하였다.

⑤ 20X5년 고엽제후유의증환자의 보상금액은 전년 대비 2,590－2,512＝78(억 원) 증가하였다.

16

| 정답 | ④

| 해설 | ㉮에 의해 대구는 ㉠과 ㉡ 중 한 곳이며, 대전은 ㉢과 ㉣ 중 한 곳임을 알 수 있다.

㉯에 의해 관광산업 사업체 수는 '부산>광주+대전>대구'이므로 부산이 대구보다 관광산업 사업체 수가 많음을 알 수 있다. 그러므로 ㉠이 부산, ㉡이 대구가 되며 ㉢과 ㉣은 광주와 대전 중 각각 한 곳이 된다.

㉰에서 언급된 비율은

$\frac{12,050+\text{대전의 예술산업 사업체 수}}{48,562}\times100≒38.6(\%)$라는 의미가 되므로 계산해 보면 대전은 ㉣이 되고 광주가 ㉢이 됨을 알 수 있다.

따라서 ㉠ 부산, ㉡ 대구, ㉢ 광주, ㉣ 대전이다.

17

| 정답 | ⑤

| 해설 | ㉢ 전체 직원 중에서 구강건강이 매우 건강한 직원은 19,597×0.0687≒1,346(명)으로 1,300명 이상이다.

㉣ 구강건강이 매우 건강한 남성 직원은 10,154×0.0699≒710(명), 여성 직원은 9,443×0.0674≒636(명)으로 남성 직원이 더 많다.

| 오답풀이 |

㉠ 구강건강이 보통인 직원의 비율은 20대가 34.69%, 30대가 40.88%, 40대가 46.01%, 50대 이상이 47.93%로, 연령대가 낮을수록 낮다.

㉡ 근무지별 구강건강이 매우 건강하지 않은 직원의 수는 다음과 같다.

- A 지사 : 8,487×0.0158≒134(명)
- B 지사 : 8,555×0.0103≒88(명)

따라서 B 지사에서 근무하는 직원이 A 지사에서 근무하는 직원보다 더 적다.

18

| 정답 | ③

| 해설 | 연도별 전년 대비 비용 증감률을 구하면 다음과 같다.

구분	전년 대비 비용 증감률(%)
20X4년	$\frac{165,000-180,000}{180,000}\times100≒-8.3(\%)$
20X5년	$\frac{190,000-165,000}{165,000}\times100≒15.2(\%)$
20X6년	$\frac{184,300-190,000}{190,000}\times100≒-3(\%)$
20X7년	$\frac{166,300-184,300}{184,300}\times100≒-9.8(\%)$
20X8년	$\frac{178,000-166,300}{166,300}\times100≒7.0(\%)$
20X9년	$\frac{173,000-178,000}{178,000}\times100≒-2.8(\%)$

전년 대비 비용 증감률의 절댓값이 가장 높았던 해는 20X5년으로, 이는 비용이 가장 많았던 해이다.

| 오답풀이 |

① 연도별 이익과 전년 대비 이익 증감률을 구하면 다음과 같다.

구분	이익(만 원)	전년 대비 이익 증감률(%)
20X3년	240,000−180,000 =60,000	−
20X4년	250,000−165,000 =85,000	$\frac{85,000-60,000}{60,000}\times100≒41.7(\%)$
20X5년	255,000−190,000 =65,000	$\frac{65,000-85,000}{85,000}\times100≒-23.5(\%)$
20X6년	244,000−184,300 =59,700	$\frac{59,700-65,000}{65,000}\times100≒-8.2(\%)$
20X7년	230,000−166,300 =63,700	$\frac{63,700-59,700}{59,700}\times100≒6.7(\%)$
20X8년	240,000−178,000 =62,000	$\frac{62,000-63,700}{63,700}\times100≒-2.7(\%)$
20X9년	230,000−173,000 =57,000	$\frac{57,000-62,000}{62,000}\times100≒-8.1(\%)$

이익이 가장 많았던 해는 20X4년으로, 전년 대비 이익 증감률의 절댓값도 가장 높다.

② 이익이 가장 적었던 해는 20X9년으로, 전년 대비 비용 증감률의 절댓값도 가장 낮다.

④ 연도별 전년 대비 매출 증감률을 구하면 다음과 같다.

구분	전년 대비 매출 증감률(%)
20X4년	$\frac{250,000-240,000}{240,000}\times 100 ≒ 4.2(\%)$
20X5년	$\frac{255,000-250,000}{250,000}\times 100 ≒ 2(\%)$
20X6년	$\frac{244,000-255,000}{255,000}\times 100 ≒ -4.3(\%)$
20X7년	$\frac{230,000-244,000}{244,000}\times 100 ≒ -5.7(\%)$
20X8년	$\frac{240,000-230,000}{230,000}\times 100 ≒ 4.3(\%)$
20X9년	$\frac{230,000-240,000}{240,000}\times 100 ≒ -4.2(\%)$

전년 대비 매출 증감률의 절댓값이 가장 높았던 해는 20X7년으로, 매출이 가장 많았던 해가 아니다. 매출이 가장 많았던 해는 20X5년이다.

⑤ 전년 대비 매출 증감률의 절댓값이 가장 낮았던 해는 20X5년으로, 매출과 비용 모두 가장 많았던 해이다.

19

| 정답 | ③

| 해설 | ① 20X6년에 통근시간이 30분 미만인 인구는 515천 명이다.

② 20X8년에 통근시간이 60분 이상인 인구는 241천 명이다.

④ 전년 대비 평균 통근시간은

20X6년에는 32.1－29.6＝2.5(분),

20X7년에는 31.1－32.1＝－1.0(분),

20X8년에는 33.7－31.1＝2.6(분)만큼 변화하였다.

⑤ 20X7년에 통근시간이 30분 이상 60분 미만인 인구는 488천 명이다.

20

| 정답 | ⑤

| 해설 | ㉠ 20X9년 입국자 수가 20X8년에 비해 늘어난 곳은 중국과 미국, 캐나다이다. 중국은 20X8년에 비해 14.2% 증가하였고 미국은 13.5%, 캐나다는 7.4% 증가하였기 때문에 가장 많이 늘어난 국가는 중국이다.

㉢ 20X9년 중국인 입국자 수는 20X8년에 비해 증가했지만 이후의 추이를 예측할 수는 없다.

㉣ 매년 입국자 수가 꾸준히 늘어난 국가는 중국, 미국, 캐나다로 총 3곳이다.

| 오답풀이 |

㉡ 각 연도별로 일본과 중국의 입국자 수를 합하면

- 20X7년 : 201,489＋517,031＝718,520(명)
- 20X8년 : 188,420＋618,083＝806,503(명)
- 20X9년 : 178,735＋705,844＝884,579(명)

따라서 매년 아시아주의 50% 이상을 차지한다.

3회 창의수리

문제 244쪽

01	②	02	④	03	③	04	②	05	②
06	①	07	③	08	②	09	②	10	③
11	⑤	12	②	13	①	14	④	15	②
16	③	17	①	18	⑤	19	②	20	②

01

| 정답 | ②

| 해설 | 다음과 같이 1) → 2)로 이동해야 소요시간이 최소가 된다.

1) 도보로 이동 : 회사 → 카페(문구점) → 문구점(카페) → 회사

4km/h는 $\frac{200}{3}$ m/min이므로

$$\frac{800(m)+400(m)+600(m)}{\frac{200}{3}(m/min)}=27(min)$$

권두부록 1회 2회 3회 4회

2) 자전거로 이동 : 회사 → 서점 → 회사

12km/h는 200m/min이므로

$$\frac{800(m) \times 2}{200(m/min)} = 8(min)$$

따라서 소요시간은 총 27+8=35(분)이다.

02

| 정답 | ④

| 해설 | 10%의 소금물 450g에 들어 있는 소금의 양은 $450 \times \frac{10}{100} = 45(g)$이다. 물을 증발시켜도 소금의 양은 줄어들지 않기 때문에 증발시킨 물의 양을 xg이라 하면 다음과 같은 식이 성립한다.

$$\frac{45}{450-x} \times 100 = 23$$

$x \fallingdotseq 254$

따라서 254g의 물을 증발시켜야 한다.

03

| 정답 | ③

| 해설 | 탱크에 채워져 있는 물의 양을 V, 1분간 채워지는 물의 양을 a, 1대의 펌프가 1분간 퍼 올리는 물의 양을 b, 구하는 펌프의 수를 n대라고 하면 조건에 의해 다음과 같은 식이 성립한다.

$V + 7a = 8b \times 7$ ………… ㉠

$V + 21a = 3b \times 21$ ………… ㉡

㉡－㉠을 하면

$b = 2a$ ………… ㉢

㉢을 ㉠에 대입하면

$V = 105a$ ………… ㉣

5분 만에 탱크를 비울 때,

$V + 5a = nb \times 5$ ………… ㉤

㉢, ㉣을 ㉤에 대입하면

$105a + 5a = 10na$

$n = 11$(대)

따라서 11대가 필요하다.

04

| 정답 | ②

| 해설 | 두 팀이 승부차기를 하려면 경기가 끝났을 때 점수가 같아야 한다. 즉, 두 팀의 점수가 0 : 0이나 1 : 1이 될 확률이 승부차기까지 갈 확률이 된다. 0 : 0이 될 확률은 두 팀 모두 골을 넣지 못한 확률이므로 (A 팀이 골을 넣지 못할 확률)×(B 팀이 골을 넣지 못할 확률)=0.3×0.6=0.18이며, 1 : 1이 될 확률은 (A 팀이 골을 넣을 확률)×(B 팀이 골을 넣을 확률)=0.7×0.4=0.28이 된다.

따라서 두 팀이 승부차기까지 갈 확률은 0.18+0.28=0.46이다.

05

| 정답 | ②

| 해설 | 세 가지 색을 칠하는 방법은 다음과 같다.

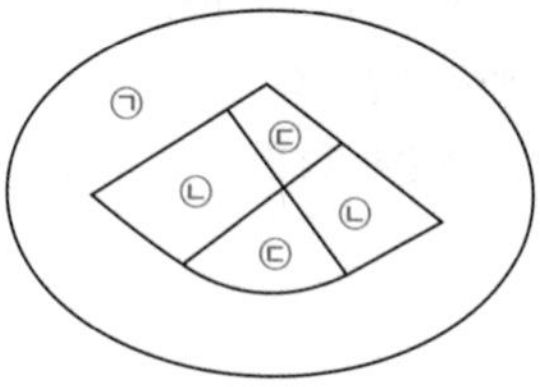

㉠ : 빨간색, 파란색, 노란색 세 가지

㉡ : ㉠ 이외의 두 가지 색

㉢ : ㉠, ㉡ 이외의 한 가지 색

따라서 3×2×1=6(가지)이다.

06

| 정답 | ①

| 해설 | 1시간 동안 Q 세균은 10번 분열하므로 그때의 Q 세균의 수는 $1 \times 2^{10} = 1,024$(마리)이다. 또 42분 동안은 7번 분열하므로 그때의 Q 세균의 수는 $1 \times 2^{7} = 128$(마리)이다. 따라서 1시간 후 Q 세균의 수는 42분 후의 Q 세균의 수보다 1,024－128=896(마리) 더 많다.

07

| 정답 | ③

| 해설 | 처음 우물에 고여 있던 물의 양을 p, 1분간 솟아나는 양을 q, 1명이 1분간 퍼 올리는 양을 r이라 하면 다음과 같은 식이 성립한다.

$p+30q=4r\times 30$ ········· ㉠

$p+10q=8r\times 10$ ········· ㉡

㉠, ㉡을 연립하여 풀면 $p=60r$, $q=2r$이다.

이때 우물의 물을 5분 만에 퍼올리기 위해 필요한 사람 수를 x명이라 하면, $p+5q=5rx$이다. 이 식에 p, q를 대입하면

$60r+5\times 2r=5rx$

$70r=5rx$

$x=14$

따라서 필요한 인원의 수는 14명이다.

08

| 정답 | ②

| 해설 | 연속하는 두 수를 x, $x+1$이라 하면 다음과 같은 식이 성립한다.

$x\times(x+1)=1,406$

$x^2+x-1,406=0$

이 식을 인수분해하면

$(x-37)(x+38)=0$

$\therefore\ x=37$ or $x=-38$

이때 두 수는 모두 자연수라는 조건이 있기 때문에 $x=37$이 되며 나머지 한 수는 38이 된다. 따라서 두 수를 더한 값은 37+38=75이다.

09

| 정답 | ②

| 해설 | 전체 일의 양을 1이라 하면 A 대리와 B 사원이 하루에 하는 일의 양은 각각 $\frac{1}{8}$, $\frac{1}{12}$이다. 3일 차까지 A 대리가 혼자 일을 했으므로 이때까지 일한 양은 $\frac{3}{8}$이다. 4일 차부터 두 사람이 같이 일을 했으므로 하루에 하는 일의 양은 $\frac{1}{8}+\frac{1}{12}$이다. 남은 일의 양이 $\frac{5}{8}$이므로 두 사람이 함께 $\frac{5}{8}\div\left(\frac{1}{8}+\frac{1}{12}\right)$의 날만큼 일을 더 하면 전체 일이 마무리된다. 따라서 두 사람이 함께 일한 날은 3일이다.

10

| 정답 | ③

| 해설 | A와 B 사이의 거리는 변하지 않으므로 이를 $x$km라 두고 식을 세운다.

$\frac{x}{12}+\frac{x}{8}=\frac{75}{60}$　　$\frac{2x+3x}{24}=\frac{5}{4}$

$4(2x+3x)=5\times 24$　　$20x=120$

$x=6$(km)

따라서 A와 B 사이의 거리는 6km이므로 이를 왕복하는 데 걸리는 시간을 구하면 다음과 같다.

$\frac{6}{15}+\frac{6}{12}=\frac{24+30}{60}=\frac{54}{60}$(시간)

따라서 54분이 걸린다.

11

| 정답 | ⑤

| 해설 | 전체 일의 양을 1이라 하고 A, B, C가 혼자 일할 때 걸리는 시간을 각각 X, Y, Z시간이라 하면 1시간 동안 일하는 양은 각각 $\frac{1}{X}$, $\frac{1}{Y}$, $\frac{1}{Z}$이 되므로 식은 다음과 같다.

- A, B, C가 1시간 동안 일하는 양 : $\frac{1}{X}+\frac{1}{Y}+\frac{1}{Z}=\frac{1}{15}$
- A, B가 1시간 동안 일하는 양 : $\frac{1}{X}+\frac{1}{Y}=\frac{1}{20}$
- A, C가 1시간 동안 일하는 양 : $\frac{1}{X}+\frac{1}{Z}=\frac{1}{30}$

이를 이용하여 B, C가 1시간 동안 일하는 양을 구한다.

- B가 1시간 동안 일하는 양 : $\frac{1}{Y}+\frac{1}{30}=\frac{1}{15}$

$\frac{1}{Y}=\frac{2}{30}-\frac{1}{30}=\frac{1}{30}$

• C가 1시간 동안 일하는 양 : $\frac{1}{Z}+\frac{1}{20}=\frac{1}{15}$

$\frac{1}{Z}=\frac{4}{60}-\frac{3}{60}=\frac{1}{60}$

따라서 B와 C만 일한다면 $1\div\left(\frac{1}{30}+\frac{1}{60}\right)=20$(시간)이 걸린다.

12

| 정답 | ②

| 해설 | 타일의 중심을 연결한 육각형으로 나타낼 때 7개의 타일 중 4개를 색칠하는 방법은 다음과 같이 7가지가 있다.

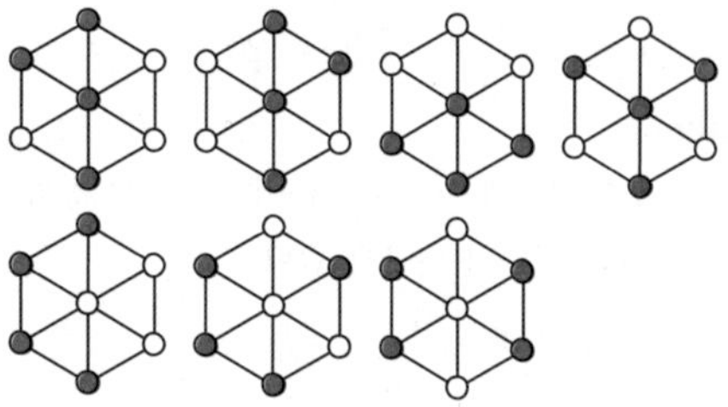

13

| 정답 | ①

| 해설 | A사의 제품 생산량은 전체의 $\frac{3}{10}$ 이고, B사의 제품 생산량은 전체의 $\frac{7}{10}$ 이므로 각 불량률을 계산하면 다음과 같다.

• A사의 제품 불량률 : $\frac{3}{10}\times\frac{2}{100}=\frac{6}{1,000}$

• B사의 제품 불량률 : $\frac{7}{10}\times\frac{3}{100}=\frac{21}{1,000}$

• 제품 전체의 불량률 : $\frac{6}{1,000}+\frac{21}{1,000}=\frac{27}{1,000}$

따라서 임의로 부품 하나를 선택하였을 때 그것이 B사의 불량품일 확률은 $\frac{\frac{21}{1,000}}{\frac{27}{1,000}}=\frac{21}{27}=\frac{7}{9}$ 이다.

14

| 정답 | ④

| 해설 | 전체 일의 양을 1이라 하고 A, B, C가 1일 동안 하는 일의 양을 각각 a, b, c라 하면 다음과 같은 식이 성립한다.

$a+b=\frac{1}{5}$ ······································· ㉠

$b+c=\frac{1}{10}$ ······································· ㉡

$a+c=\frac{1}{8}$ ······································· ㉢

㉠ ~ ㉢의 식을 연립해서 풀면 다음과 같다.

$2a+2b+2c=\frac{17}{40}$　　　$a+b+c=\frac{17}{80}$

$\frac{1}{5}+c=\frac{17}{80}$

$\therefore\ c=\frac{1}{80}$

따라서 C 사원이 혼자 프로젝트를 진행한다면 완료하는 데 80일이 걸린다.

15

| 정답 | ②

| 해설 | 간격이 7m일 때 필요한 말뚝 수를 x개라 하면 다음과 같은 식이 성립한다.

$7(x-1)=5(x-1+6)$

$x=16$(개)

따라서 골프코스의 길이는 $7\times(16-1)=105$(m)이다.

16

| 정답 | ③

| 해설 | 윤석이의 속력을 xm/분, 상호의 속력을 ym/분이라 하면 다음과 같은 식이 성립한다.

• 두 사람이 같은 방향으로 걸었을 때 : $52x-52y=1,560$ ······································· ㉠

• 두 사람이 반대 방향으로 걸었을 때 : $13x+13y=1,560$ ······································· ㉡

㉠과 ㉡×4를 더하면

$104x=7,800$

$x=75,\ y=45$

따라서 윤석이의 속력은 75m/분이다.

17

| 정답 | ①

| 해설 | • 10%의 소금물 150g에 포함된 소금의 양 :

$\frac{10}{100}\times 150=15(g)$

• 15%의 소금물 100g에 포함된 소금의 양 :

$\frac{15}{100}\times 100=15(g)$

따라서 증발시킬 물의 양을 xg이라 하면,

$\frac{30}{250-x}\times 100=15(\%)$, $x=50(g)$이다.

18

| 정답 | ⑤

| 해설 | 광고 시간이 20초인 것을 x개, 25초인 것을 y개라 하고, 상품별 다음 광고로 바뀔 때마다 1초의 간격이 있다고 했으므로 11개의 상품 광고 사이에 10초가 추가됨에 유의해서 식을 세우면 다음과 같다.

$x+y=11$ ········· ㉠

$20x+25y+10=270$ $\quad 4x+5y=52$ ········· ㉡

㉠, ㉡을 연립하여 풀면, $x=3,\ y=8$

따라서 25초로 광고할 수 있는 상품은 8개이다.

19

| 정답 | ②

| 해설 | 늘린 길이를 $x$cm라 하고 새로운 직사각형의 넓이가 기존보다 80% 증가하였으므로 다음과 같은 식이 성립한다.

$(10+x)(14+x)=10\times 14\times 1.8$

$x^2+24x-112=0$

$(x-4)(x+28)=0$

$\therefore\ x=4(\because x>0)$

따라서 새로운 사각형의 가로 길이는 10+4=14(cm)이다.

20

| 정답 | ②

| 해설 | 고 씨의 현재 나이를 x세라 하면 A 년 후의 남편의 나이는 (43+A)세, 고 씨의 나이는 $(x+A)$세, 3명의 아이의 나이는 (8+A)세, (6+A)세, (4+A)세이다. 따라서 조건에 따른 식을 세우면 다음과 같다.

• $(43+A)+(x+A)=2\{(8+A)+(6+A)+(4+A)\}$

$43+x+2A=2(3A+18)$

$\therefore\ x=4A-7$

• $43+A=\{(8+A)+(6+A)+(4+A)\}+1$

$43+A=3A+19$

$\therefore\ A=12$(년)

따라서 고 씨의 현재 나이는 $4\times 12-7=41$(세)이다.

3회 언어추리

문제 250쪽

01	②	02	⑤	03	③	04	②	05	②
06	②	07	②	08	①	09	④	10	④
11	③	12	⑤	13	②	14	⑤	15	③
16	④	17	③	18	③	19	⑤	20	④

01

| 정답 | ②

| 해설 | 세 번째 명제와 두 번째 명제의 대우를 삼단논법으로 연결하면 '소연이가 산 사탕은 둥근 모양이 아니다'가 성립한다. 첫 번째 명제에서 모든 사탕은 빨갛거나 둥글다고 하였는데 둥근 모양이 아니므로 소연이가 산 사탕은 빨갛다.

02

| 정답 | ⑤

| 해설 | ㉢에 따라 선우는 앞에서 두 번째에 위치한다. ㉡에 따라 아영은 현정의 바로 뒤에 있고 ㉣에 따라 현정과 선우는 붙어 있으므로 '선우-현정-아영' 순서로 서 있는 것을 알 수 있다. 다음으로 ㉠에 따라 승아와 현정 사이에는 2명이 있으므로 승아는 맨 뒤에 서 있어야 한다. 이를 정리하면 다음과 같다.

앞	도현 or 희진	선우	현정	아영	도현 or 희진	승아	뒤

따라서 어떤 경우에서든 도현과 현정은 떨어져 있다.

03

| 정답 | ③

| 해설 | • 사원 A : 정보 1이 참이라고 하더라도, 어느 지역에 생산기지를 건설하는지는 알 수 없다.

• 사원 B : 정보 2가 참이라고 하더라도, 두 지역에만 생산기지를 건설할 수도 있으므로 옳지 않다.

• 사원 C : 정보 3이 참이라면, 최소 네 국가에서 생산기지를 건설한 것이 되므로 정보 1도 참이 된다.

따라서 사원 C만 타당한 의견을 제시하였다.

04

| 정답 | ②

| 해설 | 제시된 문장을 바탕으로 네 사람의 연봉을 비교하면 다음과 같다.

영우>형탁≥알베르토≥다니엘

따라서 다니엘과 형탁이는 연봉이 같을 수도 있다.

05

| 정답 | ②

| 해설 | 가인, 나은, 마준은 3개의 위원회에 속해 있으므로 모든 회의가 진행되기 위해서는 3시간 이상이 걸린다. 또한 위원이 중복되지 않아 같은 시간대에 회의 진행이 가능한 조합을 정리하면 다음과 같다.

A, F	B, C	D, E

따라서 회의에 필요한 최소 시간은 3시간이다.

06

| 정답 | ②

| 해설 | 두 번째 조건에 따라 A시에는 가 지점장이 근무하고 다섯 번째 조건에 따라 F시에는 마 지점장이 근무한다. 여섯 번째 조건에 따라 마 지점장과 가장 가까운 곳에서 근무하는 라 지점장은 E시에서 근무하고, 세 번째 조건에 따라 F시에서 근무하는 마 지점장과 마주 보는 C시에는 나 지점장이 근무한다. 네 번째 조건에 따라 B시에는 다 지점장이 근무하며, 남은 D시에는 바 지점장이 근무한다.

이를 정리하면 다음과 같다.

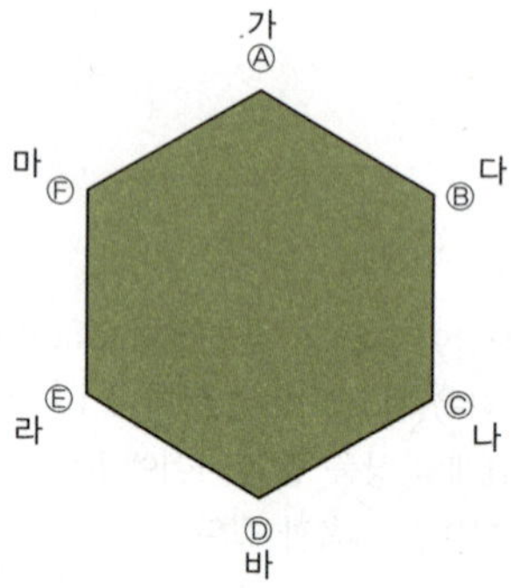

따라서 발령된 지점장의 순서를 A시를 기준으로 시계 방향으로 나열하면 가-다-나-바-라-마 순이다.

07

| 정답 | ②

| 해설 | 제시된 명제를 기호로 정리하면 다음과 같다.

• p : 전기장판 사용

• q : 열풍기 사용

• r : 전기히터 사용

• s : 전기밥솥 사용

• t : 전기스토브 사용

이 때, 전열기 사용 현황을 아래처럼 정리할 수 있다.

- p → q(~q → ~p)
- p or s → r(~r → ~p and ~s)
- t → q(~q → ~t)
- ~s → ~q(q → s)

이를 바탕으로 전기장판과 전기스토브의 직접적인 인과 관계를 찾아볼 수 없으므로 ②는 참이라고 할 수 없다.

| 오답풀이 |

① 첫 번째 명제와 네 번째 명제의 대우를 삼단논법으로 연결하면 p → q → s가 성립하므로 참이다.

③ 네 번째 명제와 세 번째 명제의 대우를 삼단논법으로 연결하면 ~s → ~q → ~t가 성립하므로 참이다.

④ 두 번째 명제의 대우와 네 번째 명제를 삼단논법으로 연결하면 ~r → ~s → ~q가 성립하므로 참이다.

⑤ 두 번째 명제의 대우에 해당하므로 참이다.

08

| 정답 | ①

| 해설 | (가) [정보 1]과 [정보 2], [정보 3]이 참일 경우 알을 낳을 수 있는 2마리의 암탉이 최소 2개씩 알을 낳았을 것이므로 오늘 새로 낳은 알의 개수는 최소 4개이다.

| 오답풀이 |

(나) [정보 1], [정보 3]에 따르면 알을 낳을 수 있는 암탉의 수는 2마리이다. 이때 알을 낳을 수 있는 암탉이 하루에 낳을 수 있는 알의 개수를 알 수 없으므로 최소 개수를 타당하게 추정할 수 없다.

(다) 알을 낳을 수 있는 암탉은 하루에 최소 2개 이상의 알을 낳으므로 3개, 4개 혹은 그 이상의 알을 낳는 것이 가능하다. 따라서 새로 낳은 알의 총 개수가 홀수일 수도 있다.

09

| 정답 | ④

| 해설 | 펀드 성과 예상치 A ~ D를 바탕으로 투자 여부와 손실 위험을 표로 나타내면 다음과 같다.

구분	국내 주식	원자재	부동산	손실 위험
A	○	○	○	높다
B	×	○	○	높다
C	×	×	○	낮다
D	○	○	×	높다

B, D만을 고려해 보면 둘 다 손실 위험이 높다는 결과가 나왔는데, 국내 주식과 부동산 투자는 상반되지만 원자재 투자가 공통적으로 포함되어 있음을 알 수 있다. 따라서 원자재 투자가 펀드 손실의 주원인이라고 판단할 수 있다.

10

| 정답 | ④

| 해설 | 요리를 잘하는 사람은 반드시 청소를 잘하고 청소를 잘하는 사람은 반드시 키가 크므로 '요리를 잘하는 사람은 반드시 키가 크다'가 성립한다. 세 번째 명제에서 '나는 요리를 잘한다'고 하였으므로 '나는 키가 크다'는 반드시 참이다.

11

| 정답 | ③

| 해설 | 각 명제를 'a : 법학을 공부한다', 'b : 행정학 수업을 듣는다', 'c : 경제학 수업을 듣는다', 'd : 역사를 공부한다', 'e : 철학을 공부한다'라고 할 때 〈조건〉을 정리하면 다음과 같다.

- a → b
- c → ~d
- a → e
- ~c → ~b

'c → ~d'가 참이므로 대우인 'd → ~c'도 참이다. 또한 'a → b'가 참이므로 대우인 '~b → ~a'도 참이다. 따라서 이 명제들과 '~c → ~b'를 삼단논법으로 연결하면 'd → ~a'도 참임을 알 수 있다. 따라서 '역사를 공부하는 사람은 법학을 공부하지 않는다'는 참이다.

| 오답풀이 |

①, ②, ⑤ 제시된 명제로는 알 수 없다.

④ '~c → ~b'가 참이므로 대우인 'b → c'도 참이다. 따라서 'a → b'와의 삼단논법에 의해 'a → c'가 참임을 알 수 있다. 따라서 이는 거짓이다.

12

| 정답 | ⑤

| 해설 | 제시된 명제를 정리하면 다음과 같다.

- 책 읽기 → 영화 감상
- ~ 여행 가기 → ~ 책 읽기
- 산책 → ~ 게임하기
- 영화 감상 → 산책

'여행 가기를 좋아하는 사람은 책 읽기를 좋아한다'는 두 번째 명제의 이에 해당한다. 따라서 반드시 참이라고 할 수 없다.

| 오답풀이 |

① 첫 번째 명제와 네 번째 명제의 삼단논법에 따라 참이다.

② 첫 번째 명제와 네 번째 명제 그리고 세 번째 명제의 삼단논법에 따라 참이다.

③ 세 번째 명제의 대우와 네 번째 명제의 대우의 삼단논법에 따라 참이다.

④ 두 번째 명제의 대우에 해당하므로 참이다.

13

| 정답 | ②

| 해설 | 첫 번째, 두 번째, 세 번째 명제를 삼단논법으로 연결하면 1호선→2호선→5호선→~3호선이 성립한다. 따라서 그 대우인 3호선→~1호선(3호선을 타 본 사람은 1호선을 타 보지 않았다)도 참이 된다.

14

| 정답 | ⑤

| 해설 | 'p : 머리를 많이 쓴다', 'q : 잠이 온다', 'r : 머리가 길다', 's : 오래 잔다', 't : 다리를 떤다'로 정리하고 제시된 명제와 그 대우를 기호로 나타내면 다음과 같다.

- p → q(~q → ~p) • r → s(~s → ~r)
- t → ~q(q → ~t) • s → ~p(p → ~s)

따라서 첫 번째 명제와 세 번째 명제의 대우를 삼단논법으로 연결하면 '머리를 많이 쓰면 다리를 떨지 않는다'는 항상 참이 된다.

15

| 정답 | ③

| 해설 |

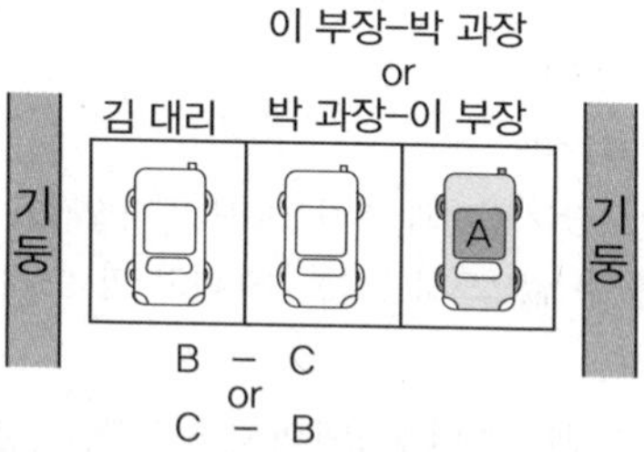

첫 번째 조건에 의해 정면에서 바라볼 때 주차되어 있는 차의 순서는 'B-C-A' 또는 'C-B-A'가 된다. 네 번째 조건에 의해 가장 왼쪽에 주차된 차는 박 과장 또는 김 대리의 것이 되는데 두 번째 조건에 따라 김 대리의 차가 박 과장의 차보다 왼쪽에 있어야 하므로 가장 왼쪽 자리의 차는 김 대리의 것이 된다. 김 대리의 차가 B이므로 차의 주차 순서는 「B-C-A」가 되고, 차주의 순서는 「김 대리-이 부장-박 과장」 또는 「김 대리-박 과장-이 부장」이 되므로 어떤 경우이든 김 대리의 차는 항상 왼쪽 기둥 옆에 있다.

16

| 정답 | ④

| 해설 | A ~ E의 진술을 살펴보면 A와 B가 상반된 진술을 하고 있으므로 A와 B 중 한 명이 거짓말을 하고 있다. A와 B가 거짓을 말하는 경우를 나누어 살펴보면 다음과 같은 두 가지 결론을 얻을 수 있다.

- A가 거짓을 말한 경우 : 1 ~ 5층 → C, D, B, E, A
- B가 거짓을 말한 경우 : 1 ~ 5층 → B, D, C, E, A

따라서 누구의 진술이 거짓이냐에 관계없이 D는 항상 2층에서 내린다.

17

| 정답 | ③

| 해설 | A와 B의 진술이 모순되므로 두 사람의 진술을 비교해 본다.

1) A의 진술이 거짓일 경우 : B와 C의 진술이 상충되므로 조건에 부합하지 않는다.

2) B의 진술이 거짓일 경우 : 모든 진술이 상충되지 않으므로 B가 범인이다.

따라서 거짓을 말하는 사람과 범인 모두 사원 B이다.

18

| 정답 | ③

| 해설 | C와 E의 진술이 상충하므로 둘 중 한명이 거짓을 말하고 있는데, E가 거짓일 경우 A와 D의 진술도 거짓이 되어 1명만 거짓말을 하고 있다는 조건에 상충한다. 그러므로 C가 거짓말을 하고 있으며, 발주서를 작성한 직원도 C이다.

19

| 정답 | ⑤

| 해설 | 두 번째, 세 번째 결과에 따르면 F가 D보다 먼저 들어오고, G가 F보다 먼저 들어왔다(G－F－D). 또한 일곱 번째 결과에 따르면 A가 F보다 먼저 들어왔으나 1등은 아니므로 G－A－F－D 순으로 들어왔음을 알 수 있다. 이때 첫 번째 결과에 따르면 D는 네 번째로 들어왔으므로 첫 번째로 결승점에 들어온 직원은 G이다.

20

| 정답 | ④

| 해설 | A, B, E는 서로 상반된 진술을 하고 있으므로, 이 셋 중 두 명 이상이 잘못된 정보를 말하고 있다. 따라서 C와 D는 진실을 말하고 있다고 볼 수 있다. 이때 진실인 D의 말에 따라 A의 말 또한 진실이므로, 잘못된 정보를 말하는 사람은 B와 E이다.

3회 수열추리

문제 260쪽

01	③	02	⑤	03	①	04	②	05	①
06	②	07	③	08	④	09	③	10	④
11	⑤	12	②	13	③	14	③	15	③
16	③	17	①	18	②	19	④	20	③

01

| 정답 | ③

| 해설 |

2 → 6 → 14 → 30 → 62 → (?)

$+2^2$, $+2^3$, $+2^4$, $+2^5$, $+2^6$

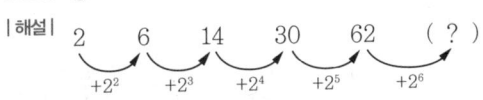

따라서 '?'에 들어갈 숫자는 $62+2^6=126$이다.

02

| 정답 | ⑤

| 해설 | 0.14 → 0.21 → 0.28 → (?)

+0.07, +0.07, +0.07

따라서 '?'에 들어갈 숫자는 0.35이다.

03

| 정답 | ①

| 해설 |

10.5 → 3.1 → 1.62 → (?) → 1.2648

×0.2+1, ×0.2+1, ×0.2+1, ×0.2+1

따라서 '?'에 들어갈 숫자는 1.324이다.

04

| 정답 | ②

| 해설 |

97　60　37　23　14　9　(?)

60－37＝23, 23－14＝9

97－60＝37, 37－23＝14, 14－9＝5

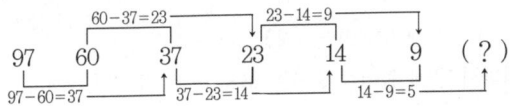

따라서 '?'에 들어갈 숫자는 5이다.

권두부록 1회 2회 3회 4회

05

| 정답 | ①

| 해설 |

$$\frac{3}{4} \xrightarrow[\times\frac{2}{3}]{} \frac{1}{2} \xrightarrow[\times\frac{2}{3}]{} \frac{1}{3} \xrightarrow[\times\frac{2}{3}]{} \frac{2}{9} \xrightarrow[\times\frac{2}{3}]{} (\ ?\ )$$

따라서 '?'에 들어갈 숫자는 $\frac{4}{27}$이다.

06

| 정답 | ②

| 해설 | (?) 9.5 19.5 39.5 79.5

×2+0.5 ×2+0.5 ×2+0.5 ×2+0.5

따라서 '?'에 들어갈 숫자는 (9.5−0.5)÷2=4.5이다.

07

| 정답 | ③

| 해설 | $\frac{1}{3}$ $\frac{5}{6}$ $\frac{8}{6}\left(=\frac{4}{3}\right)$ $\frac{11}{6}$ $\frac{14}{6}\left(=\frac{7}{3}\right)$ (?)

$+\frac{1}{2}$ $+\frac{1}{2}$ $+\frac{1}{2}$ $+\frac{1}{2}$ $+\frac{1}{2}$

따라서 '?'에 들어갈 숫자는 $\frac{14}{6}+\frac{1}{2}=\frac{17}{6}$이다.

08

| 정답 | ④

| 해설 | 첫 번째와 두 번째 수를 곱한 값에 1을 더하면 세 번째 수가 된다.

- 2 5 11 → (2×5)+1=11
- 3 9 28 → (3×9)+1=28

따라서 '?'에 들어갈 숫자는 (6×7)+1=43이다.

09

| 정답 | ③

| 해설 | 세 번째 수는 첫 번째 수와 두 번째 수를 곱한 뒤 2로 나눈 값이다.

6 13 39 → 6×13÷2=39

3 16 24 → 3×16÷2=24

9 12 (?) → 9×12÷2=(?)

따라서 '?'에 들어갈 숫자는 54이다.

10

| 정답 | ④

| 해설 | 네 번째 수는 첫 번째 수와 두 번째 수의 곱에 세 번째 수를 더한 값이다.

3 2 6 12 → (3×2)+6=12

2 2 5 9 → (2×2)+5=9

12 3 10 (?) → (12×3)+10=(?)

따라서 '?'에 들어갈 숫자는 46이다.

11

| 정답 | ⑤

| 해설 | 일반 알파벳 순서를 이용하여 푼다.

Z → A → C → F → J → (?)

26 → 1 → 3 → 6 → 10 → 15

+1 (=27) +2 (=29) +3 (=32) +4 (=36) +5 (=41)

따라서 '?'에 들어갈 문자는 15에 해당하는 O이다.

12

| 정답 | ②

| 해설 |

→ −6

7	(?)
−11	−5

↓ −6, ← −6

→ −6

121	115
103	109

↓ −6, ← −6

권두부록 1회 2회 3회 4회

따라서 '?'에 들어갈 숫자는 $7-6=1$이다.

13

| 정답 | ③

| 해설 | '(첫 번째 숫자의 제곱) − (두 번째 숫자의 세제곱근) = (세 번째 숫자)'의 규칙이 있다.

- $5^2-\sqrt[3]{27}=25-3=22$
- $4^2-\sqrt[3]{8}=16-2=14$
- $3^2-\sqrt[3]{1}=9-1=8$
- $7^2-\sqrt[3]{125}=49-5=(\ ?\ )$

따라서 '?'에 들어갈 숫자는 44이다.

14

| 정답 | ③

| 해설 | 대문자와 소문자가 같은 알파벳끼리 붙어 있으므로 대문자를 기준으로 한다.

G → I → D → F → A → C → ?

7　9　4　6　1　3　?

+2　−5　+2　−5　+2　−5

따라서 '?'에 들어갈 알파벳은 24번째에 해당하는 Xx이다.

15

| 정답 | ③

| 해설 | 수열을 4개씩 끊어 보면 처음 4개의 숫자는 작아지는 순서, 다음 4개의 숫자는 커지는 순서, 다음 4개의 숫자는 작아지는 순서로 나열되고 있음을 알 수 있다. 이 규칙을 고려하여 수열을 8개씩 끊어 보면 다음과 같다.

4	3	2	1	2	3	4	5	$(4-2)\div2=1$행
6	5	4	3	4	5	6	7	$(6-2)\div2=2$행
8	7	6	5	6	7	8	9	$(8-2)\div2=3$행
10	11	…						$(10-2)\div2=4$행
⋮							⋮	⋮
n							$n+1$	$(n-2)\div2$행

각 그룹의 가장 첫 번째 숫자는 4, 6, 8, 10, … 와 같이 2씩 늘어나고 있다. 이에 따라 첫 번째 숫자가 28인 행은 28, 27, 26, 25, 26, 27, 28, 29로 그 행의 마지막에 처음으로 29가 나온다.

첫 번째 숫자가 28인 행은 $(28-2)\div2=13$(행)으로 $8\times12+1=97$(번째) 숫자이다. 따라서 처음 29가 나오는 것은 13행의 가장 마지막인 $97+7=104$(번째)이다.

16

| 정답 | ③

| 해설 | 가운데 숫자는 양 옆 숫자의 합이며, 아래쪽 숫자를 위 숫자로 나눈 값이다.

- $6+2=8$, $16\div2=8$
- $6+6=12$, $12\div A=12$
  → $A=1$
- $21+5=B$, $52\div2=B$
  → $B=26$

따라서 $A+B=27$이다.

17

| 정답 | ①

| 해설 | 가운데 숫자와 왼쪽 숫자의 합이 위쪽 숫자이며, 가운데 숫자와 오른쪽 숫자의 곱이 아래쪽 숫자이다.

- $4+4=A$, $4\times8=32$
  → $A=8$
- $8+12=20$, $12\times5=60$
- $21+4=25$, $4\times B=52$
  → $B=13$

따라서 $A\times B=104$이다.

18

| 정답 | ②

| 해설 | 각 화살표의 모양별로 의미하는 규칙을 찾는다.

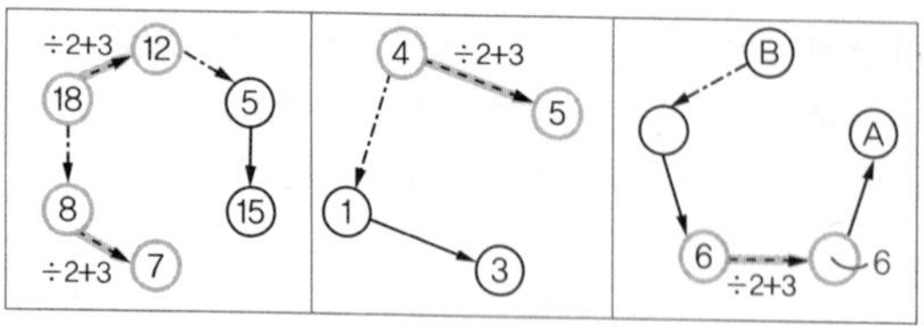

---► : ÷2+3

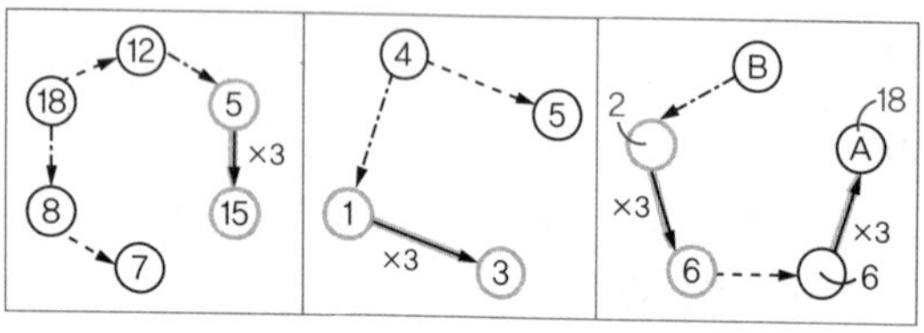

——► : ×3

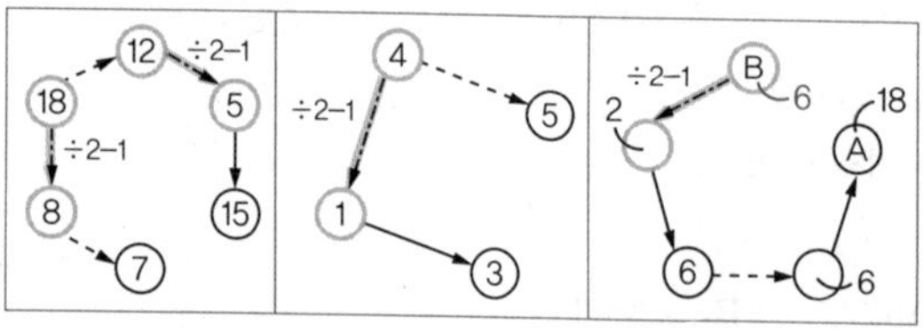

-·-·► : ÷2−1

따라서 A와 B에 들어갈 숫자의 합은 18+6=24이다.

보충 플러스+

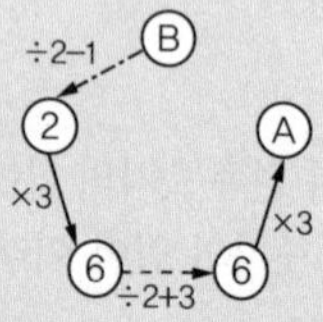

- A=6×3=18
- B÷2−1=2 B=6

∴ A+B=24

19

| 정답 | ④

| 해설 |

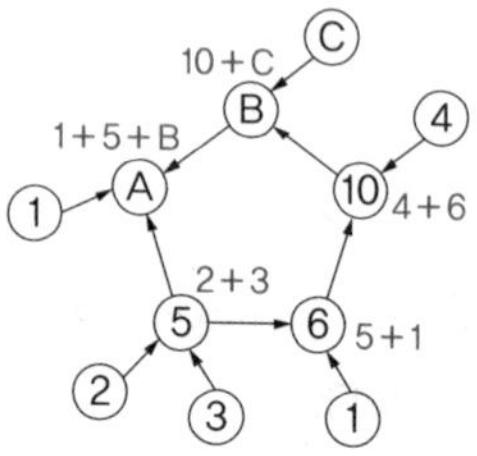

규칙을 찾아보면 화살표가 모이는 위치의 숫자는 화살표들이 출발하는 위치에 있는 각 숫자의 합임을 알 수 있다. 그러므로 1+5+B=A이고, A−B=6이 된다.

20

| 정답 | ③

| 해설 | 오각형에 각 꼭짓점과 중점을 이은 4줄의 선이 있고, 짧은 선은 시계 방향으로 한 줄씩 돌아가며 나타난다. 또한 세 개의 굵은 선은 시계 방향으로 한 줄씩 이동하고 있으며, 꼭짓점으로부터 뻗은 선 → 중점으로부터 뻗은 선 → 꼭짓점으로부터 뻗은 선 순으로 번갈아 바뀐다. 따라서 '?'에는 바로 전 도형에서 굵은 선 3줄, 짧은 선 1줄의 위치가 각각 시계 방향으로 한 줄씩 이동하고, 굵은 선이 중점으로부터 뻗어 나가는 도형이 와야 한다.

4회 언어이해

문제 268쪽

01	④	02	⑤	03	③	04	⑤	05	①
06	④	07	②	08	②	09	②	10	③
11	④	12	④	13	⑤	14	④	15	④
16	③	17	②	18	②	19	⑤	20	⑤

01

| 정답 | ④

| 해설 | 필자는 시장형 성격의 사람과 비생산적인 성격의 사람은 사랑에 대해 오해하고 있다고 본다. 그러면서 교환하는 사랑과 고통을 감수하는 희생의 사랑을 사랑으로 여기지 않는다.

| 오답풀이 |

①, ②, ③, ⑤ 필자는 생산적인 성격의 사람이 하는 사랑을 긍정하고 있다. 따라서 그러한 사랑의 특성을 언급하는 내용을 통해 이해할 수 있는 입장들이다.

02

| 정답 | ⑤

| 해설 | 한국의 가족주의는 단순한 이익추구가 문제되는 것이 아니라, 배타적 권리 주장과 사적 이익만을 추구하면서 사회적 공동체의 원리와 대립하게 되는 것이 문제이다.

| 오답풀이 |

① 두 번째 문단의 '한국 특유의 배타적 가족주의와 ~'에서 알 수 있다.

② 세 번째 문단의 '가족은 더 이상 전체 사회에 유익한 일차 집단이 될 수 없다'에서 알 수 있다.

③ 세 번째 문단의 '그럼에도 불구하고 가족에 대한 비판을 금기시하고 신성화하는 이데올로기를 고집한다면 ~'에서 알 수 있다.

④ 제시된 글에서 불균등한 분배 → 계층 간 격차 확대 → 다음 세대로 전승의 흐름에 따라 불평등 구조가 재생산되고 있다고 말하고 있으며, 이 재생산 구조가 배타적 가족주의와 만나 다른 가족의 경제적 빈곤을 악화시키는 현상을 확대한다고 설명한다.

03

| 정답 | ③

| 해설 | 제시된 글은 경제 위기가 여성 노동에 미치는 영향에 관한 세 가지 가설을 설명하면서 두 가지 반례를 들어 세 가지 가설의 설명력이 경기의 국면과 산업 부문에 따라 차별적이라는 결론 내리고 있다.

1970 ~ 1980년대 경기 침체기의 상황에서 불황의 초기 국면에서는 여성 고용이 감소하였다고 하였으므로, 경기 변동과 관계없이 여성의 경제 활동 참여가 지속적으로 증가하고 있다고 유추하기는 어렵다.

| 오답풀이 |

① 분절 가설에서 여성 고용이 경기 변화의 영향을 남성 노동과 무관하게 받는다고 했지만, 실제로는 경제 위기보다 산업별 · 규모별 · 직업별 구조적 변동이 여성 노동에 더 큰 영향을 미친다고 하였다. 따라서 이러한 변동에 성별 간 상호 작용의 개념도 포함하여 생각하면 추론할 수 있는 내용이다.

② 경험적 연구를 근거로 세 가설의 설명력이 차별적이라고 하였다. 그러므로 경험 자료에 따라 어떤 현상을 추측하여 설명하는 가설의 타당성이 결정되어 그 가설이 기각되거나 채택됨을 알 수 있다.

④ 경제 위기가 여성 노동에 미치는 영향에 관한 가설이 대표적으로 세 가지가 있고, 이 또한 경기의 국면과 산업 부문에 따라 부적합할 수 있다. 따라서 사회 현상을 특정 입장으로 명료하게 설명하는 것은 어려움을 유추할 수 있다.

⑤ 대체 가설에서 불황기에 기업은 비용 절감과 생산의 유연성 증대를 위해 남성 대신 여성 노동력을 사용한다고 하였으므로, 이 가설에 따르면 여성의 임금이 남성보다 낮다.

04

| 정답 | ⑤

| 해설 | 첫 번째 문단을 통해 현재 하나의 사건이나 이슈를 수많은 뉴스 생산 주체들이 다르게 보도하고 있다는 것을 알 수 있다. 이후 두 번째 문단에서 미디어 환경 및 뉴스 산업 구조의 변화로 인해 뉴스 생산환경이 급속하게 변화했으며 기자, 블로거, 시민기자, 팟캐스터 등 다양한 사람들이 뉴스 생산에 기여한다고 이야기하고 있다. 마지막 문

장에서는 '뉴스를 바르게 이해하기 위해서는 뉴스 생산자의 역할과 임무에 대한 이해가 선행되어야 한다'라고 말하고 있다. 이를 모두 종합하면 올바른 뉴스를 소비하기 위해서는 뉴스 생산자의 역할과 임무에 대해 이용자가 능동적으로 판단하고 이해해야 한다는 것을 알 수 있다.

05

| 정답 | ①

| 해설 | 제시된 글에서는 말의 진정한 설명은 그것 자체 안에 있으므로 진정한 말이 되기 위해서는 체험과는 다른 경험, 즉 사물과 자기 자신 사이에 생기는 장애 의식과 저항의 역사가 필수적이라고 주장하고 있다. 따라서 중심내용으로 ①이 가장 적절하다.

| 오답풀이 |

② 자기희생이 아니라 자신의 주관에 사로잡히는 주관주의를 배제하는 것이 필요하다고 말하고 있다.

③ 체험주의는 안일한 주관주의에 빠지기 쉽다고 언급하지만 과장된 말밖에 생겨나지 않는다고 언급하지는 않았다.

④ 대부분의 말이 사물과의 안일한 타협을 통해 생겨나는 관념의 유희라는 언급은 없다.

⑤ 경험이 아닌 체험주의는 안일한 주관주의에 빠지기 쉽고, 그것에 그치고 만다는 점에서 경험과는 구분되며, 말에는 체험과는 다른 경험이 필수적이라고 주장한다.

06

| 정답 | ④

| 해설 | 웹 2.0에 대한 정확한 이해가 부족하고 UCC의 마케팅 활용에 대해 어려움을 겪는 마케팅 담당자들을 대상으로 강의를 진행하고자 하므로, 이와 관련된 강의 제목으로는 ④가 적절하다.

| 오답풀이 |

①, ② 글의 주제와 어느 정도 관련이 있지만 강의의 제목으로는 내용의 범위가 다소 넓기 때문에 적절하지 않다.

③ 제시된 글의 마지막 문장에서 웹2.0 비즈니스 성공 모델 분석이 언급되지만, 주요 키워드인 'UCC'와 '마케팅 활용'이 포함되어 있지 않다.

⑤ 강의의 제목은 글의 주제와 연결되어야 하는데, 제시된 글의 주제와 관련이 없는 내용이다.

07

| 정답 | ②

| 해설 | 첫 번째 문장을 통해 정부는 이미 국내 출생률을 높이기 위해 다양한 지원 정책을 마련해 적극적으로 추진하고 있음을 알 수 있다.

08

| 정답 | ②

| 해설 | (나)는 환자와 의사의 관계 및 의사소통은 중요한 진료수단이 된다고 하였고, (마)는 그 중요성을 단적으로 보여 준다고 하였으므로 (나)－(마)의 순서가 자연스럽다. 이어서 (바)에서는 (마)에서 언급한 의사소통의 새로운 변화인 통신 매체에 대해 언급하며 원격 진료의 등장을 소개하고 있다. 이어서 (라)에서는 역접의 접속사인 '그러나'를 사용하여 원격 진료의 한계를 지적하며 흐름을 반전하고 있다. 그리고 (다)에서는 '이는'이라는 지시어로 (라)에서 언급한 원격 진료의 한계를 부연해 설명하고 있으며, 마지막으로 (가)에서는 또다시 역접의 접속사 '하지만'을 사용하여 앞에서 언급한 원격 진료의 한계를 해결해 줄 수 있는 화상통화의 등장에 대해 제시하고 있다. 따라서 (나)－(마)－(바)－(라)－(다)－(가) 순이 적절하다.

09

| 정답 | ②

| 해설 | 첫 번째 문단에서 제3자 효과 이론의 등장 배경을 설명하고, 두 번째 문단에서 제3자 효과 이론의 개념을 정의하고 있다. 따라서 글의 주제로 ②가 가장 적절하다.

10

| 정답 | ③

| 해설 | 두 번째 문단 첫 번째 문장에서 비행운은 쉽게 사라지는 특성 때문에 덧없는 것을 비유할 때 사용된다고 하였다.

| 오답풀이 |

① 첫 번째 문단 첫 번째 문장을 통해 알 수 있다.

② 첫 번째 문단 마지막 문장을 통해 알 수 있다.

④ 두 번째 문단 마지막 문장을 통해 알 수 있다.

⑤ 세 번째 문단 마지막 문장을 통해 알 수 있다.

11

| 정답 | ④

| 해설 | 어원상 일정한 목적을 가진 일을 잘 해낼 수 있는 숙련된 기술을 의미하는 '예술'은 실용적인 기술들을 포괄하는 의미로 사용되었다. 그러나 18세기 이후 '미적 기술'이라는 표현이 사용되면서 예술을 일반적인 기술과 구별하기 시작하였는데, 현대에는 '예술'이 좁은 의미로 사용되어 조형 예술 · 음악 · 문예 · 연극 · 무용 등을 포함한 미적 가치의 실현을 본래의 목적으로 하는 기술로 이해되고 있다. 따라서 예술과 기술을 구별하기 위해 '미적 기술'이라는 표현을 사용할 필요는 없다.

12

| 정답 | ④

| 해설 | 2030년까지 재생에너지는 전체 발전량 대비 20%가 될 것으로 목표를 설정하였으므로, 전체 발전량의 3분의 1에 미치지 못할 것으로 전망할 수 있다. 이마저도 세 가지 이슈가 해결되어야 목표를 달성할 수 있으므로 ④가 적절하다.

| 오답풀이 |

① 세계보건기구는 대기오염으로 인한 사망자가 전체의 16%인 830만 명이라고 하였으므로 사망자는 총 830÷0.16≒5,188(만 명)으로 5천만 명을 넘는다.

② 1911 ~ 2010년 기간 동안 지구의 평균 기온이 0.75도, 국내는 1.8도 상승한 것일 뿐, 그 기간의 우리나라가 지구 전체보다 줄곧 높은 평균 기온을 보여 왔는지는 알 수 없다.

③ 정부의 충분한 예산 지원을 경제적 이슈로 본다 해도, 사회적 · 기술적인 이슈 역시 해결되어야 신재생에너지가 국내에 본격 적용될 수 있을 것이라고 하였다.

⑤ 태양광 · 연료전지 등은 소비지에서 전력생산이 가능하고 고압 송전시설 문제가 없어 사회적 문제 해결에 효과적인 것으로 알려져 있다고 하였다.

13

| 정답 | ⑤

| 해설 | ㄱ. 간편송금 서비스의 수익성이 낮기 때문에 은행권이 적극적으로 경쟁에 뛰어들지 않는다는 분석도 있다고 제시되어 있다.

ㄴ. 간편송금 최대 강점은 복잡한 인증 절차 없이 입고 빠르게 송금할 수 있다는 것이다. 간편송금 서비스는 공인인증서 대신 다른 간편 인증수단을 이용한다고 제시되어 있다.

ㄷ. 간편송금 전자금융업자의 무료 고객 비중이 72 ~ 100%에 달한다고 제시되어 있다. 그러므로 간편송금 이용자의 과반수는 무료로 서비스를 이용하고 있다는 것을 알 수 있다.

14

| 정답 | ④

| 해설 | 제시된 글에서는 몸과 마음을 이원론적으로 분리하여 구분하면서, 신체로부터 독립되어 존재할 수 있는 것을 '능동적 지성', '비물질적인 지성', '마음', '비물질적 영혼'과 같은 단어로 표현하고 있다. 반면 '심신의 유기체'는 몸과 마음을 분리하지 않고 하나로 보는 것을 의미한다.

15

| 정답 | ④

| 해설 | 제시된 글은 결핵 예방 백신의 접종 시기, 신체 반응, 접종방법에 따른 장단점 등을 소개하고 있으므로 이를 모두 포함하는 '결핵 예방을 위한 백신 접종방법'이 주제로 가장 적절하다.

| 오답풀이 |

① 어느 백신을 생후 최초로 접종해야 하는지는 글에서 강조하는 내용이 아니다.

② BCG 한 가지에 대해서만 언급하고 있으므로 종류를 설명한 글로 볼 수는 없다.

③ 곪는 반응이 주사 부위에 나타나는 것은 결핵 예방 백신 접종 후의 현상이며, 백신 접종방법을 설명하기 위한 내용이므로 글의 주제가 될 수는 없다.

⑤ 결핵 예방 백신인 BCG의 장단점이 아닌 백신 접종방법인 피내용과 경피용의 장단점을 파악할 수 있으며, 장단점 자체도 글의 주제로 적합하지 않다.

16

| 정답 | ③

| 해설 | (나)에서 감각 정보의 일부는 단기간 또는 장기간 저장된다고 했고, 이를 (다)에서 두 기억 모두 대뇌피질에 저장된다고 했다. (가)에서 감각 정보의 대부분은 대뇌피질에서 인식되며, (라)에서 인식된 일부 정보는 단기기억으로 저장된다고 설명하므로 (나)－(다)－(가)－(라) 순이 적절하다.

17

| 정답 | ②

| 해설 | 제시된 글에서는 '수인의 딜레마'란 의사 결정을 할 때 개인의 합리적 선택과 전체의 관점에서의 합리적 선택이 서로 충돌하는 것이라 설명한다. 따라서 빈칸이 있는 마지막 문장의 '합리성'을 '개인의 합리성'으로 볼 때, 빈칸에는 전체의 관점과 관련된 '사회적 도덕성'의 개념이 적절하므로 '도덕성'이 들어가야 알맞다.

18

| 정답 | ②

| 해설 | 빈칸이 문단의 처음에 위치하므로 내용 전체를 이끌 수 있는 문장이 들어가야 한다. 빈칸 뒤의 문장을 살펴보면 중세시대에는 견고한 중세 지배체제로 인해 농민들의 저항이 이루어지지 못하였고, 산업사회에서는 시민이나 노동자들이 자신들의 안락한 생활이 위협받을 때에만 저항을 감행한다고 하였다. 이를 통해 살고 있는 시대와 처해진 상황에 따라 저항이 이루어질 수도, 그렇지 못할 수도 있고, 저항의 이유 또한 달라질 수 있다는 내용이 빈칸에 와야 한다. 따라서 ②가 가장 적절하다.

| 오답풀이 |

①, ④ 저항의 형태, 행태, 방식 등의 변화에 관한 내용이 아니다.

③ 저항에 대한 사회적 시선의 내용은 언급되지 않았다.

⑤ 두 번째 문단의 내용과 관련이 없는 내용이다.

19

| 정답 | ⑤

| 해설 | 빈칸은 전체 내용의 결론에 해당되는 부분이므로, 글의 흐름을 통해 결론을 찾아내야 한다. 먼저 첫 번째 문단은 죽음의 편재성에 대해 설명하면서 우리는 보통 그것을 회피대상으로 인식하고 있다는 결론을 내린다. 그러나 역접 접속어인 '그런데'로 시작하는 두 번째 문단은 첫 번째 문단과 달리 죽음의 공포를 무릅쓰는 스카이다이빙을 사례로 들어 죽음의 공포가 반드시 회피대상은 아니라는 것을 설명한다. 이를 통해 빈칸에서 죽음의 편재성이 죽음의 공포를 불러일으킨다고 하여 그것을 반드시 회피대상이라고 볼 수 없다는 결론을 이끌어 낼 수 있다.

20

| 정답 | ⑤

| 해설 | 제시된 글의 논지는 기후 변화의 이유는 인간이 발생시키는 온실가스 때문이 아니라 태양의 활동 때문이라는 것이다. 즉, 온실가스 배출을 낮추기 위한 인간의 노력은 사실상 도움이 되지 않는 낭비라는 주장이다. 이러한 논지를 반박하기 위한 근거로는 대기오염을 줄이기 위한 인간의 노력이 지구 온난화를 막는 데 효과가 있었다는 내용이 적절하다.

4회 자료해석

문제 286쪽

01	①	02	⑤	03	②	04	④	05	③
06	④	07	⑤	08	②	09	①	10	⑤
11	③	12	②	13	②	14	②	15	②
16	③	17	④	18	②	19	④	20	②

01

| 정답 | ①

| 해설 | 각 기업별 조사 회답자 수를 100%로 하고 각각의 대략적인 회답 비율을 구하여 정리하면 다음과 같다.

(단위 : 명)

구분	불만	어느 쪽도 아니다	만족	합계
A사	29 (25.9%)	36 (32.1%)	47 (42.0%)	112 (100.0%)
B사	73 (51.4%)	11 (7.7%)	58 (40.8%)	142 (100.0%)
C사	71 (52.2%)	41 (30.1%)	24 (17.6%)	136 (100.0%)
합계	173 (44.4%)	88 (22.6%)	129 (33.1%)	390 (100.0%)

㉠ '불만'이라고 응답한 사원의 수(173명)는 총인원수(390명)의 44.4%로 과반수가 되지 않는다.

㉡ '불만'이라고 응답한 사람의 비율은 B사는 142명 중 73명으로 51.4%, C사는 136명 중 71명으로 52.2%이다.

| 오답풀이 |

㉢ '어느 쪽도 아니다'라고 답한 사람이 가장 적다는 것은 근무조건의 좋고 나쁨과는 관계가 없다.

㉣ '만족'을 나타낸 사람의 수가 높다는 것만으로 근무조건이 가장 좋다고 단정할 수 없다.

02

| 정답 | ⑤

| 해설 | 20X9년 11월 일본어선과 중국어선의 한국 EEZ 내 어획량 합은 2,176+9,445=11,621(톤)으로, 같은 기간 중국 EEZ와 일본 EEZ 내 한국어선 어획량 합인 64+500=564(톤)의 약 20.6배이다.

| 오답풀이 |

① 20X9년 12월 중국 EEZ 내 한국어선 조업일수는 1,122일로, 전월인 20X9년 11월 중국 EEZ 내 한국어선 조업일수인 789일에 비해 증가하였다.

② 20X9년 11월 한국어선의 일본 EEZ 입어척수는 242척이지만, 전년 동월인 20X8년 11월 한국어선의 일본 EEZ 입어척수는 자료에 없으므로 비교할 수 없다.

③ 20X9년 12월 일본 EEZ 내 한국어선의 조업일수는 3,236일로, 같은 기간 중국 EEZ 내 한국어선의 조업일수인 1,122일의 약 2.9배이다.

④ 20X9년 12월 일본어선의 한국 EEZ 내 입어척수당 조업일수는 $\frac{277}{57}$ ≒4.9(일)로, 전년 동월인 20X8년 12월 일본어선의 한국 EEZ 내 입어척수당 조업일수인 $\frac{166}{30}$ ≒5.5(일)에 비해 감소하였다.

03

| 정답 | ②

| 해설 | 매출액의 경우 비교적 꾸준한 증가 추세를 보이고 있으나, 수출액을 보면 2X22년에서 2X23년 사이 출판 산업(357,881→283,439)에서, 2X21년에서 2X22년 사이 영화 산업(14,122→13,583)과 광고 산업(93,152→75,554)에서 감소 추세를 보였다.

| 오답풀이 |

① 2X22년 문화콘텐츠 산업의 총매출액 전년 대비 증가율은 $\frac{73.32-67.08}{67.08}\times100$ ≒9.3(%)이다.

③ 고용현황을 보면 애니메이션 산업이 2X21년 4,170명, 2X22년 4,349명, 2X23년 4,646명으로 가장 낮은 통계수치를 보였다.

④ 2X21 ~ 2X23년의 수출액에서 가장 큰 비중을 차지한 분야는 게임 산업이며, 다음으로 지식정보 산업이 뒤를 잇고 있다.

⑤ 2X21년 캐릭터 산업의 매출액 비중은 $\frac{5.36}{67.08}\times100$ ≒7.99(%)이고, 2X22년 캐릭터 산업의 매출액 비중은 $\frac{5.90}{73.32}\times100$ ≒8.05(%)이다.

04

| 정답 | ④

| 해설 | 제품 Y의 1분기 재고량이 174만 개이므로 판매량은 1,079−174=905(만 개)이고, 제품 Y를 판매하여 얻은 수입은 905×3,000=2,715,000(만 원)이다. 이때 제품 Y의 1분기 생산 비용이 181억 2천만 원이므로 순이익은 90억 3천만 원이다.

| 오답풀이 |

① '수요=직전분기 재고+해당분기 생산량−해당분기 재고'로 구할 수 있다.

(단위 : 만 개)

구분	제품 X	제품 Y
1분기	0+329−101 =228	0+1,079−174 =905
2분기	101+519−29 =591	174+2,485−308 =2,351
3분기	29+449−135 =343	308+1,967−632 =1,643
4분기	135+364−277 =222	632+1,338−958 =1,012

따라서 두 제품의 수요는 2분기에 가장 많았다.

② 제품 Y의 재고는 2분기에 $\frac{308-174}{174}\times100 \fallingdotseq 77.0(\%)$, 3분기에 $\frac{632-308}{308}\times100 \fallingdotseq 105.2(\%)$, 4분기에 $\frac{958-632}{632}\times100 \fallingdotseq 51.6(\%)$ 증가하였다.

③ 제품 X의 개당 평균 생산 비용은 1분기에 $\frac{756,000}{329} \fallingdotseq$ 2,298(원), 2분기에 $\frac{1,965,000}{519} \fallingdotseq 3,786$(원), 3분기에 $\frac{1,173,000}{449} \fallingdotseq 2,612$(원), 4분기에 $\frac{776,000}{364} \fallingdotseq 2,132$(원)으로, 2분기에 가장 높고 4분기에 가장 낮다.

⑤ 제품 X의 생산량이 가장 적은 1분기의 생산 비용(756천만 원)은 제품 X의 생산량이 가장 많은 2분기의 생산 비용(1,965천만 원)의 $\frac{756}{1,965}\times100 \fallingdotseq 38.5(\%)$로 50% 미만이다.

05

| 정답 | ③

| 해설 | 2X21년의 전체 유선방송에서 중계유선방송이 차지하는 비율은 $\frac{216,573}{15,229,800}\times 100 \fallingdotseq 1.42(\%)$이다.

| 오답풀이 |

① 2X23년 전년 대비 IPTV 가입자 수 증가율은 $\frac{2,578,122-2,373,911}{2,373,911}\times 100 \fallingdotseq 8.6(\%)$이다.

② 2X22년의 아날로그방송 무료시청 가입자 수는 2X21년에 비해 86,119명 증가하였으므로 적절하지 않다.

④ 2X21 ~ 2X23년 유료방송서비스 전체 가입자 수의 평균은 $\frac{19,419,782+22,062,740+22,294,159}{3}$ $\fallingdotseq 21,258,894$(명)이다.
따라서 약 2천 1백만 명이다.

⑤ 디지털 방송의 유료시청 가입자 수뿐만 아니라 디지털 방송의 무료시청 가입자 수도 증가하고 있다. 따라서 아날로그 방송의 유료시청 가입자 수가 감소하는 이유가 디지털 방송의 유료시청 가입자 수의 증가 때문이라고 단정지을 수 없다.

06

| 정답 | ④

| 해설 | K 백화점은 J 백화점보다 인건비는 적게 들면서 매출액은 더 많다.

| 오답풀이 |

① K 백화점의 매출액은 343,410백만 원이고 매출원가는 181,656백만 원이다. J 백화점의 매출액은 312,650백만 원, 매출원가는 153,740백만 원이므로 둘 다 K 백화점이 더 높다.

② '매출 총이익=매출액−매출원가'이므로 백화점별 매출 총이익은 다음과 같다.

- K 백화점 : 343,410−181,656=161,754(백만 원)
- J 백화점 : 312,650−153,740=158,910(백만 원)

③ '직원 1인당 평균 인건비=$\frac{\text{인건비}}{\text{종사자 수}}$'이므로 백화점별 직원 1인당 평균 인건비는 다음과 같다.

- K 백화점 : 26,705÷245=109(백만 원)

• J 백화점 : 28,160÷256=110(백만 원)

⑤ J 백화점이 직원을 30명 줄이고 인건비를 3,000(백만 원) 낮추었을 때, 1인당 평균 인건비는 $\frac{25,160}{226}$≒111(백만 원)으로 K 백화점보다 약 2백만 원 더 많아진다.

07

| 정답 | ⑤

| 해설 | 20X9년 일반 신문을 본다고 응답한 남자의 비율은 79.5% 중 61.9%, 여자의 비율은 65.8% 중 50.0%이다. 20X9년 조사 대상 남녀의 수가 같으므로 비율이 높은 쪽이 인구수도 많으며, 따라서 일반 신문을 본다고 응답한 인구수는 남자가 여자보다 많다.

| 오답풀이 |

① 일반 신문을 보는 사람의 비율이 인터넷 신문을 보는 사람의 비율보다 더 적으므로 최대 67.8%이다.

②, ④ 제시된 정보만으로는 알 수 없다.

③ $79.5\times\frac{80.6}{100}$ ≒ 64.08(%)이다.

08

| 정답 | ②

| 해설 | 각 집행률을 구하면 다음과 같다.

(단위 : 조 원, %)

구분		계획(A)	실적(B)	집행률 $(\frac{B}{A}\times100)$
전체	합계	181.8	189.8	104.4
	대기업	133.5	150.5	112.7
	중견기업	23.6	18.0	76.3
	중소기업	24.7	21.3	86.2
제조업	합계	89.9	106.0	117.9
	대기업	67.2	86.4	128.6
	중견기업	13.1	10.8	82.4
	중소기업	9.6	8.8	91.7
비제조업	합계	91.9	83.8	91.2
	대기업	66.3	64.1	96.7
	중견기업	10.5	7.2	68.6
	중소기업	15.1	12.5	82.8

제조업, 비제조업의 대기업, 중견기업, 중소기업의 집행률은 대부분 70% 이상이지만 비제조업 중 중견기업의 집행률은 68.6%로 70%에 미치지 못한다.

09

| 정답 | ①

| 해설 | 국가별 전력 수출입 현황을 정리하면 다음과 같다.

• N국 수출 : 420+234+270=924(천 kW)
  N국 수입 : 153+277+105=535(천 kW)

• K국 수출 : 153+552+635=1,340(천 kW)
  K국 수입 : 420+432+215=1,067(천 kW)

• S국 수출 : 277+432+405=1,114(천 kW)
  S국 수입 : 234+552+330=1,116(천 kW)

• E국 수출 : 105+215+330=650(천 kW)
  E국 수입 : 270+635+405=1,310(천 kW)

가. 전력의 수출량이 수입량보다 많은 국가는 N국과 K국으로 2개이다.

나. S국은 수출량이 1,114천 kW, 수입량이 1,116천 kW로 전력 무역수지가 0에 가장 가깝다.

다. N국의 전력 총수입량은 535천 kW이며, K국과 S국은 그 두 배가 넘는 전력량을 수출한다.

| 오답풀이 |

라. N국이 수출량을 절반으로 줄이면 각국이 N국으로부터 수입하는 양은 절반이 되므로 각각 1,067−210=857, 1,116−117=999, 1,310−135=1,175가 되어 K국과 S국만 수입량이 1,000천 kW 이하로 줄어들게 된다.

10

| 해설 | ⑤

| 해설 | ㄷ. 7구간 이전까지의 구간당 평균 주유량은 $\frac{30+40+35+40+30+45}{6}$ ≒ 36.67(L)로 35L 이상이다.

ㄹ. 1 ~ 6구간 중 연료 단가가 가장 낮은 구간은 6구간으로 가장 많은 45L를 주유하였다.

| 오답풀이 |

ㄱ. 구간 주행거리는 4, 6구간에서는 감소하였다.

ㄴ. • 4구간의 구간 비용 : $\frac{35 \times 2,000}{416} \fallingdotseq 168.27$(원/km)

• 5구간의 구간 비용 : $\frac{40 \times 2,000}{495} \fallingdotseq 161.62$(원/km)

따라서 4구간의 구간 비용이 5구간의 구간 비용보다 많다.

11

| 정답 | ③

| 해설 | ㉢ $\frac{21,790}{42,870} \times 100 \fallingdotseq 50.83$(%)이므로 50%가 넘는다.

㉣ 운송 관련 서비스업에 종사하는 남자 임시근로자 수는 14,407명이고, 항공 운송업에 종사하는 여자 상용근로자 수는 11,150명이므로 올바른 설명이다.

| 오답풀이 |

㉠ 육상 운송업 종사자가 가장 많다.

㉡ $\frac{74,983}{531,511} \times 100 \fallingdotseq 14.1$(%)이므로 10%가 넘는다.

12

| 정답 | ②

| 해설 | 20X6년 표본감리의 결과 위반 비율은 $\frac{43}{222} \times 100 \fallingdotseq 19$(%)이다.

| 오답풀이 |

① 20X5년 회계감리 결과 위반 비율은 약 $\frac{54}{245} \times 100 \fallingdotseq 22$(%)이므로 나머지 결과인 종결 비율은 약 100−22 =78(%)가 된다.

③ 20X7년 회계감리 종류별 비율은 다음과 같다.

• 표본감리 : $\frac{99}{137} \times 100 \fallingdotseq 72$(%)

• 협의감리 : $\frac{20}{137} \times 100 \fallingdotseq 15$(%)

• 위탁감리 : $\frac{18}{137} \times 100 \fallingdotseq 13$(%)

④ 20X8년 회계감리 종류별 비율은 다음과 같다.

• 표본감리 : $\frac{79}{127} \times 100 \fallingdotseq 62$(%)

• 협의감리 : $\frac{33}{127} \times 100 \fallingdotseq 26$(%)

• 위탁감리 : $\frac{15}{127} \times 100 \fallingdotseq 12$(%)

⑤ 20X9년 회계감리 위반 종류별 비율은 다음과 같다.

• 표본감리 : $\frac{10}{52} \times 100 \fallingdotseq 19$(%)

• 협의감리 : $\frac{14}{52} \times 100 \fallingdotseq 27$(%)

• 위탁감리 : $\frac{28}{52} \times 100 \fallingdotseq 54$(%)

13

| 정답 | ②

| 해설 | ㉠ A 기업과 국내 기업평균을 나타내는 점이 노동시장 이용성 부문에서는 같고 복지 부문에서는 한 칸보다 조금 더 떨어져 있으므로 옳은 설명이다.

㉢ 12개 부문 중 A 기업을 나타내는 점이 가장 안쪽에 위치하는 부문은 혁신이므로 옳은 설명이다.

| 오답풀이 |

㉡ 7단계가 가장 높다고 하였으므로 점이 바깥쪽일수록 수준이 높은 것이다. 시장확보 부문에서는 A 기업의 점이 더 바깥쪽에 있으므로 옳지 않은 설명이다.

㉣ 시설 부문에서는 국내 기업평균이 더 바깥쪽에 위치하며, 기초교육과 노동시장 이용성 부문은 동일한 수준이므로 옳지 않은 설명이다.

14

| 정답 | ②

| 해설 | 직원 A ~ D의 주평균 야근 빈도의 총합은 8일이다. 이를 활용하여 직원 A ~ D의 주평균 야근 비중을 구하면 다음과 같다.

- 직원 A : $\frac{1.2}{8}\times100=15(\%)$
- 직원 B : $\frac{2.5}{8}\times100=31(\%)$
- 직원 C : $\frac{0.8}{8}\times100=10(\%)$
- 직원 D : $\frac{3.5}{8}\times100=44(\%)$

따라서 ㉠은 44, ㉡은 15, ㉢은 31, ㉣은 10이다.

15

| 정답 | ②

| 해설 | 20X9년 노년부양인구비가 18.6%, 65세 이상 인구가 100만 명이므로 구하고자 하는 생산 가능 인구를 x명이라 하면 다음과 같은 식을 세울 수 있다.

$$\frac{1,000,000}{x}\times 100 = 18.6$$

$100,000,000=18.6x$

$\therefore\ x \fallingdotseq 538$(만 명)이다.

16

| 정답 | ③

| 해설 | 20X8년 관광 목적의 해외여행자 수는 전년 대비 4.2% 감소하여 제시된 기간 중 가장 크게 감소하였다.

| 오답풀이 |

① • 20X6년 : $8,426,867\times0.147\fallingdotseq1,238,749$(명)
• 20X7년 : $8,426,867\times1.147\times0.128\fallingdotseq1,237,199$(명)
따라서 전체 여행자 수의 전년 대비 증가 수는 20X6년이 많다.

② 업무 목적의 해외여행자 수의 증가율은 항상 양수이므로 꾸준히 증가하였다.

④ • 20X6년 : $1,120,230\times1.093\fallingdotseq1,224,411$(명)
• 20X8년 : $1,224,411\times1.226\times1.007\fallingdotseq1,511,636$(명)
따라서 20X6년 대비 20X8년 업무 목적의 해외여행자 증가 수는 287,225명으로 30만 명 이하이다.

⑤ 20X8년 전체 해외여행자 수는 전년 대비 감소하였다.

17

| 정답 | ④

| 해설 | 전년 대비 20X9년 보이스피싱 피해신고 건수의 증가율은 $\frac{8,244-5,455}{5,455}\times100\fallingdotseq51.13(\%)$로 50% 이상이다.

| 오답풀이 |

① 보이스피싱 피해신고 건수 및 금액은 20X5년에서 20X6년 사이에 증가하였다가 20X8년까지 감소한 후, 20X9년에 다시 증가하였다.

② 보이스피싱 피해신고 건수 및 금액이 가장 적었던 해는 20X5년으로 동일하나, 피해신고 건수가 가장 많았던 해는 20X6년, 금액이 가장 많았던 해는 20X9년으로 동일하지 않다.

③ 20X5 ~ 20X9년 보이스피싱 피해신고 금액의 평균은 $\frac{434+877+621+554+1,109}{5}=719$(억 원)이다.

⑤ 20X5년 대비 20X9년 보이스피싱 피해신고 금액은 $\frac{1,109}{434}\fallingdotseq2.6$배 증가하였다.

18

| 정답 | ②

| 해설 | 거제의 소나무 수는 1,590천 그루이고, 거제의 소나무재선충병 감염률은 50%이다. 감염된 소나무 수를 x라 하고 감염률을 구하는 식에 대입해 보면 $\frac{x}{1,590}\times100=50$, $x=795$(천 그루)가 된다. 거제의 소나무재선충병 고사율은 50%이므로 고사한 소나무 수를 y라고 하고 이를 고사율을 구하는 식에 대입하면 $\frac{y}{795}\times100=50$, $y=397.5$(천 그루)이다.

위와 같은 방법으로 제주의 고사한 소나무 수를 구해 보면 제주의 감염된 소나무 수는 $\frac{x}{1,201}\times100=80$, $x=960.8$(천 그루)가 되고, 고사한 소나무 수는 $\frac{y}{960.8}\times100=40$, $y=384.32$(천 그루)가 된다.

따라서 제주의 고사한 소나무 수는 거제의 고사한 소나무 수의 $\frac{384.32}{397.5}\fallingdotseq1.0$(배)이다.

19

| 정답 | ④

| 해설 | ㉠ 지역별 총생산량은 〈자료 1〉의 가로 수치의 합산, 도착한 출하량은 세로 수치의 합산이다. 다음 표와 같이 합계 수치를 정리해 보면 총생산량보다 도착한 출하량이 더 많은 지역은 경기도와 강원도 2개 지역이다.

(단위 : 톤)

생산지＼도착지	경기도	강원도	충청도	경상도	전라도	제주도	합계
경기도	–	72	58	120	65	105	420
강원도	48	–	66	36	59	60	269
충청도	125	75	–	66	85	43	394
경상도	86	51	69	–	87	22	315
전라도	114	33	53	58	–	92	350
제주도	96	102	55	32	40	–	325
합계	469	333	301	312	336	322	2,073

㉡ 경상도에서 생산된 농산물의 지역별 평균 출하량은 $\frac{86+51+69+87+22}{5}=63$(톤)이다. 따라서 이보다 많은 농산물이 출하된 지역은 경기도, 충청도, 전라도 3개 지역이다.

㉣ 총운송비용은 출하량과 톤당 운송비용을 곱한 값이다. 경상도에서 생산한 농산물의 출하지별 총운송비용은 순서대로 3,354천 원, 2,346천 원, 1,518천 원, 1,131천 원, 1,320천 원으로, 총운송비용이 가장 많은 지역은 경기도이다.

| 오답풀이 |

㉢ 제주도에서 경기도로 출하한 농산물은 96톤으로 경기도에서 제주도로 출하한 농산물 105톤보다 적은 양이며, 제주도에서 경기도로의 총운송비용이 96×78=7,488(천 원)으로 반대의 경우인 105×75=7,875(천 원)보다 더 적다.

20

| 정답 | ②

| 해설 | 출발지와 도착지 각각의 물동량 합계를 구하면 다음과 같다.

(단위 : 천 톤)

출발지＼도착지	태국	필리핀	인도	인도네시아	합계
태국	–	25	33	30	88
필리핀	12	–	9	22	43
인도	23	15	–	10	48
인도네시아	16	24	6	–	46
합계	51	64	48	62	225

따라서 인도네시아에서 출발하는 물량이 국가별로 절반으로 감소하게 되면 현재의 도착지 국가별 물동량 순위인 '필리핀－인도네시아－태국－인도'는 '인도네시아(62)－필리핀(52)－인도(45)－태국(43)'의 순으로 바뀌게 된다.

| 오답풀이 |

① 출발지에서의 국가별 이동 물량의 순위는 태국(88)－인도(48)－인도네시아(46)－필리핀(43)의 순이다.

③ 인도는 출발 물량과 도착 물량이 모두 48천 톤으로 동일하다.

④ 태국이 가장 많으나 $\frac{88}{225}\times100≒39.1(\%)$이므로 40%를 넘지 않는다.

⑤ 필리핀으로 도착하는 K 제품은 64천 톤이다. 64천 톤의 75%는 48천 톤이고, 이 양은 인도로 도착하는 K 제품의 양과 같다.

4회 창의수리

문제 304쪽

01	①	02	②	03	④	04	②	05	①
06	①	07	⑤	08	②	09	②	10	④
11	①	12	①	13	②	14	④	15	③
16	③	17	②	18	③	19	④	20	③

01

| 정답 | ①

| 해설 | A 소금물의 처음 농도를 x%, B 소금물의 처음 농도를 y%라 하면 다음 식이 성립한다.

$$\frac{x}{100}\times 300+\frac{y}{100}\times 100=\frac{5}{100}\times 400$$

$3x+y=20$ ………………………………… ㉠

$$\frac{x}{100}\times 100+\frac{y}{100}\times 300=\frac{6}{100}\times 400$$

$x+3y=24$ ………………………………… ㉡

㉠, ㉡을 연립하면 $x=4.5$(%), $y=6.5$(%)이므로 A 소금물의 처음 농도는 4.5%이다.

02

| 정답 | ②

| 해설 | 조립제품 1개를 완성하는 데 필요한 일의 양을 1, 시간당 A, B, C가 할 수 있는 일의 양을 각각 x, y, z라고 하면 다음과 같은 식이 성립한다.

$4x+4y+4z=1$ ………………………………… ㉠

$5x+5y=1$ ………………………………… ㉡

$6x+6z=1$ ………………………………… ㉢

㉠, ㉡, ㉢을 연립해서 풀면 $x=\frac{7}{60}$, $y=\frac{1}{12}$, $z=\frac{1}{20}$이 된다.

B와 C가 함께 1시간 동안 할 수 있는 일의 양은 $\frac{1}{12}+\frac{1}{20}=\frac{8}{60}=\frac{2}{15}$이므로, 두 명이 24시간 동안 할 수 있는 일의 양은 $\frac{2}{15}\times 24=\frac{16}{5}$이다. 따라서 B와 C가 24시간 동안 함께 일할 경우 3개의 조립제품을 완성할 수 있다.

03

| 정답 | ④

| 해설 | 상황을 그림으로 나타내면 다음과 같다.

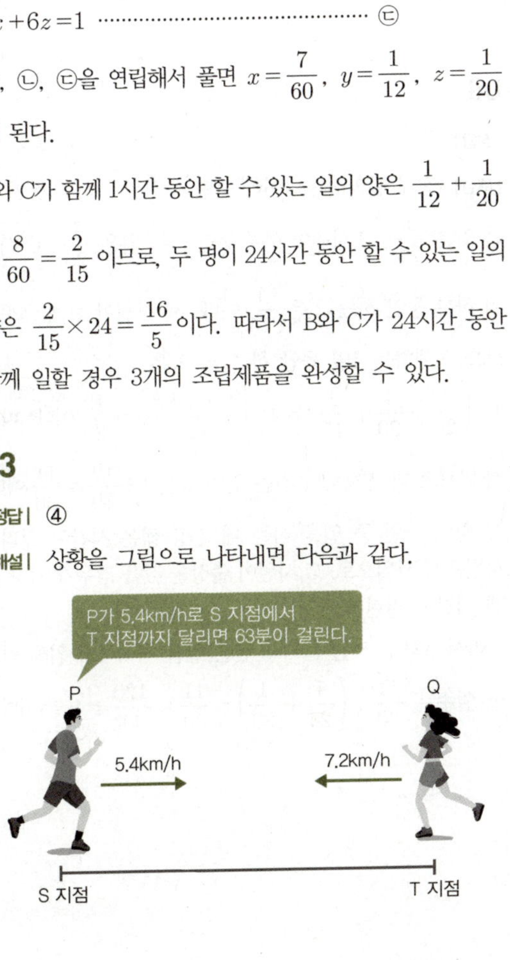

P와 Q를 개별로 생각하는 것이 아니라 두 명분을 더하여 'S 지점에서 T 지점까지의 거리÷두 명의 속력의 합=만나기까지의 시간'을 구한다.

㉠ 'S 지점에서 T 지점까지의 거리'는 P의 정보(5.4km/h로 S 지점에서 T 지점까지 달리면 63분 소요)를 사용하여 '속력×시간=거리'로 구한다. 단위가 '시간'과 '분'이므로 다시 '분'으로 맞춘다.

P의 속력(시속)		분속으로 환산		P의 속력(분속)
5.4km/h	÷	60분/h	=	0.09km/분 → 90m/분

P의 속력		P의 시간		S−T 거리
90m/분	×	63분	=	5,670m

㉡ '㉠'의 거리를 P와 Q의 속력의 합으로 나눈다. 단위는 다시 '분'으로 맞춘다.

Q의 속력(시속)		분속으로 환산		Q의 속력(분속)
7.2km/h	÷	60분/h	=	0.12km/분 → 120m/분

S−T 거리		P의 속력		Q의 속력		만나기까지의 시간
5,670m	÷	(90m/분	+	120m/분)	=	27분

04

| 정답 | ②

| 해설 | 열차가 철교를 완전히 통과하려면 '철교의 길이+열차의 길이'만큼 이동해야 하며 A 열차의 길이를 xm라 하면 B 열차의 길이는 $(x-60)$m가 된다.

- A 열차의 속력 : $\frac{570+x}{50}$(m/s)
- B 열차의 속력 : $\frac{570+(x-60)}{23}$(m/s)

두 열차가 철교의 양 끝에서부터 서로 마주 보는 방향으로 동시에 출발하면 A 열차가 출발한 곳으로부터 다리 길이의 $\frac{1}{3}$이 되는 지점에서 마주친다고 했으므로 B 열차의 속력이 A 열차 속력의 2배임을 알 수 있다. 따라서 다음과 같은 식이 성립한다.

$\frac{570+x}{50}\times 2=\frac{570+(x-60)}{23}$

$\frac{570+x}{25}=\frac{510+x}{23}$

$23(570+x)=25(510+x)$

$13,110+23x=12,750+25x$

$2x=360$

$\therefore x=180(\text{m})$

따라서 A 열차의 길이는 180m이다.

05

| 정답 | ①

| 해설 | • 질문 1 : 8번째마다 무료 식사를 할 수 있기 때문에 41번 식사를 했다면 총 무료 식사 횟수는 $\frac{41}{8}$의 몫인 5번이다. 즉, 41번 중에서 실제로 돈을 지불하고 식사를 한 것은 총 36번(=41−5)이다.

• 질문 2 : 100번 식사를 했다면 $\frac{100}{8}$의 나머지인 4개가 지금 쿠폰에 찍혀 있게 된다.

06

| 정답 | ①

| 해설 | A가 10점 과녁을 명중시킬 확률이 $\frac{7}{8}$이므로 명중시키지 못할 확률은 $\frac{1}{8}$이고, B가 10점 과녁을 명중시킬 확률이 $\frac{8}{9}$이므로 명중시키지 못할 확률은 $\frac{1}{9}$이다. 따라서 A와 B 모두 10점 과녁에 명중시키지 못할 확률은 $\frac{1}{8}\times\frac{1}{9}=\frac{1}{72}$이다.

07

| 정답 | ⑤

| 해설 | 60km/h의 속력으로 15분$\left(\frac{1}{4}\text{시간}\right)$ 동안 이동한 거리는 $60\times\frac{1}{4}=15(\text{km})$이다. 이 거리가 집에서 회사까지 거리의 절반이므로 총거리는 30km임을 알 수 있다. 택시를 8시 20분에 타고 $15(\text{km})\div 75(\text{km/h})=\frac{1}{5}$(시간)이 걸려 돌아갔으므로 집까지 12분$\left(\frac{1}{5}\text{시간}\right)$이 소요되어 8시 32분에 도착하였다. 서류를 챙겨서 나오는 데 3분이 걸렸으므로 승용차로 출발한 시간은 8시 35분이다. 따라서 25분 안에 30km 떨어진 회사까지 도착해야 하므로 최소 $30\div\frac{25}{60}=72(\text{km/h})$로 운전해야 한다.

08

| 정답 | ②

| 해설 | 전체 일의 양을 1이라 하면 A 사원이 하루 동안 하는 일은 $\frac{1}{24}$, B 사원이 하루 동안 하는 일은 $\frac{1}{20}$, C 사원이 하루 동안 하는 일은 $\frac{1}{15}$이다. 세 사원이 함께 프로젝트를 진행하는 4일 동안 한 일의 양은

$4\times\left(\frac{1}{24}+\frac{1}{20}+\frac{1}{15}\right)=4\times\left(\frac{5+6+8}{120}\right)=\frac{19}{30}$이다. 따라서 앞으로 더 진행해야 하는 일의 양은 $1-\frac{19}{30}=\frac{11}{30}$이다.

세 명의 사원 중 일을 하는 데 가장 짧은 시간이 걸리는 사원은 C 사원으로, C 사원이 출장을 갔을 경우가 가장 오랜 시간이 걸린다.

따라서 A와 B 사원 둘이서 남은 일을 처리하기 위해 필요한 일수는 $\frac{11}{30}\div\left(\frac{1}{24}+\frac{1}{20}\right)=\frac{11}{30}\times\frac{120}{11}=4(\text{일})$이다.

09

| 정답 | ②

| 해설 | 6%의 설탕물 500g에 들어 있는 설탕의 양은 $500 \times \frac{6}{100} = 30$(g)이다. 이때 농도가 8%인 설탕물을 얻기 위해서 증발시켜야 하는 물의 양을 xg이라고 한다면 다음과 같은 식이 성립한다.

$$\frac{30}{500-x} \times 100 = 8$$

$$3,000 = 8(500-x)$$

$$\therefore\ x = 125\text{(g)}$$

따라서 125g의 물을 증발시켜야 한다.

10

| 정답 | ④

| 해설 | 먼저 영역을 구분하는 데 필요한 최소 종류의 색의 개수를 구한다. 색의 종류를 알파벳을 이용해 표시할 때, 원에서 시작하여 구분하면 다음과 같다.

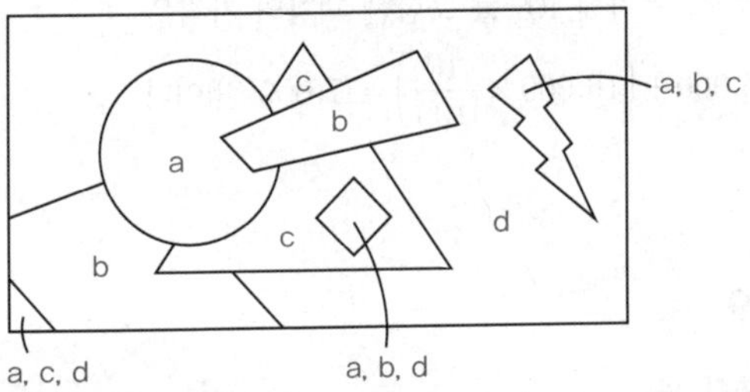

따라서 필요한 최소 종류의 색은 a, b, c, d 4개이다. 세 가지의 색으로 칠할 수 있는 세 구역에 대한 경우의 수를 구하면 3×3×3=27(가지)가 가능하다. 또한 a, b, c, d 각각의 색으로 그림을 칠할 수 있는 경우의 수는 4!=24(가지)이므로 최소 종류의 색으로 그림을 칠할 수 있는 경우의 수는 27×24=648(가지)이다.

11

| 정답 | ①

| 해설 | A가 응원하는 팀이 이길 확률은 '(비가 올 확률×비가 올 경우 이길 확률)+(비가 오지 않을 확률×비가 오지 않을 경우 이길 확률)'로 구할 수 있다.

따라서 $\frac{1}{4} \times \frac{2}{5} + \frac{3}{4} \times \frac{2}{3} = \frac{6}{10} = \frac{3}{5}$이다.

12

| 정답 | ①

| 해설 | 큰 활자가 들어가는 장 수를 x장, 작은 활자가 들어가는 장 수를 y장이라 하면,

$x + y = 16$ ········· ㉠

$1,200x + 1,500y = 21,000$ ········· ㉡

㉠, ㉡의 식을 연립하여 풀면 다음과 같다.

$$1,200(16-y) + 1,500y = 21,000$$

$$19,200 - 1,200y + 1,500y = 21,000$$

$$300y = 1,800$$

$$\therefore\ y = 6,\ x = 10$$

따라서 작은 활자를 사용한 종이는 총 6장이다.

13

| 정답 | ②

| 해설 | 서로 다른 톱니 수를 가진 A, B, C는 각각 24의 배수, 54의 배수, 36의 배수만큼 움직이며 한 바퀴씩 제각기 회전하다가 동일한 공배수에서 처음의 상태로 돌아오게 된다. 따라서 세 톱니바퀴의 최소공배수는 216이므로 세 톱니바퀴는 톱니바퀴 A가 $\frac{216}{24} = 9$(번) 회전한 후 처음의 상태로 돌아오게 된다.

14

| 정답 | ④

| 해설 | 조건이 모두 '분'으로 제시되었으므로 1분당 작업량을 계산해 본다. A～D의 1분당 작업량은 각각 $\frac{1}{3}$, $\frac{1}{9}$, $\frac{1}{6}$, $\frac{1}{12}$이다. 수조 전체 물의 양을 1이라 하고 수조에 물이 가득 찰 때까지 걸리는 시간을 x분이라 할 때, 이미 절반의 물이 채워져 있으므로 더 채워야 할 물의 양은 $\frac{1}{2}$이 되며 다음 식이 성립한다.

$$\left(\frac{1}{3}+\frac{1}{9}-\frac{1}{6}-\frac{1}{12}\right)\times x=\frac{1}{2}$$

$$\left(\frac{4}{9}-\frac{3}{12}\right)\times x=\frac{1}{2}$$

$$\therefore\ x=\frac{18}{7}\text{(분)}$$

따라서 수조에 물이 가득 차는 데까지 걸리는 시간은 $\frac{18}{7}$분이다.

15

| 정답 | ③

| 해설 | 설탕물을 섞기 전 A에 들어 있는 설탕의 양은 16g, B에 들어 있는 설탕의 양은 26g이다. A에서 덜어낸 25g의 설탕물에 들어 있는 설탕의 양은 25×0.16=4(g)이므로 이를 B에 넣으면 $\frac{26+4}{100+25}\times100=24(\%)$의 설탕물이 만들어진다. 새로 만들어진 B에서 덜어낸 25g의 설탕물에 들어 있는 설탕의 양은 25×0.24=6(g)이므로 이를 A에 넣으면 $\frac{16-4+6}{100-25+25}\times100=18(\%)$의 설탕물이 만들어진다.

16

| 정답 | ③

| 해설 | 회사에서 A 대리점까지의 거리를 $x$km라고 하면, 회사에서 A 대리점까지 가는 데 걸린 시간은 $\frac{x}{70}$시간, A 대리점에서 회사로 돌아오는 데 걸린 시간은 $\frac{x}{80}$시간이므로 다음과 같은 식이 성립한다.

$$\frac{x}{70}+\frac{x}{80}=\frac{90}{60}$$

$$15x=15\times56$$

$$\therefore\ x=56$$

따라서 A 대리점까지의 거리는 56km이다.

17

| 정답 | ②

| 해설 | 100명 중 20%가 합격하였으므로 합격자는 20명, 불합격자는 80명이다. 합격자 20명의 평균이 80점이므로 합격자의 총점은 80×20=1,600(점)이 되고 응시자 100명의 평균이 70점이므로 전체 총점은 70×100=7,000(점)이다. 따라서 불합격자 80명의 총점은 7,000−1,600=5,400(점)이므로 불합격자의 평균은 $\frac{5,400}{80}=67.5$(점)이다.

18

| 정답 | ③

| 해설 | 부가세 15%를 포함하지 않은 원래의 피자 가격을 x원이라고 하면, 식은 다음과 같다.

$$x+\left(x\times\frac{15}{100}\right)=18,400$$

$$1.15x=18,400$$

$$\therefore\ x=16,000\text{(원)}$$

따라서 부가세 10%를 포함한 피자의 가격은

$16,000+\left(16,000\times\frac{10}{100}\right)=17,600$(원)이다.

19

| 정답 | ④

| 해설 | 6명의 직원이 원형 테이블에 앉으므로 원순열에 해당한다. 따라서 원순열의 경우의 수를 구하는 식인 '$\frac{_nP_n}{n}=(n-1)!$'에 따라 $(6-1)!=5!=120$(가지)이다.

20

| 정답 | ③

| 해설 | 남자 직원을 x명이라 하면 안경을 쓴 남자 직원은 $\frac{2}{5}x$명이다. 안경을 쓴 여자 직원은 안경을 쓴 남자 직원보다 5명 적기 때문에 $\left(\frac{2}{5}x-5\right)$명이 된다. 안경을 쓴 직원

은 총 150×0.5=75(명)이므로 이에 대해 식을 세워 보면 다음과 같다.

$75=\frac{2}{5}x+\left(\frac{2}{5}x-5\right)$

$\therefore\ x=100$(명)

따라서 S 공장의 남자 직원은 모두 100명이다.

4회 언어추리

문제 310쪽

01	⑤	02	①	03	④	04	①	05	①
06	④	07	④	08	⑤	09	③	10	③
11	⑤	12	④	13	②	14	④	15	①
16	④	17	④	18	①	19	③	20	⑤

01

| 정답 | ⑤

| 해설 | 제시된 조건을 표로 정리하면 다음과 같다.

순서＼디저트	딸기 케이크	망고 무스	레몬 마카롱	딸기 젤리	흑임자 아이스크림
1코스				미정	
2코스	미정			가희	
3코스	아영	미정	수영	우진	가희
4코스			미정		
5코스					

미정은 딸기젤리－딸기 케이크－망고 무스－레몬 마카롱을 각각 순서대로 먹게 되므로 5코스 때는 흑임자 아이스크림을 먹게 된다.

수영은 4, 5코스에 딸기 젤리 또는 흑임자 아이스크림을 먹으므로(㉣) 1, 2코스에는 딸기 케이크 또는 망고 무스를 먹음을 알 수 있다. 미정이 2코스에 딸기 케이크를 먹었기 때문에(㉤) 수영은 1코스에 딸기 케이크, 2코스에 망고 무스를 맛보았고 우진은 5코스에 수영이 첫 번째로 먹은 딸기 케이크를 먹게 된다(㉢). 또한 미정이 5코스에 흑임자 아이스크림을 먹으므로 수영은 5코스에 딸기 젤리를 먹고 4코스에 흑임자 아이스크림을 먹게 된다.

아영은 2코스에 미정이 4코스에 먹게 되는 레몬 마카롱을 먹지 않는다(㉦). 따라서 2코스 때 아영은 흑임자 아이스크림을 먹었으며 우진은 레몬 마카롱을 먹었다.

이를 토대로 정리하면 다음과 같다.

순서＼디저트	딸기 케이크	망고 무스	레몬 마카롱	딸기 젤리	흑임자 아이스크림
1코스	수영			미정	우진
2코스	미정	수영	우진	가희	아영
3코스	아영	미정	수영	우진	가희
4코스	가희	우진	미정	아영	수영
5코스	우진			수영	미정

따라서 우진은 2코스로 레몬 마카롱을 먹었고, 미정은 마지막으로 흑임자 아이스크림을 먹게 된다.

02

| 정답 | ①

| 해설 |

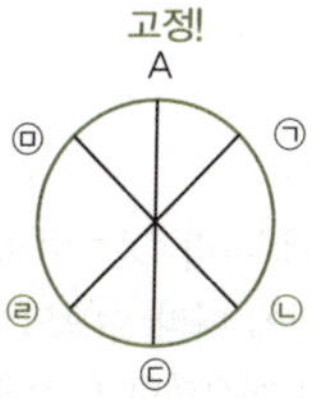

A의 자리를 고정시키고 그 주위 자리에 기호를 붙이면 E가 앉은 자리는 ㉡ 혹은 ㉣이 되므로 두 경우를 나눠 생각한다.

1. E가 ㉡에 앉은 경우 : B와 D는 두 번째 조건에 따라 마주 보고 앉아야 하므로 ㉠과 ㉣이 되고, C의 양 옆은 모두 커피를 주문했으므로 C는 콜라를 주문한 E 옆에는 올 수 없다. 따라서 C의 자리는 ㉤이 되고 그 양 옆은 커피를 주문하게 된다.

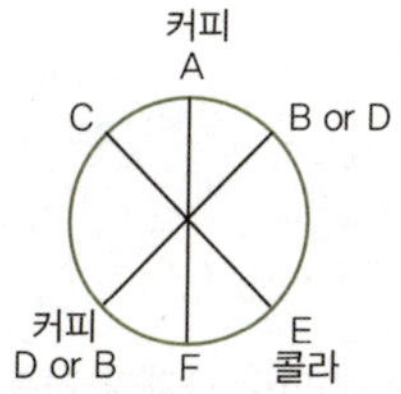

2. E가 ㉣에 앉은 경우 : B와 D는 ㉡과 ㉤으로 마주 보고, C는 ㉠에 앉게 되고, 그 양옆이 커피를 주문하게 된다.

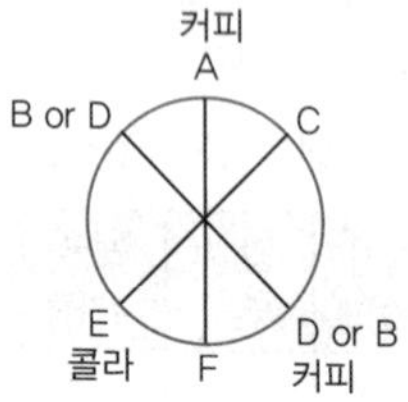

두 경우 모두 C의 옆에 앉는 사람은 A이고, C의 양옆은 커피를 주문했으므로 A는 커피를 주문한 것이 된다. 따라서 'A는 커피를 주문했다'는 반드시 참이다.

| 오답풀이 |

② B는 A의 옆에 앉을 수도 있고, 앉지 않을 수도 있다.

③ E의 양 옆에 D와 F가 올 수도 있고, B와 F가 올 수도 있다.

④ F의 자리는 A의 맞은편으로 위치는 알 수 있지만 주문한 음료는 알 수 없다.

⑤ 제시된 조건을 통해서는 알 수 없다.

03

| 정답 | ④

| 해설 | 세 번째 조건에 따라 D는 수요일 이후로 당직을 서지 않고 두 번째 조건에 따라 수요일에는 A와 C가 당직을 서므로 D는 월요일과 화요일에 당직을 선다. 네 번째 조건에 따라 A와 E는 D와 한 번씩 당직을 서므로 각각 월요일 또는 화요일에 당직을 한 번씩 선다. 나머지 조건에 따라서 근무 배정을 정리하면 다음과 같다.

요일	월	화	수	목	금
당직 근무자	D	D	A	B	B
	A 또는 E	A 또는 E	C	C	E

따라서 반드시 참인 것은 ④이다.

04

| 정답 | ①

| 해설 | 제시된 결과에 따라 승패를 기록하면 다음과 같다.

구분	A와 대결	B와 대결	C와 대결	D와 대결
A		승	무	승
B	패			
C		무 또는 패		무 또는 패
D	패			

B 부서는 무승부 기록이 없는 부서에게 이겼다고 하였으며 A와 C 부서 모두 무승부 기록이 있으므로 B 부서는 D 부서에게 이겼다. 또한 C 부서는 A 부서에게 진 B, D 부서와 1무 1패를 기록하였는데, D 부서는 무승부 기록이 없는 부서이므로 C 부서는 B 부서와 무승부를 기록하고 D 부서에게 졌다.

이를 정리해 승점을 계산하면 다음과 같다.

구분	A와 대결	B와 대결	C와 대결	D와 대결	승점(점)
A		승	무	승	3+1+3=7
B	패		무	승	0+1+3=4
C	무	무		패	1+1+0=2
D	패	패	승		0+0+3=3

따라서 A, B 부서가 결선에 진출한다.

05

| 정답 | ①

| 해설 | ㉠을 보면 A는 새우 알레르기를 가지고 있음을 알 수 있다. 이때 ㉡에서 A가 새우와 복숭아를 먹고 두드러기가 난 것이 새우 알레르기 때문인지, 복숭아 알레르기도 함께 가지고 있어 두 가지 이유로 두드러기가 난 것인지 알 수 없다. 따라서 A가 새우와 복숭아 알레르기를 모두 가지고 있다는 진술은 참인지 거짓인지 알 수 없다.

| 오답풀이 |

② ㉣을 통해 C는 땅콩 알레르기를 가지고 있음을 알 수 있으며, ㉤에서 C가 알레르기 약을 먹고 난 뒤 두드러기가 나지 않았다고 했으므로 알레르기 약은 땅콩 알레르기에 효과가 있다.

③ ㉢에서 복숭아 알레르기가 있는 B는 알레르기 약을 먹고 두드러기가 가라앉았다고 했으므로 약은 복숭아 알레르기에 효과가 있다. 그러나 새우 알레르기가 있는 A는 ㉡에서 새우와 복숭아를 먹고 알레르기 약을 먹었

으나 여전히 두드러기가 났다고 했으므로 알레르기 약이 새우 알레르기에는 효과가 없음을 알 수 있다.

④ B는 복숭아 알레르기를 가지고 있고, C는 땅콩 알레르기를 가지고 있다. 둘은 알레르기 약을 먹고 두드러기가 가라앉았으므로 알레르기 약은 복숭아와 땅콩 알레르기 모두에 효과가 있다.

⑤ 제시된 조건을 모두 고려하였을 때 A는 새우, B는 복숭아, C는 땅콩 알레르기를 가지고 있으므로, 세 사람은 모두 최소한 한 가지 이상의 알레르기가 있음을 알 수 있다.

06

|정답| ④

|해설| 두 번째 명제와 세 번째 명제, 그리고 첫 번째 명제를 삼단논법으로 연결하면 '하늘을 좋아함 → 꽃과 숲을 좋아함 → 나무를 좋아함 → 새를 좋아함'이 성립한다. 따라서 '하늘을 좋아하는 사람은 새를 좋아한다'는 반드시 참이다.

07

|정답| ④

|해설| 해미는 부정청탁을 받은 사실이 없어 제외되므로 유결, 문영, 기현 중 부정청탁을 받은 사람이 있다. 만약 유결이 부정청탁을 받았다면, 문영이나 기현 중 한 명도 부정청탁을 받은 것이 되는데, 이때 문영이 부정청탁을 받았다면 다른 두 명도 받은 것이므로 기현도 부정청탁을 받은 것이 된다. 만약 기현이 부정청탁을 받았다면 기현 이외에는 부정청탁을 받은 사람을 확실히 알 수 없다. 따라서 반드시 부정청탁을 받은 사람은 기현이다.

08

|정답| ⑤

|해설| 조사 결과를 정리하면 다음과 같다.

(ㄱ) $B=C$

(ㄴ) $A=F+D \rightarrow A>F,\ D$

(ㄹ) $E=C+A+D \rightarrow E>A,\ C,\ D$

(ㅁ) $B=A+D \rightarrow B>A,\ D$

(ㅂ) $D=3F \rightarrow D>F$

i) (ㄱ), (ㄹ), (ㅁ)에 의해 $A<B=C<E$가 성립한다.

ii) (ㄴ)과 (ㅂ)에 의해 $F<D<A$가 성립한다.

iii) i)와 ii)에 의해 $<F<D<A<B=C<E$가 성립한다.

따라서 (ㄷ)까지 반영하여 난방비가 적은 순서대로 정리하면 $G<F<D<A<B=C<E$이다.

09

|정답| ③

|해설| 다섯 번째, 여섯 번째 조건에 따라 (가)는 1명, (나)와 (다)는 2명의 신입사원과 팀을 이루는 것을 알 수 있다. 두 번째 조건에서 B와 E는 같은 팀, 세 번째 조건에서 (다) 선임은 C와 같은 팀, 네 번째 조건에서 D는 (가) 선임과 다른 팀이라고 하였으므로 (가) 선임과 A가 같은 팀임을 알 수 있다. 이를 종합하여 팀을 구성하면 (가)−A, (나)−B, E, (다)−C, D이다. 따라서 A와 C의 선임은 서로 다르다.

10

|정답| ③

|해설| 가 지사장은 본사와 가장 가까운 곳에 근무하므로 A 지사로 배치되고, 바 지사장은 본사에서 제일 먼 곳에서 근무하므로 F 지사로 배치된다. 나 지사장은 다 지사장보다 본사와 더 가깝고 둘은 바로 옆 지사에 근무하지 않으므로 나 지사장이 B 지사에 근무한다면 다 지사장은 D 지사 또는 E 지사에서 근무하며, 나 지사장이 C 지사에 근무한다면 다 지사장은 E 지사에 근무한다. 하지만 마 지사장이 가 지사장과 나 지사장 사이에서 근무하므로 나 지사장은 B 지사에서 근무할 수 없다. 이를 정리하면 다음과 같다.

지사	A	B	C	D	E	F
지사장	가	마	나	라	다	바

따라서 E 지사에는 다 지사장이 근무한다.

11

| 정답 | ⑤

| 해설 | A와 D의 증언이 상충하므로 둘 중 한 명이 거짓말을 하고 있음을 알 수 있다. 따라서 A의 증언이 거짓말일 경우와 D의 증언이 거짓말일 경우로 나누어 생각해 본다.

- A의 증언이 거짓인 경우 : B, C, D의 증언이 참이 된다. 그러나 B의 증언 '원료 분류 작업에서 불량이 나온다'와 D의 증언 '포장 작업에서 불량이 나온다'에 의해 불량의 원인이 되는 작업을 담당한 직원이 2명이 되어 조건에 맞지 않는다. 따라서 A의 증언은 참이다.
- D의 증언이 거짓인 경우 : A, B, C의 증언이 참이 되며 이들의 증언은 서로 상충하지 않는다. 따라서 B의 증언에 따라 불량의 원인이 되는 작업을 담당한 직원은 원료 분류를 담당한 D이며, 거짓 증언을 한 사람도 D이다.

12

| 정답 | ④

| 해설 | 각 명제를 'A : 상여금 선택', 'B : 진급 선택', 'C : 유급 휴가 선택', 'D : 연봉 인상 선택'이라고 할 때 제시된 첫 번째 조건은 'B → ~A'가 되고 두 번째 조건은 '~C → A', 마지막 조건은 'C → ~D'가 된다.

첫 번째 조건과 두 번째 조건의 대우를 삼단논법으로 연결하면 'B → C'가 성립하고, 이를 마지막 조건에 연결하면 'B → ~D'가 참임을 알 수 있다. 따라서 'B → ~D'의 대우인 'D → ~B'도 참이므로 ④는 적절한 내용이다.

| 오답풀이 |

①, ③, ⑤ 제시된 명제로는 알 수 없다.

② 삼단논법에 의해 'B → ~D'가 참임을 알 수 있다. 따라서 진급을 선택한 사람은 연봉 인상을 선택하지 않는다.

13

| 정답 | ②

| 해설 | 두 번째 명제의 대우와 네 번째 명제, 그리고 첫 번째 명제의 대우를 삼단논법으로 연결하면 '과학 수업X → B 수업X → A 수업X → 국어 수업X'가 성립한다. 따라서 '과학 수업을 듣는 학생은 국어 수업을 듣지 않는다'는 반드시 참이 된다.

| 오답풀이 |

①, ③ 제시된 명제만으로는 알 수 없다.

④ 첫 번째 명제의 대우와 세 번째 명제의 대우를 삼단논법으로 연결하면 'A 수업X → 영어 수업X'가 성립한다. 따라서 이는 옳지 않다.

⑤ 세 번째 명제의 이에 해당하므로 반드시 참이라고 볼 수 없다.

14

| 정답 | ④

| 해설 | 첫 번째 명제 '피자를 먹은 사람은 샐러드를 먹었다'가 참이므로 그의 대우인 '샐러드를 먹지 않은 사람은 피자를 먹지 않은 사람이다'도 반드시 참이다.

| 오답풀이 |

①, ②, ③, ⑤ 각각 첫 번째, 두 번째, 세 번째, 네 번째 명제의 역에 해당하므로 반드시 참이라고 볼 수 없다.

15

| 정답 | ①

| 해설 | '규칙을 잘 지키거나 협동 정신이 강하면, 동정심이 강하고 성실하다'는 조건이 참이므로 이 조건의 대우인 '동정심이 강하지 않거나 성실하지 않으면, 규칙을 잘 지키지도 않고 협동 정신도 약하다'도 참이 된다. 따라서 참인 추론은 ㄱ뿐이다.

16

| 정답 | ④

| 해설 | 첫 번째 조건에서 시나리오 작가의 위층에는 아무도 살지 않는다고 했으므로 작가는 5층에 거주한다. 또 영화감독은 시나리오 작가가 두 개의 층을 내려가서 만나므로 3층에 거주한다. 두 번째 조건에서 경찰은 1층, 마지막 조건에서 큐레이터는 2층에 거주하므로 4층에 거주하는 사람은 교사이다.

17

| 정답 | ④

| 해설 | 우선 E는 B의 진술이 참이라고 했으므로 B와 E는 같은 내용을 진술한 것이 된다. 용의자 중 두 사람만이 거짓을 말한다는 조건에 따라 B, E의 진술이 거짓일 경우와 참일 경우로 나누어 살펴본다.

- B, E의 진술이 거짓일 경우 : B, E의 진술이 거짓이라면 A, C, D의 진술은 참이 된다. 그런데 종로에 있었다는 A의 진술과 A와 B가 인천에 있었다는 C의 진술은 서로 엇갈리므로, 거짓말을 하고 있는 사람이 두 사람뿐이라는 조건과 상충한다.
- B, E의 진술이 참일 경우 : B, E의 진술이 참이라면 B, E의 진술과 다르게 C와 단둘이 있었다는 D의 진술은 거짓이 되며, 남은 A와 C 중 한 명이 거짓을 말하고 있는 것이 된다.

  만약 A가 거짓말을 했다면 C의 진술은 참이 되어 A는 B와 인천에 있었던 것이 되므로 범인은 D가 된다. 만약 C가 거짓말을 했다면 A의 진술은 참이 되며, B의 진술에 따라 사건 시각에 A, B, C는 종로에 함께 있었던 것이 되어 이 경우 또한 범인은 D가 된다.

따라서 거짓말을 한 사람은 A와 D 또는 C와 D이고 그림을 훔친 범인은 D이다.

18

| 정답 | ①

| 해설 | D의 활동 분야 중 하나는 개그맨인데, 개그맨인 사람은 가수와 MC가 아니라고 했으므로 D의 다른 활동 분야는 탤런트이다. 또한 가수는 총 3명이라 했으므로 D를 제외한 A, B, C는 모두 가수이다. MC인 사람은 한 명인데 B와 C는 활동 분야가 동일하므로 MC는 A가 된다. 그리고 탤런트 역시 총 3명이라 했으므로 B와 C의 다른 활동 분야는 탤런트가 된다. 이를 정리하면 다음과 같다.

A	B	C	D
가수, MC	가수, 탤런트	가수, 탤런트	개그맨, 탤런트

따라서 B의 활동 분야는 가수, 탤런트이다.

19

| 정답 | ③

| 해설 | 사원 C는 심사위원 갑과 병으로부터 각각 1등급, 3등급을 받았다. 또 사원 A는 심사위원 갑으로부터 1등급을 받았고, 을 또는 병으로부터 2등급을 받았다. 여기서 사원 C가 얻을 수 있는 최대의 종합점수는 을로부터 1등급을 받았을 때의 7점이다. 만약 사원 A가 을과 병으로부터 1등급과 2등급을 받거나 2등급을 2번 받으면 종합점수는 8점 또는 7점이 되어 사원 C보다 크거나 같게 된다. 이 경우 사원 C가 가장 높은 점수를 받았다는 조건에 어긋난다. 따라서 사원 A는 을과 병으로부터 2등급과 3등급을 받고, 종합점수는 6점이다. 사원 C는 사원 A보다 점수가 높아야 하므로 을로부터 1등급을 받아야 하며, 종합점수는 7점이다. 사원 B는 1명의 심사위원에게만 1등급을 받았으므로 을과 병으로부터 2등급 혹은 3등급을 받는데, 사원 C보다는 점수가 낮아야 하므로 3등급을 2번 받거나 2등급과 3등급을 받아야 한다. 따라서 B의 종합점수는 5점 또는 6점이다.

이를 바탕으로 등급을 정리하면 아래와 같다.

구분	갑	을	병	종합점수
A	1등급	2등급 또는 3등급	2등급 또는 3등급	6점
B	1등급	2등급 또는 3등급	2등급 또는 3등급	5점 또는 6점
C	1등급	1등급	3등급	7점

따라서 〈보기〉 중 항상 옳은 문장은 ㉠과 ㉢이다.

20

| 정답 | ⑤

| 해설 | 증언 내용에 따르면 갑과 병의 증언이 모순되고, 을과 병의 증언 또한 서로 모순된다. 이때 갑과 을은 서로 모순되지 않으므로 병이 거짓을 말하였다고 가정하면 모든 진술이 모순되지 않고 성립된다. 따라서 거짓을 말한 사람은 병이고, 오류가 있는 단계는 3단계이다.

4회 수열추리

문제 322쪽

01	②	02	③	03	④	04	②	05	①
06	②	07	②	08	③	09	③	10	④
11	①	12	③	13	②	14	②	15	①
16	④	17	②	18	③	19	④	20	⑤

01

| 정답 | ②

| 해설 |

2.25 →(+0.34) 2.59 →(+0.35) 2.94 →(+0.36) 3.3 →(+0.37) (?)

따라서 '?'에 들어갈 숫자는 3.3+0.37=3.67이다.

02

| 정답 | ③

| 해설 | • $2^2+6^2+3^2=49$

• $6^2+3^2+2^2=(\ ?\ )$

• $3^2+2^2+8^2=77$

• $2^2+8^2+4^2=84$

따라서 '?'에 들어갈 숫자는 49이다.

03

| 정답 | ④

| 해설 |

1 −1 1 1 2 −2 6 (?)

위: ×1, ×2, ×3 / 아래: ×(−1), ×(−2), ×(−3)

따라서 '?'에 들어갈 숫자는 −2×(−3)=6이다.

04

| 정답 | ②

| 해설 |

1.2 2 1.5 5 2.1 11 2.4 14 (?) 20

위: +0.3, +0.6, +0.3, +0.6 / 아래: +3, +6, +3, +6

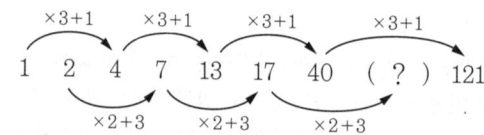

따라서 '?'에 들어갈 숫자는 2.4+0.6=3이다.

05

| 정답 | ①

| 해설 |

1 2 4 7 13 17 40 (?) 121

위: ×3+1, ×3+1, ×3+1, ×3+1 / 아래: ×2+3, ×2+3, ×2+3

따라서 '?'에 들어갈 숫자는 17×2+3=37이다.

06

| 정답 | ②

| 해설 |

2.2 4.3 6.6 9.1 11.8 14.7 (?)

+2.1, +2.3, +2.5, +2.7, +2.9, +3.1

따라서 '?'에 들어갈 숫자는 14.7+3.1=17.8이다.

07

| 정답 | ②

| 해설 | $\frac{4}{9}$ (?) $\frac{24}{54}$ $\frac{48}{162}$ $\frac{144}{324}$

$\times\frac{2}{3}$, $\times\frac{3}{2}$, $\times\frac{2}{3}$, $\times\frac{3}{2}$

따라서 '?'에 들어갈 숫자는 $\frac{4}{9}\times\frac{2}{3}=\frac{8}{27}$이다.

08

| 정답 | ③

| 해설 | 세 번째 수는 첫 번째 수에서 두 번째 수를 뺀 뒤에 3을 곱한 값이다.

8 6 6 → $(8-6)\times3=6$

4 1 9 → $(4-1)\times3=9$

3 2 (?) → $(3-2)\times3=(\ ?\ )$

따라서 '?'에 들어갈 숫자는 3이다.

09

| 정답 | ③

| 해설 | 첫 번째 수와 두 번째 수를 곱하고 그 수의 각 자릿수를 더한 값이 세 번째 숫자가 된다.

- 2 7 5 → $2\times7=14$, $1+4=5$
- 8 9 9 → $8\times9=72$, $7+2=9$
- 13 3 (?) → $13\times3=39$, $3+9=(?)$

따라서 '?'에 들어갈 숫자는 12이다.

10

| 정답 | ④

| 해설 | 각 항의 분자의 합을 분모로 나누면 그 나머지가 모두 동일하다.

- $1+2+3+5=11$ → $\frac{11}{2}=5\ \cdots\ 1$
- $2+3+5+9=19$ → $\frac{19}{3}=6\ \cdots\ 1$
- $3+5+7+10=25$ → $\frac{25}{4}=6\ \cdots\ 1$

그러므로 마지막 항의 분자의 각 자릿수 3, 7, 10, ?의 합은 분모 5의 n배수+1이 된다.

$3+7+10+(?)=5n+1$

$(?)=5n-19$

$\therefore\ (?)=-14,\ -9,\ -4,\ 1,\ 6,\ 11,\ 16,\ \cdots$

따라서 선택지에서 알맞은 수는 16이다.

11

| 정답 | ①

| 해설 | 아랫줄 왼쪽 칸의 숫자는 아랫줄 오른쪽 칸의 숫자에서 윗줄의 숫자를 빼 2로 나눈 값이다.

- $(36-2)\div2=17$
- $(55-9)\div2=23$
- $(?-13)\div2=39$

따라서 '?'에 들어갈 숫자는 $39\times2+13=91$이다.

12

| 정답 | ③

| 해설 | 주어진 숫자는 다음과 같은 규칙이 있다.

a	b	c	$a^2\div b=c$

- $1^2\div2=\frac{1}{2}$
- $10^2\div5=20$
- $6^2\div18=2$

따라서 '?'에 들어갈 숫자는 $12^2\div18=8$이다.

13

| 정답 | ②

| 해설 | 위아래 칸 간의 차이는 4이고, 옆 칸 간의 차이는 2이다.

따라서 '?'에 들어갈 숫자는 21이다.

14

| 정답 | ②

| 해설 |

4	16	36	64	100	144	196	(?)
↑	↑	↑	↑	↑	↑	↑	↑
2^2	4^2	6^2	8^2	10^2	12^2	14^2	16^2

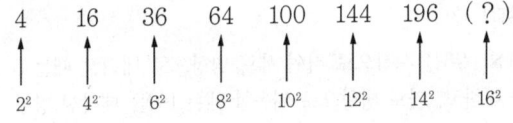

따라서 '?'에 들어갈 숫자는 $16\times16=256$이다.

15

| 정답 | ①

| 해설 | 12시 방향의 4부터 시계 방향으로 다음과 같은 규칙으로 배열되어 있다.

4 → 6 → 10 → 18 → 34 → (?)

$+2^1$, $+2^2$, $+2^3$, $+2^4$, $+2^5$

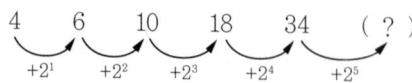

따라서 '?'에 들어갈 숫자는 $34+2^5=66$이다.

16

| 정답 | ④

| 해설 | 각 칸의 세 숫자의 합은 다음과 같다.

10+9+8=27 / 3+7+17=27 / 6+16+5=27

5+13+(?)=27

따라서 '?'에 들어갈 숫자는 27−5−13=9이다.

17

| 정답 | ②

| 해설 | 아래 두 수를 더한 값에 3을 곱한 뒤 1을 뺀 값이 위의 숫자가 되는 규칙이 있다.

- (1+2)×3−1=8
- (3+4)×3−1=20
- (5+6)×3−1=32
- (7+8)×3−1=44
- (8+20)×3−1=83
- (32+44)×3−1=227
- (83+227)×3−1=(?)

따라서 '?'에 들어갈 숫자는 (83+227)×3−1=929이다.

18

| 정답 | ③

| 해설 | 26을 시작으로 하여 세로 방향으로 내려갈 때는 5를 더하고, 가로 방향으로 이동할 때는 10을, 대각선 방향으로 이동할 때는 15를 더한다.

따라서 '?'에 들어갈 숫자는 56+15=71이다.

19

| 정답 | ④

| 해설 | 오른쪽 칸에는 왼쪽 칸과 가운데 칸의 최소공배수, 위쪽 칸에는 가운데 칸과 아래쪽 칸의 최대공약수가 들어가는 규칙이다.

따라서 A에는 9와 12의 최소공배수인 36이 들어가며, B에는 21과 12의 최대공약수인 3이 들어간다.

따라서 A와 B의 합은 36+3=39이다.

20

| 정답 | ⑤

| 해설 | 왼쪽 첫 번째 칸의 도형을 좌우대칭하면 두 번째 칸의 도형이 되고, 두 번째 칸의 도형을 좌우대칭한 후 색을 반전시키면 세 번째 칸의 도형이 된다.

따라서 '?'에는 왼쪽 첫 번째 칸 도형의 색을 반전시킨 도형이 들어간다.

2026
고시넷
대기업

SK하이닉스
종합역량검사

필수이론 + 모의고사

www.gosinet.co.kr gosinet
gosinet
(주)고시넷

공기업_NCS

2025 고시넷 공기업 초록이①NCS 통합기본서
2025 고시넷 공기업 초록이②NCS 통합문제집
고시넷 공기업 NCS 피듈형 통합 오픈봉투모의고사 6회
2025 고시넷 공기업 LH 한국토지주택공사 5·6급 NCS 기출예상모의고사
2025 고시넷 공기업 LH 한국토지주택공사 7급 업무직원 NCS 기출예상모의고사
2025 고시넷 공기업 코레일 한국철도공사 NCS + 철도법 기출예상모의고사
2025 고시넷 공기업 코레일 한국철도공사 경영학 직무수행능력평가 기출문제집
2025 고시넷 공기업 코레일 한국철도공사 보훈·고졸채용 NCS + 철도법 기출예상모의고사
고시넷 공기업 서울교통공사 NCS 기출예상모의고사 8회
2025 고시넷 공기업 부산교통공사 NCS+ 부산시 공공기관 통합채용 NCS 기출예상모의고사
2025 고시넷 공기업 경기도 공공기관 통합채용 NCS 직업기초능력평가 기출예상모의고사
2025 고시넷 공기업 한국산업인력공단 NCS + 한국사 + 영어 기출예상모의고사
2025 고시넷 공기업 한국가스공사 NCS 직업기초능력 기출예상모의고사
2025 고시넷 공기업 한국도로공사서비스 NCS 기출예상모의고사
고시넷 공기업 한국전력공사 NCS 기출예상모의고사 5회
고시넷 공기업 사람인 NCS 출제유형모의고사
고시넷 공기업 인크루트 NCS 출제유형모의고사
고시넷 공기업 휴노 NCS 출제유형모의고사
고시넷 공기업 매일경제 NCS 출제유형모의고사
고시넷 공기업 휴스테이션 한국사회능력개발원 NCS 출제유형모의고사
2025 고시넷 공기업 한국도로공사 NCS 직업기초능력 기출예상모의고사
2025 고시넷 공기업 사무직 통합전공 핵심이론 + 문제풀이
고시넷 공기업 한국수자원공사 NCS 기출예상모의고사 6회
2025 고시넷 공기업 코레일 한국철도공사 경영학 통합기본서
2025 고시넷 공기업 한국수력원자력 NCS 직업기초능력 + 상식 기출예상모의고사